Harald Samuel
**Von Priestern zum Patriarchen**

# Beihefte zur Zeitschrift für die alttestamentliche Wissenschaft

Herausgegeben von
John Barton, Reinhard G. Kratz
und Markus Witte

## Band 448

# Harald Samuel

# Von Priestern zum Patriarchen

Levi und die Leviten im Alten Testament

**DE GRUYTER**

ISBN 978-3-11-031039-9
e-ISBN 978-3-11-031049-8
ISSN 0934-2575

**Library of Congress Cataloging-in-Publication Data**
A CIP catalog record for this book has been applied for at the Library of Congress.

**Bibliografische Information der Deutschen Nationalbibliothek**
Die Deutsche Nationalbibliothek verzeichnet diese Publikation in der Deutschen
Nationalbibliografie; detaillierte bibliografische Daten sind im Internet
über http://dnb.dnb.de abrufbar.

www.degruyter.com

MIX
Papier aus verantwor-
tungsvollen Quellen
FSC
www.fsc.org    FSC® C003147

*„Entgegen der Meinung der Sozialwissenschaftler kann man bei einer Beweisführung keineswegs bei der erstbesten Gelegenheit mit einfach synchronen Querschnitten aufwarten. Eine Momentaufnahme, die, aus der Zeit herausgenommen, keine chronologische Dichte oder Tiefe besitzt, hört auf, lebendig und mithin verwertbar zu sein. [...] Denn wie sollte man das Leben, den Ablauf des Lebens, beurteilen oder begreifen können, ohne mit der Zeit, mit dem Ablauf der Zeit im Bunde zu sein?"*

Fernand Braudel: Le modèle italien.

# Vorwort

Daß das Schreiben einer Dissertation ein anstregendes, trotz aller Begeisterung für das eigene Thema bisweilen ernüchterndes und nicht selten auch einsames Unterfangen ist, wird wohl jeder bestätigen können, der sich ernsthaft und selbständig darum bemüht hat. Dazu gehören nicht wenige Stunden fruchtlosen Starrens auf Papier oder einen Bildschirm sowie, schlimmer noch, Tage des Umformulierens, des Umstellens und anderer Textrettungsversuche, die schlußendlich doch nur mit Löschen enden. Man könnte dieser Darstellung an Ähnlichem etliches mehr hinzufügen, aber nichts würde die letzten Jahre hier in Göttingen, in denen diese Arbeit entstanden und schließlich im Sommer 2012 erfolgreich verteidigt und als Dissertation angenommen worden ist, unzutreffender beschreiben. In dieser Zeit hat das Zusammentreffen so vieler verschiedener an der Hebräischen Bibel und ihrer Geschichte Interessierter eine einzigartig fruchtbare Atmosphäre geschaffen, die niemand, der sie erlebt hat, vergessen dürfte.

In diesem Sinne ist die nachfolgende Arbeit auch ein Gemeinschaftswerk, für das ich zu danken habe: an erster Stelle Frau Dr. des. Ruth Sauerwein für ihre offene und warmherzige Art, durch die meine studentische Zeit in Göttingen überhaupt einen guten Beginn hatte; sodann Herrn Dr. Roman Vielhauer, bei dem ich eine der besten Lehrveranstaltungen meines Studiums erleben durfte und ohne dessen wohlwollende Erinnerung ich kaum nach Göttingen zurückgekehrt wäre; schließlich meinem Doktorvater Prof. Dr. Reinhard G. Kratz. Sein großes Vertrauen in mein Tun, sein scharfsinniger Humor und seine unermüdliche Lust an der Diskussion, am Nachdenken über die Texte und ihr Gewordensein haben mir bei jedem Gespräch neuen Schwung gegeben.

Ein unverzichtbarer Gesprächspartner in den Mühen des Alltages war Herr Dr. Peter Porzig. Neben unzähligen Mensagängen konnte ich ihn regelmäßig mit neuen Ideen überfallen – vor einigen besonders absonderlichen hat er die Leser bewahrt. Zudem hat er der undankbaren Aufgabe des Korrekturlesens nicht wenig Zeit gewidmet. Dafür danke ich ihm ebenso wie auch Frau PD Dr. Susanne Rudnig-Zelt, durch deren kritischen Blick manch argumentative und stilistische Umständlichkeit getilgt werden konnte. Mit großer Ausdauer und Gründlichkeit haben auch die Freunde Dr. Tobias Funke (Leipzig) und Dr. Joachim Krause (Tübingen) die Arbeit gelesen und weiterführend kommentiert. Sie beschreiten in ihren Arbeiten andere Wege, umso mehr weiß ich den Geist der Gespräche mit ihnen zu schätzen.

Eine große Bereicherung vor Ort waren Frau Prof. Dr. Annette Steudel und Herr PD Ingo Kottsieper. Trotz ihrer vielfältigen Verpflichtungen nahmen sie sich Zeit für meine Fragen zu den Texten vom Toten Meer oder auf semitistischem

Gebiet. Beides wird sich hoffentlich fortsetzen lassen! Mit mir die Freuden und Leiden des Schreibens geteilt haben meine „Doktorgeschwister" Sonja Ammann, Franziska Ede, Christoph Hilmes und Ruth Sauerwein, weswegen sie hier nicht unerwähnt bleiben dürfen. Ebenso bin ich Herrn Prof. Dr. Hermann Spieckermann für das Zweitgutachten und Herrn Prof. Dr. Thilo Rudnig als Mitglied der Prüfungskommission zu Dank verpflichtet.

Das Buch hätte seine endgültige Form freilich kaum erlebt ohne den sanften Druck von Frau Sophie Wagenhofer vom Verlag de Gruyter. Für ihre Geduld sei ihr, ebenso wie Frau Sabina Dabrowski für die kompetente Betreuung des Manuskriptes, herzlich gedankt. Es haben sich bis zur Drucklegung manche Verzögerungen eingestellt, die allein ich zu verantworten habe. In der Zeit seit Abschluß der Dissertation ist die Diskussion um Kerntexte und -probleme weitergegangen. Eine extensive Verarbeitung aller Neuerscheinungen hätte jedoch die Publikation nur weiter hinausgezögert, ohne daß sich, wie mir scheint, an den grundlegenden Thesen eine Änderung ergeben hätte. Dem Spezialisten wird ohnehin manches fehlen, was bei der Breite der zu behandelnden Texte hoffentlich entschuldbar ist.

Privates soll privat bleiben, darum gilt der letzte Dank meinen Lehrern in Leipzig, Jerusalem und Göttingen, die meine Lust an der hebräischen Sprache und der Beschäftigung mit der jüdischen Bibel geweckt und gefördert haben. Ihnen sei dieses Buch gewidmet.

Göttingen im Advent 2013

# Inhalt

# 1 Einleitung

## 1.1 Thematische Klärungen

Eine Geschichte der Forschung zu den Leviten zu schreiben ist ein nahezu unmögliches Unterfangen. Natürlich könnte man die wesentlichen Stationen der Diskussion benennen und die entsprechenden Positionen darstellen. Zu erwähnen wären nach Julius Wellhausens im Grunde recht knappen Bemerkungen in den „Prolegomena",[1] die gleichwohl die nachfolgende Diskussion bestimmen, v. a. der monumentale Artikel Gustav Hölschers in Paulys Real-Encyclopädie,[2] Kurt Möhlenbrinks Aufsatz zu den levitischen Überlieferungen,[3] die umfassenderen Entwürfe aus den sechziger Jahren von Hans Strauss, Antonius Gunneweg, Merlin D. Rehm und Aelred Cody, sowie aus neuerer Zeit von Risto Nurmela.[4] Dies ist freilich schon hinreichend oft geschehen und muß hier nicht wiederholt werden.[5] In der obigen, mehr als knappen Liste fehlen freilich nicht nur allgemeinere Arbeiten zum Priestertum,[6] sondern auch zahlreiche Untersuchungen zu den Leviten in einzelnen biblischen Büchern – etwa im Deuteronomium,[7] bei Ezechiel[8] und Maleachi[9] oder Esra-Nehemia und der Chronik[10] –, einzelnen Epochen[11] und Themen.[12] Dazu wären weiterhin Kommentare zu den betreffenden Büchern und

---

1 Vgl. Wellhausen [6]1927, 115 – 145 (Viertes Kapitel „Die Priester und Leviten").

2 Hölscher 1925.

3 Möhlenbrink 1934.

4 Strauss 1960; Gunneweg 1965; Rehm 1967; Cody 1969; Nurmela 1998.

5 Neben den einschlägigen Lexikon-Artikeln sei auf den angesichts des Themas zwar knappen, aber nichtsdestoweniger informativen Forschungsüberblick bei Schaper 2000, 1 – 9 verwiesen. Die in den folgenden Anmerkungen genannten Werke sind selbstverständlich nur als eine kleine Auswahl zu betrachten.

6 Angefangen von Baudissin 1889 und Vogelstein 1889 über Sabourin 1973 bis hin zu Gleßmer 1995.

7 G.E. Wright 1954; Emerton 1962; Abba 1977; Duke 1987; Fuller 1993; Achenbach 1999, aber v. a. Dahmen 1996. Nur in Auszügen zugänglich war mir die Arbeit von Hwang 2009.

8 Bowman 1957; Abba 1978; Allan 1982; McConville 1983; Duke 1988; Cook 1995.

9 Vor allem O'Brien 1990.

10 Laato 1994; Knoppers 1999; Willi 1999; Min 2004.

11 Etwa R. Meyer 1938 zur nachexilischen Zeit allgemein oder Schaper 2000 zur persischen Zeit. Ein ganz eigenes Feld ist noch einmal die Frage nach den Leviten in Qumran, dazu s.u. Kapitel 8.4.

12 Zu den philologischen Problemen siehe i.f.; zu den Levitenstädten s.u. Kapitel 6.1.4. Dazu kommen ethnologisch-komparative Arbeiten, etwa Schulz 1987 und Hutton 2009 oder soziologisch orientierte Ansätze, z.B. Christian 2009 und 2011. Neuen Auftrieb hat die Forschung nicht zuletzt durch die Einrichtung einer Gruppe „Priests and Levites in History and Tradition" bei den

Spezialuntersuchungen zu konkreten Texten berücksichtigen, die sich nahezu immer in Exkursen auch der Frage nach den Leviten widmen. Angesichts der Fülle der Belege für לוי in den biblischen Schriften wird man schon bei einem solchen Unterfangen an die Grenzen des Machbaren gelangen.

Zu dieser biblischen (Beinahe-)Allgegenwart der Leviten tritt aber noch eine „panlevitisch" zu nennende Neigung in der Forschung, Leviten auch für die Abfassung von Schriften oder für Ereignisse in der Geschichte Israels verantwortlich zu machen, zu denen die Bezüge – um es vorsichtig zu sagen – weniger offen zutage liegen.[13] Damit einher geht oft ein recht unscharfer Gebrauch des Wortes „levitisch". Die folgende Arbeit hat demgegenüber ein fast minimalistisches Ziel. Sie will zunächst die Belege für לוי in der Hebräischen Bibel in ihrem jeweiligen Kontext verstehen, literarhistorisch einordnen und schließlich daraus eine Vorstellung davon gewinnen, welche Bilder die Autoren der biblischen Bücher von „den Leviten" hatten bzw. transportieren wollen.[14] Dabei ist zu bedenken, daß die Bücher selbst in der Regel kein einheitliches Bild transportieren, sondern in ihrer Entwicklungsgeschichte mitunter erhebliche Wandlungen aufweisen. Es gilt also nicht zuletzt, die jeweiligen Übermalungen aufzudecken und auch daraus wiederum eine genauere Beschreibung der Bilder zu gewinnen.[15] Es wäre bereits viel gewonnen, wenn sich aus den derartigen Analysen ein einigermaßen stimmiges und über weite Strecken konsensfähiges Modell ergäbe.

Aufbauend darauf kann dann in einem zweiten Schritt nach den historischen Vorgängen, die zu diesen biblischen Bildern geführt haben, sowie nach den

---

SBL Annual Meetings erhalten, deren Beiträge der Jahre 2009 und 2010 im Sammelband von Leuchter/Hutton 2011 versammelt sind. Daraus sind besonders die scharfsinnigen Überlegungen von Shectman 2011 hervorzuheben.

**13** Vgl. unten S. 355 Anm. 1590 die Bemerkungen von Geoghegan 2010 zur Verfasserschaft der Königebücher sowie Kapitel 7.2 die Hinweise auf Leuchter 2008 zu den Leviten bei Jeremia; dazu Leuchter 2011 und Cook 2011. Ein besonders apartes Beispiel für derartigen „Panlevitismus" ist – mit Verweis auf die Inschriften und Zeichnungen – die mutmaßliche Zuschreibung der Grabkammer von Ḫirbet Bēt Layy an eine Familie levitischer Sänger (vgl. Naveh 1963, 90). Eher esoterisch zu nennen ist der Aufsatz von Lang 2012.

**14** Vgl. dagegen das ganz andere Programm von Joachim Schaper: „Anders als vergleichbare Untersuchungen ist die vorliegende Arbeit als ein Versuch konsequenter *Geschichtsschreibung* zu verstehen. [...] Wir unternehmen es nicht, anhand eines einzelnen biblischen Buches oder einer Auswahl biblischer Quellen die Entwicklung z.B. des *Bildes* von Priestern und Leviten im nachexilischen Israel nachzuzeichnen." (Schaper 2000, 1; Hervorhebung im Original). Kritisch zu hinterfragen wäre schon die Rede vom „nachexilischen *Israel*", v.a. aber kann es im Sinne dieser Arbeit keine Geschichte der Leviten ohne eine Geschichte der Leviten*bilder* geben.

**15** Methodisch wegweisend in dieser Hinsicht ist die Studie von Dahmen 1996, die konsequent nach der literarischen Entwicklung fragt. Daß man Dahmens Textanalysen kritisch begegnen kann (und z.T. muß), schmälert nicht den Wert des Beitrages an sich.

Trägerkreisen der entsprechenden Schriften und ihren Interessenlagen gefragt werden.[16] Die Ergebnisse werden jedoch – so viel sei an dieser Stelle vorweggenommen – größtenteils negativer Natur sein. Die literarische Einbettung der Texte, ihre nicht selten polemische Stoßrichtung, aber vor allem die mangelnde Möglichkeit einer Korrelation mit außerbiblischen Zeugnissen machen eine historische Auswertung meistenteils schwierig, wenn nicht sogar unmöglich. Noch gravierender ist m. E. die Beobachtung, daß für Schlußfolgerungen zu den Leviten in vorexilischer Zeit nahezu keine textliche Basis verbleibt. Statt dessen ist eine deutliche Dynamik der Diskussion um die Stellung der Leviten in nachexilischer Zeit erkennbar. Am deutlichsten konturiert ist jedoch das Bild, welches sich schließlich in der Spätzeit des Zweiten Tempels – in wesentlichen Zügen bereits in Esra-Nehemia und der Chronik, noch deutlicher dann in den Schriften vom Toten Meer und im Neuen Testament – herauskristallisiert und bis heute im Judentum, zumindest im liturgischen Bereich, eine gewisse Gültigkeit hat: die Dreiteilung „Israels" in Priester, Leviten und „Israeliten", d. h. Laien. Die Entwicklung hin zu diesem Fixpunkt schlüssig nachzeichnen zu können, bleibt das – alles andere als minimalistische – Ziel einer Arbeit über die Leviten in der Hebräischen Bibel.

Eine solche Arbeit wäre andererseits aber unvollständig, würde sie das Bild des Patriarchen Levi nicht mit in die Diskussion einbeziehen. Dieser, obwohl in den biblischen Texten selbst eher eine Randgestalt, entwickelt sich in der nichtbiblischen Literatur des Zweiten Tempels zu einer der wichtigsten Gestalten, mit dem sogenannten Aramäischen Levi-Dokument wird ihm sogar eine eigene pseudepigraphe Schrift zu Teil.[17] Es kann hier freilich nicht darum gehen, zu-

---

16 Selbst der Vergleich mit der altorientalischen Umwelt erhielte bei einer auf diese Weise erarbeiteten Basis noch einmal größeres Gewicht. Entsprechend der weitgehenden Beschränkung der vorliegenden Arbeit auf Texte der Hebräischen Bibel werde ich diesem wichtigen Thema nur am Rande Beachtung schenken können. Unzweifelhaft ist hier gleichwohl wertvolles Material zur Erhellung der biblischen Vorstellungen vom Priestertum generell zu finden, zumal die voranschreitende Erschließung der Texte auch in der Altorientalistik das Interesse am Thema neu geweckt hat. Für den mesopotamischen Raum ist neben einschlägigen Lexikonartikeln etwa auf die Arbeiten von Löhnert 2007; 2010; Waerzeggers 2008; 2010; 2011 sowie Jursa 2013 und insbesondere das ERC-Projekt „By the Rivers of Babylon: New Perspectives on Second Temple Judaism from Cuneiform Texts (BABYLON)" unter Leitung von Caroline Waerzeggers (derzeit Leiden) zu verweisen; für den hethitischen Bereich sind v. a. Taggar-Cohen 2006; 2011 und Ernst 2010 zu nennen. Milgrom 1970b ist implizit stark von dem Interesse geprägt, durch mögliche hethitische Parallelen das hohe Alter von P beweisen zu wollen. Die Arbeit von Klinger 2002 war mir leider nicht zugänglich. Eine umfassende Studie zum kanaanäischen und aramäischen Bereich steht m.W. noch aus, vgl. aber die Aufbereitung in den entsprechenden Kapiteln bei Bonnet/Niehr 2010 sowie die Magisterarbeit von Michelau 2010.
17 Die Handschriften wurden von Michael Stone und Jonas Greenfield vorläufig in Le Muséon veröffentlicht (Stone/Greenfield 1994; 1996a; 1996b; 1997), die *editio princeps* erfolgte in DJD XXII

sätzlich zur ohnehin schon zu betrachtenden Masse an biblischen Texten noch weitere Werke ausführlich zu analysieren. Vielmehr ist zu fragen, auf welche Weise und wieso Levi zu solcher Prominenz gelangen konnte. Auch hier mögen historische Prozesse im Hintergrund stehen, die aufzuhellen allerdings schwer möglich sein dürfte. Die literarischen Vorgänge hingegen lassen sich plausibel als kreative Bezugnahmen auf biblische Texte und Fortentwicklungen derselben beschreiben, weshalb die Frage nach Levi nicht ohne die oben projektierte Analyse der Entwicklung biblischer Levitenbilder zu beantworten ist. Auf diese Weise können zugleich die literarischen und theologischen Beziehungen zwischen der nicht-biblischen Literatur des Zweiten Tempels und der biblischen Literatur, die ja in wesentlichen Teilen und jedenfalls in ihrer grundlegenden Formierung nicht minder Literatur jener Zeit ist, verdeutlicht werden.

Die entscheidenden programmatischen Weichenstellungen sowohl für die Frage nach der Rolle der Leviten als auch Levis finden sich, wie die nachfolgenden Untersuchungen zeigen mögen, im Enneateuch sowie einigen Schlüsseltexten der Schriftpropheten. Hier spielen sich die wesentlichen Diskussionen um die „levitische Identität" ab, hier finden sich auch die wesentlichen Ansätze zur Verselbständigung des *heros eponymos* Levi. Der Schwerpunkt der folgenden Arbeit wird daher auf der literarhistorischen Analyse der Levitentexte des Pentateuch und der Vorderen Propheten liegen (Kapitel 2–6), worauf Betrachtungen zu den Hinteren Propheten (Kapitel 7) und schließlich ein knapper Ausblick auf die weiterführenden Linien der Rezeption in Esra-Nehemia und der Chronik sowie in Qumran folgen (Kapitel 8). Die Zusammenfassung (Kapitel 9) soll zugleich eine historische Perspektive entwickeln.

Die im eigentlichen Sinne historische Arbeit wird erst dann erfolgreich voranschreiten können, wenn wir ein wenig mehr Klarheit über den Aussagegehalt der biblischen Quellen erhalten. Davon, einen Konsens über diese Fragen zu erzielen, sind wir derzeit weit entfernt. Umso größer ist die Notwendigkeit, die textbasierten Voraussetzungen unserer historischen Analysen zu klären. Die vorliegende Arbeit will zur Verständigung über diesen Punkt beitragen und kann in diesem Sinne bestenfalls Grundlagen für die künftige Arbeit des Historikers legen. Sollte ihr dies trotz aller Schwierigkeiten gelingen, wäre viel erreicht.

---

(Stone/Greenfield 1996c); umfassende Editionen mit Kommentar, die auch die Fragmente der Kairoer Geniza, ein syrisches Exzerpt sowie die griechischen Interpolationen in einem MS der TestXII berücksichtigen, liegen schließlich mit Drawnel 2004 und Greenfield/Stone/Eshel 2004 vor. Einen Geniza-Neufund aus Manchester hat kürzlich Gideon Bohak edieren können (Bohak 2010/11).

## 1.2 Terminologische Klärungen

Notwendige Vorbedingung einer Verständigung über den Aussagegehalt der Quellen ist ebenso eine Klärung der zu verwendenden Begriffe. Wie gesehen, wird das Attribut „levitisch" nicht selten unscharf gebraucht, mitunter geradezu synonym mit „priesterlich" bzw. „das Kultpersonal betreffend". Dieser Sprachgebrauch hat seinen Anhalt letztlich schon in der Benennung des Buches Leviticus, welches sich ausführlich der Priesterschaft zuwendet, worin Leviten im eigentlichen Sinne jedoch nur an einer einzigen Stelle eine Rolle spielen. Die antike Begriffsverwendung spiegelt also bereits ein bestimmtes Verständnis von „levitisch", das seinerseits auf einen Interpretationsvorgang zurückzuführen ist, der noch zu erhellen sein wird.[18]

Soll aber das damit verbundene Vorverständnis nicht in die zu untersuchenden Texte hineininterpretiert werden, ist auf größtmögliche terminologische Klarheit und Eindeutigkeit zu achten. Von „levitisch" bzw. „Leviten" wird in der vorliegenden Arbeit daher dann (und nur dann) die Rede sein, wenn sich auch im hebräischen oder griechischen Text die Worte לוים bzw. Λευῖται finden; Formulierungen wie בני לוי sollen dagegen als „Söhne Levis" übersetzt werden.[19] Bereits an dieser Stelle muß folgender Sachverhalt auffallen: Während im Hebräischen לוים sowohl substantivisch als auch adjektivisch Verwendung finden kann, kennt das Griechische hier eine morphologische Unterscheidung: Die Adjektivbildung Λευιτικον benutzt die LXX jedoch lediglich zur Bezeichnung des Buches; als Äquivalent zu hebräischem לוים findet konsequent Λευῖται Verwendung. Vermeidet die LXX hier eine ihr sprachlich zur Verfügung stehende Differenzierung[20] – was nichtsdestoweniger eine interpretative Entscheidung darstellt! – ist dies im Falle von לוי nicht möglich. Im Hebräischen kann damit sowohl der Eigenname „Levi" als auch die Berufsbezeichnung „Levit" gemeint sein, wofür das Griechische die eindeutige Unterscheidung zwischen Λευι und Λευίτης bereitstellt. Auch wenn in den meisten Fällen die Entscheidung für eine der beiden Varianten durch den sachlichen oder grammatischen Kontext vorgegeben zu sein scheint,[21] kann dieser im Einzelfall mehrdeutig oder sogar irreführend sein.[22] Auf jene Fälle wird besonders zu achten sein, denn in ihnen tritt die Notwendigkeit der Interpretation – nicht nur für den modernen Exegeten, sondern bereits für den antiken Rezipi-

---

**18** S.u. S. 148.384 f.

**19** Diese Unterscheidung ist etwa in Ex 32 zu beachten, s.u. Kapitel 4.4.

**20** Anders als etwa die Vulgata, die sehr wohl zwischen *levitae* und *levitici* unterscheidet.

**21** „Grammatischer Kontext" bezieht sich hier v.a. auf Fälle von Determinierung durch den Artikel oder Pronominalsuffixe, wie etwa in Neh 10,1 (לויּנו).

**22** Siehe insbesondere unten Kapitel 2.1.1 zu Dtn 10 und 7.5 zu Mal 2.

enten – besonders deutlich zutage. Sie sind aufgrund ihrer Mehrdeutigkeit auch die typischen Anknüpfungspunkte für „klärende", d.h. vereindeutigende, Fort- und „Neuschreibungen"[23] sowohl der innerbiblischen als auch der para- bzw. postbiblischen Literatur.[24]

Jenseits dieser Unterscheidungen existiert freilich noch eine weitere Ebene begrifflicher Doppeldeutigkeit, die ebenfalls schon innerbiblisch angelegt ist. Zur Erläuterung muß noch einmal auf die obenstehende Formulierung „Leviten im eigentlichen Sinne" zurückgegriffen werden, die zu präzisieren ist: Damit gemeint sind Leviten als eine bestimmte Gruppe des Kultpersonals, wie sie v.a in den priesterlichen Texten des Pentateuch und in den Büchern Esra-Nehemia und Chronik in den Blick kommen. Mit gleichem Recht können jedoch in gesamtbiblischer Perspektive auch die Nachfahren Levis nicht nur als „Söhne Levis", sondern auch als „Leviten" bezeichnet werden, was in diesem Falle die andere Gruppe des Kultpersonals, nämlich die Priester, mit einschließt. Spielt diese Unterscheidung sachlich eine Rolle, so soll im folgenden von Leviten im funktionalen bzw. genealogischen Sinne gesprochen werden. Welche der beiden Verwendungsweisen vorliegt, muß durch die jeweilige Einzelanalyse erhoben werden. Auch hier gilt das bereits oben Gesagte: Doppeldeutigkeiten sind teilweise durch die Redaktionsgeschichte bedingt oder können ihrerseits Fortschreibungsprozesse auslösen.

Aus den vorstehenden Bemerkungen sollte ebenso hervorgehen, daß nicht von Leviten – weder im funktionalen noch im genealogischen Sinn – die Rede sein darf, wenn der hebräische Text lediglich den Terminus כהן verwendet, wofür im folgenden ganz klassisch die Übersetzung „Priester" benutzt wird. Dieser scheinbar selbstverständliche Punkt sei nur darum betont, da zwar, wie erwähnt, in einer bestimmten Hinsicht Priester als Nachfahren Levis und damit als Leviten im genealogischen Sinne gelten, dies jedoch lediglich *ein* Bild, wenngleich das kanonisch maßgebliche, repräsentiert. Keinesfalls kann dieses Bild aber für sämtliche Schriften der Hebräischen Bibel, zumal in ihren möglichen früheren Entwicklungsstadien, vorausgesetzt werden. Vielmehr will die vorliegende Arbeit auch jenen Weg nachzeichnen, der zum Konzept der Levi-Kindschaft sämtlicher im Kultus beschäftigter Personen geführt hat.

Ein letzter Punkt: Wenn im folgenden bei der Begriffsverwendung die Nähe zum hebräischen bzw. griechischen Wortlaut gesucht wird, dient dies allein der Verständigung über den jeweils zu analysierenden Text. Formulierungen wie

---

**23** Der Ausdruck möge an dieser Stelle als unbeholfener Versuch der Eindeutschung des ansonsten üblichen Begriffs „rewritten bible" gelten.
**24** S.u. Kapitel 8.4 zu Levi im Aramäischen Levi-Dokument und im Jubiläenbuch.

„Priester im eigentlichen bzw. engeren Sinne" sind auf die rein sprachliche Ebene zu beziehen, es sollen damit keinesfalls konzeptionelle Aussagen getroffen werden. Phänomenologisch steht es m. E. außer Frage, daß auch Leviten (im funktionalen Sinne) priesterliche Aufgaben erfüllten.[25]

Dies gilt nicht minder für die ebenfalls biblisch erwähnten [26]כמרים oder etwa für die mit זבח („Opferer") bezeichneten Personen in phönizisch-punischen Inschriften.[27] Hiermit sei zugleich eine Problemanzeige verbunden: Gemeinhin gilt כהן in den kanaanäischen Sprachen als der generische Begriff für „Priester". Nicht allein das teilweise enge Nebeneinander von כהן und לוי in der Hebräischen Bibel, sondern auch die übrigen möglichen Bezeichnungen für Priester bzw. bestimmte „Klassen" von Priestern[28] deuten darauf hin, daß dies die sprachliche Realität nur zum Teil trifft. Zu beachten ist weiterhin das Fehlen eines entsprechenden Oberbegriffs für „Priester" im mesopotamischen Raum.[29]

Man wird daher nicht von vornherein die Vermutung ausschließen können, auch mit כהן sei ursprünglich nur eine bestimmte Gruppe religiöser Experten bezeichnet gewesen, und erst nach und nach – sei es, weil damit ein umfassenderer Tätigkeitsbereich beschrieben war, sei es, weil in der Praxis die Expertise dieser Personen häufiger als die anderer benötigt wurde – habe sich כהן im Kanaanäischen als Gattungsbegriff schlechthin durchgesetzt. Freilich müßte dieser Vorgang nach Ausweis des Ugaritischen, wo khn deutlich überwiegt, wohl schon sehr früh stattgefunden haben. Ob also לוי ein Kandidat für eine potentiell andere Begriffsentwicklung ist, wovon sich in der Hebräischen Bibel, etwa im Deuteronomium, noch Spuren finden, d. h. ob לוי phasenweise oder regionalspezifisch als gleichbedeutend mit „Priester" verstanden wurde, sei als Möglichkeit zumindest erwogen, auch wenn die außerbiblische Beleglage weitergehende Schlüsse nicht zuläßt.[30]

---

**25** Vgl. W. Klein 1997.

**26** Vgl. dazu insgesamt die ausführliche Studie von Pietsch 2009. Es bleibt in aller Deutlichkeit festzuhalten, daß כמר sowohl im Akkadischen als auch in den kanaanäischen Sprachen – zu den biblischen Belegen für כמר treten noch eine phönizische (RES 1519B) und eine neopunische Inschrift (KAI 159,7; vgl. dazu auch Jongeling 2008, 155 – 157) – ein Fremd- bzw. Lehnwort darstellt. Ursprünglich beheimatet – jedenfalls im 1. Jahrtausend v.Chr., die Belege des 2. Jahrtausends deuten womöglich auf eine nichtsemitische Herkunft – ist es im Aramäischen, wo es der neutrale Begriff für „Priester" ist, worauf – was meist übersehen wird – besonders das Fehlen von כהן im Aramäischen deutet. Wenn letzteres, wie etwa in Elephantine oder den Targumim, auftaucht, handelt es sich durchweg um einen judäischen *terminus technicus* bzw. einen Hebraismus! Welche spezifische Bedeutung das Wort כמר in den alttestamentlichen Texten hat, läßt sich aus dem Aramäischen also nicht erheben, allenfalls ein Moment der Fremdheit wird man aus der nicht-hebräischen Herkunft des Wortes schlußfolgern dürfen.

**27** Etwa KAI 37 A,9; 62,6; 120,2f.; 121,1; 126,4; 159,5 und vgl. Hoftijzer/Jongeling 1995 s.v. zbḥ₃. Weitere Kandidaten für priesterliche Bezeichnungen sind etwa מזה im Kanaanäischen sowie אפכלא (als Fremdwort), מבקרא oder עדד im Aramäischen.

**28** Vgl. zum Ugaritischen noch del Olmo Lete/Sanmartín 2003 s.v. ʕrb (II) und s.v. /b-d/.

**29** Vgl. die Problematisierung bei Sallaberger/Huber Vulliet 2005, 617 ff.

**30** Vgl. unten Kapitel 2.3 zum Gebrauch von לוי im Dtn, aber auch die Forschungspositionen zu Ex 4,14 unten Kapitel 4.2.

Da der Begriff „Priester", der sich als Übersetzung von כהן fest eingebürgert hat, im Bereich der Hebräischen Bibel jedenfalls in den meisten Belegen mit einem spezifischeren (engeren) Verständnis besetzt ist, werde ich für die weitere, d.h. Priester (כהנים) und Leviten (לוים) umfassende Personengruppe den neutralen Terminus „Kultpersonal" verwenden.

## 1.3 Etymologische Klärungsversuche

Die bisherigen Bemerkungen beschränkten sich auf den Umgang mit den biblischen Texten, außerbiblische Zeugnisse kamen nicht in den Blick. Der Grund hierfür ist simpel: Außerhalb der Hebräischen Bibel begegnen uns – bisher jedenfalls – keine Leviten. Weder in hebräischen Inschriften aus biblischer Zeit, noch etwa in den Elephantine-Papyri werden Leviten erwähnt. Auch wenn man sich hüten muß, aus einem negativen Befund allzu weitreichende Schlußfolgerungen zu ziehen, so ist besonders das Schweigen der Elephantine-Papyri, die doch immerhin einen Tempel und (judäische) Priester kennen,[31] bemerkenswert.

Die Beleglage wird noch deutlicher, bezieht man auch die Nachbarkulturen Israels und Judas mit ein. Zugegebenermaßen stehen uns über die kultischen Vollzüge bei Ammonitern, Moabitern, Edomitern und Philistern etc. praktisch kaum Quellen zur Verfügung. Doch sowohl der ugaritische als auch der phönizisch-punische Bereich, die uns umfangreiches Schriftgut hinterlassen haben,

---

**31** Vgl. TADAE A4.3,1.12; 4.7,1,18; 4.8,1; auch TADAE C3.28 (3. Jahrhundert v.Chr.) enthält eine Reihe gut hebräischer Namen, so daß man die als כהנא bezeichneten יוחנן (28,85) und שלמ[יה] (28,113) wohl als Judäer bzw. Juden ansehen darf (in 28,114 ist das Wort כהנא kaum, der Name des betreffenden Priesters gar nicht lesbar). Die recht aufregende Tatsache, daß es im frühptolemäischen Ägypten judäische Priester gibt, ist m.E. in der Forschung bisher noch nicht hinreichend gewürdigt. Trotz gegenteiliger Aussagen ist die Existenz eines weiteren, uns bisher unbekannten JHWH-Tempels zu erwägen. – Das Wort כהן ist in hebräischen Inschriften außerdem auf zwei Siegeln (WSS 28 und 29) belegt, die jedoch beide aus dem Antikenhandel stammen und „deren Authentizität nicht über jeden Zweifel erhaben ist" (Weippert 2010, 382). Zu WSS 28 (חלקיהו\חלקין (הכהן\ ב ג) vgl. Elayi 1986; 1987 und 1992; Renz/Röllig 2003, 219; Mykytiuk 2004, 177–188 und Weippert 2010, 382f. Gegenüber einer Identifizierung des genannten Hilqijahu mit dem II Reg 22,4.8 u.ö. erwähnten Priester (so offensiv Elayi aber – nach seiner ausführlichen Diskussion der Probleme etwas überraschend – auch Mykytiuk) ist jedoch gesunde Skepsis angebracht, vgl. Uehlinger 2007, 107–109! Zu WSS 29 (זכריו\ל כהן דאר\זכריו[ל]) und der Diskussion um ein mögliches JHWH-Heiligtum in Dor vgl. Avigad 1975; Haran 1977; Avishur/Heltzer 2000, 51; Renz/Röllig 2003, 204 und Weippert 2010, 382f. Den berühmt-berüchtigten Jerusalemer Granatapfel HAE Jer(8):33 lasse ich gänzlich außer Betracht, da alle Indizien dafür sprechen, daß es sich bei der Inschrift um eine moderne Fälschung handelt, vgl. Goren u.a. 2005; anders Lemaire 2006; dazu beide Positionen im Gespräch Aḥituv u.a. 2007.

kennen zwar Priester,[32] nicht jedoch „Leviten". Auch ein Blick in die Welt der Aramäer hilft nicht weiter.

Gleiches gilt für den Personennamen „Levi". Bislang ist der Name auf keinem der zahllosen Siegel bezeugt;[33] die frühesten außerbiblischen Belege für die Verwendung von „Levi" als Personenname – auch alttestamentlich ist der Sohn Jakobs im übrigen der einzige Namensträger, ein Schicksal, welches er bekanntlich mit vielen prominenten Gestalten der Genesis teilt – stammen aus hellenistischer Zeit.[34] Alle Namensträger dürfen als Judäer bzw. Juden gelten. In den Nachbarsprachen tauchen weder „Levi" noch ein mit „Levi" zusammengesetzter Name auf.[35]

Bisher nicht beachtet wurden zwei in der Forschung diskutierte Ausnahmen vom oben betonten „Schweigen" der Quellen: das Vorkommen des Wortes *lw'* bzw. feminin *lw't* (jeweils mit Suffixen) in minäischen Inschriften, sowie eventuell mit „Levi" zusammengesetzte Personennamen im amurritischen Onomastikon. Beiden Spuren soll im folgenden nachgegangen werden.[36]

### a) Leviten in Südarabien?

Zu den ersten europäischen Forschungsreisenden der Neuzeit, die die Oase al-ʿUlā besuchten, gehörte im Jahre 1883 der Straßburger Orientalist Julius Euting.[37] In drei der von ihm kopierten Inschriften fand sich das Wort *lw'* (mit entsprechenden Ableitungen), das David Heinrich Müller, der Erstherausgeber der Texte, mit

---

**32** Vgl. die entsprechenden Einträge bei del Olmo Lete/Sanmartín 2003 und Hoftijzer/Jongeling 1995 s.v. khn; vgl. weiterhin Cody 1969, 18–23 zur Diskussion der einschlägigen Texte und dazu 14–18 zur Situation in Nordarabien.
**33** Vgl. etwa Avigad/Sass 1997 und die übrigen einschlägigen Corpora.
**34** Vgl. die Einträge bei Ilan 2002, 182–185 und 2008, 134 f. Der Befund bleibt bemerkenswert, auch wenn die Quellendichte in vorhellenistischer Zeit zugestandenermaßen dünner ist. Die Zusammenstellung bei Zadok 1988, 71 gibt dieses Bild nur bedingt wieder. Zu den amurritischen Namen siehe i.f. Skepsis ist auch gegenüber dem vermeintlich aramäischen Namen *Na-šuḫ-la-ú-a-ni* (vgl. Fales 1973, 49, dort weitere ähnliche Beispiele) angebracht.
**35** Die Verbindung von *le-e-ia* in den Amarna-Briefen (EA 162:70) mit hebräisch לוי (vgl. Hess 1993, 104) ist nicht haltbar.
**36** Unbeachtet lasse ich an dieser Stelle die notorisch problematischen Parallelisierungsversuche mit ägyptischen Namen, kritisch dazu schon Hölscher 1925, 2156 sowie Kellermann 1984, 506.
**37** Vgl. die lebendige Darstellung des Aufenthaltes in diesem „Staub- und Drecknest, so man el-ʿÖla nennt" in Euting 1914, 217–264 (das Zitat 265), eine kürzere Beschreibung aus Eutings Feder findet sich zuvor schon in D.H. Müller 1889, 8–11.

„Priester" übersetzte.[38] Bereits kurz darauf stellte Fritz Hommel die Verbindung zu hebräischem לוי her,[39] die umso wahrscheinlicher schien, als man auf Moses midianitischen Schwiegervater und damit verwandte Thesen zur Herkunft des israelitischen Priestertums verweisen konnte.[40] Weitere inschriftliche Belege für *lw'* konnten die Dominikanerpatres Antonin Jaussen und Raphaël Savignac durch ihre „Mission archéologique en Arabie" beibringen.[41]

Jenseits der rein begrifflichen Gleichung, die er allerdings philologisch zu stärken suchte, bemühte sich Hubert Grimme, auch sachliche Übereinstimmungen zwischen mináischen und israelitischen Leviten aufzuzeigen. Da in den mináischen Inschriften *lw'* gleichermaßen von Personen und Sachen gebraucht werde, könne der Begriff nicht als Titel verstanden werden.[42] Statt dessen sah Grimme mit dem Wort ein Pfand bezeichnet und übersetzte mit „(Tempel)Pfand". Die südarabische Wurzel לוא sei entsprechend mit hebräischem לוה III zusammenzustellen, welches mit לוה II zusammengefallen sei.[43] Allerdings führt er, um das *ṣerē* der ersten Silbe erklären zu können, zugleich לוי auf ein ursprünglich bilitterales לו zurück[44] und deutet das finale י als Nisbe – eine Annahme, die er durch „die Verdoppelung des י vor der Plural-Endung und de[n] Einschub von -ā- vor ihm in biblisch-aramäischem לֵוָי*" gestützt sieht.[45] Die Nisbe zeige die über die (süd)arabische Bedeutung hinausgehende Sonderentwicklung im Hebräischen an, wonach לוי nicht mehr nur das Pfand bezeichne, sondern alles, was mit ihm in Verbindung stehe, einschließlich möglicher Nachkommen der Tempelhörigen bzw. Leibeigenen.[46]

---

38 Vgl. D.H. Müller 1889, 42f. (Nr. XVII = Euting 37 = RES 3351).45–47 (Nr. XXIII = Euting 49 = RES 3356 und Nr. XXIV = Euting 55 = RES 3357); ebenso Mordtmann 1897, 42f.48f.
39 Vgl. Hommel 1892, 30f.
40 So v.a. Hölscher 1925, 2156; und vgl. die weitere bei de Vaux 1961, 266 Anm. 6 genannte Literatur.
41 Vgl. Jaussen/Savignac 1909, 253–255 (Nr. 2 = RES 3603) und Jaussen/Savignac 1914, 261–263 (Nr. 12; mit der Übersetzung „lévitesse").292–294 (Nr. 27), die nach Grimme 1924, 187ff. als Bruchstücke einer einzigen Inschrift zu sehen sind (= RES 3697); sowie 264–266 (Nr. 14 = RES 3698). Jaussen/Savignac 1914, 285–289 (Nr. 24) entspricht Müllers Nr. XXIV. Dazu kommen, was m.W. in der bisherigen Diskussion übergangen wurde, zwei mögliche, wenngleich sehr unsichere Belege in je einer thamudischen (vgl. Jaussen/Savignac 1909, 275 [Nr. 20]) und lihyanischen Inschrift (vgl. Jaussen/Savignac 1914, 526f. [Nr. 356]). Sie bieten keinen Kontext, der eine Klärung des Begriffs erlauben würde, sollen hier aber zumindest erwähnt werden.
42 Vgl. Grimme 1924, 180f. Für Hugo Greßmann wird „damit auch der bisherigen Gleichsetzung dieses sabäischen *liw'ān* mit dem biblischen *lēwî* jedes Recht genommen" (Greßmann 1925, 156).
43 Vgl. Grimme 1924, 181f.
44 Vgl. bereits Grimme 1906, 327
45 Grimme 1924, 191f. (das Zitat 192).
46 Vgl. Grimme 1924, 192f.

Gegen Grimmes Deutung, die überdies auf der irrigen Annahme viel zu hohen Alters der minäischen Inschriften beruhte,[47] ist dreierlei einzuwenden:

a) Tempelhörige bzw. „Personen als Pfandleihe an den Tempel" sind im alten Israel nirgends bezeugt.[48] Es ist freilich nicht gänzlich auszuschließen, daß diese Institution in Israel und Juda frühzeitig aufgegeben wurde und sie tatsächlich nur noch in der Bezeichnung לוי weiterleben würde. Insofern besitzt dieser Punkt nur eingeschränkte argumentative Kraft.[49]

b) Die Existenz von „Pfandpersonen" ist im südarabischen Altertum gut bezeugt, die dafür verwendete Terminologie unterscheidet sich jedoch von jener der minäischen „Leviten"-Inschriften.[50]

c) Die philologische Ableitung von לוא über לו zu לוי ist nicht haltbar. Nicht zuletzt zeigt – anders als Grimme meint – gerade die Verdoppelung des י in Pluralformen an, daß der Konsonant wurzelhaft ist.[51]

Es war jedoch vor allem die Frage der Datierung der Inschriften, die Roland de Vaux dazu brachte, Grimmes These, welche sich zuvor einiger Beliebtheit erfreut

---

**47** Grimme 1924, 193 folgt der Annahme Eduard Glasers, der die Inschriften um 1000–900 v.Chr. ansetzt; vgl. dagegen schon Mordtmann 1897 und v.a. de Vaux 1961, 267; ebenso Cody 1969, 31. Die Inschriften sind mit Sicherheit erst in der zweiten Hälfte des 1. Jahrtausends v.Chr. anzusetzen.

**48** So bereits Greßmann 1925, 156. Ähnlich der Einwand von de Vaux 1961, 266f.: Gerade im Falle Samuels, wo sachlich ein gleichgelagerter Fall vorliegen könnte, werde das Verbum שאל gebraucht; zudem gelte Samuel erst nach I Chr 6,18–23 als Levit (dazu s.u. Kapitel 6.3.1). Bemerkenswert ist immerhin die Bezeichnung der Leviten als נתונים in Num 3,9; 8,16.19; 18,6 und I Chr 6,33 bzw. das Auftreten von נתינים v.a. in Esr-Neh vor dem Hintergrund der von Taggar-Cohen 1998 herausgearbeiteten rechtsgeschichtlichen Parallelen in der Institution der *tidennūtu* in Nuzi; vgl. dazu außerdem die Diskussion bei Frevel 2010b.

**49** Grimme selbst setzt einen Bedeutungswandel in „mosaischer Zeit" voraus, nach ihm hieße das um 1400 v.Chr. (vgl. Grimme 1924, 193f.)! Abgesehen vom (nicht nur aus heutiger Perspektive) erstaunlichen Vertrauen in den historischen Aussagegehalt mancher biblischer Texte kommen kaum haltbare Spekulationen zur Gleichsetzung des ägyptischen Gottes Šapdu mit אל שדי und davon abgeleitet der Herkunft der Leviten aus Pi-Šapdu im Wadi Tumilath etc. hinzu (vgl. Grimme 1924, 193f.); siehe auch dazu die kritischen Bemerkungen bei Greßmann 1925, 156.

**50** Vgl. Höfner 1970, 333f. und Kellermann 1984, 505; diesen Punkt gesteht allerdings auch Grimme 1924, 174 zu.

**51** Man vgl. biblisch-hebräische Gentilizia wie יהודים (Jer 43,9; 52,28.30), עמונים (Dtn 2,20; I Reg 11,5; II Chr 20,1; 26,8; Neh 4,1) etc. In Qumran und späterer Zeit dagegen finden sich auch Schreibungen mit zweifachem י, so etwa יהודיים (2Q13/2QJer f3-4,2; das zweite י ist supralinear nachgetragen!) oder פלשתיים (1Q33/1QM 11,3; 6Q9/6Qpap apocrSam–Kgs f32,1); dazu die zahlreichen Belege für כתיים in 1Q33/1QM 1,4 u.ö. bzw. כתיאים in 1QpHab 2,12 u.ö.; vgl. aber die Diskussion dieser Formen bei Qimron 1986, 31–33.

hatte, zurückzuweisen.[52] Ausgehend von der Beobachtung, daß sich die Belege sämtlich in nordminäischen Inschriften finden und der Begriff in den sonstigen südarabischen Dialekten bzw. Sprachen fremd ist, legte er ein anderes Erklärungsmodell vor: So könnten mit Nabonid auch judäische Soldaten nach Dedan gekommen sein und – eventuell durch aramäische Vermittlung – eher umgekehrt mit einer Beeinflussung der minäischen „Leviten" durch das israelitisch-judäische Levitentum gerechnet werden. Auch wenn diese Überlegung ausgesprochen attraktiv ist,[53] wird man insgesamt zurückhaltend bleiben müssen. Es ist nicht auszuschließen, daß nur eine zufällige lautliche Ähnlichkeit besteht, beide Phänomene jedoch nicht miteinander verbunden sind. In seinem Fazit wird man de Vaux hingegen auch nach heutigem Erkenntnisstand uneingeschränkt zustimmen können: „le lévitisme reste une institution originale d'Israël."[54]

### b) Levi bei den Amurritern?

Unabhängig von der Frage nach „Leviten" außerhalb der Hebräischen Bibel bleibt die Möglichkeit, den Namen Levi in anderen semitischen Sprachen zu finden und auf diesem Wege eventuell Aufschluß über die Bedeutung des Namens sowie das Verhältnis von Name und Appellativum zu erlangen. Die verheißungsvollsten Kandidaten für mögliche Parallelen bietet das amurritische Onomastikon. Neben einer Tafel aus Chagar Bazar[55] scheinen v. a. die Texte aus Mari entsprechendes Vergleichsmaterial zu bieten: In Frage kommen die Namen La-wi-AN[56] sowie La-wi-la-AN mit diversen Varianten des theophoren Elements.[57] Mit Blick auf La-wi-

---

52 De Vaux 1961.
53 Frühe Aufnahme fanden die Thesen von de Vaux etwa bei Cody 1969, 31 f.
54 De Vaux 1961, 273.
55 Chagar Bazar A994; vgl. Gadd 1940, bes. pl. IV. Die Tafel kam bei der Fundteilung in das Nationalmuseum in Aleppo, wo 1982/83 allerdings nur noch 11 der ursprünglichen 47 Tafeln auffindbar waren, darunter auch A994. Leider legte Daniel Snell in seiner Untersuchung zu den altbabylonischen Texten aus Chagar Bazar keine vollständige Neuedition vor, sondern lediglich einige die Zeilen 29.34 und rev19 betreffenden Verbesserungsvorschläge in Umzeichnung (vgl. Snell 1983).
56 ARM VI 78,18; XIV 109,7.
57 Etwa La-wi-la-$^d$IM oder [La]-wi-la-$^d$Da-[gan]: Chagar Bazar A994 rev31; ARM II 135,12 (vgl. den Eintrag Lawîla-Addu in ARM XV); VI 51,4; 52,4.19 f.; VII 112,8; 208,2; 219,[11.]52; 280,viii'.17; VIII 82.5; IX 6,10.13; XIII 1,iv'.11; vgl. ARM XVI/1, 145. Dazu kommen Belege aus Emar, vgl. Pruzsinszky 2003, 174. Huffmon 1965, 225 f. listet unter der Wurzel *lw'* (!) zudem mit La-ú- gebildete Namen aus Alalakh auf. Diese und verwandte Namen sind jedoch mit Streck 2000, 233 f.271 zu *l'h* „mächtig" zu stellen (anders Gelb 1980, 143 f.).

AN in Mari stellte Martin Noth die Verbindung zu hebräischem לוי her,[58] und ausgehend davon – obwohl Noth selbst sich noch zurückhaltend äußerte – erhielt die These auftrieb, Levi sei als Hypokoristikon zu verstehen, angesichts der minäischen Belege mutmaßlich in der Bedeutung „Anhänger, Klient, Verehrer des Gottes X".[59]

Daß La-wi- allerdings mit einer Wurzel *lwy* zusammenzubringen ist, scheint fraglich. Bereits Albrecht Goetze deutete *la-* bzw. *lâ-* nach Zusammenstellung paralleler Namensformen als durch Kontraktion aus *la-ya-* entstandenes Präfix, ließ aber – was sicherlich ein Schwachpunkt seiner Argumentation war – die Frage der zugrundeliegenden Wurzel offen.[60] Hierfür konnte Michael Streck wahrscheinlich machen, daß jene Namen – bei 0-Graphie des *ḥ* – mit *ḥwy* zusammenzustellen sind.[61] Da dieses im Kanaanäischen erhalten geblieben sein müßte, kann לוי nicht länger von den entsprechenden amurritischen Namen hergeleitet werden. Zu bedenken wäre noch der gegen Goetze vorgetragene Einwand Herbert Huffmons, daß „although this interpretation could easily apply to *La-wi-AN* it cannot be maintained for the names with a second *la* (there are no examples of *laqtul* names with a second *la* involving other elements)."[62] Dieses Gegenargument ist m. E. jedoch nicht zwingend, da zwischen dem entsprechenden Verbalpräfix und der Affirmativpartikel *la*[63] unterschieden werden muß.[64] Freilich wären weitere Namensbeispiele dieser Art als Bestätigung der Möglichkeit wünschenswert.

---

58 Vgl. Noth 1956, 327.

59 Vgl. Weippert 1967, 48 f. Anm. 8; Cody 1969, 32 f.; Kellermann 1984, 506 u. a. So weit ich sehe, wurde allerdings die Frage, ob ein solcher Name überhaupt den sachlichen Prinzipien altorientalischer Namengebung entspricht, noch nicht hinreichend diskutiert.

60 Vgl. Goetze 1958, 31 f.: „One can hardly err in assuming that in the left column we deal with *yaf'al* forms and that ... a prefix *la-* has been added to these forms, *la-ya-* yielding *la-* (probably with a long *a*)." Dies wäre zudem eine attraktive Möglichkeit gewesen, das *ṣerē* der ersten Silbe in לוי durch Kontraktion von *la-ya-* erklären zu können, so etwa Cody 1969, 33 Anm. 111; vgl. aber i.f.

61 Vgl. Streck 2000, 245, auch Pruzsinszky 2003, 174 Anm. 246 erwägt diese Möglichkeit.

62 Huffmon 1965, 225.

63 Vgl. dazu Streck 2000, 304. Zum „emphatischen Lamed" im Hebräischen vgl. Nötscher 1953, speziell 376 f. mit Verweis auf Eigennamen wie KAI 203 (אדנלרם) aus Ḥama; weitere Beispiele sind WSS 760 (gleicher Name und Fundort wie KAI 203) und 761 (אחלכן); unsicher sind WSS 870 (אבלא) und 875 (רבלבסד).

64 Ähnlich schon die Überlegungen bei Cody 1969, 33 Anm. 111. Noch einmal anders ist der Ansatz von Durand 1998, 165 (u. a. gefolgt von Heimpel 2003, 548): Er liest den Namen La-wi-la-dIM (ARM II,135; VI,51; 52; XXVI,316 u.ö) als La-Awil-Addu mit Sandhi-Schreibung, kritisch dazu Pruzsinszky 2003, 174 Anm. 246.

Auch die mutmaßlichen amurritischen Namensparallelen sind daher mindestens mit äußerster Vorsicht zu betrachten, oder sogar ganz aufzugeben. Denn auch wenn es sich bei den genannten amurritischen Namen um Zusammensetzungen mit einer Wurzel *lwy* handeln sollte, bestünde zwischen ihnen und den hellenistischen Trägern des Namens Levi noch immer eine gewaltige zeitliche Lücke, die allein durch den Sohn Jakobs ein wenig gefüllt würde. Da das onomastische Material inzwischen aber so reichhaltig ist, daß man das Fehlen des Namens Levi darin m.E. nicht mehr auf die zufällige Überlieferungssituation zurückführen kann, bleibt nur eine Konsequenz: Der hebräische Personenname Levi läßt sich nicht länger genetisch auf mutmaßliche amurritische Vorbilder zurückführen, d.h. ebenso wie die Leviten allem Anschein nach eine genuin israelitisch-judäische Einrichtung des Kultus sind, bleibt nach derzeitiger Beleglage auch Levi ein genuin hebräischer Name, der – abgesehen von seinem berühmtesten Namensträger – in vorhellenistischer Zeit keine Verwendung findet.

## c) Schlußfolgerungen

So bedauerlich die Nichtverwertbarkeit außerbiblischer Quellen bzw. ihr Fehlen für alle historischen Rückfragen sind, erlaubt uns diese Situation – bei aller Vorsicht im Umgang mit Argumenten *e silentio* – dennoch einige Schlußfolgerungen: Auf der Suche nach einer plausiblen Etymologie für לוי darf man sich auf die hebräische Sprache beschränken. Dabei wird man nicht von vornherein ausschließen können, daß die biblisch gebotenen Etymologien in ihrer spielerischen Weise semantisch mit „sich anschließen" bzw. „(einer Sache) anhängen" das Richtige treffen.[65] Will man לוי von einer der Wurzeln לוה des hebräischen Lexikons ableiten, bliebe v.a. das *ṣere* der ersten Silbe zu erklären, das sich mit den üblichen Wortbildungsmustern nicht ohne Weiteres in Verbindung bringen läßt.[66]

Die andere und für die vorliegende Arbeit entscheidendere Konsequenz ist die Feststellung, daß beide Verwendungsformen von לוי nicht unabhängig voneinander zu betrachten sind, sondern – wie bereits in älteren Arbeiten angenommen

---

[65] So die Namensdeutung Leas bei der Geburt Levis Gen 29,34 und die implizite Namensdeutung bei der Verhältnisbestimmung von Aaroniden und (sonstigen) Leviten in Num 18,2.4; in Umwandlung von Gen 29,34 bezieht Jub 31,16 den Namen auf das Anhängen an Gott; vgl. weiterhin Hölscher 1925, 2155.

[66] Die engste Parallele in der Wortbildung weist שׂעי auf. Hier ist das *ṣere* auf sekundäre Dehnung zurückzuführen.

– der Eigenname als Abstraktion des Appellativums zu verstehen ist.[67] Damit ist zugleich ein wesentlicher Baustein für das Verständnis der Levi-Texte der Genesis, welches sich freilich in der Analyse der Einzeltexte bewähren muß, benannt: Auch wenn noch zu klären ist, warum Levi *so* gezeichnet wird,[68] ergibt sich die Tatsache, *daß* er als Sohn Jakobs auftritt, aus seiner Rolle als *heros eponymos* der Leviten. Der Annahme eines „weltlichen Stammes Levi" fehlt damit die Grundlage.[69] Mit anderen Worten: Bevor aus dem biblischen Patriarchen Levi in der nicht kanonisch gewordenen Literatur des Zweiten Tempels der prototypische Priester werden konnte, mußte aus dem eponymen Stammvater der Leviten zunächst der Sohn Jakobs werden.

---

**67** Vgl. neben Baudissin 1889, 263 f.; Hölscher 1925, bes. 2161 f. und Gunneweg 1965, 79 f. – mit je unterschiedlichen Schwerpunktsetzungen – etwa Grimme 1924, 191: „Das [*scil.* die Form mit Artikel] beweist, dass der Stammname mit dem Gattungsnamen ursprünglich gleich gewesen ist, und lässt den Personennamen לֵוִי als eine Bildung späterer Zeit erscheinen."
**68** Dazu s.u. Kapitel 5.2.
**69** Vgl. in hinreichender Gründlichkeit schon Hölscher 1925, 2156–2161. Zu welchen Kapriolen eine solche Annahme führen muß, zeigt dagegen eine Bemerkung Noths: „Sollte die Verwandlung des weltlichen Stammes Levi in einen ‚Priesterstamm' nicht doch einfach auf die ‚zufällige' Gleichheit des Namens לוי mit diesem Appellativum לוי zurückzuführen sein?" (Noth 1948, 197 Anm. 503).

# 2 Die Leviten im Deuteronomium

An den Beginn meiner Arbeit stelle ich eine Untersuchung der Levitentexte des Deuteronomiums. Der Grund für diese Abweichung von der kanonisch vorgegebenen Reihenfolge liegt im Deuteronomium selbst: Zwar gibt es biblische Bücher – etwa Numeri, Esra-Nehemia oder die Chronik –, die weitaus mehr Belege für לוי aufzuweisen haben, als das letzte Buch des Pentateuch. Allerdings bietet keines dieser Bücher eine solche Vielfalt in der verwendeten Terminologie und den jeweiligen sachlichen Kontexten der Belege wie das Deuteronomium. Beides dürfte seine Ursache in der langen Redaktionsgeschichte des Buches bis hin zu seiner endgültigen Integration in einen priester(schrift)lich geprägten Pentateuch haben. Gerade dieser Punkt macht das Deuteronomium zu einem attraktiven Ausgangspunkt für die Suche nach der Geschichte der Leviten: Der mutmaßlich lange Entstehungszeitraum erlaubt es am ehesten, die Ausgangs- und Anhaltspunkte der Entwicklungslinien deutlicher zu erfassen und nachzuzeichnen. Demgegenüber bieten die übrigen Bücher auf den ersten Blick weniger klare Konturen. Ist aber mit der Analyse des Deuteronomiums einmal der Maßstab gefunden, bietet dies eine Hilfe bei der Deutung und Zuordnung der übrigen, größtenteils eher kontrastierenden Positionen.

Mit diesem Ansatz wird ein Problem der meisten bisherigen Analysen zur Frage der Leviten im Deuteronomium und zugleich die methodische Prämisse für diese Arbeit benannt: Vor jeder systematisierenden Rückfrage ist nach der literarhistorischen Entwicklung zu fragen. Ein Modell, welches die diachrone Textwerdung ignoriert, wird geradezu notwendigerweise der Komplexität des Befundes nicht gerecht werden. Es ist daher nicht verwunderlich, daß die Rolle der Leviten im Deuteronomium in den bisherigen Arbeiten so unterschiedlich beurteilt worden ist, je nachdem, welcher Aspekt bzw. Teiltext – ausgesprochen oder unbewußt – als Leitbild im Zentrum der jeweiligen Analyse stand. In dieser Hinsicht bedeutete die Dissertation Ulrich Dahmens[70] einen entscheidenden methodischen Fortschritt, indem sie konsequent die Betrachtung der Literargeschichte an den Anfang stellt und erst im Anschluß nach der historischen Synthese fragt – eine Vorgehensweise, an der sich auch die vorliegende Untersuchung orientieren wird. Dagegen werde ich in nicht wenigen Punkten zu anderen literarkritischen Ergebnissen als Dahmen, der im folgenden Kapitel mein hauptsächlicher Gesprächspartner ist, kommen. Nicht zuletzt aufgrund seiner gründlichen Aufarbeitung der Forschungspositionen muß seine Arbeit jedoch ohnehin als Referenzpunkt für jede weitere Auseinandersetzung dienen.

---

70 Dahmen 1996.

## 2.1 Der äußere Rahmen des Deuteronomiums

### 2.1.1 Dtn 10

Die erste Erwähnung von Leviten im Buch Deuteronomium findet sich in Kapitel 10. Insofern mit der Erstnennung die Leseperspektive für das gesamte Buch vorgegeben wird, kommt dieser Stelle erhebliche Bedeutung zu. Es ist von daher kaum überraschend, daß eine solche Stelle zu redaktionellen Überarbeitungen des Textes einlädt. Tatsächlich sind die Vv. 6 f. 8 f. bereits sprachlich aufschlußreich, ebenso gewichtig ist ihr sachlicher Beitrag. Bevor beide Aspekte im Hinblick auf unsere Fragestellung betrachtet werden sollen, seien knapp die literarkritischen Beobachtungen zusammengestellt, die zumindest bezüglich dieser Verse zu einem recht breiten Konsens in der Forschung geführt haben.[71]

**a) Literarkritische Beobachtungen**
Nach der Mahnung an Israel Dtn 9,1– 6.7a, sich an der Schwelle zum verheißenen Land bewußt zu sein, daß es das Unrecht der Völker ist, weswegen JHWH diese vor Israel vertreiben wird, ist in 9,7b–10,11 eine historische Rückschau auf die Ereignisse am Gottesberg, dem Horeb, zwischengeschaltet, bevor ab 10,12 weitere Mahnungen folgen. Auffällig neben dem Genrewechsel in 9,7 ist dort der Wechsel der Anrede vom Singular in den Plural. Sollte mit Samaritanus und LXX bereits יצאתם statt יצאת zu lesen sein, ergäbe sich ein weiteres literarkritisches Argument für die Annahme eines Neueinsatzes mit V. 7b.[72] Der allgemeine Verweis darauf, wie Israel JHWH, seinen Gott, in der Wüste erzürnte (V. 7a קצף *hif'il*), wäre somit möglicherweise einer der Auslöser dafür, das Ur-Ereignis zu erzählen, in welchem die Israeliten JHWH erzürnten (V. 8). Die folgenden Erinnerungen Moses betreffen

---

**71** Vgl. Weinfeld 1991, 419 – 423; Dahmen 1996, 23 – 26.94 – 96, sowie Veijola 2004, 239 – 241.
**72** Die Beurteilung von McCarthy 2007, es handle sich bei der Numerusvariante in V. 7b um eine Harmonisierung, ist einleuchtend, nur ist die Richtung der Harmonisierung keineswegs eindeutig. Mir scheint eher der masoretische Text zu glätten. Ausfall eines מ durch Haplographie und damit ebenfalls ursprünglich Plural vermutet Weinfeld 1991, 401. – Zur literarkritischen Entscheidung vgl. bereits Hölscher 1922, 172 und Noth 1943, 17. Dagegen hält Lohfink 2001, 43 – 47.72 den Vers „nicht für aufteilbar". Der Argumentation von Veijola 2004, 221– 241, bes. 233 ff. vermag ich nicht zu folgen. Unbegründet ist auch die Annahme von H.-Chr. Schmitt 2000, 241, der ganze V. 7 sei ursprünglich pluralisch formuliert gewesen.

dementsprechend die Ereignisse von Ex 32–34, und stehen mit diesem Text in einem komplexen Beziehungsgeflecht.[73]

Offensichtlich aus diesem Rahmen heraus fallen Dtn 10,6 f. Das Itinerar und die Notiz vom Tode Aarons nehmen Num 20 und 33 auf, verlassen damit sachlich das Geschehen am Gottesberg, liegen aber auch erzählpragmatisch auf einer anderen Ebene. Sie gelten daher allgemein als spätester Zusatz innerhalb des Abschnittes,[74] was zur Folge hat, daß man die relative Zeitangabe בעת ההיא (q^ere) in Dtn 10,8 f. als ursprünglich auf V. 5 bezogen verstehen müßte, also eine Situation am Horeb vorausgesetzt wäre. Dennoch verlassen auch Vv. 8 f. diesen Rahmen und ist ein möglicher Bezug auf Ex 32–34 durchaus unsicher. Versteht man die Zeitangabe in V. 8 als jener von V. 1 zeitlich nachgeordnet, so ist bereits die Zweitfassung der Bundestafeln erstellt, wir befinden uns also erzähllogisch nach Ex 34.

Für die Literarkritik entscheidend ist neben zahlreichen kleineren Beobachtungen zum Themen- und Stilwechsel[75] aber V. 9: Über die Szene am Gottesberg und auch über die Fiktion der Moserede hinaus führen der Verweis auf die bereits erfolgte Landverteilung bzw. – im Falle Levis – der Nichtverteilung, und die Notiz „bis auf den heutigen Tag".[76] Erst V. 10 blendet wieder auf die erinnerte Situation am Sinai/Horeb zurück. Auffällig ist weiterhin der Hinweis auf das „Tragen der Lade des Bundes JHWHs". Nicht nur, daß es sich nach Dtn 10,1–5 schlicht um eine Lade aus Holz handelt, vielmehr spielt auch sie in Ex 32–34 keine Rolle. Wie Peter Porzig einleuchtend gezeigt hat, muß wahrscheinlich Dtn 10,1–5, der seinerseits ein Spätling in unserem Abschnitt sein dürfte,[77] als der Auslöser für die Einfügung der Vv. 8 f. gelten.[78]

Es ist für unsere Fragestellung nicht nötig, der komplexen Literargeschichte des Abschnittes Dtn 9 f. insgesamt weiter nachzugehen. Alle Beobachtungen deuten jedoch darauf hin, daß mit einem komplexen Fortschreibungsprozeß zu rechnen ist. Zur Grundschicht gehören Dtn 9,1–7a und wohl weitere Verse von Kapitel 9.[79] Spätestens in 10,12 wird der Faden aus Kapitel 9 wieder aufgenom-

---

**73** Vgl. u. a. die Analysen von Dohmen ²1987, 66–147; Aurelius 1988; Achenbach 1991, 346–371; Dahmen 1996, 74–94 und Lohfink 2001; und s.u. Kapitel 4.4.

**74** Vgl. bereits Dillmann 1886, 282; S.R. Driver ³1902, 121 u.v.a.

**75** Die Beobachtungen und Argumente sind umfassend zusammengestellt bei Dahmen 1996, 23–26.

**76** Bei von Rad 1964, 54 in der Übersetzung versehentlich weggelassen.

**77** Vgl. schon Cornill 1891, 39.

**78** Vgl. Porzig 2009, 42–50.

**79** Vgl. v. a. Hölscher 1922, 170 ff. und Aurelius 1988, 10–18 (bes. 17), ähnlich Talstra 1995. Fast genau umgekehrt rechnet Lohfink 2001, 72–77, die Verse 1–8 einer Erweiterungsschicht zu. Allerdings hängt seine Argumentation zu stark von externen Voraussetzungen wie der Annahme eines DtrÜ und DtrN ab.

men.[80] Bereits diese Grundschicht gehört aber einem deuteronomistischen[81] Stadium der Buchentwicklung an. Ein spätdeuteronomistischer Redaktor fügte die Vv. 8 f. ein, ein noch späterer Schreiber ist für die Vv. 6 f. verantwortlich. Ihn wird man bereits als postdeuteronomistisch bezeichnen müssen. Diese Entwicklung des Textes hat erhebliche Folgen für das jeweilige Verständnis der Verse, dem im folgenden stufenweise nachgegangen werden soll.

### b) Sprachliche Beobachtungen

Zuvor sind jedoch einige Bemerkungen zur sprachlichen Gestalt angebracht. Die Rede vom „Stamm" findet sich in Verbindung mit לוי innerhalb der Hebräischen Bibel achtmal.[82] Während in Numeri für „Stamm" der Begriff מטה benutzt wird, verwenden das Deuteronomium, Josua und die Chronik שבט. Aufschlußreich ist die Beobachtung, daß לוי in Verbindung mit שבט bis auf Dtn 18,1 jeweils durch den Artikel determiniert ist, nicht aber nach מטה. Wir haben es daher im letzteren Falle, d. h. v. a. in Numeri, mit dem Eigennamen „Levi", im ersteren Falle dagegen mit der Funktionsbezeichnung „Levit" zu tun, müßten daher „Stamm des Leviten" bzw. dem deutschen Sprachgebrauch entsprechend pluralisch „Stamm der Leviten" übersetzen.[83] Die LXX setzt dreimal den doppelten Artikel,[84] an den übrigen Stellen nicht. In allen Fällen schreibt sie jedoch Λευι und versteht לוי also als Personenname. Die dem hebräischen Text von Dtn 10,8 angesichts des Artikels eigentlich entsprechende Wiedergabe wäre jedoch eine Form von Λευίτης gewe-

---

80 Den Zusammenhang eines „Überschriftensystems" von Dtn 5,1 über 6,4; 9,1 und 10,12 sieht auch Lohfink 2001, 42 f. Spricht nicht allein diese Beobachtung für einen engen Zusammenhang von zumindest 9,1 ff. und 10,12 und damit gegen Lohfinks Schichtenfolge?
81 Aurelius 1988, 38 f. spricht zwar von „deuteronomisch", insofern der Begriff bei ihm nicht literarhistorisch, sondern sachlich gefüllt, d. h. auf das „Gesetz" bezogen ist, „deuteronomistisch" hingegen auf die „Geschichte". Da s. E. aber die Grundschicht in Dtn 7,17–10,11 von Dtn 1,19–46 abhängt, ist damit literarhistorisch durchaus eine ähnliche Position vertreten wie hier. Auch Nielsen 1995, 114 ff. ist trotz differierender Terminologie und Widerspruch gegen Aurelius letztlich nicht weit von dieser Position entfernt, nur sieht er in Dtn 10,12 die ursprüngliche Fortsetzung von 8,18, alles Dazwischenliegende wäre dtr nachgetragen.
82 Num 1,49; 3,6; 18,2; Dtn 10,8; 18,1; Jos 13,14.33; I Chr 23,14. In Num 17,18 taucht der Ausdruck zwar auch in Verbindung mit den zwölf Stämmen auf, die Rede ist aber von zwölf konkreten Stäben bzw. von dem Stab Levis.
83 So z. B. auch die Übersetzung bei Veijola oder die revidierte Lutherübersetzung in Jos 13,14 und I Chr 23,14, nicht jedoch in Dtn 10,8 und Jos 13,33. Zur gleichen Schlußfolgerung gelangt mit etwas anderer Begründung auch Dahmen 1996, 53–56, wobei mir die Rede vom „Gentilizium" unglücklich erscheint, vgl. oben Kapitel 1.3. Zudem zieht Dahmen nicht die m. E. notwendigen Schlußfolgerungen zur Auslegung von V. 9.
84 Num 1,49; Dtn 10,8 und I Chr 23,14.

sen, etwa ἡ φυλὴ τῶν Λευιτῶν.[85] Dies ist dann mit dem Dativ Plural in V. 9a der Fall
– in Spannung zum Singular von V. 9b! Der Grund für diesen Numeruswechsel in
der LXX dürfte allerdings weniger philologischer als vielmehr chronologischer
und damit genuin exegetischer Natur sein: Bei der Landverteilung haben natürlich
die Leviten und nicht der bereits verstorbene Jakobssohn Levi kein Erbteil erhalten. Nichts anderes drückt der hebräische Text aus, der allerdings aufgrund der
Ambiguität von לוי dieses Wort in metaphorischer Weise bzw. *pars pro toto* gebrauchen kann, während durch die sprachliche Differenzierung im Griechischen
ein metaphorischer Gebrauch mißverständlich wirken muß und damit nahezu
ausgeschlossen sein dürfte. Konsequent spricht die LXX daher von „ihren Brüdern" (τοῖς ἀδελφοῖς αὐτῶν), womit ebenfalls die übrigen Israeliten und nicht
metaphorisch die anderen Söhne Jakobs gemeint sind. Im Fortgang des Verses
wechselt der griechische Text dann in getreuer Wiedergabe der hebräischen
Konsonanten in den Singular (αὐτός/αὐτοῦ/αὐτῷ) zurück, die Gottesrede erging
also nach diesem Verständnis an Levi selbst.

Sachlich hat die LXX jedoch mit dem Plural der vorderen Vershälfte das
Richtige getroffen. Zwar ist im masoretischen Text von V. 9a die Präposition ל mit
*sch<sup>e</sup>wa* punktiert und לוי hier demnach als Personenname zu verstehen. Der
Konsonantentext erlaubt jedoch auch eine Lesung mit (elidiertem) Artikel, entsprechend wäre לוי erneut Funktionsbezeichnung und nicht Eigenname. Angesichts der Form הלוי in V. 8 ist das nicht nur eine mögliche, sondern die vorzuziehende Lesung. Wenn die LXX in der hinteren Vershälfte zum Singular
zurückkehrt, orientiert sie sich demnach nur scheinbar sprachlich enger am hebräischen Text. Tatsächlich wäre, dem griechischen Sprachgebrauch folgend,
auch hier der Plural angemessener gewesen. Mit dem Singular bezeugen daher
sowohl die Vokalisierung des hebräischen Textes in V. 9 als auch die LXX in V. 9b
auf je ihre Weise einen Interpretationsvorgang, nach dem der vom Konsonantentext intendierte generische Singular „der Levit" so verstanden wird, als sei vom
Stammvater Levi die Rede.[86] Die Mehrdeutigkeit des Konsonantentextes eröffnet
somit zugleich einen Anknüpfungspunkt für die Levi-Literatur aus der Zeit des
Zweiten Tempels, insofern biblisch von einer Gottesrede an Levi nirgends die Rede
ist und es so eine erzählerische Lücke zu schließen gibt.[87]

---

**85** Vgl. Num 3,20.32 etc. zur Wiedergabe von hebräischem לוי mit Plural im Griechischen. Eine
entsprechende Zusammenstellung der Wiedergabe von Ethnika bietet Perkins 2010, 457–458.
**86** Interessant ist auch ein Vergleich der modernen Übersetzungen: Während die Einheitsübersetzung dem Singular des hebräischen Textes folgt, entscheidet sich die Übersetzung nach
Luther in der revidierten Fassung von 1984 konsequent für den Plural, was philologisch
durchaus angemessen ist.
**87** Vgl. dazu Kapitel 8.4.

## c) Redaktionsgeschichtliche Auswertung

Sachlich bieten Vv. 8 f. zweierlei: Der Stamm der Leviten wurde von JHWH ausgesondert, ursprünglich am Gottesberg, um die Lade des Bundes JHWHs zu tragen, vor JHWH zu stehen um ihm zu dienen, und in seinem Namen zu segnen.[88] Aufgrund dieser Aufgaben ging der Stamm bei der Verteilung des Landes leer aus und gilt JHWH als sein Erbteil. Daß hier ein genealogisches Prinzip für eine zunächst funktional definierte Gruppe eingeführt wird, ist keineswegs ungewöhnlich. Brisanz erhält diese Beobachtung jedoch dadurch, daß es sich bei den genannten Diensten um priesterliche Aufgaben handelt.[89] Die Rede vom „Stamm Levi" vertritt damit eine Konzeption des Priestertums, die sich mit der ansonsten in der Hebräischen Bibel breit vertretenen Konzeption des aaronidischen Priestertums nicht verträgt. Gesteigert wird die Brisanz noch durch die Tatsache, daß die Bestimmung hierzu am Gottesberg stattfindet und durch JHWH selbst erfolgt. „Die ungeheure theologische Bedeutung und der dahinter stehende hohe Anspruch dieser Aussage dürfen nicht unterschätzt werden", wie Ulrich Dahmen zu Recht bemerkt. „[D]ie Aussonderung des Stammes Levi ... erhält von daher eine der Verkündigung des Dekalogs und dem Bundesschluß gleichgesetzte Bedeutung!"[90]

Diese steile Formulierung (gesamt)levitischen Selbstbewußtseins ist freilich nicht ohne Widerspruch geblieben, was sich am offensichtlichsten in der späteren Vorschaltung der Vv. 6 f. niedergeschlagen hat. Mit der Einfügung des Itinerars zwischen V. 5 und V. 8 verlagert sich das Ereignis der Aussonderung des Stammes der Leviten vom Gottesberg nach „Jotbata, einer wasserreichen Gegend". Der Wasserreichtum steht nun freilich in scharfem Gegensatz zur Bedeutungsarmut dieser Lokalität! Eine solche Herabsetzung levitischer Ansprüche ergibt zwar ein gutes Motiv für die Einfügung *eines* Itinerars, erklärt aber noch nicht die Einfügung *dieses* Itinerars und die Plazierung der Notiz vom Tode Aarons und seiner Nachfolge. Zur Plausibilisierung der redaktionsgeschichtlichen Einordnung soll dem im folgenden nachgegangen werden.

Die vier Ortsnamen aus Vv. 6 f. finden sich variiert im Zusammenhang des Itinerars Num 33 wieder (Vv. 30 – 34). Num 33 kennt auch den Tod Aarons, allerdings erst einige Stationen später am Berg Hor (Vv. 37–39), was mit Num 20,22–29 und Dtn 32,50 f. übereinstimmt. Die Notiz vom Tode Aarons ist in Num 33 möglicherweise nicht ursprünglich, sie steht jedenfalls in Abhängigkeit von Num 20 f., wie der innerhalb des Itinerars deplazierte Hinweis auf den „König von Arad, der im Negev wohnt" (Num 33,40), zeigt, womit Num 21,1 anzitiert wird. Num 20 wiederum ist neben Dtn 10 der einzige Text, der das Motiv von der Nachfolge Aarons durch Eleasar ausführt. Dtn 10,6 f. stellt also inhaltlich eine Kombination von Num 20 (Nachfolge) und Num 33 (Itinerar) dar, weicht

---

**88** Zur Analyse der dreigliedrigen Konstruktion vgl. ausführlich Dahmen 1996, 31–34.
**89** Vgl. Dahmen 1996, 36–50.
**90** Dahmen 1996, 28 f.

aber von beiden Stellen in bezug auf den Todesort Aarons ab. Daneben bestehen zu Num 33 noch kleinere Unterschiede hinsichtlich der Namensformen und der Reihenfolge der Ortsnamen. Die samaritanische Textüberlieferung harmonisiert hier, indem sie das Stationenverzeichnis von Num 33,31–37 nach Dtn 10 übernimmt und erst danach die Notiz über Aaron bringt.[91]

Damit verschärft sich allerdings die Frage nach dem ursprünglichen Verhältnis der Texte zueinander. Werden die genannten Unterschiede zwischen Num 33 und Dtn 10 als Argument für das Vorliegen voneinander unabhängiger Traditionen benutzt oder gar für die Quellenhaftigkeit der Notiz in Dtn 10,[92] wird damit zum einen die Beziehung beider Texte zu Num 20 außer Acht gelassen, zum anderen stellt sich die Frage, warum eine solche selbständige Tradition ausgerechnet in Dtn 10, wo sie ja eher störend ist, Eingang gefunden haben sollte, während sie in Num 33 kontextuell eingebunden ist. Insbesondere die in älteren Kommentaren anzutreffende Zuschreibung der Vv. 6f. zum „Elohisten"[93] zeigt eher eine gewisse Ratlosigkeit im Umgang mit dem Phänomen später und spätester Einschreibungen, wobei mir angesichts der oben entworfenen relativen Chronologie, nach der die Zufügung besagter Verse eher postdeuteronomistisch anzusetzen wäre, das Konzept einer „eigenständigen Tradition" generell problematisch erscheint.

Statt dessen und mit Blick auf die genannten traditionsgeschichtlichen Zusammenhänge halte ich eine (literarische) Bezugnahme für plausibler. In diesem Falle müßten sich allerdings Erklärungen für die Differenzen finden lassen,[94] es sei denn, man versteht die Bezugnahme eher im Sinne „einer freien Assoziation denn Zitation eines Textes im Sinne literarischer Abhängigkeit, und Dtn 10,6f. [als] eine Notiz, die nicht unbedingt von großer Schriftgelehrsamkeit zeugt".[95] Eine solche Erklärung verbleibt nicht nur angesichts der oben erwähnten samaritanischen Harmonisierung, die ja durchaus einige Schriftgelehrsamkeit bezeugt, ein wenig unbefriedigend, sie vermag auch nicht zu erklären, was sie erklären will, nämlich daß diese Verse „überhaupt erst für ihren Zweck an genau dieser Stelle verfaßt worden"[96] sind.

---

**91** Vgl. Weinfeld 1991, 404.

**92** Vgl. die Zusammenstellung der Positionen bei Dahmen 1996, 98f.

**93** So etwa Cornill 1891, 41; S.R. Driver ³1902, 120; Steuernagel ²1923, 10 und noch Weinfeld 1991, 419; ähnlich schon Hempel 1914, 140 mit Verweis auf die Vorläufer. Allerdings gibt er Dillmann verkürzt wieder, denn jener sieht in Vv. 6f. einen von EJ (bei ihm BC) zu unterscheidenden Bearbeiter am Werk (vgl. Dillmann 1886, 282). Eine originale, aber hochproblematische Abwandlung der klassischen These bietet Baden 2009, 179–181. Er hält zwar E für den sachlichen Ursprung der Verse, rechnet diese aber dennoch seinem D zu. Damit wird die literarkritische Methodik auf den Kopf gestellt: Die Gründe, die überhaupt erst zur Ausgliederung der Verse aus D geführt haben, benutzt Baden einerseits, um die Thematik der von ihm postulierten, aber nirgends erhaltenen E-Version zurechnen zu können, andererseits übergeht er diese Gründe komplett, wenn er die Verse trotzdem D zurechnet. Diese Argumentation ist offenkundig zirkulär, denn sie setzt die Quellen als Ergebnis schon voraus und muß aus diesem Systemzwang heraus eine hypothetische Größe nach der anderen einführen.

**94** Interessant ist die Ausschmückung und Harmonisierung im Targum Pseudo-Jonathan zur Stelle, vgl. Clarke 1998, 33f. Demnach wären die Israeliten aus Angst vor Amalek einige Wegstationen in Richtung Ägypten zurückgewandert, die Leviten hätten sie jedoch – in ähnlich gewalttätiger Weise wie in Ex 32,25–29 – zur Umkehr bewegt.

**95** Dahmen 1996, 105.

**96** Dahmen 1996, 105.

Ein Zweck der Einfügung war oben darin bestimmt worden, daß die Aussonderung des Stammes der Leviten nun fernab des Gottesberges stattfindet. Mittels der Erwähnung des Todes Aarons wird zusätzlich der Zeitpunkt genauer bestimmt: Nicht nur fernab der göttlichen Offenbarungen am Sinai/Horeb, sondern auch erst nach dem Tod des ersten Hohenpriesters bekommt der Stamm seine Funktion zugewiesen. Warum wird Aarons Tod aber im Widerspruch zur Überlieferung nicht am Berg Hor, sondern in Mosera[97] lokalisiert – auch wenn dieses nur wenige Stationen vom Berg Hor entfernt liegt? Die einzige Erklärungsmöglichkeit, die sich m. E. anbietet, liegt in einem Wortspiel mit dem Ortsnamen: Entscheidend für die Notiz ist ja nicht allein der Tod Aarons, sondern die familiäre Sukzession, die Weitergabe der Tradition, wofür die spätere rabbinische Überlieferung das Verb מסר benutzt. Der Ortsname מסרה, könnte also auf die Weitergabe von Amt und Tradition an Eleasar anspielen und selbst die Umformung des Plurals von Num 33 in den Singular vor dem Hintergrund geschehen sein, daß mit dem ה zumindest im Schriftbild auf das Pronominalsuffix der 3. Person Singular – sei es in der vorexilischen Schreibung oder in seiner aramäischen Form – angespielt werden kann, also „er hat ihm übergeben" o. ä.[98] Daß Aaron nun nicht mehr am Berg Hor gestorben wäre, träte angesichts dieser hintergründigen Sinnstiftung zurück und dürfte nicht im Sinne einer Herabstufung von Aarontraditionen an bedeutungslose Orte verstanden werden. Im Unterschied dazu wäre den in V. 7 folgenden Ortsnamen keine besondere Bedeutung beizumessen. Sie sind möglicherweise tatsächlich nur als die Wegstationen in den Blick geraten, die entsprechend Num 33 folgen.

Das Problem obiger Deutung besteht freilich darin, daß das Verb מסר in vorrabbinischer Zeit sowohl im Hebräischen als auch im Aramäischen in der entsprechenden Bedeutung nur schlecht belegt ist.[99] Philologisch besser begründet ist die These Ben-Ḥayyims, מסר würde im biblischen Hebräisch „to count, to muster" bedeuten.[100] Ließe sich hieraus vielleicht eine spielerische Aufnahme in der Bedeutung des Ortsnamens in Dtn 10,6 f. ableiten? Vielleicht ist aber auch bei Eckart Otto mit dem Hinweis auf מוסר in Dtn 11,2 bereits die richtige Lösung gefunden.[101] Auch

---

**97** Bereits die Grundform der Namen läßt sich kaum sicher bestimmen, wie die Kommentare zur Stelle unabsichtlich durch ihre Übersetzungen deutlich machen, vgl. insbesondere die Varianten in Klammern bei Steuernagel ²1923, 87. Als Singular zu מסרות in Num 33 wäre מסרה anzunehmen. Rechnet man mit einer Richtungsangabe „nach NN", so müßte man allerdings von מסר ausgehen, so auch Ges¹⁷. Angesichts des Nebeneinanders von הגדגדה als Herkunfts- und Zielort, scheint man hier jedoch nicht, zumindest nicht von einer konsequenten Verwendung des *he locale* ausgehen zu können. Die Ortsnamen sollten dementsprechend als „Mosera" und „Jotbata" wiedergegeben werden. Nach Joosten 2005, 337 f. wäre diese Unsicherheit im Gebrauch des *he locale* übrigens als ein Merkmal später Sprache anzusprechen.
**98** Vgl. dazu auch unten S. 281 die Überlegungen zu Ex 32,25.
**99** Am deutlichsten sind wohl die Stellen in der Damaskusschrift (CD III,13; XIX,10) sowie die beiden aramäischen Belege in 4Q536 und 4Q541; von den zwei biblischen Belegen für verbales מסר ist Num 31,16 textkritisch schwierig, zu Num 31,5 vgl. Ben-Ḥayyim 1958 und die folgende Anm.; die beiden reichsaramäischen Belege (vgl. die Einträge in Schwiderski 2008) sind ebenfalls unsicher. Daneben bleibt als problematische Parallele nur *ms₃r* im Altsüdarabischen in der Bedeutung „wegnehmen, entfernen".
**100** Vgl. Ben-Ḥayyim 1958, u. a. mit Verweis auf Num 31,5LXX und die gelegentliche Wiedergabe von hebräischem פקד mit מסר im samaritanischen Targum.
**101** Vgl. Otto 2012, 991 ff. und seinen Verweis auf Klostermann. Schwierig bleibt m. E. Ottos mit Dtn 10,6 f. verknüpfte Zadokiden-These.

wenn diese Überlegungen im Ergebnis unsicher bleiben mögen, erscheint es mir nichtsdestotrotz zielführender, bei einer Einfügung wie Dtn 10,6 f. auch im Detail nach einer Absicht zu suchen, anstatt von doch einigermaßen plan- und sinnlosen Glossierungen auszugehen.

Aus den bisherigen Überlegungen ergibt sich, daß eine deuteronomistische Ergänzungsschicht Dtn 9,7b–10,11* in 10,8 f. eine spätdeuteronomistische Überarbeitung erhalten hat, die sich durch eine pointiert pro-levitische Position auszeichnet. Im Rahmen des Gesamtmodells wird noch zu fragen sein, ob darin eine polemische Note gegen die priesterschriftliche Fokussierung auf die Aaroniden zum Ausdruck kommt.[102] Diese Sicht hat allerdings nicht das letzte Wort behalten, ihr wurde schließlich postdeuteronomistisch mit den Vv. 6 f. eine Notiz mit priesterlichem Hintergrund vorangestellt, die auf zwar subtile Weise im Ergebnis doch recht scharfen Widerspruch gegen die Vv. 8 f. zum Ausdruck bringt, indem sie den Fokus auf die Fortsetzung der priesterlichen Linie legt und gleichzeitig der Aussonderung des Stammes der Leviten durch die Verlegung weg vom Gottesberg ihren offenbarungsähnlichen Charakter abspricht. Angesichts der Beziehungen zu den genannten Texten im Buch Numeri, die dort ihrerseits spät ergänzt sind, gewinnt man den Eindruck, daß die beiden Verse tatsächlich erst „in letzter Minute" noch Eingang in das Deuteronomium gefunden haben.

Der Einspruch gegen Dtn 10,8 f. zeigt sich neben der Vorschaltung der Vv. 6 f. darüber hinaus auch in der Textüberlieferung des Deuteronomiums selbst. So wohnt den textlichen Varianten der LXX eine klare theologische Tendenz inne: Das auf Gott zu beziehende Pronominalsuffix der 3. Person Singular in לשרתו hat im griechischen Text keine Entsprechung. Dadurch wird die Formulierung allgemeiner, der Dienst ist nicht mehr unmittelbarer JHWH-Dienst, sondern kann sich – wie ausdrücklich v. a. in den Numeri-Texten – auf die Priester oder die Gemeinde beziehen.[103] Ebenso ist der Gebrauch von ἐπεύχεσθαι statt des üblichen εὐλογεῖν zur Wiedergabe von ברך eine Einschränkung.[104] Der Segen bleibt den Priestern im engeren Sinne vorbehalten.

---

**102** Ähnlich Weinfeld 1991, 422: „It seems that the phrase „the whole tribe of Levi" has a polemical thrust [...] and comes as a reaction against the preference shown to the Aaronite clan." Man wird jedenfalls bei spätdeuteronomistischen Ergänzungen mit Kenntnis der Priesterschrift rechnen müssen. Daß aber noch immer eine der Priesterschrift gegenläufige Position Eingang in das Deuteronomium gefunden hat, könnte bereits darauf hindeuten, daß die Vereinigung des nichtpriesterschriftlichen Textes einschließlich des Deuteronomiums mit der Priesterschrift erst sehr spät erfolgt ist, vgl. auch unten Kapitel 4.2 und 4.4 zur Diskussion um Ex 4,14 und Ex 32.
**103** Vgl. auch die Bemerkungen bei Weinfeld 1991, 421 f.
**104** So auch Dahmen 1996, 35. Der Befund ist v. a. im Vergleich mit der textlichen Situation in Dtn 18,5 auffällig, vgl. dazu unten S. 112. Ausnahme vom genannten Sprachgebrauch ist I Chr

## d) Bezugstexte

Ein dritter Einspruch gegen die pro-levitische Position schließlich kommt zum Vorschein, wenn wir der Frage des Bezugstextes bzw. der Bezugstexte von Dtn 10,8 f. noch einmal nachgehen. Es ist dabei zu unterscheiden zwischen V. 9, der auf eine göttliche Zusage rekurriert, und V. 8 mit seiner Bezugnahme auf ein göttliches Handeln. Beide Themen sind voneinander getrennt zu betrachten und können nicht automatisch im gleichen zeitlichen Rahmen angesetzt, d.h. im gleichen Bezugstext gesucht werden.

In der Diskussion zu V. 9 stehen drei Möglichkeiten.[105] Entweder findet man die narrative Vorlage für den Vers in einer nicht mehr erhaltenen, ursprünglichen Fassung von Ex 32 – 34, oder man greift auf ein „altes religiöses Programmwort"[106] zurück. Argumentativ wäre in beiden Fällen die Büchse der Pandora geöffnet, insofern die Möglichkeit der Falsifizierung von vornherein ausgeschlossen ist.[107] Als dritte Möglichkeit und engste Parallele bliebe so Num 18,20 – 24.[108] Andererseits zeigt bereits ein flüchtiger Blick dorthin gewichtige inhaltliche Unterschiede. So ist (a) in Num 18,20 – 24 nicht „Levi", sondern Aaron angeredet; (b) Num 18 kennt und betont die Unterscheidung von aaronidischen Priestern und Leviten; (c) nur Aaron gilt die Zusage, daß JHWH sein Erbteil sei, den „Söhnen Levis" (V. 21) bzw. „Leviten" (V. 24) dagegen ist der Zehnt für ihren Dienst am Zeltheiligtum zugeordnet. Nun schließen diese Differenzen eine literarische Bezugnahme keineswegs aus, vielmehr kann auch mit einer gezielten Umprägung der Aussage gerechnet werden. Dann wäre allerdings noch immer die Richtung der literarischen Abhängigkeit zu bestimmen.[109] Bereits eine erste Lektüre der JHWH-Rede an Aaron in Num 18,8 – 24 erweckt allerdings eher den Eindruck, hier insgesamt eine Kurzfassung deuteronomischer Abgabenregelungen mit jeweils bedeutsamen Neuinterpretationen vorliegen zu haben. Auch wenn sich dieser Eindruck nach einer Analyse von Num 18 bestätigen wird,[110] ist damit noch nichts für das Ver-

---

23,13, wo die LXX ebenfalls ἐπεύχεσθαι zur Wiedergabe von לברך verwendet, was hier aber auf Aaron und seine Söhne bezogen ist.

**105** Vgl. die Zusammenstellung und Diskussion der Positionen bei Dahmen 1996, 58 – 64.

**106** Braulik 1986, 83.

**107** Vgl. entsprechend die berechtigte Zurückweisung der beiden erstgenannten Möglichkeiten bei Dahmen 1996, 59 f. Zweifel am Alter des „religiösen Programmwortes" müßten sich auch angesichts der Belege ergeben, die keineswegs alt sind, sowie an der üblicherweise vertretenen Verbindung von Dtn 18 mit der josianischen Reform. Erst durch diese hätte sich ja die Landlosigkeit der Leviten, die Dtn 18 kompensiert, ergeben können.

**108** Vgl. neben den bei Dahmen genannten Möglichkeiten außerdem die Diskussion bei Milgrom 2001, 2432f.

**109** Anders Dahmen 1996, 60 ff., der diese Möglichkeit überhaupt nicht in Betracht zieht.

**110** Dazu s.u. Kapitel 3.5.

hältnis zu Dtn 10,9 entschieden. Nicht ganz zu Unrecht kritisiert Ulrich Dahmen, es werde oft „nicht damit gerechnet, daß es im Deuteronomium Redaktionsschichten geben könnte, die erst nach der Priesterschrift (mit ihren Sekundärschichten) Eingang in das Buch fanden und vielleicht sogar explizit auf die (bereits bearbeitete) Priesterschrift Bezug nehmen."[111] Das ist m. E. jedoch dann plausibler, wenn der nichtpriesterschriftliche Text – einschließlich des Deuteronomiums – noch nicht mit der Priesterschrift vereinigt wurde. Andernfalls käme man zu der ausgesprochen komplexen und damit aus praktischen Gesichtspunkten weniger wahrscheinlichen Annahme, daß nach der Vereinigung von Priesterschrift und nichtpriesterschriftlichem Text erste Fortschreibungen im Pentateuch zunächst priesterschriftliche Aussagen kontrastierend überlagerten, schließlich jedoch wieder die priesterschriftliche Sichtweise die Oberhand behalten habe. Wie müßte man sich ein solches Szenario mit Blick auf die Trägerkreise vorstellen? Daß aber Dtn 10,9 eine Reaktion auf die noch selbständige Priesterschrift sein könnte, ist in Dahmens Thesenbildung gerade ausgeschlossen, da er von der Notwendigkeit eines vorliegenden und bekannten Textes im gleichen Werkzusammenhang ausgeht.

Lassen m. E. schon diese recht allgemeinen Erwägungen eine Abhängigkeit des Deuteronomiumstextes von Num 18 wenig plausibel erscheinen, kommt noch die Frage der innerdeuteronomischen Entwicklung hinzu. Die Vorgabe der Landbesitzlosigkeit Levis kennen weitere Texte des Deuteronomiums (12,12; 14,27.29; 18,1 f.), den Rückverweis auf eine Gottesrede hat zumindest 18,2.[112] Auch dieser Vers müßte sich, sollte Dahmens These richtig sein, als abhängig von Num 18 erweisen lassen, was jedoch – so viel sei vorausgreifend bereits gesagt – nicht der Fall sein wird. Damit fällt Num 18 als narrative Vorlage für Dtn 10,9 aus.[113] Insofern die Suche nach möglichen Alternativlösungen auch Dtn 18,1–8 betrifft, muß die Frage hier vorläufig offenbleiben und kann eine Entscheidung erst nach der Analyse jenes Textes getroffen werden.[114]

Etwas anders steht es mit V. 8. Hier ist durch die Angabe בעת ההוא ein zeitlicher Kontext vorgegeben: die hintere Sinaiperikope Ex 32–34. Dort treten „die Söhne Levis" in Ex 32,25–29 prominent in Erscheinung. Sie erschlagen das sündigende Volk und sollen daraufhin „ihre Hände füllen", d. h. sie werden zum Priesterdienst

---

111 Dahmen 1996, 60.
112 Ebenso noch Jos 13,14.33.
113 Mit ähnlicher Argumentation so schon Skweres 1979, 188–191; kritisch auch Achenbach 1999, 293 Anm. 33.
114 S.u. Kapitel 2.2.6.

bestellt.[115] Nichts anderes besagt auch die Reihe der Dienste in Dtn 10,8, und insofern liegt der Gedanke einer vorliegenden Verbindung mit Ex 32 nahe.[116] Nur ist der mögliche Rückverweis weit weniger klar, als man wünschen möchte. Zum einen fehlt in der Sinaiperikope ein klarer Bezugspunkt für das erzählte Aussondern des Stammes, denn weder ist dort vom „Stamm" noch vom „Aussondern" (בדל *hifʿil*) die Rede. Vielmehr versammeln sich (אסף *nifʿal*) alle Söhne Levis auf Geheiß des Mose. Zudem wären, setzt man Dtn 10,8 chronologisch nach 10,1–5 an, die Bundestafeln bereits in ihrer Zweitfassung erstellt. Das würde jedoch die Erzähllogik von Ex 32 und 34 umkehren, wo das Eingreifen der Söhne Levis dem Aufstieg Moses auf den Berg zum erneuten Empfang der Tafeln vorausgeht.[117] Sollte ein Rückgriff auf Ex 32 intendiert sein, müßte man die Zeitangabe בעת ההוא als vagen Hinweis auf die Gleichzeitigkeit mit dem in den Vv. 1–5 Geschilderten verstehen, eine durchaus denkbare, ja vielleicht nicht einmal unplausible Möglichkeit, aber eben kein eindeutiger Bezug.

Es gibt allerdings noch einen weiteren Text, der als narrative Vorlage für Dtn 10,8 in Betracht kommen könnte: Num 8,5–22.[118] Wir befinden uns da – in Übereinstimmung mit Dtn 10 – noch immer am Gottesberg, und es ergeht der göttliche Befehl an Mose zur Aussonderung der Leviten (והבדלת את־הלוים, V. 14), ein Gedanke, auf den auch in der Erzählung vom Aufstand Korachs Num 16 polemisch zurückgegriffen wird.[119] Dieses Motiv der Aussonderung führt Num 8 näher aus und beschreibt einen konkreten Ritus der Reinigung und Entsühnung der Leviten, welcher jene auf ihre kultischen Dienste vorbereiten soll. Im Rahmen dieses Ritus sind die Leviten selbst ein Opfer, das JHWH dargebracht wird. Grund für ihre Aussonderung sind allerdings nicht Verdienste im Kampf um die Reinheit des Kultes, sondern sie gelten als Ersatz für die Erstgeborenen Israels (V. 16); der historische Rückverweis bezieht sich auf das Schlagen der Erstgeburt der Ägypter (V. 17). Die Aufgabe der Leviten wird recht allgemein als JHWH-Arbeit (V. 11, Wurzel עבד) oder Arbeit im Zelt der Begegnung (Vv. 15.19.22) beschrieben. Einzige Konkretisierung ist das Entsühnen der Israeliten, um eine Plage zu verhindern, sollten sich diese unerlaubt dem Heiligtum nähern (V. 19). Anders als in Dtn 10 ist auch

---

**115** S.u. 281 ff. zur ausführlicheren Diskussion um die Bedeutung des Ausdruckes in Ex 32,29, vgl. hier vorläufig Snijders 1984, bes. 881–884; Ges[18] und HALAT s.v.

**116** Vgl. z.B. Steuernagel [2]1923, 87; Nielsen 1995, 118.

**117** Etwas anders stellt sich möglicherweise die Situation dar, wenn Dtn 10,1–5 eine spätere Einschaltung in einen ursprünglicheren Zusammenhang – etwa von 9,21 zu 10,8 – wäre. Einstweilen halte ich allerdings die von Porzig erbrachten Argumente für einleuchtender, s.o. Anm. 9.

**118** Zur Analyse von Num 8 s.u. Kapitel 3.3.

**119** Dabei handelt es sich um die jüngste Bearbeitungsschicht von Num 16. Zur ausführlichen Diskussion s.u. Kapitel 3.4.

nicht vom Dienst für JHWH (Wurzel שרת) die Rede, ebensowenig vom Tragen der Bundeslade oder vom Segnen. Nach der Darstellung von Num 8 sind demnach die Aktivitäten der Leviten deutlich eingeschränkter als in Dtn 10. Zudem setzt Num 8 eine innere Differenzierung des Kultpersonals voraus: Die Leviten sollen „vor Aaron und seinen Söhnen ihre Arbeit tun" (V. 22), sie sind den Priestern im engeren Sinne also nachgeordnet. Dtn 10 hingegen handelt vom gesamten Stamm.

Auch hier gilt, was bereits für V. 9 festgehalten wurde: Zwar ist es nicht von vornherein ausgeschlossen, daß die Position von Dtn 10 eine kontrastive Aufnahme von Num 8 darstellt. Die kanonische Perspektive der Hebräischen Bibel folgt jedoch der in Numeri vertretenen Position einer klaren Unterscheidung von Priestern und Leviten, würde also wiederum Dtn 10 überlagern. Für eine derart wechselhafte Redaktionsgeschichte spricht m. E. wenig, womit ein erster Hinweis auf die umgekehrte Richtung der literarischen Abhängigkeit gewonnen sein dürfte.

Zusätzlich zu dieser allgemeinen Überlegung deuten mit aller Vorsicht auch die Detailbeobachtungen in die gleiche Richtung. So ließen sich das Fehlen der Begründung für den Sonderstatus der Leviten sowie der kultischen Momente aus Num 8 in Dtn 10 nicht ohne weiteres erklären, ebensowenig wie man die inhaltlichen Überschüsse in Dtn 10 aus Num 8 herleiten kann. Umgekehrt ist deutlich, warum Num 8 nur den einen Aspekt der Aussonderung der Leviten aus Dtn übernimmt und zu einer eigenen Episode ausarbeitet, die übrigen Elemente jedoch übergeht und auf diese Weise stillschweigend „korrigiert". Die Landbesitzlosigkeit des Stammes spielte für den Autor von Num 8 im Umfeld des Textes keine Rolle, die priesterlichen Aufgaben für den gesamten Stamm hingegen durften keine Rolle mehr spielen: Das Segnen im kultischen Kontext gilt – spätestens seit Num 6,22–27 – als Sache Aarons und seiner Nachfahren. Die Annahme liegt darum nahe, daß Num 8, ebenso wie die beiden im vorherigen Abschnitt genannten „Einsprüche" gegen die pro-levitische Position in Dtn 10,8f., historische Kompetenzstreitigkeiten zwischen Priestern und Leviten bzw. innerhalb des Kultpersonals widerspiegelt. Die Beobachtung wird sich v. a. in der Analyse weiterer Numeri-Texte bestätigen.[120]

#### e) Ergebnis

Kehren wird aber zurück zu Dtn 10. Wenn es richtig ist, daß Num 8 als erzählerische Ausgestaltung mit theologisch-politischer Korrektur auf Dtn 10 reagiert, literarisch also später anzusetzen ist, bleibt doch, trotz aller damit einhergehenden

---

120 Siehe dazu i.f. bzw. Kapitel 3.

Schwierigkeiten, Ex 32 der entscheidende Referenztext für Dtn 10,8. Zumindest ist dort der Anspruch „aller (!) Söhne Levis" auf das Priestertum klar zum Ausdruck gebracht. Die sprachlichen Unterschiede zwischen Ex 32 und Dtn 10 lassen sich als theologische Zuspitzung seitens des Deuteronomiumstextes beschreiben: Nicht mehr situationsbedingtes Versammeln und persönliches Verdienst der Söhne Levis wie in Ex begründet ihre Sonderstellung, sondern ein göttliches, nahezu schöpfungsgleiches Aussondern macht sie zum kultisch herausgehobenen Stamm.

Der chronologische Verweis auf „diese Zeit" in Dtn 10,8, der ursprünglich als ungefähr gleichzeitig mit Vv. 1–5 gedacht gewesen sein mag, eröffnet aber in seiner Uneindeutigkeit auch die Möglichkeit zur Neuinterpretation und Reformulierung durch den Verfasser von Num 8. Noch am Gottesberg, jetzt jedoch deutlich abgesetzt von Bundesschluß und Dekalog u.v.a. deutlich geschieden von der Bestimmung der Familie Aarons zu Priestern, treten nun die Leviten ihre Arbeit am Zelt der Begegnung vor bzw. unter den Aaroniden an. Dem steilen levitischen Anspruch von Dtn 10 ist somit seine Spitze bereits genommen. Wenn schließlich Dtn 10,6 f. durch die Vorschaltung eines Itinerars die Ereignisse sogar noch vom Gottesberg hinweg verlagert, so besiegelt das durchaus subtil, jedoch mit schneidender Konsequenz, die Zurückstellung der Interessen des Stammes und damit die Degradierung der (nicht-aaronidischen) Leviten.

Für die Redaktionsgeschichte ergibt sich somit eine angesichts des oben Gesagten kaum mehr überraschende Beobachtung: Auf die bereits spätdeuteronomistische Einfügung einer theologischen Spitzenaussage wie Dtn 10,8 f. folgt die Kritik daran in den Vv. 6 f. nicht bereits in einer unmittelbar anschließenden Redaktion, sondern es muß mit zumindest noch einem weiteren Zwischenschritt in der Entwicklung des Pentateuch gerechnet werden, der sich jedoch nicht in Dtn 10 selbst spiegelt, sondern vorerst nur in Num 8. Insofern die Vv. 6 f. jünger sind als Num 8 – ein Text, der seinerseits nicht zur priesterlichen Grundschrift zu zählen ist –, können sie keinesfalls als im engeren Sinne priesterschriftlich gelten. Sie transportieren und verfestigen aber die v. a. im Buch Numeri vertretene priesterlich orientierte Sichtweise und sind insofern ein erster Hinweis auf ausgesprochen spät einsetzende Fortschreibungen des Deuteronomiums unter dem Einfluß priesterschriftlicher Texte und Konzeptionen.

In den folgenden Abschnitten soll nun geprüft werden, inwieweit sich die bisherigen Überlegungen zur Redaktionsgeschichte auch im hinteren Deuteronomiumsrahmen bestätigen und präzisieren lassen oder gegebenenfalls korrigiert werden müssen.

## 2.1.2 Dtn 27

Zu erwähnen, daß die Entstehungsgeschichte von Dtn 27 ein verwickelter, kaum noch zu entwirrender Prozeß sei, „has a long tradition and belongs to the genre of the commentary on this chapter", so die süffisante Bemerkung von Christophe Nihan.[121] Auch wenn kein Zweifel daran besteht, daß diese Geschichte tatsächlich eine verschlungene ist, hat ebenso die Forschung selbst zur Verwirrung beigetragen, nicht zuletzt, indem häufig historische Rekonstruktionen zur (Vor)Geschichte der Samaritaner in dieses Kapitel eingetragen wurden und man die Erwägungen zur *Literar*geschichte mit Hypothesen zur *Ereignis*geschichte befrachtete, wobei insbesondere das textkritische Problem in V. 4 im Fokus stand. So weiß man bei den zur Debatte stehenden Vorschlägen mitunter nicht, ob bzw. warum nun judäische oder samaritanische Schreiber jeweils die Polemik ihrer Kontrahenten erst noch übernommen haben sollten, nur um sie späterhin recht auffällig zu retuschieren. Auch hier gilt, daß die Rekonstruktion der Textgenese unabhängig von vorgefaßten, oft problematischen Geschichtsbildern zu erfolgen hat – und unser Text liefert zumindest einige klare Signale zur Erhellung *seiner* Geschichte. Die meisten Beobachtungen sind im Grunde bekannt, es gilt nur, sie entsprechend auszuwerten.

### a) Drei Reden

Zwei Beobachtungen davon sind grundlegender Natur: der Numeruswechsel und das Überschriftensystem. Der Zugriff auf die Textgenese über das Kriterium Numeruswechsel bleibt in Dtn 27 freilich fruchtlos, wie Heinz-Josef Fabry noch einmal gezeigt hat.[122] Fruchtbringender für die Detailanalyse von Dtn 27 sind allerdings die Beobachtungen zum Überschriftensystem. Nach dem Gesetzescorpus von Dtn 12–26, welches als eine einzige, lange Rede gestaltet ist, fällt die Häufung dreier Redeeinleitungen in Kapitel 27 auf. Gemeinsam ist den Vv. 1.9.11 der Beginn mit einem *waw*-Imperfekt 3. Person Sg., die Nennung Moses als (erstem)

---

**121** Nihan 2007, 200 Anm. 36. Der Klassiker bleibt Wellhausen ³1899, 363: „Darnach ist Deut. 27 ein buntscheckiges und im Ganzen junges Stück."
**122** Fabry 1985, 76–79. Eine generelle Absage an das Kriterium Numeruswechsel im Deuteronomium sollte daraus nicht abgeleitet werden. Die Überlegungen zu einer dtn Grundschicht im Singular mit einer ersten Pluralbearbeitung und schließlich auch weiteren Singularbearbeitungen haben sich grundsätzlich und im Zusammenspiel mit anderen Beobachtungen bewährt. Daß das – notwendigerweise vereinfachende – Modell an einem literarisch späten und textkritisch nicht in allen Details abzusichernden Text, der überdies Dubletten aufweist, an seine Grenzen stößt, beweist oder widerlegt nichts. Mit der singularischen deuteronomischen Grundschicht etwa ist in Dtn 27 ohnehin nicht zu rechnen. Der Vorname Hölschers muß freilich Gustav, nicht Gerhard (Fabry 1985, 76) lauten.

Subjekt und der Abschluß mit dem formelhaften לאמר. Kongruenz zwischen Subjekt und Prädikat liegt jedoch nur V. 11 vor, V. 1 nennt zudem noch die „Ältesten Israels" (זקני ישראל) und V. 9 die „levitischen Priester" (הכהנים הלוים). Eine solche Numerusinkongruenz kann kein generelles literarkritisches Kriterium sein. Hier aber erscheint sie tatsächlich hart, da im jeweiligen Fortgang ausdrücklich in der 1. Person Sg. gesprochen wird. Das könnte durchaus für einen Nachtrag sprechen, nur löst eine solche Annahme das Problem nicht, sondern verschärft es durch die Frage nach dem Sinn des zudem jeweils noch verschiedenen Zusatzes. Solange dafür kein plausibler Vorschlag existiert, der die Redaktionsgeschichte des gesamten Kapitels einzubeziehen vermag, scheint mir literarkritische Zurückhaltung geboten.[123]

Der Vorgang der Äußerung ist nur in V. 9 „sprechen" (דבר *pi'el*), ansonsten „anweisen" (צוה *pi'el*). Das Objekt wird in V. 9 als „ganz Israel" (כל־ישראל) bezeichnet, in Vv. 1.11 als „das Volk" (העם). Allerdings sind in V. 1 die „Ältesten Israels" sprechendes Subjekt neben Mose. Die beiden ersten Reden beinhalten den Verweis auf „diesen Tag" (Vv. 1.4.10 היום bzw. V. 9 היום הזה), allein in V. 11 findet er sich jedoch in der Redeeinleitung (ביום ההוא). Mit diesem Rückverweis verläßt V. 11 den chronologischen Rahmen. Angesichts der Ähnlichkeit der Formulierungen von V. 1 und V. 11 könnte also letzterer eine Art Wiederaufnahme des ersteren darstellen.

So fein sich die einzelnen Unterschiede beschreiben lassen, ergeben sich aus ihnen dennoch lediglich Hinweise auf die Notwendigkeit einer literarkritischen Differenzierung, kaum jedoch der Schlüssel dafür. Dazu bedarf es jeweils der Bezugnahme auf die Inhalte der Reden, sowie der Einbindung in den größeren Kontext. Zunächst sollen aus praktischen Gründen die Einzelreden für sich betrachtet werden.

### b) Zwei Fortschreibungen

Ausgangspunkt für Differenzierungen in Vv. 1–8 ist die offensichtliche Dublette zwischen den Vv. 2–3 und 4.8.[124] V. 2 ‖ 4 geben die Anweisung zum Aufrichten von Steinen beim Durchzug durch den Jordan und dem abschließenden Tünchen derselben. Während V. 2 konkret den Tag des Durchzuges benennt (ביום אשר תעברו), formuliert V. 4 offener (בעברכם), nennt aber dafür den konkreten Ort (בהר גריזים).[125] V. 3 ‖ 8 enthalten den Schreibbefehl, V. 3b mit einer gesetzlichen Ermahnung oder

---

123 Vgl. auch Lohfink 1993b, 29.
124 Eine ausführliche Gegenüberstellung der Verse und die Auseinandersetzung mit der Forschungsliteratur finden sich bei Nihan 2007, 200–205.
125 Siehe dazu die Bemerkungen zur Textkritik unten S. 40–42.

besser Bedingung, V. 8 mit einem Hinweis zur Art des Aufschreibens. Mit dem Gebrauch des Demonstrativums (האלה) verweist V. 4 auf bekannte Steine *zurück*, kaum kataphorisch auf den folgenden, die Steine ebenfalls schon voraussetzenden, aber nicht erklärenden Relativsatz *voraus*.[126] Ohne die Vorlage in V. 2 bleibt V. 4 unverständlich. Insofern besteht an der Priorität der Vv. 2f. gegenüber Vv. 4.8 im Grunde kein Zweifel. Ein weiterer, wohl aufgrund seiner Formelhaftigkeit oft übersehener Hinweis für die Erhellung der Redaktionsgeschichte findet sich in V. 1: Auf diese Einleitung sind sowohl die Vv. 2f. als auch 4.8 angewiesen. Während die Phrase „die ich euch heute anweise" (אשר אנכי מצוה אתכם היום) in V. 1 jedoch auf „eine jede Weisung" (כל־המצוה) bezogen ist, sind in V. 4 die aufzurichtenden Steine (האבנים האלה) die Bezugsgröße. Diese Bedeutungsverschiebung zeigt deutlich, daß V. 1 nicht auf einer Ebene mit den Vv. 4.8 liegt, sondern den Vv. 2f. zugehört. Ohne diese sind die Vv. 4.8 unverständlich, sie müssen also eine jüngere Dublette sein.[127]

Der Zusammenhang der Vv. 4.8 ist nun freilich unterbrochen durch die ganz undeuteronomisch wirkende Anweisung zum Altarbau Vv. 5–7, eine Aufnahme des Altarbaugesetzes Ex 20,24–26.[128] Undeuteronomisch daran ist nicht nur die Anweisung zum Bau eines Altars überhaupt, sondern der Gebrauch von שלמים als Terminus für Opfer. Scheinbar „undeuteronomisch" sollte jedoch nicht mit „prädeuteronomisch" verwechselt werden, und für die Idee einer Aufnahme eines (elohistischen) Fragments[129] besteht kein Grund bzw. klärt eine solche Annahme weniger, als sie an Problemen neu aufwirft.[130] Vielmehr zeigt die Aufnahme deuteronomistischen Formelgutes in V. 7aβ.b („und du sollst dort essen und du sollst dich freuen vor JHWH, deinem Gott"), daß in diesem Vers bereits einiges an

---

**126** Das unterscheidet V. 4 etwa von den bei Anbar 1985, 307 Anm. 17 angeführten Beispielen für kataphorischen Sprachgebrauch.

**127** Nach Fabry 1985, 82 fiele V. 4 „völlig aus dem Rahmen, da er – dem Prinzip der Wiederaufnahme widersprechend – innerhalb der sekundären Partie Teile des Grundtextes wiederholt." Die „Wiederaufnahme" ist allerdings allenfalls eine aus der Analyse von Texten gewonnene deskriptive Kategorie, kein gleichsam mechanisch anzuwendendes literarkritisches Kriterium, welches die konkrete Textbeobachtung ersetzen könnte. Entsprechend Fabrys Schlußfolgerung hätte dann V. 5 einmal an V. 3 angeschlossen und שם würde sich nur auf den Ort der Steinaufrichtung beziehen (ebd. 86), aber dieser Bezug bleibt m.E. völlig unklar, vgl. kritisch auch Nihan 2007, 202 Anm. 40. Nach De Troyer 2005, 150 ff. wären neben Vv. 2f. auch 4c und 8c zur Grundschicht zu rechnen, 4a–b sollen eine Wiederaufnahme zur Einbindung der später eingefügten Vv. 5–7 sein. Aber weder ergibt die so ermittelte Grundschicht einen sinnvollen Text, noch fungiert ein Einschub (V. 4a–b) als Wiederaufnahme, welche überdies im direkten Anschluß an V. 2f. vollkommen unnötig wäre, vgl. ebenfalls Nihan 2007, 204 Anm. 45.

**128** Eine detailliertere Analyse findet sich wiederum bei Nihan 2007, 200–205.210–212.

**129** So aber z.B. Bertholet 1899, 83; Steuernagel ²1923, 10.147 oder – mit Vorsicht – Cornill 1891, 40.

**130** Dazu s.o. S. 22 Anm. 93 die Diskussion um die Herkunft von Dtn 10,6f.

deuteronomischer bzw. deuteronomistischer Sprache vorausgesetzt wird.[131] Die Frage sollte statt dessen lauten, ob die Vv. 5–7 von Anfang an von Vv. 4.8 gerahmt wurden, oder ob sie jene beiden ursprünglich zusammengehörigen Verse erst sekundär trennen. Wie Christophe Nihan noch einmal plausibel gezeigt hat, kann die Einfügung des modifizierten Altarbaugesetzes eben der Grund für die (ebenfalls modifizierte) Wiederholung der Vv. 2f. durch Vv. 4.8 gewesen sein, d.h. die Annahme einer eigenen Redaktion für die Vv. 5–7 ist nicht mehr als notwendig anzusehen.[132] Im Sinne einer Vereinfachung der Thesenbildung ist dieser Hinweis zu begrüßen. Auf jeden Fall ergibt sich als Modell für die redaktionsgeschichtliche Entwicklung der ersten Rede die klare Abfolge Vv. 1–3 → 4–8.

Während Mose (und die Ältesten) mit der Errichtung eines Steinmals die Zukunft im Blick haben, kehrt die zweite Rede Moses (und der levitischen Priester) Vv. 9f. zu den Ereignissen des Tages zurück und verbindet so einerseits Dtn 27 mit dem vorangegangenen Abschnitt Dtn 26,16–19, andererseits bereitet sie das folgende Kapitel 28 vor. Aufgrund dieser Brückenfunktion wurden die Verse klassisch als ältester Kern des Kapitels betrachtet.[133] Wenn diesem Modell entsprechend jedoch die erste Rede Vv. 1–8 insgesamt später nachgetragen sein sollte, ergäbe sich im Redefluß des auf diese Weise entstehenden Übergangs von Dtn 26,16–19 zu 27,9f. eine auffällige inhaltliche Redundanz, die kaum als original gelten kann. Demgegenüber kommt bereits Gustav Hölscher zu dem Vorschlag, die zweite Rede als Wiederaufnahme des Abschlusses von Dtn 26 betrachten, die so den verlorengegangenen Bezug nach hinten wiederherstelle.[134] In der Tat läßt sich Dtn 28

---

**131** Vgl. bereits Hölscher 1922, 218: „Die v. 5–7 stammen nicht, wie man meist annimmt, aus dem Elohisten, sondern, wie das viermalige יהוה אלהיך und die Phrase v. 7b zeigt, von einer jüngeren deuteronomistischen Feder. Der Verstoß gegen die Zentralisationsidee beweist nicht, daß die Stelle älter als das Deuteronomium sein müsse; denn der Altar als bloßer Träger der Gesetzesinschrift ist ganz harmlos." Noch deutlicher ist die dtr Phraseologie in der LXX-Fassung von V. 7.

**132** Nihan 2007, 204f. Der Sache nach ähnlich neben Hölscher 1922, 218 auch – allerdings ohne nähere Begründung – Levin 1985, 111, sowie Na'aman 2000, 148ff.

**133** Vgl. Noth 1930, 144. Eine ursprüngliche Verbindung zwischen den Vv. 9f. und 28,1 sieht – bei Annahme einer tatsächlich von Mose gehaltenen Rede – auch ein traditionsorientierter Kommentator wie Hoffmann, führt dann freilich die Einfügung der dazwischenliegenden Verse auf „Mose beim Niederschreiben seiner Rede in bestimmter Absicht" zurück und lehnt literarkritische Schlußfolgerungen selbstredend ab (vgl. Hoffmann 1922, 91f.).

**134** Vgl. Hölscher 1922, 219; mit Bezug auf die Vv. 1–3 auch Nihan 2007, 206ff.; unklar Fabry 2000, 37: Die Rede von einer „dritten Redaktion" scheint nahezulegen, daß die Vv. 9f. jünger seien als der Rest des Kapitels. Das Problem ist allerdings schon in Fabry 1985 angelegt. Einerseits (ebd. 90) hält Fabry mit Noth die Verse für den Kern des Kapitels, andererseits werden sie von ihm nicht zur „Grundschicht" gerechnet und zu keiner der Redaktionen in ein Verhältnis gesetzt (ebd. 83, bes. Anm. 30).

scheinbar als Fortsetzung sowohl von Dtn 26,19 als auch von 27,10 lesen. Es ergeben sich allerdings zwei Probleme: Bei Hölscher ist die angenommene Fortschreibung nur unzureichend mit der gestuften Entstehung der Vv. 1–8 in Beziehung gesetzt. Anders ist dies bei Nihans Vorschlag, der bereits nach Einfügung von Dtn 27,1–3 mit einer Wiederaufnahme in den Vv. 9 f. rechnet. Weder stören diese drei Verse allerdings den Zusammenhang dermaßen, daß damit die Notwendigkeit einer so ausführlichen inhaltlichen Wiederholung von 26,17–19 zu begründen wäre, noch wäre der Sinn der erneuten Redeeinleitung in 27,9 ersichtlich. Darum will mir der Gedanke einer Wiederaufnahme hier nicht recht einleuchten. Zudem sind die Unterschiede in beiden Redeeinleitungen V. 1 und V. 9 nicht zu vernachlässigen. Sie weisen vielmehr darauf hin, daß beide Verse kaum auf einer literarischen Ebene liegen können.[135]

Überhaupt wäre zu klären, ob Dtn 28,1 jemals sinnvoll an 26,19 angeschlossen haben kann, oder ob möglicherweise doch, wie schon lange vermutet, die Verbindung mit 27,9 f. ursprünglicher ist.[136] Aufgrund der simplen Beobachtung, daß auch Dtn 28,1b in gewisser Weise eine Dublette zu 26,19 darstellt, muß m. E. die Frage zugunsten der zweiten Möglichkeit entschieden werden: Dtn 28,1 kann nicht die direkte Fortsetzung von 26,19 gewesen sein.[137] Damit ist man erneut auf das Redundanzproblem zurückgeworfen. Wenn damit Dtn 27,9 f. + 28,1 nicht eine spätere Wiederholung des Abschlusses von Kapitel 26 darstellt, kommt die umgekehrte Alternative in den Blick, d.h. Dtn 26,17–19 könnte auch eine spätere Vorwegnahme des in 27,9 f. + 28,1ff. Gesagten bieten. Auf diese Weise würde die „Bundesformel" – möglicherweise erst spät – einen Zusammenhang wiederherstellen, der durch die Einfügung der ersten Moserede Dtn 27,1–8 unterbrochen worden war. Noch bevor jene auf Jordanquerung und Landnahme vorausblickt und damit das Thema der deuteronomischen Gesetze verläßt, muß der Bundesschluß zwischen Israel und seinem Gott erfolgen. Diese Funktion, ursprünglich von Dtn 27,9 f. erfüllt und gleichzeitig durch eine Redeeinleitung vom Gesetzescorpus abgesetzt, übernimmt nun die Neuformulierung der „Bundesformel" in

---

**135** Als Wiederaufnahme nach Einbau der in sich mehrfach geschichteten Vv. 1–8 betrachtet auch Merendino 1980, 205 f. die Vv. 9 f., ohne das näher zu begründen. Aus der Perspektive des gesamten Kapitels scheint mir das sehr unwahrscheinlich, v. a. bleibt die Frage nach dem jeweiligen Abschluß des Deuteronomiums bei Merendino völlig offen.
**136** Vgl. bereits Kuenen 1887, 121 f. und Dillmann 1886, 364. Nach Levin 1985, 111 f. hätte Dtn 28,1 einmal an 26,18 angeschlossen, 27,9 f. diente lediglich dem Einbau des Fluchdodekalogs 27,15–26. Zum Problem dieses Vorschlages s.u. Anm. 153.
**137** Anders Kratz 2000a, 134.

Dtn 26,17– 19. Sie enthält damit nicht den überlieferungsgeschichtlichen Kern des Themas, sondern eine jüngere Ausformung.[138]

Um die These zu erhärten, es handle sich bei Dtn 26,17– 19 um ein relativ jüngeres Stück, begnüge ich mich an dieser Stelle mit einigen wenigen Hinweisen zum Sprachgebrauch: Die Ausdrücke עם קדוש und עם סגלה (26,18) finden ihre innerdeuteronomische Parallele in späten Stücken wie Dtn 7,6 und 14,2 und verweisen mit Ex 19,5 auf einen weit jenseits des Deuteronomiums liegenden literarischen Zusammenhang.[139] Zudem ist nach Dtn 28,1 Israel „über alle Völker der Erde" bzw. „des Landes" (על כל־גויי הארץ) gesetzt. Wenn ארץ hier als „Land" und nicht als „Welt" zu verstehen ist – angesichts von V. 8 muß man wohl so lesen – und somit im Sinne des Deuteronomiums vor allem das Land Israel im Blick ist, dann stellt Dtn 26,19 demgegenüber eine Steigerung dar, insofern Israel hier „allen Völkern, die er (JHWH) gemacht hat" (על כל־הגוים אשר עשה), übergeordnet wird. Zu beachten ist noch, daß die Überordnung Israels über die Völker des Landes in Kapitel 28 an das Halten der Weisung mit Blick auf das Land gebunden ist (אם־שמוע ... ונתנך), während Kapitel 26 Israel mit dem bereits erfolgten Vollzug des Bundesschlusses (האמירך היום ... ולתתך עליון) und von jeder Bedingung losgelöst den ersten Platz in der Völkerwelt zubilligt. Auch hierin kann man eine theologische Zuspitzung und fortschreitende Ablösung von der erzählimmanent vorgegebenen Situation erkennen.[140]

Es sind freilich nur schwache Indizien, die für die oben erwogene Lösung sprechen. Darüber hinaus ist jedoch auch aus anderen Gründen deutlich, daß Dtn 26,17– 19 einerseits nicht der Abschluß eines Urdeuteronomiums gewesen sein kann[141] und andererseits alle weiteren Fortschreibungen am Ende des Deuteronomiums organisch an Dtn 27,9 f. + 28,1, schwerlich jedoch an 26,19 anschließen. Darum scheint mir insgesamt der Gedanke plausibler, Dtn 27,9.10 + 28,1 ff. als ursprüngliche Fortsetzung von Dtn 26,16* zu sehen. Zwischen diese Verbindung wurde zunächst stufenweise die Moserede 27,1– 8 eingefügt, noch später kam – in Anlehnung an ältere Formulierungen und zugleich mit deren Überbietung – Dtn 26,17– 19 als feierlicher Abschluß der deuteronomischen Gesetze hinzu. Anders als 26,16 jedoch, wo JHWH das Subjekt zu מצוך ist, setzen 27,9 f. und 28,1 Mose ein, was sich im Deuteronomiumsrahmen sowie vereinzelt innerhalb späterer

---

**138** Etwas optimistischer bezüglich des Alters der Bundesformel noch Smend 1963, freilich unter ganz anderen Voraussetzungen. Kritisch aus neuerer Zeit Levin 1996, 119 ff. und Michel 2007 mit den Verweisen auf Perlitt 1969 und Lohfink 1969. Im Grunde plädieren jedoch schon Cornill 1891, 41 (einschließlich V. 16: „spätere Wucherung") – und zwar wegen des Vergleichs mit 27,9 f.! – sowie Steuernagel ²1923, 146 für junges Alter; erstaunlicherweise anders an dieser Stelle Hölscher 1922, 218 Anm. 1: „das ist mir zu radikal".
**139** Vgl. ähnlich Chr. Koch 2008, 197 f.; Ps 135,4 gehört dann sicher in die Rezeptionsgeschichte des Deuteronomiums, Mal 3,17 stellt eine erneute Weiterentwicklung im Gedanken und im Sprachgebrauch dar. Zum Verhältnis zu Ex 19,5 vgl. bereits Skweres 1979, 176 – 178.
**140** Zur theologischen Bedeutung jenseits literarhistorischer Fragestellungen vgl. Michel 2007, 148 f.
**141** Vgl. v. a. Michel 2007.

Partien des Gesetzescorpus Dtn 12–26 findet.[142] Die Fortsetzung ab Dtn 27,9 ist also, angesichts dieser Umdeutung und der daraus resultierenden fortgeschrittenen Historisierung bereits als Fortschreibung anzusehen. Somit mag das „Urdeuteronomium" einmal mit 26,16 geendet haben.[143]

Schließlich ist noch das Verhältnis der dritten Moserede zu den beiden übrigen zu bestimmen und seine Entwicklung nachzuzeichnen. Deutlich ist zunächst, daß die dritte Rede den Zusammenhang von Dtn 27,10 und 28,1 unterbricht, weswegen letzteres Kapitel nun unvermittelt einsetzt und auf der Ebene des Endtextes durchaus unklar ist, wo diese Worte gesprochen werden: Gehören sie noch in das Ostjordanland, oder sind sie Teil der Zeremonie bei Ebal und Garizim?[144] Die Vv. 11–26 sind also ebenfalls ein jüngerer Nachtrag zu Kapitel 27, aber wiederum nicht als in sich geschlossenes Stück. Wenn hier erstmals Mose keine Ko-Redner zur Seite gestellt sind, liegt das an der folgenden Zeremonie, für die offenbar jeder Mann gebraucht wird. So soll sich gemäß Vv. 12 f. das Volk nach Stämmen geordnet zu Segen und Fluch auf bzw. in Richtung der Berge Garizim und Ebal aufstellen,[145] wobei der Stamm Levi zur „Segensgruppe" gerechnet wird. Ab V. 14 sind dann allerdings die Leviten damit beschäftigt, „jedem Manne Israels mit lauter Stimme" Flüche vorzulegen. Hier liegen klare Inkohärenzen vor: Zum einen konkurriert die Größe der „Leviten" mit dem „Stamm Levi", zum anderen nehmen die Leviten den sechs fluchenden Stämmen ihre Aufgabe ab. Zwischen den Vv. 11–13 und 14 ff. besteht damit ein möglicherweise diachron zu erklärendes sachliches Gefälle.[146] Aber auch die Fluchreihe in sich zeigt stilistische Unter-

---

142 Dtn 4,40; 6,2*.6; 7,11; 8,1.11; 10,13; 11,8; 12.14*.28*; 13,19; 15,5.11*.15*; 19,7*.9; 24,18*.22*; 28,13.15*; 30,2.8.11.16. Dazu kommen die Pluralbelege 4,2*; 11,13.22*.27 f.; 12,11*; 13,1*; 27,1.4; 28,14 (in den mit * markierten Versen fehlt היום oder ist textkritisch umstritten). Aus diesen Reihen fallen Dtn 12,11.14 15,11.15; 19,7; 24,18.22 und 27,4 jedoch heraus, insofern sie auf einzelne Anordnungen und nicht auf „das ganze Gebot" bzw. „alle diese Gebote" bezogen sind.
143 Vgl. Levin 1985, 100 und Kratz 2000a, 128 f.
144 Vgl. die ausführlichen Überlegungen bei Lohfink 1994.
145 Die verschiedenen Möglichkeiten der Übersetzung unter Aufnahme der Literatur stellt Schorn 1997, 30 f. dar. Gegenüber dem klassischen Verständnis von auf Garizim und Ebal stehenden Stämmen mit allen daraus resultierenden Schwierigkeiten verdienen die Lösungen von Braulik 1992, 201 und Seebass 1982a Beachtung, weil sie die unterschiedlichen präpositionalen Bestimmungen (על־הר ... לברך vs. בהר הקללה/על־הקללה) ernst nehmen. Vielleicht entschärft sich damit auch das geographische Problem der Entfernung zwischen dem Jordan und beiden Bergen ein wenig? Vgl. andererseits Hölscher 1922, 219: „Der Fluch gilt natürlich ebenso wie der Segen dem Volk; der Verfasser scheute sich nur, das ganz deutlich auszusprechen, und wählte deshalb die sonderbare Formulierung על־הקללה; dem Fluch gegenüber sind die Alten immer abergläubisch gewesen."
146 Vgl. bereits Kuenen 1887, 119 f.

schiede.[147] Die Vv. 15.26 fallen sowohl sachlich als auch syntaktisch aus dem Rahmen. Der letzte der beiden Verse läßt sich jedoch gut als Zusammenfassung der vorangegangenen Flüche mit entsprechendem Ausblick erklären, eine diachrone Differenzierung wäre demnach unnötig, während V. 15 deutlich zugesetzt wirkt: Allein V. 15 behandelt – anders als Vv. 16 – 25 – den im engeren Sinne religiösen Bereich. Es ergäbe sich damit im Kern ein Fluchdekalog mit Zusammenfassung (Vv. 16 – 25.26). Allein aufgrund dieser formalen Geschlossenheit kann der Text jedoch kaum als altes Traditionsstück gewertet werden.[148] Vielmehr läßt sich die mosaikartige Technik mit Händen greifen, mit der die Autoren dieses späten Textes ihre Vorlagen aufgenommen und verarbeitet haben: „Das Stück 27 15 – 26 entnimmt seine zwölf Flüche nicht dem Deuteronomium, sondern dem ganzen Pentateuch promiscue und ist offenbar ganz jung."[149] Mit V. 15 wird dieser Reihung gewissermaßen das erste Gebot vorangestellt, wodurch sich eine Zwölfzahl von Fluchsprüchen ergibt. Eventuell schlägt dies die Brücke zur Zwölfzahl der Stämme in den Vv. 12f., wenngleich dort mit Segen *und* Fluch eine andere Aufgabenverteilung vorliegt.[150] Die Zwölfzahl ist jedoch der einzige Bezugspunkt, den die Flüche überhaupt zum Stämmesystem aufweisen könnten.[151]

Die Rolle der Stämme in bezug auf die Flüche bleibt im Endtext letztlich offen, die Vv. 15 – 26 werden vielmehr den Leviten in den Mund gelegt. Obwohl zwischen V. 14 und V. 15 bzw. 16[152] kein erkennbarer literarkritischer Bruch vorliegt, wurde gelegentlich der Nachtragscharakter von V. 14 behauptet. So schließt etwa Christoph Levin die Fluchreihe direkt an V. 10* an, womit – dies die ausdrückliche Pointe – Mose ursprünglich ihr Sprecher gewesen wäre.[153] Dem steht jedoch der

---

**147** Vgl. Preuß 1982, 152 und ausführlich Fabry 1985, 80 f.

**148** Gegen Positionen wie bei Buis 1967 („un formulaire liturgique ancien") und Wallis 1974, 62 („das alte Vereidigungszeremoniell aus vorköniglicher Zeit"), gefolgt u. a. von Merendino 1980, 206, sowie deren nicht wenige Vorläufer vgl. u. a. schon Dillmann 1886, 367 f.; Cornill 1891, 40; Hölscher 1922, 220 und nicht zuletzt die warnenden Bemerkungen bei Preuß 1982, 151 f.

**149** Cornill 1891, 40.

**150** Dieser Unterschied geht in den Kommentaren gelegentlich unter, wenn einfach konstatiert wird, daß beide „sicherlich in Beziehung" stehen, so Steuernagel ²1923, 149, worin ihm viele gefolgt sind.

**151** Auf die Entsprechung von zwölffachem ארור und zwölf Stämmen, darüber hinaus aber auch auf je sechsmaliges ברוך in Dtn 28,3 – 6 bzw. ארור in Dtn 28,16 – 19 verweist Hoffmann 1922, 97 f. Eventuell hat Dtn 27,11 – 13 auch daraus seine Inspiration gezogen. Zur Analyse von Dtn 28 vgl. ausführlich Chr. Koch 2008, 171 – 203.

**152** Ob man der vorhergehenden diachronen Unterscheidung folgt, ist für die folgende Argumentation unerheblich.

**153** Vgl. Levin 1985, 111 f.: „Doch können die Leviten [...] als Sprecher nicht ursprünglich sein: Sie deklamieren die Flüche in derselben Weise, wie in V. 15ff. das Volk auf die Flüche antwortet: ואמרו .. וענו. Das ist nichts anderes als eine ungeschickte Nachahmung. Ursprünglich wurden die

schwer erklärbare Wechsel in der Anrede von der 2. Person Sg. zur unpersönlichen 3. Person Sg. ab V. 15 bzw. V. 16 (ואמר כל־העם) entgegen. Ein Anschluß von V. 15 an V. 11[154] ist nicht weniger schwierig, da die Redeeinleitung nicht zum Inhalt paßt: Es scheint mir einleuchtender, daß man, wie im jetzigen Text, das *Sprechen* der Flüche gebietet, nicht die Flüche selbst.[155] Auch bei dieser Lösung wäre im übrigen Mose der ursprüngliche Sprecher gewesen. Es gibt also nicht nur keinen Grund, die ursprüngliche Verbindung von V. 14 mit den Vv. 15.16 ff. zu bezweifeln, sondern auch keine überzeugende Alternative, d. h. die Leviten waren von Beginn an diejenigen, welche die Flüche sprachen.

Damit ist freilich noch immer offen, wie sich die segnenden und verfluchenden Stämme diachron zu den Flüche vorlegenden Leviten verhalten, womit ja eine deutlich konkurrierende Konzeption verfolgt wird. Die Entscheidung kann sich auf folgende Beobachtungen stützen: Einerseits zeigen die Vv. 16 – 26 keinerlei Hinweis auf die in den Vv. 12 f. angeordnete Aufstellung nach Stämmen,[156] umgekehrt läuft aber das Antreten der Stämme ohne eine Ausführung ins Leere. Als solche könnte sich zunächst Kapitel 28 anbieten, da es Segen und Fluch enthält, nur ist Dtn 28 im direkten Anschluß an V. 13 nicht sinnvoll lesbar.[157] Außerdem ließe sich schwer klären, warum ein solcher Konnex – sollte er je bestanden haben – durch eine Einfügung fluchender Leviten aufgebrochen worden sein sollte.[158] Damit kann die Erwähnung der Stämme zumindest nicht älter sein als der Fluch(do)dekalog.

Hält man umgekehrt die Stämme Vv. 11–13 nachgetragen, beginnt die Suche nach dem vormaligen Anknüpfungspunkt für V. 14, der sich am ehesten als Fortsetzung von V. 10 verstehen läßt.[159] Schwierigkeiten mit dieser Lösung könnten sich dabei aufgrund eines zu eng gefaßten Verständnisses des Verbs ענה, etwa allein im Sinne von „antworten", ergeben. Es ist jedoch offen, welche der

---

Flüche durch Mose ausgesprochen." Allerdings antwortet das Volk nur in dem nachgetragenen V. 15 auf diese Weise, womit derselbe sich genausogut als Nachahmung von V. 14 erweisen ließe.
**154** So Fabry 1985, 83 f. in seiner Grundschicht und vgl. die Kritik bei Nihan 2007, 205 Anm. 50.
**155** Mit ähnlichem Einwand in bezug auf das Verhältnis von Dtn 27,11 zu 28,1 auch Lohfink 1994, 141 f.
**156** Vgl. Bertholet 1899, 84.
**157** Damit gegen Kuenen 1887, 124; Hölscher 1922, 219 f. oder Schorn 1997, 29 f. Preuß' Hinweis „So schaut V. 12 bereits auf 28,3 ff. voraus." (Preuß 1982, 151) ist sachlich richtig. Ob für ihn daraus redaktionskritische Schlüsse folgen, bleibt offen.
**158** So aber Schorn 1997, 30. Die Erwähnung Levis auf Seiten der *Segens*gruppe als Auslöser für eine Einfügung *fluchender* Leviten scheint mir wenig überzeugend zu sein.
**159** Wiederum gegen Fabry 1985, 83 ff. ist auch ein Anschluß von V. 14 an V. 11, der sich mit seiner ersten Bearbeitung ergeben würde, nicht möglich.

beiden Wurzeln עה I oder ענה IV hier anzusetzen ist,[160] deren beider Bedeu-
tungsspektrum sich gleichwohl schlecht voneinander abgrenzen läßt.[161] Im vorliegenden Vers dürfte am ehesten ein juristischer *terminus technicus* im Sinne von
„(feierlich) aussagen, bezeugen" gemeint sein.[162] Diese Frage ist freilich unabhängig von jeder redaktionsgeschichtlichen Überlegung zu beantworten, sie gilt
auch für den Übergang von V. 13 zu V. 14 im Endtext. Syntaktisch schließt V. 14
jedoch mit *waw*-Perfekt deutlich besser an V. 10 an, was den Ausschlag dafür gibt,
die Vv. 11–13 für die spätere Ergänzung zu halten.

Ungeklärt ist einstweilen, warum den *fluchenden* Leviten nun der auf dem
*Segens*berg stehende Stamm Levi gegenübertritt. Vorläufig bleibt nur die Feststellung, daß der Redaktor offenbar beide Gruppen nicht als miteinander identisch betrachtete. Auch diese Frage steht unabhängig von jeder redaktionsgeschichtlichen Fragestellung im Raum und spricht darum nicht gegen das hier
vorgelegte Modell.[163]

Wie schon für die erste Moserede ergäbe sich also auch für die zweite Hälfte
des Kapitels eine Fortschreibung in zwei Stufen: Zunächst schieben sich die
Vv. 14.16–26 zwischen Dtn 27,10 und 28,1, später erfolgt die Ergänzung um die
Vv. 11–13.15.

## c) Ein redaktionsgeschichtlicher Versuch

Man kann nun versuchen, diese beiden Stufen mit den Fortschreibungen in den
Vv. 1–8 zusammenzubringen, wofür es einige wenige Anhaltspunkte gibt: V. 3
fordert das Schreiben „aller Worte dieser Weisung" (את־כל־דברי התורה הזאת), was
V. 8 wiederholt. V. 26 folgt diesem Sprachgebrauch, lediglich כל fehlt, woraus man
angesichts der textkritischen Varianten[164] jedoch keine großen Schlüsse ziehen
sollte. Aussagekräftiger ist die Frage nach der Örtlichkeit. Erst V. 4 legt Wert auf die

---

**160** Entsprechend ugaritisch ʿny I und II, vgl. Ges[17] s.v. und Ges[18] s.v. Zu ענה IV wären etwa
Ex 15,21 und Num 21,17 zu stellen.
**161** Insbesondere die Fälle mit folgendem אמר wie in Dtn 27,14 f.
**162** Vgl. Stendebach 1989, 236–239, besonders mit dem Verweis auf KAI 200 (= HAE MHas[7]:1),
dort mit ל als „zeugen für" konstruiert; absolut gebraucht wie in Dtn 27,14 auch Dtn 21,7; 25,9;
26,5 (ebenso Mal 2,12, wo in Parallele dazu ער in עד zu emendieren ist, was indirekt auch durch
die Fehllesung von LXX bezeugt wird); mit לעד Dtn 31,21; mit ב im Sinne von „gegen jemanden
zeugen" Gen 30,33; Ex 20,16; Num 35,30; Dtn 5,20; 19,16.18; Rut 1,21 usw.
**163** Mir scheint es überdies v. a. von forschungsgeschichtlichem Interesse zu sein, daß – neben
den dafür ungleich bedeutsameren Genesistexten (dazu s.u. Kapitel 5.2) – die hier vorliegende
Spannung für die Annahme eines geistlichen und eines weltlichen Stammes Levi Pate stand, vgl.
etwa Bertholet 1899, 84 (mit entsprechender Zuschreibung der Verse zu E) und Cody 1969, 33 ff.
**164** Vgl. BHS zur Stelle.

Lokalisierung bei den Bergen, und erst die Vv. 12 f. verlagern die Fluchzeremonie Vv. 14 – 26 auf die Berge. Vielleicht kann das als Hinweis auf die Gleichzeitigkeit der zwei Redaktionsstufen gelten.[165]

An dieser Stelle ist nun ein Wort zur Textkritik in V. 4 angebracht.[166] Schon lange besteht die Überlegung, daß der Samaritanische Pentateuch mit der Nennung des Garizim hier gegenüber dem Masoretischen Text die ursprüngliche Fassung des Textes erhalten hat.[167] Die Lesart des Samaritanus wird gestützt von Papyrus Gießen.[168] Vor allem aufgrund seiner Lesart in Dtn 27,4 ist der Papyrus als Textzeuge für das Samareitikon gewertet worden. Dagegen sah Emanuel Tov in dem Papyrus eine frühere Fassung des altgriechischen Textes bezeugt.[169] Seine vorsichtig formulierte Schlußfolgerung wird gestützt durch die klärenden Bemerkungen Reinhard Pummers, insofern die Schreibung ΑΡΓΑΡΙΖΙΝ als eindeutiges Kriterium für samaritanische Herkunft eines Textes unbrauchbar ist.[170] Weiterhin enthält der Apparat der BHS zu Dtn 27,4 auch den Hinweis auf die Vetus-Latina-Ausgabe nach Petrus Sabatier, weswegen oft generell die Vetus Latina verkürzt als Textzeuge für die Lesart „Garzin" angesprochen wird. Zwar ist die Beuroner Vetus-Latina-Ausgabe noch nicht bis zum Deuteronomium vorangeschritten, wovon man sich eine bessere Übersicht über die textliche Situation erhoffen darf. Wie der ausführliche Kommentar der BHQ jedoch schon jetzt für den Nichtspezialisten klarstellt, beruht die angeführte Variante lediglich auf der Lesart des Codex Lugdunensis (Ms 100).[171] Der im Apparat der BHS aufgeführte Verweis ist insofern quantitativ irreführend. Diese vereinzelte Lesung muß ihren Ursprung keineswegs in einer alten Tradition haben, sondern es ist gleichermaßen denkbar, daß der Schreiber selbständig die Diskrepanz zwischen Altarbau und Fluchberg sah und – bewußt oder unbewußt – den Segensberg Garizim zum Berg des Altarbaus erhob: dieselbe Überlegung, die auch neuzeitliche Exegeten in V. 4 den Garizim als ursprünglichen Text annehmen ließ.

Die äußere Bezeugung der Lesart bleibt also schwach. Sie wird neuerdings durch ein Fragment einer Schriftrolle aus dem Antikenhandel, zuerst im Internet von James Charlesworth 2008 publiziert, ein wenig gestützt, auf dem Reste von Dtn 27,4 – 6 erhalten sind.[172] Es soll aus Qum-

---

165 Vgl. auch Nihan 2007, 205.
166 Vgl. auch die Diskussion bei Nihan 2007, 213 f.; A.A. Fischer, 2009, 236 – 239 und Kreuzer 2010.
167 Als einer der ersten wohl Benjamin Kennicott (vgl. Schenker 2010, 106), mit größerer Wirkung dann Bernhard Luther bei E. Meyer 1906, 546.
168 Vgl. Glaue/Rahlfs 1911 sowie den Eintrag in der Giessener Papyri- und Ostrakadatenbank unter http://digibib.ub.uni-giessen.de/cgi-bin/populo/pap.pl?t_allegro=x&f_SIG=%22P.B.U.G. %20inv.%2019 %22 (zuletzt abgerufen am 13.12.2013).
169 Tov 1971. Adrian Schenker hält den Papyrus für „eine samaritanische Bearbeitung der Septuaginta" oder, worin für ihn kein Unterschied besteht, „eine von der Septuaginta beeinflusste Übersetzung der samaritanischen Tora" (Schenker 2010, 112 f.). In der Beurteilung der Varianten in Dtn 27,4 kommt er jedoch zum gleichen Ergebnis.
170 Pummer 1987.
171 Beschreibung der Handschrift bei Gryson 1999, 159 f.
172 In einer überarbeiteten Fassung ist die Meldung unter http://www.ijco.org/?categoryI d=84964&itemId=193993 (zuletzt abgerufen am 13.12.2013) greifbar, im Druck zuerst Charlesworth 2009; vgl. auch Schattner-Rieser 2010.

ranhöhle 4 stammen, ist – gerade angesichts der Brisanz des Inhalts – jedoch nicht über jeden Fälschungsverdacht erhaben. Einstweilen müssen daher die innertextlichen Gründe für die Priorität der Lesart „Garizim" die entscheidenden bleiben. Allerdings kann weder das „Samaritanische 10. Gebot" die Lesart des Samaritanus stützen[173] noch Jos 8,30 – 35 die masoretische Lesart.[174] Beide Texte gehören in die Rezeptionsgeschichte von Dtn 27,4 und sind Zeugen für die sehr frühe Diskrepanz der Lesarten. Für die Frage der ursprünglichen Fassung unseres Verses tragen sie nichts aus. Auch die Archäologie kann hier nichts zur Klärung beitragen, da der Text komplett unabhängig von der historischen Realität oder auch gegen sie formulieren kann. Es bleibt letztlich nur die Frage der inneren Kohärenz von Dtn 27, und da scheint mir im Lichte von Dtn 27,12 (und 11,29) mehr dafür zu sprechen, in 27,4 die jetzt samaritanische Lesart als die ursprüngliche anzunehmen: Der Altarbau läßt sich deutlich schlechter mit dem Berg des Fluchens, d. h. dem Ebal verbinden.[175] Es liegt also keine samaritanische, sondern eine (proto)masoretische bzw. judäische Textänderung in 27,4 vor.

Vor allem aber sollte deutlich bleiben, daß es sich hier um ein klassisches Problem der Textkritik handelt. Auch wenn zurecht darauf verwiesen wird, daß die Grenzen zwischen Textgenese und Textüberlieferung unscharf sind,[176] und auch wenn gerade hier eine unterschiedliche Textüberlieferung sowohl in der samaritanischen Dekalogfassung als auch in Jos 8 wiederum eine unterschiedliche Textgenese aus sich heraus gesetzt hat, handelt es sich in bezug auf Dtn 27 selbst eben nicht um die Frage der Entstehung des Textes, sondern um die Frage nach der Entstehung einer zweifachen Textfassung, d. h. nach einer ursprünglichen Lesart, die durch bewußte Änderung eine Variante erhielt! Dtn 27,4 muß von Beginn an den Verweis auf einen Berg enthalten haben, denn er erhält seinen Sinn ja gerade aus dem sachlichen Überschuß gegenüber V. 2, wobei die Lokalisierung das entscheidende Element darstellt. Eine jeweils unabhängige Zufügung dieser Lokalisierung durch verschiedene, konkurrierende religiöse Gemeinschaften – einmal des Garizim seitens der Samaritaner und als Reaktion darauf des Ebal auf judäischer Seite – ist weder literar- noch realhistorisch plausibel. Es trägt statt dessen ein vorgefaßtes Geschichtsbild in die Textentwicklung ein, dessen Historizität dann wiederum zirkulär aus der Historie des Textes erhoben werden soll. Vielmehr ist die Entstehung von Dtn 27 noch Teil der gemeinsamen Geschichte von

---

**173** Oder falsifizieren: Gegen Noort 1997, 167 f. sehe ich nicht, inwiefern die samaritanische Interpolation in Ex 20,17 etwas anderes beweisen könnte als das Vorliegen der samaritanischen Lesart in Dtn 27,4. Über deren Ursprünglichkeit kann damit aber nichts ausgesagt werden.

**174** Dazu s. u. Kapitel 6.1.2.

**175** So auch Dexinger 1977, 127 f. Die Einwände gegen dieses Argument von Hempel 1914, 84, überzeugen nicht, denn die Diskrepanz zwischen V. 4 und V. 11 ff. löst sich auch bei Annahme verschiedener Hände nicht auf. Auch die archäologischen Betrachtungen von Noort 1997, 168 – 170 sind im Ergebnis schwer nachvollziehbar und für die literarhistorische Fragestellung m. E. wenig hilfreich. Eine theologisch-mythologische Erklärung der Verteilung von Fluch und Segen auf beide Berge bietet Nielsen 1955, 48. Nicht notwendigerweise folgt daraus seine Zurückweisung der „natürlichen" Erklärung, die Bülow 1957 mit Ortskenntnis noch einmal bekräftigt, wiederum unter Ablehnung von Nielsens These. Beide Möglichkeiten müssen sich jedenfalls nicht ausschließen.

**176** So schon Wellhausen 1871, XI; oder auch 1899, 353: „Man kann die Septuaginta als Grenze zwischen Textkritik und Literarkritik benutzen, muss dabei aber eingedenk bleiben, dass diese Grenze eine rein zufällige ist, und dass ein innerer Unterschied zwischen Ergänzen, Redigieren und Glossiren auf diesem Gebiete nicht besteht." Ohne Verweis darauf Fabry 2000, bes. 46 – 49.

Samaritanern und Judäern, erst die Tradierung und Rezeption des Textes, einschließlich der (proto)masoretischen Änderung in עיבל zeigt die Trennung der Wege an, über die wir letztlich noch immer zu wenig wissen.[177]

Kehren wir zu Fragen der Redaktionsgeschichte zurück: Ein letzter Hinweis soll noch einmal an die Überschriften erinnern. Im jetzigen Modell wären sie tatsächlich auf verschiedene Redaktionsstufen verteilt, insbesondere scheint sich die oben vermutete Nachordnung von V. 11 nach V. 1 zu bestätigen, wenn die Vv. 11ff. erst zu einer zweiten Fortschreibungsstufe im hinteren Teil des Kapitels gehören. Die Fortsetzung des mit Dtn 26,16 endenden Urdeuteronomiums fände sich demnach in 27,9f.; 28,1ff. In einer Rede erklärt Mose Israel nunmehr zum Volk JHWHs, auf dessen Stimme es hören soll. Unter dieser Bedingung wird Israel zugesichert, über die Völker des Landes gesetzt und Empfänger der folgenden Segnungen zu werden, im Falle der Nichtbefolgung freilich auch der Flüche.

Eine erste Redaktion fügt Dtn 27,1–3.14.16–26 hinzu: Israel erhält die Anweisung zum Bau eines Steinmals beim Betreten des Landes.[178] Auf diese Steine sollen „alle Worte dieser Weisung" geschrieben werden, damit Israel in das verheißene Land einziehen kann (V. 3). Nicht erst der Segen im Land, sondern bereits das Betreten des Landes wird so an die Bedingung des Gesetzesgehorsams gebunden. Gleichzeitig erhält die zweite Moserede noch einen Einschub in Form der von den Leviten zu sprechenden Fluchreihe, die also noch „an diesem Tag" und im Ostjordanland situiert ist. Man wird vielleicht nicht fehlgehen, diese Fluchreihe als vorausweisende Zusammen- oder Kurzfassung „aller Worte dieser Weisung"

---

**177** Unverständlich daher Fabry 1985, 94f., insofern Dtn 27,12 in masoretischem Text und samaritanischem Pentateuch keine entscheidenden Differenzen zeigt und in 11,29f. der Unterschied allein in dem samaritanischen Überschuß מול שכם am Ende von V. 30 besteht. Unabhängig von der Frage, ob es sich bei den beiden Worten um einen Zusatz handelt, ist es wohl kaum angemessen davon sprechen, daß „mit rabbinischer Spitzfindigkeit die samaritanische ›Exklave‹ in der Thora bereinigt" wurde (ebd., nahezu wörtlich wiederholt in Fabry 2000, 38). – Problematisch angesichts der Vermischung von Hypothesen zur Textgenese und zur Historie ist auch die Annahme von Na'aman 2000, 159ff., Texte wie Dtn 11,26–30; 27,4–10 und Jos 8,30–35; 24 seien „at some time after the fall of the First Temple and possibly before the reestablishment of the temple in Jerusalem under Ezra and Nehemiah, with the purpose of substantiating the central position of the cultic site at Shechem" geschrieben worden, während späterhin, als „the central position of the temple in Jerusalem had been reestablished, some Jerusalem writers sought to tackle the texts that now included the "Shechem traditions". In one place (Deut. 11,30) they garbled the commandment relating to the area of Shechem. In another (Deut. 27,14–26) they added the twelve "cursed be's" to stress the negative nature of the ceremony on Gerizim and Ebal." Wie konnte dann Dtn 27,14–26 auch Teil des Samaritanischen Pentateuch werden?
**178** Zum religionsgeschichtlichen Hintergrund und der theologischen Deutung dieses Vorganges vgl. Ska 2009.

von V. 3 zu verstehen, wie dies V. 26 schließlich auch resümiert. Darin zeigt sich auch ein bezeichnender Unterschied zu Dtn 28. Während dort die Flüche konkret ausgemalt, aber recht allgemein an das Hören auf JHWHs Stimme sowie das Halten seiner Gebote gebunden sind, werden hier die Gebote in einem „Fluch-dekalog" (Vv. 16–25) als Summe der Tora (V. 26) konkretisiert, bleibt aber die Verfluchung ohne inhaltliche Füllung, wobei eine solche mit Dtn 28 im Hinter-grund ja schon vorliegt. Und während Mose in Dtn 28 Segen und Fluch lediglich ankündigt, spricht hier das Volk sein Amen dazu und wird somit zum ersten Zeugen gegen sich selbst.

Auf das Konto einer zweiten Redaktion gingen dann die Verse 4–8.11–13.15. Das Aufrichten der Steine ist nun nicht mehr unmittelbar an den Tag des Betretens des Landes gebunden, statt dessen wird das Mal konkret westlich des Jordans lokalisiert und als Altar umgedeutet. Offenbar benötigt der Kult im Lande alsbald einen solchen, sei es nur temporär. In diese Szenerie und damit in die westjor-danische Zukunft wird durch die Vv. 11–13 weiterhin die levitische Aufgabe des Fluchens verlegt,[179] wozu sich die Stämme zu je sechs auf bzw. bei Garizim und Ebal aufstellen. Zudem wird mit V. 15 ein dem Ersten Gebot entsprechender Fluch vorausgeschickt. Im Rahmen dieser Redaktion dürfte schließlich auch die Hin-zufügung von Dtn 26,17–19 erfolgt sein.[180]

Man kann vielleicht vorsichtig formulieren, daß die erste Redaktion stärkeres Interesse an Ermahnung und Erinnerung hat, die zweite Redaktion eher an der konkreten zeremoniellen Ausgestaltung.[181] Im Rahmen eines solchen dreistufigen Modells ließe sich nun die jeweilige Ergänzung der Mitredner Moses in Vv. 1.9 nur schwer erklären, weswegen meine oben geäußerte Zurückhaltung hinsichtlich einer literarkritischen Scheidung hier bestehen bleibt. Es hängt allerdings auch nicht viel daran, solange nicht V. 9 in seiner Gesamtheit zu einem Urdeutero-nomium gezählt wird. Das allerdings scheint mir deutlich auszuschließen zu sein.

#### d) Ergebnisse

Für die Rückfrage nach Levi und den Leviten bleiben die Ergebnisse der Analyse etwas unbefriedigend. Als ältester der drei Belege innerhalb des Kapitels dürfte V. 9 gelten. Er führt die „levitischen Priester" als Mose beigesellte Autoritäten bei

---

**179** Gleiches könnte entsprechend für Dtn 28 gelten, vgl. Lohfink 1994, 150 f.
**180** Oder noch später? Zumindest Jer 11,1–8 scheint dann bereits den Text des gesamten Ka-pitels zu kennen und zu reformulieren, vgl. Levin 1985, 127 ff.
**181** Im Sinne einer regelmäßigen Zeremonie wird der Text dann in 1QS Kol. I f. aufgegriffen und verarbeitet. Dabei fällt den Priestern das Repetieren der Heilsgeschichte und das Segnen, den Leviten die Wiederholung der Unheilsgeschichte Israels und das Fluchen zu, s.u. Kapitel 8.4.

der Verkündung des Gottesverhältnisses Israels ein, woran sich mit Dtn 28 Segen und Flüche anschließen. Insofern in der Rede zentrale Theologoumena abgehandelt werden und die Autorität Moses in der Rolle der levitischen Priester ein Äquivalent findet, ist die denselben in V. 9 zukommende Bedeutung durchaus gewichtig einzuschätzen. Da mittels der Gruppenidentität eine sachliche Kontinuität über den Tod des Mose hinaus gewahrt werden kann, verbürgen die levitischen Priester bis hinein in die Gegenwart der Texte die Mosaizität der Überlieferung. Sachlich liegt das auf einer ähnlichen Ebene wie Dtn 10,8 f., die Terminologie (שבט הלוי) zeigt jedoch auch Differenzen an. Ebenso ist literarhistorisch ein gewisser Abstand anzunehmen. Wie gesehen, beginnt mit Dtn 27,9 f. eine erste Fortschreibung am Ende des Deuteronomiums, während mit Dtn 10,8 f. bereits ein fortgeschritten deuteronomistisches Stadium der Buchentwicklung vorliegt. Damit handelt es sich bei 27,9 zwar um einen älteren Beleg für die Hochschätzung levitischer Autorität im Deuteronomium. Als (ur)deuteronomischer Beleg für die in früheren Analysen so wichtige „Formel" von den „levitischen Priestern" fällt der Vers gleichwohl aus.

Schwieriger zu beurteilen ist die Rolle der Leviten in V. 14. Nicht nur, daß dort nicht mehr ausdrücklich vom Priestertum der Leviten die Rede ist, vielmehr trägt ihr Auftreten vornehmlich liturgischen Charakter und erinnert beinahe an levitische Funktionen in Esra-Nehemia und der Chronik.[182] Sollte diese sachliche Nähe auf eine Nähe der Verfasser zueinander schließen lassen, dann könnte die chronistische Trennung von Priestern und Leviten in Dtn 27,14 bereits impliziert sein. Zumindest ließ ja die Zusammenstellung fluchwürdiger Übertretungen der Tora ein sehr weit fortgeschrittenes Entwicklungsstadium des Pentateuch erahnen. Sicher ist diese Annahme leider nicht, denn ein direkt anti-levitischer Zug läßt sich der Stelle nicht entnehmen. Allenfalls könnte das Weglassen der Beschreibung als Priester darauf hindeuten, daß hier – dann aber sehr subtil – die Verhältnisse „zurechtgerückt" werden. Mit dem scharfen Kontrast zwischen Leviten im allgemeinen und Aaroniden im speziellen, wie er sich in der Fortschreibung Vv. 6 f. in Dtn 10 ausdrückt, hat das allerdings wenig zu tun. Darum muß die Einordnung des Textes in das oben in der Analyse von Dtn 10 skizzierte Schema der Auseinandersetzungen um die Rolle der Leviten *vorläufig* offenbleiben.[183]

Ein wenig besser steht es schließlich um die Erwähnung des Stammes Levi in V. 12, dem jüngsten der drei Belege in Dtn 27. Zum einen dürfte angesichts der

---

**182** Vgl. v. a. Neh 8 f. (so auch Bertholet 1899, 85), aber auch I Chr 15; II Chr 5. Vgl. mit Bezugnahme auf Neh 8 auch Hölscher 1922, 221: „Die Entstehungszeit ist damit bestimmt."
**183** Vgl. aber unten S. 144 f.

Verbindung zu den Vv. 4–8 bereits ein postdeuteronomistisches Stadium der Fortschreibung im Deuteronomium erreicht sein.[184] Mit anderen Worten: Hier darf mit dem Vorliegen eines Pentateuch einschließlich der Priesterschrift gerechnet werden. Zum anderen besteht darum die begründete Vermutung, daß diverse Systematisierungen des Zwölfstämmesystems an anderen Stellen im Pentateuch bereits vorausgesetzt sind. Gerade in den sekundär priesterschriftlichen Texten in Numeri aber wird „Levi" dabei seiner „geistlichen" (oder besser „kultischen") Funktionen wegen nicht mitgezählt. Wenn er hier dennoch unter die am Segensberg positionierten Stämme gerechnet wird, gibt das möglicherweise Aufschluß über das Verhältnis zu den „levitischen Priestern" von V. 9 bzw. den „Leviten" in V. 14: Man könnte vermuten, daß der Autor der Vv. 11–13 den Stamm durch seine Einreihung unter die übrigen Stämme seiner kultischen Qualitäten, wie sie die deuteronomistischen Fortschreibungen im Deuteronomium vertreten, v. a. Dtn 10,8 f., vollständig entkleidet. Nicht Herkunft aus „Levi" begründete im Sinne dieser Fortschreibung priesterliche Identität, sondern, so muß man ergänzen, Herkunft aus „Aaron". Mit der Postulierung eines „weltlichen" Stammes Levi hätte die ältere Forschung dann durchaus einen richtigen Aspekt gesehen. Man wird die Fortschreibung demnach als sehr junge Ergänzung im Deuteronomium ansehen müssen, etwa zeitgleich mit und in der Sache ähnlich orientiert wie Dtn 10,6 f.

## 2.1.3 Dtn 31

Das bereits für Dtn 27 angestimmte Lamento über die Unentwirrbarkeit der literarischen Genese des Kapitels ließe sich beinahe mit größerem Recht auf Dtn 31 übertragen. Der Text ist voll von Wiederholungen, Unterbrechungen und Wiederaufnahmen, Stil- und Themenwechseln und bietet damit etliche Ansatzpunkte für literarkritische Differenzierungen. Einer einfachen Analyse aber widersetzt er sich. „Das ganze Kapitel bietet ja mehr Traditionsgeröll als ein wirkliches Fortschreiten in der erzählenden Darstellung."[185] Zwar liegt seit Martin Noths „Überlieferungsgeschichtlichen Studien" eine in ihrer Knappheit nur schwer zu übertreffende Analyse vor, der jedoch eine synthetische Zusammenschau fehlt.

---

**184** Vgl. Nihan 2007, 210 ff.
**185** Von Rad 1964, 136; einen kurzen Überblick zur Forschungsgeschichte bietet Sanders 1996, 336–343. Angesichts derselben ist es für mich reichlich erstaunlich, wie Baden 2009, 185 zu seiner Behauptung „The composition of Deut 31 [...] is largely agreed upon by scholarship" kommen kann. Allein seine Annahme eines Elohisten ignoriert einen nicht unerheblichen Teil der nicht mehr so neuen Forschung.

Auch wenn sie in manchen Details einer Revision bedarf,[186] werde ich mich im folgenden an ihr orientieren. Nähme man Noths Analyse im übrigen in ihrer Radikalität ernst, so lieferte sie eines der besten Argumente gegen seinen Deuteronomisten.

### a) Ein zweifacher Abschluß der Tora

Der Kern des Kapitels liegt nach Noth in der Erzählfassung, nach welcher Mose den Josua zu seinem Nachfolger bestellt (Dtn 31,1 f.7 f.). Diese sei sekundär zunächst um die Vv. 3a.4.6b und schließlich um die Vv. 3b.5.6a aufgefüllt worden.[187] Ergänzend dazu muß auch V. 2b bereits der ersten Erweiterung zugerechnet werden. Anstatt des natürlichen Alters Moses (V. 2a) ist es nun JHWHs Wort (לא תעבר), aufgrund dessen er den Jordan nicht mehr überqueren wird,[188] was auf Dtn 3,27 f. rekurriert. Da sich alle übrigen Bezugnahmen auf Dtn 3, wie etwa der Rückblick auf Sihon und Og, jedoch erst in den Ergänzungsschichten von Dtn 31,1–8* wiederfinden – die Lokalisierung der Szenerie am Gipfel des Pisga wird gar erst von Dtn 34,1 wieder aufgegriffen –, kann man wohl auch in V. 2b mit dem späteren Einfluß von Dtn 3 auf Kapitel 31 rechnen. In der Grundschicht aber kommt die Erzählung von der Nachfolge Josuas und dem östlich des Jordans verbleibenden Mose ohne vorherige göttliche Anweisung aus.

Die Fortsetzung des Erzählstranges ist zunächst in den Vv. 9–13.24–26a zu suchen. Noth erklärt V. 9aβ.b aufgrund des sonst in seinem deuteronomistischen Werk nirgends vorkommenden Ausdrucks „die Priester, Söhne Levis,[189] welche die Lade des Bundes JHWHs tragen" als Zusatz[190] und hält auch die Vv. 10–13*[191] aufgrund des unmittelbaren Anschlusses von V. 24 an V. 9aα für nachgetragen. Zwar ist der von Noth monierte Ausdruck in der Tat ungewöhnlich. Das allein ist jedoch kaum ein hinreichendes Argument, den ganzen Satz[192] auch *in seinem*

---

**186** Vgl. Noth 1943, 39–40, dazu 191 und 214–215, bezüglich der Vv. 14 f.23 partiell revidiert in Noth 1948, 35 Anm. 126. Hinweise auf die ältere Literatur bei Lohfink 1962, 45 Anm. 53.
**187** Noth 1943, 39 Anm. 4. Man beachte, daß der älteren Forschung dagegen die Vv. 7 f. als der *jüngere* Parallelbericht zu Vv. 14 f.23 galten, vgl. etwa Bertholet 1899, 92.
**188** Vgl. etwas ausführlicher Kratz 2000b, 111, und Porzig 2009, 51, dort weitere Verweise.
**189** Der Ausdruck הכהנים בני לוי findet sich noch in Dtn 21,5, einem späten Zusatz, s.u. Kapitel 2.2.7.
**190** Noth 1943, 39 Anm. 5.
**191** Aufgrund der singularischen Anrede seien auch V. 11aα und V. 12a als sekundär erwiesen, so Noth 1943, 39 Anm. 6. Das setzt in V. 11b eine textkritische Änderung mit der LXX in den Plural voraus. Die *lectio difficilior* hat jedoch der masoretische Text mit dem Singular, woraus sich der Plural als Glättung leicht erklären läßt.
**192** Nielsen 1995, 276 etwa hält lediglich die Apposition ab „Söhne Levis" für einen dtr Zusatz.

Kontext für sekundär zu halten. Ebenso scheint mir ein direkter Anschluß von V. 24 an V. 9aα problematisch. Die Formulierung ויהי ככלות in V. 24 deutet einen Fortgang der Ereignisse an, der zwischen V. 9aα (ויכתב משה) und V. 24 liegen müßte. Somit setzt V. 24 mehr als nur V. 9aα, etwa die Vv. 10 ff., voraus. Das Gebot Moses in V. 10 ff. erfordert jedoch, jedenfalls solange es an eine Pluralgröße (אותם!) gerichtet ist, die Übergabe der Tora an eine solche, wie sie V. 9aβ.b bietet.[193] Unübersehbar stehen aber diese Angabe und die Aufforderung an die Leviten, sich „dieses Buch der Tora" (V. 26), welches jetzt überhaupt erst vollständig aufgeschrieben wurde (V. 24), zu nehmen, in einer gewissen Spannung zueinander. Diese erklärt sich – durchaus mit Noth – leichter, wenn die entsprechenden Passagen in V. 9aβ.b jünger sind als die Vv. 25 f. Die entscheidende Korrektur gegenüber Noth muß demnach V. 24 betreffen:[194] Er stellt eine Wiederaufnahme des Themas dar, bedingt durch die Einfügung der Vv. 9aβ–13.[195] Die ursprüngliche Fortsetzung von V. 9aα liegt demnach in V. 25 vor.[196]

Für die Literarkritik spielte bisher die unterschiedliche Benennung der „Trägerkreise" der Lade in V. 9aβ und V. 25 keine entscheidende Rolle, sie liefert jedoch weitere Hinweise für die Richtigkeit der bisherigen Annahmen.[197] Gemäß V. 26a obliegt es den Leviten, die verschriftlichte Tora in der Bundeslade zu deponieren. Ihre vorherige Benennung als Träger derselben erfüllt also eine Funktion innerhalb des Kontextes. Anders verhält es sich mit V. 9a: Der Kontext zielt auf den Inhalt der Tora ab, ihr physischer Verbleib spielt keine Rolle. Der Verweis auf die Träger wirkt daher nicht nur funktionslos, sondern geradezu deplaziert. Er erklärt sich am besten als Reminiszenz an die sachliche Vorlage. Daß der Ausdruck „Priester, Söhne Levis etc." in V. 9 darüber hinaus auch sprachliche Anleihen in V. 25 nimmt, läßt sich vielleicht sogar an einigen Details der Formulierung erkennen: In V. 25 wird den (determinierten) Leviten eine Apposition beigesellt, die

---

**193** Denkbar wäre immerhin auch, daß אותם in V. 10 auf die Einfügung von V. 9aβ.b zurückzuführen ist. Dafür könnte sprechen, daß in V. 11b und V. 12a eine Singulargröße angeredet zu sein scheint. Zu den Problemen der Literarkritik in den Vv. 10 – 13 siehe aber i.f.

**194** Zu den textkritischen Varianten siehe i.f.

**195** Auf die richtige Spur im Verhältnis von V. 9 zu V. 24 führt Smend sen. 1912, 268: „Durch v 24 will der Interpolator seine eigenen Angaben von v 19 22 mit v 9 ausgleichen, wonach das Gesetzbuch längst fertig geschrieben ist." Lediglich der Umfang der Interpolation ist anders zu bestimmen. Als „Wiederaufnahme" von Dtn 31,9 sieht auch Otto 2000a, 192 den Vers, meint damit aber offenbar etwas anderes.

**196** Die doppelte Nennung Moses als Subjekt in V. 9aα und V. 25 ist zumindest nicht nötig. Man beachte dazu das Fehlen Moses in V. 25LXX, welches allerdings auch auf eine stilistische Glättung in Fortführung von V. 24 zurückzuführen sein könnte.

**197** Abba 1977, 261 will hier – unter Verzicht auf jegliche literarkritische Differenzierung – statt dessen „two distinct orders of cultic officials" am Werke sehen, die er auch in DtrG wiederfindet.

aus einer viergliedrigen Constructus-Verbindung besteht, welche wiederum durch ihr letztes Element, den Gottesnamen, ebenfalls determiniert ist. In V. 9 werden die (determinierten) Priester zunächst durch die Apposition „Söhne Levis"[198] genauer bestimmt. Die zweite Näherbestimmung schließt nun nicht wie in V. 25 mit einer viergliedrigen Constructus-Verbindung an, sondern sprachlich schöner mit einem Relativsatz.[199] Eine umgekehrte Abhängigkeit beider Verse läßt sich sprachlich nicht und sachlich – wie eine redaktionsgeschichtliche Auswertung zeigen wird – nur schlecht erklären. Eigentümlich in V. 9 bleibt die Doppelung von Priestern und Ältesten,[200] aber diese Eigentümlichkeit würde durch eine literarkritische Alternativlösung, zu der ich keinen guten Grund sehe, eher noch verschärft.[201]

Die für die Levitenfrage wesentliche Verhältnisbestimmung von V. 9* zu V. 25 ist damit geklärt. Weitere Hinweise auf die jeweilige inhaltliche Ausgestaltung der mit dem Tragedienst verbundenen Funktionen ergeben sich möglicherweise aus der Klärung des literarhistorischen Befundes auch im übrigen Kapitel. So ist zunächst zu prüfen, ob bereits Dtn 31,9aβ–13 in sich weiter differenziert werden muß.[202]

Auffällig ist einmal mehr der Numeruswechsel. Während V. 11 im Singular formuliert, wechseln die Vv. 12b.13 in die 2. Person Pl. Dabei entspricht der Form תקרא in V. 11b zwar ein Plural in der LXX, aber das ist wohl als Glättungsversuch anzusehen. Morphologisch nicht zu entscheiden ist, ob הקהל in V. 12a als Imp. Sing. oder Inf. abs. (vgl. auch V. 26!) zu lesen ist. Für die erste Möglichkeit sprechen V. 11 und die Formulierung „dein Fremdling in deinen Toren" in V. 12a. Die Singular-

---

198 Zur Vermeidung des Ausdruckes „levitische Priester"? Siehe i.f.
199 Die einzigen Beispiele für eine Constructus-Verbindung als Apposition zu einer Constructus-Verbindung sind Num 10,17; Ps 78,9; I Chr 12,25.33. Den Fall, daß zwei Constructus-Verbindungen als Appositionen aufeinanderfolgen, wie es in Dtn 31,9 ohne Umformulierung gegenüber V. 25 der Fall gewesen wäre, habe ich nicht finden können.
200 Vgl. aber Otto 2000a, 187–191.
201 Vgl. etwa die Position von Buchholz 1988, 17 ff., und dagegen Bultmann 1992, 153 f., v. a. Anm. 125. Bultmanns Einwand („Spielt man beide Gruppen gegeneinander aus und spricht exklusiv von der „Beauftragung der Ältesten Israels im Deuteronomium mit dem ‚Dokument des Jahwebundes', der Tora" [...], bleibt die Frage nach dem Subjekt dieser Beauftragung bzw. den diese Beauftragung ins Gesetzbuch schreibenden Redaktoren offen. Wer anders kommt dafür aber in Frage als eine auf dem Boden des Geltungsanspruchs des dtn Gesetzes stehende Jerusalemer Priesterschaft? Und warum sollte sie das Gesetz (und den Festtag) erst *ganz* aus der Hand geben, um es dann wieder zurückzuholen?"; Kursivierung im Original) wird durch Dahmens Gegenfrage (Dahmen 1996, 173 Anm. 198) keineswegs erledigt, sondern eher bestätigt. Richtig gesehen von Buchholz ist allerdings die Verbindung von V. 9 mit Dtn 21,5, die einen Hinweis auf die späte Abfassungszeit auch von V. 9 gibt.
202 Vgl. oben Anm. 193 und die ausführliche Diskussion bei Dahmen, 1996, 142–180.

suffixe der ersten Vershälfte sind aber auch als Aufnahme geprägter Sprache erklärbar,[203] wenn man – mit Blick auf den Plural der zweiten Vershälfte – das einleitende הקהל als Inf. abs. in der Funktion eines Imp. Pl. verstehen möchte. Der Bezug auf V. 11 fiele als Argument ohnehin aus, wenn zwischen V. 11 und V. 12 ein literarkritischer Bruch vorläge.[204] Man könnte für die Annahme darauf verweisen, daß die Vv. 10b.11 eine Situation voraussetzen, nach der das Volk bereits zusammengekommen ist, während es nach V. 12 erst als Gemeinde versammelt werden soll. Diese Differenz als Folge einer in V. 12 einsetzenden Fortschreibung zu erklären,[205] erscheint mir jedoch nicht gänzlich überzeugend. Es würde auch dadurch nicht deutlicher, warum V. 12 nicht an die durch V. 11 vorgegebene Situation anknüpft. „Dass der Befehl das Volk zu versammeln erst gegeben wird nach dem Befehl, das Gesetz vorzulesen, verrät eine gewisse Nachlässigkeit des Stiles; v. 12ª darum als Zusatz anzusehen, löst wohl die Schwierigkeit, ist aber selbst keine leicht zu erklärende Annahme."[206] Ebensogut könnten umgekehrt die Vv. 10b.11 eine nachträglich klärende Vorschaltung vor die ursprünglich in V. 12f. ergehende Anweisung Moses sein, was erneut für das pluralische Verständnis von הקהל in V. 12 spräche. Allerdings fehlte so eine explizite Aufforderung zum Verlesen „dieser Weisung" und es wäre lediglich vom Versammeln des Volkes, dem Hören und Lernen die Rede, auch wenn der Bezug auf „alle Worte dieser Weisung" in V. 12b immer noch enthalten ist.

Weder die möglichen Unstimmigkeiten in der Sache noch der Numeruswechsel ergeben damit zwingende Gründe für literarkritische Differenzierungen, aus denen sich dann eine plausible Entwicklung des Textes nachzeichnen ließe. Mir scheint daher ein vorläufiger Verzicht auf diachrone Unterscheidungen ratsamer.[207]

Schwierig bleibt in jedem Falle, daß die Aufforderung zum Lesen im Singular erfolgt. Man wird wohl ausschließen dürfen, daß damit Josua angesprochen sein sollte.[208] Die vorausgesetzte siebenjährliche Verlesung übersteigt schließlich den Lebenshorizont einzelner Personen und verläßt die vom Handlungsrahmen vorgegebene Situation. Insofern wird im Stile der Anweisungen des

---

203 Vgl. v. a. Dtn 5,14; 14,21; 24,14; 28,43, 29,10 sowie die Reihungen der *personae miserae* in Dtn 14,29; 16,11.14; 26,11.12. Auch in 14,21 schließt sich an eine pluralische Aufforderung ein Folgesatz im Singular an, in 29,10 stehen Pluralsuffixe neben גו mit Singularsuffix.
204 Vgl. Dahmen 1996, 158 ff.
205 So neben Dahmen 1996 auch Buchholz 1988, 17 ff. und Nielsen 1995, 273 ff.
206 Bertholet 1899, 93.
207 Vgl. auch Lohfink 1993c, 194. Ein nicht unwesentliches Argument gegen eine literarkritische Auflösung liefert Dahmen 1996, 159 selbst: „Bleibt die Verlesung der Tora in den vv. 10b.11* eigenartig "ziel-los" [...], geschieht sie in den vv. 12f. deutlich lernzielorientiert: Hören, Lernen, was letztlich auf JHWH-Furcht hinausläuft."
208 Anders Weinfeld 1972, 65 Anm. 1, aber vgl. dazu die kritischen Bemerkungen von Lohfink 1993b, 31. Lohfinks Erklärung („Die beiden Gruppen gehören so sehr zusammen, daß Mose sie zusammen singularisch anredet") vermag allerdings auch nicht recht zu befriedigen. Eine differenziertere Lösung bietet Bertholet 1899, 92: „Eine Konfusion scheint in diese Verse dadurch gekommen zu sein, dass was nach ursprünglicher Meinung Sache der Priester und Ältesten sein sollte, von einem Späteren im Gedanken an v. 1–8 auf Josua bezogen wurde."

Deuteronomiums an Israel auch hier das Volk als Ganzes angesprochen sein und – trotz V. 10 – nicht allein seine Priester und Ältesten.[209]

Deutlicher ist immerhin, daß sich die Vv. 10b.11 mit ihrem Bezug auf Erlaßjahr und Laubhüttenfest sprachlich aus Dtn 15,1[210] und 16,16[211] speisen. Damit soll die Gesetzesverlesung nicht *per se* zu einer puren Schreibtischphantasie erklärt werden. Nur vermag ich ebensowenig Noths Gewißheit, Dtr habe Mose dieselbe „auf Grund eines ihm aus der Geschichte bekannten tatsächlich geübten Brauchs"[212] anordnen lassen, zu teilen. Dafür setzen diese Verse zu viel an literarischer Traditionsbildung voraus: Welche „Tora" oder welches Deuteronomium hätte – noch dazu als alter Brauch – zu Zeiten des Dtr verlesen werden können? Die einzige innerbiblische Spur einer solchen Praxis bietet Neh 8, wo der Priester Esra die „Tora Moses" verliest.[213] Für ein sonderlich hohes Alter jenes „Brauches" spricht auch das nicht, ebensowenig wie erste Beobachtungen zur redaktionsgeschichtlichen Zusammenschau von Dtn 31 in eine solche Richtung deuten. Wenn V. 11 vom „Ort, den JHWH erwählen wird", spricht, so ergibt sich dies aus der sprachlichen Aufnahme von Dtn 16,16, nicht aber, weil der Vers die Kultzentralisation oder ihre Folgen im Blick hätte.[214] Die Formulierung ist damit kein Grund, den Abschnitt dem Urdeuteronomium zuzuweisen, was sich mit Blick auf die Annahme einer Fortschreibung ohnehin nicht nahelegt.

---

**209** Vgl. auch Hoffmann 1922, 155 f. mit Verweis auf Josephus und die Mischna: „Das תקרא ist demnach an die Nation gerichtet, die dies durch ihren höchsten Repräsentanten vornehmen läßt." Nach Josephus AJ IV,8,12 (4.209) liest der Hohepriester; mSot 7,8 und SifDev §157 erzählen von einer Verlesung durch Herodes Agrippa I.

**210** Dtn 15 ist neben 31,10 die einzige Stelle in der Hebräischen Bibel, an welcher der Terminus שמטה sonst auftaucht!

**211** Dtn 16,16 weist die gleiche schwierige Konstruktion mit ראה *nifʿal* und folgendem את auf, der sprachliche und sachliche Bezug ist somit recht eindeutig, vgl. auch McCarthy 2007, 136*. Häufig wird an diesen beiden Stellen sowie den Parallelen in Ex 23,17 (MT allerdings אל statt את) und 34,23 f. die Punktierung als *nifʿal* statt des grammatisch einfacheren *qal* einer masoretisch-theologischen Korrektur zur Vermeidung eines allzu anstößigen Anthropomorphismus zugeschrieben. Dazu ist zumindest zu bemerken, daß auch die samaritanische Tradition *nifʿal* bezeugt, wenngleich mit darauffolgender Präposition את. Ich danke Stefan Schorch für seine hilfreichen Erläuterungen. Die alternative Annahme einer der Konstruktion zugrundeliegenden Ergativstruktur, vgl. H.-P. Müller 1985 und Migsch 2012, ist u.a. aus sprachgeschichtlichen Überlegungen heraus freilich ebenfalls mit Schwierigkeiten behaftet. Hier ist Ingo Kottsieper und Thilo Rudnig für klärende Bemerkungen Dank abzustatten.

**212** Noth 1943, 39.

**213** Dazu s.u. Kapitel 8.1, daneben die Bemerkungen zu Dtn 27,14 ff. oben S. 40 ff. Geradezu phantastisch mutet der Vorschlag von Holladay an, solche Sieben-Jahres-Zyklen in die Zeit von 622 bis 587 zu datieren und diesen Verlesungen jeweils entsprechende Partien des Jeremiabuches zuzuordnen, da „those occasions would have offered Jeremiah an ample audience." (Holladay 1985, 326). Mit dem Vorschlag für das Jahr 615, hier habe möglicherweise der zwölfjährige (!) Jeremia „heard the call of Yahweh", bewegt man sich allerdings selbst s.E. „in very uncertain territory" (Holladay 1985, 327 f.). In der Tat!

**214** Mit Recht ist der Abschnitt Dtn 31,9–13 bei Braulik 1986, 10 daher eingeklammert. Braulik [8]2012, 172 ist insofern etwas irreführend.

Wir können damit vorläufig festhalten, daß die Vv. 1.2a.7 f. in V. 9aα und schließlich den Vv. 25.26a ihre Fortsetzung finden. Nachgetragen sind die Vv. 9aβ–13[215] und – in leichter Abweichung von Noths Analyse – auch V. 24, der eine Wiederaufnahme darstellt. Eine weitere Differenzierung dieses Nachtrages scheint nahezuliegen, eine plausible Lösung ist jedoch für mich nicht erkennbar. Es bleibt noch die Frage, ob die Einsetzung Josuas als Nachfolger und die abschließende Verschriftung der Tora und ihre Übergabe an die Leviten der gleichen literarischen Ebene zuzurechnen sind.[216] Mit Blick auf die Buchgestalt ergibt zwar V. 9aα eine stimmige Fortsetzung der Reden Moses in Dtn 28*.30*,[217] der abrupte Themenwechsel zwischen Vv. 7 f. und V. 9 sowie der erstmalige Hinweis auf die Verschriftung der Tora sind jedoch mögliche Hinweise für die Annahme einer Fortschreibung ab V. 9.[218] Da für die Leviten daran im Grunde nichts hängt, muß diese Frage hier nicht entschieden werden.

### b) Josuas zweite Bestallung

Mit der Einfügung der Vv. 9aβ–13.24 ist allerdings das Ende der Fortschreibungen in Dtn 31 noch nicht erreicht. Zwischen V. 13 und V. 24 steht die große Einschaltung von Vv. 14–23. Die Rahmenverse 14 f.23 berichten darin ein weiteres Mal von Josuas Einsetzung als Nachfolger des Mose. Diesmal erfolgt die Berufung jedoch aus dem Munde JHWHs im Zelt der Begegnung. Klassischerweise wird dieser Erzählstrang als eine „vor-dt Überlieferung ... weil von Mose und Josua sprechend, nordisraelitischen Ursprungs"[219] oder entsprechend als ein Fragment aus dem Elohisten

---

**215** Die Ergebnisse der Literarkritik konvergieren mit Lohfinks Beobachtungen zur Fabel in Dtn 31. Nach ihm müsse Mose „zunächst den Leviten die Tora übergeben [...] und schließlich den Leviten und Ältesten zusammen die Vorschrift zur Gesetzesverlesung gegeben haben (31,10–13)" (Lohfink 1993a, 264).
**216** Vgl. die Diskussion bei Dahmen 1996, 142–144; Otto 2000a, 180; Porzig 2009, 50 f. Da sich die Frage der Unterscheidung v. a. an V. 9aα entzündet, ist es unerheblich, ob man mit den Vv. 9 ff. oder – im Sinne der hier vorliegenden Analyse – mit den Vv. 9aα.25.26a als Fortsetzung von V. 8 rechnet.
**217** So in Anlehnung an Steuernagels Ausgabe D²c, vgl. Steuernagel ²1923, 9. Zur Fortführung von Dtn 28* in Dtn 30,15–20* vgl. in Anlehnung an Steuernagel bzw. Noth auch Kratz 2000b, 117 f.; Chr. Koch 2008, 200 f.
**218** Vgl. v. a. Kratz 2000a, 135 und 2000b, 102: „Die engste Verbindung besteht zwischen Dtn 31,1 f.7 f. und Jos 1,5 f.: Mose beruft Josua und spricht ihm Mut zu, Jhwh wiederholt den Zuspruch. Dazwischen liegt Moses Tod in Dtn 34/Jos 1,1 f. Alles weitere in Dtn 31–34 ist nachträglich eingeschoben." Siehe dazu auch unten S. 54 ff.60 f. die Diskussion um das Verhältnis von Dtn 31,1 f. zu 32,45 f.
**219** Nielsen 1995, 276.

angesehen.[220] Auch für Noth handelt es sich zunächst noch um ein altes Quellenstück,[221] was lediglich im jetzigen Kontext literarisch sekundär sei. Noch er selbst revidierte allerdings bereits wenig später diese Sicht und stellte klar, daß hier kein altes Quellengut vorliege, sondern man mit sekundär deuteronomistischen Zusätzen im Sinne des Vorstellungsgutes von P rechnen müsse.[222] Zuletzt hat Christian Frevel v. a. mit Blick auf Josua noch einmal deutlich gemacht, daß wir es hier mit nachpriesterschriftlichem Material zu tun haben.[223] Handelt es sich nicht um ein quellenhaftes Stück, so steht einer Ergänzungshypothese nichts im Wege.[224] Sollte die Interpretation von V. 24 als Wiederaufnahme richtig sein, dann könnten auch die Vv. 14 f.23 noch darin eingeschlossen sein. Zwingende Argumente für einen Bruch zwischen V. 13 und V. 14 sehe ich, hat man sich einmal von

---

**220** Vgl. etwa Bertholet 1899, 92; Steuernagel ²1923, 10.162 f., Eißfeldt 1954, 416 und noch Rofé 1982; nach Wellhausen ³1899, 116 JE (bezogen auf die Vv. 14 – 22!); anders Greßmann 1913, 338 f. Anm. 3 (J); weitere Positionen bei Blum 1990, 86.
**221** Noth 1943, 40 Anm. 3 und 190.
**222** Noth 1948, 35 Anm. 126. An P erinnert natürlich der אהל מועד, aber dessen Lokalisierung außerhalb des Lagers läuft der Konzeption von P gerade entgegen. Entsprechend kritisch bezüglich einer „Verwendung von Elementen des Vorstellungsgutes von P" Blum 1990, 87.186, der statt dessen auf die „sachliche und sprachliche Nähe von 31,23 zu 31,7 f. und anderen dtr Formulierungen" verweist. Die Charakterisierung der betreffenden Verse als „dtr" und damit die Annahme ihrer vorpriesterschriftlichen Herkunft ist jedoch nicht minder kritisch zu betrachten, vgl. dazu die folgende Anmerkung.
**223** Vgl. Frevel 2000, 283 – 290, ohne daß man damit allen seinen Schlußfolgerungen zu P^G folgen müßte. Der Nachweis des nachpriesterschriftlichen Charakters von Dtn 31,14 f. schon bei Gunneweg 1990; vgl. zudem Schäfer-Lichtenberger 1995, 177 ff. (bes. 181); Kratz 2000a, 135 und Porzig 2009, 51 f. Problematisch bei Schäfer-Lichtenberger ist allerdings ihre Umkehrung der relativen Chronologie mit Vorordnung der Vv. 16 – 22 vor 14 f.23, insofern sie allen, auch von ihr bestätigten Beobachtungen zu V. 23 widerspricht (vgl. Schäfer-Lichtenberger 1995, 182 f.)!
**224** Von Bedeutung ist allerdings das von Rofé problematisierte Nebeneinander verschiedener Vorstellungen in bezug auf Art und Ort der Gottesoffenbarung in MT und LXX. Nur läßt sich diese Differenz nicht quellenkritisch auswerten, vielmehr zeigt die konzeptuelle Vermischung im MT dessen junges Alter an. Die Varianten der LXX in den Vv. 14 f. können statt dessen einleuchtend als Ergebnis interner Harmonisierung gedeutet werden. Dabei kann offenbleiben, ob die Lesart καταβαίνω (V. 15) eine Angleichung an Num 12,5 darstellt (vgl. Wevers 1995, 498 f.; McCarthy 2007, 136*) oder – wahrscheinlicher – der masoretische Text in Anlehnung an (sekundär) priesterschriftlichen Sprachgebrauch (vgl. Lev 9,6.23; Num 14,10; 16,19; 17,7 etc.) eine Veränderung von וירד zu וירא durchlaufen hat (vgl. etwa Blum 1990, 77 Anm. 135). Auffällig ist zumindest, daß der durch καταβαίνω zum Ausdruck kommende Anthropomorphismus für die LXX unproblematisch ist. Entscheidender ist, daß sich so die Notwendigkeit zur Positionierung von JHWH *und* Wolke ergab, woraus die Dublette V. 15a.bLXX resultiert. Das hauptsächliche Interesse der LXX dürfte kultischer Natur sein: Da Josua weder Priester noch Levit ist, erfolgt die Offenbarung nicht *im* Zelt wie im MT, sondern am Eingang desselben (vgl. Rofé 1982, 173).

der Quellenhypothese verabschiedet, nicht. Möglicherweise ist daher die zweite Bestallung Josuas demselben Ergänzer zuzurechnen wie die Vv. 9aβ–13.24.

Unstrittig unter allen literarhistorischen Problemen ist immerhin, daß in den Vv. 16–22 ein weiterer später Nachtrag vorliegt, der sogar noch textkritische Spuren in Form von Glättungsversuchen hinterlassen hat:[225] In Anschluß an die Vv. 15 ff. ist JHWH als Sprecher der Rede V. 23 anzunehmen, was sich auch aus ihrem in der 1. Person formulierten Inhalt ergibt.[226] Liest man mit dem jetzigen masoretischen Text jedoch V. 22 zuvor, ergäbe sich Mose als Subjekt des Verses.[227] Entsprechend fügt die LXX diesen als Redner explizit ein und formuliert zugleich die Aussage der Rede in die 3. Person Singular um. Darüber hinaus hat die Einfügung auch kleinere Variationen in der hebräischen Textüberlieferung nach sich gezogen: Zwei Handschriften – man möchte fast sagen „nur zwei" – lesen השירה anstelle von התורה in V. 24.[228]

Der Einschub bereitet aber nicht nur das Moselied Dtn 32 vor,[229] sondern setzt auch theologisch eigene Akzente. Daß die Israeliten ihren Gott verlassen werden, scheint als unveränderliches Schicksal festzustehen. Prägend ist dabei das Stichwort vom „Brechen des Bundes" (הפר ברית, Vv. 16.20).[230] Die Vv. 16–22 sprechen so eine andere Sprache als noch Dtn 28, worin zumindest nominell den Israeliten die Wahl bleibt, und laufen pädagogisch gesehen auch der für die Zukunft angeordneten Ermahnung in Dtn 31,10 ff. zuwider. Die hinter beiden Texten stehende Theologie

---

**225** Vgl. die Diskussion bei McCarthy 2007, 138*–139* auch zur innergriechischen Entwicklung!

**226** Vgl. die lapidare Bemerkung Wellhausens 1899, 116 Anm. 1: „V. 23 ist Rede Jahves mit Josua, die etwas post festum kommt."

**227** Streng genommen unterbricht also nur V. 22 den Zusammenhang der JHWH-Rede. Es wäre darum an anderer Stelle noch einmal genauer zu untersuchen, ob nicht doch ein Teil der Vv. 16–22* noch mit den Vv. 14f.23 zur selben Schicht zu rechnen sein könnte, wobei die Kriterien von Steuernagel ²1923, 162f. hierfür untauglich sind. Zudem ist der Anschluß von V. 23 an V. 15 keineswegs so glatt, wie man wünschen möchte, schließlich fehlte der Szene damit auch eine durchaus zu erwartende Rede an Mose. Angesichts des mit einem thematischen Umschwung verbundenen Neueinsatzes in V. 19 könnte etwa der erste Teil der JHWH-Rede an Mose (Vv. 16–18*) bereits ursprünglich auf V. 15 gefolgt sein, zumindest für V. 16a so schon Smend sen. 1912, 268. Voraussetzung ist in jedem Falle, daß man sich vom Gedanken der Quellenhaftigkeit der Vv. 14f.23 löst.

**228** Vgl. BHS zur Stelle. Diese Variante ist eindeutig sekundär und von den vorangehenden Formulierungen Vv. 19.21 u.v.a. 22 beeinflußt. Mit Greßmann 1913, 338f. Anm. 3; Noth 1943, 40 Anm. 2 u.a. ist daher gegen Staerk 1894, 75; Bertholet 1899, 93; Steuernagel ²1923, 163 die Annahme, statt התורה habe in dem Vers einst השירה gestanden, abzulehnen, auch wenn die Einfügung der Vv. 16–22 möglicherweise sogar ein entsprechendes Verständnis von V. 24 nahelegen sollte. Auf diese Weise würde die Redaktionsgeschichte bis in die Forschungsgeschichte hineinreichen!

**229** Vgl. Sanders 1996, 333f. für eine Zusammenstellung der Bezüge. Auf ebenso vorhandene theologische Differenzen verweist aber schon Lohfink 1962, 53 Anm. 76.

**230** Vgl. außerhalb des Deuteronomiums u.a. Gen 17,14; Lev 26,15.44; Jes 24,5; Jer 11,10; 31,32; 33,20f.; Ez 16,59; 44,7 und Jdc 2,1; Jer 14,21! Wie die Verteilung der Belege innerhalb des Buches andeutet, ist ברית im Deuteronomium selbst ebenfalls eher ein junger Terminus; zum bemerkenswerten Fehlen dieses zentralen Begriffs in für die Bundestheologie grundlegenden Texten vgl. auch Levin 1985, 113 ff.

setzt jedoch nicht eine jeweils gänzlich veränderte *historische* Situation voraus – Dtn 31,16–22 blickt ebenso auf die Katastrophe von 587 zurück wie auch schon Dtn 28[231] –, vielmehr geht es zuvorderst um den *literarischen* Blick nach vorn auf die Vorderen Propheten.[232] Offenbar sollte diese Perspektive aber nicht nur in die Tora des Mose noch vor ihrem Abschluß (V. 24) eingefügt werden, sondern auch Teil der „Ermunterung" JHWHs an Josua (V. 23) werden, was nicht einer bitteren Ironie entbehrt. Trotz dieses pessimistischen Vorausblickes steht aber am Ende der Schwur der Landgabe: am Ende sowohl des „Liedes" (V. 21) als auch der Berufung Josuas (V. 23). Eine Spannung zwischen Gottes Abwendung aufgrund des Bundesbruches der Israeliten einerseits und seiner Zuwendung andererseits bleibt damit dem Endtext und so den theologischen Versuchen späterer Generationen erhalten.

### c) Eine Wolke von Zeugen

Diese soben diskutierten späten Fortschreibungen liegen zwar bereits jenseits der redaktionellen Einbindung der beiden Levitenbelege in Dtn 31. Sie sind aber insofern von Bedeutung, daß sie, wie noch zu zeigen sein wird, den Blick auf die Vv. 25 f. verändern. Vor der Klärung dieses Aspektes sollen aber noch die literarhistorischen Verhältnisse am Ende des Kapitels 31 und in Kapitel 32 erhellt werden.

Als Leitfaden möge wieder Martin Noths Analyse dienen: Er sieht Dtn 31,24–26a ursprünglich in 34,1 bzw. einer Vorform davon fortgesetzt. Dazwischen seien zunächst die Verse 32,46 f. als „Schlußwort" hineingekommen, bevor das Lied Moses 32,1–43 mit seinem Rahmen 31,27b–30 und 32,44 f. eingefügt wurde.[233]

Ein erster Zweifel an dieser Lösung ergibt sich aus dem Übergang von Dtn 31,26a zur Erzählung vom Tod des Mose. Als Abschluß der Anweisungen über die Tora wirkt die simple Deponierung neben[234] der Bundeslade etwas mager. Nicht weniger mager erscheint auch 32,46 f. als „Schlußwort", das zudem noch einer eigenen Redaktion zuzurechnen sei. Des weiteren kann weder V. 46 an Dtn 31,26a anschließen – denn dann wären diese Worte allein an die die Lade tragenden Leviten gerichtet –, noch gibt es für eine Trennung zwischen 32,45 und 46 einen Grund. Die Verse wiederholen vielmehr die Struktur von Dtn 31,1.2: ויכל משה לדבר ... ויאמר אלהם.[235] Außerdem tauchte so in dem insgesamt rückbezüglich angelegten V. 46 das Thema des „Bezeugens" (אשר אנכי מעיד בכם) völlig unvorbereitet auf. Es fände sich mit Noth erst in der Vorbereitung des

---

231 Vgl. zum Versuch einer absoluten Datierung der deuteronomistischen Bundestheologie und damit von Dtn 28 Chr. Koch 2008, 248–265.

232 Paradigmatisch für die methodisch unzulängliche Vermischung historischer und literarischer Fragen ist Sanders 1996, 343 ff.

233 Vgl. Noth, 1943, 40.

234 Vgl. zum Problem der Lokalisierung die Hinweise bei Porzig 2009, 53.

235 Mit 1QDeut[b] und der mutmaßlichen Vorlage der LXX ist ויל ך in V. 1 zu ändern, vgl. die Diskussion bei McCarthy 2007, 134*. Die strukturelle Analogie bliebe allerdings auch bei vorausgesetzter Ursprünglichkeit des masoretischen Textes. Die Variante des masoretischen Textes erklärt sich am ehesten als ein „Ringen um die Fabel" (zur Formulierung vgl. Lohfink 1993a), indem ein zweimaliges „Beenden" der Reden vermieden wird.

Moseliedes (Dtn 31,19.21) bzw. in seinem vorderen Rahmenteil (Dtn 31,26b.28), d. h. jeweils späteren Nachträgen.[236] Diese Annahme ist noch einmal zu prüfen:

- In Dtn 31,19.21 soll, im Unterschied zu 32,46, „dieses Lied" (השירה הזאת) Zeuge sein, wobei die Vv. 16 – 22, wie gesehen, unstreitig als junge Ergänzung gelten können.
- Entsprechend Dtn 31,26b wird – im Anschluß an V. 26a – „dieses Buch der Tora" (ספר התורה הזה) zum Zeugen erklärt. Allerdings ist V. 26a noch an die Leviten gerichtet, während V. 26b eine zweite Person Singular anspricht. Damit ist üblicherweise Israel angesprochen. Als Schelte an die Leviten ergäbe der Einwurf, direkt nachdem dieselben mit der Verstauung des Buches der Tora befaßt waren, zunächst auch kaum einen Sinn. Das gleiche gilt der Sache nach aber ebenso bei dem von Noth vermuteten Anschluß von V. 27b an 26a. Hier wird zwar die Rede im Plural fortgesetzt, aber der Vorwurf des Murrens gegen die Leviten mutet nach wie vor seltsam an. Innerbiblische Rückbezüge dafür lassen sich gleichfalls nur schwer finden. Allenfalls könnte an Num 16 gedacht sein, was sich angesichts der Terminologie allerdings nicht nahelegt. Die sprachlichen Analogien (Wurzel מרה) verweisen vielmehr auf das Murren des gesamten Volkes.[237] Eine sachlich schlüssige Fortsetzung findet V. 26a erst mit dem Imp. Pl. in V. 28, der eindeutig an eine aus dem Volk herausgehobene Gruppe, doch wohl die Leviten, gerichtet ist. Damit dürften auch die Vv. 26b.27 als Nachträge anzusehen sein, deren Funktion jedoch noch zu bestimmen sein wird. Eine nochmalige innere Differenzierung des Nachtrages aufgrund des durchaus irritierenden Numeruswechsels hat sich hier nicht bewährt. Er erklärt sich möglicherweise aus den literarischen Vorlagen.
- In Dtn 31,28 schließlich ist es Mose, der den Himmel und die Erde zu Zeugen gegen die (Führer der) Israeliten aufruft (ואעידה בם). Das stimmt terminologisch und in der Sache mit 32,46 überein. Wie gesehen, schließt 31,28 auch glatt an V. 26a an, der wiederum nach einer Fortsetzung verlangt. In anderen Worten: Dtn 31,28 stellt die notwendige und auch mögliche Voraussetzung für 32,46 dar.[238] Hieraus ergibt sich weiterer Korrekturbedarf an Noths Modell.

Festzuhalten ist zunächst, daß sich Dtn 32,46 auf „die Worte dieser Weisung" und nicht auf „dieses Lied" bezieht, letzteres ist offenbar noch nicht vorausgesetzt.[239] Angesichts der Verbindung von 31,28 mit 32,46 kann der erstgenannte Vers demnach nicht einfach mit 31,27b–30 einem vorderen Rahmen des Moseliedes zugerechnet werden.[240] Statt dessen müssen die von Noth übergangenen literarischen Nahtstellen vor 31,30 und nach 32,44[241] beachtet werden: Dtn 32,44 bietet unbe-

---

**236** Aus dem weiteren Kontext ist noch auf Dtn 4,26 und 30,19 zu verweisen. Diese Verse sind einerseits von 32,46 zu weit entfernt, um als Bezüge gelten zu können, andererseits handelt es sich dabei wohl ebenfalls um sehr späte Nachträge, vgl. Kratz 2000a, 132ff.; zur sachlichen Differenz, die sich in היום und dem Koinzidenzfall (Perfekt!) ausdrückt, vgl. Sanders 1996, 334.
**237** Vgl. Dtn 1,26 – 45 und v. a. 9,7–24; in diesem Sinne auch der Verweis bei Nielsen 1995, 279.
**238** Den Bezug erwähnt Sanders lediglich in einer Fußnote (Sanders 1996, 334 Anm. 237).
**239** Das scheint auch Noths implizites Argument für seine vorherige Entscheidung zu sein. Ganz eigen Eißfeldt 1954.
**240** Sanders 1996, 335 hält es hingegen für „absolutely clear that 31:27–30 was written in view of the song of Deut. 32, at least of 32:1, 16, 21." Zum Bezug von 31,28 auf 32,1 s.u. Anm. 246, die übrigen Berührungen betreffen v.a. V. 29b, dazu s.u. Anm. 243.
**241** In LXX liegt der Übergang im Vers selbst vor. Der griechische Text ergänzt zu Beginn von V. 44 noch den Wortlaut aus Dtn 31,22 und identifiziert auf diese Weise das Lied des Mose mit dem in 31,19.21 erwähnten. Statt dessen wird השירה in der Übersetzung mit νόμος wiedergegeben

stritten eine Unterschrift unter das Moselied, während V. 45 neu einsetzt bzw. mit ויכל einen Abschluß ankündigt.[242] Ebenso gibt 31,29 in wörtlicher Rede – eingeleitet durch כי – den Inhalt der Ansprache Moses an die Vornehmen des Volkes wieder, die in V. 28 mit der Formulierung הדברים האלה vorbereitet wird,[243] während V. 30 an „die Ohren der ganzen Gemeinde Israels" (באזני כל־קהל ישראל) gerichtet ist und erstmals den Terminus „Lied" einführt.[244] Sollte es, wie Dtn 32,46 anzeigt, einmal eine Brücke von Dtn 31 nach Kapitel 32 ohne Moselied gegeben haben, dann muß sie von 31,29a nach 32,45 geschlagen werden.[245] Das Moselied 32,1–43 ist demnach nur durch jeweils einen Vers an Beginn (31,30) und Ende (32,44) gerahmt. Die verschiedentlichen Stichwortverknüpfungen zwischen dem Lied und seinem erweitertem Kontext – im wesentlichen betrifft das ja die Anrufung von Himmel und Erde – können hingegen kaum als stichhaltige Kriterien für Annahme derselben literarischen Ebene und damit als Gegenargument gegen den Nachtragscharakter gelten. Sie lassen sich ebensogut, wenn nicht besser, als rhetorische Aufnahmen und damit als Anknüpfungspunkte für die Fortschreibung erklären.[246] Gleiches gilt im übrigen für das Verhältnis von V. 24 zu V. 30: Wie dort Mose „die Worte dieser Weisung auf ein Buch, bis zum Ende" (עד תמם) aufschreibt, so hier „dieses Lied". Die sprachliche Aufnahme bei sachlicher Übertragung auf eine andere Größe bezeugt damit sehr schön die veränderte literarische Ebene.

---

und bezieht sich so bereits auf das folgende. Entsprechend kann die LXX dann in V. 45 את־כל־הדברים האלה weglassen und λαλέω absolut gebrauchen. Mit der klaren Gegenüberstellung von Lied und Weisung – der masoretische Text spricht nur von „allen diesen Worten" – ergibt sich eine Vereindeutigung in der LXX, die damit indirekt die literarische Nahtstelle im Übergang von Lied und Reden anzeigt. Dieser Übergang wird verwischt, wenn man mit Bertholet 1899, 101 und Steuernagel 1900, 121 die Verse nicht auf die Tora, sondern – ebenso gegen den Text wie in 31,24 ff. – auf „das Lied" bezieht. Zum „Ringen um die Fabel" vgl. wiederum Lohfink 1993a, 260 f.
**242** Vgl. auch Staerk 1894, 75.
**243** Da V. 28 kataphorisch auf V. 29a bzw. 32,45 ff. bezogen ist, erweist sich Staerks Suche nach einer Bezugsgröße als unnötig (vgl. Staerk 1894, 74 f.). Gegen Steuernagel ²1923, 163 ist V. 29 also keineswegs in Gänze ein Nachtrag. Erwägenswert ist allenfalls eine gesonderte Betrachtung von V. 29b, der mit seinem Verweis auf die אחרית הימים die Perspektive ins Eschatologische weitet, wofür die Anrufung des Himmels und der Erde ein passendes Szenario geboten haben könnte.
**244** Zu den unterschiedlichen Adressaten in V. 28 und V. 30 vgl. auch Lohfink 1993a, 265, jedoch mit anderer Konsequenz. Die Verwendung des ganz undeuteronomischen Terminus קהל mag im übrigen bereits ein erster Hinweis auf die späte Abfassungszeit des Moseliedes bzw. seines Einbaus in das Deuteronomium sein. Ganz willkürlich ist die Textänderung von „Lied" in „Gesetz" bei Eißfeldt 1954, 413. Sie steht im übrigen auch quer zu seiner These, die Liedtexte seien älter als die vom Gesetz handelnden Passagen.
**245** Vgl. S.R. Driver ³1902, 382: „The passage [scil. Vv. 45–47] is not connected with v.⁴⁴. It contains many Deuteronomic expressions; and its literary affinities are with 31²⁸⁻²⁹, not with 31¹⁶⁻²² or 32⁴⁴."
**246** Hingegen ist nach Sanders 1996, 335 einmal mehr „absolutely clear that this announcement (scil. V. 28) relates to the calling of heaven and earth at the beginning of the song (32:1)," woraus für ihn der Beweis der Einheitlichkeit folgt. Literarische Bezugnahmen besagen aber noch nichts über die Selbigkeit literarischer Ebenen.

## d) Noch ein redaktionsgeschichtlicher Versuch

Für die literarhistorische Entwicklung zunächst der zweiten Hälfte von Kapitel 31 ergeben sich daraus folgende Überlegungen: Die Fortsetzung von Dtn 31,9aα.25.26a ist in V. 28 f. und schließlich in 32,45 – 47 zu finden. Nach ihnen verschriftlicht Mose die Tora (V. 9aα) und weist sie den Leviten zu (V. 25), die das ihnen anvertraute Gut an oder in der Lade des Bundes JHWHs, deren Träger sie sind, deponieren sollen (V. 26a). Zur Bekräftigung dieses Vorganges obliegt es ihnen, die Führung des Volkes[247] zu versammeln (הקהילו), vor denen Mose die Schöpfung als Zeugen anruft (V. 28). Dtn 32,45 zeigt schließlich den Abschluß (ויכל) aller Reden an – nur hier ist von כל־הדברים האלה die Rede![248] – und ermahnt ein letztes Mal das ganze Volk, „alle Worte dieser Tora" an die nächste Generation weiterzugeben (V. 46). Schlußendlich wird der Blick auf den Jordandurchzug und die Zukunft im Land der Verheißung gelenkt (V. 47). In diesen Zusammenhang sind einerseits Dtn 31,26b.27 eingeschrieben worden, andererseits das Moselied Dtn 32,1– 43 samt knapper Rahmung in 31,30 und 32,44.

Während das Moselied hier auf sich beruhen kann, ist den Vv. 26b.27 noch genauer nachzugehen. Wie gesehen, scheinen sie – als an die Leviten gerichtet – völlig unpassend an ihrer Stelle, sie unterbrechen den Zusammenhang und speisen sich terminologisch aus Scheltworten an das Volk, was angesichts des Singulars in der Anrede am ehesten als Adressat in Frage zu kommen scheint. Andererseits ist weder nach V. 26a noch vor oder in V. 28 eine veränderte Gesprächssituation angezeigt. So muß man entweder annehmen, der Redaktor habe – reichlich ungeschickt – den zweifachen Wechsel in der Anrede eben impliziert, oder aber – nicht minder ungeschickt – Mose statt des Volkes die Leviten als singularische Größe anreden lassen. Beide Lösungen haben ihre Schwierigkeiten. Immerhin kann letztere für sich in Anspruch nehmen, daß kritische Tendenzen den Leviten gegenüber auch sonst in späten Zufügungen des Pentateuch zu finden sind[249] und sich ebenso in Dtn 31 im Vergleich von V. 9 und V. 25 schon andeuten. Eventuell ist darum ein Spielen mit der Übertragung sonst an das Volk gerichteter Vorwürfe auf die Leviten durchaus im Sinne des anzunehmenden Redaktors. Dabei wird die Aussage aus V. 29 in V. 27 sogar noch vorwegnehmend gesteigert: „Wenn ihr schon zu meinen Lebzeiten rebelliert, um wieviel mehr dann nach

---

**247** Zu den textkritischen Problemen vgl. BHS zur Stelle sowie Lohfink 1993a, 273 und McCarthy 2007, 139*. Je nachdem, wie man hier die Rolle der Ältesten versteht, ergibt sich daraus eventuell noch eine Bestätigung für das jüngere Alter von V. 9b.
**248** In LXX bis auf Codex Alexandrinus fehlt die ganze Phrase.
**249** S.o. Kapitel 2.1.1 zu Dtn 10,6 f. und Kapitel 3 zu den Leviten in Numeri.

meinem Tode?!"[250] Auf diese Weise würde die Tora (!) zu einem Zeugnis gegen die (vorhersehbar) rebellischen Leviten umgedeutet.

Wie verträgt sich diese Interpretation mit den Analysen zur vorderen Hälfte von Dtn 31? Als erste Fortschreibung zwischen V. 9aα und V. 25 waren die Vv. 9aβ–13 und möglicherweise auch Vv. 14 f.23 mit V. 24 als Wiederaufnahme zum Zweck der Überleitung zu V. 25 bestimmt worden. Die augenfälligste Veränderung betrifft Moses Übergabe (Wurzel נתן) der Tora an die *Priester, Söhne Levis, die die Lade des Bundes JHWHs tragen, und alle Ältesten Israels*, während Mose in V. 25 f. die *Leviten* aufgefordert hatte, sich das Buch der Tora zu nehmen (Wurzel לקח). Leviten und Priester werden jeweils per Apposition als Träger der Tora gekennzeichnet. Nach V. 26a ist die einzige konkret mit dem Tragen verbundene weitere Aufgabe der Leviten das Verstauen der Tora in/an der Bundeslade. Allenfalls sollen sie hernach die Oberen des Volkes versammeln (הקהילו), die Mose bei seiner Mahnrede an das Volk besonders in die Pflicht nehmen wird. Anders Dtn 31,10 ff.: Hier wird die Aufgabe der Vermahnung den Priestern und Ältesten übertragen. Wie Mose sollen sie, allerdings regelmäßig alle sieben Jahre, wenn ganz Israel wegen des Laubhüttenfestes zum erwählten Ort pilgert, das Volk versammeln (הקהל), um es durch die Verlesung der Tora zu belehren. Darin sind ausdrücklich Frauen und (kleine) Kinder eingeschlossen, gleichermaßen „dein Fremdling in deinen Toren". In den Formulierungen nimmt V. 12bβ beinahe wörtlich 32,46b auf, ebenso schließt V. 13 mit demselben Wortlaut wie auch 32,47: Das Land jenseits des Jordan ist die Perspektive.[251] Diese Analogien können kaum zufällig sein, man wird hierin ein bewußtes Gestaltungsprinzip erkennen dürfen.

Umso gewichtiger angesichts dieser Ähnlichkeiten sind die genannten, zum Teil recht feinen Unterschiede, in denen der Schlüssel zur Frage nach dem Sinn der Fortschreibung gesucht werden muß. Stehen die Vv. 25.26a für sich, so erscheint die Aufgabe des Tragens der Bundeslade als Ausdruck besonderer Verantwortung für die Tora. Es sind die Leviten, denen die Bewahrung mosaischer Autorität für die Zukunft zugesprochen wird. Durch die Einfügung der Vv. 9aα–13 wird jedoch ein anderes Licht auf die Passage geworfen. Die Zuständigkeit für den Tragedienst, v. a. aber für die Auslegung und Verkündigung kommt jetzt in Verbindung mit dem Pilgerwesen den Priestern als einem besonderen Teil der Söhne Levis (und Ältesten) zu. Angesichts des zweiten Punktes tritt der Aspekt des Tragens in den Hintergrund bzw. wird er auf den Status einer untergeordneten Tätigkeit reduziert. Der Zugang zum rechten Verständnis der Tora liegt jetzt in den Händen der Priester (und Ältesten), die Leviten hingegen erscheinen im Vergleich hierzu nurmehr als

---

**250** Und vgl. Dtn 9,7.24 zur Formulierung ממרים הייתם עם יהוה.
**251** Vgl. auch mit nahezu identischer Formulierung Dtn 30,16.18.

Handlanger. Da auch das Buch Numeri den Leviten, genauer gesagt dem Geschlecht der Kehatiter, die intellektuell eher inferiore Tätigkeit des Tragens überlassen kann,[252] wird man in der Überlagerung von Dtn 31,25 durch V. 9aβ eher eine Nähe zum Vorstellungsgut des Buches Numeri suchen als zu den levitenfreundlichen Aussagen in älteren Partien des Deuteronomiums. Diese Verschiebung ist besonders im Hinblick auf die „Lehrtätigkeit" festzuhalten, die häufig als ein charakteristisches Merkmal der Leviten im Anschluß an das Deuteronomium gesehen wird,[253] ihnen hier aber gerade durch die Fortschreibung nicht mehr zukommt.

Daß die Priester als „Söhne Levis" apostrophiert werden, steht der obigen Deutung nicht entgegen und kann v. a. nicht über die eingeführte Rangunterscheidung hinwegsehen lassen. Der Ausdruck ist genealogisch zu verstehen, aber darauf liegt wohl kaum der Fokus,[254] schließlich ist eine Abstammung der Priester von Levi nirgends strittig, insofern Aaron selbst als Nachfahr Levis gilt. Eine „genealogische Levitisierung" der Priesterschaft dürfte also kaum das zugrundeliegende Problem sein.[255] Jedenfalls bewegt sich der Vers mit dem Rückbezug auf Levi zwar durchaus im Rahmen der deuteronomischen Terminologie, tatsächlich aber widerspricht eine Heraushebung von Priestern innerhalb der „Söhne Levis" dem Geist von Dtn 10,8 f., wonach der ganze Stamm Levi zum Priesterdienst ausersehen ist. Da nicht ausdrücklich von „Söhnen Aarons" die Rede ist, wird man hinsichtlich einer Identifikation mit der aaronidischen Konzeption des Priestertums, wie sie v. a. im Buch Numeri vertreten wird,[256] zurückhaltend sein müssen. Gleichwohl kann die sachliche Nähe zu der dort vertretenen Position und die Differenz zu den bisher erarbeiteten deuteronomisch-deuteronomistischen Vorstellungen nicht übersehen werden. Damit läge diese Einfügung auf einer eher levitenkritischen, das Priestertum immer exklusiver verstehenden Linie und paßte

---

252 Num 3,31; 4,15, vgl. unten Kapitel 3.1.
253 V.a. mit Blick auf Dtn 17,10 f.18; 24,8 und 33,10, vgl. nicht zuletzt von Rad 1934 „Die levitische Predigt in den Büchern der Chronik", wobei bezeichnenderweise nur ein einziges Beispiel solcher „Predigten" auch narrativ einem Leviten (von den Söhnen Asaphs) in den Mund gelegt ist (II Chr 20,15 – 17).
254 Vgl. dazu auch die etwas ausführlicheren Bemerkungen in der Analyse zu Dtn 21,5 (s.u. Kapitel 2.2.7). In Dtn 21,5 – und nur dort! – findet sich auch die Verbindung von Priestern und Ältesten wieder.
255 Allenfalls könnte man annehmen, daß hier die Abstammung von Levi noch einmal stark gemacht werden solle gegen andere, vielleicht exklusivere Konzepte wie eine Begrenzung auf „Zadoq" und seine Nachfahren, s.u. Kapitel 7.3.3. Mit den Zadoqiden lassen sich die Levitentexte des Deuteronomiums jedenfalls nicht verbinden, anders Otto 2000a, 185 ff. Möglicherweise verdankt sich die Erwähnung „Levis" sogar nur der Vorlage V. 25.
256 S.u. Kapitel 3.

somit durchaus zu der sich auch in den obigen Analysen von Dtn 10 und 27 abzeichnenden Gesamttendenz.

Die Vv. 26b.27 schließlich gehen mit der in ihnen zum Ausdruck kommenden Schärfe in der Kritik an den Leviten darüber noch einen Schritt hinaus und sind dementsprechend wohl einer späteren Hand zuzuschreiben.

Ein Nachtrag liegt, wie gesehen, auch in den Vv. 14 f.23 vor. Die Terminologie und die Konzeption des Zeltes außerhalb des Lagers sprechen dafür, daß hier eine späte, nachpriesterschriftliche Ergänzung vorliegt,[257] was entsprechend auch für die Vv. 9aβ–13.24 gälte, sollten diese auf dieselbe Hand zurückzuführen sein.[258] Durch die variierte Erzählung von der Einsetzung Josuas ergibt sich so eine Doppelstruktur für das Kapitel: Zunächst wird Josua vor den Augen des Volkes durch Mose als dessen Nachfolger eingesetzt (Vv. 1–8), danach ergeht eine an die Tora gebundene Paränese (Vv. 9–13). Hieran schließt sich Josuas Legitimierung durch JHWH im Zelt der Begegnung an (Vv. 14 f.23), worauf erneut eine Paränese mit Blick auf die Tora folgt (Vv. 24–26a.28 f.; 32,45–47).

Eine Verbindung der Vv. 9aβ–13.24 und 14 f.23 zu den übrigen Fortschreibungen in Dtn 31 f., etwa zum Moselied, vermag ich nicht zu erkennen.[259] Anzumerken ist immerhin, daß die Erwähnung Josuas[260] bei Abschluß des Moseliedes (32,44b) auffällig hinterherhinkt und wohl nicht ursprünglich ist.[261] Über die chronologische Einordnung des Moseliedes sagt das aber nichts aus. Einige wenige thematische Verbindungen zum Moselied liegen dann in der jüngsten Einschreibung in den Vv. 16–22 vor. Da der Ausblick auf den künftigen Frevel der Israeliten zunächst in JHWHs Mund erscheint und erst danach von Mose in dessen Lied ausführlich wiederholt wird, ergibt sich hier eine Umkehrung der oben beobachteten Doppelstruktur bezüglich der Berufung Josuas. Ob sich daraus auch redaktionskritisch etwas schlußfolgern läßt, mag dahingestellt sein. Ebenso kann die Frage nach den Vv. 1–8 hier offenbleiben, weil sich daraus keine weiteren Erkenntnisse für die Levitenfrage ergeben.

Zuletzt ist, v. a. im Hinblick auf das Verhältnis zu Dtn 27, noch einmal auf die Redeeinleitungen bzw. Überschriften zu verweisen. Die Einleitung Dtn 31,1 mit [262]ויכל zeigt an, daß Moses

---

257 Vgl. Gunneweg 1990.

258 S.o. S. 51 ff. Ähnlich sieht Otto 2000a, 183 ff. in den Vv. 9–13.14 f.23 seine Pentateuchredaktion am Werk.

259 Allenfalls ist angesichts der אחרית הימים V. 29b ein möglicher Nachtrag zur Grundschicht in Anlehnung an das Moselied, vgl. Dtn 32,20.29.

260 Man beachte die auffällige Namensform הושע, die sonst nur in Num 13,8.16 zu finden ist. Ob das wegen der in Samaritanus und LXX bezeugten Normalform „Josua" hier auf einen Schreibfehler zurückgeführt werden kann (so etwa Bertholet 1899, 101), scheint mir zwar eher unwahrscheinlich; quellen- oder redaktionskritische Schlußfolgerungen liegen andererseits auch nicht nahe. Zur rabbinischen Auslegung vgl. die Hinweise bei Schäfer-Lichtenberger 1995, 186 f.

261 Sie dürfte auf die gleiche Hand zurückgehen, die auch für den Imperativ Pl. כתבו לכם (die LXX hat auch die beiden folgenden Imperative im Pl.) in Dtn 31,19 verantwortlich ist, vgl. Bertholet 1899, 101 und Schäfer-Lichtenberger 1995, 180 f.

262 Zu den textlichen Varianten s. o. Anm. 164.

Redegang nun dem Ende zugeht.[263] Angesprochen ist „ganz Israel", was parallel zu Dtn 27,9 formuliert ist. Vielleicht ist das zumindest ein zarter Hinweis darauf, daß beide Verse auf derselben literarischen Ebene liegen und damit der in Dtn 27 begonnene Redegang, der bisher keinen erkennbaren Zielpunkt hat, hier abgeschlossen wird.[264] Durch den erneuten Einsatz mit ויכל in Dtn 32,45 läßt der Autor Mose ein zweites Mal den Schluß seines Redens ankündigen. Man kann diese Doppelung als das Ergbenis einer Fortschreibung deuten, die zu Dtn 32,45 gehörige Schicht wäre dann nochmals jünger als 31,1 f. Die Vermeidung der zweifachen Ankündigung einer abschließenden Rede dürfte jedenfalls das Motiv für die (proto)masoretische Textänderung in Dtn 31,1 sein, wenn es sich dabei nicht um einen schlichten Schreiberirrtum handeln sollte.

Ich fasse zusammen:

1. Der Kern des Kapitels findet sich in der Erzählung von der Einsetzung Josuas durch Mose vor den Augen ganz Israels (Vv. 1.2a.7 f.), sowie dem darauf folgenden Abschluß der Tora, die Mose den Leviten anvertraut (Vv. 9aα.25.26a).[265] Sie sollen das Volk zu einer abschließenden kurzen Ermahnung zusammenführen. Ein Lob der Tora und der Ausblick auf das Land (31,28 f.; 32,45 – 47) beschließen den in Dtn 27,9 f. einsetzenden Redegang.

2. Eine erste Fortschreibung läßt Mose die Tora den Priestern (und Ältesten) übergeben, auf daß diese künftig das Volk unterweisen (Vv. 9aβ–13). Erst damit ist die Tora tatsächlich vollendet (V. 24) und kann den Leviten als Trägern übergeben werden. Möglicherweise noch zur selben Fortschreibung gehört auch die Einsetzung Josuas zum Nachfolger Moses durch JHWH im Zelt der Begegnung (Vv. 14 f.23).

3. Weitere Fortschreibungen umfassen (a) die in sich gestufte[266] Auffüllung der Vv. 1–8* mit dem Rückbezug auf Dtn 3,[267] (b) die Einfügung einer JHWH-Rede, die den kommenden Bundesbruch der Israeliten ankündigt und dies in einem

---

**263** Gegen von Nordheim 1985, 57, muß festgehalten werden, daß V. 1 die abschließende Rede einleitet und nicht den vorhergehenden Redegang beschließt.

**264** Gegen Tov 1981, 104.290, ist – zumindest diachron betrachtet – der Anfang dieses Redeganges nicht in Dtn 29,1 zu suchen. Dtn 29 gehört wohl eher zu den noch späteren Nachträgen im Deuteronomium, vgl. Bertholet 1899, 88 f. und im Grunde auch Steuernagel ²1923, 155 ff. (wenngleich er im Rahmen seiner Theorie auf eine vierte [!] Sonderausgabe zurückgreifen muß), sowie Hölscher 1922, 224.

**265** Aber s.o. S. 51 zur Möglichkeit, daß bereits mit Vv. 9aα.25.26a ein fortschreibender Neuansatz vorliegt.

**266** S.o. S. 46 f. Mindestens V. 3b ist, wie der Rückbezug von להם (V. 4) auf הגוים (V. 3a) deutlich macht, eine junge Glosse, angesichts des Rückverweises auf ein JHWH-Wort vielleicht in Anlehnung an Dtn 3,28, vgl. Bertholet 1899, 92; auch Otto 2000a, 179 Anm. 114, der den Abschnitt abgesehen von V. 3b allerdings für literarisch einheitlich hält.

**267** Womit die letzten Stadien der Entstehung des Deuteronomiums erreicht sind, vgl. ausführlicher Kratz 2000b, bes. 110 f.

Lied festhält (Vv. 16 – 22), (c) eine Anklage der rebellischen Leviten (Vv. 26b.27) und (d) das Lied des Mose (31,30 – 32,44, eventuell auch 31,29b). Diese Ergänzungen einander noch näher zuzuordnen bzw. in eine relative Abfolge zu bringen, scheint mir nur schwer möglich zu sein. Einigermaßen deutlich ist m. E. nur, daß der Gedanke in den Vv. 26b.27, die Tora werde zum Zeuge gegen die Leviten, die Aussagen der Vv. 16 – 22, wonach „dieses Lied" gegen die Israeliten zeugen wird, voraussetzt und demnach zweifelsohne zu den spätesten Zufügungen in Dtn 31 gehört.

Die Grundschicht in Dtn 31 korrespondiert der Grundschicht in Kapitel 27 (Vv. 1 – 3.9 f.14.16 – 26), bei den weiteren Fortschreibungen darf man übergreifende Zusammenhänge ebenfalls vermuten. Eine gewisse Nähe ergibt sich vielleicht im Hinblick auf kultisch-zeremonielle Interessen einzelner Abschnitte: Die erste Ergänzung in Kapitel 31 verband ja die allgemeine Anweisung zur Tora-Belehrung mit einer siebenjährlichen Verlesung zur Zeit der Wallfahrt (v. a. Vv. 9aβ–13). In ähnlicher Weise deutet die zweite Fortschreibung in Dtn 27 das – mit „allen Worten dieser Tora" zu beschriftende – Steinmal des Jordandurchzuges (Vv. 1 – 3) zu einem Altar auf dem Garizim um (Vv. 4 – 8), verlegt die kurze Fluchreihe der Leviten an denselben Ort und baut sie zu einer feierlichen Zeremonie der zwölf Stämme aus (Vv. 11 – 13). Weiterhin führt 31,9b die Ältesten Israels ein, welche auch schon in 27,1 neben Mose als Sprecher auftraten.

Es braucht nicht weiter betont zu werden, auf wie unsicherem Terrain sich alle literarkritischen Schlußfolgerungen im Detail und mit zunehmender Differenzierung hier bewegen. Die nicht wenigen kleinteiligen Redaktionen innerhalb von Dtn 31, die nur schwer miteinander in Beziehung zu setzen und zudem allesamt kein literarisches Urgestein sind, mögen manches Unbehagen auslösen. Es sei aber daran erinnert, daß sich, von kleineren Umstellungen abgesehen, ein noch vielschichtigeres Modell bereits bei Noth findet. Der Möglichkeit plausibler Analysen sind gewisse Grenzen gesetzt, angesichts der komplexen Situation des Textes gilt das aber nicht weniger für allzu einfache Erklärungsversuche. Der vorliegende mag sich als Mittelweg hoffentlich bewähren, insofern er versucht, keine sachlichen und sprachlichen Brüche zu übersehen, aber auch nur jene Spannungen diachron auszuwerten, die sich als Ergebnis einer gedanklichen Entwicklung erklären lassen.

### 2.1.4 Dtn 33

Auch wenn die zu Beginn eines neuen Abschnittes schon mehrfach geäußerte Bemerkung, der nächste zu untersuchende Text sei kompliziert und entziehe sich schlüssigen Deutungsversuchen, ermüden wird, muß gleiches für Dtn 33 wiederholt und sogar zugespitzt werden: Das Kapitel gehört zweifelsohne zu den enigmatischsten in der Hebräischen Bibel. Die Vielstimmigkeit der Forschungsmeinungen[268] zeigt zwar, daß es ihm nicht an Aufmerksamkeit mangelt. Ein „trauriges Stiefkind der Deuteronomiumsforschung"[269] ist Dtn 33 zumindest im Hinblick auf die Quantität der Zuwendung darum nicht mehr. Angesichts der textlich oftmals unklaren Situation bleiben dem Bemühen um eine schlüssige Interpretation jedoch enge Grenzen gesetzt. Solange selbst grundlegendste Verständnisfragen ungeklärt sind, wird auch eine literarhistorische Analyse mehr als zurückhaltend sein müssen. Eine ereignisgeschichtliche Auswertung gar stünde auf so tönernen Füßen, daß sie sich nahezu von selbst verbietet.[270]

### a) Die Stammessprüche und ihre Rahmung

Rein formal läßt sich in Dtn 33 zwischen Stammessprüchen (Vv. 6 – 25) und einem Rahmen aus psalmartigen Stücken (Vv. 2 – 5.26 – 29) unterscheiden. Nicht selten werden aus dieser formalen Unterscheidung auch literarhistorische Konsequenzen abgeleitet. Schien sich lange Zeit die These durchgesetzt zu haben, daß der Rahmen auf einen ursprünglich eigenständigen Psalm zurückgeführt werden könne,[271] hat zuletzt Henrik Pfeiffer deutlich gezeigt, daß es sich bei den Versen um sehr junge Stücke handelt, die von vornherein mit Bezug auf das Corpus der Sprüche abgefaßt wurden und jünger als diese sind.[272] Zweifel daran sind allenfalls bezüglich V. 29 angebracht, der gegenüber den Vv. 26 – 28 einen anderen Ton anschlägt. Während jene zurückblicken, ist V. 29 auf die Zukunft, d.h. die bevorstehende Landnahme hin orientiert. Zugleich spürt man, wie V. 26 auf Israel

---

268 Vgl. die Darstellungen bei Preuß 1982, 169 – 173 und Pfeiffer 2005, 178 – 182.

269 So Pfeiffer 2005, 178.

270 So erweist sich Donner 1984, 105 f.130 – 145 zwar als ein Meister der Interpretation, dennoch ist hier letztlich ein toter Punkt der Forschung erreicht, vgl. bereits Gunneweg 1965, 39: „Überhaupt wird man sich wegen der dunklen Anspielungen [...] hüten müssen, den Spruch als solchen in seiner vorliegenden Gestalt als älteste, ursprünglichste Tradition über Levi und Mose zu betrachten und unmittelbar als Geschichtsquelle für das Levitentum und Mose auszuwerten. Dies dürfte der Fehler der älteren Forschung gewesen sein, welche speziell von Dt 33 aus Mose und Levi bzw. die Leviten miteinander in Verbindung brachte, um dann aus dieser für ursprünglich gehaltenen Verbindung weitgehende Folgerungen für eine Rekonstruktion der Geschichte des levitischen Priestertums zu ziehen."

271 Vgl. mit Verweis auf die Vorläufer etwa Steuernagel 1900, 123; sowie Budde 1922 und Seeligmann 1964; ein bündige Übersicht über die Forschungspositionen bietet Pfeiffer 2005, 178 – 182. Kritische Töne finden sich u. a. schon bei Preuß 1982, 172.

272 Pfeiffer 2005, 182 – 203, v. a. 195.

bezogene Aussagen aus V. 29 auf JHWH überträgt und damit gewissermaßen unter theologische Vorzeichen stellt.[273] So bietet V. 29 möglicherweise von vornherein einen summarischen Abschluß der Stammessprüche, die sonst allzu abrupt zu Dtn 34 überleiten würden.

Als Kern des Kapitels verbleiben damit abzüglich der jüngeren Nachträge die Kapiteleinleitung V. 1, die Sprüche Vv. 6 – 25 sowie deren Summa in V. 29. Auch bei diesem Grundbestand handelt es sich freilich nicht um literarisches Urgestein. Darauf deutet, neben dem unterbrochenen Zusammenhang zwischen Dtn 32,52 und 34,1, die Bezeichnung Moses als „Gottesmann" in V. 1,[274] die „auf das prophetische Profil des Mose zurückgreift."[275] Nur dieser Vers aber bietet eine Vorbereitung des Themas „Segen", ohne ihn hinge das Corpus der Sprüche völlig in der Luft.[276] Mindestens die literarische Einbettung der Sprüche in das Deuteronomium ist damit ebenfalls einer sehr späten Fortschreibung zuzurechnen.

Die Frage, ob einzelne Sprüche oder die Sammlung als ganze mündliche Vorstufen und damit ein höheres Alter haben, ist davon durchaus noch einmal zu unterscheiden, bleibt aber hochgradig spekulativ.[277] Jedenfalls sehe ich nicht, daß allgemeine Hinweise auf die poetische Struktur, (vermeintliche) sprachliche Archaismen oder orthographische Besonderheiten die Beweislast für ein hohes Alter des Textes tragen können – nicht zu vergessen die Transmission desselben Textes in seiner „archaischen" Form durch die Jahrhunderte hindurch.[278] Schließlich dürfen bei aller Wichtigkeit möglicher Parallelen aus der alttestamentlichen Umwelt diese nicht den Blick auf innerbiblische Zusammenhänge und Voraussetzungen verstellen! So deuten schon allgemeine Überlegungen zur Gattung darauf, daß in Dtn 33 eine Art Sekundärverwendung der Szene von Gen 49 vorliegt: Die Sprüche über die Zwölf haben im Munde Jakobs in Gen 49 ihren natürlichen Ort, im Munde Moses und generell im Deuteronomium überraschen sie.[279] Altertümlichkeit wird man hieraus gewiß nicht schlußfolgern.

---

**273** Vgl. die Unvergleichlichkeitsaussage אין כאל ישרון mit מי כמוך, sowie den Gebrauch von גאוה.
**274** Ansonsten noch Jos 14,6; I Chr 23,14; II Chr 30,16; Esr 3,2; Ps 90,1. Auch David wird in II Chr 8,14 und Neh 12,24.36 so bezeichnet. Der Ausdruck an sich ist freilich älter, seine Übertragung auf große Vorbilder der Vergangenheit wie Mose und David hingegen ist, wie die Belege anzeigen, eine recht junger Vorgang, vgl. Edelman 2007, 27 – 29.
**275** Pfeiffer 2005, 196 mit Verweis auf Dtn 18,15.18 und 34,10 – 12. Auch bei diesen Stellen handelt es sich bekanntlich um späte Erweiterungen des Deuteronomiums. Zu ergänzen wäre vielleicht noch der Hinweis auf Fortschreibungen in Ex 3 im gleichen Geist.
**276** Der Vers kann darum gegen Beyerle 1997, 48 f. kaum eine „sekundäre Überschrift" sein.
**277** Ähnlich schon Gunneweg 1965, 37 Anm. 3.
**278** Dies unbeschadet aller philologischen Gelehrsamkeit gegen Cross/Freedman 1948.
**279** Vgl. auch Otto 2000a, 188 f. (bes. Anm. 154) und Pfeiffer 2005, 191 ff. zum Verhältnis von Gen 49 und Dtn 33. Gegen von Nordheim 1985, 143 ff. sind in dieser Hinsicht zwei grundsätzliche

Ungeachtet mancher Unwägbarkeiten im Detail erheben sich damit ernste Bedenken gegen die „früh liebgewonnene Auffassung, im Mosesegen liege ein im Grundbestand uralter Text vor".[280] Wenn man einmal auf allzu kunstvolle Rekonstruktionen der Vorgeschichte Israels verzichtet, bleibt die Frage nach mündlichen Vorstufen der Spruchsammlung oder ihrer Teile letztlich auch ohne Relevanz: Literarische Bedeutung erhält sie nun einmal erst im Kontext von Dtn 33.[281] Wie die Sprüche dort aufgenommen und für ihren Kontext fruchtbar gemacht werden, ist die m. E. gewichtigere Frage – und spekulativ genug, denn auch Spuren literarischer Bearbeitungen lassen sich im Falle von Dtn 33 kaum nachzeichnen.

Zwar scheinen die Unterschiede in den Sprucheinleitungen zur Differenzierung einzuladen, ebenso wie Auswahl und Anordnung der Stämme. Leider arbeiten alle bisherigen Versuche, innerhalb des Corpus einen ursprünglichen Bestand an Stämmen herauszufiltern, der später zu einem Zwölfersystem erweitert wurde, entweder mit vorgängigen historischen Annahmen, oder sie können den Sinn der ursprünglichen Auswahl nur schlecht erklären.[282] Aus dem Fehlen von Redeeinleitungen in manchen Sprüchen[283] läßt sich nichts schließen. Ein (dtr) Sammler, der im wesentlichen solche Redeeinleitungen späterhin mechanisch hinzufügt, bleibt m. E. eine blasse

---

Kritikpunkte einzuwenden: (a) Die Frage nach dem „Sitz im Leben" ist bei einer literarischen Gattung im Grunde falsch gestellt, wie auch seine notwendigerweise und unbefriedigend allgemein gehaltene Antwort „Weisheit" verdeutlicht. Statt vom „Sitz im Leben" zu reden, müßte hier die Frage nach dem „Sitz in der Literatur" im Vordergrund stehen. (b) Es mag richtig sein, daß Gen 49 erst durch redaktionelle Überarbeitungen zu einem „Testament" (im Sinne einer literarischen Gattung) ausgearbeitet wurde. Die Suche nach formalen Vorläufern der Gattung auch jenseits von Gen 49 hat also ihre Berechtigung und die ägyptische Literatur bietet sicher eine reiche Fundgrube dafür. Ungeachtet dessen steht aber außer Frage, daß für die mannigfache literarische Rezeption in der jüdischen Literatur der Zeit des Zweiten Tempels – und eben auch für Dtn 33 – Gen 49 die entscheidende sachliche und literarische Vorlage geliefert hat.

**280** Beyerle 1997, 5, der sich durchaus kritisch gegenüber besagtem Ansatz zeigt.

**281** Nach Pfeiffer 2005, 189 ff. sind die Vv. 6–17 insgesamt als redaktionelle Bildungen aufzufassen, allenfalls die Sprüche in den Vv. 18–25 wären auch ohne ihre Einleitungen „lebensfähig" und könnten demnach eigenständig existiert haben.

**282** Paradigmatisch in seiner Undurchsichtigkeit Labuschagne 1974. Formal soll der Ruben-Spruch – im Unterschied zu den eine separate Gruppe bildenden Sprüchen über die nördlichen Stämme – dem Juda-Spruch gleichen (102), in der historischen Interpretation gilt dann Ruben dennoch als ein Nordstamm, gegen dessen Ansprüche Juda verteidigt werden müsse (110). Trotz dieser pro-judäischen Anschauung im Detail sei der ganze Segen allerdings aus nördlicher Perspektive geschrieben (110 f.). Die Anordnung der Stämme folge kompositorisch dem Prinzip einer Landnahmeroute (102 ff.). Aber das setzt gerade die aus formalen Gründen in Frage gestellte kompositionelle Einheit voraus.

**283** Streng genommen nur bei Benjamin und Josef. Zur Redeeinleitung des Ruben-Spruches vgl. Pfeiffer 2005, 189, was eine durchaus praktikable Lösung wäre. Zur Einleitung des Levi-Spruches vgl. unten S. 67 f. die Bemerkungen zur Textkritik.

Schreibtischphantasie.[284] Auffällig ist zwar, daß nur im Juda- und im Levi-Spruch JHWH angesprochen wird, aber was kann man daraus schlußfolgern? Nur die Sprüche über Levi und Gad enthalten „historische" Rückblicke, aber gehört V. 21 überhaupt ursprünglich zu Gad? Der Ruben-Spruch enthält keinen JHWH-Bezug, aber das gilt ebenfalls für Sebulon, Issachar, Dan und Ascher.[285] Schließlich ergibt, sollte Gen 49 das gattungsgeschichtliche Vorbild für Dtn 33 sein, auch nur ein bereits von Beginn an vorliegendes Zwölfersystem Sinn.

Allein das spricht gegen die gelegentlich vertretene Ausscheidung des Levi-Spruches. Problematisch ist ebenso die Annahme, aus שמע in V. 7 einen ursprünglichen Simeon-Spruch ableiten zu wollen und aus diesem Systemzwang heraus dann V. 7b mit V. 11 zu einem Juda-Spruch zu erklären, wofür es literarkritisch keinerlei Anhalt gibt.[286] Daß V. 11 zu einem Priesterstamm wie Levi nicht passe, ist jedenfalls alles andere als ein stichhaltiges Argument.[287] Zudem bliebe unklar, warum der Levi-Spruch, sollte er denn nachgetragen sein, nicht gemäß der üblichen Reihenfolge vor dem Juda-Spruch oder wenigstens nach demselben, sondern in ihn hinein eingetragen wurde.[288] Ebenfalls problematisch ist die v. a. im angelsächsischen Raum wirkmächtige These, die Vv. 8 – 10 seien aus sprachgeschichtlichen und stilistischen Gründen dem Mosesegen abzusprechen.[289] Sie setzt die archaische Sprachgestalt des „poems" voraus und sucht sie zugleich zu bestätigen durch den vorgängigen Ausschluß aller der These entgegenstehenden Elemente. Daß zudem die Frage der getreuen Überlieferung dieses vermeintlich uralten Textes durch alle Wirrnisse der Jahrhunderte hindurch keine befriedigende Antwort finden kann, war bereits angemerkt worden. Einen überzeugenden Grund, den Levi-Spruch nahezu *in toto* für zugesetzt zu halten, sehe ich nicht.

---

**284** In der Kritik ähnlich Pfeiffer 2005, 189 Anm. 66 mit Verweis auf die Gegenpositionen.

**285** Schorn, 1997, 111 scheint auch bei Sebulon, Issachar und Ascher JHWH-Bezüge zu finden, die ich allerdings nicht entdecken kann. Zur Frage der Sprucheinleitung s. o. Anm. 283. In der (späten) chronologischen Einordnung und der inhaltlichen Auswertung des Spruches, daß hier „keine Aussagen über den Stamm Ruben oder sein Schicksal vorliegen, sondern eine negative Beurteilung der Figur Ruben, die gerade in der Anspielung auf die Erstgeborenenstellung dessen Abwertung betont" (Schorn 1997, 116), ist Schorn jedoch zuzustimmen.

**286** Vgl. schon Steuernagel 1900, 124 – 126 und Budde 1922, 27 – 32 mit Kritik der betreffenden These. Sie findet sich u. a. bei Labuschagne 1974, 108 f.111 f.; Mayes 1979, 402 und s. u. Anm. 291.

**287** So z. B. Ehrlich 1909, 348.

**288** Oder sollte die Formulierung vom „refugee Levite who found home in Judah" (Labuschagne 1974, 112) so literarkritisch-wörtlich zu verstehen sein?

**289** Sie geht zurück auf Cross/Freedman 1948, 203 f.; vgl. auch Mayes 1979, 402; Edelman 2007, 16 u. a. In jüngerer Zeit hat Kent Sparks die These in veränderter Form wieder aufgegriffen – während Cross und Freedman zumindest V. 11 als den ursprünglichen Levi-Spruch in Erwägung ziehen, ist derselbe nach Sparks komplett redaktionell – und um zwei weitere Argumente bereichern wollen: (1.) sei Levi in Jdc 5 als der älteren, ebenfalls nördlichen Stammesliste nicht enthalten und (2.) gäbe es ideologische Motive für eine Zufügung Levis im Deuteronomium (Sparks 2003, 328 f.). Ein Motiv allein überführt jedoch noch nicht der Tat, und auch der Vergleich mit Jdc 5 ist kaum beweiskräftig. Was schließlich die „unusual length in comparison with the other blessings" angeht, so belegt diese nur das Interesse des Deuteronomiums an einem Levi-Spruch. Dabei ist natürlich die Möglichkeit einer Fortschreibung des Spruches im Auge zu behalten, siehe i. f.

Bevor wir uns also im Einzelnen dem Spruch über Levi zuwenden, bleibt für die Betrachtung des literarischen Umfeldes ein eher knappes Resümee: Es kann kaum mehr gesagt werden, als daß Dtn 33 in seinen Einzelsprüchen – zu denen „Levi" von Anfang an hinzugehört – und der jüngeren Rahmung vermutlich auf eine komplexe Genese zurückblickt, bereits im verbleibenden Grundbestand nicht zu den ältesten Traditionskomplexen alttestamentlicher Überlieferung zählt und jedenfalls in seinem Kontext ein Spätling ist.[290]

### b) Levi?

Der Levi-Spruch Vv. 8 – 11 folgt an dritter Stelle nach den Sätzen über Ruben und Juda.[291] Es handelt sich dabei um die letzte Erwähnung von „Levi" im Deuteronomium, woraus sich eine bedeutungsvolle inhaltliche Klammer zur Erstnennung des „Stammes der Leviten"[292] in Dtn 10 ergibt.

Daß der Spruch an „Levi" ergeht, ergibt sich im masoretischen Text nur durch die Einleitung, im Spruch selbst ist Levi nicht genannt. Dagegen bieten LXX und zwei Handschriften aus Qumran, die Deuteronomiumshandschrift 4Q35/4QDeut[h] und die Zitatenzusammenstellung 4Q175/4QTest, nach der Redeeinleitung noch ein „gebt Levi" (ולוי תנו bzw. δότε Λευι).[293] Durch diese Worte wird der Sinn des Spruches zwar nicht entscheidend verändert, er wäre damit aber auch ohne Einleitung eindeutig auf Levi bezogen. Rein hinsichtlich der äußeren Bezeugung ist die Übereinstimmung von Qumran- und Septuagintalesarten bemerkenswert. Da schwer vorstellbar ist, daß beide unabhängig voneinander entstanden sind, dürfte die Vorlage der LXX hier mit den Qumranbelegen gegen den masoretischen Text übereingestimmt haben. Die beiden Worte δότε Λευι können jedenfalls nicht einfach zusammen mit anderen Lesarten der LXX an dieser Stelle beurteilt und tendenzkritisch „wegerklärt" werden.[294] *Mutatis mutandis* gilt das auch für die beiden Qumranbelege, wobei die Übereinstimmung mit der LXX gerade nicht dafür spricht, daß hier interpretative Zusätze vorliegen. Ohnehin sehe ich keine „messianische" oder „eschatologische" Tendenz in der Zufügung besagter zwei Worte.[295]

---

290 Vgl. insgesamt die Analyse von Pfeiffer 2005; anders Seebass 1991, 38: „Daß Dt 33,8 – 11 für das vordtn. Verständnis größte Bedeutung hat, gilt unbestritten."

291 Die Einfügung Simeons in V. 6 im Codex Alexandrinus ist außerordentlich geschickt, aber nichtsdestoweniger eine harmonisierende bzw. systematisierende Variante. Als möglichen historischen Hintergrund für das Fehlen Simeons in einem Text aus später Zeit sieht etwa Pfeiffer 2005, 193 die „edomitische Besetzung des palästinischen Südens".

292 S.o. Kapitel 2.1.1.

293 Vgl. Allegro 1968, 57 ff. und McCarthy 2007, 158*f.

294 Gegen Beyerle 1997, 113 ff.; ausführlicher, aber für den konkreten Fall nicht erhellender oder überzeugender Beyerle 1998.

295 Beyerles Deutungen sind auch in anderen Details problematisch, etwa wenn er in V. 11 τὴν ἰσχὺν (f.!) αὐτοῦ als Aufforderung an JHWH versteht, „seinen Starken" zu segnen (Beyerle 1997,

Es bleibt die Frage, ob sich eine Lesart aus der anderen heraus erklären läßt. Für eine Zufügung sehe ich keinen überzeugenden Grund. Der masoretische Text hingegen könnte als Ergebnis bewußter Auslassung erklärt werden, etwa um eine irrtümliche Identifikation der hier übertragen gebrauchten Größe „Levi" mit dem Stammvater zu verhindern. Einer solchen Streichung läge dann keine inhaltliche Änderung zugrunde, sondern lediglich das Bemühen um die Vermeidung einer Mißdeutung. Wahrscheinlicher ist m. E. aber die Annahme einfachen Wortausfalls aufgrund der Doppelung von לוי.[296] Durch den Wegfall wäre so auch der ursprüngliche Parallelismus der Vershälfte verlorengegangen. Daß der masoretische Text damit keinen vollständigen Satz bietet, kann man kaum in dem Sinne auswerten, daß er die zu bevorzugende *lectio difficilior* biete. Als solche könnte ebensogut die Lesart mit הבו ללוי gelten, da der Imp. Pl. zu den folgenden Singularsuffixen im Kontrast steht.[297] Auch wenn der masoretische Text sachlich nichts anderes als die beiden Qumranbelege und die LXX bietet, ist der Text hier dennoch nach dem Wortlaut der letzteren zu ergänzen.[298]

Ein zunächst scheinbar nur textkritisches, tatsächlich aber das für die Deutung des gesamten Spruches entscheidende Problem birgt V. 8 mit dem Ausdruck איש חסידך. Die meisten Exegeten folgen hier – zumindest implizit – dem Vorschlag zur Lesung איש חסדיך, die von zahlreichen Handschriften bezeugt wird.[299] Schwierig sind indes beide Konstruktionen. Soll man (1) חסידך als „dein Frommer" verstehen, bleibt der Sinn der Constructus-Verbindung dunkel: Wer sollte der „Mann deines Frommen" sein?[300] Eine Constructus-Verbindung mit suffigiertem *nomen rectum* zur attributiven Näherbestimmung, hier im Sinne „dein frommer/getreuer Mann"[301], ist zwar grundsätzlich möglich, aber dann wäre (2) statt חסיד wohl eher singularisches חסד mit Suffix zu erwarten.[302] Folgt man (3) schließlich der Lesung איש חסדיך, d. h. „Mann deiner Wohltaten", so kann sich das Suffix der 2. Person Sg. aus sachlichen Gründen nur auf JHWH beziehen. Mit Blick auf die Vv. 9b.10 scheint dies auch nahezuliegen,[303] V. 8b hingegen weckt Zweifel: Nicht JHWH versucht

---

115). Auch in Sir 45 (vgl. dazu unten Kapitel 8.3) kann ich, anders als Beyerle, keine „messianische" oder „eschatologische" Tendenz entdecken.

**296** Anders Budde 1922, 21 f.

**297** Als Belege für הבו mit Singularsubjekt werden häufig II Sam 11,15 und 16,20 angeführt (vgl. etwa Duncan 1995, 280), wobei jedoch in diesen Fällen der Satz auch im Plural fortgesetzt wird.

**298** Grundlegend dazu Fuller 1993 und Duncan 1995.

**299** Vgl. BHS zur Stelle sowie Bertholet 1899, 106; Steuernagel ²1923, 176.

**300** Vgl. etwa Budde 1922, 22 ff., der Mose mit dem חסיד identifiziert und die Kollektivgröße „Levi" als den „Mann" Moses, ähnlich auch H. Schmid 1968, 91 f. und Kellermann 1984, 509 f. Zum ersten Punkt siehe i. f. Die Schwierigkeiten einer kollektiven Deutung von איש sind jedoch größer, als Budde zugesteht, vgl. Steuernagel ²1923, 176.

**301** So Nielsen 1995, 294.

**302** Vgl. etwa die zahlreichen Zusammensetzungen mit קדש wie z. B. קדשׁך שׁם in I Chr 16,35; 29,16; Ps 106,47. Attributiv versteht auch die LXX den Ausdruck, läßt aber gerade das Suffix unübersetzt.

**303** Vgl. Bertholet 1899, 106.

Mose und streitet *mit* ihm[304] in Massa und Meriba (Ex 17,1–7),[305] sondern die Israeliten hadern mit Mose![306] Nur um den Preis des Postulats einer „nicht erhal-
tene[n] Form der Tradition" läßt sich JHWH als Subjekt in V. 8b annehmen.[307] Zwar
helfen die übrigen Singularsuffixe in V. 8a (([308]ואוריך תמיך zur Klärung der Frage
nicht weiter, denn ihre Bezugsgröße ist ebenso uneindeutig wie die des Imperativs
הבו. Daß aber in V. 8b Israel angeredet sein sollte, in V. 8a hingegen JHWH, ist kaum
plausibel. Wenn nun auch in V. 8a Israel gemeint ist, ergäbe der Ausdruck (3)
„Mann deiner Wohltaten" keinen Sinn. Statt dessen wird man, als Gegensatz zum
in V. 8b erinnerten Fehlverhalten Israels, eine Betonung des Aspekts der Treue
(חסד) erwarten dürfen. Insofern kommt der handschriftlich gleichwohl nicht bezeugten Lesart איש חסדך (2) trotz allem die größte Wahrscheinlichkeit zu:[309] Mose –
nicht Aaron und auch nicht die Angehörigen des Stammes Levi generell – hatte
sich in Massa und Meriba als Israels „treuer Mann" erwiesen.[310]

Diese Deutung ist freilich nicht unproblematisch! Nicht nur spräche Mose
damit von sich selbst. Durch den Bezug auf ein mit *einer* konkreten Person ver-
bundenes Ereignis ergeben sich auch Schwierigkeiten für die kollektive Ausdeu-

---

304 Eine Deutung als „streiten für" (so u. a. Wellhausen [6]1927, 128; Steuernagel [2]1923, 176 f.) ist
nicht nur grammatisch schwierig, sondern widerspricht auch dem Sinn der ersten Hälfte des
Parallelismus, vgl. Budde 1922, 23. Nötig wird eine solche Umdeutung ja ohnehin erst, wenn man
JHWH als Subjekt ansieht. Etwas anders S.R. Driver [3]1902, 399 f., der die Möglichkeit einer nicht
erhaltenen Erzählung von einer Prüfung des Stammes durch JHWH in Erwägung zieht.
305 Die Doppelung beider Lokalitäten noch Ps 95,8 f. Zu Meriba ansonsten vgl. noch Num 20,1–
13 und die Bezugnahmen in Num 27,14; Dtn 32,51; Ps 81,8; 106,32 f. Auf Massa allein rekurrieren
Dtn 6,16; 9,22. Mit Kratz 2000a, 246 f. wäre Ex 17,1–7 bereits ein nachpriesterschriftlicher Text.
306 Die LXX vereindeutigt den Sachverhalt, indem sie die Verben in der 3. Person Pl. liest. Sollte
das, wie ich meine, dem Verständnis des masoretischen Textes entsprechen, ließe sich aus der
Fassung der LXX keine theologische Tendenz ableiten (anders Beyerle 1997, 115).
307 So z. B. Steuernagel [2]1923, 177.
308 Die LXX liest statt der 2. die 3. Person!
309 So auch Ehrlich 1909, 348.
310 Die älteren Deutungsversuche sind zusammengestellt bei Gunneweg 1965, 38 Anm. 2.
Gunneweg selbst erwägt, V. 8a auf Levi zu beziehen, müßte so aber V. 8b für späteren Zusatz
halten, der V. 8a letztlich doch auf Mose umdeute (Gunneweg 1965, 42 f.). Für eine Identifikation
mit Levi plädiert auch Beyerle 1997, 125.134 f. Der Vers wird für ihn zugleich zum literarhistorischen Ausgangspunkt für Ex 17 und Num 20. Worauf sich der Rückverweis V. 8b dann beziehen
soll, bleibt jedoch unklar. Anders Pfeiffer 2005, 190, nach dem sich hier „niemand anderes als
der Hohepriester in der Nachfolge des Erzleviten Aaron" verberge. Abgesehen davon, daß Aaron
in Ex 17 eben keine Rolle spielt, ist er allenfalls „Erzpriester". „Erzlevit" ist zunächst niemand
anderes als der eponyme Stammvater Levi! Nicht einleuchtend sind die Einwände gegen Mose
bei Noth 1948, 175 Anm. 454. Im Pentateuchzusammenhang ist Ex 17 ohne Mose sinnlos,
Überlegungen zu mündlichen Vorstufen reine Spekulation, Massa-und-Meriba-Traditionen zu
Levi schlicht nicht existent, vgl. auch die etwas anders gelagerte Kritik von Gunneweg 1965, 39.

tung, wie sie ja bei einem Stammesspruch eigentlich zu erwarten wäre und wie sie die Pluralpartien der Vv. 9b.10 ausdrücklich formulieren.[311] Daß hier bereits für die antiken Überlieferer ein Problem vorlag, bezeugt die Textüberlieferung: So werden in 4QDeut^h und 4QTest die Pluralformen auch der Vv. 9b.10 mit Singular wiedergegeben, was deutlich den Eindruck einer Harmonisierung erweckt.[312] Ähnlich liest die LXX in V. 9b Singular, während sie in V. 10 mit dem masoretischen Text Plural bietet. Die Numerusunterscheidung geht im griechischen Text darüber hinaus einher mit einer – verglichen mit dem partiell ambivalenten hebräischen Text – klaren Differenzierung der Zeitformen. Während V. 9b rückblickend im Aorist formuliert, wechselt V. 10 in das Futur. Überdies bleibt das hebräische כי ohne Äquivalent. Damit ergibt sich eine andere Versstruktur: Im Hebräischen beginnt mit V. 9b ein neuer Satz, in der LXX wird mit V. 9b der Gedankengang von V. 9a abgeschlossen, die neue Sinneinheit beginnt mit V. 10. Die Textform der LXX bezeugt damit insgesamt einen umfassenderen Gestaltungs- und v. a. bewußten Interpretationsprozeß, der auf die angesprochenen Inkohärenzen im hebräischen Text zurückzuführen sein dürfte.[313]

Bevor der gedanklichen Fortentwicklung in der LXX nachgegangen werden kann, sind demnach die Interpretationsprobleme des hebräischen Textes, der rein textkritisch jeweils die vorzuziehende *lectio difficilior* bietet, zu klären. Ein recht eleganter und in Teilen sehr wirkmächtiger Lösungsvorschlag findet sich bei Julius Wellhausen:

„Die Priester erscheinen hier als ein festgeschlossener Stand, so sehr, dass sie nur ausnahmsweise als Plural auftreten, meist aber zu einem singularischen Collectivum zusammengefasst werden, zu einer organischen Einheit, die nicht bloss die gleichzeitigen, sondern auch die ascendierenden Glieder umfasst und ihr Leben mit Mose, dem Freunde Jahve's, beginnt, welcher als Anfang ebenso mit der Fortsetzung zusammenfällt, wie der Mann mit dem Kinde aus dem er erwachsen ist. Die Geschichte Mose's ist zugleich die Geschichte der Priester, die Urim und Thummim gehören, man weiss nicht recht, ob jenem oder diesen, aber das ist das selbe: jeder Priester, dem die Hut eines Ephod anvertraut war, befragt vor demselben das heilige Los. Der erste auf Mose bezügliche Relativsatz geht ohne Subjectswechsel über in einen auf die Priester bezüglichen, darnach fällt der Singular unvermittelt in den Plural und der Plural zurück in den Singular. Jedoch beruht diese so sehr hervortretende Solidarität des Standes keineswegs auf der natürlichen Grundlage der Geschlechts- oder

---

**311** Vgl. Gunneweg 1965, 37 f.

**312** In 4QTest wurde יש allerdings nachträglich in Plural geändert, vgl. Strugnell 1970, 226 zur Korrektur an Allegro 1968, 60. Damit steht der Text von 4QTest einer möglichen LXX-Vorlage näher.

**313** Budde 1922, 27 hält den Sg. der LXX in V. 9b für ursprünglich, was sich entsprechend auf die literarkritischen Entscheidungen auswirkt. Seine Erklärung für die nachträgliche Änderung des masoretischen Textes in den Plural kann freilich nicht überzeugen.

Familieneinheit; den Priester macht nicht das Blut, sondern im Gegenteil die Verleugnung des Blutes, wie mit grossem Nachdruck betont wird. Er muss um Jahve's willen thun, als habe er nicht Vater und Mutter, Brüder und Kinder. [...] Indem man sich dem Dienste Jahve's widmet, [...] tritt man heraus aus den natürlichen Verhältnissen und reisst sich los von den Banden der Familie."[314]

Auch Wellhausen gilt V. 8 als auf Mose bezogen, V. 9a aber bereits auf die Priester, das Changieren zwischen Singular und Plural wird als absichtsvolles Spiel mit Vergangenheit und Zukunft verstanden.

Tatsächlich wird man, mindestens bei der Deutung des Endtextes, mit notwendigen Unschärfen rechnen müssen, die sich durch den wechselnden Bezug auf eine Einzelperson oder eine Kollektivgröße ergeben. Wie der Blick auf Dtn 10 und den Kontext zeigt, ist allerdings bei einem Stammesspruch die Rede in der 3. Person Sg. der zu erwartende Normalfall, wie ihn auch die Vv. 8.9a.11 bieten. Der Numeruswechsel in den Vv. 9b.10 hingegen ist stilistisch auffällig. Klassisch gelten daher beide Verse als Nachtrag.[315] Mit seiner Deutung zeigt Wellhausen jedoch, daß das Kriterium des Numeruswechsels allein nicht ausreicht, für die Vv. 9b.10 mit Zusätzen zu rechnen. Vielmehr muß eine weitere Beobachtung hinzugezogen werden, die sich oben bereits andeutete: In den Vv. 9b.10 ist das jeweilige Suffix der 2. Person Sg. (אמרתך, בריתך usw.) unzweifelhaft auf JHWH bezogen. In V. 8 scheint dies dagegen weniger wahrscheinlich, statt dessen wird Israel angesprochen. Zwar ist auch in V. 11 mit der 2. Person JHWH gemeint, aber hier ist durch den Vokativ ein Wechsel der Bezugsgröße (gegenüber V. 8) anzeigt. Nimmt man die Beobachtungen zusammen, so ergibt sich m. E. eine Bestätigung der Nachtragsthese: Die Grundschicht umfaßt die Vv. 8.9a.11, später ergänzt sind die Vv. 9b.10.

## c) Mose

Die eigentlich selbstverständliche Schlußfolgerung, daß die singularische Grundschicht darum zunächst für sich zu betrachten ist und durch die Fortschreibung eine zweite Bedeutungsebene erhält, wird in den meisten Interpretationen nicht hinreichend beachtet. Dies wirkt sich bis in die Frage der Syntax hinein aus. Nicht selten wird über den Numeruswechsel und damit über die literarkritische Schnittstelle hinweg übersetzt und כי in V. 9b im Sinne einer Be-

---

314 Wellhausen ⁶1927, 129.
315 Den Konsens formuliert Dahmen 1996, 198f. mit Verweis auf die ältere Forschung; vgl. zuletzt wieder Pfeiffer 2005, 190. Schwer nachvollziehbar ist die Literarkritik bei Beyerle 1997, 124ff., der die Vv. 9aβ–10a für zugesetzt hält, V. 10b aber zur Grundschicht rechnet. Vgl. dazu auch die kritischen Bemerkungen bei Dahmen 1996, 198.

gründung zu V. 9a verstanden. Folgt man jedoch der literarkritischen Spur und setzt die Satzgrenze entsprechend, leitet כי die vorangestellte Begründung für den in V. 10 ausgedrückten Sachverhalt ein: „Weil sie dein Wort bewahrt und deinen Bund bewacht haben,[316] werden/sollen sie Jakob deine Rechte lehren und Israel deine Weisung.[317] Sie werden/sollen Räucherwerk in deine Nase setzen und Ganzopfer auf deinen Altar."[318]

Worauf sich V. 9b mit dem Bewahren von Wort und Bund bezieht, ist noch zu erheben und natürlich nicht unabhängig von der Grundschicht zu betrachten. Umgekehrt darf aber dieses Verständnis der Vv. 9b.10 nicht in die Interpretation der Grundschicht eingetragen werden, mit anderen Worten: V. 9a kann nicht *a priori* auf die Angehörigen des Stammes Levi bzw. die Leviten zurückgeführt werden, sondern die primäre Bezugsgröße für dessen Aussage ergibt sich aus V. 8. Bevor man darum in V. 9a die Darstellung allgemeiner Charakteristika der Leviten vermutet,[319] ist zunächst in Ex 17 nach einer Erklärung zu suchen – oder, da man dort nicht fündig wird – in der Lebensgeschichte Moses: Was liegt dann näher, als an sein Aufwachsen unter Fremden, fern von Eltern und Brüdern,[320] zu denken? Vers 9a wäre dann nicht normativ zu verstehen, sondern deskriptiv: Der Abbruch

---

**316** Zur Tempusfrage vgl. Dahmen 1996, 199. Eine V. 9b vergleichbare syntaktische Struktur findet sich z. B. Jer 2,25; Hi 15,25; 18,8; Ps 63,8; 102,15; 116,2; Prov 4,17. Alternativ kann man überlegen, den Umschwung bereits in V. 9bβ anzusetzen. – Zur scheinbar regelwidrigen Nichtassimilation des נ in ינצרו und der Frage eines Durativs vgl. Heckl 2001 in Reaktion auf Kottsieper 2000.

**317** Der Sache nach so auch Dahmen 1996, 199. Interessant, aber nicht ganz leicht verständlich ist die Verwendung von נצר + תורה mit Gott als Subjekt in 4Q436/4QBarkhi Nafshi^c Kol. I, Z. 4, vgl. Weinfeld/Seely 1999, bes. 301.

**318** Der letzte Satz erhält in der griechischen Fassung die etwas eigentümliche Übersetzung „während deines Zorns allezeit". In diesem Falle dürfte tatsächlich der allzu deutliche Anthropomorphismus des hebräischen Textes der Stein des Anstoßes gewesen sein, vgl. aber Wevers 1995, 544 f.

**319** In Nachfolge Wellhausens und in Verbindung mit Ex 32 (dazu s. u. Kapitel 4.4) wird aus dem Vers meist eine „Verleugnung des Blutes [...] um Jahve's willen" etc. herausgelesen, vgl. etwa Gunneweg 1965, 40 f.; Beyerle 1997, 119. Diese Deutung steht jedoch in entschiedenem Gegensatz zum Kontext, der gerade um die Konstruktion einer genealogisch verstandenen Identität bemüht ist. Daß „*priesterliche* Tätigkeiten [...] letztlich eine Verwurzelung im Vaterhaus ausdrücklich verbieten" (Beyerle 1997, 119, Kursivierung im Original), ist von der abendländischen Kirchengeschichte her gedacht und läßt sich für das judäische Priestertum nirgends belegen. Im Gegenteil: Die Abstammungslisten in Esr-Neh, die Thematisierung endogamer Ehen in hellenistischer Zeit etc. bezeugen die Wichtigkeit einer Verwurzelung der Priester in ihren Sippen!

**320** Eigentümlich bleibt dabei das Element „Söhne", wenngleich man etwas spitz anmerken möchte, daß unter allen Rollen, welche die biblischen Autoren Mose zuschreiben, diejenige des Vaters tatsächlich etwas unterbelichtet ist und außerhalb der (späten) genealogischen Texte im Grunde keine Rolle spielt.

sozialer Bindungen war Moses anfängliches Schicksal, er ist nicht „Grundbedingung levitischer Existenz"!

In Weiterführung dieser Idee ist dann auch V. 11 zuvorderst auf „Mose" zu beziehen: Sein Tun möge JHWH segnen, seinen Widersachern wehren. Der Gedanke ist – anders als der hebräische Wortlaut – nicht schwer verständlich. Schwierig hingegen bleiben vorläufig zwei andere Punkte dieser Interpretation:

- die Rede von den Tummin und Urim, die im Pentateuch sonst mit Aaron bzw. dem Amt des Hohenpriesters verbunden ist (vgl. Ex 28,30; Lev 8,8; Num 27,21). Noch späte Texte wie Esr 2,63 ‖ Neh 7,65 lassen aber erkennen, das auch „gewöhnliche" Priester mit den Losorakeln umgehen durften.
- der auf sich selbst anspielende und damit die Fiktion von Dtn 33 durchbrechende Mose.

Beide Probleme sind nicht unlösbar – und bei allen Alternativen sind die Schwierigkeiten weitaus größer! Es darf trotz der historischen Rückblicke, die sich kaum auf eine andere Person als Mose beziehen können, nicht vergessen werden, daß der Spruch grundsätzlich als Spruch *über den Stamm* verstanden werden soll. Insofern stellt Mose schlicht den paradigmatischen Vertreter des Stammes dar. Alle Vorstellungen über den Stamm kulminieren in seiner Person, auch wenn ein gewisser Bedeutungsüberschuß dadurch, daß der Spruch zwischen personaler und kollektiver Ebene hin- und herwechselt, zwangsläufig bestehen bleibt. Ist das richtig, dann drückt die Aufforderung הבו ללוי in V. 8a über die doppelte Chiffrierung „Levi" ↔ Mose ↔ Stamm Levi den levitischen Anspruch auf das Orakelgerät aus, d. h. (hohe)priesterliche Funktionen werden grundsätzlich für alle Angehörigen des Stammes reklamiert.[321] Diese Position ähnelt dem in Dtn 10,8f. Gesagten: Der eine Stamm der Leviten *ist* der Stamm der Priester. Dabei fällt es umso mehr auf, daß gerade Mose und nicht Aaron die Identifikationsfigur des Stammes ist.[322] Gleichzeitig kann, wenn auf Mose angespielt wird, stellvertretend von Levi gesprochen werden. Der eponyme Stammvater tritt damit zum ersten Mal als Chiffre für seinen berühmtesten Nachfahren in Erscheinung.

---

321 Der Einwand von Dahmen 1996, 198, „daß die Betätigung des Losorakels nicht notwendig seit frühester Zeit [...] den Priestern vorbehalten gewesen sein muß", trifft insofern nicht ganz die Sache, weil er bereits einen Rangunterschied zwischen Priestern und Leviten voraussetzt. Phänomenologisch handelt es sich beim Umgang mit Urim und Tummim aber um priesterliche Tätigkeiten. Wenn diese hier für den Stamm reklamiert werden, ist auf jeden Fall eine andere Position als in der Priesterschrift eingenommen.
322 Vgl. Gunneweg 1965, 39, sowie i.f. zur Frage nach Aaron und der Priesterschrift im Verhältnis zu Dtn 33.

## d) Leviten

Ungeachtet des obigen Interpretationsvorschlages dürften aber gerade die angesprochenen Unschärfen und Mehrdeutigkeiten den Ansatzpunkt für die Ergänzung der Vv. 9b.10 geboten haben. Zum einen erfolgt durch die Pluralformulierungen eine eindeutige Bezugnahme auf die Angehörigen des Stammes. Zugleich verschiebt sich aber die Perspektive durch einen weiteren „historischen" Rückblick (V. 9b) und eine ausführlichere Aufgabenbeschreibung (V. 10). Worauf ist dieser Rückblick aber bezogen? Sucht man – unter Absehung von biblisch nicht bezeugten Traditionen – nach einem einzelnen Ereignis hierfür, scheint tatsächlich nur Ex 32 in Frage zu kommen, wo allein die „Söhne Levis" JHWH die Treue hielten.[323] Sollte diese Anspielung intendiert sein, dann ist damit möglicherweise auch eine Reïnterpretation von V. 9a verbunden. Anstatt eines Rekurses auf die Mose-Biographie wäre der Vers jetzt tatsächlich als Kommentar zum rigorosen JHWH-Eifer der Söhne Levis gemäß Ex 32,26 ff. zu lesen.[324] Um Mißverständnisse zu vermeiden: Es geht auch dabei nicht um die generelle Verleugnung *familiärer* Beziehungen als Kennzeichen der Leviten, sondern um die Hintanstellung von *Stammes*bindungen zugunsten rechter JHWH-Verehrung.[325] Möglich ist aber auch, daß neben Ex 32 gleichermaßen auf anderes JHWH-treues Handeln von Angehörigen „Levis" angespielt wird, z.B. auf Pinchas in Num 25 oder Mose und Aaron generell.

Grundsätzlich läßt demnach die Ergänzung ein positives Verhältnis gegenüber den Angehörigen des Stammes Levi erkennen. In Verbindung mit den in V. 10 genannten Tätigkeiten, insbesondere der Rechts- und Torabelehrung für Israel, scheint schnell klar zu sein, „daß in den vv. 9b.10 die gleiche späte pro-levitische Redaktion am Werk ist wie in Dtn 10,8 f.; 27,14, die hier für die Leviten aufgrund ihrer positiven Vergangenheit (v. 9b) sowohl Lehrtätigkeit als auch opferkultische

---

**323** Vgl. aber die eher zurückhaltenden Bemerkungen bei Steuernagel 1900, 125 und leicht verändert [2]1923, 177, sowie Nielsen 1995, 303. Budde 1922, 24 hingegen hält es für „schwer zu begreifen", daß „man jemals für die Erklärung an eine andre Stelle hat denken können" (vgl. aber auch Budde 1922, 26: „immerhin mag hervorgehoben werden, daß mit der Nennung auch der Mutter die unmittelbare Beziehung auf das Blutbad weniger wahrscheinlich wird"). Im folgenden hält er freilich Ex 32,26–29 für fälschlich mit der Geschichte vom Goldenen Kalb verknüpft und ursprünglich in Massa und Meriba angesiedelt. Zudem berichte die Erzählung erst von der Konstituierung des Stammes „Levi" aus Leuten aller Stämme. Die erste Annahme ist willkürlich und nimmt zudem Ex 32 die Spitze, die zweite Annahme hat ebenfalls den Text gegen sich.
**324** Vgl. die Targumim zur Stelle und s.u. Kapitel 4.4. Die längste Einfügung und deutlichste Anspielung auf Ex 32 findet sich in MS DD der palästinischen Targumtradition (MS T-S AS 72.75, 76, 77), vgl. M. Klein 1986, 358 f.
**325** Zur Intention von Ex 32 s.u. Kapitel 4.4.

Tätigkeiten reklamiert."[326] Diese Zuschreibung ist allerdings keineswegs eindeutig. Zum einen zeichnete sich ja bereits die Grundschicht durch eine ausgeprägt pro-levitische Haltung aus. Was brächte die Einfügung demgegenüber an wesentlich Neuem bzw. worin bestünde die Notwendigkeit zu einer Supplementierung des bereits Gesagten?[327] Zum anderen müssen auch die Belege für eine Verbindung von Leviten und Torabelehrung differenzierter betrachtet werden. Zweifellos ist Toraerteilung grundsätzlich eine priesterliche Aufgabe.[328] Aber in den betreffenden Belegen bezeichnet „Tora" üblicherweise eine rechtlich-kultische Einzelfallentscheidung. Dieses Verständnis von „Tora" zeigen etwa Dtn 17,11 und 24,8 (nur verbal), in denen die *levitischen Priester* „anweisen" (ירה *hifʿil*).[329] Angesichts der Parallelisierung mit משפטיך muß wohl auch Dtn 33,10 entsprechend gedeutet werden, zumal wenn mit einigen samaritanischen Handschriften und der Peschitta תורות im Plural zu lesen sein sollte.[330] Dann aber kann von besonderer Verantwortung der Leviten für die Tora und d. h. von einer redaktionellen Verbindung zu Stellen wie Dtn 10,8 f. und 27,14 nicht die Rede sein. Denkt man hingegen aufgrund des masoretischen Singulars an die „Tora des Mose", bleibt als Problem, daß die Zuständigkeit für diese nicht eindeutig geklärt ist, wie die Redaktionsgeschichte von Dtn 31 zeigte: Wenn dort die siebenjährliche Verlesung der Tora zu einer Sache der Priester wird, die Leviten dagegen nur noch als Träger der Lade in Erscheinung treten, steckt darin mutmaßlich eine anti-levitische Spitze.[331] Damit läßt sich Dtn 33,10a je nach Kotext auf recht verschiedene Weise deuten, als Beleg für eine pro-levitische Redaktion ist der Vers jedoch nicht geeignet.

Wenig anders steht es um V. 10b. Zwar kommt hier kultisches Handeln in den Blick, jedoch mit Termini, die sich in den Beschreibungen priesterlicher Tätig-

---

326 Dahmen 1996, 201.
327 Diese Frage bleibt bei Dahmen offen, da er sein Verständnis der Grundschicht nicht darlegt, welche er als „außer-dtn Sondertradition" (Dahmen 1996, 196) betrachtet. Ihr eigentliches Profil gewinnt die Zufügung jedoch erst aus der (subtilen) Differenz zur Grundschicht.
328 Vgl. außerhalb des Deuteronomiums z. B. Ex 18,16.20; Lev 10,11; Jer 18,18; Ez 7,26; Mi 3,11; Hag 2,11; Mal 2,6 ff. etc. Wenn Dahmen 1996, 200 schreibt, daß es sich dabei um eine „spät-dtr Auffassung" handele und diese Aufgabe „später auch von den Leviten [...] beansprucht wird", ist das ungenau: Diese Tätigkeiten sind phänomenologisch als priesterlich anzusehen, und sie werden für die Leviten in Anspruch genommen, weil die deuteronomistische Auffassung Leviten gerade nicht von Priestern unterscheidet.
329 Vgl. aber unten Kapitel 2.2.4 zur möglichen Doppeldeutigkeit in Dtn 17,11 sowie 2.2.8 zu 24,8. In beiden Fällen handelt es sich jedenfalls um späte Fortschreibungen im Deuteronomium, wobei 24,8 noch einmal jünger als 17,11 sein dürfte.
330 Vgl. auch Finsterbusch 2005, 304 f., die auf das textkritische Problem leider nicht eingeht.
331 S. o. S. 58 f.

keiten allenfalls am Rande finden und deren Kombination ohne Parallele ist.[332] Daß also den Leviten mit V. 10b weitgehende Rechte im Kultus zugesprochen werden sollten, scheint angesichts der untypischen und entsprechend vieldeutigen Ausdrucksweise eher fraglich. Der Satz ist so allgemein gehalten, daß damit kaum mehr als ein sehr basaler Anspruch auf Beteiligung am Kult zum Ausdruck gebracht sein kann.[333] Anders als z. B. Dtn 10,8 f. hat der Einschub hier auch keine priesterliche Re(d)aktion nach sich gezogen. Man wird daher annehmen dürfen, daß in der Aussage kein kultisch anstößiger Anspruch steckte und dieselbe darum auch für levitenkritische Positionen späterer Zeit, d. h. als sich die in Esra-Nehemia und der Chronik vertretene strikte Unterscheidung von Priestern und Leviten durchgesetzt hatte, akzeptabel gewesen ist. Die unspezifische Terminologie ist also geradezu dadurch bedingt, daß in den Pluralpartien dem Kontext entsprechend von *allen* Angehörigen des Stammes geredet wird, ja geredet werden mußte.

Nicht zuletzt im Vergleich mit der Grundschicht in den Vv. 8.9a.11 und mit Dtn 10,8 f., zu dem Dtn 33 das Gegenstück am Buchende bildet, fällt die Aussage der Vv. 9b.10 ausgesprochen blaß aus. Ihr Sinn ist darum wohl nicht in einer pro-levitischen Erweiterung zu suchen. Der Schlüssel zum Verständnis liegt statt dessen vielleicht in der Unterscheidung von Singular- und Pluralpartien. Die Grundschicht changierte zwischen Einzel- und Kollektivgröße, somit konnte der איש חסד(י)ך, womit eigentlich wohl Mose bezeichnet war, zugleich paradigmatisch für den Stamm stehen. Anders die Fortschreibung: Sie nutzt die Mehrdeutigkeit und kann so zu einer Differenzierung gelangen. Eindeutig auf den Stamm bezogen sind nach ihr allein die Vv. 9b.10, denen der איש חסד(י)ך als ein aus dem Stamm herausgehobenes Element gegenübergestellt wird. Damit ist aber auch die Aussage über Tummim und Urim nicht mehr auf den Stamm zu beziehen, sondern auf eine Einzelperson. Wenn die LXX auch V. 9b im Singular formuliert, spitzt sie die Unterscheidung weiter zu: Allein diese Einzelperson, nicht der ganze Stamm, darf von sich behaupten, die Worte JHWHs und seinen Bund bewahrt zu haben. In diesem Sinne kann nicht nur eine pro-levitische Lesart der ergänzten Verse ausgeschlossen werden; sie erhalten sogar eine subtile anti-levitische Spitze und stimmen so in der Tendenz mit den entsprechenden priesterlichen „Korrekturen" in Dtn 10,6 f. überein. Wie diese dürften sie daher zu den spätesten Zufügungen im Buch Deuteronomium zu zählen sein.

---

332 Vgl. Beyerle 1997, 122–14 und Dahmen 1996, 201.
333 Eine Anspielung auf Lev 6,15 f., wie sie Dahmen 1996, 201 vorsichtig erwägt, hätte weitreichende Folgen für eine Interpretation zugunsten möglicher levitischer Ansprüche, bleibt aber doch vage.

## e) Aaron

Vielleicht darf man sogar noch einen Schritt weiter gehen. Die Auflösung der Ineinssetzung von „Levi", Mose und Leviten durch die Einführung einer Numerusdifferenzierung innerhalb des Spruches eröffnet möglicherweise noch einmal die Frage nach der Identität des איש חס(י)דך, auch wenn sich die Nennung von Massa und Meriba in V. 8b *eigentlich* nur auf Mose beziehen kann. Die Erwähnung der Urim und Tummim läßt andererseits ganz natürlich an den Hohenpriester und damit Aaron denken – jedenfalls in einem Pentateuch, der die Priesterschrift voraussetzt. Darauf, daß zumindest die Grundschicht des Mosesegens in Dtn 33 (noch) nicht in den Bahnen der Priesterschrift denkt, könnte das oben notierte auffällige Fehlen eines Aaronbezuges deuten. Mit Zufügung der Vv. 9b.10 ändert sich dies eventuell. Priesterschriftlicher Einfluß war in Dtn 10 erst in der letzten Fortschreibung feststellbar. Sollte tatsächlich eine sachliche Nähe der mit Dtn 33,9b.10 vorliegenden Ergänzung zu Dtn 10,6 f. bestehen, dann wären auch hier – ohne daß dies ausdrücklich benannt würde – aaronidische Interessen als im Hintergrund stehend anzunehmen, und es bestünde die Möglichkeit, daß im Sinne des Ergänzers eher Aaron als der איש חס(י)דך zu denken wäre.[334]

Die Indizien dafür im Deuteronomium selbst sind dünn. Spätere antike Autoren dagegen haben den Levi-Spruch offenbar im hier vorgeschlagenen Sinne verstanden: Eine Anspielung auf V. 10a findet sich im Lob Moses in Sir 45,5, aber ebenso im ausführlicheren Lob Aarons in 45,17.[335] In beiden Fällen gibt der hebräische Sirach das biblische ירה *hif'il* mit למד wieder, die griechische Übersetzung hingegen differenziert: Mose „lehrt" (διδάσκω), Aaron „erleuchtet" (φωτίζω). Diese doppelte Übersetzung zeigt, daß der Übersetzer ins Griechische den Text der hebräischen Referenzstelle im Deuteronomium sehr wohl im Ohr hatte. Die Benutzung von φωτίζω erklärt sich kaum als direkte Übersetzung von למד, sondern vielmehr als Rückgriff auf das deuteronomische ירה *hif'il*, welches in der LXX (dabei immer mit Bezug auf Priester) aber auch in Qumran gelegentlich als gleichbedeutend mit אור *hif'il* verstanden wird.[336] Über diesen Bezug auf Dtn 33,10a hinaus sind zuvor in Sir 45,16 aber zusätzlich noch die kultischen Aspekte aus Dtn 33,10b aufgenommen. Es liegt also nahe, in der Aufnahme des Levisegens in Sir eine umdeutende Zuspitzung auf Aaron zu sehen, in der sich gleichzeitig – angesichts der sonstigen Hochschätzung des Priestertums bei Sirach und der Aus-

---

334 Damit käme Pfeiffers Auslegung auf der Fortschreibungsebene zu ihrem Recht (vgl. Pfeiffer 2005, 190).

335 Vgl. Smend sen. 1906, 434; Stadelmann 1980, 277; Skehan/di Lella 1987, 512f.

336 Vgl. die Variante ויאיר in 4QTest, Z. 17 zu Dtn 33,10 יור, sowie für die LXX II Reg 12,3; 17,27 f.; ferner Dtn 17,11 in der Lukianischen Rezension; dazu Esr 2,63LXX im Unterschied zu Neh 7,65LXX.

lassung Levis im „Lob der Väter" – noch eine anti-levitische Note verbergen könnte.[337]

Deutlicher sind Targum Neofiti und Targum Pseudo-Jonathan.[338] Sie beziehen V. 8 ausdrücklich auf den mit Tummim und Urim bekleideten Aaron und im Unterschied dazu V. 9 explizit auf den Stamm. Die drei Glieder von V. 9a deutet Targum Neofiti dabei auf die Dina-Episode Gen 34,[339] die Geschichte vom Goldenen Kalb Ex 32 und die Baal-Peor-Affäre Num 25. Vor der Wiedergabe von V. 10b fügt Targum Pseudo-Jonathan noch „ihre Brüder, die Priester" ein und unterscheidet damit sehr genau zwischen den pädagogischen und den kultischen Funktionen des Stammes.

### f) Ergebnis

Mit Dtn 33 liegt ein nicht leicht verständlicher Text vor, dessen Interpretation in gewisser Hinsicht unabgeschlossen bleiben muß. Die Vieldeutigkeiten sind im Text – oder besser: seiner Redaktionsgeschichte – angelegt, weswegen alle Deutungsversuche notwendigerweise mit Unschärfen zu rechnen haben. Deutlich scheint allein, daß in der Grundschicht Vv. 1.6 – 25.29 ein relativ junger Text vorliegt, der auf weite Teile des Pentateuch zurückblickt. Obwohl man angesichts des niedrigen Alters vermuten möchte, daß darin auch die Priesterschrift schon eingeschlossen sei, zeichnet sich der Levi-Spruch 33,8 – 11 in seiner Grundschicht Vv. 8.9a.11 durch ein bemerkenswertes Fehlen eines deutlichen Aaronbezuges aus. Die Identifikationsfigur des Stammes Levi ist vielmehr Mose, der sich in Massa und Meriba als Israels „treuer Mann" erwiesen hatte. Ihm sollen die Tummim und Urim, also das priesterliche Orakelgerät übergeben werden. Insofern in Mose der ganze Stamm angesprochen wird, drückt sich darin ein Dtn 10,8 f. vergleichbarer Anspruch *aller* Angehörigen des Stammes Levi auf priesterliche Funktionen aus.

Mit der späteren Zufügung der pluralisch gehaltenen Verse 9b.10 wird der Sinn des Spruches auf subtile Weise verändert, indem dadurch eine Unterscheidung zwischen dem „treuen Mann" und den übrigen Stammesgliedern eingeführt wird. Tummim und Urim stehen jetzt nur dem Einen zu, die Vielen sind mit Toraaus-

---

**337** Vgl. Stadelmann 1980, 277 ff., aber s.u. Kapitel 8.3.

**338** Vgl. – mit anderem Schwerpunkt – die Besprechung der Targumim bei Beyerle 1997, 116 f.

**339** McNamara 1997, 166 übersetzt בדינה mit „in the judgment", die Handschriften V, N und L des Fragmententargums ergänzen דתמר. Die Geschichte Tamars Gen 38 ist allerdings nicht mit Levi verbunden. Vielmehr muß wohl der Text in Anlehnung an die folgenden Glieder (בעובדה דעגלה und בעובדה דזמרי) zu בעובדה דדינה geändert werden, womit auf Gen 34 rekurriert wird. Die Tamar-Variante ist vermutlich auf ein Mißverständnis des Textes zurückzuführen, vgl. mit einem ähnlichen Vorschlag M. Klein 1980, 189 Anm. 123.

legung bzw. -belehrung und recht unspezifischen kultischen Aufgaben betraut. Trotz des grundsätzlichen Zuspruches für den „Stamm des Kultpersonals" wirkt diese Differenzierung wie eine Korrektur – jedenfalls aus priesterlicher Perspektive – überzogener levitischer Ansprüche. Es stellt sich die Frage, ob damit auch die Chiffre „Levi" neu gefüllt wird und „der treue Mann" jetzt vielleicht auf Aaron bezogen werden soll. Man kann zum einen auf die mutmaßliche Nähe von Dtn 33,9b.10 zu ähnlichen „aaronidisch" orientierten Einfügungen wie z. B. in Dtn 10,6 f. verweisen, die für diese Überlegung spricht. Zum anderen ist bei einem Pentateuch unter Einschluß der Priesterschrift die Benutzung des Orakelgerätes dem aaronidischen Hohenpriester vorbehalten. Im biblischen Text selbst bleiben nur wenige Indizien, deutlicher in Richtung dieses Textverständnisses weist aber die Rezeption bei Jesus Sirach und in den Targumim.

Trotz aller Unsicherheiten läßt sich die Entwicklung in Dtn 33 daher durchaus mit den Beobachtungen zu Dtn 10, in abgeschwächter Form auch mit Dtn 27 und 31 in Verbindung bringen. Deutlichere Konvergenzen werden sich in den Analysen der Leviten-Partien des deuteronomischen Gesetzescorpus ergeben.

## 2.2 Das deuteronomische Corpus

### 2.2.1 Dtn 12

Mit seiner mehrfachen Zentralisationsforderung ist Dtn 12 sicherlich eines der prominentesten Kapitel des Deuteronomiums geworden. Aufgrund der Dubletten ist es zugleich das Paradebeispiel für die diachrone Analyse des Buches. Trotz gelegentlicher Bestreitung und Unsicherheiten im Detail kann es als recht sicher gelten, daß der deuteronomische Kernbestand in 12,13 – 18* vorliegt,[340] während die pluralischen Partien in 1 – 7.8 – 12 spätere Ergänzungen sind.[341] Die Erwähnung „des Leviten" in V. 12 ist darum wesentlich vor dem Hintergrund von V. 18 zu interpretieren.

Schwieriger gestaltet sich die Frage nach V. 19. Strukturell schlägt der Vers mit der Formulierung השמר לך einen Bogen zurück zum Zentralisationsgebot

---

340 Vgl. v. a. die gleichwohl nachdenklichen Bemerkungen von Lohfink 1996, 137–142.
341 Vgl. Preuß 1982, 51; Nielsen 1995, 133 ff.; Kratz 2000a, 122 f.; etwas anders Hölscher 1922, 179 ff. Nur am Rande sei bemerkt, daß sich – auch wenn heute zu Recht mehrheitlich eine Ergänzungshypothese vertreten wird – ausgehend von Dtn 12 durchaus nachvollziehen läßt, wie etwa Carl Steuernagel auf den Gedanken mehrerer Parallelausgaben des Dtn kommen konnte, zur Widerlegung vgl. aber Hölscher 1922, 176 – 179 und – speziell für Dtn 12 – 180 f.

(V. 13 f.).[342] Jedoch fragt es sich, ob diese Parallele von vornherein angelegt war oder erst nachträglich hergestellt wurde.[343] Für letztere Möglichkeit spricht m. E. der Themenwechsel von der Zentralisation zur Levitenversorgung. Eine Stütze erhält diese Vermutung durch die jeweils unterschiedliche Stellung des Leviten in V. 18 und V. 19: Während er in V. 18 ein Glied der „erweiterten Festfamilie" unter anderen ist – genauer: das letzte! –, wird ihm in V. 19 ein eigenes Gebot zuteil. „Die Erwähnung als einfaches Glied der Kultteilnehmerliste reicht offenbar nicht aus, um seiner Bedeutung gerecht zu werden."[344] Der Anspruch, der aus der parallelen Formulierung השמר לך in V. 13 und 19 resultiert, ergibt sich jedenfalls nicht ohne weiteres aus der Rolle des Leviten, wie sie V. 18 erkennen läßt.[345] Auch die Kontexteinbindung ist eher lose, wenn ab V. 20 wieder das Thema von Schlachtung und Verzehr aufgegriffen wird. Und schließlich deutet auch der einschränkende Sprachgebrauch in V. 19b eher auf dtr denn auf dtn Abfassung.[346] Da sich aber eine Ergänzung von allein V. 19b nicht plausibilisieren läßt, dürfte V. 19 insgesamt als spätere Ergänzung anzusehen[347] und damit wie auch V. 12 vor dem Hintergrund von bzw. im Gegenüber zu V. 18 zu interpretieren sein.

Der deuteronomische Kern Vv. 13 – 18 regelt grundsätzlich die Darbringung von Opfern an der von JHWH erwählten Stätte, die Profanschlachtung an allen übrigen Orten und schließlich den Verzehr von Abgaben und Opfergaben vor JHWH am erwählten Ort (V. 17 f.). Letzteres ist als gemeinschaftliche und fröhliche (ושמחת) Begehung der Familie (אתה ובנך ובתך) einschließlich der abhängigen Personen (ועבדך ואמתך) und des Leviten (והלוי אשר בשעריך) vorgestellt.[348] Im Unterschied zu Sohn und Tochter, Sklave und Sklavin, die durch das Suffix der 2. Sg. in ihrer Zugehörigkeit eindeutig bestimmt sind, heißt es von dem Leviten nicht, daß er „dein Levit" sei. Er gehört also nicht zum „Hausstand" im engeren Sinne, sondern wohnt „in deinen Toren". Das Urdeuteronomium setzt also – was unstrittig ist – Leviten an mehreren Orten im Lande voraus, nicht allein am „erwählten Ort". Was den Leviten mit den abhängigen Personen verbindet bzw. von dem angesprochenen Israeliten unterscheidet, wird in der vorliegenden Stelle nicht ausdrücklich benannt. Aus dem Kontext ergibt sich aber, daß damit die

---

342 Vgl. auch V. 30, daneben natürlich Ex 34,12; Dtn 4,9; 6,12; 8,11; 15,9; (24,8) sowie 4,23; 11,16 (Pl.).
343 Vgl. die sorgfältige Abwägung bei Dahmes 1996, 376 – 379.
344 Reuter 1993, 145.
345 Vgl. Dahmes 1996, 378.
346 Vgl. Dahmes 1996, 377 f.
347 So auch Kratz 2000a, 124 f.; die Einwände von Bultmann 1992, 47 Anm. 51 gegen Merendino sind berechtigt, sprechen aber nicht gegen die hier vorliegenden literarkritischen Argumente.
348 Für diese Personengruppe soll im folgenden der Begriff der „erweiterten Festfamilie" gebraucht werden.

Landbesitzlosigkeit gemeint sein muß, denn ansonsten wäre nicht einzusehen, warum der Levit nicht selbst Opfer und Abgaben darbringen könnte. Dennoch läßt die Bestimmung in V. 18 nicht erkennen, daß der Levit in irgendeiner Weise als besonders versorgungsbedürftig gekennzeichnet wäre. Der Fokus der Regelung liegt auf der Zentralisation des Kultus und ihren Folgen. Wie Sohn und Tochter, Sklave und Sklavin soll der Levit lediglich ein selbstverständlicher Teil der fröhlichen Gemeinschaft beim Verzehr der Opfer und Abgaben sein. Diese Erweiterung der „Festfamilie" dürfte die entsprechende Kompensation für das durch die Kultzentralisation ihrer Abgaben beraubte lokale Kultpersonal sein.[349]

Eine interessante Variante[350] bietet die LXX, die hier statt הלוי mehrheitlich προσήλυτος liest,[351] das übliche Äquivalent zu hebräischem גר. Diese Lesart ist wohl einerseits rein textlich von Stellen wie Dtn 16,11.14 und 26,11 ff. beeinflußt, die Levit und Fremdling nacheinander nennen, andererseits könnte sich darin auch eine veränderte soziale Situation und damit Interessenlage spiegeln: Die Erwähnung des Leviten hier ist nur sinnvoll, solange mit Leviten außerhalb des „erwählten Ortes" gerechnet wird, die – als Teil der erweiterten Festfamilie – zu selbigem pilgern sollen. Sobald aber Leviten nur am zentralen Kultort, wo auch ihre Versorgung bereits geregelt ist, überhaupt noch eine Berechtigung haben, wäre ihre Nennung im Rahmen der Zentralisationsforderung mindestens mißverständlich. So läßt sich die Lesart der LXX auch als inhaltliche Korrektur verstehen.[352]

Im Unterschied zur deuteronomischen Grundschicht bietet V. 19 bereits eine Problemanzeige. Die Warnung davor, den Leviten zu vergessen, deutet *de facto* auf die Nichteinhaltung des Gebotes von V. 18 in der Praxis. Die Wiederholung und Verschärfung eines Gebotes bezeugt jedoch v. a. eines: seine Wirkungslosigkeit. Der historische Gehalt eines derartigen Rechtssatzes erschließt sich daher wesentlich, wenn man ihn kontrafaktisch liest. Die Mahnung in Dtn 12,19 als Ergänzung zu V. 18 wird nun noch besonders dadurch aufgeladen, daß sie parallel zu V. 13, dem deuteronomischen Hauptgebot der Kultzentralisation, formuliert wird. Auch wenn also die Warnung, den Leviten zu vergessen, eine in der Praxis womöglich prekäre Lage der Leviten reflektiert, spiegelt das Dtn in V. 19 einen gesteigerten pro-levitischen Anspruch, der tatsächlich sehr gut mit Dtn 10,8 f. vergleichbar ist.[353]

Anders gelagert ist das Interesse der Vv. 8 – 12. Ihnen geht es um die variierende Wiederholung und Neudeutung der Kultzentralisation im Lichte der Geschichte, v. a. des noch ausstehenden Jordandurchzuges und der Verteilung des

---

349 Vgl. Bultmann 1992, 52 f. für Dtn 14,22 – 27, was ebenso schon für Dtn 12,18 gilt.
350 Die gleichwohl von den Kommentaren oft ignoriert und weder in BHS noch BHQ im Apparat verzeichnet wird!
351 Codex Alexandrinus liest zuvor wie der masoretische Text auch „und der Levit".
352 Zu möglichen weiteren Erklärungen vgl. Wevers 1995, 216 f.
353 Vgl. dafür u. a. Dahmen 1996, 378.

Landes. V. 12 ist zwar im wesentlichen eine Wiederholung von V. 18 im Plural. Es ergeben sich dadurch jedoch auch signifikante Unterschiede: In V. 18 ist der freie Israelit angeredet, der sich – mit der erweiterten Festfamilie – am erwählten Ort über den Ertrag seiner Hände (משלח ידך) freuen soll. Insofern in V. 12 jedoch alle Personen, auch die abhängigen bzw. besitzlosen, zur Festfreude aufgefordert sind, muß dieses Element entfallen, da von ihnen kein משלח יד zu erwarten ist. Hinsichtlich des Leviten wird dies durch die gegenüber V. 18 dazugekommene Formel von der Landbesitzlosigkeit auch erstmals thematisiert (V. 12b, כי אין לו חלק ונחלה אתכם), wobei sich ein logisches Problem ergibt, denn die Tatsache, daß der Levit weder „Anteil noch Erbbesitz" mit den anderen Israeliten hat, kann ja kaum seine Freude begründen (וכי!), sondern allenfalls die Notwendigkeit zu seiner Versorgung, auf daß er sich trotz allem freuen könne. Daraus dürfte deutlich werden, daß in V. 12b bereits der stereotype Gebrauch einer Formel vorliegt, die andernorts ihren literarischen Ursprung hat. Dieser liegt, wie noch zu zeigen ist, in Dtn 14,27.[354]

Mit dem begründenden Nebensatz wird aber der Levit besonders herausgehoben aus der Reihe der „Festfamilie", er ist nicht mehr ihr selbstverständliches Mitglied wie noch in V. 18. Auch von daher dürfte deutlich werden, daß V. 12 jünger als V. 18 ist. Schwieriger scheint mir hingegen das Verhältnis zu V. 19 zu bestimmen. Einerseits wirkt V. 19 auch gegenüber V. 12 wie eine Verschärfung, andererseits erwartet man, sollte er jünger sein, auch eine Wiederholung der Formel zur Landbesitzlosigkeit. Vielleicht kann man V. 19 aufgrund der steilen Formulierung des Anspruches einem ähnlichen redaktionellen Umfeld wie Dtn 10,8f. einzuordnen.[355] Dann spräche eventuell mehr dafür, die Vv. 8–12 früher als V. 19 anzusetzen.

Als älteste, deuteronomische Erwähnung des Leviten in Kapitel 12 bleibt demnach V. 18. Dieser zählt den Leviten schlicht zur „erweiterten Festfamilie" im Rahmen der Zentralisationsgesetzgebung. Die historisierende, deuteronomistische Redaktion, welche diese Gesetze in Vv. 8–12 reformuliert, ergänzt (in Aufnahme von Dtn 14,27) das Thema der Landbesitzlosigkeit, welches in V. 18 noch nicht ausdrücklich thematisiert wurde, obgleich es sachlich impliziert gewesen sein mag. Schließlich fügt V. 19 spätdeuteronomistisch eine scharfe Mahnung, den Leviten nicht zu vergessen, hinzu, welche durch die parallele Formulierung zum Zentralisationsgebot ein besonderes Gewicht erhält. Eine abschließende, eindeutig priesterlich orientierte Redaktion finde ich in Dtn 12, anders als in den bisherigen Kapiteln des Deuteronomiumsrahmens, nicht. Eine solche ist m. E.

---

354 Dazu s.u. S. 83f.
355 Vgl. auch die ähnlich gelagerten Überlegungen von Dahmen 1996, 378f.

aber auch nicht zwingend zu erwarten, da priesterliche Interessen, so weit ich sehe, hier nicht tangiert werden. Insofern bestand offenbar keine Notwendigkeit, dem mutmaßlichen levitischen Anspruch etwas entgegenzusetzen.[356]

## 2.2.2 Dtn 14

Ebenso wie Dtn 12,13 – 18* gehört Dtn 14,22 – 29* nach allgemeiner Auffassung zum Grundbestand eines Urdeuteronomiums.[357] Für die Frage nach den ältesten deuteronomischen Belegen für „Levit" bietet der Abschnitt mit V. 27 und V. 29 gleich zwei Kandidaten. Die beiden Nennungen verteilen sich auf die inhaltlich zu unterscheidenden Abschnitte zur Verzehntung im allgemeinen (Vv. 22 – 27) und zum Armenzehnt im dritten Jahr im speziellen (V. 28 f.). Während die Verzehntung grundsätzlich jedes Jahr zu erfolgen hat und von einem Festmahl am erwählten Ort begleitet wird – auch die Möglichkeit finanzieller Auslöse besteht –, ist der Armenzehnt im dritten Jahr in den jeweiligen Ortschaften abzuliefern. Wie sich zeigen wird, spielt der Levit in beiden Belegen eine leicht unterschiedliche Rolle.

Ein erstes Problem in der Deutung von V. 27 wird jedoch durch die Textkritik aufgegeben. Der Satz תעזבנו לא hat in der LXX keine Entsprechung. Der Begründungssatz V. 27b bezieht sich damit nicht auf die Aufforderung, den Leviten nicht zu verlassen, sondern auf die Aufforderung zum Fröhlichsein (ושמחת bzw. καὶ εὐφρανθήσῃ), woraus dasselbe logische Problem wie in Dtn 12,12 folgt: Die Landbesitzlosigkeit als solche ist kaum der Grund zur Freude. Anders sind die Bezüge im masoretischen Text: Dort begründet die Tatsache, daß der Levit keinen Grund und Boden sein eigen nennt, den Auftrag, ihn nicht im Stich zu lassen. Nur vor diesem Hintergrund ist letztlich die Kurzfassung dieses Gedankens, wie sie 12,12 bietet, gut verständlich, was zeigt, daß 12,12 mit seiner Aussage zur Landbesitzlosigkeit auf 14,27 rekurriert.[358] Mit dem Verweis auf Dtn 12,12 ist zugleich die vermutliche Quelle für die Lesart der LXX in 14,26 f. angegeben. Wenngleich ein simpler Schreibfehler nicht auszuschließen ist, liegt es m. E. näher, hier an eine innergriechische Harmonisierung der Textüberlieferung zu denken.[359] Daß hingegen der masoretische Text hier ergänzt worden sein sollte, etwa in Angleichung

---

**356** Zu beachten ist aber, daß in Dtn 12,2 – 7, der dritten Neuformulierung des Zentralisationsgebotes, das Thema der Leviten überhaupt nicht mehr aufgegriffen wird! Ist das womöglich als gezielte Leerstelle zu deuten? Vgl. auch unten Kapitel 4.6 die Überlegungen zum „Levitenschweigen" der Priestergrundschrift.
**357** Vgl. Preuß 1982, 53; Kratz 2000a, 124 f.
**358** S.o. S. 81 f.
**359** So auch McCarthy 2007, 97*.

an Dtn 12,19,[360] ist schwerer erklärbar, da abgesehen von der Verwendung des Verbums עזב beide Verse wesentliche Unterschiede aufweisen und sich etwa die Formel von der Landbesitzlosigkeit gerade nicht in 12,19 findet. Zudem ist ein Wortausfall leichter vorstellbar als ein die Satzstruktur in 14,27 grundsätzlich verändernder Zusatz.

Davon unabhängig ist die Frage zu betrachten, wie in 14,26 f. die Satzgrenzen zu ziehen sind.[361] Entweder ist mit der Verseinteilung eine Pendenskonstruktion in V. 27 anzunehmen, oder aber der Levit ist – wie auch in LXX – das letzte Glied in der Aufzählung der Festgemeinschaft. Dann begänne erst mit לא תעזבנו ein neuer Satz. Zieht man für strukturelle Vergleiche allein die Kurzform der Kultteilnehmerliste („du und dein Haus") heran, wäre mit Verweis auf Dtn 15,20 wohl auch hier der Levit nicht ursprünglich zur Festgemeinde hinzuzurechnen. Das würde nicht nur die masoretische Textgliederung bestätigen sondern zugleich einen Hinweis auf eine literarkritische Schnittstelle bieten, d. h. V. 27 könnte ein Nachtrag zu V. 26 sein.[362] Es müßte sich dann freilich auch erklären lassen, warum der Levit hier – nachträglich – schließlich doch erwähnt wird, nicht aber in 15,20. Diese Differenz ist zwar in jedem Falle zu erklären, als literarkritisches Argument für Dtn 14,27 ist der Verweis auf 15,20 darum aber nicht geeignet. Überhaupt erscheint es mir fraglich, warum allein besagte Kurzform als Vergleichspunkt heranzuziehen sein sollte.[363] Der Levit wird schließlich im Rahmen der Kultteilnehmerliste auch in 12,18 sowie in 26,11 genannt – und beide Stellen sind als (ur-) deuteronomisch anzusehen.[364] Daher tendiere ich dazu, die Einteilung der Satzgrenzen entgegen der masoretischen Verseinteilung vorzunehmen, womit der Levit wie in Dtn 12,18 als ein ursprüngliches Glied der Festgemeinschaft anzusehen ist.[365] Auf literarkritische Schlußfolgerungen ist m. E. zu verzichten und Dtn 14,27 kann zu den urdeuteronomischen Belegen gerechnet werden.[366] Wichtig ist

---

**360** So Steuernagel ²1923, 107 und Hölscher 1922, 183 Anm. 1.

**361** Vgl. die Zusammenstellung der Positionen bei Dahmen 1996, 380 f.

**362** Vgl. vorsichtig Kratz 2000a, 125. Der Verweis auf Dtn 26,11 bei Dahmen 1996, 381 verfängt freilich nur, wenn man seiner Literarkritik zu Dtn 26,11 folgt, dazu s.u. Kapitel 2.2.9; Dtn 12,7 schließlich ist m. E. angesichts seiner zweifachen Vorlage in V. 12 und V. 18 anders gelagert und damit als Vergleichspunkt ungeeignet.

**363** So aber Dahmen 1996, 381.

**364** S.u. Kapitel 2.2.9 zu Dtn 26. Hinzu kommt noch 12,12, aber dieser Vers ist bekanntlich von 12,18 literarisch abhängig.

**365** Vgl. auch Hölscher 1922, 183 Anm. 1.

**366** Anders Reuter 1993, 160 f. Ihr Argument ist rein syntaktischer Natur und setzt die masoretische Verseinteilung voraus, die sie jedoch selbst offenbar für sekundär hält, vgl. ihre Grundschicht einschließlich והלוי in V. 27.

das u. a. für die Formel zur Landbesitzlosigkeit des Leviten, die hier ihren ältesten schriftlichen Niederschlag gefunden haben dürfte.[367]

Eine andere Rolle nimmt der Levit in 14,28 f. ein. Er ist in V. 29 das erste Glied einer Reihung der *personae miserae*, denen alle drei Jahre der „in den Toren" abzuliefernde Zehnt zukommen soll. Innerhalb des Deuteronomiums kennen noch 26,12 f. die Verbindung von Levit und *personae miserae*, aber diese Verse werden sich als späte Zusätze erweisen.[368] Die „klassische Trias" dieser Personengruppe besteht nur aus Fremdling, Waise und Witwe – das gilt innerhalb des Deuteronomiums und zumal im Rest der Hebräischen Bibel.[369] Die Nennung des Leviten in V. 29 ist damit auffällig, vor dem Hintergrund seiner gegenüber V. 27 veränderten Rolle geradezu spannungsvoll zu nennen. Möglicherweise sind die Regelungen zum Armenzehnt in Vv. 28 f. *insgesamt* als (früher) Nachtrag anzusehen,[370] was die sachliche Verschiebung gegenüber V. 27 diachron erklären könnte. Jedoch fällt innerhalb der Reihung weiterhin der nur dem Leviten nachgestellte Begründungssatz in Analogie zu V. 27 auf, obwohl der Sachverhalt nicht minder auf Fremden, Waise und Witwe zutrifft.[371] Insofern wird der Levit hier deutlich von den übrigen Gliedern der Aufzählung abgehoben. Es spricht darum manches dafür, seine Erwähnung, einschließlich des Begründungssatzes und des verknüpfenden ו vor הגר, für einen Nachtrag innerhalb von V. 29 zu halten. Ursprünglich wäre dann im Hinblick auf den Armenzehnt nur von Fremdling, Waise und Witwe die Rede gewesen.[372] Daß schließlich auch der Levit unter die im je-

---

**367** Vgl. noch unten Kapitel 2.2.6 zu Dtn 18 sowie 3.5 zu Num 18.

**368** Dazu s.u. S. 137 f.

**369** Dtn 10,18 (dazu var. LXX!); 24,17.19 – 21; deuteronomistisch sind noch Jer 7,6; 22,3; nachdeuteronomisch sicher auch Ps 94,6; 146,9; Sach 7,10 (ergänzt als viertes Glied den Armen); Mal 3,5. Als ältester und einziger nicht dtn/dtr beeinflußter Beleg bei den Propheten verbleibt Ez 22,7. Die Vorlage für Dtn bietet bekanntlich das Bundesbuch, welches das Fremdlingsgebot (Ex 22,20) noch gesondert vom Gebot über die Witwen und Waisen (V. 21– 23) formuliert! Dazu kommen noch mehrere Belege für die Zusammenstellung von Waisen und Witwen, gelegentlich einschließlich des Armen, was altorientalisches Gemeingut ist. Vgl. zum Sachverhalt kurz und bündig Krapf 1984, etwas verkürzend Reuter 1993, 161.

**370** Vgl. Horst 1930, 56; Preuß 1982, 53.116 und Kratz 2000a, 125.

**371** Das Problem bemerkt auch Dahmen 1996, 383, zieht daraus jedoch nicht die nötigen Konsequenzen. Ganz an der Frage vorbei führt die Diskussion, ob allein der Nebensatz ein späterer Zusatz sei, vgl. Altmann 2011a, 220.236 f.

**372** So schon Merendino 1969, 102 wenngleich mit dem Verweis auf Dtn 24,19 als Begründung. Anders Bultmann 1992, 53 f. und Dahmen 1996, 383, dessen Einwand Anm. 135 gegen Merendino mir nicht ganz deutlich ist. Er argumentiert – richtigerweise – gegen den Versuch, die Numerus-Inkongruenz zwischen singularischem Verb und zusammengesetztem Subjekt literarkritisch auszuwerten, nur argumentiert Merendino nicht mit derselben. Ohnehin bleibt die grammatische Konstruktion völlig unberührt davon, ob der Levit ein späterer Zusatz ist oder nicht.

weils dritten Jahr zu versorgenden Personen gerechnet wird, ist eine bezüglich der Stellung der Leviten aufschlußreiche Variation im Konzept der *personae miserae*, zeigt aber auch eine Veränderung im Bereich der Zehntregelungen an.

Diese beiden Punkte bieten auch am ehesten Indizien für eine literarhistorische Einordnung des Eintrags, die sich angesichts der Formelhaftigkeit und Kürze desselben ansonsten schwierig gestaltet. Als erstes ist auf die gedankliche Nähe zu Dtn 26,12 f. zu verweisen, wo der Levit in ganz organischer Weise Bestandteil einer Reihe zusammen mit Fremdling, Waise und Witwe ist. Dieser Absatz weist auch sonst thematisch enge Berührungen mit Dtn 14 auf. Unter Vorwegnahme der Analyse zu Dtn 26 darf bereits hier angedeutet werden, daß diese Nähe auf eine recht späte Hinzufügung des Leviten in V. 29 deutet.

Der zweite Punkt betrifft das Abgabensystem: Das Deuteronomium kennt zunächst nur den am zentralen Heiligtum zu verzehrenden Zehnten sowie in 14,28 f. als Sonderfall den Armenzehnten im jeweils dritten Jahr. Die Versorgung des Kultpersonals regeln 18,1–8, wobei dort nicht vom Zehnten die Rede ist. Allerdings zeigt sich auch in der Redaktionsgeschichte von Dtn 18 die Tendenz zur Negierung levitischer Ansprüche.[373] Ein Zehnt als Abgabe für JHWH bzw. sein Kultpersonal, d. h. die „Söhne Levis", findet sich v. a. in priesterlich (Lev 27; Num 18) und chronistisch (II Chr 31; Neh 10–13) geprägten Texten. Diese Texte haben aber eine jährliche Abgabe und nicht den nur alle drei Jahre zu erbringenden Armenzehnten im Blick. Der Zusatz in V. 29 steht damit sowohl zur *ursprünglichen* deuteronomischen als auch zur spätpriester(schrift)lichen Konzeption in manchem Widerspruch. Dies erklärt sich am besten damit, daß er tatsächlich eine sehr späte Glosse, bereits als Reaktion auf Texte wie Num 18, darstellt.[374] Eine mögliche Intention wäre die Negation des levitischen Anspruches auf den Zehnten, der dann allein den Priestern im engeren Sinn vorbehalten bliebe.

Derartige levitenkritische Aussagen sind innerbiblisch indes ohne nachhaltige Wirkung geblieben. Selbst späte Texte wie Chr oder Neh und grundsätzlich auch die Tempelrolle[375] rechnen jedenfalls mit einer jährlichen Zehntabgabe für

---

**373** Zur Analyse des Abschnittes s.u. Kapitel 2.2.6: Als Grundschicht verbleiben die Vv. 1*.6–8, V. 4 ist Teil eines jüngeren Nachtrages, die letzte Ergänzung umfaßt v. a. V. 3.

**374** Vgl. auch Hölscher 1922, 185 f.: „Was die Durchführung dieses Gesetzes [*scil.* Dtn 14,28 f.] über den Armenzehnten anbelangt, so weiß noch die nachhesekielische Stelle Hes 44,28ff. nichts davon, daß Leviten oder Priester ein derartiges Zehnteinkommen gehabt hätten. Ist aber die Bestimmung Dtn 14,28–29 vor dem Exil nicht geltendes Recht gewesen, so wird sie wohl auch nicht vor dem Exil entstanden sein." Den letzten Punkt wird man aber auf die Einfügung des Leviten beschränken müssen; die Begründung sollte ihr Schwergewicht auf den Vergleich mit Ez 44 legen, nicht auf die Frage, ob es sich um geltendes Recht gehandelt habe.

**375** Dazu s.u. Kapitel 8.4. 11QT enthält darüber hinaus noch weitere und sehr detaillierte Vorschriften zu Abgaben, die vom Maß des Zehntels abweichen können.

die Leviten. Erst Jub 13,26f. oder Jdt 11,13 sprechen davon, daß der Zehnte den Priestern zukomme, wobei jeweils noch zu diskutieren wäre, inwieweit der Terminus „Priester" dort die Unterscheidung von Priestern und Leviten voraussetzt und damit letztere explizit ausschließt. Der v.a. durch den Codex Sinaiticus repräsentierte Teil der Tobit-Handschriften (GII)[376] sowie weitere Texte aus Qumran kennen daneben in Anlehnung an Lev 27,32f. und II Chr 31,6 einen Viehzehnten als Abgabe allein an die Priester,[377] wobei hier durch den Zusatz „Söhne Aarons" die Unterscheidung von den Leviten expliziert wird.

Das sich in Dtn 14,22–29 zeigende diachrone Gefälle paßt somit grundsätzlich zu den Beobachtungen der Analysen des Deuteronomiumsrahmens. Der zur deuteronomischen Grundschicht gehörende Beleg 14,26f. zählt, wie schon 12,18, den Leviten als Glied der erweiterten Festfamilie auf. Hier, im Kontext der Zehntabgaben, wird jedoch besonders betont, daß der Levit, da er kein Land besitze, mit bedacht werden solle. Es handelt sich dabei allerdings keineswegs um eine Versorgungsregelung, da ja nicht davon die Rede ist, daß die Abgaben dem Leviten zukämen bzw. er sich von denselben ernähren dürfe. Vielmehr soll der Levit, der selbst keine Erträge darbringen kann, trotzdem Teil der Festgemeinde sein. Die Vv. 28f. hingegen regeln die Versorgung der Armen in Israel, denen in einem dreijährlichen Rhythmus der Zehnte jeweils vor Ort zusteht. Es ist möglich, daß diese Verse bereits eine Fortschreibung gegenüber dem Urdeuteronomium darstellen. Entscheidender als die Antwort darauf ist die erst in sehr später Zeit erfolgte Einreihung des Leviten unter die *personae miserae*. Sie spiegelt sich allerdings weder in den priesterlich geprägten Abgabenregelungen in Lev und Num, noch in späten Texten wie in Esr-Neh und Chr,[378] sondern scheint vielmehr eine theoretische Herabsetzung des sozialen Status der Leviten und somit die vornehmlich literarische Zuspitzung eines vermutlich im Hintergrund stehenden realen Konfliktes zu sein. Es handelt sich dabei m.E. um einen weiteren Fall spätpriester(schrift)licher Eintragungen in das Deuteronomium mit anti-levitischem und damit – im Sinne der zunehmenden Hierarchisierung des Kultpersonals – tendenziell pro-priesterlichem Aussagegehalt.

---

**376** Vgl. Ego 1999 und Fitzmyer 2003 zur Stelle.
**377** Vgl. dazu Baumgarten 2000, 948 und Henshke 2010. Zur Diskussion in der rabbinischen Literatur vgl. die Einleitung zum Traktat מעשרות bei Albeck 1958, v.a. 217–219.
**378** Und vgl. Hölscher 1922, 185f. über das Verhältnis zu Ez 44,28ff. (s.o. Anm. 374).

### 2.2.3 Dtn 16

Der Festkalender Dtn 16,1–17* zählt im Kern ebenfalls zum deuteronomischen Grundbestand.[379] Unstrittig ist gleichwohl, daß dem Text eine komplexe Entstehungsgeschichte zugrundeliegt, die sich u. a. im Wechselspiel von Pesach- und Mazzot-Fest spiegelt. Dabei ist freilich nicht immer deutlich, inwieweit diese Entstehung literarkritisch erhellt werden kann, oder ob die konzeptionelle Verknüpfung beider Feste bereits vorliterarisch bzw. kompositionell ist.[380] Diskutabel ist ebenfalls das Verhältnis von ausführlichen Bestimmungen Vv. 1–15 und Kurzfassung Vv. 16 f. Zwar ist richtig, daß die Bestimmung „alles Männliche" in V. 16 undeuteronomisch ist,[381] doch ist die Formulierung aus der Tradition, d. h. dem Bundesbuch, übernommen. Gerade das erweist die Zugehörigkeit beider Verse zum Urdeuteronomium.[382] Vielmehr scheinen die Vv. 1–15 demgegenüber eine spätere Ausformung darzustellen, sie gehören aber grundsätzlich wohl noch zum näheren Umfeld eines Urdeuteronomiums.[383]

Sachlich entscheidend ist, daß in den V. 11 und 14 jeweils eine lange Reihe der Festteilnehmer erscheint, welche zwei Listen kombiniert: jene der „erweiterten Festfamilie" und die Reihe der *personae miserae*.[384] An der Grenze zwischen beiden Gruppen ist „der Levit" angesiedelt. In V. 11 ist durch den Relativsatz die Trennung nach hinten deutlicher, in V. 14 *scheint* durch den masoretischen Akzent die Trennung nach vorn stärker. Diese kleinen Unterschiede zwischen beiden Versen müssen freilich nicht auf Fortschreibungstätigkeit zurückgeführt werden. So hat V. 11 mit den zwei Relativsätzen zwar eine etwas komplexere syntaktische Struktur, wogegen V. 14 wie eine Glättung wirkt, aber diese erklärt sich vielleicht simpel aus der Wiederholung.[385] Ein literarkritischer Nachweis für das Wachstum

---

**379** Vgl. Preuß 1982, 53 und Kratz 2000a, 122.

**380** Einen Überblick über die literarkritischen Modelle bietet Nielsen 1995, 166–171; vgl. speziell für Vv. 1–8 weiterhin Reuter 1993, 166–171 und Gertz 1996. Die Frage einer eventuellen priesterlichen Überarbeitung ist m. E. trotz Gertz' Aufsatz noch nicht erledigt.

**381** So Steuernagel ²1923, 115.

**382** Vgl. Nielsen 1995, 168 f., Kratz 2000a, 121 f.; anders neben Steuernagel auch Bertholet 1899, 52; Preuß 1982, 53.

**383** Vgl. Kratz 2000a, 122. Anders Gesundheit 2012, 157 ff., aber gerade seine Beobachtungen zu den Differenzen zwischen Dtn 16,16 f. und den vorangehenden Vv. 1–15 sprechen m. E. für die Kratz'sche Lösung.

**384** Zum Fehlen der Liste in der Anordnung zum Pesach-Mazzot-Fest vgl. Bultmann 1992, 57 f.

**385** Vgl. Bultmann 1992, 60.

der Liste wird sich jedenfalls schwerlich erbringen lassen.[386] Die Kombination von „erweiterter Festfamilie" und *personae miserae* dürfte daher wohl dem Gestaltungswillen des deuteronomischen (oder frühdtr) Autors entspringen.[387] Für die nachträgliche Einfügung (oder Auffüllung) eines der beiden Verse sehe ich vorläufig keinen hinreichenden Grund. Es ist jedenfalls nicht leicht einsichtig, welchen Zweck eine an V. 11 angelehnte spätere Einfügung von V. 14 hätte bzw. warum umgekehrt die Festfreude ursprünglich nur ein Thema in bezug auf das Wochenfest gewesen sein sollte.[388]

Für die literarhistorische Einordnung der Levitenbelege festzuhalten bleibt eine frühdeuteronomistische Ansetzung, für sehr viel spätere Abfassungszeit spricht m. E. wenig.[389] Auf innere literarkritische Differenzierungen ist zu verzichten. Damit ist der Levit hier von vornherein an der Grenze zweier Personengruppen angesiedelt. Während die älteren Texte innerhalb des Dtn ihn jeweils zur Festfamilie rechnen,[390] ordnen ihn spätere Texte den *personae miserae* zu.[391] Auch wenn Dtn 16 also tendenziell den älteren Leviten-Belegen zuzurechnen ist und etwa der Blick nach Dtn 24,19 – 22 zeigt, daß der Levit im Kontext der Ernte gerade nicht als Teil der *personae miserae* verstanden wird, stellt die Kombination dieser beiden Personenkreise in Dtn 16 gewissermaßen das textliche Bindeglied zu den späteren Entwicklungsstufen dar, insofern sie beide Zuordnungen ermöglicht: Die Stellung des Leviten im Text bleibt doppeldeutig, und genau diese Interpretationsoffenheit macht die Verse anschluß- bzw. rezeptionsfähig für spätpriester(schrift)liche Autoren. Eine explizite priesterliche Redaktion ist darum in Dtn 16 im Hinblick auf den Status der Leviten nicht zu erwarten, es sei denn die genannten kleinen Variationen von V. 14 gegenüber V. 11 sollten als solche gelten.

---

[386] Anders Merendino 1969, 135. Zwar ist durch den Relativsatz nach V. 11aα ein gewisser Einschnitt angezeigt, aber gerade wenn der Vers bereits im Grundbestand mit Blick auf V. 14 nachgetragen sein sollte, läßt sich eine nochmalige Ausdifferenzierung kaum erklären.
[387] So auch Dahmen 1996, 384.
[388] So Merendino 1969, 135 mit Verweis auf Lev 23.
[389] Ähnlich Dahmen 1996, 384 f. Mit späteren priester(schrift)lich beeinflußten Bearbeitungen ist allerdings (gegen Gertz 1996) zu rechnen.
[390] Dtn 12,18; 14,27; 26,11.
[391] Dtn 14,29; 26,12 f.

## 2.2.4 Dtn 17,8 – 13

### a) Eine Frage der Expertise

Auch der Abschnitt Dtn 17,8 – 13* wird, und zwar üblicherweise in Fortsetzung von Dtn 16,18 – 20*, zum Grundbestand eines Urdeuteronomiums gerechnet.[392] Dabei ist es unerheblich, ob man der seit Julius Wellhausen gern vertretenen Textumstellung von 16,21 – 17,7 nach Dtn 13 folgt[393] – was sich m. E. jedoch schwer rechtfertigen läßt, weil als Grund der Umstellung nur ein „böse[r] Unstern" oder „ein Missgeschick" verbleibt –,[394] oder ob man die Verse für nachgetragen hält.[395]

Der Anschluß des „Richtergesetzes" nach vorn ist jedoch noch etwas genauer zu bestimmen. Bereits bei Carl Steuernagel findet sich der knappe Hinweis, daß Dtn 16,19 f. als Nachträge anzusehen seien.[396] Einigermaßen unstrittig dürfte diese Einschätzung für V. 20 sein. Daß der Vers eine *Bedingung* für die Landgabe formuliert, erweist den Abstand zur deuteronomischen Grundschicht. Weniger einfach ist die Beurteilung von V. 19. Die literarische Abhängigkeit von Ex 23,6.8 ist offensichtlich, auch die Auswahl der Bezugnahmen erklärbar.[397] Zwar ergibt sich darüber hinaus eine wörtliche Parallele zu Dtn 1,17 (לא תכירו פנים), aber insofern es sich dabei um eine geprägte Wendung handelt,[398] lassen sich daraus keine literarischen Abhängigkeiten konstruieren.[399] Auch die Ersetzung von פקחים (Ex 23,8) durch עיני חכמים (Dtn 16,19) kann recht einfach durch veränderten Sprachgebrauch erklärt werden und bedarf nicht des Hintergrundes von Dtn 1,13.15, zumal bei einem so seltenen Adjektiv wie פקח.[400] Immerhin möglich wäre auch, daß in späterer Zeit harmonisierende Bearbeitungen Dtn 16,18.19 an 1,13 – 17 angeglichen haben, zum Nachweis einer späteren Zufügung von V. 19 *in Abhängigkeit von Dtn 1* genügen die Beobachtungen m. E. nicht.[401]

Schwerer wiegt das Argument, daß man nach der Einsetzung von Richtern in V. 18 den folgenden „Richterspiegel" als an diese gerichtet erwarten dürfte, statt dessen ist weiterhin eine 2.

---

**392** Den – weitgehend unstrittigen – Minimalkonsens erfaßt Kratz 2000a, 122.

**393** Vgl. etwa Wellhausen ³1899, 192.357 oder Bertholet 1899, 41 f.

**394** Bertholet 1899, 42. Vgl. auch Hölscher 1922, 197 mit Bezug auf 16,21 – 17,1: „solche Heilmittel sind willkürlich." Dagegen ist 17,2 – 7* nach Hölscher dem Urdeuteronomium zuzurechnen, freilich in einem ausgedünnten Bestand.

**395** Vgl. Rüterswörden 1987, 32 – 38 und Gertz 1994, 42 – 59; bei letzterem auch die Argumente gegen Levinson und Otto, die für Ursprünglichkeit des Abschnittes plädieren.

**396** Vgl. Steuernagel ²1923, 115, Hölscher 1922, 197; ähnlich Horst 1930, 103 f. und Kratz 2000a, 126 f. Ausführlich, aber ohne Erwähnung der Vorläufer, noch einmal die Diskussion bei Gertz 1994, 36 – 41.

**397** Vgl. Gertz 1994, 37; anders Rüterswörden 1987, 22.

**398** Vgl. Prov 24,23; 28,21; Sir 38,10.

**399** Anders Gertz 1994, 38 ff.

**400** Sonst nur Ex 4,11, worauf Gertz 1994, 38 auch hinweist.

**401** Vgl. auch die Diskussion bei Otto 1999a, 238 – 249 mit Zurückweisung Gertz' These einer Abhängigkeit von Dtn 1,15 – 17.

Person Sg. angesprochen.[402] Unabhängig davon, daß diese mögliche Diskrepanz nicht durch die Feststellung des Nachtragscharakters von V. 19 erklärt wird, gälte das gleiche dann ab Dtn 17,8. Auch dort wird eine 2. Person Sg. angesprochen, wobei man doch annehmen müßte, daß das zu verhandelnde Problem – wie auch V. 19 – nur noch eine Angelegenheit der eingesetzten שפטים ושטרים sei.[403] Die vermutete Inkohärenz liegt womöglich doch eher im Auge des neuzeitlichen Betrachters. Obwohl die Rechtspflege in Dtn 16,18 professionalisiert wird, bleibt sie in der Logik des Deuteronomiums ethischer Imperativ für ganz Israel, der in der Einsetzung von Richtern eine Entsprechung findet, aber nicht seine einzige Bestimmung![404] Insofern sehe ich keinen ausreichenden Grund, Dtn 16,19 der Grundschicht abzusprechen.

Kleinere Ergänzungen, die sich schließlich in V. 18 oder V. 19 noch finden mögen, verändern das Gesamtbild jedoch nicht wesentlich.[405]

In jedem Falle setzt Dtn 17,8 zwanglos die Rede von 16,19 fort. Es wird nun geklärt, wie zu verfahren ist, „wenn dir eine Rechtssache zu wunderbar ist" (כי יפלא ממך דבר למשפט). Mit der Wendung „in deinen Toren" (בשעריך) wird auf Dtn 16,18 zurückverwiesen. Daraus ergibt sich, daß Fragen angesprochen sind, welche die Kompetenz der einzelnen Ortsgerichte überschreiten. Die möglichen Fälle werden in einer Dreierreihe mit den Begriffen דם, דין, und נגע kategorisiert.[406] Besagte Reihe wird gerne als Zusatz ausgeschieden,[407] aber was ist damit gewonnen? Wenn die Argumente „Unsachgemäßheit" und „Unvollständigkeit" lauten,[408] so fragt man sich, warum die Worte überhaupt Eingang nach Dtn 17 gefunden haben sollten. Vollständigkeit im Sinne einer nach neuzeitlichen Kriterien ausgefeilten Rechtssystematik wird man in einem biblischen Text ohnehin nicht erwarten dürfen,[409] und die Sachgemäßheit sagt nichts über literarische Schichtungen aus. Mit solchen Beurteilungen sollte man im übrigen nicht nur angesichts der Interpretati-

---

**402** Gertz 1994, 39.

**403** Diese argumentative Inkonsequenz verschleiert Gertz, wenn er bezüglich der in Dtn 17,8 angesprochenen Größe von „eine[r] bestimmte[n] Instanz" spricht (Gertz 1994, 59).

**404** Ähnlich Reuter 1993, 176.

**405** Die möglichen Argumente bei Reuter 1993, 175 f. und Gertz 1994, 33 – 36.

**406** In LXX ist die Reihung mit καὶ ἀνὰ μέσον ἀντιλογία ἀντιλογίας um ein viertes Glied erweitert, das etwa hebräischem ובין ריב לריב entspräche, wohingegen das folgende דברי ריבת mit ῥήματα κρίσεως wiedergegeben wird, was auf ursprüngliches דברי משפט verweisen dürfte.

**407** Vgl. Horst 1930, 105 f. (bis ריבת); Merendino 1969, 175 f.; vorsichtiger dagegen Rüterswörden 1987, 45; zur älteren Literatur vgl. auch Dahmen 1996, 208 f.

**408** So Gertz 1994, 62. Die von ihm (letztlich im Anschluß an Horst 1930) rekonstruierte Grundschicht des Verses (Gertz 1994, 71) ist m. E. auch syntaktisch problematisch. Sie zerreißt den zusammengehörigen Ausdruck דברי ריבת בשעריך, womit das letzte Wort nun in der Luft hängt.

**409** Wenn LXX als viertes Element ἀντιλογία ergänzt (s. o.), so könnte man darin natürlich den Versuch einer Vervollständigung bzw. Systematisierung sehen. Möglicherweise handelt es sich dabei aber auch nur um eine stilistische Variation. Statt einer Dreierreihe liegen nun zwei parallele Glieder vor. Zur Parallelisierung von ריב und נגע bzw. ἀντιλογία und ἁφή vgl. ansonsten Dtn 21,5.

onsschwierigkeiten, mit denen die genannten Begriffe noch immer behaftet sind, zurückhaltend sein. Dem biblischen *Autor oder Redaktor* jedenfalls muß die Begriffsreihe sachgemäß erschienen sein.

Einigermaßen unstrittig ist wahrscheinlich der Terminus דם, mit welchem „Blutschuld" bezeichnet wird. Das zweite Glied, דין, taucht neben Fällen, in denen es parallel zu משפט steht und eher unspezifisch gebraucht wird,[410] häufig im Kontext der Rede vom Recht der Armen und Bedrückten auf.[411] Im Vergleich zu dem häufig und universaler gebrauchten משפט eignet es sich jedenfalls besser, einen konkret abgrenzbaren Rechtsbereich zu umschreiben, der mit „Fälle …, wo die Rechtsansprüche der Parteien einander gegenüberstehen, z.B. bei Eigentumsstreitigkeiten"[412] eine durchaus befriedigende Deutung erhält. Der entscheidende Unterschied zu דם wäre jedenfalls, daß es sich nicht um Kapitalverbrechen handelt, modern gesprochen also דין das Zivilrecht umgrenzt.

Schließlich bleibt als dritter Ausdruck נגע, was (a) sakral-medizinischer Fachausdruck ist,[413] (b) eine von Gott geschickte Plage bezeichnet,[414] oder (c) mit Blick auf Dtn 17,8 und 21,5 als „Körperverletzung" verstanden wird.[415] Letztere Deutung bestreitet Jan Christian Gertz m.E. mit Recht.[416] Dtn 21,5 ist mit Sicherheit ein von 17,8 ff. abhängiger Nachtrag, und 17,8 allein gibt keinen näheren Aufschluß über den semantischen Gehalt des Wortes. Zudem taucht der Begriff in Texten, in denen sachlich von Körperverletzung die Rede ist, gerade nicht auf.[417] Eine Engführung des „sakral-medizinischen Fachausdruckes" נגע allein auf „Aussatz" ist jedoch ebenfalls wenig glücklich,[418] da der entsprechende Terminus hierfür נגע צרעת ist. Daß nach Lev 13 f. „die Bewertung von Aussatz *ausschließlich* den Priestern zustehe",[419] besagt freilich andererseits nichts über vor- bzw. nichtpriesterschriftliche Vorstellungen, kann also nicht als grundsätzliches Argument gegen eine sakral-medizinische Konnotation des Begriffs נגע auch im deuteronomischen Kontext angebracht werden.

Schwierig an Gertz' Auslegung ist aber v.a., daß er mit seiner zu engen Begriffsbestimmung die in Dtn 17,8 (und 21,5!) augenscheinlich intendierte rechtliche Komponente ausblendet.[420] Er übersieht dabei, daß נגע gegebenenfalls auch Häuser oder andere Gegenstände befallen kann, d.h. der im engeren Sinne „medizinische" Rahmen ohnehin verlassen ist und Fragen angesprochen werden, die auch konkrete „juristische" Folgen beschreiben. Ich bin geneigt, hier als Mittelweg unter dem Terminus etwas wie die medizinale Aufsicht, die Eindämmung und Bekämpfung von

---

**410** Hi 36,17; Ps 9,5; 140,13; Jes 10,2.

**411** Ps 140,13; Prov 29,7; 31,5.8; Jes 10,2; Jer 5,28; 22,16; vgl. auch Ps 68,6.

**412** Steuernagel ²1923, 177; verkürzt wiedergegeben bei Gertz 1994, 60, weswegen sein Einwand hinfällig ist.

**413** V.a. Lev 13 f.; vgl. dazu demnächst ausführlich die Lunder Dissertation von Linnéa Gradén.

**414** Gen 12,17; Ex 11,1; Ps 39,11.

**415** Vgl. Schwienhorst 1986, 224–226.

**416** Vgl. Gertz 1994, 60–62.

**417** Z.B. Ex 21,18 f.26 f. Daß statt dessen II Sam 7,14 oder Prov 6,33 die Beweislast für die Bedeutung „Körperverletzung" tragen könnten, will in der Tat nicht recht einleuchten.

**418** So im Ergebnis Gertz 1994, 62 und vgl. die Kritik daran bei Dahmen 1996, 208 Anm. 27.

**419** Vgl. Dahmen 1996, 208 Anm. 27 (Kursivierung im Original).

**420** Vgl. Gertz 1994, 61 f.

„Plagen", d. h. Seuchen, oder dergleichen zu verstehen. Dieser Bereich hat jedenfalls an lokalen Heiligtümern seinen angestammten Ort, verliert denselben aber aufgrund seiner Verbindung mit der kultischen Sphäre[421] im Zuge einer Zentralisierung.

Die verbleibende Unsicherheit im Hinblick auf eine genaue Begriffsbestimmung ist umso bedauerlicher, als hieran eine erste Einschätzung der Aufgaben des Zentralgerichtes hängt, d. h. bereits mit der Beurteilung von V. 8 wird eine entscheidende Weichenstellung für die weitere Analyse des Textes getätigt. Die erste Frage scheint mir zu sein, ob bei Rechtsfragen aus den genannten Bereichen immer das Zentralgericht anzurufen ist, oder einfach jene Bereiche genannt sind, aus welchen derlei Fälle auftreten *können*. Im Lichte von Dtn 19,1–13[422] ist wohl die letztgenannte Möglichkeit vorzuziehen, da über Mord lokal verhandelt und offenbar auch lokal die Todesstrafe verhängt werden konnte. Demnach wäre bezüglich דם nur in bestimmten Fällen die zentrale Autorität gefordert. Bezüglich נגע hingegen ist die kultische Sphäre involviert und damit von vornherein – jedenfalls nach einer Zentralisation des Kultes! – eine lokale Zuständigkeit ausgeschlossen, hier wäre also erstere Deutung vorzuziehen.[423] Besonders im Hinblick auf ריב gibt V. 8 jedenfalls keine Auskunft darüber, ob eine Sache grundsätzlich oder nur im speziellen Falle „zu wunderbar" für die lokalen Gerichte ist. Zu bedenken wäre weiterhin die Möglichkeit, daß bestimmte Rechtsbereiche generell nicht an die Zentrale weitergeleitet wurden und darum in dieser Begriffsliste nicht auftauchen. Auch von daher ist womöglich eine systematisierende „Vollständigkeit" gar nicht zu erwarten.

Es schließt sich allerdings die Frage an, worin sich erhöhte die Kompetenz des Zentralgerichts ausdrückt, und wie die Funktionsweise desselben vorzustellen ist. Die Antwort auf diese Frage wiederum steht im Hintergrund, wenn das eigentlich literarkritische Problem möglicher Zufügungen in den Vv. 9 und 12 verhandelt wird: Ist die Doppelung von einem Kollegium levitischer Priester und einem

---

421 Die Involvierung des Kultischen ist etwa für Rofé 2001, 99 f., der Grund, dieses dritte Glied der Reihung als Zusatz anzusehen, der im Zusammenhang mit weiteren, priesterlichen Überarbeitungen in diesem Abschnitt stehe. Zur Problematik einer solchen Entscheidung vgl. die vorangehenden Bemerkungen.

422 Und weiterer Texte wie 17,2–7 etc., die allerdings nicht Teil eines Urdeuteronomiums gewesen sind.

423 Insofern etwas mißverständlich Reuter 1993, 177: „Dabei handelt es sich um Fragestellungen, die sonst durchaus von den Ortsgerichten entschieden werden, also nicht speziell um kultische Inhalte." Vgl. jedoch auf derselben Seite: „Diese Funktion priesterlicher Gerichtsbarkeit [...] wird von den Lokalheiligtümern auf das Zentralgericht übertragen, das damit Fälle entscheidet, die zuvor auf kultisch-rituellem Weg gelöst wurden."

Richter (V. 9)[424] bzw. die Alternative von Priester oder Richter (V. 12) sachlich berechtigt, oder muß man mit späteren Ergänzungen rechnen?[425]

Um es vorwegzunehmen: Klare Signale für literarische Brüche an der Textoberfläche der betreffenden Verse gibt es m. E. nicht.[426] Es gibt aber zum einen sachliche Verschiebungen innerhalb des Abschnittes, die auf Fortschreibungen hindeuten, zum anderen muß sich das literarkritische Ergebnis auch zu den grundsätzlichen Überlegungen zur Arbeitsweise des Zentralgerichtes fügen. Am naheliegendsten ist es, dessen besondere Qualität in der Beteiligung von Priestern am Verfahren zu sehen, weil es ja gerade die Möglichkeiten kultischer Hilfestellung im Prozeß oder für die Entscheidungsfindung sind, die den Ortsgerichten vor dem Hintergrund einer Kultzentralisation nun nicht mehr zur Verfügung stehen.[427] Konsequenterweise wäre darum in solchen Fällen der Weg zur neu etablierten Zentralinstanz gewiesen (וקמת ועלית, V. 8b).[428]

Diese Schlußfolgerung läßt zunächst noch offen, ob die beteiligten levitischen Priester lediglich „Rechtshilfeinstanz" sind, oder ob das Verfahren *in toto* zu einem kultischen Prozeß würde. Gegen die zweite Möglichkeit spricht meines Erachtens die organisatorische Überlegung, daß damit das Zentralgericht generell als ein kultisches Obergericht zu verstehen wäre, jedoch kein Obergericht in „zivilen" Fragen bestanden hätte. Alle Bemerkungen zu Tempelgerichten in Herbert Niehrs Untersuchung zur „Geschichte der Gerichtsorganisation im Alten Testament" sprechen im Grunde gegen die Anwesenheit oder Bedeutung solcher Tempelgerichte im syrisch-kanaanäischen Raum.[429] Auch sehe ich nicht, worin ein solcher

---

**424** Ein interessanter Nebengedanke ist es, den „Richter, der in jenen Tagen sein wird", mit der historiographischen Konzeption des Richterbuches bzw. einer Richterzeit zu verbinden, vgl. Bultmann 1992, 152 Anm. 115. Zu beachten sind aber die konzeptionellen Unterschiede und v. a. der Gedanke der Kultzentralisation, dem hier die Zentralisation des Gerichtswesens folgt. Gerade dieser Punkt spielt aber für das Richterbuch keine Rolle.

**425** Vgl. die Übersicht über die Positionen bei Dahmen 1996, 216 – 221. Weinfeld 1972, 235 f. verlegt die Ursache der Doppelungen auch in Vv. 10 f. in die Vorgeschichte des Textes. Das ist m. E. aus methodischen Gründen nicht überzeugend.

**426** Die textkritische Variante des Codex Vaticanus in V. 9 dürfte eher auf einen Überlieferungsfehler zurückzuführen sein.

**427** Vgl. Niehr 1987, 89 f.100 und Gertz 1994, 64 f.

**428** So überzeugend Dahmen 1996, 213 – 215 in Diskussion der Frage, wo der Beginn der Apodosis zu sehen ist. Mit der von Rüterswörden 1987, 46 erwogenen Alternative V. 10b handelte es sich bei dem Gesetz lediglich um eine Ermahnung zum Gesetzesgehorsam. Aber für diese etwas dürftige Apodosis umrisse die Protasis Vv. 8 f. eine ganze Reihe völlig anders gelagerter Probleme. Zur Kritik an Rüterswörden vgl. auch Seidl 2006, 132 f. Anm. 44.

**429** Niehr 1987. Gerade in Dtn 17,8 – 13* sieht Niehr allerdings die priesterliche Gerichtsbarkeit verankert und hält jeweils den „Richter" für nachgetragen. Das steht m. E. jedoch nicht nur

Übergang von einer Rechtssphäre in die andere angezeigt oder legitimiert wäre. Die Verwendung des Verbs דרשׁ beweist das gerade nicht: Sollte es in einem kultischen Sinne zu verstehen sein, dann müßten statt der jetzt angesprochenen 2. Person Sg. einzig die dazu legitimierten levitischen Priester Subjekt des Verbs sein.[430] Diese sind aber Adressat der Befragung, welcher, wäre tatsächlich eine kultische Befragung intendiert, doch wohl Gott sein sollte![431] Auch die Frage nach der – im strengen Wortsinn – Lokalisierung des Gerichtes hilft zur Klärung nicht weiter: „Der Ort, den JHWH erwählen wird" könnte zunächst die Ortschaft als solche, nicht speziell den Tempel bezeichnen.[432] Streng genommen wäre damit nicht einmal die Ansiedlung des Zentralgerichtes am Tempel gesichert.

Zieht man die Konsequenz aus den bisherigen Überlegungen, würde die Verlegung einer Rechtssache an die zentrale Instanz also nicht bedeuten, „daß das Rechtsverfahren selbst damit in einen anderen Bereich hineinkäme und zum kultischen Verfahren würde. Die Priester sind in diesem Fall Rechtshilfeinstanz der Ortsgerichtsbarkeit."[433] In diesem Sinne läßt sich auch das Nebeneinander von levitischen Priestern und Richter in V. 9 sinnvoll erklären. Die Priester sind die am Zentralgericht hinzuzuziehenden Experten oder „Gutachter" – man beachte auch, daß von שׁטרים am Zentralgericht offenbar keine Rede ist! –, der Rechtsentscheid aber wird weiterhin durch einen Richter gefällt.[434] Zu einer literarkritischen Auflösung der Doppelung besteht jedenfalls keine Notwendigkeit, zumal sich die

---

seinen generellen Beobachtungen entgegen, sondern auch dem erst für spätere Zeit konstatierten „Eindringen der Priesterschaft in die weltliche Gerichtsbarkeit" (ebd. 112–114).

**430** So lesen auch Samaritanus und LXX, was sich jedoch als Angleichung an den Plural des Folgeverbs erklären läßt. Die Entstehung der Singularlesart des masoretischen Textes hingegen wäre schwieriger zu erklären.

**431** Mit anderer Begründung kommt Wells 2008, 222ff. zum gleichen Ergebnis. Schwer verständlich ist an dieser Stelle Dahmen 1996, 221f., der im Widerspruch zu seinen eigenen Beobachtungen argumentiert, wenn er das Verb in kultischem Sinne verstehen möchte und damit für die These einer Überführung des Prozesses in den kultischen Bereich plädiert.

**432** Anders Reuter 1993, 179 und Gertz 1994, 65.

**433** Boecker ²1984, 28, ähnlich 40, aufgenommen von Dahmen 1996, 212; dort auch weitere Literatur. Problematisch bei Boecker ist freilich der Nachsatz „... in deren Kompetenz das Verfahren nach wie vor bleibt." Die *Kompetenz* liegt doch wohl beim Zentralgericht, denn sonst bedürfte es keines Richters dort, und ebenso sind die (levitischen) Priester als Rechtshilfeinstanz an den Tempel gebunden.

**434** Ähnliches gilt etwa im altbabylonischen Prozeßrecht offenbar selbst dann, wenn der Prozeß – aus praktischen Gründen – am Tempel stattfindet, insofern trifft die Rede von „Tempelgerichtsbarkeit" nicht ganz den Sachverhalt, vgl. Otto 1998, 270: „Die Urkunde CT 48 1:10b–16 [...] läßt keinen Zweifel daran, daß die Rechtsprechung im Tempel von profanen Richtern der Stadt ausgeübt werden konnte, *der Tempel also nicht Gerichtsbefugnis hatte*, sondern lediglich als Gerichtsort diente." (Hervorhebung H.S.).

Erklärung des jeweiligen Nachtrages als schwierig erweisen dürfte. Eine „Tendenz […] im Anschluß an 16,18 den oder die Richter in eine ältere Form der Ältesten- und priesterlichen Gerichtsbarkeit einzusetzen und dort zu etablieren",[435] sehe ich nicht, jedenfalls nicht im Hinblick auf das literarhistorisch greifbare Textwachstum. Weder in Dtn 19,17 f. noch in 21,2 oder 25,2 ist die literarkritische Herauslösung der Richter überzeugend. Ohne die Erwähnung eines Richters in 17,9 müßte man sich vielmehr fragen, ob der Bezug zur Einsetzung von Richtern und Listenführern in 16,18 nicht völlig aufgelöst wäre. Sollte es eine solche Tendenz der Aufwertung von Richtern oder überhaupt erst deren Einführung in Rechtsbereiche, die traditionell der Ältestengerichtsbarkeit zustanden, geben,[436] so muß sie im Deuteronomium von 16,18 ausgehend von Beginn an enthalten gewesen sein.[437] Die Tendenz der literarischen Entwicklung im Deuteronomium und darüber hinaus schlägt vielmehr, wie noch zu zeigen ist, einen anderen Weg ein, nämlich den einer generellen Aufwertung der Priester.

Doch zurück zu Fragen der Literarkritik: Diskutiert wird zusätzlich noch die Möglichkeit, daß in V. 9 lediglich das Attribut „levitisch" zu Priester ein Nachtrag sei, wobei mit Recht eingeräumt wird, daß „an dieser Stelle nicht mehr textimmanent literarkritisch argumentiert werden kann".[438] Auch wenn Dtn 17,9 möglicherweise der einzige Beleg im Urdeuteronomium für eine Nennung levitischer Priester sein sollte,[439] reichen die Argumente für eine „tendenzkritische" Ausscheidung des Attributs m. E. nicht aus. Im Gegenteil: Daß das Deuteronomium sonst nur „den Priester" kenne, hängt an der literarkritischen Einschätzung der Verse Dtn 17,12; 18,3; 19,17.[440] In allen drei Fällen gehört allerdings gerade „der

---

435 Dahmen 1996, 220.

436 So z. B. Rofé 2001, 95 ff., der die Frage allerdings traditionsgeschichtlich erklärt. Hier zeige sich eine ältere, vordeuteronomische Schicht, die nur eine Ältestengerichtsbarkeit kenne.

437 Vgl. die an sich überzeugende Interpretation der Funktionen des Richters in Dtn 16,18; 25,1–3; 21,1–9 und 19,16–21 bei Niehr 1987, 94–99, die Bestand hat, auch wenn man den literarkritischen Schlüssen nicht folgt. Der von Niehr dargestellte Zusammenhang zu einer Reform Josias, auf welche die Einsetzung von Richtern zurückzuführen sei, steht überdies auf wackeligen Füßen, wenn die Zufügung von Richtern in die Deuteronomiumstexte erst in exilischer Zeit erfolgt sein sollte (so aber Niehr 1987, 102).

438 Dahmen 1996, 216. Die Idee eines hier vorliegenden Nachtrages geht mindestens auf Merendino 1969, 176 f.187 zurück, gefolgt u. a. von Rüterswörden 1987, 46 f. und Reuter 1993, 178. Merendino geht jedoch weitgehend thetisch, nicht argumentativ vor.

439 So Dahmen 1996, 216 f.

440 Vgl. Dahmen 1996, 216 f. Auf Dtn 20,2 geht Dahmen an dieser Stelle nicht ein. Der den Priester betreffende Abschnitt Vv. 2–4 im Kriegsgesetz gilt jedoch nahezu einhellig als Nachtrag, so auch Dahmen 1996, 347–352. „[D]aß es sich nur um einen *levitischen* Priester handeln kann" (Dahmen 1996, 348, Hervorhebung im Original) ist, eine späte Abfassungszeit vorausgesetzt, zwar sicher richtig, gleichwohl verschleiert diese Bemerkung das Fehlen der sonst auftretenden

Priester" nicht zum Grundbestand des Verses bzw. der Vers als ganzer nicht zu einem Urdeuteronomium.[441] Auch „daß die Bezeichnung der Priester als Leviten gut zu weiteren Nachträgen in 17,8–13 paßt",[442] beweist wenig, da sich die Nachträge genau hieran angehängt haben könnten. Eine „Levitisierung der Priester"[443] läßt sich nirgends greifen, vielmehr sind Leviten und Priester (ur)deuteronomisch nicht kategorial voneinander unterschieden. Die in den spätesten Fortschreibungen zu beobachtende Einführung von Priestern könnte mit größerem Recht als „Hierokratisierung" des deuteronomischen Levitentums bezeichnet werden. Möglich wäre darum umgekehrt auch die m.W. bisher nirgends erwogene Variante, daß „die Priester" nachgetragen sind. Nur besteht dafür ebenfalls kein textimmanenter Grund, insofern ist hier argumentativ die Grenze zur Willkür erreicht. Kurzum, zu einem literarkritischen Eingriff in V. 9 sehe ich keinen hinreichenden Grund.

## b) Eine Frage der Entscheidung

Diese Auffassung von V. 9 hat entsprechende Auswirkungen auf V. 12. Den Richter kennen wir bereits aus V. 9, nicht jedoch den – wodurch qualifizierten? – einzelnen Priester im Unterschied zu den *levitischen* Priestern. Auffällig ist hier zudem die Alternative „Priester *oder* Richter".[444] Wenn in V. 12 an zwei verschiedene Instanzen oder Gerichte gedacht bzw. nicht klar wäre, ob nun ein Priester oder ein Richter das Urteil zu sprechen hätte, würde dies den Gedanken einer Zentralisation unterlaufen. Nun stünde, nach der bisher verfolgten Interpretation des Abschnittes, die Entscheidung einer Rechtssache dem Richter zu. Welcher Raum bliebe da noch für die Beteiligung eines Priesters?

Für die Zusammenarbeit zwischen Gerichtsstätte und Tempel, d. h. zwischen Richtern und Priestern, wird gelegentlich auf neusumerische Gerichtsurkunden

---

expliziten Nennnung levitischer Identität. Für die These einer relativ jungen „Levitisierung" des Priestertums im Dtn (siehe i.f.) spricht Dtn 20,2 jedenfalls nicht.
**441** Zu Dtn 17,12 und 19,17 siehe i. f.; zu 18,3 s.u. S. 115 ff.; zu 20,2–4 s. die vorherige Anmerkung.
**442** Gertz 1994, 67–69. Zur durchaus nicht eindeutigen Verbindung von לוי und ירה s.o. S. 79 f.
**443** Dahmen 1996, 217, zumindest terminologisch aufgenommen von Achenbach 1999 und Otto 1999b; Begriff und Gedanke finden sich freilich schon bei Gunneweg 1965, 134: „Was mit polemisch angemeldeten Ansprüchen auf das Priestertum anfing, endet mit einer theoretischen Levitisierung der Priester."
**444** Anders jedoch einige Handschriften des Samaritanus und die Vulgata, die wie in V. 9 „und" lesen. Das ist jedoch ebenso eine Harmonisierung, wie umgekehrt die Variante „oder" einiger Handschriften und der Tempelrolle (11Q19/11QTᵃ) Kol. 56 in V. 9 eine Angleichung an V. 12 darstellt. In V. 12 liest die Tempelrolle jedoch mit dem masoretischen Text.

als Parallelen verwiesen.[445] Räumlich und zeitlich näherliegende Bezugspunkte wären ohnehin überzeugender,[446] aber auch in den neusumerischen Urkunden ist die klare institutionelle Differenzierung zu beachten: „Das neusumerische Gerichtsverfahren unterscheidet demnach sehr genau zwischen dem prozeßentscheidenden assertorischen Eid im Tempel und der gerichtlichen Festlegung der Rechtsfolgen."[447] Wenn aber die levitischen Priester gemäß V. 9 lediglich als Experten auftreten, dienen ihre Ausführungen der Entscheidungsfindung des Richters, nicht aber der Urteilsverkündung an die Streitparteien. Es ist also allein Sache des Richters, die Priester zu hören.

Die konsequente Schlußfolgerung aus dieser Annahme ist daher, daß nicht der „nachklappende" Richter eine Zufügung in V. 12 ist, sondern der samt ausführlicher und auf Dtn 18,5[448] verweisender Apposition vorangestellte Priester.[449] Die Tendenz der deuteronomischen Fortschreibungen – auch wenn sie sich hier zunächst nur in einer kleinen Ergänzung zeigt –, besteht also nicht in der Eta-

---

**445** Vgl. etwa Gertz 1994, 66 f.; daneben v. a. Otto 1998 und 1999a, 259 f. zum altbabylonischen Prozeßrecht. Der „Beweiseid", sollte er denn tatsächlich der prozeßentscheidende Akt sein, wäre natürlich der göttlichen Sphäre zuzurechnen, aber auch er würde nach Otto von den „weltlichen" Richtern formuliert. Von einem „lückenlosen Ineinandergreifen weltlicher und kultischer Instanzen" kann also nicht die Rede, v. a. nicht mit Blick auf Dtn 17.

**446** Die Rolle der Richter in neuassyrischer Zeit arbeitet nach Vorläufern Radner 2005 auf. Die Situation ist dadurch etwas komplexer, daß es, anders als in Babylon, weder professionelle Richter noch ein entsprechendes Gerichtsgebäude gab. Vielmehr konnte die Funktion eines Richters von verschiedenen Beamten wahrgenommen werden, auch etwa von einem šangû: „These attestations illustrate well that the translation of the title šangû as „priest" is too narrow; next to his ritual duties, this functionary who, like all other officials, was appointed by the king, had to see to the administration of the temple and its domain, and this could result in the assumption of the duties of a judge." (Radner 2005, 59). Daneben sind auch Fälle dokumentiert, in denen Gottheiten als Richter auftreten. Wie sich diese Fälle „göttlicher" Gerichtsbarkeit zur normalen „säkularen" Gerichtsbarkeit verhalten, ist zwar nicht in allen Details deutlich, aber: „The cases in which gods assume judicial duties have to be strictly distinguished from those lawsuits which were tried by temple functionaries [...]; when imposing judgment, the šangû acted in his role as an administrative official, not as a representative of the god." (Radner 2005, 61).

**447** Gertz 1994, 66 f. Damit ist m. E. der entscheidende Unterschied der neusumerischen Praxis sowohl zur von Gertz angenommenen Deutung von Dtn 17,8 – 13* als auch zur oben vertretenen Position benannt.

**448** Auch dieser Vers gehört nicht zur dtn Grundschicht, s.u. Kapitel 2.2.6.

**449** So auch, jedoch ohne stichhaltige Begründung, Merendino 1969, 177, bei dem zugleich die Vv. 12 f. insgesamt jünger als die Vv. 8 – 11* angesetzt werden; zu letzterem siehe i. f.

blierung von Richtern in ihnen ursprünglich fremden Kontexten, sondern in der Eintragung priesterlichen Anspruches auf die Gerichtsbarkeit.[450]

Diese Tendenz findet eine indirekte Bestätigung durch Dtn 19,15 – 21. Der Abschnitt behandelt die Regelung im Umgang mit falschen Zeugen. Auch hier gibt es ein Nebeneinander von Priestern und Richtern (V. 17), während ab V. 18 lediglich die Richter mit den Nachforschungen betraut sind. Der gesamte Abschnitt läßt zahlreiche Bezüge v. a. zu Dtn 17 erkennen: So nimmt V. 15b die Regelung aus Dtn 17,6 auf, Vv. 17b.18 beziehen sich auf 17,9. Die בערת-Formel findet sich natürlich häufiger, aber eben auch in Dtn 17,(7.)12; schließlich hat V. 20 eine Parallele in Dtn 17,13. Erst V. 21 schlägt eine Brücke zu Ex 21,23 f. und verläßt damit den Bereich des Deuteronomiums. Die Bezüge auf Dtn 17 sind jedenfalls eng genug, um literarische Bezugnahmen bzw. Abhängigkeiten anzunehmen.

Bevor diese genauer zu bestimmt werden, ist nach möglichen literarkritischen Brüchen innerhalb von Dtn 19 zu fragen. Abgesehen von V. 17 drängen sich diese an keiner Stelle auf. Insbesondere scheint mir ein Herauslösen der Vv. 17b.18a wenig plausibel, wonach der Zeuge auf wundersame Weise und ohne jede Nachforschung als Falschzeuge befunden werden würde.[451] Es bleibt also als wesentliches Problem lediglich die Doppelung des adverbialen לפני (V. 17). Dies ließe sich synchron so auflösen, daß לפני יהוה auf הריב bezogen wäre, das zweite לפני hingegen auf ועמדו. Eine solche Lösung ist immerhin möglich, wenngleich nicht gänzlich überzeugend.[452] Als Alternativ böte sich – wie auch meist versucht wird – eine literarkritische Lösung an. Wegen V. 18a kann jedoch auf die Richter nicht verzichtet werden, so daß לפני יהוה in V. 17a nachgetragen sein müßte. Es bliebe dann immer noch die Frage, warum in V. 18 nicht auch von den Priestern die Rede ist. Das führt zu der Vermutung, die Priester für zugesetzt zu halten.[453] Zwingend ist das nicht, wenn man etwa die konkrete Arbeit des „Nachforschens" allein als Aufgabe der Richter ansähe, was die Priester gleichwohl nicht grundsätzlich von der Verantwortung für den Prozeß und die Entscheidungsfindung ausschlösse. Übt man hier literarkritische Zurückhaltung, müßte man lediglich לפני יהוה als erläuternde Glosse ansehen, welche den Ort des Geschehens der Verhandlung „vor den Priestern und den Richtern" explizieren würde: Diese findet natürlich am „erwählten Ort", d. h. in judäischer Lesart am Jerusalemer Tempel, statt.[454] Auf jeden Fall ist das Fehlen eines

---

450 S.o. Anm. 437. Ohne literarkritische Differenzierung in Dtn 17,8 – 13 kommt Phillips 1970, 21 ff. zu einem ähnlichen Ergebnis für das Deuteronomium insgesamt im Vergleich mit älteren Regelungen zur Gerichtsbarkeit.

451 So aber Dahmen 1996, 243. Zur Konstruktion von דרש + היטב + והנה vgl. noch Dtn 13,15; 17,4.

452 Zu beachten ist auch noch die in einzelnen Handschriften der masoretischen Tradition und des Samaritanus sowie in LXX und Peschitta belegte Variante, die das zweite לפני bzw. ἔναντι mit „und" anschließen läßt, wodurch JHWH, Priester und Richter grundsätzlich gleichgeordnet wären. Das mag syntaktische eine Glättung sein, ergibt jedoch keinen Sinn.

453 Vgl. Steuernagel [2]1923, 125; weitere Vertreter dieser Position bei Dahmen 1996, 242 Anm. 236.

454 Das übersieht m. E. Otto 1999a, 257 ff., der zudem Dtn 19,15 ff. und 17,8 ff. auf derselben literarischen Ebene ansiedelt und darum im Rückschluß auch das in 17,8 ff. geschilderte Verfahren als ein kultisches deutet. Genau diese Lesart wird im Interesse des letzten Redaktors gelegen haben, aber sie ist eben erst das Endergebnis einer Entwicklung, wie eine diachrone Betrachtung deutlich macht. Richtig gesehen ist hingegen, daß eine literarkritische Auflösung der Doppelung von Priestern und Richtern in Dtn 19 nicht zwingend ist, aber diese Doppelung

expliziten Verweises auf den „erwählten Ort" kein ausreichendes Argument dafür, hier etwa vordeuteronomisches Traditionsgut anzunehmen,[455] vielmehr wird die deuteronomische Zentralisationsforderung bereits vorausgesetzt.

Das zeigt sich nicht zuletzt an der Abhängigkeit von Dtn 17. Ist der Zusammenhang der Vv. 15 – 20 bzw. 21 in Dtn 19 ursprünglich, wogegen m. E. keine stichhaltigen Gründe vorliegen, so ist auch der Konnex von Dtn 17,2 – 7 mit 17,8 – 13 bereits vorausgesetzt. Dieses Argument hat freilich nur Gewicht, wenn man der oben vertretenen Auffassung folgt, daß mit Dtn 17,2 – 7 ein späterer Nachtrag vorliege. Ein weiteres Argument für die literarische Abhängigkeit des Abschnittes Dtn 19,15 – 21 von Dtn 17 ist aber der Bezug von V. 20 auf 17,13, denn auch dieser Vers wird sich als Zusatz in Dtn 17 erweisen. Zudem findet sich in V. 19 eine Verbform der 2. Person Pl., womit ebenfalls eine Zugehörigkeit des Verses (und damit des Abschnittes) zu einem Urdeuteronomium zweifelhaft erscheint.[456] Neben diese literarkritischen Beobachtungen treten inhaltliche Verschiebungen zwischen Dtn 17 und 19. So werden die Priester in V. 18 nicht ausdrücklich als levitisch charakterisiert, was innerhalb des Dtn auffällt. Diese Charakterisierung fehlte zwar auch in Dtn 17,12, kann dort aber zumindest als durch den Kontext V. 9 vorgegeben gelten, zudem beruht die Nennung des Priesters auf einem Nachtrag. Für Dtn 19 heißt das zumindest, daß die genealogische Levitizität der Priester bereits – wie vermutlich auch schon für den Ergänzer in 17,12 – vorausgesetzt ist und darum wohl nicht mehr thematisiert werden muß. Darüber hinaus könnte ein Weglassen dieser Charakterisierung auf die Einführung einer bewußten Unterscheidung von Priestern und Leviten deuten, aber eine solche Argumentation *e silentio* bleibt naturgemäß unsicher. Weiterhin spricht Dtn 17,9 von „dem Richter, der in jenen Tagen sein wird" (אשר יהיה בימים ההם). Dtn 19,18 bringt den Relativsatz im Plural (אשר יהיו בימים ההם), so daß er sich entweder auf die Richter allein, oder, was wahrscheinlicher ist, auf Priester und Richter bezieht. Diese Umdeutung setzt m. E. ebenfalls voraus, daß Dtn 19 erst abgefaßt wurde, als „der Priester" in 17,12 bereits Eingang gefunden hatte. Gegen allzu hohes Alter des gesamten Abschnittes spricht weiterhin die Beobachtung Alexander Rofés, daß die Zeugenregelung V. 15 korrigierend, genauer: einschränkend, auf Dtn 13 reagiere.[457] Und fragt man schließlich nach den literarischen Bezügen von Dtn 19,13 zu den folgenden Kapiteln des Deuteronomiums, so zeigt sich v. a. eine enge Verbindung nach Dtn 21,1 – 9 als dem „Gegenfall". Für die Redaktionsgeschichte heißt das: „Erst durch Attraktion mittels Gedankenassoziationen und Stichwortverkettungen werden in mehreren Redaktionsschritten die übrigen Gesetze [...] zwischen Dtn 19,1 – 13 und Dtn 21,1 – 9 geschoben."[458]

Der Abschnitt Dtn 19,15 – 21 gehört somit bereits in seiner Grundschicht nicht zu einem Urdeuteronomium, was damit auch für die darin vorkommende Idee einer priesterlichen Jurisdiktion gilt. Möglicherweise sind „die Priester" ja sogar einem noch einmal späteren Nachtrag zuzurechnen – eine Entscheidung in dieser Frage bleibt schwierig –, die Richter hingegen gehören in jedem Falle zum Minimalbestand. In der Tendenz stimmt Dtn 19 daher mit dem oben dargestellten

---

erklärt sich eben nicht mit den altorientalischen Vorbildern, sondern aus dem Vorliegen des bereits fortgeschriebenen Abschnittes Dtn 17,8 – 13* bzw. seiner Reïnterpretation.

**455** Gegen Nielsen 1995, 192; Dahmen 1996, 240 f.

**456** Aber s. o. S. 30 mit Anm. 122 die einschränkenden Bemerkungen zum kleinteiligen Gebrauch dieses Kriteriums.

**457** Rofé 1988a, 69. Zugestandenermaßen gehört V. 15 nach Rofé allerdings einer eigenen „juridischen" bzw. „forensischen" Bearbeitungsschicht (רובד משפטי) an, die die älteren Bestandteile in Dtn 19,16 – 21 ergänzt.

**458** J. Dietrich 2010, 338 f. Anm. 29.

Bild der literarischen Entwicklung von Dtn 17,8–13 überein. Dieselbe findet schließlich in noch jüngeren Texten wie Ez 44 ihre Entsprechung und kommt in der Erzählung von Joschaphats Gerichtsreform II Chr 19 zu ihrer Vollendung.[459]

Bei der bisherigen Analyse von Dtn 17 wurde vorausgesetzt, daß V. 12* selbst zur Grundschicht gehört, wogegen m. E. keine zwingenden Einwände bestehen.[460] Für die zwischen V. 9 und V. 12 liegenden Verse wird das mit verschiedenen Argumenten bestritten. Diese Frage ist im Hinblick auf die Stimmigkeit der für V. 12 beschriebenen Eintragung „des Priesters" zu klären. Die mögliche Streichung von V. 9b (nach ודרשת)[461] hängt an sehr diffizilen Einschätzungen der Semantik, der entsprechenden Literarkritik in V. 9a und einer Interpretation von דרש, die in dieser Arbeit nicht vertreten wurden. Sachlich sehe ich hier weder die Notwendigkeit, eine Ergänzung anzunehmen, noch die Bewegung im Text, die durch eine Einfügung entstünde, und somit fehlt eine ansprechende Erklärung des angenommenen Zusatzes. Rechnet man V. 9b komplett zum Grundbestand, bestünde nach Dahmen eine Doppelung zu V. 10a,[462] die ich jedoch nicht erkennen kann. Vielmehr handelt es sich um eine logische Fortführung: Auf die Verkündung des Urteilsspruches folgt die Ermahnung zur Befolgung desselben. Anders steht es mit V. 10b, der zu Recht weitgehend einhellig als Nachtrag gilt. Darauf deuten nicht nur die „typisch dtr Phraseologie",[463] sondern die Ausweitung der Gehorsamsforderung vom konkreten Rechtsentscheid hin zu „*allem*, was sie dich lehren" (ככל אשר יורוך). Damit läßt sich zugleich die etwas holprige Doppelung zu V. 11 auflösen.

Trotzdem wird auch V. 11 nicht der Grundschicht angehören. Zumindest in der zweiten Vershälfte fällt wiederum die typisch dtr Sprache auf.[464] Bedeutsam in der ersten Vershälfte ist die Parallelisierung von תורה und משפט. Damit wird zum einen der unspezifische Ausdruck דבר aus V. 10a präzisiert.[465] Zum anderen

---

**459** Insofern ist die von Niehr 1987, v. a. 112–115 gesehene Tendenz zweifellos vorhanden und kann sich auf Dtn 17,9 stützen, wozu eben der Zusatz in 17,12 bereits eine Weiterentwicklung darstellt.

**460** So mit den meisten Auslegern auch Gertz 1994, 70 f.; Dahmen 1996, 227 usw.; anders z. B. Horst 1930, 107 f. und Buchholz 1988, 92 ff., die alles ab V. 10b folgende für nachgetragen halten, sowie Seidl 2006, 128.133, der V. 12 f. für nachgetragen hält, ohne jedoch die Dynamik für die jeweils projektierte Gerichtsorganisation zu bedenken, die sich grundsätzlich mit der hier vermuteten Entwicklung decken würde. Einen substantiellen Unterschied der in den Vv. 8–10a gegenüber (v. a.) V. 12 jeweils vorausgesetzten Situation sehe ich allerdings nicht.

**461** Vertreten von Dahmen 1996, 222 f.

**462** Dahmen 1996, 222 f.

**463** Dahmen 1996, 225.

**464** Vgl. Gertz 1994, 68.

**465** Ähnlich scheint auch Reuter 1993, 179 f. zu denken, allerdings kann ich ihr Textentstehungsmodell nicht ganz mit dem entsprechenden Argument verbinden.

nehmen beide Ausdrücke strukturell das Nebeneinander von levitischen Priestern (→ התורה) und Richter (→ המשפט) in V. 9a auf, jedoch im Sinne eines gleichberechtigten Nebeneinanders, während V. 9a den levitischen Priestern eher eine Hilfsfunktion zuschrieb.[466] In V. 11 liegt also bereits eine Interpretation von V. 9 vor, die entweder auf der Ebene der Eintragung in V. 12 angesiedelt ist oder dieser zumindest den Weg bereitet. Ob „Tora" hier noch im Sinne einer priesterlichen Einzelfallentscheidung zu verstehen ist,[467] das Deuteronomium[468] oder bereits die Tora des Mose meint, wage ich kaum zu entscheiden. Möglicherweise spielt der Vers aber auch mit dieser Doppeldeutigkeit, so daß eine einseitige begriffliche Festlegung den Sinn des Textes verfehlen würde. Aufgrund der erwähnten Doppelung mit V. 10b ergibt sich für die Nachträge demnach eine zweifache Schichtung, wobei die Ausweitung auf „alles" in V. 10b darauf deutet, hierin eine letzte Steigerung zu sehen.

Es bleibt noch der etwas formelhafte V. 13. „Die Wendung [...] folgt stets auf ein (Todes-)Urteil, und sie steht immer im Zusammenhang mit einer Bi'arta-Formel (sic!)".[469] Allerdings besagt das wenig, aussagekräftiger wäre die umgekehrte Feststellung, daß auf eine Todesstrafe (V. 12) immer die entsprechende Formel folge, was jedoch nicht der Fall ist. Damit ist die Möglichkeit eröffnet, V. 13 unabhängig von V. 12bβ zu betrachten. Die innerdeuteronomischen Parallelen zur Formulierung von V. 13[470] finden sich jeweils in Partien, die nicht der deuteronomischen Grundschicht zuzurechnen sind. Auch wenn sie sprachlich von Dtn 17,13 leicht abweichen, so daß sie nicht notwendigerweise alle derselben Redaktionsstufe angehören müssen, scheint es mir wahrscheinlicher zu sein, daß auch V. 13 ein Nachtrag ist, der den Fall einer einzelnen ungehorsamen Person als Aufhänger für eine allgemeine Paränese nutzt.

---

466 Auch Seidl 2006, 127 f. notiert das Eigengewicht von V. 11 im Vergleich mit V. 10, hält aber an der Einheitlichkeit des Textes fest.
467 So u. a. Steuernagel ²1923, 117; Reuter 1993, 178 Anm. 99.
468 So etwa Braulik 1992, 126 f. und Dahmen 1996, 225 f. (etwas anders 200: „gemeint ist das gesamte mosaische Gesetz."), der 225 Anm. 128 jedoch Braulik verkürzt zitiert und darum meint, daß dieser eine gegenteilige Position vertrete. Braulik 1992, 126 sieht zwar – mit Recht – in „tōrā" den früheren „terminus technicus für die priesterliche Einzelbelehrung in Kultfragen", nicht aber an dieser Stelle!
469 Gertz 1994, 70 gefolgt von Dahmen 1996, 229. Aufgrund der jeweils verschiedenen Einschätzung von V. 12bβ kommen beide für V. 13 jedoch zu gegenteiligen Einschätzungen. Gertz erklärt die Verse zu Zusätzen, nach Dahmen sind sie deuteronomisch.
470 Dtn 13,12; 19,20; 21,21.

## c) Kompetenzzuwachs

Als Grundschicht des Richtergesetzes ergäbe sich somit Dtn 17,8.9.10a.12*. Eine erste Ergänzung schreibt V. 11 ein, V. 10b geht auf eine weitere Ergänzung zurück. V. 13 läßt sich kaum zuordnen. Unsicher bleibt auch, ob die Einfügung des Priesters in V. 12 bereits mit der Einfügung von V. 11 stattfindet oder erst auf einer Ebene mit V. 10b liegt. In jedem Falle zeigt sich deutlich die Entwicklung des Textes. Der Grundschicht nach sind den Richtern am Zentralgericht levitische Priester als Experten in bestimmten Rechtsfällen zur Seite gestellt, wobei die Verantwortung für den Urteilsspruch in den Händen des Richters liegt. Daß es sich dabei im Sinne des Deuteronomiums nicht um eine zentrale levitische Aufgabe handelt, zeigt ihr Fehlen in Dtn 10,8 f. und ihre sehr späte Eintragung in den Levi-Spruch Dtn 33,8 – 11 an.[471] Durch die Fortschreibungen in Dtn 17,8 – 13 ergibt sich ein Kompetenzzuwachs der priesterlichen Seite, die Tora – entweder im Sinne juristisch-kultischer Einzelfallbelehrung oder gar schon als Buch verstanden – wird mit dem allgemeinen Recht identifiziert.[472] Im Lichte dieser Ergänzungen treten der Gedanke der Zentralisierung und v. a. die Rolle der Richter am Zentralgericht in den Hintergrund.

Nicht deutlich wird, inwieweit sich auch Auseinandersetzungen innerhalb der (levitischen) Priesterschaft in dieser Entwicklung widerspiegeln. Daß in V. 12 der Priester nicht ausdrücklich als „levitisch" charakterisiert wird, darf sicher nicht überwertet werden, zumal die Formulierung „levitischer Priester" (Sg.!) ohne Parallele wäre. Näheren Aufschluß dazu kann erst die Beleuchtung des Verhältnisses zu Dtn 18,5 bringen, wobei sich dann die Vermutung bestätigen wird, daß in 17,12 ein *Priester* im Unterschied zu den *Leviten* gemeint ist,[473] demnach auch in Dtn 17,8 – 13 eine priesterlich orientierte Redaktion das letzte Wort gesprochen hätte. In welche Richtung die Gesamttendenz geht, zeigt wiederum die Chronik an, die das (gewünschte) Ergebnis an den Anfang verlegt: Nach I Chr 23,4 sind auch die Listenführer und Richter seit Davids Zeiten Leviten im genealogischen Sinne und damit ein jedes Gericht „levitisch" besetzt. Die Septuaginta bringt in diesem Fall keinen weiteren Fortgang der Entwicklung.[474]

---

471 S.o. in den jeweiligen Analysen.
472 Und vgl. Dtn 1,17 – dazu Hölscher 1922, 165: „Schon hier verrät sich der klerikale – nicht ‚prophetische' – Charakter des deuteronomischen Gesetzbuches, welches zwar eine Menge überlieferter Rechtsregeln weltlichen Ältestenrechtes enthält, sie aber – ebenso wie das Bundesbuch – in den Rahmen des geistlichen Rechtes einstellt."
473 Dazu s.u. S. 122.
474 Zur LXX-Fassung des Richtergesetzes vgl. Pearce 2006, wobei mir manche ihrer Schlußfolgerungen, die im wesentlichen auf semantischen Feinheiten aufruhen, etwas weitreichend scheinen.

Es verbleiben noch einige weitere Beobachtungen am Rande: Die „Listenführer" aus Dtn 16,18 tauchen überhaupt nicht mehr auf. Wenn man daraus etwas
schlußfolgern darf,[475] dann doch wohl, daß ihre Funktion auf die Ortsgerichte
beschränkt ist. Ebenfalls keine Rolle in der hier verhandelten Gerichtsorganisation spielt der König. Auch das muß nicht überraschen, wenn man die Rolle des
Königs vor allem im Rahmen der „Verwaltungsgerichtsbarkeit" verortet,[476] die in
Dtn 17,8 – 13 nicht im Blick ist. Als schlüssiges Argument für eine Datierung des
Deuteronomiums taugt diese Beobachtung demnach (leider) nicht.[477] Gleichwohl
ist eine zeitliche Einordnung in spätvorexilische Zeit kritisch zu hinterfragen, auch
wenn allein anhand von Dtn 16,18 f.; 17,8 – 13 nichts für das gesamte Buch entschieden werden kann. Die Beobachtungen von Herbert Niehr zur Organisation
des Gerichtswesens und zum Gebrauch der Wurzel שפט setzen eine historische
Verbindung des Urdeuteronomiums mit Josia in der Regel voraus. In den biblischen Texten sind berufsmäßige שפטים der Königszeit jedoch nirgends greifbar,[478]
sondern lediglich die (königlichen) שרים.[479] Etwas weit hergeholt ist auch die
These, „daß Joschija im Rahmen seiner Reform auf diesen alten Titel (scil. שפט) der
vorstaatlichen Zeit zurückgreift", was eine „captatio benevolentiae dem 'am
hā'āreṣ gegenüber" sei.[480] Die biblischen Erzähltexte, hier v. a. Jer 26 und 37,
spiegeln jedenfalls eine Realität, in der von einer (Gerichts-)Reform Josias nichts
zu spüren ist. Gleiches gilt für das einigermaßen zeitgenössische Ostrakon Nr. 1 aus
Məṣad Ḥašavyahu.[481] Von daher ist eine Datierung von Dtn 17,8 – 13* in nachjosianische Zeit nicht nur möglich, sondern vielmehr wahrscheinlicher.[482]

---

**475** Nach Rofé 2001, 98 f. bilden Richter und Listenführer ein Hendiadyoin, was mit Blick auf
17,8 ff. jedoch unwahrscheinlich ist.
**476** Vgl. Niehr 1987, 72 – 76.
**477** Sie sagt eher etwas über die Weltsicht ihrer Verfasser und deren soziale Verortung aus, hier:
daß bestimmte Rechtsbereiche für jene schlicht uninteressant waren. Vgl. zur Frage der Datierung des Dtn aufgrund der Rolle des Königs Punkt 1 bei MacDonald 2010 in Kritik an Pakkala
2009.
**478** Vgl. J. Dietrich 2010, 349 f. Anm. 82. Auch Zeph 3,3 wird man kaum in die Zeit Josias
datieren dürfen, vgl. Schwally 1890, 238; Pohlmann 2001, 330 Anm. 23; Kratz 2003, 75 f.; Perlitt
2004, 132; Hagedorn 2011, 132 f.
**479** Vgl. Niehr 1987, 91 – 94.
**480** Niehr 1987, 95 (Kursivierung im Original).
**481** HAE MHas(7):1. Erst recht gilt das für das Siegel WSS 381 mit der Aufschrift לשפט. Ob שפט
hier einen Personennamen (so Avigad/Sass 1997, 160) oder ein Amt (so Avishur/Heltzer 2000,
115 f.) bezeichnet, scheint mir kaum entscheidbar. Selbst im letzteren Falle wäre das für die
Frage einer Gerichtsreform wenig aussagekräftig; wir hätten lediglich einen Beleg für die Existenz eines Richters. Wo und in wessen Auftrag er amtierte usw., bleibt unklar. Unhaltbare
Spekulation ist darum die Vermutung, das Siegel könne sogar „evidence" für die in der Chronik

## 2.2.5 Dtn 17,14 – 20

Im Unterschied zu den meisten der vorangehenden Texte gilt das Königsgesetz Dtn 17,14 – 20 in aller Regel nicht mehr als Bestandteil eines Urdeuteronomiums.[483] Daß mit einer solchen Entscheidung wesentliche historische Implikationen verbunden sind, braucht nicht weiter ausgeführt zu werden, wohl aber, daß dieselben weit weniger offensichtlich sind, als man wünschen mag.[484] Zudem gelten die Vv. 18 f., auf denen die Argumentation hauptsächlich ruht, selbst als möglicher Nachtrag. Auf diese Weise scheint der Weg zu einer deuteronomischen, d. h. dann nicht selten spätvorexilischen, Datierung der Grundschicht des Königsgesetzes wieder eröffnet.[485] Die historischen Fragen sollen hier, wie gehabt, nachrangig sein und statt dessen die literarhistorische Verortung der Bemerkung über die „levitischen Priester" geklärt werden.

Daß die Vv. 18 f. wegen ihrer Referenz auf „diese Tora" den rhetorischen Rahmen des Deuteronomiums verlassen und daher nicht Teil des Urdeuteronomiums gewesen sind, ist nahezu Konsens. Was aber sind die Argumente dafür, sie auch in ihrem engeren Kontext als zugesetzt anzusehen? Sollten sie zugesetzt sein, müßte sich V. 20 nicht nur logisch als Anschluß an V. 17 lesen lassen, sondern im Grunde besser als der jetzige Zusammenhang mit V. 19.[486] Syntaktisch möglich ist der Übergang von V. 17 auf V. 20, es bliebe freilich offen, was dann mit המצוה gemeint wäre.[487] Zudem folgt die Formel ארך + למען *hif'il* (V. 20b) im Deuteronomium üblicherweise auf Gesetzesparänese,[488] wie sie hier v. a. V. 19 bietet. Mit den Formulierungen in V. 20aβ.b scheint mir ebenfalls ein deutlicher Rückbezug auf die Vv. 18 f. gegeben. Man kann dieselben aufgrund ihrer Formelhaftigkeit na-

---

erzählte Gerichtsreform Joschaphats sein (gegen Avishur/Heltzer 2000, 115 f.), selbst wenn es eine solche jemals gegeben hätte!

**482** Vgl. die ganz ähnlich gelagerte Argumentation bei J. Dietrich 2010, 349 – 351.

**483** Vgl. schon Wellhausen ³1899, 192; späterhin u. a. Preuß 1982, 53.118. Zur Übersicht über die älteren Positionen vgl. Dahmen 1996, 246 f., sowie v. a. die Arbeiten von García López 1985 und Rüterswörden 1994.

**484** Zur Problematik einer historischen Auswertung der – nicht vorhandenen – Rolle des Königs im Dtn vgl. zuletzt noch einmal MacDonald 2010, v. a. 432.

**485** So z. B. Steuernagel ²1923, 119. Er rechnet den Grundbestand des Königsgesetzes zu seiner, noch immer vorexilischen, Ausgabe D²C.

**486** Vgl. Steuernagel ²1923, 119 und Hölscher 1922, 199 Anm. 2.

**487** Auf V. 17 selbst kann es sich schlecht beziehen. Im Gebrauch von המצוה in V. 20 gegenüber התורה הזאת (V. 19, eigentlich כל־דברי התורה הזאת und האלה החקים) liegt gegen Hölscher 1922, 199 Anm. 2 nicht zwingend eine literarkritisch auszuwertende Differenz im Sprachgebrauch vor, sondern möglicherweise schlicht eine pleonastische Fortführung.

**488** Etwa Dtn 4,40; 5,16.33; 6,2; 11,9; 22,7; 25,15; 32,47; ins Negative gekehrt 4,26; 30,18.

türlich wiederum zu Zusätzen erklären,[489] allerdings fehlen dafür m. E. belastbare Kriterien, und die Gefahr zirkulärer Argumentation erreicht ein kritisches Maß. Die *internen* literarkritischen Argumente, die für die Annahme einer späteren Einfügung der Vv. 18 f. sprechen, sind damit m. E. zumindest nicht zwingend.[490]

Daraus ergibt sich, daß der Verweis auf die Vv. 18 f. tatsächlich zur relativen Datierung des Königsgesetzes Vv. 14 – 20 insgesamt herangezogen werden darf und dasselbe nicht als urdeuteronomisch gelten kann. Unter den in der Forschungsgeschichte ansonsten für diese Position genannten Argumenten soll an dieser Stelle noch ein weiteres, wenngleich keineswegs das zentrale, so doch für unseren Kontext wichtige, hervorgehoben werden: Der logische Fortgang der Regelungen für das Zentralgericht (Dtn 17,8 – 13*) zu den Regelungen für das Kultpersonal am zentralen Heiligtum (Dtn 18,1 – 8*), zusammengehalten durch die Tätigkeit der „levitischen Priester" an demselben, wird durch die Einfügung des Königsgesetzes unterbrochen.[491]

Läßt sich nun die frühestens deuteronomistische Ansetzung präzisieren? Wie zuletzt Reinhard Achenbach mit großer Deutlichkeit gezeigt hat, deutet ein Vergleich mit I Sam 8 – 12, in denen ein Rückgriff auf Dtn 17,14 – 20 durchaus zu erwarten wäre, auf dessen insgesamt späte Zufügung.[492] Vor diesem Hintergrund ist also mit eher spätdeuteronomistischer Entstehung des Königsgesetzes zu rechnen. In die gleiche Richtung weisen auch sprachstatistische Beobachtungen.[493] Der entscheidende Punkt dürfte schließlich der Verweis auf eine schriftliche Tora sein, die auf der Textebene tatsächlich erst in Dtn 31 greifbar wird, welches seinerseits spät anzusetzen ist. Allerdings findet sich keine genaue terminologische Entsprechung, insofern in Dtn 31 gerade nicht von „levitischen Priestern" die Rede ist, sondern von „Priestern, Söhnen Levis" (V. 9) oder „Leviten" (V. 25). Zudem entzünden sich manche Probleme der Redaktionsgeschichte dieses Kapitels gerade an Fragen des Verhältnisses beider Gruppen.[494] Mit welchem Stadium der Fortschreibung in Dtn 31 das Königsgesetz parallel läuft, ist daher

---

**489** So Steuernagel ²1923, 119.

**490** Vgl. die entsprechende Zurückhaltung schon bei Bertholet 1899, 55; kritisch auch Schäfer-Lichtenberger 1995, 80 ff. Sollten sie doch nachgetragen sein, ändert sich für die Levitenfrage nicht viel: Urdeuteronomisch sind die Verse keinesfalls, siehe i.f.

**491** Vgl. Bertholet 1899, 56. Diese Stichwortverbindung würde aufgebrochen, wenn man לוים jeweils für nachgetragen hielte. Indirekt ist damit ein weiteres Argument für die Ursprünglichkeit dieses Attributs – an beiden Stellen! – gewonnen.

**492** Achenbach 2009. Der Gedanke der literarischen Abhängigkeit von I Sam 8,5ff. als solcher ist allerdings schon bei Cornill 1891, 34 u. a. zu finden, vgl. etwa Staerk 1894, 19: „17, 14 f. scheint das späte Machwerk 1. Sam. 8, 5 ff. schon vor Augen zu haben."

**493** Vgl. mit hier recht aussagekräftigen Beobachtungen Dahmen 1996, 259 – 261.

**494** S.o. Kapitel 2.1.3.

schwer zu entscheiden. Mir scheint, daß wegen der Betonung des konkreten Gegenstandes, d. h. des Schreibens der Tora oder einer Abschrift davon auf eine Buchrolle (ספר), eine größere Nähe zu Dtn 31,25 f. vorliegt,[495] dementsprechend wären die weiteren Fortschreibungen in Dtn 31 jünger als das Königsgesetz einzuschätzen. In jedem Falle aber handelt es sich bei Dtn 17,14 – 20 selbst bereits um recht junge Ergänzungen.

Grobe Anhaltspunkte für eine absolute Datierung ergeben sich darüber hinaus eventuell aus V. 15b.[496] Diese Regelung ergibt zu Zeiten einer bestehenden judäischen Monarchie mit davidischer Dynastie keinen Sinn, sondern gehört deutlich in die nachexilische Zeit, mit einiger Plausibilität in das 5. Jahrhundert,[497] aber die Thematik dürfte auch in den folgenden Jahrhunderten nicht weniger virulent gewesen sein.[498] Auch diese Überlegungen sprechen frühestens für eine spätdeuteronomistische Ansetzung des Königsgesetzes.

---

**495** Auch zu V. 24, aber dieser ist als Wiederaufnahme vor V. 25 f. zu betrachten, s.o. S. 46 f.

**496** Nach Steuernagel ²1923, 118 handelte es sich dabei um eine mit V. 15a konkurrierende Konzeption: Dort werde der König von JHWH erwählt, hier entscheide das Volk. Völlig unvereinbar können die Konzeptionen auch mit Blick auf I Sam 8 – 12 nicht sein, sondern durchaus komplementär; die scheinbare Spannung ist im übrigen in V. 15a selbst schon angelegt. Zudem setzt V. 20 mit dem Rückbezug auf die „Brüder" ebenfalls V. 15b voraus. Ebensogut wäre also eine „Theologisierung" mit nachträglicher Einfügung von V. 15a denkbar. Ich stehe jedenfalls nicht an, V. 15b der Grundschicht zuzusprechen.

**497** Überzeugend Bultmann 1992, 145 – 157.

**498** Man denke generell an die Herodier und im speziellen an die mSot 7,8 und SifDev §157 berichtete Episode von König Herodes Agrippas I., der beim Verlesen der Torarolle in Tränen ausbricht, als er zur Stelle Dtn 17,15 gelangt und erst von den Rabbinen mit dem Hinweis, er sei ihr „Bruder" (אחינו אתה, אחינו אתה), gelte also nicht als Ausländer, beruhigt werden kann. Die Tosefta hingegen erzählt das Ereignis nicht, sondern überliefert nur den scharfen Widerspruch R. Nathans zur Haltung der Rabbinen: „Im Namen R. Nathans sagte man: ‚Israel machte sich der Vernichtung schuldig, weil es dem Agrippas schmeichelte'. (משום ר' נתן אמרו נתחייבו ישראל כלייה שחינפו לו לאגריפס)" (tSot 7,16). Noch einmal anders greift bBB 3b–4a das Thema auf. – Die Beispiele mögen einmal mehr zeigen, mit wieviel Vorsicht bei der historischen Auswertung von derlei biblischen Notizen vorgegangen werden müßte. An die spätvorexilische Zeit scheint etwa Bertholet 1899, 55 zu denken. Nicht überzeugend ist der Versuch von Nicholson 2006, den איש נכרי vor dem Hintergrund des assyrischen Großkönigs erklären zu wollen. Von den sachlichen Schwierigkeiten einmal abgesehen bleiben bei ihm nahezu sämtliche Beobachtungen zur Literargeschichte außer Acht. Eine attraktivere Idee mit – ungeachtet der Kritik Nicholsons – sehr wohl einleuchtenden Argumenten bietet Hagedorn 2004, 141: „But if one reads Deut 17:15b with the eyes of an author who is familiar with the work of Deutero-Isaiah, the additional restriction on the ethnic origin of the king becomes understandable: in Is 45:1 Cyrus is addressed as someone anointed by YHWH [...] Maybe the author of Deut 17:14 – 20 reacts against the circle around Deutero-Isaiah where one could actually imagine having a foreign king appointed by YHWH over Israel." Angelegt ist diese Idee ebenfalls schon bei Bultmann 1992, 155 f. mit Anm. 132. Um Mißverständnisse zu vermeiden: Eine Reaktion auf Vorstellungen wie in Deute-

Zwar sind der literarhistorischen Verortung der Vv. 18 f. damit gewisse Grenzen gesetzt, jedoch bleibt auch mit der vornehmlich per Negation erfolgten Datierung ein ganz wesentliches Ergebnis für die Frage nach den Leviten: Die entsprechende Begriffsverwendung in Dtn 17,18 f. kann keinesfalls zur Analyse des (ur)deuteronomischen Sprachgebrauchs herangezogen werden. Sie ist bestenfalls ein wichtiger Beleg dafür, auf welche Abwege eine rein begriffsgeschichtlich orientierte Untersuchung und dabei die Redaktionsgeschichte ignorierende, synchrone Betrachtung führen kann. Eine allein schon im Begriff ausgedrückte Gleichstellung von „Priestern" und „Leviten" liegt jedenfalls für diese Spätphase der Entwicklung des Deuteronomiums kaum noch im Interesse des Redaktors. Es ist auch nicht anzunehmen, daß der Fokus dann noch auf der Betonung einer levitischen Abstammung der Priester liege. Hierin dürfte eher die beiläufige Bekräftigung eines als bekannt vorausgesetzten Sachverhaltes liegen. Am wahrscheinlichsten erklärt sich die Wortwahl in Dtn 17 als eine vom Kontext Dtn 17,9 und 18,1 angeregte sprachliche Aufnahme.[499]

Von Interesse für die Vv. 18 f. ist vielmehr die durch die „levitischen Priester" verkörperte Autorität in allen Fragen der Tora, welcher selbst der König als exemplarischer Frommer unterworfen ist. Es spricht nichts dagegen, auch hier die etwa in Dtn 10,8 f. oder 31,25 f. beobachtete spätdeuteronomistische und ausnehmend pro-levitische Redaktion am Werk zu sehen. Allerdings lassen sich die Verse nicht minder gut auch aus Perspektive der Priesterschrift lesen, insofern wird man hier einmal mehr nicht nach einer priesterlichen Re(d)aktion suchen müssen. Eine stärkere Differenzierung zwischen Priestern und Leviten und somit Fortführung der priesterschriftlichen Sichtweise wird dann erst die Tempelrolle in ihrer Deuteronomiumsparaphrase Kol. 56 f. bieten.[500]

## 2.2.6 Dtn 18

Ein Schlüsseltext für unsere Fragestellung ist Dtn 18. Entscheidend ist hier weniger die spätestens seit Julius Wellhausen immer wieder vertretene Verbindung zu II Reg 22 f.,[501] sondern die im Text aufscheinende Begriffsfülle zur Bezeichnung

---

rojesaja bedeutet durchaus nicht unmittelbare zeitliche Nähe zum historischen Kyros, allenfalls ist Deuterojesaja der *terminus ante quem non*.

**499** Vgl. ähnlich auch die LXX-Fassung in Dtn 21,5, s.u. Kapitel 2.2.7.

**500** S.u. Kapitel 8.4.

**501** Wellhausen [6]1927, 139 f.

von Leviten.[502] Obwohl der Text aufgrund seiner möglichen Verbindung zu einer Reform Josias gewaltiges Interesse auf sich gezogen hat, sind nach wie vor manche Sachfragen ungeklärt, und hinsichtlich der Literarkritik besteht keine Einigkeit. Daran wird, fürchte ich, der folgende Durchgang durch den Text wenig ändern. Für eine ausführliche Zusammenstellung der Forschungspositionen kann wieder generell auf die Arbeit von Ulrich Dahmen verwiesen werden.


### a) Literarkritische Beobachtungen

V. 1a stellt die Regel auf, daß den levitischen Priestern weder Anteil noch Erbteil in Israel zukommen solle, V. 1b formuliert statt dessen, daß sie die אשי יהוה[503] verzehren sollen. Immer aufgefallen ist die Apposition „der ganze Stamm Levis". Sie steht in leichter Spannung zum Verbum im Plural, wobei das allein eine literarkritische Scheidung noch nicht notwendig macht. Zwingend wird eine solche erst dadurch, daß zum einen zwischen „levitischen Priestern"[504] und „dem ganzen Stamm Levis" ein konzeptioneller Unterschied besteht – wobei die Apposition durch Identifikation diesen Unterschied aufheben will –, und daß zum anderen ab V. 2 der Singular aufgenommen und weitergeführt wird. Ebenfalls eines Nachtrags verdächtig ist ונחלתו, da das Singularsuffix in Parallele zu V. 1a am ehesten auf den Stamm zu rekurieren scheint. Ältere Arbeiten erwägen dagegen, das Suffix auf JHWH zu beziehen.[505] JHWHs נחלה müßte man dann in Parallele zu den אשי יהוה sehen, d. h. JHWHs Erbteil in Entsprechung zu den Opfergaben an ihn. Das wäre eine alttestamentlich merkwürdige Vorstellung, da sonst „Volk" und „Land" JHWHs נחלה sind.[506] Es ergäbe sich auch eine Verschiebung gegenüber V. 1a, wo ja die נחלה der levitischen Priester bzw. des Stammes das Thema ist. Insofern sie keine solche im üblichen Sinne erhalten, sollte V. 1b klären, welche Art von Erbteil ihnen statt dessen zusteht, von daher ist durchaus ein Rückbezug des Suffixes auf שבט zu erwarten. Die bislang plausibelste Lösung des Problems hat m. E. Ulrich

---

502 Vgl. schon Gunneweg 1965, 128: „Es [*scil.* das Priestergesetz] enthält ja alle verschiedenen Stufen, auf welchen der Levit im Deuteronomium gesehen werden kann, auf kleinstem Raum nebeneinander."
503 Vgl. zu diesem Begriff Dahmen 1996, 269 – 271.
504 Die gelegentlich erwogene Variante, הלוים sei nachgetragen, hat keinen Anhalt am Text, vgl. auch die Skepsis bei Altmann 2011b, 147 f. Es gilt das bereits in der Diskussion von Dtn 17,9 zur These einer „Levitisierung" gesagte, s. o. S. 96 f.
505 Vgl. die bei Dahmen 1996, 267 Anm. 23 angeführten Positionen; neuerdings wieder Schaper 2000, 85.
506 Vgl. die Verweise bei Dahmen 1996, 267 Anm. 24.

Dahmen vorgelegt, der den Ausdruck als explikative Parenthese deutet: „das nämlich ist (oder: und zwar ist das) seine (des Stammes Levi) *naḥ°lāh*".[507] V. 2 wiederholt, von Feinheiten abgesehen, V. 1. Offenbar stecken in diesen feinen Unterschieden jedoch bedeutungstragende Momente, die diese variierte Wiederholung nötig machen. Am deutlichsten ist, daß der Vers den Singular der Apposition „der ganze Stamm Levis" aufgreift, was, wie bereits angemerkt, sowohl diese als auch V. 2 gegenüber dem Grundbestand von V. 1 als Nachträge kennzeichnet. Damit verbunden ist die Ersetzung des Ausdrucks עם־ישראל durch בקרב אחיו. Insofern V. 2 vom Stamm spricht, beziehen sich die „Brüder" auf die übrigen Stämme Israels.[508] Entsprechend deutet V. 2 „Israel" als eine nach Stämmen gegliederte Größe, was in V. 1 zumindest nicht explizit ist.[509] V. 2b betont mit der bereits aus Dtn 10 bekannten Formel,[510] daß JHWH der Erbteil des Stammes ist und verweist auf eine göttliche Zusage zurück. Diesen Rückverweis kennen wir ebenfalls schon aus Dtn 10,9;[511] die dort zurückgestellte Frage nach dem Bezugstext muß auch hier noch einmal verschoben werden, bis ein wenig mehr Klarheit über die Redaktionsgeschichte des Abschnittes erlangt ist. Jedenfalls ergibt sich daraus eine weitere Verschiebung gegenüber V. 1, der nur davon sprach, daß Abgaben an JHWH die נחלה der levitischen Priester seien, nicht JHWH selbst.

Einen Wechsel in der Perspektive bringt V. 3 mit sich. Es wird der Rechtsanspruch (משפט) der Priester an das Volk geschildert, genauer gesagt an Personen, die Schlachtopfer darbringen. V. 3a spricht generativ von Priestern, während 3b mit einem *waw*-Perfekt der 3. Person Sg. das Individuum bedenkt. Den Priestern bzw. dem Priester stehen Vorderkeule, Kinnbacken und Labmagen zu. Der folgende V. 4 hingegen hat „das Erste" (ראשית) vegetabiler Abgaben und den Erstling der Schafschur zum Thema, spricht jedoch die Adressaten in der 2. Person Sg. an und bezieht sich per Suffix auf eine 3. Person Sg. zurück. Im jetzigen Kontext ist damit wohl der Priester aus V. 3b gemeint. Die unpersönliche Formulierung von V. 3 und die förmliche Einleitung als Gesetzestext (וזה יהיה משפט הכהנים) haben dazu geführt, daß V. 3 (oft auch V. 4) als alte Regel und vordeuteronomisches Gut angesehen

---

**507** Dahmen 1996, 268; vgl. dagegen Stackert 2007, 189.
**508** Diese Besonderheit scheint mir bei Perlitt 1980, 36 f. (bes. Anm. 33) nicht hinreichend bedacht.
**509** Auffällig ist es allerdings, daß die „Stämme" im Kern des Deuteronomiums im Grunde keine Rolle spielen. Sie treten noch Dtn 12,5.14; 16,18 auf, wovon wahrscheinlich nur der Beleg in 12,14 als zum Urdeuteronomium gehörig anzusehen ist. In 16,18 ist das Wort vermutlich nachgetragen, vgl. Gertz 1994, 34; 12,5 gehört einer späteren Redaktionsstufe an und nimmt 12,14 auf.
**510** Vgl. neben Dtn 10,9 noch Jos 13,14.33 und die aufschlußreichen Varianten Num 18,20; Jos 18,7 und Ez 44,28.
**511** Und s.u. Kapitel 8.4 zum Rückgriff des Aramäischen Levi-Dokuments und anderer Pseudepigraphen auf diese auf den Stammvater beziehbaren Singularpartien.

wird.[512] Tatsächlich wird ja das Bundesbuch eingeleitet mit ואלה המשפטים und das deuteronomische Gesetz mit אלה החקים והמשפטים.[513] Andere sehen Ähnlichkeiten zur deuteronomischen Einleitung von Einzelgesetzen, wie in Dtn 15,2 (וזה דבר השמטה) oder 19,4 (וזה דבר הרצח),[514] ganz ohne gesetzlichen Kontext findet sich die Formulierung freilich auch in I Reg 9,15 (וזה דבר המס).[515] Die sprachlich engste Parallele steht jedoch in I Sam 8,11 (זה יהיה משפט המלך). Der Blick dorthin sollte eine erste Warnung sein, möchte man aufgrund solcher rein stilistischer Überlegungen das hohe Alter von V. 3 erweisen. Für V. 4 wird die Zusammengehörigkeit mit V. 3 in der Regel notiert, aber mit einen Fragezeichen versehen, was an der Anrede in der 2. Person Sg. und dem rückverweisenden Pronominalsuffix der 3. Person Sg. liegt. Beides hat ja einen stärkeren Bezug zu V. 2 als zu V. 3. Trotzdem wird nur selten die nötige Konsequenz gezogen und deutlich auf den zwischen V. 3 und V. 4 liegenden literarkritischen Bruch hingewiesen. Bedenkt man neben den stilistischen Differenzen zudem noch, daß es in V. 3 um einmalige Abgaben im Falle von Opfern geht, in V. 4 hingegen um jährliche Abgaben, scheint mir die Annahme verschiedener Redaktionen notwendig.

In V. 5 wird der Gedanke formuliert, daß eine 3. Person Sg. aus allen Stämmen Israels zum Dienst an JHWH erwählt sei. Die Rückverweise per Pronominalsuffix bringen gewisse Schwierigkeiten mit sich. Auf der Ebene des Endtextes ist sicher ein Bezug auf das naheliegendste Nomen intendiert, also den Priester aus V. 3. Nun legt aber die Formulierung „aus allen deinen Stämmen" deutlich den Bezug auf die Apposition in V. 1 nahe. Klassischerweise wird daher V. 5 zusammen mit V. 2 dem Glossator von V. 1 zugeschrieben.[516] Abgesehen davon, daß dies eine recht große und in ihrer Bedeutung eigenständige „Glosse" wäre, besteht der Nachteil dieser Lösung in der Annahme des höheren Alters von V. 3, um den sich die Glosse

---

512 Zur formalen Begründung vgl. Horst 1930, 113 f.; weitere Vertreter nennt Dahmen 1996, 275 Anm. 69; dazu Nielsen 1995, etwas zurückhaltend 181 (174 ist der Vers im Druckbild nicht entsprechend markiert!), Achenbach 1999, 290 u. a.

513 Nach Rofé 1988a, 10 f. begänne der entsprechende Abschnitt freilich in Dtn 11,31 und wäre D², d. h. einer ersten Bearbeitung des deuteronomischen Gesetzes D¹ zuzurechnen.

514 Vgl. Rüterswörden 1987, 70.72.

515 An dieser Stelle ist schließlich noch auf die Formulierung וזה היה דבר הנקבה in der Schiloach-Inschrift (HAE Jer[8]:3) zu verweisen. Sie zeigt zum einen, daß es sich um eine detaillierende Formel handelt, die ein vorangehendes Stichwort aufgreift. Das ist in Dtn 18,3 – sofern man die parallelen aber eben nicht identischen Formulierungen vergleichen darf – erkennbar nicht der Fall. Zum anderen setzt eine solche Formel einen ausführlicher zu erläuternden Sachverhalt voraus, nicht lediglich einen knappen, nur aus V. 3 bestehenden Opfertarif; vgl. dazu ferner Talshir 1981/82 und Renz/Röllig 1995a, 182f. Beide Aspekte sind für die redaktionsgeschichtliche Auswertung von Dtn 18,1–8 von Gewicht.

516 So schon Wellhausen ⁶1927, 136 Anm. 1.

quasi wie ein Ring herumgelegt habe, denn damit wären die Bezugnahmen von
V. 5 auf V. 2 aufgehoben. Eine Alternative besteht darin, מכל שבטיך in V. 5 zu
streichen,[517] womit V. 5 ursprünglich auf den Priester von V. 3 bezogen gewesen
wäre und nur noch V. 2 als Glosse zu gelten hätte. Allerdings gibt es textimmanent
keinen Grund für diese literarkritische Operation, und es stellt sich die Frage, was
der Nachtrag dann aussagen solle. Bei denjenigen, die sich überhaupt die Mühe
der Beantwortung einer solchen Frage machen, lautet die Antwort, daß der
Glossator den Bezug zu כל־שבט לוי in V. 1 herstellen wolle.[518] Im Ergebnis führt das
zu derselben Unzulänglichkeit wie in der erstgenannten Lösung, denn die Bezugnahme über V. 3 hinweg erscheint wenig plausibel, da sie durch diesen sofort
wieder aufgehoben würde. Zu fragen ist, ob man nicht zumindest „er und seine
Söhne, alle Tage" in V. 5b besser auf eine Einzelperson und damit auf „den
Priester" beziehen sollte. Das würde jedoch nichts über die Ursprünglichkeit von
V. 5 aussagen, sondern eher darauf hindeuten, daß diese Worte nachgetragen sind,
um einen zuvor gerade nicht vorhandenen Bezug zu V. 3 herzustellen und damit
V. 5a neu zu interpretieren. Mir scheint dies nicht unwahrscheinlich, aber es hängt
nichts daran. Textkritisch ist noch anzumerken, daß Samaritanus, LXX und die
Tempelrolle Kol. 60 zu den Aufgaben des Stammes oder des Priesters auch das
Segnen zählen, welches im MT fehlt. Ob diese Textzeugen unabhängig voneinander den Text an Dtn 10,8 angleichen oder im MT das Wort ausgefallen ist oder
gestrichen wurde, läßt sich schwer entscheiden.[519] Das ist insofern bedauerlich,
als diese Tätigkeit nach manchen Texten allein den (aaronidischen) Priestern
vorbehalten zu sein scheint und sich in der Auseinandersetzung um das Segnen
daher auch größere Konfliktzusammenhänge spiegeln könnten.[520]

Allgemein anerkannt ist, daß – wie es auch die masoretische Abschnitts-
markierung vermerkt – mit den Vv. 6–8 ein neues Thema abgehandelt wird. Wie
das Thema zu definieren ist, hängt jedoch an der Frage, wo in diesem kasuisti-
schen Rechtssatz die Apodosis beginnt. Sieht man den Beginn in V. 8, so geht es
um die Versorgung der Leviten am Heiligtum.[521] Liegt der Beginn in V. 7, so sind die

---

**517** So z. B. Rüterswörden 1987, 71 und Schaper 2000, 85 f. Wie sich הוא ובניו allerdings auf לכהנים
הלוים in V. 1 zurückbeziehen soll (so Schaper, 2000, 86), bleibt mir unverständlich.
**518** Vgl. etwa Rüterswörden 1987, 71.
**519** Vgl. BHQ zur Stelle sowie Wevers 1995, 294 f.
**520** Vgl. Schiffman 1992, 288 f.: „at the same time, the reading of 11QT is designed to emphasize
the obligation of the priests (and only the Aaronide priests) to pronounce the priestly blessing
[...] The text as found in 11QT, LXX and the SP, the result of harmonization, seeks to emphasize
the obligation of the priests to recite the priestly blessing."
**521** So Duke 1987, dem Dahmen 1996, 293–297 folgt.

Zugangsrechte der Leviten *zum* bzw. ihre Dienstrechte *am* Heiligtum das Thema.[522] Möglich ist dieses Verständnis durchaus, aber die in V. 8 getroffene Regelung käme m. E. etwas abrupt und bietet überhaupt nur eine unzureichende Erläuterung zu V. 7. In beiden Fällen ist eine Kultzentralisation freilich bereits impliziert und nicht erst gefordert. Dies wäre nur dann der Fall, wenn die Apodosis bereits in V. 6b beginnen würde. Das *waw*-Perfekt müßte man dann im Sinne von „dann soll er kommen" verstehen. Nur ist eine allein aus V. 6a bestehende Protasis merkwürdig unvollständig und inhaltsleer und liefert V. 6b keine vernünftige Folge: „Wenn der Levit aus einer deiner Ortschaften kommen will..., so mag er nach Herzenslust kommen."[523] Auch ergibt der Ausdruck בכל־אות נפשו m. E. in einer Bedingung mehr Sinn als in einem Folgesatz. Inhaltliche Erwägungen deuten also eher auf V. 8 als Ziel der gesetzlichen Regelungen, was vielleicht durch syntaktische Beobachtungen gestützt werden kann. Nach Ulrich Dahmen folgt in ähnlich gelagerten Fällen einer mehrgliedrigen Protasis die Apodosis durch Bruch des syntaktischen Musters, d. h. in diesem Falle in V. 8.[524] Ist diese Analyse richtig, dann ergeben sich daraus auch ernste Zweifel für die häufig vorgetragene wechselseitige Interpretation von Dtn 18 und II Reg 23.[525] Weitreichende Theorien zur Josianischen Reform sollte man an einen solch dünnen Faden mit Sicherheit nicht hängen.

Im Hinblick auf unser Thema bleibt festzuhalten, daß nach den Vv. 6 – 8 sowohl Leviten am Tempel als auch Leviten „in deinen Toren", dort freilich als Grundbesitzlose,[526] vorausgesetzt werden.[527] Von Priestern ist nicht ausdrücklich die Rede, und semantisch ist es kaum zu entscheiden, ob der in V. 7 genannte Dienst der Leviten als priesterlich charakterisiert ist oder gerade nicht.[528] Mit dem Ausdruck „Brüder" sind hier, im Unterschied zu V. 2, andere Leviten, nicht die

---

522 So die klassische Lösung seit Wellhausen, vgl. noch einmal Gunneweg 1965, 129. Zur Tempelrolle s. u. Kapitel 8.4 und die übernächste Anmerkung.
523 So Bertholet 1899, 57 f., der aber gleichzeitig den Sinn der Regelung in der Abfindung derjenigen sieht, die bisher an den ländlichen Kultstätten tätig waren, d. h. V. 8. Damit wird der durchaus komplexen Frage um den Beginn der Apodosis nicht hinreichend Rechnung getragen.
524 Vgl. Dahmen 1996, 296, von Otto 1999b, 283 f. falsch (Beginn der Apodosis in V. 7!) wiedergegeben. Die Tempelrolle formuliert in ihrer Wiedergabe des Abschnittes um, was zu einer anderen syntaktischen Struktur führt. Sollte es sich dabei nicht um einen Fehler handeln, wäre die Apodosis im Äquivalent zu V. 7 zu finden. Die Tempelrolle wäre so ein antiker Zeuge für die Lektüre von Dtn 18,6 – 8 im Sinne einer Forderung der Zentralisierung des Kultpersonals.
525 Vgl. v. a. Schaper 2000, 84 – 93; zu den Problemen schon Hölscher 1922, 201 f. und s. u. Kapitel 6.3.5.
526 Vgl. Bultmann 1992, 53.
527 Anders Gunneweg 1965, 130, der den programmatischen Charakter der Aussage betont.
528 Vgl. Dahmen 1996, 38 – 40.304 – 306. Die „feinen Differenzen in Semantik und Konstruktion der Verben" (Dahmen 1996, 305 Anm. 261) sind tatsächlich minimal.

Stämme gemeint, der Ausdruck הלוים ist attributiv gebraucht. Die Begriffe חלק und אכל greifen in gewisser Weise die Thematik aus V. 1 auf, wobei mir eine leicht unterschiedliche Verwendung der Begriffe vorzuliegen scheint, in V. 8 eher konkret, in V. 1 eher abstrakt bzw. in übertragenem Sinne. Von den אשי יהוה ist in V. 8 jedenfalls nicht mehr die Rede.

**b) Redaktionsgeschichtliche Auswertung**
Es stellt sich daher die Frage, in welchem Verhältnis V. 1 zu Vv. 6 – 8 steht und wie überhaupt die literarische Entwicklung in Dtn 18,1 – 8 zu verstehen ist. Für Antonius H.J. Gunneweg trügen die Vv. 6 – 8 nach dem in Vv. 1 – 5 Gesagten nichts wesentlich Neues aus; sie seien offenbar erst sekundär zu einem Spezialfall geworden, eigentlich aber älter als der Kapitelanfang.[529] Für ihn bestehen die alten Überlieferungskerne demnach in den Vv. 3 f. und Vv. 6 – 8.[530] Damit hebt Gunneweg sich deutlich ab von der Mehrheitsposition, die in der Regel nur die Zusätze in V. 1, sowie V. 2 und (Teile von) V. 5 als Nachträge zählt, ansonsten aber eine einheitliche Grundschicht annimmt.[531] Einen umgekehrten Weg geht Ulrich Dahmen. Auch er sieht in V. 3 f. einen möglichen vor-dtn Opfertarif, der in der dtn Grundschicht von V. 1* und V. 5* gerahmt wurde.[532] Dabei ist V. 1* mit einem Fragezeichen zu versehen, je nachdem, ob allein das Attribut הלוים nachgetragen sei oder aufgrund dessen auch schon der Grundbestand des Verses.[533] Als Hintergrund wird auf eine parallele Erscheinung in Dtn 17,9 verwiesen, aber ebensowenig wie dort gibt es m. E. hier einen textimmanenten Grund für diese Streichung von הלוים.

Viel jünger, und das ist das entscheidend Neue bei Dahmen, seien jedoch die Vv. 6 – 8.[534] Dabei verläßt seine Argumentation jedoch erneut die literarkritische Ebene und verlegt sich auf sprachstatistische Beobachtungen. So weiche הלוי מאחד שעריך in V. 6 von der üblichen Formulierung הלוי בשעריך ab.[535] Da sich nach Dahmen die „übliche Formulierung" jedoch auf verschiedene Schichten verteile, ist diese Beobachtung für eine redaktionsgeschichtliche Einordnung ohnehin

---

**529** Vgl. Gunneweg 1965, 131.
**530** Vgl. Gunneweg 1965, 128.131.
**531** Vgl. z. B. Rüterswörden 1987, 75; Nielsen 1995, 174 f. oder Schaper 2000, 87.
**532** Dahmen 1996, 311.
**533** Vgl. Dahmen 1996, 265 – 266 mit Verweis auf ältere Arbeiten sowie 402 – 403.
**534** Dahmen 1996, 316 – 320. Darin sind ihm – so weit ich sehe ohne neue Argumente – Otto 1999b und Achenbach 1999 gefolgt. Schaper 2000, 9 zählt noch Rudnig 2000 hinzu, aber das muß auf einem Mißverständnis beruhen, da dieser sich zur literarhistorischen Verortung von Dtn 18,6 – 8 nirgends äußert.
**535** Vgl. Dahmen 1996, 318.

ungeeignet. Zudem ist die Umformulierung hier sachlich geboten, da der Levit notwendig „aus einem der Tore" kommt. Ebenso zeige sich eine „Tendenz zur Totalität", in dem von כל-ישראל die Rede sei.[536] Mir scheinen diese Argumente v. a. im Vergleich zu Gunnewegs prägnanter Bemerkung über das inhaltliche Verhältnis der Verse wenig zielführend. Schwerwiegender ist die Beobachtung, daß das Deuteronomium kultische Leviten sonst nicht kenne.[537] Nun ist das allein aber noch kein hinreichender Grund, die einzige Stelle, die möglicherweise eben davon spricht, auszuscheiden, denn es stellt sich die Frage, warum das Dtn an mehreren Stellen vom Kultus der Leviten am Zentralheiligtum – und in den Toren kann es ja ohnehin keinen Kultus mehr geben – gesprochen haben sollte. Zudem ist zu beachten, daß die Leviten ansonsten, d. h. in den Reihungen der *personae miserae*, immer im Kontext der Feste erscheinen, was immerhin, wenn auch abgeblaßt, kultischer Kontext ist. Wie dem auch sei, es gibt m. E. keine *textimmanenten* Kriterien, die für die relative Chronologie innerhalb von Dtn 18,1– 8 nahelegen, daß die Vv. 6 – 8 einer späteren Hand zuzuschreiben seien. Bemerkenswert ist noch ein weiterer Punkt: Dahmen vermißt auf die so eindrücklich pro-levitisch ausgerichtete Zufügung am Ende des Priestergesetzes (d. h. die Vv. 6 – 8) eine priesterliche Reaktion, wie wir sie z. B. für Dtn 10 in den Vv. 6 f. finden.[538]

Der einzige literarhistorische Konsens, den wir bisher festhalten können, betrifft also die Einordnung von Dtn 18,3(f.) als „vor-dtn Opfertarif".[539] Aber gerade diese Festlegung zog, wie oben gesehen, Schwierigkeiten bei der Einordnung von V. 5 nach sich. Lösen wir uns für einen Augenblick von der Vorstellung, daß V. 3 alt, d. h. womöglich vor-dtn, sein muß! Welche textimmanenten Gründe sprechen dann für seine Priorität? Außer dem genannten formalen Kriterium, das jedoch wenig aussagekräftig ist, sehe ich keine. Im Gegenteil: Verzichteten wir auf V. 3, so ergäbe sich ein präziser Anschluß von V. 4 an V. 2. Auch der Rückbezug von V. 5 auf V. 2 ist dann problemlos verständlich. Die Verbindung von V. 2 zu V. 4 wäre erst durch die Einfügung von V. 3 unterbrochen. Das würde bedeuten, daß die inhaltlichen Aussagen der Vv. 4 f. zu Abgaben und Erwählung ursprünglich auf den

---

536 Dahmen 1996, 317.
537 Vgl. Dahmen 1996, 316.
538 Vgl. Dahmen 1996, 320.
539 Einer der wenigen anderen Ansätze findet sich bei Staerk 1894, 10: „Nun kann es aber keinen Augenblick zweifelhaft sein, dass allein in 18, 4 – 5 (und dem dazugehörigen Stücke 18, 6 – 8) echtes deuteronomisches Gut vorliegt, weil nur die hier geforderten Abgaben an die Priester der alten Praxis nahestehen, während 18, 1 – 3 (vgl. 1. Sam. 2, 13) den Übergang zu den Forderungen von P bildet: Ein ‚Recht der Priester an die Opfernden' ist für die ältere Zeit, und auch für das Deuteronomium, das in Bezug auf den Kultus, mit der einzigen grossen Ausnahme hinsichtlich der lokalen Einheit desselben, durchaus konservativ ist, ein Unding." (Im Original teilweise in Fettdruck).

ganzen Stamm bezogen wären, erst nach der Ergänzung von V. 3 ergäben sich die oder der Priester als die Bezugsgröße.[540] Die somit entstandene Verbindung von Priestern mit der Aussage „erwählt aus allen deinen Stämmen" erscheint merkwürdig, ist aber tatsächlich nicht gänzlich ohne Parallele. So wird in I Chr 27,17 neben den Häuptern der Stämme extra Zadoq als נגיד für „Aaron" aufgeführt, auffälligerweise als einziger ohne Angabe einer Verwandtschaftsbeziehung.[541] Versucht man, den Zweck der Eintragung in unserem Text zu bestimmen, so ergibt sich die Tendenz, einen Unterschied zwischen Priestern und dem Gesamtstamm Levi bzw. den Leviten mit deutlicher Privilegierung der Priester einzuführen, was mit ähnlichen Stellen wie Dtn 10,6f. vergleichbar ist. Wie dort besteht die „Technik", wenn man davon sprechen darf, darin, durch eine Zufügung einen bestehenden Zusammenhang zu zertrennen und das Folgende in anderem Licht erscheinen zu lassen.

Schließlich ist zu konstatieren, daß der V. 3, sollte er denn auf eine alte Regelung zurückgehen und in unserem Kontext *nur literarisch spät* sein, innerbiblisch im Grunde keinerlei Spuren hinterlassen hat. Es gibt lediglich eine Ausnahme, nämlich die durchaus lang gesehene Verwandtschaft zu I Sam 2,12ff. Gemeinsam ist beiden Stellen die schwierige Formulierung mit משפט הכהנים (מ)את העם,[542] in welcher משפט zumeist mit „Rechtsanspruch" übersetzt wird, um die Konstruktion auch im Deutschen nachahmen zu können.[543] Die Formulierung ist alttestamentlich ohne weitere Parallele. In Verbindung mit der *figura etymologica* „ein Schlachtopfer schlachtopfern", die in beiden Versen auftritt, legt es sich nahe, tatsächlich auch eine literarische Bezugnahme zu sehen. Erste Hinweise auf die Richtung der Abhängigkeit geben eventuell die kleinen Unterschiede in den Formulierungen. In Dtn 18 wird עם präzisiert durch זבחי הזבח, aber beide Ausdrücke stehen syntaktisch auf einer Ebene. In I Sam gehört עם zur Einleitung, in der Schilderung des Sachverhaltes wird präziser von כל־איש זבח זבח gesprochen. Die „Doppelung" ist in I Sam also durchaus organisch, in Dtn zumindest nicht nötig.

Dies gilt unabhängig von der Frage, ob man I Sam 2,13a als eigenständigen Satz auffaßt, wie es die Verseinteilung nahelegt, oder mit der Vulgata V. 13a als zweites Objekt zu לא ידעו zieht.[544] Letzteres

---

540 Bereits Tob 1,6–8 versteht den Text so, daß die Schafschur allein den Priestern zusteht.
541 Die übliche Filiation ist auch V. 18 bei Elihu aus Juda ersetzt durch die Angabe, daß er von den Brüdern Davids sei.
542 Ob man in I Sam 2,13 mit Verweis auf die LXX ursprünglich כהן im Sg. lesen und das מ bzw. ה statt dessen zu את ziehen sollte (vgl. R. Klein 1983, 22 bzw. W. Dietrich 2011, 111), muß hier nicht entschieden werden.
543 Wobei diese Übersetzung auch sachlich berechtigt ist, vgl. ähnlich Ex 21,9; 23,6; Dtn 21,17; I Sam 8,9.11; 10,25.
544 Für ersteres vgl. Stoebe 1973, 108 und W. Dietrich 2011, 111.

ist grammatisch und sachlich naheliegender, die Verseinteilung hingegen ist theologisch motiviert: Das „Kennen JHWHs" konnte nicht mehr mit dem Kennen des משפט הכהנים את־העם auf einer Ebene stehen. Dahinter steht das Problem, wie dieser משפט zu verstehen sei. Besonders Hans Joachim Stoebe hat mit Recht darauf hingewiesen, daß „beide Abschnitte (*scil.* Vv. 12–14 und Vv. 15–17) … einmal im Verhältnis Brauch und Mißbrauch zueinander"[545] standen. Die Sünde der Söhne Elis bestand nicht im zufälligen „Herausfischen" einzelner Teile des Opferfleisches. Dies ist der zunächst ganz neutral geschilderte Vorgang des in Schilo geübten, priesterlichen Brauches. Ihr Vergehen ist vielmehr der Zeitpunkt, an welchem sie sich des Opferfleisches bemächtigen.[546] Durch die Verseinteilung wird hingegen suggeriert, daß bereits die Vv. 13 f. das Fehlverhalten der Eli-Söhne benennen, die Willkür in Vv. 15 ff. nur noch die Steigerung dazu sei. כהנים meint in diesem Sinne konkret die Söhne Elis, und der משפט bezeichnet nicht mehr den „Rechtsanspruch", sondern nur noch die (Un)Sitte.

Was schon sprachliche Indizien nahelegen,[547] wird durch die inhaltliche Differenz bestärkt: Die Festlegung der priesterlichen Opferanteile auf „Vorderkeule, Kinnbacken und Labmagen" ist nicht nur den Söhnen Elis unbekannt, sondern auch den Autoren des Samuelbuches – denn erst Dtn 18,3 führt sie ein. Es dürfte kaum zu erklären sein, warum I Sam die „alte Regel" des Deuteronomiums nicht vollständig zitiert, die Entwicklung vom Zufälligen hin zum konkret Festgelegten ist dagegen leicht nachvollziehbar.[548] Die literarische Abhängigkeit – so es denn eine gibt, was mir freilich unzweifelhaft ist – wäre also eine zweifache: Zunächst reagiert Dtn 18 auf I Sam, indem der Sachverhalt durch die Einfügung von V. 3 einschränkt bzw. präzisiert wird. Das setzt voraus, daß bereits der Redaktor von Dtn 18,3 den Text I Sam 2,13b.14 nicht mehr als legitimen Brauch verstand, sondern als Abirrung vom eigentlich Gebotenen. Eben jenes, das Recht der Priester, welches die Söhne Elis nicht kannten und beachteten, liefert Dtn 18,3. Für eine Regelung priesterlicher Einkünfte hätte der Redaktor kaum einen besseren Platz finden können! Die Einteilung des masoretischen Textes in I Sam 2 geht dann, wie gesehen, noch einen Schritt weiter bzw. expliziert das von Dtn 18,3 her nahegelegte Verständnis, indem V. 13a von V. 12 abgetrennt wird.

Aus diesen Beobachtungen folgt, daß Dtn 18,3 grundsätzlich jünger als I Sam 2 einzuschätzen ist,[549] was die internen Beobachtungen zu Dtn 18 stützt. Der Vers ist

---

545 Stoebe 1973, 111; ähnlich Hentschel 1994, 55 mit vorsichtiger Distanzierung von dem durch ihn zu kommentierenden Text der Einheitsübersetzung.
546 Auf diese Weise versteht auch LAB 52,1 den Text.
547 Noch einmal sei die Lesung את statt מאת in I Sam 2,13 angemerkt. Sollte es sich dabei nicht einfach um einen Textfehler handeln, läge damit die *lectio difficilior* vor, Dtn 18,3 böte den glatteren Text.
548 Vgl. ebenfalls Dahmen 1996, 279.
549 Etwas anders W. Dietrich 2011, 129–132 (bes. 131), der die Differenz zwischen Dtn 18,3 und I Sam 2,13 nicht diachron, sondern diatopisch als Differenz zwischen Schilo und Jerusalem

alles andere als eine „alte Regel", er ist zunächst eine literarische Bildung und die jüngste Fortschreibung innerhalb des Priestergesetzes in Dtn 18.[550] Durch die Zufügung ändert sich, wie wir sahen, auch die Bezugsgröße für die Vv. 4 f. und damit deren Bedeutung. Wir finden darin die von Ulrich Dahmen vermißte priesterliche Reaktion auf die pro-levitische Redaktion. Auf sie mag auch die Erläuterung „er und alle seine Söhne" in V. 5b zurückzuführen sein. Es ist durchaus möglich, diese Worte als personale Zuspitzung der ursprünglich auf den Stamm abzielenden Aussage in V. 5 zu verstehen.

Alles in allem gestaltet sich damit v. a. das Ende der Literargeschichte in Dtn 18 etwas unkomplizierter. Als jüngster Zusatz kann V. 3 gelten, dem vermutlich auch הוא ובניו in V. 5b zuzuordnen ist. Eine weitere, in sich geschlossene Redaktionsschicht läßt sich danach in den Vv. 1(כל־שבט לוי und נחלתו).2.4.5* ermitteln. Diese identifiziert die in V. 1* genannten „levitischen Priester" mit dem ganzen Stamm Levi, führt dessen Landbesitzlosigkeit auf eine göttliche Aussage zurück (V. 2), nennt die dem Stamme zustehenden jährlichen Abgaben (V. 4) und formuliert den Gedanken göttlicher Erwählung des Stammes zum Dienst im Namen JHWHs (V. 5). Nach Abzug auch dieser Redaktionsschicht verbleiben als Grundbestand des Priestergesetzes noch Dtn 18,1*.6 – 8. Auf eine eventuell leicht verschobene Begriffsverwendung in bezug auf חלק wurde oben bereits hingewiesen.[551] Ebenfalls eine leichte semantische Differenz ergibt sich aus dem Gebrauch von „levitischen Priestern" in V. 1 und „Levit" bzw. „Leviten" in Vv. 6 – 8. Sollte man hier verschiedene Hände unterscheiden können, käme die Priorität klar der Regelung Vv. 6 – 8 zu, da V. 1 für sich nicht lebensfähig ist. Ob die Argumente für eine redaktionelle Differenzierung jedoch ausreichen, erscheint mir unsicher. Jedenfalls lassen sich inhaltlich Vv. 6 – 8 gut als die aus der Feststellung in V. 1 resultierende Konsequenz verstehen: Das ger-Sein des Leviten in den Städten Israels ergibt sich aus seiner theologisch begründeten Landbesitzlosigkeit, eine sinnvolle Aufgabe hat er v. a. am erwählten Ort.

---

erklärt: „Das Brauchtum am Heiligtum von Schilo hatte etwas Familiäres und Egalitäres an sich [...] Verglichen damit waren die diesbezüglichen Regelungen am Jerusalemer Tempel strenger, klarer, kühler. [...] Aus Jerusalemer Sicht musste das »Priesterrecht« von Schilo als reichlich seltsam, wohl als anstößig erscheinen. Diese Wertung wurde eingetragen durch die Voranstellung von 12 vor 13 f." Eine solche Erklärung ist nur dann plausibel, wenn etwa I Sam 2,13 ff. eine literarische Vorgeschichte außerhalb Jerusalems gehabt hätten. Ist aber schon die mutmaßliche Grunderzählung in Jerusalemer Kreisen zu verorten, fällt die lokale Differenz als Erklärung für die in I Sam 2,13 ff. im Unterschied zu Dtn 18,3 eingenommene Position aus, eine diachrone Erklärung liegt näher.

**550** Vgl. auch die Bedenken hinsichtlich der den Vers einleitenden Formel oben S. 110 f.
**551** S. o. S. 114.

## c) Bezugstexte

Als literarischer Hintergrund von Dtn 18,3 wurde oben bereits I Sam 2,12 ff. bestimmt. Ähnlich ist nun nach möglichen Bezugstexten der vorletzten Redaktionsschicht Vv. 1*.2.4.5* sowie der literarischen Verortung der Grundschicht zu fragen.

Wir sahen bereits, wie V. 2 gegenüber V. 1 kleinere Akzentverschiebungen vornimmt, und dementsprechend dort sein Vorbild hat. Die Aussage über die Landbesitzlosigkeit enthält in V. 1 noch nicht den Rückverweis כאשר דבר־לו. Erst die Fortschreibung, in deren Zuge V. 2 eingefügt wird, bringt diesen Gedanken ein. Ihr erster Bezugspunkt ist aber V. 1. Dies kann m. E. bei einer Diskussion um die Frage nach einem Bezugstext für die Zusage יהוה הוא נחלתו nicht außer Acht gelassen werden.[552] Die Schwierigkeiten der sonst üblicherweise in der Diskussion stehenden Möglichkeiten wurden oben bereits aufgezeigt: Sowohl die Annahme eines einst in Ex 32–34* enthaltenen, aber im Laufe redaktioneller Überarbeitungen verlorengegangenen Bezugstextes als auch die Postulierung eines „alten religiösen Programmwortes" sind problematisch.[553] Ebenso wurde bereits auf die Schwierigkeiten des Versuchs, die Vorlage in Num 18,20(–24) zu finden, hingewiesen, denn in Num 18,20 ist allein Aaron Adressat der JHWH-Rede und nur ihm gilt die Zusage, daß JHWH sein Erbteil sei. Den Söhnen Levis, die betont von den aaronidischen Priestern unterschieden werden, wird dagegen der Zehnt als נחלה zugesprochen.[554] Daß aber Num 18 zunächst in Dtn 10 und 18 pro-levitisch umgeformt, schließlich aber doch in seiner priesterlichen Gestalt maßgeblich rezipiert worden sei, ist m. E. aus historischen Erwägungen heraus eine auch redaktionsgeschichtlich ausgesprochen unwahrscheinliche Annahme. Sowohl sprachlich – im Hinblick auf die mehrheitlich anzutreffende Formulierung der Aussage – als auch sachlich – im Hinblick auf die zunehmende Differenzierung sowohl des Klerus als auch des Abgabenwesens – spricht der Befund viel stärker dafür, in Num 18 bereits einen Sonderfall und damit ein Beispiel für die Rezeption von Dtn 18 zu sehen.[555] Ein umgekehrter Gang der Entwicklung würde allen

---

552 Das übersieht Dahmen 1996, 59–64 in seiner ansonsten sehr sorgfältigen Abwägung der Argumente für oder gegen die im folgenden genannten Positionen.

553 S. o. S. 25.

554 S. o. S. 25 f.

555 Schon Skweres 1979, 188–191 weist nach, daß Num 18 in seiner jetzigen Form nicht die Vorlage für Dtn 10,9 und 18,2 gebildet haben kann, kommt dann allerdings zu dem unwahrscheinlichen Ergebnis, daß sich die Deuteronomiumstexte auf eine ehemals selbständige, ältere Fassung von Num 18 bezogen hätten, „das uns nur noch in der späteren Bearbeitung von Num 18 erhalten ist." (Skweres 1979, 191). Eine Prüfung der umgekehrten Möglichkeit, daß nämlich Num 18 eine Reformulierung der deuteronomischen Verse sein könnte, unterläßt er angesichts der Fragestellung seiner Arbeit.

sonstigen bisher beobachteten Tendenzen widersprechen. Zieht man hingegen in Betracht, daß das deuteronomische Corpus als Gottesrede gedacht ist, ist damit auch eine hinreichende Möglichkeit gegeben, Dtn 18,1 als entsprechende Vorlage für den „Rückverweis" in V. 2 zu verstehen. Die Suche nach einem Bezugstext für die Zusage aus Dtn 10,9 und 18,2b kommt damit an ihr Ende. Der Bezug ergibt sich aus der Redaktionsgeschichte des Priestergesetzes und d. h. als Folge deuteronomischer Theoriebildung. In diesem Sinne ist V. 1 auch der Ausgangspunkt für die Belege in Jos 13,14.33; 18,7 und für die jeweiligen Reformulierungen in Num 18 und Ez 44.[556]

Ebenso hat auch V. 4 eine Vorlage im Deuteronomium: Die Trias von „Getreide, Most und Frischöl" steht *pars pro toto* für die Erträge des Landes.[557] Genau die Hälfte der Belege steht im Kontext des Abgabenwesens.[558] Auffällig ist die Häufung der Reihe in späten Texten, v. a. im Chronistischen Geschichtswerk. Diesen Bezügen ist noch nachzugehen. Als älteste Belege kommen am ehesten Dtn 12,17 und 14,23 in Frage.[559] Beide Verse werden üblicherweise zum Grundbestand eines Urdeuteronomiums gerechnet,[560] dürften also einem Bearbeiter von Dtn 18 vorgelegen haben. Während aber nach Dtn 12 und 14 lediglich gefordert ist, daß der Zehnte (מעשר) – mit der Möglichkeit einer finanziellen Auslöse – von den Israeliten an der erwählten Stätte verzehrt und die *personae miserae* hierbei nicht vergessen werden sollen,[561] ordnet Dtn 18 eine Abgabe des „Ersten" (ראשית) für das Kultpersonal an. Gerade in späteren Texten scheint der Unterschied zwischen מעשר und ראשית nicht immer deutlich zu sein,[562] hier jedoch bezeichnet „Erstes" vermutlich noch etwas anderes als den Zehnten, d. h. wohl nur einen Teil davon.[563] Deutlich ist m. E. aber, daß Dtn 18 damit die älteren Vorlagen des Deuteronomiums

---

556 Zur weiteren Verhältnisbestimmung vgl. die entsprechenden Kapitel dieser Arbeit.
557 Vgl. Dtn 7,13; 11,14; 28,51; Jer 31,12; Hos 2,10.24; Jo 1,10; 2,19; Hag 1,11. In II Reg 18,32 wird dieser Gebrauch gewissermaßen konterkariert.
558 Num 18,12; Dtn 12,17; 14,23; II Chr 31,5; 32,28; Neh 5,11; 10,40; 13,5.12.
559 Zum keineswegs hohen Alter der Trias und speziell zu Hos 2,10 vgl. Vielhauer 2007, 150 Anm. 78.
560 Vgl. die Zusammenstellung bei Kratz 2000a, 122.
561 Es fällt auf, daß keine Abgabe an König oder Tempel intendiert ist, weswegen man leicht dazu neigen könnte, hierin ein Indiz für nachstaatliche Datierung zu sehen, aber vgl. erneut MacDonald 2010, 432f.
562 Vgl. v. a. den Parallelismus in II Chr 31,5, aber auch Num 18.
563 Vgl. schon Eißfeldt 1917, 40f. und Hölscher 1922, 185. Das „Erste" ist auch in neu-assyrischen (als *rēšāti*) und aramäischen Dokumenten (in der Form רסה) als Abgabe an Tempel belegt, vgl. etwa die Diskussion bei Lipiński 2010, 102–105.143ff.153ff. und zuletzt die Neufunde aus Tell Halaf in Fuchs/Röllig 2012. Damit ist, so weit ich sehe, kein bestimmtes Maß verbunden.

in Dtn 12 und 14 reïnterpretiert.[564] Der Fokus verschiebt sich von einer Zentralisations- zu einer Abgabenregelung. Zu bemerken ist noch, daß das Element der „Erstgeborenen von Rindern und Kleinvieh" aus Dtn 12 und 14 in Kapitel 18 nicht übernommen ist, aber nach der Einfügung von V. 3 hätte es hier auch keinen Platz mehr gehabt. Sollte es je in Dtn 18 gestanden haben, wäre eine spätere Tilgung denkbar. Damit freilich ist der Boden kontrollierter Spekulation nahezu verlassen.

Ein wenig komplexer verhält es sich noch mit dem „Ersten der Schafschur". Im Rahmen von Abgaben ist das Nomen גז hier einmalig.[565] Das zugehörige Verb גזז findet sich häufiger, im entsprechenden Kontext jedoch nur in Dtn 15,19 – auch dieser Text wird üblicherweise dem Urdeuteronomium zugesprochen. Die Annahme einer Stichwortverknüpfung zwischen Dtn 15,19 und 18,4 liegt also nahe. Es sind aber die Unterschiede zwischen beiden Texten zu beachten: Dtn 15 untersagt das „Scheren der Erstgeborenen", da diese JHWH geweiht und jährlich am zentralen Heiligtum zu verzehren seien; Dtn 18 hingegen bestimmt den „Erstling der Schur" als Abgabe, d. h. die Bezugsgrößen unterscheiden sich jeweils. Ein Widerspruch zwischen beiden Aussagen, der gegen eine mögliche Stichwortverknüpfung spräche, liegt damit aber nicht vor. Eher führt Dtn 18 den Gedanken aus Kapitel 15 positiv weiter: Ist für die zum Verzehr an erwählter Stätte bestimmten *Erstgeborenen* eine Schur untersagt, bleibt noch zu regeln, was mit der Schur der übrigen Tiere zu geschehen hat. Über den praktischen Vollzug geben uns die übrigen alttestamentlichen Texte leider wenig Auskunft,[566] bis auf die Tatsache, daß es sich dabei um größere und bisweilen festliche Aktionen gehandelt zu haben scheint, die nicht an jedem Orte stattfinden konnten.[567] Für den Ausbau der Abgabenregelungen in Dtn 18,4 jedenfalls liefert das Urdeuteronomium das entsprechende sprachliche und gedankliche Material.

Die Diskussion um literarische Bezugnahmen könnte nun den Eindruck erwecken, es würden damit historische Hintergründe grundsätzlich bestritten. Das wäre ein Mißverständnis. Es steht m. E. außer Zweifel, daß gerade das Abgabensystem ein realer und recht handfester Streitpunkt gewesen sein dürfte. Ebenso ist Wolle als Abgabe im Alten Orient durchaus belegt.[568] Aber glei-

---

564 Zur Nachordnung von Dtn 18,4 gegenüber 14,22 ff. mit entsprechender Umdeutung vgl. bereits Nowack 1894, 126.
565 Ansonsten nur noch Hi 31,20. Ps 72,6 und Am 7,1 bezeichnen die Mahd.
566 In der rabbinischen Literatur werden schließlich einige wenige Fragen, wie etwa das Mindestmaß der Abgabe, in mHul 10 und mEd 3,3 diskutiert.
567 Vgl. Gen 31,19; 38,12.13; I Sam 25,2 – 11; II Sam 13,23.24. Das ist allerdings alles andere als ein Spezifikum des alten Israel. Auch auf Island ist die entsprechende Saison bis heute ein größeres Ereignis. Vgl. auch die sehr lebendigen Darstellungen zur Situation im vormodernen Palästina sowie die Aufbereitung des rabbinischen Schrifttums zum Thema bei Dalman 1937, 1 – 19.
568 Vgl. Salonen 1972, 52 – 54.

chermaßen stehen Texte über derartige Themen im Generalverdacht, eher Ansprüche als Realitäten zu spiegeln. Im Falle der Schafschur sind zudem nicht einmal weitere literarische Spuren innerhalb der Hebräischen Bibel greifbar. Gerade die Bücher Neh und Chr, die sich intensiv mit dem Abgabensystem befassen, erwähnen sie nicht. Erst das Buch Tobit, welches in 1,6 – 8 direkt auf das Deuteronomium anspielt, rezipiert das Thema.[569] Mag also historisch Wolle ein Teil der Abgaben und damit auch in Neh und Chr impliziert sein, so ist die explizite Erwähnung in Dtn 18 immer noch eine Besonderheit. Der Hinweis auf den Bezug zu Dtn 15 soll daher lediglich die Motivation für die ausdrückliche Nennung erklären, und in diesem Sinne handelt es sich dann bei V. 4 um eine vornehmlich literarische Bildung.[570]

Zu klären bleibt noch das Verhältnis von V. 5 zu möglichen Vorlagen. „Erwählung" wird in der übergroßen Zahl der Belege im Dtn von „dem Ort" ausgesagt. Gelegentlich ist Israel Objekt der Aussage, jedoch stehen die Belege im Perfekt sowie in Partien, die nicht dem Urdeuteronomium zugehören.[571] Beides gilt auch für die Aussagen betreffs der Erwählung des Kultpersonals,[572] nur letzteres für die Erwählung eines Königs durch JHWH.[573] Die entscheidende Referenzstelle für das Urdeuteronomium dürfte nun 12,14 mit der ausführlichen Form „in einem deiner Stämme" sein. Im Vergleich hierzu wird die gedankliche Übertragung, die 18,5 vornimmt, deutlich, auch von daher kann der Vers nicht der Grundschicht zugehören: In Entsprechung zu dem einen erwählten Ort in allen Stämmen gibt es den einen zum kultischen Dienst erwählten Stamm. Die Bestimmung, wozu der Stamm erwählt ist, gehört hier notwendig zur Aussage. Damit fällt sogleich das Urteil über das literarische Verhältnis zu Dtn 17,12.[574] Im dortigen Kontext ist die Apposition לשרת שם את יהוה אלהיך zu הכהן העמד geradezu merkwürdig, es sei denn man versteht sie als Transformation der Aussage aus 18,5. Es läge dann in Dtn 17,12 ebenso eine personale Zuspitzung auf den Hohenpriester vor, wie sie schon für die mögliche Ergänzung von 18,5 vermutet wurde.

Abschließend bleibt zu klären, ob der nun herausgearbeitete Grundbestand Dtn 18,1*.6 – 8 auch Teil des Urdeuteronomiums gewesen ist. Die von Ulrich Dahmen genannten terminologischen Beobachtungen sind, wie erwähnt, kaum überzeugend, um eine späte redaktionsgeschichtliche Einordnung begründen zu

---

**569** Vgl. dazu Ego 1999 und Fitzmyer 2003 zur Stelle, sowie Hofmann 2003, 320 – 322. Zur Tempelrolle s.u. Kapitel 8.4.
**570** Vgl. die ganz ähnlichen Gedanken bei Stackert 2007, 169 – 171 („Tithes, Levites, and the Question of Historical Custom"). Eißfeldts Bemerkung, „anzunehmen, der Deuteronomiker hätte sie [scil. die Abgabe der Schur] sich ersonnen, wäre gewiß verfehlt" (Eißfeldt 1917, 41), eröffnet insofern falsche Alternativen.
**571** Dtn 4,37; 7,6 f.; 10,15; 14,2.
**572** Eben Dtn 18,5 und 21,5, dazu s.u. Kapitel 2.2.7.
**573** Dtn 17,15, s.o. Kapitel 2.2.5.
**574** S.o. S. 97 ff. zum Nachtrag „des Priesters" im Richtergesetz V. 12.

können. Trotzdem sprechen möglicherweise drei Gründe gegen die Zuordnung zu einer deuteronomischen Grundschicht. Der erste dieser Gründe betrifft den Übergang von Dtn 17 zu 19. Die logische Konsequenz aus der Einrichtung des Zentralgerichts bzw. Delegierung von Kompetenzen der Ortsgerichtsbarkeit an die Zentrale erfordert auch die Bestimmung über die Asylstädte, wie sie erst Dtn 19 bietet. Dieser Zusammenhang scheint gegenüber dem jetzigen Konnex mit der Bestimmung über das Personal am Tempel primär.[575] Der zweite Grund hängt an der Einschätzung, daß es sich bei Dtn 18,1*.6–8 nicht um ein Zentralisationsgesetz im engeren Sinne handelt, sondern die Zentralisation schon vorausgesetzt wird. Der Text behandelt erst die nicht unmittelbar daraus resultierenden Folgen. Während das Urdeuteronomium eher an einer Einsetzung der Institutionen als Folge der Zentralisierung interessiert ist, klärt dieser Abschnitt die konkreten Folgen für das betroffene Personal. Die Leviten, die keinen Grund und Boden besitzen, ja besitzen sollen, werden mit der Zusage materieller Gleichstellung zur Mitarbeit am Zentralheiligtum eingeladen.[576] Dies leitet zum dritten Grund über, der das Thema Landbesitz betrifft. In dem unzweifelhaft urdeuteronomischen Dtn 14,27 wird der Levit der besonderen Fürsorge anvertraut, weil er – was einfach konstatiert wird – „weder Erbe noch Erbteil" mit Israel hat. Bereits in Dtn 18,1 ist diese Tatsache jedoch zur Regel umformuliert, die ihrerseits die Begründung dafür darstellt, die Versorgung der Leviten zu regeln – freilich anders, als in Dtn 14,22–27* angedacht. Ich halte es daher insgesamt für wahrscheinlicher, daß wir es hier mit einem – durchaus sehr frühen – Einschub in das Urdeuteronomium zu tun haben, den man sogar noch als „deuteronomisch" bezeichnen mag.[577]

### d) Ergebnis

Wir halten fest: Nach dem Urdeuteronomium soll der Levit bei der Festfreude nicht vergessen werden, weil er weder Erbe noch Erbteil mit Israel hat. In einer frühen Novelle wird dem Urdeuteronomium eine erste Fassung des Priestergesetzes Dtn 18,1*.6–8 hinzugefügt. Sie formuliert den urdeuteronomischen Hinweis auf die Landlosigkeit *des Leviten* zu einer Vorschrift für die *levitischen Priester* um (V. 1) und legt zugleich die אשי יהוה als Ersatzleistungen fest. Kernpunkt des Priestergesetzes ist allerdings die Versorgung derjenigen Leviten, die am Tempel prie-

---

575 Vgl. dazu Kratz 2000a, 123.

576 Es ist m.E. eine reizvolle Spekulation, darin vielleicht statt einer Geste guten Willens tatsächlich eher eine Werbeaktion zugunsten des (Jerusalemer) Zentralheiligtums zu sehen, das entsprechenden Personalbedarf hatte, vgl. auch Neh 13,10 ff. sowie unten S. 198 f. zur Frage des Dienstalters der Leviten in Num 4 und 8.

577 Vgl. bei Kratz 2000a, 122 die Rede vom „näheren Umfeld".

sterlichen Dienst tun (Vv. 6 – 8). Ein jeder, der „mit aller Lust der Seele" zum er-
wählten Ort kommt (V. 6), um dort wie alle seine levitischen Brüder zu dienen
(V. 7), soll gleichermaßen Anteil an der Versorgung erhalten (V. 8). Hierin wird ein
Verweis auf die יהוה אשי aus V. 1b zu sehen sein.

Interessant ist eine sprachliche Differenzierung: Von levitischen *Priestern*
spricht nur V. 1, während V. 6 von *dem Leviten* redet. In V. 7 ist לוים attributiv gebraucht, aber zumindest implizit dürfen die so bezeichneten Personen als Priester
gelten, insofern sie priesterliche Tätigkeiten vollziehen. Vielleicht darf man hieraus
schließen, daß auch das Deuteronomium sehr wohl differenziert zwischen Leviten
außerhalb des erwählten Ortes und Leviten, die am Zentralheiligtum Dienst tun und
entsprechend als „levitische Priester" bezeichnet werden können.[578]

Eine erste Erweiterung des Priestergesetzes präzisiert die Regelungen der
Grundschicht: Die „levitischen Priester" werden als Stamm bezeichnet, dessen
נחלה nun JHWH selbst ist (V. 2) und dessen Versorgung ausführlicher geregelt wird.
Ihm kommen das Erste von Getreide, Most und Frischöl sowie das Erste der
Schafschur zu (V. 4), denn schließlich ist „Levi" der von JHWH zum Dienst am
Heiligtum erwählte Stamm (V. 5). Tendenziell findet sich auch in diesen Aussagen
eine Steigerung levitischen Anspruchsdenkens, wie es bisher schon mehrfach in
deuteronomistischen Fortschreibungen ausgemacht werden konnte.

Das letzte Wort behält allerdings eine priesterliche orientierte Redaktion, auf
deren Konto die Zufügung von V. 3 geht. Durch diese Einfügung verändern sich in
subtiler Weise die Bezugsgrößen der Vv. 4 f. – nicht mehr vom Stamm, sondern von
den Priestern bzw. dem Priester ist die Rede –, zugleich wird eine Regelung für die
Anteile bei tierischen Opfern getroffen. Damit ordnet sich Dtn 18,1 – 8 als
Schlüsseltext hervorragend in die bisherigen Beobachtungen zur Redaktionsgeschichte des Deuteronomiums ein.[579]

---

**578** Vgl. unten S. 142 ff. in der Zusammenfassung. Mit Gunneweg 1965, 135 – 138 muß nach nach
den praktischen Implikationen der dtr Position fragen: Führt eine solche nicht zwangsläufig in
eine Zweiteilung, wie sie die spätpriesterlichen Texte in Num und die einschlägigen Texte in Ez
propagieren?
**579** Wenn nach Otto die hier als ur- oder frühdeuteronomisch bestimmten Vv. 6 – 8 dagegen
postpriesterschriftlich (vgl. Otto 1999b, 284) oder „postredaktionell" (vgl. Otto 2000a, 186
Anm. 144) anzusetzen wären, stünde das allen sonstigen Beobachtungen entgegen. Wie sich der
Text etwa zur priesterschriftlichen Sichtweise verhält, bleibt offen, zumal wenn Texte wie
Dtn 10,6 f. ebenfalls als postredaktionelle Glosse (vgl. Otto 2000a, 187) gelten sollen.

### 2.2.7 Dtn 21

Daß der Abschnitt Dtn 21,1–9 über die „Sühnung eines Mordes von unbekannter Hand", der in der jüdischen Tradition den Wochenabschnitt שופטים (Dtn 16,18 – 21,9) beschließt, zum deuteronomischen Grundbestand oder doch zumindest zu dessen näherem Umfeld[580] gehört, ist weitgehender Konsens alttestamentlicher Forschung,[581] ebenso wie die Aussonderung von V. 5 als späterer Nachtrag. Klassisch ist das Dictum Julius Wellhausens: „sie [*scil.* die Priester] kommen post festum, haben gar nichts zu tun, sondern sollen nur nicht fehlen; das Gebet sprechen nicht sie, sondern die Ältesten."[582]

Für alles weitere kann im Grunde auf die sehr gründliche und beeindruckend weitgespannte Analyse von Jan Dietrich verwiesen werden.[583] Er arbeitet einen vor-dtn Ritualtext (Dtn 21,1*.3b*.4.6b.7.8b) heraus, der noch vor-dtn um den Abmessungsvorgang in den Vv. 2*.3a erweitert wurde.[584] In das Deuteronomium eingefügt worden sei der Text als Gegenstück zu Dtn 19,1–13. Dabei machen die terminologischen Differenzen zu jenem Text deutlich, daß Dtn 21,1–9* vor-dtn

---

**580** Vgl. Kratz 2000a, 122.127.
**581** Vgl. z. B. Bertholet 1899, 64; Hölscher 1922, 208 f.; Preuß 1982, 56 usw.
**582** Wellhausen ³1899, 359.
**583** J. Dietrich 2010, zur Literarkritik vgl. v. a. 71–88.
**584** Bemerkenswert ist v. a. der Hinweis auf einen ähnlichen, durch Paralleltexte bezeugten Fortschreibungsvorgang in den hethitischen Gesetzen (J. Dietrich 2010, 78). Bereits Gertz 1994, 164 hatte mit Recht die Notwendigkeit einer Unterscheidung zwischen dem Vorgang des Abmessens Vv. 2.3a und dem Sühneritus Vv. 3bff. betont. Die Kritik von Dahmen 1996, 323 ist etwas undurchsichtig: Sind die Richter „funktionslos", so gälte das auch im Falle eines Nachtrags, dessen Sinn sich dann nicht erschlösse. Haben sie eine Funktion, ist nicht einzusehen, warum das nicht auch für den Grundbestand gelten soll. – Zum Verhältnis von Richtern und Ältesten im deuteronomischen Recht vor altorientalischem Hintergrund vgl. jetzt auch Wells 2010. Wells kann überzeugend darlegen, daß eine *generelle* Aufteilung von „Richtergesetzen" und „Ältestengesetzen" auf verschiedene literarische Schichten nicht plausibel ist. Das spricht jedoch nicht von vornherein gegen eine literarkritische Lösung des in V. 2 möglicherweise vorliegenden Problems. Gegen allzu simple Verhältnisbestimmungen von Richtern und Ältesten hat allerdings bereits Dietrich eine sehr ausbalancierte Darstellung geboten: „Es ist daher zu wenig, Ältesten und Richtern komplementäre Rollen zuzusprechen, zu viel von ‚replacement of one system of justice with another, as the elders are silently evicted from their customary place of honor' zu sprechen. Weder werden die Richter den Ältesten komplementär beigeordnet noch werden die Ältesten durch die Richter ersetzt, vielmehr werden die Macht- und Organisationsverhältnisse im Hinblick auf Gesamtisrael so neu geregelt, daß die Richter den Ältesten übergeordnet werden..." (J. Dietrich 2010, 352; das Zitat ist Levinson 1997, 126 entnommen). Daß Älteste im Richtergesetz Dtn 17 und der zugehörigen Parallelstelle Dtn 19 keinerlei Rolle spielen, ist durchaus bezeichnend, aber eben nur ein Teil des Bildes.

vorgelegen haben müsse.[585] Nach Aufnahme in das deuteronomische Gesetz sei der Abschnitt weiter ergänzt und überarbeitet worden, zuletzt postdeuteronomistisch mit den Vv. 5.6a. Dieser sehr bedenkenswerte Vorschlag kann hier nicht in angemessener Weise gewürdigt werden. Überzeugend und weiterführend ist m. E. v. a. die Differenzierung zwischen dem zugrundeliegenden Ritual und seiner späteren juristischen Nutzbarmachung.[586]

Zweifel hege ich hingegen bezüglich der vor-dtn Ansetzung einer Fortschreibung bestehend aus den Vv. 2*.3a, sowie einer Differenzierung innerhalb von V. 2, wonach sowohl der Ausdruck „(deine) Richter" als auch die Suffixe der 2. Person Sg. einem dtr Nachtrag zugerechnet werden müssen.[587] Beide Formulierungen sind mit Blick auf Dtn 16,18 gut erklärbar, und schließlich wird man angesichts der obigen Interpretation von Dtn 17,8 – 13* erneut festhalten können, daß bereits die deuteronomische Grundschicht ein nicht unwesentliches Interesse an professionellen Richtern hatte.[588] Von daher erscheint es mir näherliegender, bereits den deuteronomischen Redaktor für die abschließende Form der Vv. 2.3a in Anspruch zu nehmen.[589] Bei einer Einfügung „deiner Richter" in späterer Zeit müßten die dahinterstehenden Motive deutlicher herausgearbeitet werden,[590] zumal sich ja andererseits als konkurrierendes Konzept der Fortschreibungen ein zunehmendes Interesse an einer priesterlichen Gerichtsbarkeit zeigen läßt, das dazu in ein Verhältnis gesetzt werden müßte. Sind die Richter hingegen auf der deuteronomischen Ebene vorauszusetzen, könnten die Vv. 2*.3a immer noch, wie von Dietrich vorgeschlagen, eine vor-dtn Ergänzung sein, wobei freilich der praktische Rahmen und literarische Kontext einer solchen Ergänzung fraglich sind.

Entscheidend bei allen sonstigen Fragen ist aber die Einigkeit darüber, daß die Einfügung von V. 5 zur letzten Fortschreibung des Textes gehört.[591] Umso mehr

---

**585** Vgl. J. Dietrich 2010, 336 – 341.

**586** Vgl. J. Dietrich 2010, 88 – 95.

**587** Vgl. J. Dietrich 2010, 75 f.348 – 352. Zum Nachtrag „deine Richter" grundsätzlich schon Hempel 1914, 216; Hölscher 1922, 208 Anm. 1; Steuernagel ²1923, 128 u. a.; vgl. ansonsten die Übersicht bei Dahmen 1996, 322 Anm. 8. Die Unterscheidung zwischen „deinen Ältesten" V. 2 und den Ältesten jener Stadt, die hier zum literar- bzw. redaktionskritischen Kriterium wird, nimmt übrigens schon mSot 9,5 vor, indem sie „deine Ältesten" mit den Ältesten Jerusalems identifiziert.

**588** S. o. Kapitel 2.2.4.

**589** So auch Gertz 1994, 170 – 172; mit Einschränkung (ohne ושפטיך) auch Hölscher 1922, 208 f.: „Doch lehrt der Gebrauch der singularischen Anrede in v. 2 wohl, daß der Deuteronomiker den Text teilweise selber formuliert hat."

**590** Der Verweis bei Dahmen 1996, 323 auf Dtn 17,8 – 13 bzw. 19,16 – 19a verfängt nicht, da Dahmen in der Diskussion jener Texte jeweils begründet auf Dtn 21 verweist. Angesichts dieses Zirkelschlusses ist Dahmens „forensische Redaktion" m. E. nicht haltbar, an den Richtern ist in der dtn Grundschicht durchgängig festzuhalten.

**591** Und zwar in Gänze, weitere literarkritische Differenzierungen scheinen nicht nötig, vgl. Dahmen 1996, 326 – 330. Die nach Dietrich weiteren möglichen Ergänzungen in V. 3 sowie V. 6a können hier unbeachtet bleiben.

Aufmerksamkeit verdient die Frage nach Sinn und literarhistorischem Ort dieser Zufügung.[592] Dafür ist zunächst noch einmal festzuhalten, daß die Ältesten in V. 4 bereits das Genick der Kuh gebrochen haben. „Das Auftreten der Priester erst zu diesem Zeitpunkt schließt ... definitiv aus, das Töten des Tieres als Opfer mißzuverstehen."[593] Dennoch handelt es sich im Sinne des Redaktors offenbar um eine rituelle Handlung, welche die Anwesenheit von Priestern notwendig machte, denn „sie hat JHWH, dein Gott, erwählt, ihm zu dienen und im Namen JHWHs zu segnen" (V. 5a). Diese uns bereits bekannte summarische Beschreibung priesterlicher Aufgaben (Dtn 10,8; 18,5) scheint hier zu genügen, um die Beteiligung von Priestern zu begründen. Gleichermaßen verweist aber V. 5b auf das Thema Rechtsstreit, d. h. auf den vorhergehenden Vorgang des Abmessens (Vv. 2.3a) zurück, mit welchem entschieden werden mußte, in wessen Verantwortungsbereich die Leiche fällt. Die Zufügung von V. 5 sorgt somit nicht nur dafür, daß ein von Ältesten durchgeführtes Ritual priesterliche Anleitung erhält[594] – und dies auch abseits des Tempels! –, sondern auch dafür, daß richterliche Entscheidungen unter priesterliche Ägide gestellt werden. Diese Tendenz des Ausgreifens priesterlicher Kompetenzen war in der Tat bereits in der Analyse zu Dtn 17 festgestellt worden, sie bestätigt sich hier. Vielleicht gab zusätzlich auch das Stichwort כפר in V. 8 für einen priesterlichen Autor einen Anstoß zur Einfügung von V. 5 – unbeschadet der konzeptionellen Differenzen zwischen כפר in der priesterschriftlichen Konzeption und 21,8.[595]

Literarhistorisch ist neben der terminologischen Nähe zu Dtn 17,8 (Kombination von ריב und נגע) auch auf Dtn 18,5 (Erwählungsgedanke) zu verweisen, v. a. aber auf Dtn 31,9aβ. Nur letztere Stelle kennt innerhalb der Hebräischen Bibel neben Dtn 21,5 noch die Formulierung „Priester, Söhne Levis",[596] und auch

---

592 Vgl. J. Dietrich 2010, 372–378. Gertz 1994 geht auf diesen Punkt leider so gut wie gar nicht ein.

593 Dahmen 1996, 325.

594 Josephus AJ IV,8,16 (4.222) läßt Priester, Leviten und Älteste zusammen die Waschung vornehmen und das Gebet sprechen, nach mSot 9,6 sind es dann nur noch die Priester, die das Gebet V. 8a zu sprechen haben!

595 Vgl. J. Dietrich 2010, 84–86 zum deuteronomistischen Charakter von V. 8a und 352–358 zur theologischen Bedeutung, insbesondere 356 zu den Unterschieden zu priesterschriftlichen Konzeptionen. Zu כפר generell vgl. Lang 1984 und Janowski ²2000, speziell 163–166 zu Dtn 21,1–9. Leider diskutiert Janowski nicht das redaktionelle Verhältnis von V. 5 bzw. die Rolle der Priester darin zur Grundschicht des Textes.

596 Zu beachten ist freilich die LXX, die hier das den hebräischen Ausdruck הכהנים הלוים spiegelnde οἱ ἱερεῖς οἱ Λευῖται liest, was weder BHS noch BHQ als Variante vermerken und auch Wevers 1995, 335–337 und J. Dietrich 2010, 67f. nicht diskutieren. Die Tempelrolle 11QT Kol. 63 geht jedoch an dieser Stelle mit MT. Mir scheint der seltenere Sprachgebrauch des MT als *lectio*

Dtn 31,9aβ war als Teil einer relativ jungen, tendenziell anti-levitischen und damit wohl postdeuteronomistischen Fortschreibung bestimmt worden.[597] Was trägt die Bezeichnung von *Priestern* als „Söhne Levis" hier dann aus? Zunächst wird aus dieser Formulierung deutlich, daß keineswegs den *Leviten* priesterliche Kompetenzen zugesprochen werden. In solchen Fällen spricht das Deuteronomium von „Leviten", von „levitischen Priestern" oder vom „Stamm Levi(s)". Terminologisch und mit Blick auf die postdeuteronomistische Abfassung des Verses ist darum davon auszugehen, daß Dtn 21,5 mit jenen Texten gerade nicht auf einer Linie liegt.[598]

Daß wiederum Priester in einem genealogischen Sinne „Söhne Levis" sind, ist in so später Zeit nur selbstverständlich; daher geht es Dtn 21,5 ebenfalls nicht um eine „Levitisierung der Priesterschaft".[599] Statt dessen dürfte angesichts des anzunehmenden Vorliegens spätpriester(schrift)licher Texte zugleich mit deren strikter Differenzierung zwischen Priestern und Leviten zu rechnen sein. Wenn die Formulierung הכהנים בני לוי darum nicht eine rein literarische Reminiszenz an die deuteronomische Rede von den כהנים לוים bzw. deren gezielte Umprägung ist, kann man daher eher vermuten, daß die Betonung der Levi-Sohnschaft eine Abgrenzung zu weitaus exklusiveren Konzeptionen wie „Söhne Zadoqs" o. ä. intendiert.[600] Mehr läßt sich über die literarische Geschichte der Leviten aus Dtn 21,5 vorläufig nicht entnehmen.

---

*difficilior* anzusprechen zu sein, LXX paßt demgegenüber an die Formulierungen in 17,9 etc. an, was als späte innergriechische Variante einzelner Handschriften auch bei Dtn 31,9 beobachtet werden kann. Sollte statt dessen LXX die ältere Fassung bewahren, wäre als Parallele für eine späte Verwendung des Ausdrucks auf Dtn 17,18 im Königsgesetz zu verweisen, dazu s.o. Kap. 2.2.5. Man müßte dann allerdings annehmen, daß in MT eine bewußte (aber recht inkonsequente, da nur an dieser einen Stelle durchgeführte) Umformulierung besagten Ausdrucks vorläge.

**597** Wobei „postdeuteronomistisch" hier zugleich die Kenntnis spätpriester(schrift)licher Texte einschließt. Ähnlich auch J. Dietrich 2010, 372. Er setzt allerdings Dtn 10,8 sowie מכל־שבטיך als spätere Ergänzung in 18,5 gleichzeitig mit Dtn 21,5 an. Dagegen spricht zunächst die Literarkritik in Dtn 18 (s.o. S. 108 ff.). Auch die unterschiedliche Terminologie deutet letztlich auf die jeweils verschiedene inhaltliche Stoßrichtung der Texte. Dtn 21,5 ist eben nicht mehr am Stamm Levi oder den Leviten im engeren Sinne interessiert.

**598** Gegen Achenbach 1999, 290, gefolgt von J. Dietrich 2010, 373 ff.

**599** Anders Dahmen 1996, 396 ff.

**600** Dazu s.o. Anm. 255 und unten Kapitel 7.3.3.

## 2.2.8 Dtn 24

Die Verse Dtn 24,8 f. enthalten eine Bestimmung oder vielmehr Mahnung zum
Thema Aussatz und eine anschließende Erinnerung an das Schicksal Mirjams.
Zwar ist der Bezug auf Num 12, die Geschichte vom Aussatz Mirjams, offensichtlich, und damit auch die Zusammengehörigkeit beider Verse. Inwiefern aber über
die prominente Illustrierung hinaus das Beispiel geeignet sein soll, die Mahnung
zu erhellen, wird nur begrenzt deutlich. Nach Num 12 lehnen sich Mirjam und
Aaron gegen Mose auf, wofür Mirjam mit Aussatz bestraft wird. Dementsprechend
wäre Mose das Äquivalent zu den כהנים לוים, d. h. er würde als Autorität für dieselben in Anspruch genommen. Nur mahnt eben V. 8 Gehorsam im Falle von
bereits eingetretenem Aussatz an. Dazu aber äußert sich Num 12 kaum, man wird
vielmehr auf Lev 13 f. als weiteren Hintergrundtext verweisen müssen.[601]
Gänzlich offen bleibt die sachliche Einbindung der Verse in den größeren
Kontext. Dtn 24,1–4 behandeln Fragen des Eherechts, V. 5 nimmt das Thema Ehe
zum Anlaß für eine Bestimmung zum Kriegswesen, V. 6 regelt das Pfändungs-
wesen, V. 7 Menschenraub, V. 10–13 kehren wieder zum Thema Pfändungen zurück usw. Ein gemeinsames Oberthema könnte allenfalls sehr vage und damit
nichtssagend bestimmt werden. Die Einbindung von V. 8 f. in den Kontext ist also
reichlich schwach, nur läßt sich diese Feststellung nur mit Einschränkung als
literarkritisches Argument verwenden, da die mangelnde Verankerung für die
Erhellung von Anlaß und Sinn dieses mutmaßlichen Nachtrages leider ebenfalls
keinen Anhaltspunkt bietet.
Gleichwohl dürfte die recht weit verbreitete Annahme, V. 8 f. seien massiv
ergänzt bzw. in Gänze nachgetragen, zutreffend sein.[602] Im Kontext wird unper-
sönlich oder in der 2. Sg. formuliert, hier hingegen treten pluralische Passagen auf.
Eine Besonderheit im näheren Kontext ist weiterhin der Verweis auf ein konkretes
Ereignis der Auszugsgeschichte, während die Vv. 18.22 lediglich allgemein die
Knechtschaft Israels in Ägypten als Begründung für die „Sozialgesetze" heran-
ziehen.[603] Vor allem aber handelt es sich in V. 8 im eigentlichen Sinne nicht um
eine rechtliche Vorschrift, sondern lediglich um eine Mahnung zum Gehorsam
gegenüber den levitischen Priestern. Der Kontext hingegen bietet kasuistische und
apodiktische Rechtssätze. Auch wenn es für die These, daß die Verse nachgetragen
seien, eine gewisse Hypothek darstellt, daß das Ziel der Einfügung an Ort und
Stelle nicht befriedigend erklärt werden kann, scheinen mir alles in allem hin-

---

601 Vgl. aber Bertholet 1899, 75.
602 Vgl. Steuernagel 1900, XVII.89; Hölscher 1922, 214; Rofé 1988a, 68 f.; Nielsen 1995, 224 ff.
603 In dieser Hinsicht vergleichbar sind lediglich noch Dtn 23,5 f. und 25,17–19, wobei im
letzteren Fall die Kontexteinbindung ebenfalls unklar ist.

reichende Gründe vorzuliegen, die These dennoch zu vertreten. Hinzu kommt, daß die sachlichen und sprachlichen Bezüge ebenfalls auf ein eher spätes Abfassungsdatum deuten.[604]

V. 8 selbst wirkt in seiner Fülle an ähnlichen Formulierungen recht barock, wenngleich jeder scheinbaren Wiederholung eine feine Nuance eigen ist. Problematisch erscheint zunächst die masoretische Verseinteilung. Sie ist aber nicht als Satzeinteilung zu verstehen in dem Sinne, daß mit V. 8a ein Satz endete: ולעשות ist in jedem Falle auf ein Objekt bzw. auf die Fortsetzung in V. 8b angewiesen. Das gälte auch dann, wenn, wie Ulrich Dahmen meint, die letzten drei Worte in V. 8a nachgetragen sein sollten.[605] Allerdings sind (vermeintliche) syntaktische Schwierigkeiten, die nur aus einer vorauslaufenden Interpretation des Anfangs von V. 8a resultieren, als literarkritisches Argument ungeeignet. Spätestens auf der Ebene des Nachtrages ergäben sich besagte Schwierigkeiten ja erneut, ohne das damit etwas erklärt werden könnte.[606] Zur literarkritischen Differenzierung besteht bei derartiger Begründung also keinerlei Anlaß. Ebensowenig beginnt mit V. 8b ein unabhängiger Satz. Der Vers ist insgesamt eine Mahnung zum Gehorsam gegenüber den levitischen Priestern, und zwar in bezug auf alles, was sie hinsichtlich der Plage des Aussatzes lehren, wiederum entsprechend dem, was ihnen geboten wurde. Allein, das Deuteronomium enthält keinerlei sonstige Bestimmungen zum Aussatz, die entsprechenden Passagen finden sich vielmehr im Heiligkeitsgesetz in Lev 13 und 14. Es ist nur schwer denkbar, daß Dtn 24,8 auf etwas anderes als auf diese Abschnitte anspielt. Eine Aufnahme von Texten des Heiligkeitsgesetzes spräche einmal mehr für eine sehr späte Fortschreibung.

Darauf deutet auch eine Analyse des sonstigen Sprachgebrauchs. Die in V. 8 verwendeten Formeln und Häufungen bestimmter Verben (שמר, עשה, צוה) finden ihre engsten Parallelen in priesterlichen Texten oder im Heiligkeitsgesetz, sowie in den Rahmenreden des Deuteronomiums. Wir dürften es hier also mit deuteronomistisch-priesterlicher Mischsprache zu tun haben. Schließlich ist noch auf die sachlich und sprachlich engste Parallele innerhalb des Deuteronomiums hinzuweisen: Dtn 17,10b. Auch dort findet sich die Mahnung zum Gehorsam gegenüber allem, was die levitischen Priester lehren. Vor allem aber bietet das Richtergesetz auch das – innerhalb des Deuteronomiums sonst nur noch in 21,5 gebrauchte – Stichwort נגע. Die Verbindung von 24,8 zu 17,10b samt Kontext ist somit recht deutlich. Damit wird Dtn 24,8 wohl nicht älter sein als das seinerseits

---

604 Dazu siehe i.f.
605 So Dahmen 1996, 338.
606 Gegen Dahmen 1996, 336 ff.

nachgetragene 17,10b,[607] das Verhältnis zu dem ebenfalls recht jungen Vers 21,5 ist hingegen kaum bestimmbar.

Handelt es sich bei Dtn 24,8 f. also um eine jener jungen Ergänzungen, mit denen sich „das Deuteronomium mehr und mehr dem Heiligkeitsgesetz und den Reinheitsgesetzen in Lev 11–27" annähert,[608] ergeben sich daraus Konsequenzen für die Interpretation des Ausdrucks „levitische Priester": Der Begriff läßt sich keinesfalls als typisch für (ur)deuteronomischen Sprachgebrauch erweisen, da sein Vorkommen auch in späten Texten offenbar problemlos möglich ist. Seine Verwendung in 24,8 kann vielmehr auf rein literarischem Wege erklärt werden, insofern er schon im Kontext der stichwortgebenden Vorlage steht (17,9). Allein auf diesem Ausdruck aufbauende, weitreichende historische Erwägungen zur Geschichte der levitischen Priester bzw. Priester und Leviten erübrigen sich damit.

Ob Dtn 24,8 hingegen noch zu einer spätdeuteronomistischen, pro-levitischen Redaktion gehört, die entsprechende Reinheitsgesetze aus Lev *kontrastierend* aufgreift, oder ob er bereits priesterlich orientierte Eintragungen in das Deuteronomium spiegelt, ist nicht ganz eindeutig. Sollte die erstere Variante das Richtige treffen, so war der Vers jedenfalls auch für die hinter den letztgenannten Bearbeitungen stehenden Kreise problemlos rezeptionsfähig. Der Bezug auf Dtn 17,10b als Teil der jüngsten Erweiterung des Richtergesetzes deutet m. E. jedoch eher in letztere Richtung.

### 2.2.9 Dtn 26

In der Diskussion um Dtn 27 ist oben bereits auf den Schluß des gern als „liturgischer Anhang" bezeichneten Kapitels 26 eingegangen worden. Dabei standen die Fragen nach dem Ort der „Bundesformel" und dem möglichen Abschluß eines Urdeuteronomiums im Raum, d. h. v. a. die literarhistorische Einordnung der Vv. 16.17–19 im Hinblick auf die weiteren Schlußkapitel des Buches. Im folgenden soll angesichts der drei Belege für „Levit" dagegen der Anfang des Kapitels im Mittelpunkt stehen. Diese Belege verteilen sich auf die zwei Abschnitte Vv. 1–11 und Vv. 12–15, die zunächst je für sich zu betrachten sind.

---

**607** S.o. S. 101 f.
**608** Kratz 2000a, 124.

## a) Erste Darbringung

Die Vv. 1–11 behandeln ein Ritual, welches an das Kommen in das verheißene Land gebunden ist (V. 1). Das angesprochene Israel soll vom Ersten (ראשית) aller Früchte seines Bodens etwas nehmen und in einem Korb ablegen (V. 2a). In dem von JHWH erwählten Ort (V. 2b) wird dann der Priester jener Tage ein erstes historisch orientiertes Bekenntnis des Darbringenden vernehmen (V. 3)[609] und den Korb vor dem Altar JHWHs deponieren (V. 4). Entsprechend V. 10b legt das angesprochene „Du" den Korb vor JHWH ab und verneigt sich vor diesem. Der Abschnitt schließt mit der Aufforderung zur Freude – auch an den Leviten und den Fremdling – über alles Gute, welches JHWH verdankt wird (V. 11). In dieses Zeremoniell ist als theologisches Kernstück das sogenannte „kleine geschichtliche Credo"[610] (Vv. 5–9) eingebunden.

Anerkanntermaßen stammt der Abschnitt aus mehr als einer Feder. Die Erwähnung des Priesters bzw. dessen Anteil am Zeremoniell wird schon lange[611] als späterer Zusatz und Dublette zum Handeln der angesprochenen Größe gesehen. Das eigentliche Argument muß jedoch grammatischer Natur sein: Das Suffix der 3. Person Sg. der Form [612]והנחתו in V. 10b greift auf טנא in V. 2a zurück. Mit der Einschaltung nicht nur des Priesters Vv. 3f. sondern auch des heilsgeschichtlichen Rückblickes Vv. 5–9 wird dieser Rückbezug jedoch unverständlich. Strikt gesehen müssen damit auch V. 2b und 10a dem Grundbestand abgesprochen werden. Auch wenn V. 2b der Zentralisationsformel wegen gern zu diesem gerechnet wird und zumindest zwischen V. 2a und 2b kein deutlicher literarkritischer Bruch vorliegt, wiegt dennoch das Argument des rückbezügliches Suffixes schwerer. Zwischen V. 9 und V. 10 hingegen liegt aufgrund des Numeruswechsels zwar ein gewisser Einschnitt vor, zudem wird durch ועתה ein inhaltlicher Neueinsatz angezeigt. Nichtsdestotrotz läßt sich dieser Wechsel als sachlich bedingt erklären[613] und stellt V. 10a eher eine Wiederaufnahme von V. 2a mit entsprechender Bedeutungsverschiebung dar.[614] Der gravierendere Einschnitt liegt daher nach dem Ende der wörtlichen Rede V. 10a und vor der unvermittelten Rückkehr zur Beschreibung des Rituals in V. 10b vor. Schließlich weisen LXX und Vulgata in V. 11 einige Varianten auf, die auf die

---

**609** Mit der LXX dürfte אלהיך in אלהי zu ändern sein, das כ läßt sich als Dittographie bestens erklären.

**610** Vgl. von Rad, 1938, 3 ff.

**611** Vgl. bereits Steuernagel 1900, 94.

**612** Die vier hebräischen Worte von hier an haben im Codex Vaticanus kein Äquivalent, sei es nun aus Rücksichtnahme auf V. 3f. (so Steuernagel ²1923, 145) oder aufgrund einer simplen (innergriechischen) *aberratio oculi* von einem και zum nächsten.

**613** Vgl. Rost 1965, 18 dessen inhaltliche Auswertung bestand hat, selbst wenn man seiner Ausgliederung einer „Urformel" in den Vv. 5.10 nicht folgt.

**614** Zu dieser siehe i.f.

etwas verworrene Wortstellung des masoretischen Textes zurückgehen. Dieses Problem wird jedoch durch literarkritische Eingriffe keiner Lösung zugeführt, und der „nachklappende Charakter" von V. 11b ist als literarkritisches Argument ebenfalls kaum ausreichend.[615] Als Grundschicht verbleiben jedenfalls maximal die Vv. 1.2a.10b.11, die Vv. 2b–10a sind eine spätere Ergänzung.[616]

Innerhalb letzterer wird häufig noch einmal literarkritisch differenziert. Vor allem Vv. 3f. gelten meist als noch jüngerer Nachtrag.[617] Tatsächlich gibt es Beobachtungen, die auf Differenzen zwischen den Vv. 3f. und Vv. 5ff. verweisen.[618] Ist ein Anschluß von V. 5 an V. 2 möglich,[619] dürften die Vv. 3f. tatsächlich noch einmal später als die Vv. 5–10a hinzugefügt worden sein. Daneben ist jeweils ein Numeruswechsel zwischen den Vv. 5/6 und 9/10 zu beobachten. Dieser ist jedoch auch im Falle von Vv. 5/6 inhaltlich erklärbar. Zumindest ist ein Beginn im Singular zu erwarten, ein Beginn des Bekenntnisses im Plural wäre deutlich erklärungsbedürftiger. Der Umschwung im Numerus läßt sich vielleicht im Hinblick auf die literarische Abhängigkeit von Num 20,15f.[620] erklären. Die Annahme älteren Formelgutes in den Vv. 5*.10a bzw. dessen nachträgliche Erweiterung durch Vv. 5–9 ist hier darum nicht nötig, wenngleich möglich.[621] Das (vorausgesetzte) höhere Alter des „kleinen geschichtlichen Credos" kann jedoch dafür kein literarkritisches Argument sein.[622] Daß eine Formulierung wie Dtn 26,5 „ab der Zeit der Aramäerkriege nicht mehr denkbar"[623] sei, vermag ebenfalls nur dann zu überzeugen, wenn man eine von jeder Tradition unabhängige Bildung annehmen müßte. Grundsätzlich rezitiert wurde die Formel ja noch Jahrhunderte nach den

---

615 Gegen Dahmen 1996, 386.

616 Ganz ähnlich auch Kratz 2000a, 129. Darf man – abgesehen von V. 2b – auch einzelne Hinweise bei Lohfink 1971 schon in diesem Sinne verstehen? Nicht ganz deutlich ist, wie sich Gertz 2000b das Verhältnis von Rahmen und Credo vorstellt. Levin 1985, 87 rechnet mit den Vv. 1–4.11 als Grundschicht, da V. 10 eine Wiederaufnahme von V. 4 darstelle. Ich sehe jedoch auch nach längerem Suchen lediglich eine Wiederaufnahme von V. 2.

617 Für die Älteren, denen allerdings die Vv. 5–10 meist als Teil der Grundschicht gelten, vgl. z.B. Steuernagel 1900.

618 Vgl. Lohfink 1971, 21.

619 Vgl. auch oben S. 38f. die Bemerkungen zum semantischen Feld von ענה in Dtn 27,14.

620 Diese haben bei gänzlich anderen Rahmenvorstellungen Lohfink 1971, 25–28 und Weinfeld 1972, 33f. aufgewiesen. Die Beobachtungen zur relativen Chronologie bleiben auch dann richtig, wenn sich die absolute Datierung von Num 20 heute, mit allen Konsequenzen für die Datierung von Dtn 26, anders darstellen mag!

621 Die Argumente bei Lohfink 1971, 24–27. Skeptisch auch Gertz 2000b, 36f., der vielmehr V. 10a derjenigen Redaktion zuschreibt, die auch für die Vv. 3f. zuständig ist.

622 Siehe schon Nielsen 1995, 237: „Uralt sind diese Bekenntnisworte somit jedenfalls nicht."

623 Kreuzer 1989, 156.

Aramäerkriegen in der Spätzeit des Zweiten Tempels,[624] schlicht weil Dtn 26,5 autoritative Geltung hatte. Ebenso kann V. 5* gut eine bereits ausgeprägte Jakobsüberlieferung aufgenommen haben. Die Unmöglichkeit eines Rückgriffes auf Stoffe der Genesis in Dtn 26 sehe ich jedenfalls nicht.[625] Der Vers würde sich dann eben nicht mehr als freie Bildung, sondern als schriftgelehrte Aufnahme der Genesis erweisen. Aber auch die Annahme älteren Traditionsgutes änderte nichts daran, daß die Vv. 5–10 zusammen mit den Vv. 3 f. den älteren Konnex zwischen V. 2a und 10b aufbrächen und damit erst später als diese literarisch relevant wurden.[626]

Obwohl die Leviten in der Fortschreibung keine Erwähnung mehr finden, ist zunächst auf deren Sinn einzugehen, da sie ein weiteres Mal den Aspekt später, priesterlicher Einschreibungen in das Deuteronomium und der damit einhergehenden Uminterpretationen beleuchtet. Der deutlichste Effekt der Einschreibung wird in den Vv. 3 f. artikuliert. Nicht nur, daß ganz offensichtlich dem darbringenden Israeliten ein Priester zur Seite gestellt wird, es ist nun auch deutlich von einem Altar die Rede. Sollte, wie oben vermutet, auch V. 2b zur Fortschreibung zu rechnen sein, wird der Vorgang erst mit derselben (eindeutig) an das zentrale Heiligtum verlegt und der kultische Kontext klar artikuliert. Der Priester ist in V. 3 mit dem Relativsatz „welcher in jenen Tagen sein wird" näher bestimmt. Dieser war in Dtn 17,9 auf „den Richter" bezogen, in Dtn 19,17 – bereits in Aufnahme von 17,9[627] – bezeichnete er „Richter und Priester", in Jos 20,6 benennt er „den Hohenpriester". Die Formulierung hier greift möglicherweise auf Dtn 17,9 und damit dtn Grundbestand zurück, aber sonderlich aussagekräftig für die redaktionsgeschichtliche Einordnung ist das nicht. Hingegen wird der Priester nicht als levitisch charakterisiert. Angesichts der sonst im Deuteronomium durchaus üblichen Betonung dieses Charakteristikums[628] ist das Fehlen hier umso auffälliger und

---

**624** Vgl. mBik 1; 3,6 f.; mSot 7,3.

**625** Gegen Kreuzer 1989, 153–155; 161–167. Die Erklärung Steuernagels, „ארמי ist Jakob, sofern er im Aramäerlande wohnte und von dort auch seine Vorfahren stammten" (Steuernagel 1900, 94), ist m. E. zutreffend und hinreichend. Gertz 2000b, 43 ff. sieht im Anschluß an Römer und de Pury den Ausdruck als pejorativ konnotiert an und vermutet darin gar eine Kritik an der priesterschriftlichen Konzeption der Ursprünge Israels.

**626** Eine Reihe von v. a. sprachlichen Argumenten für eine relative Spätdatierung, die aus dem Vergleich mit anderen Pentateuch-Texten resultiert, bietet schon Lohfink 1971, 30–33. Spätdatierung auch bei Gertz 2000b, nach dem der Text auf P reagiere, diese aber noch nicht mit der nichtpriesterschriftlichen Erzählung verbunden sei. Zu ähnlichen Überlegungen vgl. i. f. sowie unten die Analysen zu Ex 4 und 32.

**627** S. o. S. 99 f.

**628** Ausgenommen Dtn 17,12; 19,17 und 20,2, aber diese Ausnahmen sind jeweils sprechend, s. o. S. 96 f. zur Diskussion im Rahmen des Richtergesetzes.

deutet m. E. auf eine sehr späte Abfassungszeit, in der das genealogische Levitentum der Priester implizit vorausgesetzt wurde, also kein strittiger Punkt mehr war, und statt dessen deutlich zwischen Priestern und Leviten als zwei Klassen unterschieden wurde.

Der darauf folgende Geschichtsrückblick (Vv. 5 – 9) ist theologisch und wohl noch mehr forschungsgeschichtlich von Bedeutung, kann hier aber weitgehend unbeachtet bleiben, da er für die Levitenfrage nichts austrägt. Wichtiger ist, wie oben angedeutet, V. 10a. Während nach V. 2a das angesprochene Du „*von* dem Ersten [aller][629] Früchte des Landes" etwas nehmen soll (מראשית), bekennt es nach V. 10a, daß es „*das* Erste der Früchte des Landes" (את־ראשית) dargebracht habe.[630] Dieser Unterschied läßt sich m. E. am besten so verstehen, daß dadurch die ursprünglich eher unspezifische Angabe aus V. 2a im Horizont des Abgabenwesens in V. 10a reïnterpretiert wird. Demnach würde ראשית auf der Ebene der Grundschicht in V. 2a allgemein „den Hauptteil" oder „das Beste" bezeichnen, in V. 10a hingegen – und nach dessen Einfügung muß synchron-rückblickend auch V. 2a so gedeutet werden – eine konkrete Abgabe.[631] Dieser Sprachgebrauch findet sich ansonsten verstärkt in priesterlichen oder chronistischen Texten,[632] und auch im Hinblick auf die Fortsetzung unseres Abschnittes in den Vv. 12 – 15 wird sich ein solches konkretes Verständnis m. E. nahelegen. In jedem Falle zeigt die Ergänzung Vv. 2b–10a deutliche Nähe zu späten Texten, was in Summe dafür spricht, sie selbst ebenfalls recht spät anzusetzen. Rechnet man mit einer gestuften Fortschreibung, können etwa die Vv. 2b.5 – 10a unter Umständen spätdeuteronomistisch angesetzt werden, die Vv. 3 f. hingegen dürften als postdeuteronomistisch zu gelten haben.[633]

---

629  Auch wenn כל hier zu streichen sein sollte, vgl. BHQ zur Stelle und Hölscher 1922, 188 Anm. 2, bleibt der entscheidende Unterschied zu V. 10 bestehen.

630  Die Besonderheit des מן in Dtn 26,2 dient in jBik 63d,44 – 50 zur Erklärung einer strittigen halachischen Frage, vgl. Hecker 2011, 10.

631  Vgl. zur grundsätzlichen Unterscheidung dieser Bedeutungsnuancen Eißfeldt 1917, 11– 22. Auch in Dtn 26 sieht er leichte Unterschiede der Begriffsverwendung (vgl. Eißfeldt 1917, 43 f.). Diese Hypothese bestätigt sich durch die redaktionskritische Analyse, auf welche Eißfeldt noch verzichtet hatte. Damit erst kommt aber die Konsequenz der begrifflichen Umdeutung in V. 2 zur Geltung. Vgl. dazu auch oben Anm. 563 die Hinweise auf neu-assyrisches *rēšāti* und aramäisches רסה als Abgabe an Tempel.

632  Num 15,20 f.; 18,12; Ez 44,30; II Chr 31,5; Neh 10,38; 12,44; zu Dtn 18,4 s.o. S. 120 f.

633  In diesem Sinne für Vv. 3 f. mit Mayes, 1979, 334 gegen Dahmen 1996, 361 (Anm. 107). Der Nachtragscharakter der Vv. 3 f. dürfte grundsätzlich unbestritten sein, vgl. u. a. Bertholet 1899, 80; Steuernagel 1900, 94; Hölscher 1922, 188 Anm. 2; Rofé 1988a, 49 ff. (als Teil einer priesterlichen Bearbeitung, daher סד"כ). – Für eine relative Spätdatierung der Vv. 5*.6 – 9 hatte sich, angesichts der Parallelen zu den Rahmenreden des Deuteronomiums, bereits Rost 1965, 13 f. ausgesprochen, wobei er mit seiner absoluten Datierung immer noch auf ein recht hohes Alter

Daraus ergeben sich Konsequenzen für das Verständnis der Grundschicht. Wenn Dtn 26,1–11 erst infolge der späteren Ergänzungen eindeutig als eine jährlich zu befolgende Vorschrift zu verstehen ist (und auch so verstanden wurde), kann dies für das Ritual der Grundschicht zumindest nicht vorausgesetzt werden.[634] Die Frage danach klärt sich im Vergleich zu den entsprechenden deuteronomischen Zehnt- und Festvorschriften Dtn 14 und 16. Die Angabe des Zeitpunktes in Dtn 14,22 lautet שנה שנה, worin die Wiederholung klar zum Ausdruck kommt. Dtn 14,28 spricht von שלש שנים מקצה; auch eine solche Aussage impliziert einen Zyklus. Gleiches gilt für Dtn 26,12 und nicht weniger für Dtn 16,16. Dagegen liest sich Dtn 26,1 anders: Es wird das einmalige Ereignis der Landnahme und Ansiedlung als Bezugspunkt genannt. Daraus folgt m. E. recht deutlich, daß die erarbeitete Grundschicht ursprünglich ebenfalls im Sinne eines einmaligen Vorganges zu verstehen war.[635] Die Historisierung des Deuteronomiums ist auf der Ebene von Dtn 26,1–11* jedenfalls vorausgesetzt.

Die Rolle des Leviten in dieser einmaligen, historischen Situation erinnert gleichwohl an das bereits in bezug auf die jährlichen Feste Gesagte: Der Levit soll, wie auch der angesprochene Israelit und der Fremdling, ein fröhlicher Teilnehmer dieser feierlichen Begehung sein.

### b) Armenzehnt

In V. 12 beginnt ein neuer Gedankengang, der jedoch den vorangehenden Kontext voraussetzt. Die Stelle ist neben Dtn 14,28f. der *locus classicus* für den sogenannten Armenzehnt geworden.[636] Im dritten Jahr ist das „Zehntjahr", wobei der Zehnt dem Leviten, dem Fremdling usw. zu geben ist (V. 12).[637] Dabei ist ebenfalls

---

gelangt. Nielsen 1995, 235 ff. folgt zwar Rost in seiner Bestimmung einer „Urformel", hält das Kapitel aber ansonsten (abgesehen noch von V. 14a) immerhin für deuteronomistisch.

**634** Vgl. entsprechend unentschieden Dahmen 1996, 356–358.

**635** So grundsätzlich auch Craigie 1976, 319 f.; Levin 1985, 87 und M. Rose 1994, 357, wobei darauf hinzuweisen ist, daß Craigie und Rose von jeweils völlig unterschiedlichen Ansätzen herkommen und auch ansonsten Prämissen vertreten, die hier nicht geteilt werden. Levin rechnet zu seiner Grundschicht auch die Vv. 3 f., aber angesichts des Relativsatzes אשר יהיה בימים ההם ist dort die Umdeutung von einem einmaligen in ein zyklisches Ereignis bereits vollzogen.

**636** Siehe dazu insbesondere den Traktat מעשר שני der Mischna und des eretz-israelischen Talmuds; vgl. auch Henshke 2010, 1311.

**637** Nach Tob 1,8 und Josephus AJ IV,8,22 (4.240) wäre der Armenzehnt ein dritter Zehnt. Anders die rabbinische Halacha und die Variante der LXX, die sich möglicherweise aber auch rein textgeschichtlich erklären läßt. Jedenfalls taucht hier zum ersten Mal die systematisierende Bezeichnung „zweiter (Zehnt)" auf, vgl. dazu Wevers 1995, 408; Leonhard 2004, 491 und Henshke 2010, 1311.

ein Bekenntnis vor Gott über den rechten Umgang mit dem Zehnten zu leisten (Vv. 13 f.).[638] Eine Segensbitte (V. 15) beschließt den Abschnitt, wobei nicht ganz deutlich wird, ob diese als Abschluß des Bekenntnisses zu sprechen oder bereits wieder auf der höheren Kommunikationsebene angesiedelt ist. Erstere Möglichkeit liegt m. E. jedoch näher. Signifikante literarkritische Brüche innerhalb des Abschnittes kann ich nicht erkennen.

Das Thema des Zehnten im dritten Jahr wurde bereits in Dtn 14,28 f. verhandelt, auf Formulierungen von dort greift unser Abschnitt auch zurück. Es stellt sich daher die Frage, worin das Spezifikum von Dtn 26,12–15 liegt, mithin, wozu eine solche Wiederholung, noch dazu an dieser Stelle, nötig war. Interessant ist ein kleiner Unterschied in der Wortstellung: Nach Dtn 14,28 soll der Zehnt „in deinen Toren" abgelegt werden. Daraufhin komme der Levit – und mit ihm der Fremdling, die Waise und die Witwe, „die in deinen Toren sind" –, und sie alle zusammen „sollen essen und satt werden" (V. 29). Gemäß der inneren Logik ist wohl gemeint, daß der Verzehr des (Armen)zehnten in den einzelnen Ortschaften zu erfolgen hat. Hingegen spricht Dtn 12,17 ganz grundsätzlich davon, daß der Zehnte nur am erwählten Ort verzehrt werden darf, und auch Dtn 14,22 ff. fordert dies. (Zumindest teilweise) anders gelagert ist Dtn 26,12: Die *personae miserae* sollen „in deinen Toren essen und satt werden". Während sich „in deinen Toren" im Zusammenhang mit den *personae miserae* sonst ausschließlich auf deren Aufenthaltsort bezieht,[639] wird hier der Vorgang des Verzehrens lokal näher bestimmt. Dieser geänderte Bezug ist auffällig und damit interpretationsbedürftig. Besteht in Dtn 14 zumindest eine mögliche Unsicherheit bezüglich des Ortes, so wird diese in Dtn 26,12 eindeutig geklärt: Der Verzehr des Armenzehnten durch die auf diese Weise versorgten Personen ist nicht auf Jerusalem beschränkt, sondern kann überall im Land erfolgen.[640]

Es fällt weiterhin auf, daß V. 12 einsetzt mit einer Protasis, die rückweisend das Verzehnten zum Thema hat. Zumindest terminologisch war zuvor jedoch nicht

---

**638** Wilson 2008 macht auf die Problematik der Vv. 13 f. aufmerksam, die s. E. nur dann einen Sinn ergeben, wenn der Israelit Teile des Zehnten grundsätzlich auch selbst verzehren könne. Das Fehlen eines direkten Objekts bei נתתו in Verbindung mit einem nicht zählbaren Nomen dürfe entsprechend partitiv gedeutet werden, d. h. „und du sollst (davon) geben". Eigentliches Ziel seiner Argumentation ist jedoch die Feststellung, daß das Bekenntnis der Vv. 13 f. am Zentralheiligtum zu erfolgen habe, auch wenn dies nicht ausdrücklich so formuliert sei.
**639** Ex 20,10; Dtn 5,14; 12,18; 14,21.27.29; 16,11.14; 24,14; 31,12.
**640** Sollte Wilson 2008 mit seiner These im Recht sein (s. o.), dann bestünde jedoch nach wie vor die Forderung, daß der angesprochene freie Israelit auch im dritten Jahr (s)einen Teil des Zehnten im Einklang mit Dtn 12,17 und 14,23 nirgends anders als am erwählten Ort zu verzehren habe. Die Regelung in Dtn 26,12 wäre dann gewissermaßen eine erleichternde halachische Regelung für die *personae miserae*.

vom Verzehnten bzw. vom Zehnten die Rede, sondern lediglich vom Ersten (ראשית). Wie wir sahen, wird überhaupt erst durch die Fortschreibungen in den Vv. 2b–10a die Gabe des Ersten zu einer Abgabe stilisiert und somit neu gedeutet. Die Beobachtung legt die Annahme nahe, daß der Abschnitt Vv. 12–15 bereits diese Fortschreibung voraussetzt oder allenfalls gleichzeitig mit ihr Eingang in das Deuteronomium gefunden haben kann.[641] Keinesfalls kann darum hier mit deuteronomischem Grundbestand gerechnet werden.[642] Für den Zusammenhang mit der Fortschreibung in den Vv. 1–11 spricht weiterhin der parallele Aufbau beider Abschnitte in der Endgestalt: Eine Abgabe wird mit einem wörtlich mitgeteilten Bekenntnis verbunden und so rituell stilisiert. In beiden Bekenntnissen findet sich die Rede vom „Land, das von Milch und Honig trieft" (Vv. 9.15). Davon abgesehen enthalten die Vv. 13 f. zahlreiche Formulierungen und Gedanken, die den späten Charakter des Abschnittes weiter erhellen.[643] Da sich literarkritische Eingriffe, wie bereits erwähnt, jedoch nicht nahelegen, kann auch nicht davon die Rede sein, daß hier eine „massive dtr Bearbeitung" vorliege,[644] sondern statt dessen sollte bereits der Grundbestand dieser Verse als deuteronomistisch[645] oder eben – angesichts von Vv. 2b–10a – als spät- bzw. postdeuteronomistisch eingestuft werden.

Im Gegenüber zu den Vv. 1–11 in ihrer überarbeiteten Form erklärt sich denn auch die Stellung von Vv. 12–15. Dort wurde die als einmalig gedachte Gabe *vom* Ersten als jährliche Abgabe reïnterpretiert und theologisch mit einem Geschichtssummarium als Bekenntnis aufgeladen. In konsequenter Parallelität wird hier auch der Armenzehnt theologisch begründet und mit einem Bekenntnis zur Einhaltung des Gesetzesgehorsams verknüpft, worauf die Bitte um Gottes Segen für das Volk folgt. In der Vorlage Dtn 14,29 war es etwas schlichter die Fürsorge für die Armen, die die Bedingung für Gottes Segen darstellte. Gerade aufgrund der ursprünglichen Knappheit des Ausgangstextes Dtn 26,1.2a.10b.11 bot sich hier – statt in Dtn 14 – der ideale Anknüpfungspunkt für den weiteren sachlichen Ausbau. Zugleich ergab sich damit die sachliche Überleitung zu den paränetischen Anhängen am Ende des Deuteronomiums.

---

641 Anders M. Rose 1994, 348 ff., dessen Schichtenmodell bei seiner Analyse offenbar vorausgesetzt ist, sich aber am Text nicht zeigen läßt.

642 Gegen Dahmen 1996, 387.

643 Vgl. u. a. Nielsen 1995, 237, der Sache nach, wenngleich mit problematischem Unterton, auch Bertholet 1899, 81.

644 So Dahmen 1996, 387.

645 Vgl. Mayes 1979, 336: „post-deuteronomic" (sic!).

## c) Doppelte Rolle

Schwerer zu entscheiden ist nun die Frage, ob der herausgearbeitete Grundbestand Dtn 26,1.2a.10b.11 noch als deuteronomisch gelten kann. Von den bei Ulrich Dahmen für diese Position aufgeführten Argumenten[646] entfallen allerdings einige: Die Stilisierung als Zentralisationsgesetz hängt an V. 2b, der aus textinternen Gründen als Zusatz anzusehen ist. Die „selbständige kultische Aktivität des einzelnen Israeliten" ist ebenfalls ein nicht unproblematisches Argument, denn keinesfalls kann mit Verweis auf Dtn 18,3 das hohe Alter eines solchen Konzeptes behauptet werden.[647] Richtig daran ist, daß spätere Ergänzungen im Deuteronomium, wie auch im hiesigen Fall, bei kultischen oder als kultisch interpretierbaren Vorgängen den Aktanten jeweils einen Priester zur Seite stellen. Über die Frage der Zugehörigkeit zur Grundschicht sagt die *Abwesenheit* eines Priesters damit aber noch nichts aus. Schließlich ist auch der vermeintliche Rückgriff auf Ex 23,19 (bzw. 34,26) keineswegs eindeutig. An der Ursprünglichkeit dieses Verses im Bundesbuch darf gezweifelt werden,[648] u. a. aufgrund der Formulierung ראשית בכורי אדמתך, die – einmalig, wenngleich in gewisser Nähe zu Ez 44,30! – ראשית und בכורים kombiniert.

Spricht also zwar zunächst nichts ausdrücklich für eine Zugehörigkeit der Grundschicht von Dtn 26 zum Urdeuteronomium, gibt es andererseits auch keine gewichtigen Gründe dagegen. Ein Mindestmaß an Historisierung ist durch V. 1 zwar vorausgesetzt, aber gänzlich ohne Historisierung läßt sich auch der Grundbestand des deuteronomischen Gesetzes nicht rekonstruieren.[649] Am Ende des Buches darf man eine solche vielleicht auch am deutlichsten erwarten. Sonstige, eher statistische Beobachtungen zum Sprachgebrauch sind m. E. weniger aussagekräftig.[650] Ich bleibe in meiner Einschätzung insgesamt unsicher, sehe jedoch zumindest keine Notwendigkeit, die Verse einem Urdeuteronomium abzusprechen.[651]

Hinsichtlich der Frage nach den Leviten ergibt sich also eine Nennung im deuteronomischen Grundbestand oder doch zumindest in einer frühen deutero-

---

**646** Vgl. Dahmen 1996, 356 f.
**647** S. o. Kapitel 2.2.6 zur Analyse von Dtn 18,1 – 8.
**648** Vgl. Kratz 2000a, 147.
**649** Vgl. neben Kratz 2000a, 127 f. und noch einmal bekräftigend Kratz 2011, 41, schon Staerk 1894, 93: „Nach alledem aber kann es keinem Zweifel unterliegen, dass die [...] Frage, ob die deuteronomische Gesetzgebung ihrer Form nach rein juristisch, oder historisch-juristisch gewesen sei, dahin zu beantworten ist, dass dieselbe sicher n i e m a l s als blosse Gesetzessammlung bestanden, sondern von vornherein ein geschichtliches Gewand gehabt hat." Anders z. B. Gertz 2000b, 34 – 36.
**650** So jedoch Dahmen 1996, 357 f.
**651** Vgl. dazu noch Kratz 2000a, 128 f., der alternativ Dtn 26,1 f.11 oder 26,16 als Abschluß sieht.

nomischen Fortschreibung. Der Levit taucht im Umfeld einer festlichen Begehung als Glied der „erweiterten Festfamilie" auf; er soll angesichts der Güte JHWHs mit dem gewöhnlichen Israeliten ebenso fröhlich sein wie der Fremdling. Daß Levit und Fremdling explizit genannt werden, unterstreicht ihre Sonderstellung gegenüber den übrigen Israeliten. Diese läßt sich zwanglos aus der den beiden gemeinsamen Landbesitzlosigkeit, die – wie oben gesehen – später zur theologisch begründeten Theorie ausgebaut wird, erklären.

Von dieser Position scharf zu unterscheiden ist jedoch die Einreihung des Leviten unter die *personae miserae*.[652] Auch in der Fortschreibung Vv. 12ff. wird der Levit fürsorglich bedacht. Nur geht es hier eben nicht mehr um seine Teilhabe an der Festfreude nach dem Einzug in das verheißene Land, die sichergestellt werden muß, da der Levit kein Land hat. Vielmehr wird der Levit hier den generell am Rande des sozialen Systems stehenden Personen zugesellt. Mithilfe des Armenzehnten muß also sogar seine „Grundversorgung" gesichert werden. Damit ist zugleich impliziert, daß der Levit ansonsten offenbar nicht ausreichend bzw. überhaupt nicht durch ein Abgabensystem versorgt wird.

Trotz der scheinbaren Ähnlichkeit der Bestimmungen in V. 11 und den Vv. 12f., die den Leviten mitbedenken, ergeben sich im Detail doch recht große Unterschiede. Die Grundschicht steht den urdeuteronomischen Einreihungen des Leviten in die erweitere Festfamilie nahe (vgl. 12,18 oder 14,27), die Fortschreibung späteren Ergänzungen (wie in 14,29), die ein Absinken des sozialen Status der Leviten dokumentieren – oder suggerieren wollen! Ob diese Fortschreibungen reale Zustände spiegeln oder doch mehr ein Phänomen auf literarischer Ebene sind, kann hier nicht abschließend beantwortet werden. Die *literarisch* feststellbaren Tendenzen fügen sich jedoch grundsätzlich zu den bisherigen Analysen über den Blick auf die Leviten bzw. die Entwicklung desselben Blickes innerhalb des Deuteronomiums.

## 2.3 Zusammenfassung

Die deuteronomischen Belege für Levi und die Leviten umfassen eine breite Auswahl an Themen und Vorstellungen über die Leviten. Trotz dieser Diversität und der Verstreutheit der Belege über nahezu das ganze Buch ließen sich mitunter bereits auf kleinem Raum zusammenhängende Entwicklungslinien zeichnen. Diese gleichwohl noch fragmentarischen Beobachtungen sind nun zu einem größeren Bild zusammenzusetzen. Auch dieses wird lückenhaft bleiben. Das liegt

---

**652** So richtig Dahmen 1996, 364ff.; und vgl. oben Kapitel 2.2.2 zu Dtn 14,29.

zum einen an der Unsicherheit in der Deutung einzelner Passagen, wobei nicht selten vorhandene Mehrdeutigkeiten gezielt für Fortschreibungen genutzt wurden und somit bereits in der Nutzbarmachung dieser Mehrdeutigkeiten Entwicklungen erkennbar werden können. Zum anderen deckt das Deuteronomium zwar einen langen Zeitraum der sachlichen und textlichen Entwicklung ab, setzt aber zugleich – vorrangig in den späteren Schichten – eine komplexe Korrespondenz mit weiteren, v. a. pentateuchischen Texten und damit teilweise konkurrierenden Konzeptionen voraus. Einzelne, v. a. die späteren, Entwicklungsphasen im Levitenbild des Deuteronomiums werden somit erst nach Einbeziehung der Analyse jener Texte deutlichere Konturen erhalten. Trotz allem läßt sich festhalten, daß mit dem bunten Bild, welches das Deuteronomium bietet, bereits die grundlegenden Entwicklungslinien offengelegt werden. Zur Verdeutlichung wird auf manche Feinjustierung der obigen Analysen verzichtet und sollen die einzelnen Belege in Gruppen zusammengefaßt betrachtet werden.

### a) Ur- und Frühdeuteronomisches

Die ältesten Levitenbelege im Deuteronomium, d. h. in seinem Grundbestand und eventuell frühen Novellierungen, finden sich in Dtn 12,18; 14,27; 17,9; 18,1*.6 f. und 26,11. Auch Dtn 16,11.14 ist wohl noch Teil einer recht frühen Fortschreibung. Von diesen Erwähnungen zeigen Dtn 12,18; 14,27; 16,11.14 und 26,11 den Leviten (הלוי) als Teil der erweiterten Festfamilie. Er wird gesondert erwähnt, denn als einem, der kein Land besitzt (14,27), kommt ihm im Rahmen der Feste, die ungeachtet ihrer Theologisierung vom landwirtschaftlichen Rhythmus geprägt sind, eine besondere Rolle zu. Diese ist zunächst noch eine andere als die der *personae miserae*, bei deren Nennung es üblicherweise um ihre grundsätzliche Versorgung bzw. Rechtsstellung geht. Der Levit hingegen kommt in Hinsicht auf die Festfreude in den Blick, die Versorgung ist dabei allenfalls ein implizierter Nebenaspekt.

Daß die Inkludierung des Leviten in die Festgemeinschaft so ausdrücklich formuliert werden muß, betont seine Sonderrolle außerhalb der „normalen" gesellschaftlichen Einheit Familie. Die Ursache der Sonderrolle wird von den Texten jedoch nicht erhellt, insofern die Landbesitzlosigkeit ja ihrerseits eher ein Ausdruck derselben ist, nicht ihr Grund. Über diesen geben letztlich auch Dtn 17,9 und 18,1*.6 f. nur bedingt Aufschluß. Zwar erhellen beide Passagen die Funktionen der levitischen Priester (כהנים לוים), aber damit wird deren besondere Stellung innerhalb Israels nur zum Teil erklärt. Überdies gehört Dtn 18,1*, das die Tatsachenbeschreibung des Nichtbesitzes von Land zu einer Vorschrift erhebt, möglicherweise nicht zum Urdeuteronomium, sondern zu einer frühen Fortschreibung desselben. Demnach wäre der aus dem Dienst am Zentralheiligtum resultierende Lohn der Ersatz für einen Landanteil und in gewisser Hinsicht der Grund für die

Nichtberücksichtigung der levitischen Priester bei der Zuteilung von Land. Kurzum: Die kultische Rolle der Leviten begründet ihren besonderen Status.

Auch wenn dies nicht nur die textliche, sondern ebenso die historische Realität treffen sollte, bleibt das als Erkenntnis etwas mager, denn wie sich die kultische Rolle der Leviten bzw. levitischen Priester konkret gestaltet, v. a. wie der vordeuteronomische Ist-Zustand aussieht, schimmert durch die deuteronomischen Formulierungen eines Soll-Zustandes kaum hindurch. Was der Dienst am Zentralheiligtum beinhalten kann, läßt zwar Dtn 17,9 erkennen, nur dürfte damit vermutlich eher ein Spezialfall benannt sein. Und die gewöhnlichen kultischen Pflichten, die wohl in Dtn 18 angedacht sind, werden schlicht nicht weiter spezifiziert: Das Selbstverständliche muß eben nicht gesagt werden. Völlig offen bleibt die Funktion von Leviten außerhalb des Zentralheiligtums, und zwar nicht nur in vordeuteronomischer Zeit. Auch das Deuteronomium ordnet ja nicht die Verlegung aller Leviten an das Zentralheiligtum an, sondern rechnet durchaus mit der Existenz von Leviten auf dem Lande. Deren Rolle jenseits der Feste bleibt jedoch dunkel.

Interessant ist aber eine begriffliche Differenzierung, die bereits das Urdeuteronomium vornimmt. Üblicherweise ist von „dem Leviten" (הלוי) die Rede. Lediglich wenn der Dienst am Zentralheiligtum thematisiert wird, sprechen die genannten frühen Deuteronomiumstexte von „levitischen Priestern".[653] Sollte diese Unterscheidung nicht zufällig sein, dann würde sich darin eine Konsequenz der deuteronomischen Kultzentralisation auch in der Terminologie des Kultpersonals spiegeln: Nur am Zentralheiligtum sind Leviten auch *faktisch* Priester, ansonsten sind sie „nur" Leviten und somit allenfalls *potentiell* Priester.[654] Zu dieser Unterscheidung paßt, daß das Deuteronomium in seinen frühen Entwicklungsstadien keine Priester kennt, die nicht „levitische" Priester sind. Alle Erwähnungen eines כהן oder von כהנים ohne dieses Attribut erweisen sich als spätere Ergänzungen.[655] Von einer deuteronomistischen „Levitisierung" des Priestertums im Deuteronomium kann also nicht die Rede sein![656] Bereits urdeuteronomisch ist alles Priestertum – potentiell und faktisch – levitisches Priestertum.

---

653 Ähnlich, wenngleich ohne diachrone Betrachtung des deuteronomischen Textes, G.E. Wright 1954, 328f. Auch Gunneweg 1965, 27f. betont die Notwendigkeit einer Unterscheidung, will die Differenz aber überlieferungsgeschichtlich verstehen.
654 Vgl. letztlich schon Kuenen 1887, 27 f.281!
655 Ähnlich Nurmela 1998, 156–159; anders Achenbach 1999, 285 f.
656 Etwas anders dann in der Chronik: Dort ist eine Levitisierung des gesamten Kultpersonals (nicht der Priester!) mit Händen zu greifen, s.u. Kapitel 8.2 und vgl. Kellermann 1984, 517.

Zu diskutieren wäre aber, ob diese Unterscheidung den Weg bereitet für eine Rehabilitierung der alten These, die Landleviten seien mit den durch eine Kult-zentralisation gewissermaßen „arbeitslos" gewordenen Priestern zu identifizie-ren.[657] Gegen diese Annahme ist u. a. – und mit Recht – die Beobachtung einge-wandt worden, daß das Deuteronomium so einerseits entschieden für ein levitisches Priestertum bzw. die Leviten eintrete, und andererseits durch seinen Kampf für das eine Zentralheiligtum dann genau an jenem Ast säge, auf dem die levitische Klientel säße.[658] Die Trägergruppen des Deuteronomiums könnten da-her kaum mit den ehemaligen Höhenpriestern gleichgesetzt werden: „Die ent-schiedene Wendung der deuteronomischen Gesetzgebung, die für ein levitisches Priestertum eintritt (18:1 ff.), gegen die Landesheiligtümer (Dt. 12) macht es nicht wahrscheinlich, dass die Träger dieses Kampfes gerade die Inhaber der haupt-sächlichen Land-(Höhen-)Priesterstellen sein sollten."[659] Damit ist ein zentrales Problem, welches sich aus Wellhausens These ergibt, benannt. Zu beachten ist jedoch, daß angesichts der oben entwickelten Unterscheidung aus der möglichen Gleichsetzung von (Land-)Leviten mit dem Kultuspersonal der ehemaligen Hö-henheiligtümer nicht automatisch folgt, diese seien auch die Trägerkreise der deuteronomischen Theologie gewesen. Wenn bereits das Urdeuteronomium zwi-schen Leviten als potentiellen Priestern und faktischen levitischen Priestern un-terscheidet, könnten als die hinter dem Deuteronomium stehenden Kreise auch nur die bereits „zentralisierten" Leviten anzunehmen sein. Der Kampf des Deu-teronomiums würde sich dann allein gegen die Institution der Höhenheiligtümer, nicht aber grundsätzlich gegen dessen ehemaliges Personal richten, solange dieses den ihm angebotenen Weg an das eine Heiligtum annimmt.[660] Sollte mit-

---

657  Vgl. v. a. Wellhausen [6]1927, 139 f.

658  Vgl. Gunneweg 1965, 136.

659  Zimmerli 1971, 465. Vgl. auch Lohfink 1993c, 194: „An dieser Stelle [*scil.* Dtn 31,24ff], zu-sammen mit Dtn 10,8f und dem zweifellos levitisch überarbeiteten Priestergesetz in 18,1 – 8, scheint mir innerhalb des Dtn am greifbarsten zu sein, daß sich zwar nicht die ‚Priester', wohl aber die ‚Leviten' erst in einer sehr späten Phase der Deuteronomiumsgeschichte in die ihnen jetzt zukommende Stellung, vor allem auch in die Aufgabe der Sorge für die Torah, eingedrängt haben. Gerade an dieser Stelle kippt die lange Zeit modische Landlevitentheorie für die ur-sprüngliche Trägerschaft des Dtn. Die Hauptbeweise von G. von Rad stammten sowieso aus dem chronistischen Schrifttum." Trotz grundsätzlicher Zustimmung muß nach den obigen Analysen die literarhistorische Entwicklung jedoch etwas anders gezeichnet werden, als von Lohfink angenommen.

660  Erklärt sich so auch der betonte Einschluß des Leviten in die erweiterte Festfamilie? – Zu beachten ist auch die Überlegung von Nelson 1991, 142, „that not all Judahite rural priests sacrificed on the high places, but that some functioned only in those sorts of priestly service which could be performed apart from altar, sacrifice, and sanctuary."

hilfe dieser Unterscheidung die alte These in veränderter Weise recht behalten, so ist es von da an bis zur Verbindung mit II Reg 23 und schließlich zur Gleichsetzung mit einem historischen, josianischen Reformprogramm allerdings noch immer ein weiter, m. E. mit kaum überwindbaren Problemen beladener Weg.[661]

## b) Deuteronomistisches

Zu viel darf man freilich auf eine Analyse der Formulierung „levitische Priester" nicht geben. Sie spielt jedenfalls bei weitem nicht die programmatische Rolle für das Deuteronomium, die ihr in älteren Arbeiten zumeist zugeschrieben wurde.[662] Sicher ursprünglich ist sie nur in Dtn 17,9, bereits 18,1 hängt davon möglicherweise ab, ganz zu schweigen von späten Zusätzen wie Dtn 17,18; 24,8 und 27,9.[663]

Von den zuletzt genannten drei Belegen gehören wohl nur zwei, 17,18 und 27,9, zu jenen Fortschreibungen im Deuteronomium, die im weitesten Sinne als deuteronomistisch bezeichnet werden können. Deuteronomistisch im Sinne der obigen Analysen sind auch Dtn 10,8 f.; 12,12.19; 27,14 (?); 31,25; 33,8.9a.11, sowie die Fortschreibung von 18,1*.6 – 8 durch die Eintragung des Stammes in 18,1 samt den davon abhängigen Vv. 2.4.5*, vielleicht auch die Ergänzung von V. 11 als erste Erweiterung in Dtn 17,8 – 13*. Bezüglich 12,12 besteht die Schwierigkeit der näheren Deutung v. a. darin, daß hier eine Vorlage rezipiert wird, der gegenüber 12,12 hinsichtlich der Rolle des Leviten keine besonderen Abweichungen zeigt. In 27,14 wird dagegen nicht ganz deutlich, welcher Status den Leviten darin tatsächlich zugebilligt wird.

Die Etikettierung dieser Texte als deuteronomistisch erfolgt wesentlich aufgrund von Überlegungen zu ihrer relativen Chronologie. Sachlich ist ihnen ihr Blick auf die Leviten gemeinsam, der ein ausgesprochen wertschätzender ist. Den Leviten wird höchste Autorität zugebilligt, ihre Aussonderung und Berücksichtigung hat offenbarungsgleichen Charakter (10,8 f.; 12,19). Ihnen obliegt eine Rolle bei der Verkündigung des Bundes (27,9.14), sie sind Träger der Lade und damit

---

**661** S.o. S. 104.112f. und die Überlegungen zu II Reg 23 unten Kapitel 6.3.5. Vgl. daneben zu den Problemen schon Hölscher 1922; sowie Kratz 2000a, 136 und – vorsichtiger – Reuter 1993, 231ff. Anders u. a. Bultmann 1992, 48 – 52 und mit Nachdruck Schaper 2000, 79 – 95.

**662** S.o. S. 131 sowie die in Anm. 7 genannten Arbeiten zu den Leviten im Deuteronomium. Bereits in der talmudischen Überlieferung findet sich im Namen von R. Jehoschua b. Levi (palästinischer Amoräer der ersten Generation) die Bemerkung, daß die Formel 24mal in der Hebräischen Bibel vorkomme (bYev 86; bHul 24b; bBekh 4a und bTam 27a), wobei sich nach dem jetzigen masoretischen Text keine 24 Belege finden lassen, vgl. dazu auch Kellermann 1984, 513.

**663** Gleiches gilt für die LXX-Fassung in Dtn 21,5, selbst wenn dies der ursprüngliche Text sein sollte.

auch Wahrer der mosaischen Tora (31,25). Da diese nicht unwesentlich ein Rechtsbuch ist, sind die levitischen Priester auch Künder des Rechts (17,11), selbst der König ist ihrer Tora-Expertise unterworfen (17,18). Aufgrund der Treue und Bewährung Moses bei Massa und Meriba beanspruchen sie den Zugriff auf Urim und Tummim, das priesterliche Orakelgerät (33,8.9a). Ihre Versorgung am Zentralheiligtum wird durch eine konkrete Umschreibung der ihnen zustehenden Abgaben sichergestellt (18,1–8*).

Die Themenvielfalt läßt ahnen, daß diese Texte keineswegs alle derselben Hand zugerechnet werden sollten, sondern eher einem gemeinsamen Klima bzw. Milieu entspringen. Die terminologische Vielfalt mag ein Indikator dafür sein, auch wenn sie oft hinreichend in Abhängigkeit von ihren literarischen Vorlagen bzw. dem Kontext erklärbar ist. Deutlich ist der Sprachgebrauch in 17,18 von 17,9 und 18,1 beeinflußt, gleiches gilt für 12,12.19 gegenüber 12,18, wobei der urdeuteronomische Unterschied zwischen Leviten im allgemeinen und Leviten an der Zentrale mit diesen Fortschreibungen nach wie vor gegeben ist. Weniger eindeutig in dieser Hinsicht sind die Belege in Dtn 27 und 31, aber auch sie bewegen sich sprachlich im Rahmen des bisher Bekannten. Neu und damit typisch für die deuteronomistischen Erweiterungen ist der Gedanke eines Stammes Levi/der Leviten, den 10,8f. und 18,1 auch sprachlich, 33,8.9a.11 zumindest sachlich einführen. Die Abstammung vom eponymen Stammvater Levi wird damit zum Merkmal für das Priestertum. Nur ist das keine „Levitisierung", sondern allenfalls die (erstmalige) explizite Ausformung einer genealogischen Theorie.

## c) Priesterliches

Auch wenn mit den deuteronomistischen Fortschreibungen teilweise recht junge Schichten des Deuteronomiums erreicht werden, sind dies nicht die letzten Entwicklungsstadien des Buches. Zu diesen gelangen wir erst mit den Einschreibungen, die hier als postdeuteronomistisch – oder besser noch: postpriesterschriftlich – bezeichnet werden. Sie setzen weit über das Deuteronomium hinausreichende literarische Zusammenhänge voraus. Das galt zweifellos auch schon für die deuteronomistischen Bearbeitungen, aber erst auf dieser letzten Stufe werden Einflüsse der bereits gewachsenen Priesterschrift bzw. spätpriester(schrift)licher Texte deutlich.

Zu solchen spätpriester(schrift)lichen Eintragungen in das Deuteronomium zählen neben der Vorschaltung von Dtn 10,6f. vor 10,8f. und dem Einbau von 18,3 (und הוא ובניו in 5?)? in den Abschnitt 18,1–8* vor allem die Einfügung des Leviten in die Reihung der *personae miserae* in 14,29 sowie der endgültige Ausbau von 26,1–11* (v. a. Vv. 3f.) samt dem neuen Anhang Vv. 12–15. Eine Umformung in 31,9 hat 31,25 erhalten. Neu eingetragen in ihre Kontexte werden 21,5 und 24,8f., ebenso Levi als „profaner" Stamm in 27,12. Schließlich hat 17,8 – 13\*, etwa mit der Hinzufügung des Priesters in V. 12, letzte Ergänzungen erfahren, davon abhängig dürfte auch 19,15 – 21 sein. Vermutlich ebenso auf diese letzten Änderungen ist die Einfügung der Vv. 9b.10 in den Levi-Spruch in Kapitel 33 zurückzuführen.

Auch wenn es sich dabei teilweise nur um kleinere Eingriffe handelt, liegen so in Summe recht massive Veränderungen im Textbestand und v. a. seines Sinnes vor. Einmal taucht dabei der Begriff „levitische Priester" (24,8) auf, dem man in dieser Spätzeit sicherlich eine andere Funktion zugestehen muß als in den frühen Belegen. Eine Anlehnung etwa an den Sprachgebrauch von 17,9 ist angesichts der ähnlichen Thematik durchaus vorstellbar. Ebenfalls den vorliegenden Sprachgebrauch von „dem Leviten" nehmen 14,29 und 26,12f. auf, aber indem sie den Leviten nicht mehr als Glied der erweiterten Festfamilie sondern unter die *personae miserae* rechnen, vollziehen sie einen massiven Perspektivwechsel, der einen veränderten sozialen Status der Leviten insinuiert.

Noch deutlicher wird diese Art der Reïnterpretation an Stellen, die bisher levitische Ansprüche zum Ausdruck brachten, sei es heilsgeschichtlich (10,8 f.) oder wirtschaftlich (18,1 – 8\*). Sie werden durch Vorschaltungen und Einschreibungen in priesterlichem Interesse „korrigiert". So verlegt 10,6 f. die Aussonderung der Leviten in die Zeit nach Aarons Tod und weg vom Gottesberg; 18,3 schreibt die Abgaben in V. 4 und die Erwählungsaussage V. 5 auf die Priester um. Ebenso ist nach 31,9 im Unterschied zu 31,25 nun die Tora den Priestern zur Verwahrung anvertraut. Vielleicht darf man auch das Fehlen des Leviten in 12,7 im Unterschied zur Erwähnung in 12,12.18 und zur scharfen Mahnung in 12,19 als „Korrektur" verstehen. Priesterliches Interesse ist darüber hinaus leitend in der Anmeldung jurisdiktioneller Hoheitsansprüche durch die Zufügung des Priesters in 17,12 (vgl. auch 19,15 – 21) bzw. der Priester in 21,5. Letztere Stelle offenbart auch ein kultisches Interesse, welches ebenso in 26,3 f. zugrunde liegt.

Terminologisch auffällig ist die Rede von den כהנים בני לוי in 21,5 und 31,9. Sie ist eindeutig rein genealogisch zu verstehen, ähnlich wird man die Bedeutung des Attributs „levitisch" in 24,8 verstehen müssen.[664] Warum aber diese begriffliche Neuschöpfung? Abgesehen von 24,8 scheint es, daß die priesterlichen Ergänzungen die Rede vom Stamm meiden oder doch in den Hintergrund drängen. Die deuteronomistische Gleichsetzung von Stamm und Priesterschaft läuft jedenfalls der priesterlichen Konzeption einer gestuften Hierarchie zuwider. Entsprechend ist die Einreihung Levis unter die anderen Stämme in 27,12 f. vielleicht ein Versuch der „Säkularisierung" des Stammes; und mutmaßlich sind auch die Erweiterun-

---

**664** Statt כהנים לוים bietet Targum Pseudo-Jonathan im Deuteronomium entsprechend כהניא דמן שיבטא לוי, nur 27,9 liest wie 21,5 und 31,9 auch כהניא בני לוי.

gen des Levi-Spruches in 33,9b.10 wesentlich dazu angetan, die Differenz zwischen Priestern im engeren Sinne und Leviten als zweitrangigem Kultpersonal einzuführen.[665] Auch wenn die deuteronomische Sicht einer potentiell alle Leviten umfassenden Priesterschaft an zahlreichen Stellen noch durchscheint, ist es die priesterliche Perspektive des zweigeteilten Kultpersonals, welche das Deuteronomium überlagert. Dort, wo sich priesterliche Redaktionen nicht zeigen lassen, sind die (dtr überarbeiteten) deuteronomischen Texte selbst offenbar schon durch ihre Mehrdeutigkeit hinreichend rezeptionsfähig für die priesterliche Sicht.

Solche späten, postpriesterschriftlichen Eintragungen wurden für den Deuteronomiumsrahmen schon längere Zeit beobachtet, sie spielen m. E. auch für das deuteronomische Corpus eine nicht zu unterschätzende Rolle. Dieser Punkt bedarf künftig weiterer Forschung. Aber bereits jetzt zeigt die Intensität, mit welcher die Leviten-Belege im Deuteronomium noch in spätester Zeit bearbeitet wurden, nicht nur die Wichtigkeit genau dieses Themas an, sondern auch die Vielfalt der Positionen im Deuteronomium. Der simple Vergleich deuteronomischer und priesterschriftlicher Ansätze muß also irreführend sein, solange „deuteronomisch" sich auf das gesamte Buch bezieht und nicht nur seine mutmaßlich ältesten Bestandteile in den Blick nimmt, die doch wesentlich andere Positionen vertreten als ihre späteren deuteronomistischen und schließlich postdeuteronomistischen bzw. postpriesterschriftlichen Be- und Umarbeitungen. Nicht zuletzt aber bilden die späten Schichten des Deuteronomiums das natürliche Bindeglied in der geistes- und theologiegeschichtlichen Entwicklung hin zu weiteren späten Texten im Pentateuch, v. a. im Buch Numeri, sowie in Esra-Nehemia und der Chronik.

---

665 Konsequent durchgeführt ist diese Haltung dann auch textlich in der Peschitta, die den Doppelausdruck כהנים לוים jeweils mittels der Kopula auflöst, während die Vulgata üblicherweise von „sacerdotes levitici generis" bzw. (nur 17,18) „leviticae tribus" spricht und allein in 18,1 mit erkennbar exegetischem Anliegen „sacerdotes *et* Levitae *et* omnes qui de eadem tribu sunt" auflistet. In 27,9 schwanken übrigens auch die hebräische und die griechische Textüberlieferung; vgl. außerdem Kap. 7.1 zu Jes 66,21. Noch einmal anders gelagert ist der Fall im Kolophon des griechischen Estherbuches, das einen Dositheos erwähnt, der seinen eigenen Worten zufolge „Priester *und* Levit" war (Δωσίθεος ὃς ἔφη εἶναι ἱερεὺς καὶ Λευίτης). Hier dürfte Marcus 1945 mit seiner Deutung richtig liegen, daß schlicht die levitische Herkunft und damit die Legitimität des Priestertums des Dositheos im Gegenüber zu manchen nicht-levitischen Personen, die von den staatlichen Autoritäten als Priester eingesetzt worden waren, betont werden soll.

# 3 Die Leviten im Buch Numeri

Das Buch Numeri erwähnt Levi und die Leviten 75mal in 62 Versen. Kein anderes biblisches Buch außer der Chronik bietet mehr Belege. Diese Tatsache fällt besonders im Vergleich mit dem Buch Leviticus auf, das lediglich einmal überhaupt von Leviten spricht und „seinem Namen Leviticus insofern keine Ehre macht".[666] In dieser Hinsicht dürfte Numeri mit weitaus größerem Recht „Leviticus" genannt werden. Daß das Buch Leviticus dennoch seinen Namen trägt, deutet in sich also schon eine Besonderheit der Begriffsverwendung an, die unter „levitisch" priesterliche Anliegen generell versteht, das Wort demnach gewissermaßen im genealogischen Sinne gebraucht.[667]

Das Buch Numeri hingegen spricht in der Mehrzahl seiner Belege von „Leviten" im funktionalen Sinne, nur an wenigen Stellen steht explizit der genealogische Gebrauch im Vordergrund, auch wenn er zumeist impliziert sein dürfte. Das drückt sich rein sprachlich darin aus, daß in der Regel der Begriff לוים gebraucht wird, während Zusammensetzungen wie בני לוי o. ä. weitaus seltener sind. Damit ist bereits ein wesentlicher Unterschied zum Deuteronomium benannt, wo eine Fülle von Begriffen Verwendung fand. Das Buch Numeri ist demgegenüber terminologisch einliniger, was gleichermaßen die inhaltliche Ausrichtung betrifft: Die Belege konzentrieren sich auf einige wenige Themen und vor allem Haltungen gegenüber den Leviten. Während das Deuteronomium die ganze Breite an Einstellungen gegenüber der Größe „Levi" – von offenbarungsgleicher Autorität bis zu niedrigem Sozialstatus – enthält, kennt das Buch Numeri offenbar von Beginn an eine Unterscheidung in Priester einerseits und Leviten im Sinne eines niederen Klerus andererseits, oder doch zumindest eine Unterordnung der Leviten unter Aaron und seine Söhne. Zudem deutet bereits ein flüchtiger Blick auf die Belege an, daß hier nicht mit altem Material gerechnet werden kann, sondern durchweg sekundär priesterschriftliches Material vorliegt. Damit ist auch die Zeitspanne möglicher Entwicklungen enger einzugrenzen. Für eine exemplarische Darstellung der begrifflichen und gedanklichen Entwicklungen des Leviten-Themas ergeben sich damit deutlich weniger Anhaltspunkte als im Deuteronomium, weswegen sich die vorgängige Analyse jenes Buches noch einmal als berechtigt erweist.

Nichtsdestotrotz zeigen sich auch innerhalb des Buches Numeri Entwicklungslinien, denen hier näher nachgegangen werden soll. Sie beziehen sich vor allem auf die Ausformung detaillierter Genealogien und eine genauere Abgren-

---

666 Wellhausen ⁶1927, 115.
667 Zu dieser Differenzierung s. o. S. 6.

zung der jeweiligen Aufgabengebiete von aaronidischen Priestern und Leviten. Nicht nur kann die Erhellung dieser Tendenzen die aufgezeigten späten Fortschreibungen innerhalb des Deuteronomiums genauer einzuordnen helfen bzw. bestätigen. Zugleich lassen sich damit die weiteren Entwicklungen hin zu den späten Büchern der Hebräischen Bibel besser begreifen. Nicht zuletzt mögen die Beobachtungen hier Bausteine für ein besseres Verständnis des Buches Numeri und seiner Geschichte liefern, das trotz des neuerdings an ihm – und besonders an seinen späten Schichten – erwachten Interesses[668] noch genügend ungeklärte Probleme bietet.

## 3.1 Num 1–4: Musterungen und die Lagerordnung

Num 1–10 gehört noch immer zu den Stiefkindern der Forschung.[669] Zwar fanden einzelne Abschnitte, wie der aaronitische Segen, aus naheliegenden Gründen besondere Beachtung; in entstehungsgeschichtlich orientierten Abhandlungen werden die ersten Kapitel des Numeribuches jedoch zumeist sehr summarisch behandelt oder gar übergangen. Das liegt wohl keineswegs allein am auf den ersten Blick etwas drögen Listenmaterial,[670] sondern dürfte auch mit der früh einsetzenden Erkenntnis zusammenhängen, es hier nicht mit altem Quellenmaterial zu tun zu haben. Für die zunächst im Vordergrund stehenden großen Streitfragen zur Pentateuchentstehung spielte der Abschluß des Aufenthalts Israels am Gottesberg darum meist keine Rolle.[671]

Darin lag freilich ein blinder Fleck der Pentateuchforschung, denn genau so früh, wie sich andeutete, daß in Num 1–10 nicht mit der Grundschrift der Priesterschrift zu rechnen ist,[672] war auch klar, daß literarhistorisch in diesen Texten

---

668 Vgl. insbesondere Achenbach 2003 sowie eine ganze Reihe weiterer Arbeiten u. a. von Christian Frevel und Thomas Römer.

669 Etwas ausführlichere Bemerkungen zur nach wie vor recht übersichtlichen Forschungsgeschichte bei Achenbach 2003, 443 ff.; speziell zu Num 1–4 vgl. auch Pola 1995, 54 f.

670 Beispielhaft das Geschmacksurteil von Baentsch 1903, 444: „Übrigens gehört der ganze Abschnitt so ziemlich zu dem Ödesten, das in der Literatur jemals produziert worden ist. Aber wie eine Perle in wertloser Schale liegt darin doch der herrliche Priestersegen 6₂₂₋₂₇ eingebettet, und die Eifersuchts-Tora 5₁₁₋₃₁ gehört zu den in kulturhistorischer Beziehung interessantesten Dokumenten des Pentateuchs."

671 Unter vielen anderen sei beispielhaft auf Noth 1948 verwiesen, der mit wenigen – wenngleich sehr aufschlußreichen – Bemerkungen und Hinweisen auskommt. Für Noth 1943 spielt Num 1–10 überhaupt keine Rolle.

672 So der Sache nach schon Kuenen 1887, 88–91.

weiter differenziert werden muß.[673] Verfolgt man diesen Gedanken konsequent, ergibt sich aber ein nicht unerheblicher Bestand an – im Rahmen der Urkundenhypothese – „nach-endredaktionellen" Texten: ein Begriff, der die Problematik des ihm zugrundeliegenden Modells bestens zum Ausdruck bringt. Für Vertreter der Urkundenhypothese mußte Num 1–10 daher erhebliche Probleme mit sich bringen.[674] Die wichtigste monographische Bearbeitung des Themas von Diether Kellermann gelangt daher sicher nicht zufällig noch zu einem, wenngleich recht knappen, Grundbestand in Num 1–4*, der $P^G$ zuzurechnen sei.[675] Richtig daran ist, daß in diesen Kapiteln der Grundbestand von Num 1–10 vorliegt. Indes sind die Probleme einer Fortsetzung der Priesterschrift bis nach Numeri schon länger, spätestens jedoch seit Thomas Pola, erkannt und das Ende von $P^G$ mit guten Gründen in das Buch Exodus „vorverlegt" worden.[676] Allein die gegenüber der vorderen Sinaiperikope deutlich gewandelten Vorstellungen von der Organisation des Volkes und des Kultpersonals „beweisen zur Genüge die Posteriorität von Num 1–9 gegenüber dem Baubericht in Ex 25–40 und dem Gesetz in Lev."[677] Jede literarkritische Differenzierung innerhalb der besagten Kapitel verschiebt die Gewichte bei der Erklärung der Entstehung des Pentateuchs damit weiter zugunsten der spät(est)en Phasen und zwingt zu einer differenzierteren Betrachtung von Sammelbegriffen wie „nachpriesterschriftlich", aber vor allem zur Aufgabe von Etikettierungen wie „nach-endredaktionell". Grundgelegt ist diese Sichtweise v. a. bei Reinhard G. Kratz,[678] eine detaillierte Ausformung hat sie wenig später bei Reinhard Achenbach gefunden.[679] Mit diesen Analysen stimmt auch die vorliegende Arbeit im Grundsatz überein.

### a) Num 1–4 im Kontext

Was sind nun die Kriterien für literarkritische Scheidungen in Num 1–10? Am auffälligsten sind die chronologischen Unklarheiten. Das Buch beginnt am ersten Tag des zweiten Monats im Jahr II des Auszuges und setzt also, gerechnet von der

---

673 Vgl. Kuenen 1887, 88 ff.; Wellhausen ³1899, 176 ff., v. a. 178 Anm. 1; Holzinger 1893, bes. Tabelle 14 usw.

674 Man darf gespannt sein, wie L. Schmidt die Problematik im Rahmen seiner Ausformung der Urkundenhypothese in seinem ATD-Kommentar lösen wird.

675 Vgl. zusammenfassend Kellermann 1970, 147 f. Deutlich zurückhaltender zuvor schon Elliger 1952, 122; $P^G$ in Num 1–4*; 8* findet auch wieder Seebass 2008, 250.

676 Vgl. Pola 1995, bes. 56–92 zu Num 1–10, sowie 300–305.

677 Kratz 2000a, 109.

678 Vgl. Kratz 2000a, 108–117.

679 Achenbach 2003, v. a. 443–556.

Aufrichtung des Zeltes am ersten Tag des ersten Monats (Ex 40,2.17) desselben Jahres, genügend Zeit für die in Lev berichteten Ereignisse an. Num 7,1 hingegen blendet zurück zum Tag der Aufrichtung des Zeltes, ebenso 9,15. Die auf Num 7,1 folgenden Tage sind mit der zwölftägigen Einweihung der Stiftshütte (Num 7) und der Levitenweihe (Num 8) auch gut gefüllt. Num 9,1 nennt schließlich nur den ersten Monat als Zeitpunkt der hier ergehenden Gottesrede. Da aber die nachfolgenden Ausführungen auf das ab dem Monatsvierzehnten zu feiernde Pesach bezogen sind (V. 5), sollten 9,1 ff. zuvor eingeordnet werden, wofür chronologisch immerhin noch eine kleine Lücke bleibt. Die Anweisung scheint ihr Ziel freilich vielmehr in der Anordnung für die Feier des zweiten Pesach, also im zweiten Monat, zu haben. Dieser Fall wird ab Num 9,6 akut, und auch dafür bleibt auf der Erzählebene noch genügend Zeit, da der Aufbruch vom Gottesberg erst am zwanzigsten Tage des zweiten Monats im Jahr II erfolgt (Num 10,11). Daß die Israeliten auch ordnungsgemäß das erste Pesach feierten, wird so eher zum narrativen Nebenprodukt. Die von Num 7,1 an folgenden Rückblenden nutzen also geschickt die chronologischen Möglichkeiten in Num 1–10 aus, um die ursprüngliche und gründliche Befolgung der Gesetze durch Israel zu berichten, was die Stellung der Kapitel erklären mag. Damit sind die logischen Probleme der zeitlichen Abfolge aber nicht behoben, sondern sie treten umso deutlicher hervor. So erfolgt die Levitenweihe Num 8 noch vor der Zählung, Einteilung und Beauftragung der Leviten in Num 3 f. Die dahinterstehende Logik ist nachvollziehbar, insofern die Weihe natürlich vor dem Dienstantritt zu erfolgen hat. Allerdings treten jetzt die Leviten mit Num 8,22 ihren Dienst an, bevor ihnen ihre Aufgaben detailliert zugewiesen wurden und bevor ihre vorausgesetzte Unterordnung unter die Aaroniden ihre theologische Begründung erhält. Deutlicher noch sind die Schwierigkeiten in Num 7, denn bei Einweihung der Stiftshütte ist das nach Num 1 erst einen Monat später eingesetzte Gremium der zwölf Stammesfürsten vorausgesetzt.[680]

Ein zweites Problem betrifft das unterschiedliche Dienstalter der Leviten. Rechnet Num 4 mit dreißig- bis fünfzigjährigen Leviten, sieht Num 8,23 ff. das Diensteintrittsalter bei 25 Jahren.[681] Auch die doppelte Zählung der Leviten in Num 3 und 4 ist auffällig. Zwar werden nach Num 3 alle Leviten ab dem Alter von einem Monat an gezählt, während Num 4 nur die dienstfähigen Leviten in den Blick nimmt,

---

[680] Vgl. Noth 1966, 57 f. Nur am Rande sei noch vermerkt, daß durch Lev 16, insbesondere V. 34b, der eine Durchführung des Rituals des Versöhnungstages im siebenten Monat voraussetzt, die Chronologie völlig durcheinandergerät.

[681] Die LXX gleicht in Num 4,3.23.30.35.39.43.47 das Alter entsprechend Num 8 an; vgl. dazu neben Esr 3,8 noch I Chr 23,3 im Vergleich mit V. 24 und II Chr 31,17! Zur Diskussion des Sachverhaltes s. u. S. 198 f.

was in der jeweils unterschiedlichen Zielstellung der Zählung eine hinreichende Erklärung finden könnte. Aber gerade mit dem Gedanken der Auslöse hebt sich Kapitel 3 (in Teilen) deutlich vom Kontext ab, zudem bleibt die zweifache und jeweils unterschiedliche Akzente setzende Beschreibung der Aufgaben und Kompetenzen der Leviten in Num 3 und 4. Im Hinblick auf die Leviten ist außerdem noch die doppelte Notiz ihrer Nichtzählung in 1,47 und 2,33–35 im Verhältnis zur ausführlichen Begründung ihrer Sonderstellung 1,48–54 zu bedenken.[682]

Als drittes stellt sich die Frage, wie die verschiedenen Stammeslisten miteinander in Verbindung zu bringen sind. Während sich Num 1,4 ff. offenbar an den Müttern der Söhne Jakobs als Ordnungsprinzip orientiert – zuerst kommen die Lea-Söhne Ruben, Simeon, Juda,[683] Issachar und Sebulon, danach die Rahel-Söhne und -Enkel Ephraim, Manasse und Benjamin, schließlich die Söhne der Mägde –, entwickelt Num 2 eine Einteilung in vier Dreiergruppen, die entsprechend den vier Himmelsrichtungen um das Lager der Israeliten herum angeordnet sind. Dabei wird im Unterschied zu Num 1,4 ff. Gad zu Ruben und Simeon gesellt und die Dreiergruppe Juda, Issachar und Sebulon an den Anfang plaziert. Sinn dieser Umordnung ist recht deutlich die Voranstellung der Ostgruppe mit Juda an der Spitze. Die Erzählung vom Aufbruch des Lagers in Num 10 schließt daran konsequenterweise an, aber etwas überraschend gilt das auch für Num 7, wo die Lagerordnung keineswegs das bestimmende Prinzip sein müßte, sondern auch eine am Alter der Jakobsöhne ausgerichtete Reihenfolge der Stämme o. ä. zu erwarten gewesen wäre. Schließlich ist auf der Erzählebene die entsprechende Ordnung des Lagers noch nicht vorgenommen worden. Eine Mittelstellung zwischen Num 1,4 ff. und Num 2 (7 und 10) nimmt Num 1,20 ff. ein, insofern die Einteilung in vier Dreiergruppen mit Num 2 übereinstimmt, die Liste aber wie in Num 1,4 ff. mit Ruben und Simeon beginnt. Das erste dieser drei Systeme (Num 1,4 ff.) läßt sich in Anlehnung an Gen 35 ($P^G$)[684] und Ex 1 gut erklären. Die Umstellung Gads in Num 1,20 ff. hingegen bleibt ein wenig unmotiviert. Zwar füllt Gad jene Lücke, die durch Auslassung Levis entsteht, und als Sohn der Lea-Magd Silpa ist er für diesen Lückenschluß wohl auch nicht ungeeignet, ebenso liegt er nach der Geographie der Hebräischen Bibel nahe bei Ruben,[685] während die Stämme Dan, Asser und Naphtali im hohen Norden zu suchen sind. Nur zeigt andererseits Num 1,4 ff., daß eine solche Lückenfüllung keineswegs notwendig

---

682 Den Unterschied zwischen simpler Konstatierung des Sachverhaltes in 1,47 und der anschließenden Ausformulierung des Themas ab V. 48 übergeht Achenbach 2003, 479 f. etwas voreilig. Zu den literarkritischen Konsequenzen s.u. S. 158 ff.

683 Levi ist, wenig überraschend, ausgelassen.

684 Oder noch jünger, vgl. Levin 1995, 172.

685 Vgl. Holzinger 1903, 7.

war, insofern es andere Anordnungsprinzipien gab. Es drängt sich somit der Eindruck auf, daß in Num 1,20 ff. die Vierteilung in Dreiergruppen, wie sie ab Kapitel 2 narrativ begründet ist, bereits formgebend war.[686]

Die Lage verkompliziert sich durch die LXX, welche Gad nach Benjamin einsetzt und so die Söhne der Mägde wiederum zusammen an das Ende gruppiert. Wenn dies eine nachträgliche Angleichung an Num 1,4 ff. sein sollte, müßte man den Stamm eigentlich nach Asser erwarten. Freilich sind in beiden Varianten die Bilha- und Silpasöhne durcheinandergeraten. Umgekehrt könnte die Stellung Gads im masoretischen Text durch den oben angesprochenen Hang hin zu den ab Kapitel 2 maßgebenden Dreiergruppen begründet sein. Aber wenn dies die sekundäre Umstellung wäre, bliebe die Reihung in Kapitel 2 selbst ein Problem, denn sie erklärt sich am besten im Kontrast zu Num 1,20ff (MT), indem die ersten beiden Gruppen vertauscht werden – mit der Folge der Voranstellung Judas zusammen mit Issachar und Sebulon, woraus die Plazierung Rubens mit Simeon und Gad an zweiter Stelle konsequenterweise folgt.[687] Verwunderlich und schwer erklärbar an der Anordnung von Num 2 wäre nicht die Positionierung Judas, sondern die Zusammenstellung der ersten beiden Dreiergruppen, insbesondere die Zuordnung Gads zu Ruben und Simeon, wenn sie nicht schon durch Num 1,20 ff. vorbereitet gewesen wäre.[688] Die einfachere und vorzuziehende Annahme ist daher diejenige der Ursprünglichkeit der masoretischen Textfolge gegenüber jener der LXX.[689]

Eine zusätzliche Stütze für die Reihenfolge des masoretischen Textes scheint sich in Num 26 zu finden. Dieses Kapitel bietet – wiederum nach dem masoretischen Text – die gleiche Anordnung der Stämme, abgesehen von der Vorordnung des älteren Manasse vor den jüngeren Ephraim, wohingegen Num 1,20 ff. (sowie Num 1,4 ff.; 2; 7 und 10) entsprechend der Vertauschung des Segens in Gen 48 Ephraim zuerst nennen. Die LXX jedoch ordnet in Num 26 Gad und Asser nach Sebulon an und folgt damit Gen 46 (P^S).[690] Dieser literarische Bezug könnte einerseits natürlich der Grund für eine Umstellung in LXX gewesen sein. Andererseits ist es ebensogut möglich, daß der masoretische Text von Num 26 nachträglich an Num 1,20 ff. (MT) angeglichen wurde. Die jetzige Reihenfolge spiegelt ja, wie erwähnt, in Teilen die Lagerordnung wider. Sollte diese in Num 26 jedoch noch nicht vorausgesetzt sein, käme die entsprechende Auflistung der Stämme in MT überraschend, und es wäre eigentlich eher eine an den Müttern orientierte Folge zu erwarten, also entweder entsprechend Gen 35 oder eben wie LXX entsprechend Gen 46. Für eine genauere Klärung ist daher die Näherbestimmung des Verhältnisses von Num 1 – 4* zu Num 26 bzw. Gen 46 abzuwarten.[691]

Zunächst jedoch zurück zu Num 1 – 10: Es kommen schlußendlich noch weitere, möglicherweise literarkritisch auszuwertende Beobachtungen hinzu wie die un-

---

**686** So auch Holzinger 1903, 3. Baentsch 1903, 445 vermutet daher, daß der jetzige Text auf eine Überarbeitung zurückgeht.

**687** Vgl. auch Levin 1995, 165.

**688** Anders Seebass 2012, 17, nur bleibt die Reihung in Num 2 damit unerklärt.

**689** Rein textkritisch ist das Problem jedenfalls nicht lösbar, vgl. entsprechend unentschieden Wevers 1998, 14.

**690** Oder noch jünger, vgl. Berner 2010, 39.

**691** Dazu s.u. S. 179 ff.

terschiedliche Terminologie bei den verschiedenen Zählanweisungen, die Funktion der נשיאים bzw. die Benennung der an den Zählungen beteiligten Helfer, die Rolle der Wolke beim Aufbruch und die Position des Zeltes. Auch die Stellung der gesetzlichen Partien im Verhältnis zu den Anordnungen über das Lager wäre zu klären. Für Differenzierungen ergeben sich damit genügend Anhaltspunkte und auch erste grobe Hinweise: Die Datumsangaben allein ließen theoretisch die Möglichkeit zu, daß Num 7 ff. – also den Texten, die sich auf den Tag der Aufrichtung der Stiftshütte beziehen – die Priorität zukommt. Die übrigen Beobachtungen schließen das jedoch aus und weisen in die umgekehrte Richtung: Die Anordnung der Stämme in Num 7 ist von Num 2 abhängig, ebenso braucht die Erwähnung der Leviten in Num 7 f. die entsprechende Vorbereitung durch Num 1–4*. Demnach sind zumindest Num 7 f. und auch Num 9,1–14.15–23[692] gegenüber Num 1–4* und 10* nachgetragen, die den Grundbestand der Kapitel Num 1–10 bilden. Num 5 f. können für den Zweck dieser Untersuchung unbeachtet bleiben.

**b) Literarkritische Beobachtungen zu Num 1f.**

Kommt es zu Fragen der weiteren Ausdifferenzierung in Num 1–4, liegen mögliche Lösungen weit weniger klar auf der Hand.[693] Das erste Problem betrifft die Liste der Zählgehilfen aus den Stämmen für Mose und Aaron Num 1,4–16. Sie erweckt den Eindruck eines Fremdkörpers in ihrem Kontext, aber literarkritische Argumente zur Begründung dieser Annahme lassen sich nicht ohne weiteres finden. Zwar ist es richtig, daß Num 1,4 gegenüber V. 2 eine leicht „andere Vorstellung von der Organisation der Gemeinde"[694] bietet, insoweit V. 2 nicht explizit von Stämmen spricht. Nur wird die Einteilung in Stämme in jedem Falle bei der Durchführung der Zählung in den Vv. 20 ff. und entsprechend auch der folgenden Lagerordnung *sachlich* vorausgesetzt. Daran ändert die umständliche literarkritische Eliminierung der entsprechenden Begriffe durch Diether Kellermann[695] nichts, zumal der Sinn der damit postulierten Überarbeitung nicht deutlich wird. Damit sind auch in V. 2 die Stämme als gliederndes Merkmal der Gemeinde vorausgesetzt und muß eine mögliche literarkritische Differenzierung zwischen V. 2 und V. 4 anders begründet werden.

---

692 Zum Nachweis, daß es sich bei der in Num 9,15–23 vertretenen Konzeption von Zelt und Wolke um eine gegenüber Num 1–4* jüngere Ergänzung handelt vgl. etwa Frankel 1998.
693 Vgl. bereits die etwas resignative Bemerkung vom Blum 1990, 301 Anm. 54.
694 Kellermann 1970, 5.
695 Kellermann 1970, 9 f.

Vorausgesetzt ist das in den Vv. 4 ff. eingesetzte Helfergremium erneut in V. 44. Gerade in diesem Vers fällt jedoch auf, daß der Ausdruck נשיאי ישראל erst umständlich näherbestimmt werden muß, um ihn – offenbar nachträglich – mit der Zwölfergruppe aus den Vv. 4 – 16 in Verbindung zu bringen. Überhaupt erweckt das komplizierte Gefüge der Vv. 44 – 47 insgesamt den Eindruck eines überarbeiteten Abschnittes. Daß dort etwa V. 45, der stilistisch ein wenig ermüdend auf V. 3 zurückverweist, mit V. 46 in gewisser Konkurrenz steht, ohne diesen aber auch ohne Abschluß bleibt, dürfte deutlich sein. Demnach muß V. 45 gegenüber den ursprünglicheren Vv. 46 f. nachgetragen sein.[696] Für die Beurteilung von V. 44 trägt das jedoch nichts aus. Sie hängt zum ersten an der Frage, ob man in dem Vers – ab שנים עשר איש – mit einer Fortschreibung rechnet und – beantwortet man diese Frage positiv – zum zweiten, ob die simple Erwähnung von „Fürsten Israels" eine ausführliche Liste wie in den Vv. 4 ff. notwendig zur Voraussetzung hat. Ersteres scheint mir plausibel,[697] letzteres fraglich. Mit anderen Worten: Der Bezug auf die Vv. 4 ff. in V. 44 könnte erst nachträglich hergestellt sein, was im Umkehrschluß nahelegt, daß der zum Grundbestand des Kapitels gehörende V. 44* die Namen der zwölf Stammesfürsten noch nicht kannte. Den Beweis der Ursprünglichkeit von Num 1,4 ff. kann V. 44 jedenfalls nicht leisten.[698]

Die Namen der zwölf Zählgehilfen tauchen auch in Num 2 wieder auf. Sie dort auszuscheiden sehe ich keinen Grund.[699] Auch die scheinbare Doppelung von צבא und פקדים ist nicht literarkritisch aufzulösen. Grammatische Probleme, wie z. B. die Frage nach dem jeweils unterschiedlichen Numerus der Suffixe,[700] sollten hier grammatisch geklärt werden, da eine Verlagerung in die Literargeschichte an dieser Stelle nichts erklärt.[701] Allerdings wird in Num 2 und den folgenden Stellen ebensowenig wie in Num 1,44* eine Einsetzungslegende oder namentliche Wahl der zwölf Männer durch JHWH vorausgesetzt, wie sie Num 1,4 ff. bietet. Am deutlichsten könnte noch Num 7 auf die Auswahl der Fürsten zurückgreifen, aber das besagt wenig, insofern Num 7 seinerseits ein Zusatz ist. Auch diese Beobachtung spricht zumindest nicht für die ursprüngliche Zugehörigkeit der Vv. 4 ff. zu Kapitel 1.

---

696 So z. B. Baentsch 1903, 445 unter Einschluß von V. 44; anders Holzinger 1903, 3, wobei der Verweis auf die V. 21 u. ö. grundgelegte Formulierung פקדיהם למטה nicht schlüssig ist.

697 Alternativ könnte auch nur V. 44aβ der Nachtrag sein.

698 Oder sollte V. 44 in Gänze nachgetragen sein? Vgl. Pola 1995, 58.

699 Bei Kellermann 1970, 19 f. ist diese Entscheidung stillschweigend vorausgesetzt.

700 צבא mit Singularsuffix, פקדים – abgesehen von Vv. 6.8.11 – mit Pluralsuffix; generell Singularsuffixe bietet der Samaritanus.

701 Gegen Kellermann 1970, 19 f.

Es bleibt noch das Kriterium der Anordnung der Stämme, das jedoch leider auch nicht eindeutig ist. Zwar läßt sich, wie oben gesehen, Num 1,20 ff. gut als Entwicklung von 1,4 ff. zu Kapitel 2 hin lesen, und zumindest der Blick auf die Lagerordnung in Num 2 ist m. E. vorauszusetzen, um die Einteilung der Stämme in Dreiergruppen in 1,20 ff. erklären zu können. Der Reihung von 1,4 ff. zur Erklärung der Anordnung derselben in 1,20 ff. bedarf es hingegen nicht, insofern dem Autor von 1,20 ff. statt dessen auch Gen 35 oder Num 26[702] als direkte Vorlage gedient haben könnten. Selbst ein Rückgriff auf Gen 46 ist denkbar, wobei nur Gad und Ascher hätten umgestellt werden müssen. Auch auf diese Weise läßt sich die Frage einer möglichen Ergänzung der Vv. 4 ff. also nicht entscheiden,[703] aber zumindest ist deutlich, daß es Num 1,4 ff. nicht als vorbereitenden Schritt für Num 1,20 ff. braucht.

Als aufschlußreicher erweist sich eine Betrachtung der unmittelbaren Fortsetzung der Liste in den Vv. 17 ff. Zunächst ist zu konstatieren, daß die Vv. 17–19a eine Wiederaufnahme der einleitenden Aufforderung zur Zählung Vv. 1–3 bieten. In V. 19 selbst liegt eine syntaktische Schwierigkeit vor, insofern „die Fortführung eines mit כאשר beginnenden Satzes durch ו consecutivum anstelle von כן ungewöhnlich"[704] ist. Diese Auffälligkeit läßt sich durch eine Umstellung beider Vershälften keineswegs beheben.[705] Vielmehr ist sachlich und entgegen der masoretischen Verseinteilung V. 19a als Abschluß des vorangehenden zu betrachten, V. 19b die Einleitung der Fortsetzung.[706] Damit deutet sich in V. 19 eine literarische Nahtstelle an. Dazu kommen sachliche Differenzen zwischen den Versen und dem Beginn des Kapitels: Das in V. 18 wichtige „Versammeln der Gemeinde" spielte in den Vv. 1–3 keine Rolle, ebensowenig der Aspekt der „Einschreibung in Geburtsregister",[707] wenn man ויתילדו mit LXX entsprechend verstehen darf.[708] Auch erfüllt die erneute Nennung des Datums der Zählung einen anderen Zweck als seine erstmalige Nennung in V. 1. Die Wiederholung betont v. a. die pünktliche Ausführung der Anordnungen JHWHs.[709] Damit dürften die Vv. 17–19a eine jün-

---

702 Sollte hier der masoretische Text ursprünglich sein, aber s. o. S. 153.

703 Anders Levin 1995, 166 f., der hier schon den Nachtragscharakter von Num 1,5–15 begründet sieht. Auch wenn ihm im Ergebnis zuzustimmen ist, bleibt seine Argumentation zu knapp.

704 Kellermann 1970, 8, der auf das parallele und ebenso problematische Ex 16,34 hinweist. Joüon/Muraoka 2006, 604 (§174b) notieren das Phänomen lediglich, ohne es zu diskutieren.

705 So richtig Kellermann 1970, 8; in Erwägung gezogen noch einmal von Achenbach 2003, 468.

706 Entsprechend übersetzt z. B. Noth 1966, 16; vgl. auch BHS zur Stelle.

707 Vgl. Pola 1995, 57.

708 Vgl. Kellermann 1970, 7 f.

709 So auch Pola 1995, 57.

gere Dublette zu den Vv. 1 – 3 sein und das Ende einer Ergänzung bilden, deren Beginn mindestens in V. 5, vermutlich jedoch in V. 4 zu suchen ist.[710]

Die nachträglich eingefügten Verse Num 1,4 – 19a[711] würden dann für das Gremium der Stammesfürsten eine Gründungslegende bieten, wie sie von den späteren Erzählungen zwar nicht gefordert ist, den Zwölfen aber ein größeres Gewicht verleiht. Auf diese Weise erklärt sich vielleicht auch die Häufung der Bezeichnungen für die Stammesführer in V. 16: Die Zusammenstellung sonst auch vorkommender Termini[712] antizipiert die entsprechenden Erzählungen und stellt sie unter das Vorzeichen von Num 1. Die Fürsten der Gemeinde etc. sind demnach von Gott erwählt. Darüber hinaus verweist Reinhard Achenbach noch auf die Bedeutung des Gremiums der zwölf „Fürsten der Gemeinde" an entscheidenden Stellen im weiteren Verlauf des Buches Numeri[713] und arbeitet die Bedeutung jener neuen Institution bzw. die Entwicklung des Motivs von der „Entlastung Moses" (und hier auch Aarons) auf der Ebene des Endtextes überzeugend heraus.[714]

Sieht man von dem Einschub ab, so berichtet schließlich V. 19b die Ausführung zur ursprünglichen Zählaufforderung in den Vv. 1 – 3 und greift mit der Lokalisierung במדבר סיני auch ganz deutlich darauf zurück,[715] nur eben nicht literarisch sekundär, sondern kompositionell.[716] Die Ergebnisse der Zählung folgen in den Vv. 20 ff. Folgt man dieser Analyse, müßte wohl auch die Auffüllung von V. 44* als ein Zusatz auf derselben Ebene angesehen werden.[717]

---

710 Die Entscheidung ist schwierig, daran hängt aber für die folgende Argumentation nichts.
711 Anders Noth 1966, 19 f., der unter anderem mit Hinweis auf das mit den Mari-Texten zu vergleichende onomastische Material von älterem Traditionsgut in der Namensliste ausgeht, vgl. dazu auch den Exkurs 1 bei Kellermann 1970, 155 – 159.
712 Vgl. dazu Kellermann 1970, 6 f. Wichtig – und zugleich nicht unproblematisch – sind v. a. Num 16,2 und 26,9.
713 Num 7; 13,2; 16,2; 17,17.21; 27,2; 31,13; 32,2; 34,18.22 ff.; 36,1.
714 Achenbach 2003, 465 f. Zu ergänzen sind in jedem Falle noch Num 4,34 (נשיאי העדה) und 46 (נשיאי ישראל). Beide Stellen haben zwar nicht die Zwölfzahl, beziehen sich aber auf die Zählgehilfen.
715 So auch Kellermann 1970, 8 f.
716 Zum Zusammenhang von V. 3 und V. 19b vgl. auch Pola 1995, 57.
717 Nicht nachvollziehbar sind die Gedanken von Seebass 2012 zur Schichtung von Num 1. Letztlich beruhen seine Annahmen alle auf der – literarkritisch! – fragwürdigen Unterscheidung zweier Zählverfahren in V. 2, auf die er den Rest des Kapitels fast mechanisch verteilt. So sollen die Vv. 1 – 2a.3 – 15.19b.47.54 zur Grundschicht gehören, d. h. die Zählanweisung bliebe ohne jedes Ergebnis. Ebenso ist der Anschluß von V. 19b an V. 15 schwer möglich. Da nach Seebass die Zählung der einzelnen Stämme (Vv. 20 – 43) ein Nachtrag sein soll, müssen entsprechend auch die Zahlen in Num 2 als nicht ursprünglich gelten. Seebass' Begründung dazu: „Gott betrieb ja mit seinem Befehl keine Statistikangaben." (Seebass 2012, 45).

Etwa klarer sind die Kriterien für die Einordnung des Abschnittes Num 1,48 – 54.[718] Nach Abschluß der Zählung der Israeliten konstatiert V. 47 die Nichtzählung der Leviten.[719] Gemäß den Vv. 48 f. handelt es sich dabei um ein göttliches Gebot, wobei V. 47 von den Leviten (הלוים) spricht, V. 49 hingegen vom „Stamm Levis" (מטה לוי).[720] In den Vv. 50 – 53 wird Mose mit der Bestallung der Leviten zu ihrem Dienst an der Stiftshütte beauftragt und ihm auch die spezielle Lagerordnung mitgeteilt. Dabei spielt V. 50 mit den Wurzeln פקד und נשא, die in Num 1,2 f.49 (später noch 4,22 f.) die Terminologie der Zählanweisung bilden, hier aber die Beauftragung durch Mose (הפקד) und den Tragedienst der Leviten (ישאו) bezeichnen. Wichtig wird der Aspekt des Tragens ansonsten erst in Num 4, welches sich größtenteils als Ergänzung erweisen wird. Etwas überraschend an seinem Ort wirkt auch V. 51b mit der Warnung an jeden Fremden bzw. „Unbefugten" (זר). Eine solche Warnung hat im Umgang mit Hochheiligem ihren Platz, wie Num 3,10 und 38 lehren, wo Aaron und seine Söhne, die gemäß Lev 10 (schlechte) Erfahrungen in diesem Bereich gemacht haben, zur Achtsamkeit gemahnt werden. Nach Num 1,51 kann verschärfend offenbar schon eine Annäherung an die Stiftshütte zum Tode führen, sollte in dem Vers nicht einfach eine zusammenfassende und dabei verkürzende Übernahme des Gedankens aus Num 3 vorliegen. Insgesamt nehmen die Anweisungen zur Lagerordnung auch Angaben aus Num 2 vorweg. Dabei kann man V. 52 als Dublette zu Num 2,2 ansehen, V. 54 als Doppelung zu 2,34, wobei die V. 54 berichtete Ausführung durch die Israeliten zu früh erfolgt, da die Lagerordnung für die Stämme ja erst in Kapitel 2 mitgeteilt wird. Zudem sprechen die Verse vom Heiligtum als dem משכן העדות, während Num 1,1; 2,2.17 etc. vom אהל־מועד reden, und Num 3 zwar אהל־מועד und משכן verwendet (niemals משכן העדות), jedoch in Ab-

---

718 Eine knappe Übersicht über die klassischen Forschungspositionen bei Achenbach 2003, 479 f. Anm. 134.

719 Pola 1995, 59 hält V. 47 ebenfalls für zugesetzt und sieht in V. 46 das Ende der Grundschicht von Num 1. Möglich ist das, aber die Entscheidung hat m. E. keinerlei grundsätzliche Auswirkungen für die folgende Analyse und Interpretation. – Zur Form התפקד (vgl. noch Num 2,33; 26,62 und I Reg 20,27 mit qamaz sowie Jdc 20,15.17; 21,9 mit chiriq) vgl. Brockelmann 1908, 529 f.; Joüon/Muraoka 2006, 147 (§53 g) und v.a. Blau 2010, 218. התפקד ist demnach Reflexiv des Grundstammes, die Vokalisierung mit qamaz deutet formal ein internes Passiv an und ist wohl sekundär. GK[26], 147 (§54 l) stehen dem Gedanken eines Reflexivs zum Grundstamm noch skeptisch gegenüber und erklären die Form statt dessen als hithpaʿel mit „abnormer Aufhebung der Verdoppelung des ק". Für einen detaillierten Überblick über die Forschungsgeschichte vgl. Chr. Rose 2011. Rose selbst nimmt eine sprachgeschichtliche Erklärung als Ergänzung zur phonetisch orientierten Erklärung in den Blick. Es wird dabei aber nicht deutlich, wie sich die anhand der biblischen Belege durchaus denkbare diachrone Entwicklung zu dem an sich ja synchron zu verstehenden Punktationssystem der Ben-Ascher-Schule verhalten soll.

720 Der Samaritanus mit Artikel: הלוי.

grenzung voneinander.[721] All das erweist in Summe, daß der Abschnitt 1,48–54 als Ergänzung zu gelten hat.[722]

Im Zusammenhang mit den betreffenden Versen stehen auch Num 2,17 und 33. Könnte V. 33 mit seinem Rückverweis auf ein göttliches Gebot zur Nichtzählung der Leviten zunächst als Argument gelten, Num 1,48–54 doch für ursprünglich zu halten,[723] muß man statt dessen in Erwägung ziehen, Num 2,33 f. selbst für einen – mit 1,48–54 verbundenen – Nachtrag zu halten,[724] insbesondere da V. 33 in seinem Kontext etwas funktionslos wirkt. Es ließe sich aber auch fragen, ob der Rückverweis notwendigerweise ein narrativ ausgeformtes Verbot der Zählung voraussetzt, oder ob nicht die Levi übergehende Zählanweisung in Kapitel 1 den hinreichenden Verweisgrund für Num 2,33 darstellt. In jedem Falle begründet Num 2,33 kaum die Ursprünglichkeit von 1,48–54.

Noch viel weniger kann 2,17 einen solchen Beweis tragen. Die bloße Nennung des Lagers der Leviten setzt nichts des in 1,48–54 Gesagten voraus, zudem ist der Text selbst problematisch. Während der masoretische Text das Zelt der Begegnung und das Lager der Leviten miteinander zu identifizieren scheint, gelten der LXX beide Größen als unterschieden. Egal welche der beiden Lesarten man bevorzugt,[725] die Rede von *einem* Lager der Leviten bleibt angesichts von Num 3 f. und 10 ungenau. Damit verstärkt sich der Eindruck, es handele sich bei מחנה הלוים um eine spätere Glosse, deren Urheber bei der Beschreibung des Lagers und insbesondere der Stiftshütte nicht auf die Leviten verzichten konnte.[726] Daß man den ganzen V. 17 als nachträglichen Einschub ansehen soll, scheint mir hingegen unnötig. Eine Ausführung des in V. 2 Angeordneten kann durchaus erwartet werden und „Selbstverständlichkeit" des Berichteten ist kaum ein literarkritisches Argument.[727] In jedem Falle betont der Vers noch einmal den Kerngedanken des Ka-

721 Vgl. auch Pola 1995, 69 Anm. 89.
722 Ebenso Noth 1966, 19; Pola 1995, 68–70 und Kratz 2000a, 109; ähnlich Baentsch 1903, 445 (Vv. 48–53); etwas anders Holzinger 1903, 3 („deplaciert und erweitert"). Für einen Nachtrag hält auch Kellermann 1970, 25–32 den Abschnitt, nur daß er zusätzlich noch zu einer diffizilen inneren Schichtung gelangt. Mit scharfer Kritik daran Achenbach 2003, 480 f. Anm. 135. Mit einer Widerlegung der Argumente der weiteren „Sezierung" der Vv. 48–54 ist jedoch die Frage ihrer ursprünglichen Zugehörigkeit zu Num 1 keineswegs erledigt.
723 Vgl. Wellhausen ³1899, 176.
724 So z. B. Baentsch 1903, 445.
725 Mit Wevers 1998, 26 ist wohl die Lesart der LXX mit Einfügung eines καί als Vereinfachung des schwierigen Ausdrucks in MT zu deuten.
726 Vgl. Holzinger 1903, 7; Kellermann 1970, 23.
727 Gegen Noth 1966, 25.

pitels: Das Lager der Israeliten ist entsprechend den vier Himmelsrichtungen um die Stiftshütte als Zentrum angeordnet.[728]

Schließlich ist noch nach dem Sinn einer späteren Zufügung von Num 1,48–54 zu fragen. Die Sonderstellung Levis bliebe ja auch nach Abzug von Num 1,48–54 der verbleibenden Grundschicht Num 1–2* erhalten – „muß also" – so bejahend Reinhard Achenbach – „mit 1,48 nun die Behandlung dieser Thematik erfolgen"[729]? Die Antwort ist kein lautes, aber ein doch vernehmbares Nein! Es ist zweifellos richtig, daß die Nichtberücksichtigung Levis in der Volkszählung nach einer Erklärung verlangt. Durch Num 1,47 wird dieses Problem zum ersten Mal expliziert. Die Sonderrolle der Leviten betrifft ja aber zunächst ihre Nichtberücksichtigung bei der Volkszählung – ein Thema, welches erst in Kapitel 3 bzw. 4 nachgeholt wird – und nicht ihre Rolle an der Stiftshütte. Mit Num 3 f. wird jedoch deutlich, daß eine Zählung der Leviten nicht grundsätzlich problematisch wäre,[730] sondern sie allenfalls zum Zeitpunkt in Num 1 f. und zusammen mit ganz Israel unpassend ist.[731] Dieser Punkt muß demnach vorbereitend berichtet werden, bevor die Leviten ihren Auftritt haben können. Die rhetorische Spannung, die mit der Nichtzählung Levis in 1,20 ff. aufgebaut und der expliziten Notiz dazu in 1,47 verstärkt wird, spitzt sich so in Num 2 weiter zu und läuft schließlich in den Kapiteln 3 und 4 ihrem Höhe- und Zielpunkt entgegen. So wie das Lager von der Peripherie zum Zentrum hin mit zunehmender Heiligkeit geordnet wird, ist auch der Text aufgebaut. Die gezählten und sich lagernden Stämme bilden sozusagen das Nest, in welches die schlußendlich auch zu zählenden und mit ihrem Dienst detailliert zu beauftragenden Leviten hineinplaziert werden. Num 1 f.* kommen daher notwendigerweise weitgehend ohne die Leviten aus, vielmehr stört die vorzeitige Erwähnung in 1,48–54; 2,17(.33?) den planvollen Spannungsbogen und ist darum nicht nur aus literarkritischen sondern auch aus rhetorischen[732] Er-

---

728 Mit Achenbach 2003, 488.
729 Achenbach 2003, 479. Zugespitzt ebd. Anm. 134: „Daß bei dieser Rekonstruktion [*scil.* Baentsch 1903; Holzinger 1903] Levi in der Grundschicht eines noch dazu P zugerechneten Textes fehlt, ist eine skurrile Folge dieser mechanisch reduktionistisch verfahrenden Analysetechnik!"
730 Diesen Eindruck erweckt die Lutherübersetzung mit dem adversativen „sondern" in Num 1,50.
731 Dazu vgl. ausführlich Spencer 1998 und auch Noth 1966, 35 f.
732 Die Tücken der Argumentation mit dem Begriff „rhetorisch" zeigt der Aufsatz von Lunn 2010. Hier wird der biblische Text nacherzählt (allerdings lagert Juda östlich, nicht westlich, wie Lunn 2010, 172 schreibt), in kleinere Einheiten zerlegt, die dann symmetrisch angeordnet werden und sich schließlich überraschenderweise auch als symmetrisch angeordnet erweisen. Abweichungen vom kunstvoll erdachten Schema werden zwar notiert, aber später schlicht und häufig

wägungen heraus jeweils als spätere Eintragung zu werten.[733] Als Grundschicht in
Num 1 f. verbleiben so 1,1 – 3.19b–44aα.b(?).46 f. und 2*(ohne מחנה הלוים in V. 17 und
evtl. ohne V. 33).

### c) Literarkritische Beobachtungen zu Num 3

Deutlicher als in Num 1 f. gestalten sich die literarischen Schichtungen in Num 3,
wobei sich wiederum die Bezüge zu Num 4 und insbesondere die Verhältnisse
innerhalb von Num 4 als problematisch erweisen werden. Kapitel 3 setzt ein mit
den „Toledot" Aarons und Moses (Vv. 1 – 4), die mit einer Zeitangabe versehen sind
(ביום דבר יהוה את־משה בהר סיני), was insofern auffällig ist, da Toledot an sich natürlich zeitunabhängig sind. Der Sinn der Zeitangabe liegt entsprechend auf einer
anderen Ebene. Neben der kompositionellen Funktion einer Bezugnahme auf
Num 1,1 wird mit dem Verweis auf den *Berg* Sinai „zugleich die Wichtigkeit der
folgenden Genealogie unterstrichen: Sie steht auf dem Niveau der Sinaioffenba-
rung!"[734] Noch auffälliger an der Toledotformel ist die Inkludierung Moses, da nur
Aarons Nachkommen von Relevanz sind, und überhaupt ihre Situierung. Literarisch bedeutsam sind die Bezugnahmen auf Ex 6,23[735] (V. 2), Ex 40,15 (V. 3) und Lev
10,1 – 3 (V. 4). Damit ist der kompilatorische Charakter des Abschnittes aufgezeigt
und seine Nichtzugehörigkeit zu P[G] bereits hinreichend deutlich:[736] „Die Verwendung der תּוֹלְדֹת-Formel an dieser Stelle möchte die die Patriarchengeschichte
in Epochen im Sinne von Königsären gliedernde Formel auf das Ziel der gesamten
Heils- und Offenbarungsgeschichte, den von Jahwe gestifteten Sühnekult in der
Stiftshütte hin ausrichten, so daß die mit Gen 5₁ bzw. mit der Schöpfung (Gen 2₄ₐ)
begonnene Linie im aaronitischen Priestertum und seinem Sühnekult für die
Gemeinde ihre Erfüllung findet."[737] Allerdings ist damit noch nicht erwiesen, daß
es sich bei den Versen um einen Zusatz *im Kontext* handelt.[738]

Die Frage klärt sich im Verhältnis zu den folgenden Vv. 5 – 10. Erst V. 10 enthält
JHWHs Auftrag an Mose zur Musterung Aarons und seiner Söhne. Die Form תפקד

---

gezwungen als „rhetorische Strategie" gedeutet. Immerhin eine These enthält der Aufsatz von
Brodie 2008: Es geht ihm um die „unity" des Buches.

**733** Anders Achenbach 2003, 488: „Num 1 – 2 ist also als literarisch einheitlicher Text der ThB
zuzuordnen." Das greift, trotz berechtigter Bedenken gegenüber den kleinräumigen Analysen
Kellermanns, der zudem nicht selten mit Umformulierungen rechnen muß, zu kurz.

**734** Hieke 2003, 230.

**735** Endredaktionell, s.u. Kapitel 4.3.

**736** Vgl. ansonsten ausführlich Weimar 1974, 90 f. Anm. 110.

**737** Pola 1995, 82f.

**738** In diesem Sinne ist Achenbach 2003, 490 Anm. 164 *zunächst* zuzustimmen.

ist eindeutig als ein *qal* zu bestimmen und daher auch als solches wiederzugeben, d. h. „mustere!". Die Aufforderung schlösse damit an den Zählbefehl in Num 1,3 u. ö. an. Zweifel an dieser Bedeutung können sich daraus ergeben, daß ein Ergebnis der Zählungen nicht mitgeteilt wird und sofort der Priesterdienst Aarons und seiner Söhne das Thema ist. Dem trägt die übliche Übersetzung mit „bestellen" bzw. „beauftragen", die sich zudem an die LXX anlehnt, Rechnung. Nur hat die LXX einen ausführlicheren Text, der wie Num 18,6 f. den Wirkungsbereich der Priester genauer definiert und sich von daher als Zusatz mit „halachischen" Interessen erweist. Als *lectio difficilior* ist darum dem *qal* des masoretischen Textes zu folgen. V. 10 erzählt somit, folgt man der entsprechenden Lesart, nicht von der Bestallung der Aaroniden zum Priestertum, sondern setzt diese voraus, indem er lediglich davon spricht, daß Aaron und seine Söhne ihr Priestertum „bewahren" sollen und Fremden bei unbefugter Annäherung der Tod angedroht wird.[739] Was aber bleibt mit dem Ergebnis der angeordneten Musterung? Es scheint, daß dem Erzähler in V. 10 ein solches nicht bedeutsam genug war, um es mitzuteilen. Nach dem vorauszusetzenden Großkontext hätte das Ergebnis wohl auch schlicht „drei" lauten müssen: Aaron und seine beiden Söhne Eleasar und Itamar. Erhellend im Hinblick auf die Vv. 1– 4 ist das insofern, als dort eben jene erzählerische Leerstelle ausgefüllt, das Ergebnis vorweggenommen wird und auch die Namen mitgeteilt werden. Vorgreifend auf die Vv. 9 f. klären die Vv. 2 ff. so die genealogische Zukunft der Aaroniden. Dabei bietet die Warnung an die Fremden/Unbefugten (V. 10) zugleich das entscheidende Stichwort für die Notiz von Nadabs und Abihus Tod (V. 4 in Aufnahme von Lev 10), weil sie fremdes Feuer (אש זרה) dargebracht hatten – geradezu ein Paradebeispiel für die Thematik unbefugter Annäherung. Darüber hinaus klärt V. 4, daß die durch göttliche Intervention zu Tode gekommenen keine Söhne hatten,[740] also die priesterliche Linie tatsächlich nur über Eleasar und Itamar ihre Fortführung finden kann. Betrachtet man die Dynamik, die durch die Zufügung der Vv. 1– 4 entsteht, erscheint mir die Annahme hinreichend plausibel, daß es sich dabei um eine spätere Ergänzung handelt,[741] wobei die sachliche Nähe zu Vv. 5 – 10 durchaus groß ist.

Das gilt recht unzweifelhaft auch für die Vv. 11– 13.[742] Nach einer erneuten Redeeinleitung (V. 11) stellt JHWH klar, daß die Leviten ihm gehören, wie auch die

---

739 Vgl. Num 1,51; 3,38.
740 Noch nicht thematisiert wird das in Num 26,60 f.; vgl. dagegen I Chr 24,1 f.!
741 So Holzinger 1903, 9; Noth 1966, 31 f.; Sturdy 1976, 25; wenn ich recht sehe auch Baentsch 1903, 455 f. Grundsätzlich auch Kellermann 1970, 46 – 49, nur kann ich seiner nochmaligen internen Ausdifferenzierung nicht folgen. Anders Achenbach 2003, 490.
742 Neben vielen anderen hier auch Sturdy 1976, 26 f.; Brin 1994, 230; Achenbach 2003, 492 f.498.

Erstgeburten sein sind (V. 12f.). Es handelt sich dabei um eine Aufnahme und in gewisser Hinsicht auch Korrektur der Aussage von V. 9, daß die Leviten Aaron gegeben seien. Erst spätere Überlieferer, v. a. die samaritanische Texttradition und die LXX, haben dort in Angleichung an V. 12 und v. a. Num 8,16 „mir" (לי bzw. μοί) gelesen. An den Versen hängt zugleich die ganze Thematik der Auslösung der Erstgeburt in den Vv. 40 – 51, die ebenfalls nahezu unstrittig als Zusatz angesehen werden.[743] Es sei noch vermerkt, daß sich die Zählanweisung in V. 40 mit der Formulierung ושא את מספר שמתם von den bisherigen Anordnungen abhebt und die beide Abschnitte verbindende, begründende Formel אני יהוה (Vv. 13.41.45) deutlich an das Heiligkeitsgesetz erinnert.[744]

Damit blieben neben den Vv. 5 – 10 noch die Vv. 14 – 39 als Kern des Kapitels 3 übrig, und es spricht viel dafür, denselben auch dort zu finden. Die bisher fehlende, aber zu erwartende Zählung der Söhne Levis wird ab V. 15 in enger Anlehnung an Num 1,1f. geboten[745] und auch entsprechend von Mose (V. 39) durchgeführt. Nicht beteiligt ist Aaron,[746] und auch die „Fürsten der Gemeinde" spielen keine Rolle. Im Unterschied zur Zählung der anderen Stämme in Num 1 werden die Söhne Levi nach ihren drei Hauptsippen getrennt gezählt[747] und sogar deren Geschlechter namentlich genannt. Den Sippen der Gerschoniter, Kehatiter und Merariter werden sodann ihre Lagerplätze um die Stiftshütte und ihre Aufgaben an bzw. in selbiger zugeordnet,[748] sowie die Namen ihrer Fürsten benannt (Vv. 24.30.35). Zusätzlich ernennt V. 32 Eleasar, den Sohn Aarons, zum „Fürsten der Fürsten der Leviten".[749] Da bei drei levitischen Sippen zwangsläufig eine Seite der

---

743 Vgl. wiederum neben vielen anderen Sturdy 1976, 33; Brin 1994, 230; Achenbach 2003, 492f.498. Etwas anders Wellhausen ³1899, 177f., der Vv. 14 – 51 insgesamt als „künstliche systematische Ausarbeitung" von Vv. 5 – 13 ansieht.
744 Vgl. Baentsch 1903, 461. Zur Frage nach dem Heiligkeitsgesetz vgl. schon Holzinger 1893, 411f.; etwas präziser Baentsch 1903, 457.
745 Vgl. etwa Holzinger 1903, 9 zur Aufnahme der Formulierung von Num 1,1 in 3,14.
746 Man beachte die *puncta extraordinaria* über ואהרן. Das Wort hat in Samaritanus und Peschitta auch keine Entsprechung.
747 Die Gesamtsumme in V. 39 ergibt sich bekanntlich durch eine simple Textänderung in V. 28, die zudem von der lukianischen Rezension gestützt wird, vgl. BHS zur Stelle und den Hinweis auf Charles François Houbigant bei Dillmann 1886, 18.
748 Dazu richtig Achenbach 2003, 494: „Die Idee, die übrigen strukturell heterogenen aber literarisch hier durchaus sinnvoll miteinander verknüpften Elemente literarhistorisch verschiedenen Schichten zuzuordnen, führt zu keinem sinnvollen Ergebnis. Nachdem in Num 1f. Musterung und Lagerordnung vorstrukturiert worden sind, bedarf es nicht nochmals einer getrennten Wiederholung der Elemente."
749 Die textkritische Variante innerhalb der semitischsprachigen Überlieferung, die auf הלים statt הלוי abzielt (so noch Num 26,57), und die hier auch von der LXX reflektiert wird, scheint eine

Stiftshütte ohne Lager bleibt – Gerschon lagert westlich, Kehat südlich und Merari nördlich – wird Mose, Aaron und dessen Söhnen die wichtige Ostseite mit dem Eingang zum Heiligtum zugewiesen (V. 38). Und wieder ergeht die Warnung an alle Fremden, daß unbefugte Annäherung, wovor die levitischen Lager einen Schutz bieten sollen, zum Tode führt.[750]

Alles in allem bilden so die Lagerstätten der Leviten das Lager der zwölf Stämme im Kleinen ab. Es spricht von daher nichts dagegen, die Ernennung von „Fürsten" für jede levitische Sippe, auch wenn es sich bei ihnen um ein Konstrukt handelt, zum Grundbestand des Textes zu rechnen. Daß dieser Gedanke späterhin nicht auftaucht, besagt in diesem Falle nicht, daß er auf eine spätere Ergänzung zurückzuführen ist, denn wo hätte er außerhalb der Lagerordnung auch seinen Platz?[751] Lediglich die Figur Eleasars als Fürst der Fürsten hat kein Äquivalent in Num 1 f. Dies in Kombination mit der auch terminologisch ungewöhnlichen Aufgabenbeschreibung, die – wie außerdem die Positionierung des Verses anzeigt – eigentlich nur auf die Kehatiter abzielt,[752] nähren die Zweifel an der Ursprünglichkeit des Verses.[753] Handelt es sich hierbei um einen Zusatz, würde darin eine auch sonst zu beobachtende Tendenz zur Aufwertung der Familie Aarons deutlich.[754]

Was die Leviten darüber hinaus von Israel unterscheidet, betrifft die Funktionszuschreibung an der Stiftshütte – aber eine solche ist für die Stämme auch nicht vonnöten – und das Alter der Gezählten: hier alles Männliche ab dem Alter von einem Monat, dort erst die Zwanzigjährigen und damit Wehrfähigen. Gerade im Hinblick auf Num 4 ist in den älteren Arbeiten gelegentlich diskutiert worden, ob dieser Unterschied auf literarische Überarbeitungen in Num 3 hinweise, die sich anhand des jetzigen Textes nicht mehr oder kaum noch rekonstruieren ließen. So sei etwa die Altersangabe „zwischen dreißig und fünfzig Jahren" (Num

---

sprachliche Glättung zu sein. Zum Sprachgebrauch des MT vgl. v. a. Ex 6,19 und Num 3,20, sowie oben Kapitel 2.1.1 die Bemerkungen zu Dtn 10,8 f.

**750** Dazu Milgrom 1997, 243: „The Levitical cordon is therefore empowered to strike down the encroacher; moreover, it is held fully responsible if any encroachment occurs. [...] Henceforth, the Israelites need not worry that God will punish the entire community. Only the encroacher and the negligent Levitical cordon will pay the penalty; this is a compromise of the divine doctrine of collective responsibility. The Levites are the lightning rod for the divine anger so that all Israel may worship at the sanctuary without fear."

**751** Anders Achenbach 2003, 495. Da er aber den mutmaßlichen Sinn der von ihm vermuteten Zufügung nicht erklärt, fehlt es dieser Annahme im Rahmen der von ihm (re)konstruierten Redaktionsgeschichte des gesamten Abschnittes an Plausibilität.

**752** Vgl. V. 32b mit V. 28b.

**753** Vgl. Holzinger 1903, 10; Noth 1966, 37.

**754** Dazu s. u. S. 187 f.235 ff.

4,3.23.30.35.39.43.47) ursprünglich in Kapitel 3 beheimatet gewesen und die Einbeziehung auch der Säuglinge in die Zählung erst einer Überarbeitung nach Ergänzung des Themas der Erstgeburt geschuldet.[755] Auch wenn eine solche Annahme zunächst naheliegend scheinen mag, bleibt sie jedoch methodisch problematisch und ist aus verschiedenen Gründen unnötig: Zum einen ist die Zählung der männlichen Personen ab einem Alter von zwanzig Jahren in Num 1 f. dem Aspekt der Wehrfähigkeit geschuldet, also tatsächlich eine altersabhängige Qualität.[756] Anders verhält es sich in Num 3. Dort geht es allein um die Frage der Abstammung, also eine „genealogische Qualität", etwas wie eine Dienstfähigkeit kommt überhaupt nicht in den Blick! Zum zweiten kann, sollte die Zählung der Säuglinge bereits ursprünglich in Num 3 beheimatet sein, besser erklärt werden, wie sich das in den Vv. 11–13 und 40–51 nachgetragene Thema der „Auslöse" überhaupt an Num 3 anlagern konnte.[757] Im umgekehrten Falle dürfte eine Erklärung problematisch sein. Zu einer Textänderung besteht also kein Grund.[758] Diese Entscheidung hat natürlich Auswirkungen auf die noch zu klärende Beziehung zwischen Num 3 und 4.

Zunächst sei jedoch noch das Verhältnis von Vv. 5–10 zu Vv. 14–39 bedacht. Beide Abschnitte werden durch verschiedene inhaltliche und wörtliche Berührungen zusammengehalten. Gleich ist z. B. die Formulierung והזר הקרב יומת (Vv. 10.38). In V. 38 ist dabei deutlich, wie man „Annäherung" zu verstehen hat, weil zuvor en détail die Lagerordnung erörtert wird. Aus V. 10 dagegen geht – jedenfalls aus dem hebräischen Text – ein *räumlicher* Vorstellungszusammenhang nicht hervor, die „Annäherung" ist auf כהנה zu beziehen. Aus dem Kontext ist deutlich, daß nach V. 10 auch ein Levit als זר zu gelten hätte, während V. 38 mit זר die nicht-levitischen Israeliten im Blick hat.[759] Andernfalls stünde zumindest die Anordnung in offenbarem Widerspruch zu den vorherigen Dienstanweisungen an die Leviten. Trotz gleicher Formulierung liegen hier also jeweils unterschiedliche Vorstellungen zugrunde. Überhaupt erhält die Unterordnung der Leviten unter die Familie Aarons in den Vv. 5–10 ein Gewicht, welches in den Vv. 14–39, abgesehen von dem zugesetzten V. 32, keinen entsprechenden Widerhall findet bzw. den dortigen Zuordnungen sogar konzeptionell widerspricht. Deutlich wird das v. a. in V. 7 mit der Lokalisierung des Dienstes *vor* dem Zelt (לפני אהל מועד), während die Vv. 14 ff. zum Teil auch Dienst *im* Zelt voraussetzen. Man muß allerdings zuge-

---

755 Vgl. etwa Baentsch 1903, 453 f. und v. a. Holzinger 1903, 9 f.
756 Vgl. Achenbach 2003, 473 ff. mit dem Exkurs zu „Heeresmusterungen in achämenidischer Zeit" und Hinweisen auf betreffende Altersangaben.
757 Vgl. auch Pola 1995, 81 Anm. 132.
758 So richtig Kellermann 1970, 47.
759 Anders Kellermann 1970, 45.

stehen, daß einerseits nicht eindeutig ist, worauf sich die Verortung in V. 7 bezieht, und daß andererseits V. 7 mit V. 8 in Spannung steht. Demnach könnte V. 7 auch ein späterer Zusatz zu dem Abschnitt sein, wobei ich keine Kriterien sehe, die umgekehrte Möglichkeit auszuschließen bzw. diese Frage überhaupt zu beantworten.[760] Allzuviel Gewicht sollte man daher nicht auf diesen Aspekt legen. Nichtsdestotrotz führt der Abschnitt zusammen mit der Differenzierung innerhalb des Stammes Levi eine Reihe von Themen und Aspekten ein, die im Kontext der bisherigen Lagerordnung deplaziert wirken. Das führt zu der Überlegung, daß auch die Vv. 5–10, zumindest in ihrer jetzigen Form, gegenüber den Vv. 14–39 ebenfalls ein späterer Nachtrag sein könnten.[761] Als Kern blieben also nur die Vv. 14–39,[762] etwas jünger sind die Vv. 5–10, noch spätere Ergänzungen betreffen die Vv. 1–4.11–13.32 und 40–51.

### d) Literarkritische Beobachtungen zu Num 4

In Num 4 schließlich wiederholt sich die Zählung der Leviten, nur diesmal, wie erwähnt, bezogen auf die tatsächlichen Dienstjahrgänge der Dreißig- bis Fünfzigjährigen. Angeordnet wird die Zählung bereits in den Vv. 2f., zur Ausführung gelangt sie allerdings erst nach Vv. 34f., da zuvor noch eine im Vergleich mit Num 3 ausführlichere Beschreibung der Dienste der Leviten eingeschoben ist. Angesichts der spezifischen Aufgaben eines mobilen Heiligtums ist zudem, anders als in Kapitel 3, nicht nur von משמרת, sondern auch von משא, dem Tragedienst, die Rede; in bezug auf die Kehatiter entfällt sogar jegliche משמרת, und nur noch der Tragedienst kommt in den Blick. Insbesondere bei den Kehatitern wird der Abstand zum Heiligen betont, den selbst sie einzuhalten haben, was dadurch gewährleistet wird, daß Aaron und seine Söhne die entsprechenden Gegenstände vor dem Transport „einpacken" (Vv. 5–15). Die bereits bekannte Todeswarnung wird jetzt mit etwas anderer Formulierung explizit auf die Kehatiter bezogen (Vv. 15.19f.). Angesichts der Wiederholungen mit leichten Varianten erscheint Num 4 darum als „eine secundäre und fortentwickelnde Ausführung auf Grund von 3, 14—39, die

**760** Entsprechend unsicher auch Baentsch 1903, 456; Holzinger 1903, 9; wenig überzeugend Kellermann 1970, 45: „8ayb ist als Dittographie zu streichen."
**761** Vgl. Baentsch 1903, 456; Elliger 1952, 122 und Pola 1995, 80f.; Holzinger 1903, 9f. nimmt eine Umstellung der ursprünglich nach V. 38 plazierten Vv. 5–10 an. Methodisch bleibt ein solches Vorgehen problematisch.
**762** Vgl. auch Pola 1995, 80ff.

Unterschiede sind Korrekturen."[763] Das ist für die ausführliche Beschreibung der Dienstpflichten in den Vv. 4–33* zweifelsohne richtig. Hinsichtlich der speziellen Zählung der erwachsenen Leviten kann man dennoch überlegen, ob diese nicht ihre Berechtigung hat und damit zum Grundbestand zählt,[764] insofern hier im Unterschied zur allgemeinen Zuschreibung der Aufgabenfelder in Num 3 die tatsächlich mögliche Dienstausübung der aufgrund ihres Alters Qualifizierten in den Blick genommen wird (כל־הבא לצבא לעבדה באהל מועד, vgl. v. a. Vv. 35.39.43). Der Gebrauch der Wurzel צבא scheint mir dabei nicht notwendig auf eine (implizit als unsachgemäß angesehene) Übernahme aus Num 1 f. zu verweisen,[765] vielmehr ist der feine Unterschied in der Verwendung des jeweils zugehörigen Verbs zu beachten: Nach Num 1 f. werden alle diejenigen gemustert, die mit dem Heer ausziehen (יצא), nach Num 4 geht es nur um die altersgemäße Zugehörigkeit zum „Heer" (בוא).[766] Die zweite Zählung stellt daher keine simple Dublette zu Num 3 dar, sondern komplettiert die Lagervorstellung.

Diese Überlegungen werden durch literarkritische Beobachtungen innerhalb des Kapitels 4 gestützt. Bereits oben war darauf hingewiesen worden, daß auf die Anweisung zur Zählung der Kehatiter Vv. 2 f. zunächst deren Dienstpflichten bzw. sogar die Übernahme eines Großteils derselben durch die Aaroniden beschrieben und selbst den Sippen der Gerschoniter und Merariter noch ihre Arbeitsbereiche zugewiesen werden, bevor endlich ab V. 34 die eigentliche Zählung berichtet wird. Von daher erweisen sich m. E. die Vv. 4–33, abgesehen von den zu Vv. 2 f. parallelen Zählanweisungen für die Gerschoniter und Merariter Vv. 22 f.29 f. als Zusatz. In V. 34 als redaktionellem Überleitungsvers ist möglicherweise mit kleineren Überarbeitungen zu rechnen.[767] So ist hier von den „Fürsten der Gemeinde" die Rede, in der Schlußsumme von V. 46 in Anlehnung an Num 1,44* von den „Fürsten Israels".[768] Letztere Formulierung ist vermutlich die ursprünglichere, Num 4,34 in Anlehnung daran ergänzt oder unabhängig davon später umformuliert worden. Eventuell ist der Ausdruck auch in beiden Versen jeweils nachgetragen.[769] Im Grundbestand dürfte der Vers jedoch an die Zählanweisungen der Vv. 1–3.22 f.29 f.

---

763 Wellhausen ³1899, 177. Sachlich entsprechend auch Baentsch 1903, 453 f.; Holzinger 1903, 10 f. (mit ausführlichen sprachlichen Notizen); Noth 1966, 39 ff. Anders Achenbach 2003, 496 ff., der das Kapitel zum Grundbestand in Num 1–4 rechnet.
764 So letztlich auch Baentsch 1903, 463.
765 Anders Wellhausen ³1899, 177.
766 Vgl. mit etwas anderer Schwerpunktsetzung auch Pola 1995, 89.
767 Zu Details vgl. Pola 1995, 88.
768 LXX dagegen hat in beiden Fällen οἱ ἄρχοντες Ισραηλ.
769 Vgl. zur Begründung auch Baentsch 1903, 467.

angeschlossen haben,[770] welche ihrerseits einst die Fortsetzung und den Abschluß zu Num 3,39 boten. Daß in Num 4 dabei Kehat an die Spitze der levitischen Sippen gestellt wurde, braucht nicht zu überraschen, denn dieser Gruppe fällt der bedeutendste Part im Dienst am Heiligtum zu, nicht zuletzt sind Mose und Aaron ebenfalls Kehatiter![771] Da das bereits von Num 3* her klar ist, wird die Annahme einer von der in den Vv. 4–33 vorliegenden Zufügung abhängigen Umstellung des Grundtextes von Num 4 mit Voranstellung Kehats somit überflüssig,[772] ebensowenig wie mit der Differenz in der Reihenfolge eine generelle literarhistorische Nachordnung von Num 4 hinter Num 3 begründet werden kann.[773]

Innerhalb des besagten Nachtrages dürften allerdings die Vv. 17–20 noch einmal auf einen späteren Bearbeiter zurückgehen:[774] Tatsächlich weitet der Absatz die Sicherheitsvorkehrungen so weit aus, daß die Kehatiter die heiligen Gegenstände noch nicht einmal unverhüllt *sehen* dürfen (V. 20).[775] Auffällig in der Grundschicht ist außerdem V. 47b, der mit seiner Zweiteilung in einen „Dienst-Dienst" (עבדת עבדה) und einen „Trage-Dienst" (עבדת משא) charakteristisch von der Formulierung in den Vv. 35.39.43 abweicht. Möglicherweise ist der Einschub der Vv. 4–33* (bes. Vv. 15.24.31) hier der Stichwortgeber für eine Überarbeitung gewesen. Ähnliches gilt vielleicht für den textlich schwierigen V. 49,[776] der V. 19b wörtlich aufnimmt.

Zuletzt ist noch auf die „Fürsten der Leviten" aus Num 3 einzugehen, sie bleiben in Num 4 funktionslos. Das muß, wie gesehen, nicht verwundern. Sie haben, wie auch die Fürsten der übrigen Stämme, ihren Platz in der Ordnung des

---

**770** Im Grundsatz ähnlich auch Kellermann 1970, 60 f., nur daß er darüber hinaus mit Umstellungen und Umformulierungen des Textes rechnet. Zur Besonderheit der Formulierung in V. 3 (לעשות מלאכה) vgl. Pola 1995, 89 Anm. 165: „hier scheint sekundär Gen $2_{2[bis]}$P$^g$ Ex $40_{33b}$P$^g$ [...] und damit auffallend ehrenvoll auf die Kehatiten übertragen zu sein."
**771** Das scheint Noth 1966, 37 zu übersehen.
**772** Gegen Kellermann 1970, 60.
**773** Anders z. B. Baentsch 1903, 462 f. und Holzinger 1903, 14. Ebensowenig ist jedoch die umgekehrte Argumentation einleuchtend, so in der Konsequenz aber Kellermann 1970, 150 f., wobei die Voranstellung Kehats in Num 4 ja erst auf eine Überarbeitung zurückgehen soll. Da beide Anordnungen – mit Gerschon oder Kehat an der Spitze – in ihrem Kontext begründbar sind, läßt sich aus der jeweils unterschiedlichen Reihenfolge der levitischen Geschlechter m. E. weder in die eine noch die andere Richtung ein Argument gewinnen.
**774** Vgl. Baentsch 1903, 463; Holzinger 1903, 10.15 f.; Noth 1966, 40 f.; Pola 1995, 86; weitere Beobachtungen bei Kellermann 1970, 58 f., v. a. im Hinblick auf die Verwendung des Wortes שבט für eine levitische Sippe, so auch Seebass 2012, 85 f. Der Einwand Achenbachs gegen Noth trifft nur V. 16, nicht aber die folgenden Verse (vgl. Achenbach 2003, 497).
**775** Wellhausen ³1899, 177: „[B]is zur Absurdität werden die Vorsichtsmassregeln übertrieben." Kellermann 1970, 59 hält V. 20 noch einmal für jüngeren Zusatz.
**776** Vgl. Baentsch 1903, 468; Holzinger 1903, 16; Kellermann 1970, 52.

Lagers. Statt dessen sind in Num 4 die beiden verbliebenen Söhne Aarons von Bedeutung: Itamar, der jüngere, leitet die Gerschoniter und Merariter bei ihrem Dienst an (Vv. 28.33); Eleasar, der ältere Sohn und künftige Hohepriester, ist mit der Aufsicht über die Kehatiter und damit das Allerheiligste sowie einige besondere Gegenstände (V. 16) betraut.[777] Auch hieran läßt sich die im Vergleich zur Grundschicht von Num 3 f. weiter gestiegene Bedeutung der Aaroniden ablesen.

#### e) Zur Redaktionsgeschichte

Fassen wir zusammen: Als Grundschicht in Num 1–4* verbleiben Num 1,1–3.19b–47*; 2*; 3,14–39*; 4,1–3.22 f.29 f.34–49*. Ergänzungen finden sich in:
- Num 1,4–19a (davon abhängig die Auffüllung von V. 44) und V. 45
- Num 1,48–54, womit wohl in Kapitel 2 die Glossierung von V. 17 (und V. 33?) verbunden ist
- Num 3,5–10 sowie 1–4.11–13.32.40–51
- Num 4,4–21.24–28.31–33, darin jünger Vv. 17–20; partiell überarbeitet oder zugesetzt sind die Vv. 47b.49
- hinzu mögen hie und da weitere kleine Zusätze und Umarbeitungen kommen, die hier jedoch nicht von Bedeutung sind

Für eine Zuordnung der einzelnen Ergänzungen geht man nun am besten von Num 3 als Modell aus, da dieses die größte Entwicklung in sich aufweist: Auf die Grundschicht folgt zunächst die Ergänzung der Vv. 5–10, denen auch die vermutlich noch etwas jüngeren Vv. 1–4 und 32 nahestehen. Sie alle werden durch das gemeinsame Interesse an der Aaroniden-Thematik zusammengehalten. Rein aus Gründen der Übersichtlichkeit fasse ich beide Ergänzungen hier und im folgenden daher zu einer Schicht zusammen. Noch einmal jüngeren Datums sind dann die Vv. 11–13.40–51, denen es um die Auslösung der Erstgeburten geht. Mit der Aaroniden-Schicht in Num 3,1–4.32 lassen sich in Kapitel 4 die Ergänzungen der Funktionsbeschreibungen der einzelnen Levitengeschlechter und ihre Unterordnung unter die Söhne Aarons in den Vv. 4–16.21.24–28.31–33 in Verbindung bringen. Die noch einmal späteren Vv. 17–20 berühren sich dagegen mit den weiteren Ergänzungen in Num 3, d. h. dem Thema der Erstgeburten, nicht weiter,

---

[777] Gegen Noth 1966, 40 f. sehe ich keinen Grund, die Erwähnungen der beiden Söhne Aarons jeweils für Nachträge innerhalb ihrer Verse zu halten, vielmehr müssen die Verse selbst als Nachträge im Grundbestand von Num 4* gelten.

wohl aber liegt – wie noch zu zeigen ist – dem Ausbau der Erstgeburtsthematik ein exegetisches Motiv zugrunde, welches mit der weiteren Beschneidung levitischer Kompetenzen in Verbindung gebracht werden kann.[778] Zumindest in der sachlichen Tendenz stimmen die Ergänzungen also überein.

Auch die Zusätze in Num 1f. können grundsätzlich den Schichten in Num 3 zugeordnet werden.[779] Den Abschnitt Vv. 48–54 (sowie מחנה הלוים in 2,17 [und V. 33?]) kann man v. a. mit Num 3,5–10 zusammenstellen, auch wenn in 1,48–54 die Aaroniden noch keine Rolle spielen. Das erklärt sich daraus, daß zunächst in beiden Partien der gesamte „Stamm Levi" (1,49, aufgenommen in Num 3,6)[780] in den Blick kommt, und erst danach Num 3 eine zusätzliche Unterscheidung einführt. Entsprechend offen ist auch die Funktion der Leviten an der Stiftshütte in Num 1 beschrieben, wobei besonders die Form ישרתהו (V. 50) auffällt. Das Suffix ist wohl auf משכן zu beziehen, aber möglicherweise wird damit auch eine Lokalisierung des Dienstes *in* der Stiftshütte bewußt vermieden, und bleibt damit auf den *gesamten Stamm* übertragbar. Vielleicht darf man sogar spekulieren, daß so auf die Unterordnung unter Aaron (Num 3,6: וישרתו אתו) zumindest angespielt wird. Das ist freilich unsicher, sicherer ist der Bezug auf den Tragedienst (V. 50), der auch in Num 4,4–33*.47b.49 von erhöhter Bedeutung ist. Mit ושמרו sind schließlich auch der Auftrag an die Leviten zur Wahrnehmung ihres Dienstes (Num 1,53 bzw. 3,7f.) und die Aufforderung an die Aaroniden zur Wahrung ihres Priesteramtes (Num 3,10) parallel formuliert. Der Zusammenhang der Texte untereinander scheint mir damit hinreichend deutlich. Was die Einordnung von Num 1,4–19a.44 angeht, bin ich deutlich unentschlossener. Diese Verse lassen sich mit den übrigen Schichten, so weit ich sehe, nur schwer in Verbindung bringen.[781] Vorausgesetzt wird der Abschnitt jedenfalls in Num 7f. Im Hinblick darauf und die davon wiederum abhängigen Texte[782] halte ich eine allzu späte Ansetzung nicht für ratsam und tendiere daher dazu, die Verse ebenfalls der ersten Ergänzungsschicht zuzurechnen. Neben der Grundschicht ergeben sich damit

---

**778** S.u. S. 175 ff.

**779** Daß bereits die Grundschicht in Num 3 lediglich zwischen Num 2 und 4 überleiten wolle und damit das gesamte Kapitel literarhistorisch jünger sein solle, erscheint mir angesichts der o.g. Bezüge aber auch angesichts der Num 3 eigenen Wachstumsgeschichte unwahrscheinlich (anders Pola 1995, 83–85 in Anlehnung an Kellermann 1970).

**780** מטה לוי ansonsten in Num nur 17,18, dort allerdings im konkreten Sinne des Wortes gebraucht, und 18,2. Beide Texte stehen mit den hiesigen Ergänzungen allerdings in engem Zusammenhang, s.u. S. 234 f.

**781** Zwar steht hier Aaron neben Mose (Vv. 17.44), aber das gilt auch schon in der Grundschicht, abgesehen vielleicht von den textkritischen problematischen Vv. 3,39 und 4,1.

**782** S.u. S. 174 ff.

- ein erster Erweiterungsschub mit Num 1,4 – 19a.44aβ(.45?).48 – 54; 2,17*(.33?); 3,1 – 4.5 – 10.32 und 4,4 – 16.21.24 – 28.31 – 33.47b.49
- sowie schließlich weitere Ergänzungen in Num 3,11 – 13.40 – 51 und 4,17 – 20.[783]

Von Details abgesehen entspricht dieses Bild den Analysen der klassischen Kommentare, insofern sollte im wesentlichen auch seit denselben deutlich sein, was daraus für die Geschichte der Leviten folgt: Die *Grundschicht* in Num 1 – 4* erzählt von der idealen Anordnung der Israeliten in der Wüste um das portable Heiligtum herum. Zunächst werden die zwölf Stämme gezählt (Num 1) und entsprechend den vier Himmelsrichtungen in vier Dreiergruppen angeordnet (Num 2).[784] Ausgenommen davon sind zunächst die Leviten. Erst in Num 3 erfolgt die Zählung der Söhne Levis getrennt nach den drei Sippen der Gerschoniter, Kehatiter und Merariter. Sie bilden den inneren Ring im Lager bzw. das Lager der Stämme *in nuce* noch einmal ab und sind mit dem Dienst am Heiligtum betraut. Der Voranstellung Judas unter den Stämmen, die sich neben seiner Erstnennung auch in der Plazierung auf der Ostseite zeigt, entspricht der Vorrang, den Mose, Aaron und seine Söhne genießen, die ebenfalls nach Osten hin lagern. Aber das ist, wenn man so möchte, ein Vorrang unter Brüdern. Von einer scharfen Grenzziehung zwischen verschiedenen Klassen der Nachfahren Levis ist noch nichts zu spüren. Im Unterschied zu den anderen Stämmen werden die Söhne Levis zunächst allesamt, vom einmonatigen Säugling an, gezählt (Num 3), und erst in einem zweiten Vorgang sind die dienstfähigen Leviten im Blick (Num 4). Damit ist das Lager komplett und Israel bereit zum weiteren Zug durch die Wüste hinein ins verheißene Land. Ob hier noch einzelne Gesetzesregelungen anschlossen, scheint mir fraglich; wahrscheinlich ist es nicht und die Fortführung eher in Num 10 zu suchen.[785] Erzählerisch ist die Sinaiperikope damit jedenfalls abgeschlossen.

Das bis hierhin gezeichnete Bild ändert sich mit der *ersten Bearbeitungsschicht* v. a. im Hinblick auf die interne Differenzierung der (genealogischen) Leviten. Das ist weniger deutlich in Num 1,48 – 54 zu spüren. Dort wird hauptsächlich vorweggenommen, was schon in der Grundschicht ohnehin noch folgte, nämlich die

---

783 Vgl. dagegen Achenbach 2003, 498. Er rechnet Num 1, 2, 4 komplett und in Num 3 die Vv. 1– 10.14 – 39* zur Grundschicht bzw. seiner Theokratischen Bearbeitung (ThB) I; Num 3,24.30.32.35 (die Fürsten der Leviten) zu ThB II und Num 3,11 – 13.40 – 51* zu ThB III. Damit geht v. a. die Dynamik der Unterschiede zwischen Num 3* und Num 4 verloren.
784 Im Geiste des 19. Jahrhunderts liest sich das so: „Liebhaber von Curiositäten mögen Numeri II nachlesen und sich dort an dem niedlichen Aufbaue eines Zinnsoldaten-Lagers erfrischen: Der berittene Offizier vorn, das Feldzeichen in der Mitte, die Flügel genau im Alignement darauf gerichtet, und so fort, bis ein geschlossenes Viereck dasteht." (Niebuhr 1894, 243).
785 Vgl. Achenbach 2003, 638; etwas anders Elliger 1952, 127 Anm. 4 und Noth 1966, 9.

Einführung der Stiftshütte samt den sie betreuenden Leviten. Wichtig für den Ergänzer ist offenbar, daß bereits an dieser Stelle der notwendige Abstand zum Heiligen betont wird, damit nicht der Zorn Gottes über die Gemeinde komme.[786] Zudem dient der Abschnitt möglicherweise bereits einer ersten Korrektur bei der Aufgabenbeschreibung für die Leviten. Dieser Eindruck verstärkt sich angesichts von Num 3,1–4.5–10.32. In diesen Versen wird der Familie Aarons verstärkte Bedeutung zugemessen. Die Leviten gelten jetzt als Gabe aus[787] den Israeliten an Aaron, sein Sohn Eleasar ist als „Fürst der Fürsten" über die Leviten gestellt. Und gemäß den Fortschreibungen in Num 4,4–16.21.24–28.31.33.47b.49 sind deren Aufgaben weiter eingeschränkt. Insbesondere die Kehatiter werden mehr oder minder zu Trägern degradiert, ihr Umgang mit dem Heiligen ist massiv eingeschränkt. Zu alldem stehen die Leviten jetzt unter Aufsicht beider Söhne Aarons, auch das wieder nach der Bedeutung geordnet: Der jüngere Itamar ist für die weniger gewichtigen Gerschoniter und Merariter abgestellt (Vv. 28.33). Im Vergleich mit der Grundschicht in Num 1–4* haben die Leviten deutlich an Prestige verloren.

Dieser Trend setzt sich in den *späteren Ergänzungen* wie Num 4,17–20 fort. Auch wenn hier vordergründig die Sorge um das Fortbestehen der Kehatiter ausgedrückt wird, steht im Hintergrund ja vor allem eine Beschneidung ihrer Kompetenzen. Angesichts dessen ist die Interpretation des ebenfalls am Ende der Redaktionsgeschichte anzusetzenden Abschnittes Num 3,11–13, wo – etwas anders als in 3,9 – Gott festhält, daß die Leviten ihm gehören (V. 12), als „levitenfreundlicher Korrektur des Vorangehenden"[788] nicht recht einsichtig, auch wenn der entsprechende Eindruck bei der ersten Lektüre des Verses naheliegen mag. Aber eine solche Deutung widerspricht allen sonst beobachteten Tendenzen. Es ist darum zu fragen, ob (a) mit dem Unterschied zwischen לו (V. 9) und לי (V. 12) tatsächlich die Kernaussage betroffen ist und ebenso, ob (b) beide Formulierungen, ohne ihre konzeptuellen Differenzen damit zu bestreiten, tatsächlich unvereinbar nebeneinander stehen.[789]

---

786 Zu קצף in diesem Sinne vgl. Num 16,22; 17,11; 18,5. Das ist ein erster Hinweis auf redaktionelle Verknüpfungen zwischen den Ergänzungen hier und den Fortschreibungen der Datan-Abiram-Episode zur Korach-Rebellion, dazu s.u. S. 234 f.

787 V. 9: מאת! Samaritanus und Peschitta lesen מתוך entsprechend V. 12 und 8,16.19.

788 Noth 1966, 33; aufgenommen von Achenbach 2003, 492, der darauf aufbauend meint, es sei zu „einer Neubegründung der Position der Leviten und im Zuge des sich weitenden Opferbetriebes am Tempel auch zu einer Stärkung ihrer Situation" gekommen (Achenbach 2003, 492 f.). Für Kellermann stellt sich das Problem nicht, da Vv. 5–10 s.E. jünger sind als 11–13 (vgl. Kellermann 1970, 45 f.48).

789 Vgl. in diesem Sinne auch Baentsch 1903, 455.

## f) Zur Rolle der Leviten

Die erste Anfrage (a) kann recht deutlich verneint werden, bezieht man Num 3,40 – 51 in die Analyse mit ein. Darin geht es ausschließlich um die Auslöse der Leviten statt aller Erstgeborenen der Israeliten, die JHWH gehören, was sogar auf das Vieh der Leviten ausgedehnt wird (V. 41). Daß die Leviten zu JHWH gehören, ist allein durch den – nicht näher erläuterten – Analogieschluß mit den Erstgeborenen[790] bedingt. Zugleich gipfelt der Absatz dann in diversen Zahlenspielereien[791] bzw. zielt er auf den finanziellen Aspekt ab. Mit einer Stärkung der levitischen Position kann ich das nicht in Verbindung bringen, zumal das entsprechende Lösegeld dann wiederum Aaron und seinen Söhnen zukommt. Nur am Rande sei noch vermerkt, daß bei genealogischer Betrachtung Aaron und seine Söhne selbst natürlich ebenso zu den Leviten und damit zu JHWH gehören, auszulösen sind usw.

Für den zweiten Punkt (b) ist ein vorgreifender Blick nach Num 8 vonnöten. Dort erzählen die Vv. 5 – 22 von der Weihe der Leviten in Anlehnung an die Weihe der Aaroniden Ex 29; Lev 8 u. a. mithilfe eines Opferritus.[792] Ebenso wie Num 3 betont Num 8 die Zugehörigkeit der Leviten zu JHWH (Vv. 14.16a), sie sind eine Gabe aus[793] den Israeliten an ihn. Auch hier wäre im Sinne Martin Noths konsequenterweise eine „levitenfreundlichere Korrektur" anzunehmen, was ich aus der Beschreibung der Leviten als [794]תנופה allerdings nicht herauslesen kann. Vor allem aber zeigen die Vv. 16b–19, daß zwischen JHWH-Zugehörigkeit und Gegebensein an Aaron kein unauflösbarer Widerspruch besteht, denn JHWH selbst hat die Leviten Aaron und seinen Söhnen gegeben (V. 19)! Wie das mit der oben erwähnten Interpretation von Num 3,11–13 als einer levitenfreundlichen Korrektur zusam-

---

790 Vgl. dazu v. a. Lev 27,6 und Num 18,15.

791 Die Deutungen sind vielfältig und phantasievoll, jedoch zumeist unbefriedigend. Interessant ist z. B. Achenbach 2003, 495 Anm. 178, aber wenn ich das recht verstehe, liegt die Zahl der Erstgeborenen Israeliten mit 22.273 um eins über der sich aus 2*12.000 minus 12*12*12 ergebenden Differenz 22.272. Müßte man, gemäß Achenbachs Erklärung der „Noch-nicht-Vollendung", nicht vielmehr mit 22.271 erstgeborenen Israeliten rechnen?

792 Zu dessen Deutung und Funktion am Ende der Sinaiperikope vgl. die luzide Erläuterung bei Frevel 2010b.

793 מתון, s. o. Anm. 787. Auf den möglichen sachlichen Unterschied zwischen beiden Präpositionen verweist Holzinger 1903, 12.

794 Vgl. die berechtigte Kritik an der üblichen Übersetzung „Schwingopfer" bei Frevel 2010b, 149 Anm. 65, der statt dessen die Wiedergabe mit „Erhebungsopfer" vorzieht.

mengehen soll, ist nur schwer nachvollziehbar, selbst wenn man dem Text in Num 8 späte harmonisierende Tendenzen attestieren möchte.[795]

Der Irrtum liegt m. E. darin begründet, Num 3,11–13 allein im Kontrast zu 3,5 – 10 und damit den Schritt von לו zu לי als Aufwertung verstehen zu wollen. Bezieht man Num 8 jedoch in die Entwicklung mit ein, ergibt sich ein anderes Bild: Der Gedanke des Gegeben-Seins der Leviten an Aaron aus Num 3,9 wird in Kapitel 8 noch einmal anders legitimiert. Nach 3,6 soll Mose den Stamm Levi vor Aaron, dem Priester, aufstellen (והעמדת), damit sie ihm dienen, nach 8,13 soll er die Leviten zunächst vor Aaron und seinen Söhnen aufstellen und als Schwing- bzw. Erhebungsopfer darbringen. Auch wenn das לפני יהוה geschieht, kann man sich des Eindrucks nicht erwehren, daß hier die Aaroniden nahezu an die Stelle des eigentlichen Opferempfängers getreten sind.[796] Mit diesem Ritus jedenfalls werden die Leviten aus den Israeliten ausgesondert (בדל hif'il, V. 14), sie sind JHWH gegeben (V. 16a).[797] Die Zugehörigkeit zu JHWH ist nun aber kein Gegensatz, sondern die Grundlage für die folgende Übergabe an Aaron und seine Söhne, woraufhin die Leviten ihres Amtes an der Stiftshütte walten können. Sie sollen bei unbefugter Annäherung (נגש) an das Heilige für die Israeliten Sühne schaffen (כפר pi'el) und so eine Plage (נגף) verhindern (V. 19). Terminologisch und sachlich ist das ein Unterschied zu den Konzeptionen von Num 3,10.38 (קרב), wo für Sühne keine Zeit bliebe, da der Unbefugte im betreffenden Falle schlicht sterben soll. Zu Num 1,48 ff. hingegen ergeben sich auch Übereinstimmungen. So wie dort קצף (V. 53) bereits auf Num 16 ff. vorverweist,[798] gilt das hier für נגף, nur daß während der Plage Num 17,11 f. Aaron anstelle der Leviten das Volk entsühnt. Dieser Unterschied ist zumindest teilweise durch das Fehlverhalten der levitischen Funktionsträger in der Korach-Revolte bedingt.[799] Die Levitenweihe Num 8 stellt damit

---

795 Zur Analyse von Num 8 s.u. S. 195 ff. Nach Noth 1966, 62 f. wären Num 8,16b–19 ein späterer Zusatz innerhalb Num 8. Das bedeutete dann eine Korrektur der levitenfreundlichen Korrektur? Nach Achenbach 2003, 495.541 ff. sind hingegen beide Abschnitte der ThB III zuzurechnen.

796 Vgl. dagegen Achenbach 2003, 544 Anm. 49: „Zugleich bekräftigt dieser Teil des Rituals die Jahweunmittelbarkeit des Levitendienstes und hebt die Leviten auch gegenüber den Aaroniden in die höchstmögliche Position." An dieser Deutung sind doch erhebliche Zweifel angebracht.

797 Anders als in Num 8,14 gelten in den Vv. 16b–18 die Leviten anstelle aller Erstgeburt als JHWHs Eigentum. Dieser Gedanke wird in Num 8 weder erklärt, noch erfüllt er – anders als in Num 3 – eine Funktion. Die Verse dürften innerhalb von Num 8 nachgetragen sein, wohl in Angleichung an Num 3,11–13. Dagegen hat V. 19 mit dem Thema Erstgeburt nichts zu tun und kann daher nicht ohne weiteres diesem Nachtrag zugerechnet werden (s.u. Kapitel 3.3).

798 Vgl. oben Anm. 786.

799 Auf die terminologischen Verbindungen von Num 1,53 und 8,19 zu Num 16 f. macht auch Magonet 1982, 10 f.21 f. aufmerksam. Den Bezug zur Rebellion Korachs und ihren Folgen übersieht Noth 1966, 63; daher ist für ihn V. 19 „ein ausgefallener Gedanke" und es „bleibt ganz

gegenüber Num 3,5 – 10 eine leichte Weiterentwicklung dar, auch wenn die Unterschiede nicht groß sind. Sie dürfte sich zu Num 3,5 – 10 etwa wie 3,1 – 4.32 verhalten. Angesichts der hiesigen Beobachtungen müßte vielleicht auch Num 1,48 ff. etwas näher an 3,1 – 4.32 und Kapitel 8 als an 3,5 – 10 gerückt werden.

Entscheidender ist aber, daß Num 3,11 – 13.40 – 51 gegenüber Num 8* noch einen Schritt weitergeht[800] und das Thema der Erstgeburt entfaltet, woran sich die Überlegungen zur Auslöse anhängen. Wie es zur gedanklichen Verbindung von Leviten und Erstgeburt kommt, ist, abgesehen von der Feststellung, daß beide auf je ihre Weise der Sphäre des Heiligen zufallen, m. E. noch nicht befriedigend geklärt.[801] Weder Num 3 noch Num 8 bieten hier explizite Erklärungen, und der Verweis auf Ägypten Num 3,13 begründet nur die Zugehörigkeit der Erstgeborenen zu JHWH, nicht die Parallelität von Leviten und Erstgeborenen.[802] Ein mögliches

---

unklar, was damit konkret gemeint ist". Auch Milgrom 1987, 208 denkt offenbar nicht an Num 16 f.

**800** Das sieht auch Noth 1966, 62, wobei er, wie erwähnt, von einem Grundbestand ohne Vv. 16b–19 in Num 8 ausgeht. Aber gerade V. 16a, den er zur Grundschicht rechnet, nimmt das göttliche לי ja schon vorweg, während der nach Noth ergänzte V. 19 mit der von ihm ausgemachten Deutung von 3,11 – 13 konkurriert. Umgekehrt Kellermann 1970, 118 f. Er hält Num 8,16b–19 für abhängig von 3,11 – 13.

**801** Erörtert wird diese Frage u. a. bei Zimmerli 1971 und Brin 1994, 228 ff. Zimmerli vermutet, daß „das Deuteronomium und möglicherweise auch das Heiligkeitsgesetz durch ihr Verschweigen der Forderung der menschlichen Erstgeburt die Verlegenheit widerspiegeln, die sich angesichts des Hochkommens der Übung des Menschenopfers im 8./7. Jahrhundert in steigendem Masse erhob. Hatte die Forderung Jahwes denn nicht in ihrer ältesten Gestalt in Ex. 22:28 klipp und klar gelautet: ‚Den Erstgeborenen deiner Söhne sollst du mir geben?'" (Zimmerli 1971, 463). Durch die Parallelisierung von Leviten und menschlicher Erstgeburt sei dann die „göttliche Forderung der menschlichen Erstgeburt [...] wieder ganz voll in ihr Recht gesetzt" (ebd., 468). Unabhängig davon, ob es ein „Hochkommen der Übung des Menschenopfers im 8./7. Jahrhundert" gegeben haben sollte, was eher zweifelhaft ist, ist es doch nicht unwahrscheinlich, daß die Autoren von Num 3,11 – 13 zumindest eine Lücke in der Ausfüllung des Gebotes von Ex 22,28 gesehen haben, die es exegetisch (!) zu füllen galt. Das weist m. E. bereits in die richtige Richtung. – Auch Brin versteht die fragliche Parallelisierung als Antwort auf ein exegetisches Problem: „If the Levites were first consecrated to this task [*scil.* zum Dienst am Heiligtum] only now, how did the cult function prior to the establishment of the tribe of Levi and the house of Aaron? The answer given by Num. 3.11 – 13, 40 – 51 is: the first-born originally served as priests" (Brin 1994, 231). Diese Lösung hat jedoch den biblischen Kontext gegen sich: Von Kulthandlungen der Erstgeborenen ist im biblischen Text weder in Exodus noch Leviticus die Rede, und auch wenn bis dato die Leviten noch nicht mit kultischem Dienst beauftragt worden waren, so doch zumindest Aaron und seine Söhne.

**802** Frevel 2010b, 150 f. sieht also ganz richtig in der jetzigen Fassung von Num 8 eine Vorbedingung und zugleich partielle Erfüllung von Ex 13 auf der narrativen Ebene, aber das erklärt m. E. noch immer nicht, wie es überhaupt zur thematischen Verknüpfung von Auslöse der Erstgeburt und Aussonderung der Leviten kommt. Vgl. darüber hinaus aber auch Gesundheit

exegetisches Motiv für diese Verbindung ist ebenfalls im Vorgriff auf Num 8 zu finden. Dort ist nach V. 19 „Sühne schaffen" die zentrale Aufgabe der Leviten, ausgedrückt auf gängige Weise mit כפר *pi'el*.[803] Von der Wurzel abgeleitet ist aber auch das ein „Sühn-" oder „Lösegeld" bezeichnende Substantiv כפר.[804] Über diese Verbindung trägt das Verb eher die Bedeutung „auslösen", im Spezialfall auch „als Lösegeld aufwenden".[805] Die Auslöse, speziell auch das Auslösen der Erstgeburten, wird zwar ansonsten verbal mit der Wurzel פדה ausgedrückt, nur Num 3,40 ff. kennt dazu noch die Nominalbildungen פדוים und פדיון,[806] aber es ist mit einer gewissen semantischen Überschneidung von פדה und כפר zu rechnen,[807] die dann den Hintergrund für eine Reïnterpretation von Num 8,19 bilden kann: Muß – gemäß der Anschauung später priesterlicher Autoren – „Sühne schaffen" als ein priesterliches Vorrecht gelten, dann kann sich das לכפר der Leviten nicht hierauf beziehen, sondern nur im Sinne einer „Auslöse" verstanden werden.[808] Diese Relektüre eröffnet schließlich die Verbindung zum Thema der Auslöse der Erstgeburten, welches sich in Num 3 daran anhängen konnte, daß die Leviten im Unterschied zum Rest Israels vom Säugling an gezählt wurden. Die Vv. 11–13.40 – 51 sind also keineswegs nur „ideenlose[..] Phantasterei",[809] sondern im Gegenteil recht phantasievolle Exegese. So präzisiert – nicht korrigiert! – Num 3,11–13 im Lichte von Num 8 die vorangehenden Aussagen, v. a. V. 9: JHWH nahm sich die Leviten, wie er sich die Erstgeburten genommen hatte, und übergab sie Aaron. Erst nach der Zählung Vv. 14 ff. setzt dann konsequenterweise mit den Vv. 40 ff. das Thema einer Auslöse der Leviten (anstelle der Erstgeburten) ein.

Exegetisches Interesse wird freilich nicht der einzige Grund für diese Fortschreibung sein, vielmehr dient sie wohl im Hintergrund stehenden kultischen Rangstreitigkeiten. Num 3,11–13.40 – 51 reiht sich damit nicht auf den ersten Blick,

---

2012, 199 – 208, der mit ansprechenden Gründen Ex 13,1 f. als von Num 3,12 f. aus inspiriert ansieht; in der Konsequenz anders Berner 2010, 319 f.

**803** Dazu Janowski ²2000, 151 Anm. 232; vgl. aber Levine 1993, 278 mit Verweis auf seine Auslegung von V. 12 (s. u. Anm. 808).

**804** Siehe v. a. Ex 30,12 – 16, aber auch Num 35,31 – 33; Hi 33,24; 36,18; Ps 49,8; Prov 6,35; 13,8; 21,18; Jes 43,3 und vgl. Janowski ²2000, 154 ff.; Milgrom 1997, 250.

**805** Hauptsächlich Ex 30,15 f.; vgl. dazu Lang 1984, 308 f. und Janowski ²2000, 161 f.

**806** Vgl. dazu Cazelles 1989.

**807** Vgl. dazu v.a Ex 21,30!

**808** Levine 1993, 276 f. sieht zunächst eine „overall loseness of terminology characteristic of chap. 8", konstatiert dann aber auch, daß „yet another idea may be operative here: In certain contexts *lekappēr 'al* represents the more complete formula *lekappēr 'al nepeš* 'to serve as ransom for a life' [...] In such cases the *pi'el* form [...] means, literally, 'to serve as *kôper*, ransom.'"

**809** Wellhausen ³1899, 178.

sondern vielmehr durch eine kreative Reïnterpretation von Num 8,19 in jene späten Fortschreibungen in Num 1 – 4 ein, die an der immer weitergehenden Einschränkung levitischer Kompetenzen beteiligt sind. Insofern liegen die Verse durchaus auf einer Linie mit der anderen späten Ergänzung Num 4,17 – 20.[810] Mit Freundlichkeit den Leviten gegenüber hat das alles nichts zu tun.

Zuletzt ist noch auf den Text der LXX in Num 3,5 – 10 einzugehen, der im Umfang deutlich über den masoretischen Text hinausgeht.[811] Es handelt sich dabei nicht nur um Varianten im klassischen Sinne, sondern eher schon um Fortschreibungen. Einen Zusatz weist V. 9 auf, der auch Aarons Söhne noch einmal ausdrücklich als Priester kennzeichnet. Die größte Differenz bietet V. 10. Zunächst wird das *qal* zu פקד nicht wie üblich mit ἐπισκέπτομαι wiedergegeben, sondern mit καθίστημι, welches üblicherweise das *hif'il* zu פקד übersetzt, d. h. LXX hat die hebräische Form im Sinne eines *hif'il* verstanden, dem zumindest im MT die Näherbestimmung fehlte. Diese ergänzt LXX in dem Sinne, daß die Aaroniden „über das Zelt des Zeugnisses" eingesetzt sind. Sie sollen weiterhin nicht nur wie im masoretischen Text ihr Priestertum bewahren, sondern darüber hinaus πάντα τὰ κατὰ τὸν βωμὸν καὶ ἔσω τοῦ καταπετάσματος. Der Gedanke, nicht aber die exakte Formulierung, ist aus Num 18,6 f. übernommen.[812] Die Besonderheit dabei ist, daß in Übereinstimmung mit den jüngeren redaktionellen Fortschreibungen im masoretischen Text nach der LXX auch in Num 3,10 schon der Ausschluß der Leviten vom inneren Zirkel der Heiligkeit festgelegt wird. Weiterhin wird hier wie auch in Num 3,38 und 17,13 (28MT) das hebräische קרב *qal* mit ἅπτω übersetzt, sonst aber mit προσπορεύομαι (1,51; 18,7) oder προσέρχομαι (v. a. 16,40 [17,5MT]; 18,3 f.22).[813] Ganz deutlich geht es damit also nicht mehr um unerlaubte „Annäherung an das Priestertum", sondern um den direkten Kontakt mit den heiligen Gerätschaften. Räumliche Annäherung mußte ja zumindest für die Tragedienste nach Num 4 noch erlaubt sein, lediglich die Berührung (4,15) und der unverpackte

---

810 S.o. S. 172.

811 Vgl. zum folgenden Dorival 1994 und Rösel 2001a, v. a. 31 f.

812 Zur Problematik des Begriffs βωμός im Kontext der Numeri-LXX siehe Rösel 2001a, 36 Anm. 38.

813 Joosten 2003, 597 verweist auf den dieser Übersetzung zugrunde liegenden aramäischen Hintergrund. Es ist sicher richtig, daß sich hier, Aramäisch gedacht, die *Möglichkeit* eröffnete, קרב im Sinne von „berühren" zu verstehen. Gleichwohl geht die Grundbedeutung „sich nähern, nahe sein" im Aramäischen nicht verloren. Es bestand also *keine Notwendigkeit*, קרב mit ἅπτω zu übersetzen. Zudem sind im näheren Kontext ansonsten die vom Hebräischen her gebotenen Formen von προσπορεύομαι bzw. προσέρχομαι gewählt worden (s.o.). Der Verwendung von ἅπτω an besagten Stellen dürfte darum nicht einfach ein „false friend" sondern durchaus eine exegetische Entscheidung der Übersetzer zugrundeliegen, die sich im Lichte der mutmaßlichen Fortschreibungen besser verstehen läßt.

Anblick (4,20) waren gefährlich. Die LXX trägt also Gedanken aus späteren Ergänzungsschichten in Num 4 oder Num 18[814] bereits in Num 3,5–10 ein und führt so den in der Redaktionsgeschichte eingeschlagenen Weg weiter fort.

## 3.2 Num 26: Noch eine Volkszählung

Auch wenn für den Leser die große Volkszählung zu Beginn des Buches Numeri ermüdend genug gewesen sein mag, hebt Kapitel 26 erneut mit einer solchen an. Dies ist allerdings kaum auf die unbändige Lust der Autoren an Zahlen zurückzuführen, sondern – jedenfalls auf der Ebene des Endtextes – auch dem Kontext nach geboten: Nach dem Aufbruch vom Sinai war das murrende und meuternde Volk mehrfach dezimiert worden: erst bei den „Lustgräbern" (Num 11), später bei einem vergeblichen Versuch der Landnahme (Num 14), kräftig beim Aufstand der Rotte Korach (Num 16), die noch einen weiteren Aufstand nach sich zog (Num 17), durch Schlangenbisse (Num 21) und vorläufig ein letztes Mal in Schittim (Num 25). Daneben sind der Tod Mirjams und Aarons (Num 20) rein quantitativ zu vernachlässigen. Vor allem hat mit Blick auf das Land, seine Eroberung und Verteilung an dieser Stelle eine Zählung des Volkes ihren Platz.[815]

### a) Num 26 im Verhältnis zu Gen 46 und Jos 17

Daß das Motiv der Volkszählung im Buch Josua keine Rolle spielt, ist ein erster Hinweis auf die literarischen Verhältnisse, ändert aber nichts an der Tatsache, daß im Rahmen des Numeri-Buches hierauf der Fokus liegt, wie nicht zuletzt die thematische Ausrichtung der Kapitel 27; 32–36 zeigt. Die Landverteilung als Grund einer Volkszählung erklärt übrigens auch recht überzeugend die Nichtberücksichtigung bzw. Sonderrolle Levis. Da diesem Stamm kein Land zugeteilt wird, entfällt auch die Notwendigkeit einer Zählung mit den übrigen Stämmen Israels. Blickt man von diesen Beobachtungen zurück auf die Musterung des Volkes in Num 1–4, stellt sich die Frage nach Sinn und Funktion der glanzvollen Schilderung dort noch einmal, denn die hübsche Parade wird ja sogleich nach dem Aufbruch vom Sinai fürchterlich durcheinandergebracht und kann daher, anders als Num 26, keinen über sich selbst hinausweisenden Zweck erfüllen. Ebenso wird

---

**814** Dazu s.u. Kapitel 3.5.
**815** Vgl. Achenbach 2003, 447, der darum seiner Behandlung von Num 1–4 zunächst die Analyse von Num 26 voranstellt.

in Num 1– 4 die Sonderrolle Levis ja nicht im eigentlichen Sinne begründet, sondern vorausgesetzt. Diese Bemerkungen sind ebenfalls ein erster Hinweis auf die literarischen Relationen zwischen Num 26 und 1– 4.

Doch kehren wir zurück zu Num 26: Der Text ist, zumindest in seinem Grundbestand als Sippenliste, aufgrund der einflußreichen These Martin Noths[816] lange Zeit für ein Dokument aus alter, ja gar vorstaatlicher Zeit gehalten worden, wobei sich dabei immer die Frage stellte, „[w]ie sich ein so altes und gewiß zuverlässiges „Dokument" bis in die Spätzeit, in der das literarische Ganze von 4.Mos. 26 fixiert worden ist, erhalten konnte".[817] Unter der Voraussetzung des hohen Alters erschien auch die Annahme plausibel, daß andere genealogische Ausführungen, wie z. B. Gen 46, davon abhängig seien. Dies umso mehr, als die Liste der Nachfahren Jakobs in Gen 46,8 – 27 als Teil der Priesterschrift oder ihrer späteren Ergänzungen anzusehen war.[818] Über besagte These, ihre Implikationen und die Widerlegung des Ganzen ist genug aus berufenerem Munde geschrieben worden, was hier nicht *in toto* wiederholt zu werden braucht.[819]

Befreit vom Ballast der Annahme hohen Alters stellt sich damit aber die Frage nach dem literarischen Verhältnis von Num 26 zu Gen 46 erneut. Auch sie ist inzwischen mehrfach beantwortet worden: Bis in Details hinein ist deutlich, daß Num 26 auf Gen 46 zurückgreift.[820] So wird die Liste der Sippen nach einer Zählanweisung an Mose und Eleasar (Vv. 1– 4b\*[bis משה]) mit der Formel „und die Söhne Israels, die aus dem Land Ägypten zogen" (ובני ישראל היצאים מארץ מצרים,

---

**816** Noth 1930, bes. 122– 132; zur Forschungsgeschichte vgl. überblicksweise Olson 1985, 55 – 68.

**817** Noth 1966, 177. Abweichungen vom vorausgesetzten System, wie die verbalen Einleitungen in den Vv. 20 f., gelten ihm dementsprechend als „regelwidrig" (vgl. Noth 1966, 179).

**818** Vgl. u. a. Wellhausen ³1899, 372 Anm. 1; Cornill 1891, 57; Holzinger 1898, 267 (P als „Anhang zur Patriarchengeschichte"!); Westermann 1982, 174 ff. („Erweiterung von P", allerdings auch „selbständiger Traditionsweg" und aus der „Zeit vor dem Seßhaftwerden"!); von den neueren vgl. z. B. Kratz 2000a, 243.328; Berner 2010, 39 („späte[r] nachpriesterschriftliche[r] Text"); etc.

**819** Vgl. v. a. Levin 1995.

**820** Vgl. Sturdy 1976, 189; Budd 1984, 288 f.; Levin 1995, 167– 170; Macchi 1999, 262 ff.; Achenbach 2003, 449 – 458; Kislev 2008, 150 (allerdings mit einer problematischen Zusatzannahme zur LXX, s.u. Anm. 827) und demnächst ausführlich die aus einer gründlichen Analyse der Josephsgeschichte heraus entwickelte Göttinger Dissertation von Franziska Ede. Anders z.B. Baentsch 1903, 629 (er hält Gen 46 für die ältere Fassung einer beiden Texten zugrunde liegenden Liste); Holzinger 1903, 134 oder L. Schmidt 2004, 156, die aufgrund der Unterschiede zwischen Gen 46 und Num 26 eine direkte literarische Abhängigkeit verneinen; vgl. dagegen schon Westermann 1982, 175: „Dabei stimmen aber die Namen so weitgehend überein, daß ein Zusammenhang bestehen muß. Die Differenzen sind relativ gering." Für die Priorität von Num 26 entscheidet sich Wellhausen ³1899, 183, der hier allerdings auch noch Q am Werke sieht. Auch Seebass 2007, 167 ff. hält Num 26 mutmaßlich für älter, übersieht aber bei seinem Versuch einer Widerlegung der gegenteiligen Position wesentliche Punkte.

V. 4b*) eingeleitet.[821] Diese Formulierung wirkt an ihrem jetzigen Ort deplaziert oder doch zumindest verspätet.[822] Sie erklärt sich aber recht gut als Gegenstück zur Formulierung von den nach Ägypten einziehenden Kindern Israels in Gen 46,8 (בני ישראל הבאים מצרימה).[823] Dort ist auch die Bezeichnung Rubens als „Erstgeborener" am rechten Platz, in Num 26,5 ist sie eigentlich funktionslos.[824] Die Liste der Söhne Judas beginnt mit Er und Onan (V. 19). Diese aber sind, wie der Vers sogleich vermerkt, noch im Lande Kanaan gestorben und darum weder nach Ägypten ein- noch aus Ägypten ausgezogen. Vielmehr stehen sie hier, weil auch Gen 46 beider Namen enthält.[825] Aufgrund der betreffenden Notiz ist in Num 26,20 allerdings ein verbaler Neuansatz vonnöten (ויהיו בני־יהודה),[826] wobei jetzt auch der sonst auf den Namen des jeweiligen Jakobsohnes folgende Ausdruck למשפחתם erscheint. Wie Gen 46,12 nennt auch Num 26,21 noch die Söhne des Perez, also bereits die En- kelgeneration der Söhne Jakobs. Das gleiche gilt dann für Ascher, bei dem die Söhne Berias aufgezählt werden (Gen 46,17; Num 26,45). Gen 46,17 kennt darüber hinaus mit Serach auch noch eine Tochter Aschers, die für die nach Num 26 wesentliche Landverteilung eigentlich bedeutungslos sein müßte. Nichtsdesto- trotz nimmt Num 26, nachdem in V. 25 die Söhne Berias erwähnt wurden, in V. 26 auch diese Information aus Gen 46 noch auf: ושם בת־אשר שרח.

Am problematischsten ist der Vergleich der Liste der Nachfahren Jakobs na- türlich im Hinblick auf Joseph, insofern Gen 46, anders als Num 26, dessen Nachfahren abgesehen von Manasse und Ephraim noch nicht kennen kann.[827]

---

**821** Zu den Problemen der masoretischen Verseinteilung und den Implikationen vgl. Levine 2000, 312 ff. In der vorliegenden Form legt der Text nahe, daß die Anweisung an Mose *und* die aus Ägypten ausgezogenen Israeliten ergangen wäre und verweist damit zurück auf die Situation in Num 1. Wie u. a. das fehlende את vor בני ישראל anzeigt, kann die Phrase jedoch nicht den כאשר־ Satz fortführen, sondern leitet die folgende Liste ein.

**822** In diesem Sinne Noth 1966, 178.

**823** Vgl. Ashley 1993, 534 (wenngleich man kaum von einer „traditional list" sprechen dürfen wird); Levin 1995, 169; Levine 2000, 332.

**824** Vgl. Levin 1995, 169 f.

**825** Ähnlich Levin 1995, 169.

**826** Dazu Noth 1966, 179.

**827** Die Langfassung der LXX in Gen 46,20 ist nachträglich an Num 26 angeglichen. Anders Kislev 2008, der den Text der LXX bzw. ihrer hebräischen Vorlage für ursprünglicher hält. Seines Erachtens enthielt die ehemals vom Kontext unabhängig überlieferte Liste auch die Namen der Kinder Manasses und Ephraims. Erst spätere Tradenten störten sich an den durch die Einfügung der Liste in Gen 46 entstandenen chronologischen Schwierigkeiten und tilgten die Namen, jedoch nur in der hebräischen Überlieferung. Entsprechend ist nach Kislev auch Gen 46,20LXX bzw. dessen Vorlage die Quelle von I Chr 7,14. Zwar weist er zu recht darauf hin, daß man bei der umgekehrten Annahme erklären müßte, warum die mutmaßliche Ergänzung in Gen 46,20LXX ihre Informationen aus Num 26 und I Chr 7 bezogen haben sollte. Aber das erscheint mir weniger

Dabei zeigt die Erstnennung Manasses vor Ephraim grundsätzlich die enge Verbindung beider Listen an, denn im Unterschied dazu haben die Aufzählungen in Num 1–10 – bereits Gen 48 aufnehmend – jeweils Ephraim an erste Stelle gerückt. Sollte nun aber Num 26 älter sein als Gen 46, wäre unverständlich, warum ausgerechnet die Namen der Kinder Manasses und Ephraims in Gen 46 unterdrückt worden wären. Ist umgekehrt Num 26 jünger als Gen 46, bleibt die Frage nach den Quellen der Namen.

Für Ephraim läßt sich diese Frage wohl nicht beantworten, die Genealogie Manasses hingegen hat in Jos 17 eine enge Parallele. Dort wird (V. 1) zunächst Machir als der Erstgeborene Manasses vorgestellt und als „Vater Gileads (אבי הגלעד)" bezeichnet. Dabei ist zu beachten, daß Gilead angesichts der Determination hier Landschaftsbezeichnung, nicht Personenname ist,[828] einen Sohn Machirs namens Gilead kennt Jos 17,1 daher nicht. Machir fallen vielmehr die Gebiete Gilead und Baschan als Erbteil zu, „da er ein Kriegsmann war" (כי הוא היה איש מלחמה). Der Nachsatz liest sich wie ein den Namen מכיר auslegendes Wortspiel mit dem sonst nur aus Gen 49,5 bekannten Wort *מכרה, was wohl eine Art Waffe bedeutet.[829] Anschließend werden in V. 2 die übrigen Söhne Manasses (Abiëser, Helek, Asriël, Sichem, Hefer und Schemida)[830] aufgezählt, was dem Kontext nach, da Machir ausdrücklich als erster Sohn attribuiert wurde, auch erwartbar ist. Geographisch ist Machir klar ostjordanisch verankert, seine sechs Brüder hingegen, so weit durch die Samaria-Ostraka identifizierbar, westjordanisch.[831] Es folgt die Einführung Zelofhads (V. 3), interessan-

---

problematisch, wobei ohnehin zu beachten wäre, daß der Text in I Chr 7 verderbt ist. Hingegen sollte Kislev erklären können, weshalb die aramäische Nebenfrau Manasses in Num 26 nicht (mehr) auftaucht. Auch übersieht er den sekundären Charakter von Num 26,29 f. (dazu siehe i. f.). Eine problematische Zusatzannahme ist zudem, daß die Liste der Namen in Gen 46 unabhängig von ihrem Kontext überliefert worden sein sollte. Für diese These trifft zu, was auch in Widerlegung zu Noths These zu Num 26 dargelegt worden ist. Die alles in allem einfachere Lösung bleibt daher immer noch, den LXX-Text in Gen 46 für die jüngere Interpolation eines Autors zu halten, der sich um chronologische Fragen nicht sonderlich kümmerte, vielmehr jedoch an einer Harmonisierung mit Num 26 interessiert war.

**828** Darauf weist auch L. Schmidt 2004, 160 hin. Vgl. zum geographischen Sprachgebrauch auch Num 32,39 f.; Deut 3,15; Jos 13,31 u. ö.; anders dann v. a. I Chr 2,21.23; 7,14, wo bereits die genealogische Perspektive eingenommen ist. Gegen Seebass 1982b, 498 ist der Gebrauch des Artikels also keineswegs „unsachgemäß" und eine Streichung von אבי als „Leserglosse" unnötig.

**829** Die Diskussion zu Gen 49,5 ist mehr als umfangreich. Neben den ausführlichen und die Forschung aufarbeitenden Werken von de Hoop 1999, bes. 97–109, und Macchi 1999, bes. 54–56, sei noch verwiesen auf Florentin 2000/01, der die samaritanische Tradition sehr gründlich bedenkt, und Avishur 2003/04, der zu כל יחמס מכריתיהם konjiziert und das als „everyone who stole their homelands" versteht. Das Wortspiel mit dem Namen Machir in Jos 17 ist, so weit ich sehe, bisher nicht als Argument für die Bedeutung von מכרה im Sinne einer Waffe gebraucht worden.

**830** Die LXX nennt Hefer an letzter Stelle, wie auch Num 26,32MT/LXX. Das könnte entweder eine Angleichung an Num 26,32 sein, oder Hefer rückt an letzte Stelle, weil die Fortsetzung von ihm handelt. Der masoretische Text ist jedenfalls als *lectio difficilior* vorzuziehen.

**831** Vgl. dazu Albright 1925, bes. 28 ff.38 ff.; Noth 1927, bes. 223 ff.; Aharoni 1967, 315–327; zu den Samaria-Ostraka ansonsten HAE Sam(8):1.1–102 und die dort jeweils angegebene Literatur,

terweise jedoch nur in der LXX dem Kontext gemäß als „Sohn Hefers", während der masoretische Text eine dem Vorangehenden teilweise widersprechende Genealogie führt, indem er Hefer seinerseits noch zum Sohn Gileads erklärt: צלפחד בן־חפר בן־גלעד בן־מכיר בן־מנשה. Diese Langform der Ahnenreihe Zelofhads[832] erklärt sich nur aufgrund des Manasse-Stammbaumes in Num 26,29 ff. Dort wird von Machir, dem Sohn Manasses – von „erstgeboren" ist nicht mehr die Rede –, gesagt, er habe Gilead „gezeugt" (V. 29). Danach werden Iëser,[833] Helek, Asriël, Sichem, Schemida und Hefer als Söhne Gileads aufgeführt (Vv. 30 – 32), sie sind also nicht mehr Brüder, sondern Enkel Machirs, zugleich ist die geographische Ordnung verunklart. Vor allem wird die Genealogie Manasses damit deutlich länger als alle übrigen Geschlechterfolgen in Num 26 – zu lang! Während Mose und Aaron in männlicher Linie Urenkel Levis sind, ist Zelofhad schon ein Ururenkel Manasses, der Abstand zwischen Joseph und Zelofhads Töchtern läßt sich sprachlich schon nicht mehr sinnvoll ausdrücken. Auch der verhandelte Rechtsfall ist im Hinblick auf die Landverteilung eigentlich nur bei einer Kurzfassung der Genealogie zutreffend.[834] Daraus ergibt sich dreierlei:

1.  In Jos 17,3 bietet LXX den ursprünglichen Text, MT gleicht an Num 26 f. an, woraus sich der Widerspruch zum Kontext in Jos ergibt.[835]

2.  Der Gedanke einer Zeugung Gileads durch Machir (Num 26,29aβ) ist Auslegung der ursprünglich ganz und gar nicht genealogisch zu verstehenden Formulierung in Jos 17,1b[836] und

---

sowie Niemann 2008, der in der historischen Interpretation noch einmal neue Wege beschreiten möchte. Zu Hefer als Gebietsname vgl. noch Jos 12,17; I Reg 4,10.

**832** Sonst noch Num 27,1, nicht aber 26,33!

**833** Verschreibung aus אחיעזר, so Samaritanus und LXX. Jos 17,2 hatte freilich אביעזר, was aufgrund seiner Nennung in den Samaria-Ostraka neben den übrigen hier erwähnten Namen die ursprünglichere Fassung ist, vgl. neben den genannten Arbeiten über Samaria-Ostraka noch Noth 1966, 180. Daß die Samaria-Ostraka nun als Anhaltspunkt für die Datierung der Liste bzw. ihrer Ergänzung dienen dürfen (so u. a. Noth 1966, 180), scheint mir dagegen zumindest in bezug auf Num 26 eine voreilige Schlußfolgerung zu sein.

**834** Das ahnt schon Hertzberg 1953, 102, ohne daraus die entsprechenden Konsequenzen zu ziehen.

**835** In dieser Hinsicht sind Miller/Tucker 1974, 134 etwas ungenau, auch wenn sie den Überschuß des MT korrekt als Glosse identifizieren. Nach Boling 1982, 411 reflektiere die LXX-Fassung Dtr 1, MT dagegen Dtr 2, die LXX würde demnach einen vorexilischen Texttyp bewahren, der ebenfalls noch vorexilisch überarbeitet wurde! Abgesehen von der Fraglichkeit des zugrundeliegenden Cross'schen Modells werden hier redaktionsgeschichtliche und textgeschichtliche Fragen methodisch ungenau miteinander vermengt.

**836** Der Sache nach ähnlich Noth 1966, 179 f.; in wünschenswerter Klarheit v. a. L. Schmidt 2004, 160 f. Worauf der Einspruch bei Wüst 1975, 63 ff. argumentativ gründet, ist unklar, denn daß Num 26,29 ff. der literarische Ausgangspunkt sein *müsse*, wird im wesentlichen behauptet, eine Diskussion der LXX-Varianten unterbleibt gänzlich. Das führt mit einigen Zirkelschlüssen letztlich zu der ganz unsinnigen Annahme, „daß der in Num 26,29 f. genannte Gilead mit der gleichnamigen Landschaft östlich des Jordan nichts zu tun hat" (Wüst 1975, 70). Im Ansatz richtig ist dagegen die Annahme Holzingers, V. 29aβ (bei ihm 29aγ) müsse eine Glosse sein (Holzinger 1903, 132–135). Die entscheidende Konsequenz im Lichte von Jos 17 muß dann allerdings sein, daß Gilead in Num 26 überhaupt erst sekundär hinzugewachsen ist.

bietet so gleichzeitig einen direkten Einblick in die Art und Weise der Entstehung solcher Genealogien.[837]

3. Die ältere Form einer Liste der Nachfahren Manasses bietet Jos 17,1 f.[838] Erst durch die genealogische Lesart der „Vaterschaft" Machirs über Gilead entsteht die überlange Generationenfolge in Num 26. Dementsprechend muß Num 26,29aβb.30aα als ein aus Jos 17 gespeister späterer Zusatz angesehen werden.[839] Entsprechende Spuren hat diese Einfügung dann auch in Num 27,1[840] und 36,1.11[841] hinterlassen.

Ist Num 26 in den Vv. 29aβb.30aα nachträglich aus Josua-Material ergänzt worden, Gen 46 der Situation entsprechend jedoch nicht, so kann aus diesem Unterschied natürlich nichts für die Beurteilung des literarischen Verhältnisses beider Kapitel geschlossen werden. Die genannten übrigen Punkte sprechen jedoch klar für eine

---

**837** Vgl. überblicksweise auch Hieke 2003, v. a. 18 ff.; 298 ff. Seine Analysen sollten jedoch um eine diachrone Perspektive ergänzt werden.

**838** So auch Noth 1966, 180.

**839** Vgl. Noth 1966, 180; Seebass 1982b, 500; und v. a. Macchi 1999, 263 f.; ähnlich auch Budd 1984, 289 f.; anders Noth 1938, 74 f.; Hertzberg 1953, 102; Achenbach 2003, 455 f. Seebass 2007, 166 f. hält unter Nichtbeachtung seiner eigenen, älteren Argumente (mit Referenz auf Noth 1966, 179, vgl. aber 180!) V. 29b wieder für ursprünglich, d. h. die Sippe der Gileaditer gehörte nach ihm bereits zum Grundbestand. Wie sich das dann mit Jos 17,1 ff. und der sonstigen These verträgt, bleibt jedoch unklar. – Im Grunde setzt allerdings der Kontext der Landverteilung auch in Num 26 eine ursprünglich kürzere Generationenfolge voraus. Wenn also als ältere Vorstufe des jetzigen Textes eine Manassitengenealogie analog zu Jos 17 anzusetzen wäre, entfiele damit ein wesentliches Argument zur Verhältnisbestimmung zwischen Num 26,29aβb.30aα und Jos 17,1 f. Jedoch läßt sich eine solche ältere Vorstufe in Num 26 nicht rekonstruieren. Der Text erklärt sich daher insgesamt besser als interpretierende Übernahme aus Jos 17.

**840** Möglicherweise ist die ganze Thematik der Erbtöchter Num 27,1–11 und 36 als erzählerischer Ausbau von bzw. Reaktion auf die vergleichsweise knappe Notiz in Jos 17 anzusehen. Daß sich die Töchter Zelofhads auf eine Anweisung Moses zurückbeziehen (Jos 17,4), setzt ein *narratives* Äquivalent dazu in einem (werdenden) Pentateuch jedenfalls nicht zwingend voraus.

**841** Mit Recht dringt Seebass 1982b, 498 darauf, eine Erklärung für V. 30aα zu finden, denn der Gedanke einer Zeugung Gileads durch Machir begründet ja noch nicht, warum die westjordanischen Brüder Machirs nun zu seinen Enkeln werden. Ob Seebass' Herleitung aus Num 36,1.11 überzeugend ist, darf allerdings bezweifelt werden. Vielmehr novelliert Num 36 nach übereinstimmender Forschungsmeinung Num 27,1–11. Zudem wird man fragen müssen, wie Num 36 zur Folge Joseph – Manasse – Machir – Gilead kam. Spätestens hier scheint mir die genealogische Lesart von Num 26,29aβ vorausgesetzt zu sein. Eher noch *könnte* die vage Rede der Söhne Gileads, die Zelofhad als „Bruder" bezeichnen – wobei dieser Begriff natürlich dehnbar war und ist –, der Versuch sein, die Generationenfolge wieder um ein Glied zu kürzen und so die durch die Interpretation von Jos 17 in Num 26 entstandenen chronologischen Probleme zu lösen. Dementsprechend heiraten Zelofhads Töchter dann auch die Söhne ihrer Onkel, wobei die Verhandlungsführer im Sinne von Num 26 eigentlich ihre Großonkel wären. Vielleicht darf man aber angesichts begrenzter sprachlicher Möglichkeiten auch keine überzogenen Erwartungen an die genealogische Systematisierung richten.

Abhängigkeit der Liste in Num 26 von Gen 46. Es handelt sich demnach bei Num 26 bereits um einen recht jungen, etwas genauer: einen nachpriesterschriftlichen Text.[842]

## b) Zur Redaktionsgeschichte

Nichtsdestoweniger ist das Kapitel selbst von einzelnen Fortschreibungen durchzogen. Für unsere Fragestellung relevante Ergänzungen finden sich schon in der Liste der Nachkommen Rubens. Darin gelten die Vv. 8–11 mit Recht allgemein als Zusatz.[843] Sie stehen nicht nur nach dem Abschluß der Zählungsnotiz V. 7, sondern verfolgen die Genealogie bis in die Generation der Urenkel, wohingegen ansonsten schon die bei Juda und Ascher erwähnten Enkel eine Ausnahme darstellen.[844] Vordergründig stehen die Verse nicht mit der Priester- und Levitenthematik in einem Zusammenhang, sondern mit der Rebellion Datans und Abirams in Num 16. In der jetzigen Fassung ist diese jedoch v. a. eine Rebellion Korachs, was auch die Vv. 8–11 im Endtext reflektieren. Welches Entwicklungsstadium von Num 16 hier vorausgesetzt ist, kann naturgemäß erst nach der Untersuchung dort geklärt werden, aber einige Auffälligkeiten im Text deuten darauf, daß die Frage zweifach beantwortet werden muß: V. 9 spricht zunächst vom Aufhetzen (נצה hif'il) gegen Mose und Aaron, bevor Datan und Abiram, etwas nachklappend, in die עדת־קרח eingegliedert, gar der Aufhetzung gegen JHWH beschuldigt werden. Diese Steigerung kann stilistisch oder eben auch redaktionell bedingt sein. Auch in V. 10a hinkt die Erwähnung Korachs hinterher,[845] bevor V. 11 sich gänzlich dessen Söhnen zuwendet und vermerkt, daß sie nicht starben. Der Vers klärt die Spannung zwischen der nach Num 16 zu erwartenden Ausrottung Korachs samt aller seiner Nachfahren[846] und der Existenz von Korachitern aus-

---

**842** Vgl. zu den o.g. auch noch Blum 2009, 39 Anm. 29.

**843** Baentsch 1903, 630; Holzinger 1903, 132; L. Schmidt 2004, 159; Seebass 2007, 184 f.

**844** Zum Sonderfall Ephraim s. o. S. 180 ff. Die Beobachtungen sowohl zur Stellung als auch zur Generationenfolge sprechen gegen die Annahme von Levine 2000, 317 f., wonach die Glosse nur die Vv. 9b–11 umfaßt hätte.

**845** Folgt man dem Samaritanus, ist er nicht hier, sondern erst in V. 11 zusammen mit den 250 Mann erwähnt. Auch diese textkritische Frage läßt sich nicht ohne eine Klärung der Redaktionsgeschichte von Num 16 f. beantworten. Liver 1961, 197 Anm. 16 hält die Lesart des Samaritanus für „evidently secondary", weil sie mit Josephus' Erzählung in AJ IV,3,4 (4.55 f.) korrespondiere. Mir scheint eher der MT sekundär zu sein, dazu s.u. Anm. 1038.

**846** Daß Korach selbst nach Num 16 f. als nicht gestorben zu gelten hätte, scheint mir gegen L. Schmidt 1993, 171 ff., auch wenn der biblische Text seinen Tod in Num 16 f. nicht ausdrücklich erwähnt, eher unwahrscheinlich. Zumindest muß man annehmen, daß bereits der Verfasser von

weislich I und II Chr auch in nachexilischer Zeit.[847] Datan und Abiram, die eigentlichen Ausgangspunkte des Nachtrages, sind damit zur Nebensache geworden. Es ist also gut möglich, daß sich die Nennung Korachs und seiner Söhne einer nochmaligen Überarbeitung der Notiz zu Datan und Abiram verdankt. Da, wie sich zeigen wird, die Person Korachs in Num 16 auf die letzte Überarbeitung der Erzählung zurückgeht,[848] ist es wahrscheinlich, daß auch in 26,8–11 ein entsprechender Redaktionsvorgang reflektiert wird.[849] Da die Vv. 8–11 jedoch insgesamt später ergänzt sind, muß möglicherweise sogar damit gerechnet werden, daß der Grundbestand in Kapitel 26 noch keinerlei Fassung von Num 16f. kennt.

Die nachgetragenen Vv. 29aβb.30aα sind bereits oben diskutiert worden, mögliche weitere Ergänzungen der Sippenliste können hier unbeachtet bleiben. Wesentlichere Passagen folgen erst danach. Nachdem Num 26,51 die Gesamtsumme der Israeliten (פקודי בני ישראל) noch ohne die Leviten feststellt, ergeht ab V. 52 eine Gottesrede an Mose. Anhand der Größe der Stämme soll dieser das Land verteilen, den größeren Stämmen mehr, den kleineren weniger, „entsprechend der Zahl der Namen" (במספר שמות, Vv. 53f.).[850] Das System der Landverteilung nach Stammesgröße wird in den Vv. 55f. jedoch sogleich unterlaufen oder ergänzt durch den Aspekt einer Verteilung per Los und spielt späterhin tatsächlich keine Rolle mehr. Die Landverteilung in Num 33,54; 34,14 und später Jos 14,2ff. erfolgt je-

---

V. 11 mit dem Tod Korachs in Num 16f. rechnete. Andernfalls bliebe die Notwendigkeit einer Äußerung wie V. 11 unerklärlich.

**847** Zur Erklärung, warum die Söhne Korachs nicht starben, vgl. die exegetischen Bemühungen in LAB 16 und anderen frühjüdischen Werken. Vielleicht ist aber schon die Aufzählung von Korachitern in dem ergänzten V. 58a ähnlich motiviert. Seebass 2007, 173 trennt ausgerechnet V. 11 von den Vv. 8–10 ab, denn dieser scheine „eine Erinnerung daran zu bewahren, daß Korach nach Num 16 einst nicht durch einen Erdspalt [...], sondern durch Himmelsfeuer verstarb, wie noch aus 17,1–5 hervorgeht." Unabhängig von der m.E. nicht plausiblen diachronen Erklärung Seebass' zu Num 16f. ist hier darauf hinzuweisen, daß V. 11 ohne die Vv. 8–10 im Kontext völlig deplaziert wäre.

**848** S.u. Kapitel 3.4.

**849** Wenn der Eliab-Sohn Nemuël (V. 9) bisher keine Erwähnung fand, so deshalb, weil er wahrscheinlich überhaupt nicht hierher gehört, sondern irrtümlich aus der Liste der Söhne Simeons (V. 12) eingefügt wurde, so auch Seebass 2007, 184. Vielleicht darf man mit Liver 1961, 201, gefolgt von Milgrom 1990, 222 aber sogar ein Motiv dahinter erkennen: Sind Datan und Abiram mit ihren Häusern umgekommen, müßte die Sippe Eliabs – und, da er der einzige Sohn Pallus ist, auch dessen gesamte Linie, also ein Viertel der Rubeniter – als ausgestorben gelten. Die Einfügung Nemuëls „korrigiert" das.

**850** Diese Formulierung begegnete schon als stereotype Formel in Num 1,2.20.22 u.ö. bei der zur Grundschicht gehörigen Musterung der Israeliten, dazu als (nachgetragene) Wiederaufnahme in der Ergänzungsschicht in V. 18, s.o. S. 156f. Im Nachgang stellt sich die Frage nach dem Sinn der Musterung „nach der Zahl der Namen" in Num 1. Ich sehe darin erste Indizien für literarische Abhängigkeiten.

denfalls per Los. Das Losprinzip setzt allerdings vorgegebene Größen der zu verteilenden Landschaften voraus. Welche Probleme sich aus solchen „Einheitsgrößen" ergeben können, illustriert die Anfrage des Stammes Joseph in Jos 17,14–18, wobei Josuas Antwort darauf letztlich innerhalb dieses Systems verbleibt. Die Zählung aus Num 26 spielt dagegen keine Rolle – nirgendwo im Buch Josua! Es ist von daher wenig wahrscheinlich, daß ein ursprüngliches, an der Stammesgröße orientiertes Prinzip später durch den Gedanken einer Landzuteilung per Los überformt wurde. Vielmehr reagiert die Zählung in Num 26 auf die sich bei letzterem Vorgehen ergebenden praktischen Probleme,[851] indem sie auch die individuellen Größen der Stämme berücksichtigt.[852] Hieraus folgt, daß dem Autor von Num 26 ein entsprechender Bestand in Josua bereits vorgegeben war.[853] Die Verbindung des Losprinzips mit dem Thema der unterschiedlichen Größe der zwölf Stämme ist darum nicht literarkritisch aufzulösen, sondern erklärt sich aus der Umformung des durch Jos 13–19 vorgegebenen Materials in Num 26. Die Kompromißlösung läßt sich aber auch sachlich durchaus deuten: „Hinsichtlich der Lage der einzelnen Stammesgebiete, soll das Los entscheiden; für die genauere Abgrenzung der Gebietsteile soll die Größe der Seelenzahl, wie sie durch die Zählung festgestellt ist, massgebend sein."[854]

---

**851** „Praktisch" auf der literarischen Ebene. Das ganze bleibt, so weit es eine Landnahme von zwölf Stämmen Israels betrifft, ein theologisches Konstrukt der nachexilischen Zeit.

**852** In diesem Sinne mit Achenbach 2003, 459.

**853** Gegen Achenbach 2003, 460, der hier seiner unmittelbar vorangehenden Argumentation widerspricht. Wenn die Josua-Belege für eine Verteilung per Los erst Num 26,55 f. erzählerisch zur Durchführung bringen, wie kann dann Num 26,54 auf Jos 17,14 ff. reagieren? Allenfalls wenn man Num 26,54 für einen späteren Zusatz in Num 26 hält, aber weder argumentiert Achenbach auf diese Weise literarkritisch, noch wäre das erfolgversprechend. Die ganze Zählung läuft auf V. 54b hinaus: איש לפי פקדיו יתן נחלתו! Anders Holzinger 1903, 135; Levine 2000 324 f., die Vv. 52–56 komplett für später ergänzt halten, aber hier gelten m. E. dieselben Gegengründe.

**854** Baentsch 1903, 633; mit Aufarbeitung der jüdischen exegetischen Tradition ebenso Milgrom 1990, 480–482. Anders L. Schmidt 2004, 158, der moniert, daß sich diese Lösung dem Text so nicht entnehmen lasse, mithin den Geschmack harmonisierender Interpretation habe. Wenn aber, wie gesehen, Num 26,52–54 bereits „korrigierend" auf Josua reagiert, wozu sollte es dann noch einmal eine nachträgliche Angleichung an Josua geben? Die konzeptionelle Harmonisierung liegt vielmehr von Anfang an im Text vor. Im übrigen ist Schmidts Deutung in Anlehnung an Noth 1966, 181 nicht minder harmonisierend: „Die Verbindung der beiden Verteilungsprinzipien nach Stammesgröße und durch das Los in V. 56 dürfte so zu verstehen sein, dass die Zuweisung durch das Los der Stärke der Stämme entsprechen wird" (L. Schmidt 2004, 162). – Vielleicht ist das Problem aber auch auf andere Weise zu lösen, in dem man die feinen Unterschiede im Gebrauch der Verbalwurzel חלק beachtet, die im Konsonantentext verlorengehen bzw. durch die Punktation verwischt wurden?

Endlich schließt sich in den Vv. 57–62 die Betrachtung der Leviten an, wobei zwar die Terminologie der übrigen Zählungen aufgenommen (ואלה פקודי הלוי), aber in zwei entscheidenden Punkten verändert wird: Es ist nicht von „Söhnen" die Rede, und die Bezugsgröße ist nicht der Name des Jakobsohnes, sondern das mit Artikel versehene Gentilizium.[855] Damit wird selbst in diesem späten Text auf doppelte Weise die Eponymenfiktion durchbrochen! Nach der einleitenden Formel zählt dann V. 57 die drei bekannten Sippen der Gerschoniter, Kehatiter und Merariter auf. Etwas überraschend nennt V. 58a noch einmal fünf levitische Sippen (Libniter, Hebroniter, Machliter, Muschiter und Korachiter),[856] deren Namen nach der „Normalgenealogie"[857] mit den Namen von vier der Enkel Levis und dem eines seiner Urenkel identisch sind. Wie dieser Sachverhalt zu deuten ist, läßt sich zugegebenermaßen nicht gänzlich klären,[858] aber daß dahinter ein älteres System levitischer Genealogie stecken soll,[859] ist reichlich unwahrscheinlich. Nicht nur bliebe völlig unklar, woher dieses ältere „System" stammen und warum es hier eingebaut worden sein sollte.[860] Vielmehr sieht ja auch die Chronik offenbar noch Spielraum bei der Umgestaltung der Genealogien.[861] Rein formal entspricht jedenfalls allein V. 57 dem in Num 26 üblichen Schema bzw. greift auf den die Zählung der Israeliten abschließenden V. 51 zurück. Da zudem der Faden von V. 57 erst von V. 58b wieder aufgenommen und die Genealogie fortgeführt wird, muß man nach literarkritischen Kriterien die Namen in V. 58a für einen jüngeren, korrigierenden bzw. ergänzenden Einschub halten.

Vers 59 nimmt sich dann Amrams an, dessen Frau Jochebed heißt, Tochter Levis ist und ihrem Mann Aaron, Mose und Mirjam gebiert. Drei Unterschiede ergeben sich im Vergleich mit Ex 6,20, woher die Familienverhältnisse Amrams

---

855 Die innersemitische Variante von Samaritanus etc. הלוים ist stilistisch geglättet, besagt sachlich aber nichts anderes. Auch hier ist von einer sozial definierten Gruppe die Rede, nicht vom eponymen Stammvater.

856 In LXX fehlen die Machliter, Samaritanus und LXX stellen Muschiter und Korachiter um.

857 Ex 6,17–19; Num 3,17–20; I Chr 6,1–4. Es fehlen demnach Schimi, Jizhar, Usiël; Amram wird später noch aufgenommen.

858 Man darf immerhin darauf verweisen, daß Libna und Hebron nach Jos 21 zu den Priester- bzw. Levitenstädten zählen. Entgegen früheren Annahmen (vgl. Albright 1974 und noch Milgrom 1990, 228) ist Machli nicht inschriftlich in Lachisch bezeugt (vgl. Lipiński 1975, 143 ff.). Im übrigen schließt aber auch die Aufzählung der Söhne Levis samt deren Söhnen Ex 6,16–19 mit אלה משפחת הלוי לתלדתם.

859 So wohl Wellhausen ³1899, 182f.; aber v. a. Möhlenbrink 1934, 191–193; Noth 1966, 181f.; Budd 1984, 297; W.H. Schmidt 1988, 304ff.; Seebass 2007, 191.

860 Zu einem Erklärungsversuch Holzinger 1903, 136; nur ist die Annahme einer „abweichenden und isolierten Nebenquelle" wenig hilfreich.

861 Vgl. die im Anschluß an I Chr 6,1–4 von den Vv. 5–15 eingebrachte Konfusion, und s.u. Kapitel 8.2.

grundsätzlich bekannt sind: Num 26 vermeidet den Begriff „Tante", auch wenn sich dieses Verwandtschaftsverhältnis für das Paar rein logisch immer noch ergibt. Weiterhin ergänzt Num 26, daß Jochebed erst in Ägypten geboren wurde,[862] sowie die Geburtsnotiz zu Mirjam. Auf diese kleinen Differenzen ist später in der Diskussion zu Ex 2 und 6 einzugehen.[863] Es folgen die Namen der Söhne Aarons (V. 60) und der Rückgriff auf Lev 10, wonach die beiden Ältesten, Nadab und Abihu, bereits gestorben sind (V. 61). All das zeigt deutlich, welche z.T. späten Texte hier literarisch vorausgesetzt sind. Für den Kontext wichtiger ist aber die Beobachtung, daß die Notizen der Aaronidengenealogie signifikant vom Generalschema in Num 26 abweichen, wo allein die Sippen der Stämme aufgezählt werden.[864] Damit geben sich auch die Vv. 58b–61 als späterer Zusatz zu erkennen.[865] Wieder zeigt sich hier ein Text mit einem besonderen Interesse an der hohepriesterlichen Familie.

Die Summe der Leviten (23.000[866]) bietet schließlich V. 62, der die kapitelinterne Formelsprache wieder aufgreift. Die Abschlußformulierung (ויהיו פקדיהם) orientiert sich dabei an der des erstgenannten Stammes Ruben (V. 7), womit sich auch formal eine schöne Klammer ergibt.[867] Der Unterschied besteht lediglich in der Altersangabe („von einem Monat und darüber")[868] und dem Hinweis, daß die Leviten nicht mit den anderen Israeliten gezählt wurden,[869] weil ihnen kein Erbteil

---

862 Wohl um den Altersabstand Amrams zu seiner Braut-Tante für gering zu erklären, vgl. Baentsch 1903, 634. Zur problematischen Formulierung אשר ילדה אתה ללוי vgl. die antiken Versionen und BHS zur Stelle. Levine 2000, 327 versteht den Ausdruck als elliptische Formulierung für „whom she (Jochebed's mother) bore to Levi in Egypt".
863 S.u. Kapitel 4.1 und 4.3.
864 Abgesehen von den von Gen 46 abhängigen Notizen Vv. 19b.46 und den später ergänzten Vv. 8–11, s.o. S. 184 ff. Ein Spezialfall ist die Thematik der Erbtöchter Hefers in V. 33. Der Vers hebt sich zwar ebenfalls vom Schema ab, textimmanent liegen aber keine Gründe für literarkritische Eingriffe vor.
865 Vgl. schon Baentsch 1903, 634 f. mit weiteren Hinweisen auf Unterschiede zu P; Holzinger 1903, 135; sowie Noth 1966, 182; L. Schmidt 2004, 159; Seebass 2007, 159 et al.
866 Achenbach 2003, 462 liest irrtümlich 13.000 und deutet die „hohe Verlustquote" in Differenz zur Summe von Num 3,39 (22.000) als Reflex auf die Korach-Episode. Tatsächlich sind die Leviten vielmehr inzwischen trotz Katastrophe um 1000 Mann angewachsen.
867 Gegen L. Schmidt 2004, 158 u. a. sehe ich daher keinen Grund, die Verse über die Leviten dem Verfasser der „Liste" abzusprechen.
868 Vgl. dazu auch Milgrom 1990, 228. Vielleicht handelt es sich hierin aber auch um einen späteren, mit Num 3 harmonisierenden Zusatz.
869 Zur eigentümlichen Verbalform התפקד vgl. oben Anm. 719. Ihr Gebrauch hier – sie kommt außer in Num 1,47 und 2,33 nur noch I Reg 20,27 vor – ist ebenfalls ein Indiz für den engen literarischen Zusammenhang zwischen Num 26 und 1–4.

unter den Israeliten gegeben wurde.[870] Hier findet sich also die Begründung, die bei der *nicht* bzw. erst *nachträglich* erfolgten Zählung der Leviten in Num 1–4 noch vermißt wurde, womit ein weiterer Hinweis auf die Richtung der literarischen Abhängigkeiten gegeben ist.

Was dann in den Vv. 63–65 folgt, ist wiederum ein jüngerer Nachtrag.[871] Nachdem V. 51 die Summe der Gemusterten ganz Israels angibt und in V. 62 noch einmal eine gesonderte Summe für die Leviten genannt wird, ist V. 63 eine auffällige Dublette zu beiden. Sie hat v. a. den Zweck, die Person Eleasars prominent zu erwähnen und verweist mit der Ortsbestimmung auf die Anweisung zur Zählung (V. 3) zurück. Singulär in den Vv. 63 f. ist die Verbindung von פקדים mit den Zählenden und nicht den Gezählten. In den Anordnungen zur Landverteilung Vv. 52–56 wird nur Mose angesprochen, obwohl dieser mit dem Thema aufgrund seines eigenen Ablebens kaum noch zu tun haben wird. Eleasar hingegen, der bei der tatsächlichen Landverteilung im Buch Josua dann seine Rolle zu spielen hat, wird dort (noch) keines Wortes gewürdigt. Schließlich geben die Vv. 64 f. ein ganz anderes Hintergrundmotiv für die Zählung an, welches bisher keine Rolle spielte: Alle Personen, die vormals von Mose und Aaron gezählt worden waren, sind inzwischen verstorben, abgesehen von Kaleb und Josua. Dieser Punkt widerspricht jedoch V. 4b* (היצאים מארץ מצרים!), selbst wenn sich diese Reminiszenz an den Exodus der Vorlage Gen 46 verdankt.[872]

So klar der Rückbezug auf Num 1–4 (und 13 f.) in den Abschlußversen des Kapitels 26 ist, so unklar ist er in Num 26,1–4b*. Dort ist auch nicht der geringste Anklang an eine bereits erfolgte Zählung ist zu spüren.[873] Andererseits gibt es aber auch Differenzen zwischen der Anweisung zur Zählung und der Sippenliste als solcher. Die Bestimmung der Vv. 2.4a „von zwanzig Jahren an und darüber" wird weder in den Angaben zu den Zahlen der einzelnen Stämme noch in der Gesamtsumme in V. 51 aufgenommen, selbst V. 63 bringt sie nicht. Anders hält es die Zählung in Num 1, bei der die genannte Phrase stereotyp wiederholt wird. Es ist zu fragen, ob eine solche Altersbeschränkung in einem Landnahmekontext überhaupt angemessen ist, oder ob sie sich möglicherweise als nachträgliche Angleichung an Num 1,1–3 erklären läßt. Ähnliches gilt vielleicht für das Strukturelement „Vaterhaus" (בית אבות), welches auffälligerweise nur in V. 2 eine Rolle

---

870 Zur Diskussion dieses Motivs s. o. S. 119 f.
871 Vgl. Noth 1966, 182; Baentsch 1903, 635 und Holzinger 1903, 133 halten zumindest die Vv. 64 f. für redaktionell, ebenso wohl auch Levine 2000, 327 f.
872 Vgl. Wellhausen ³1899, 183.
873 Wellhausen ³1899, 183: „Jahve hätte doch v. 2 wenigstens sagen sollen: שובו שאו, und demgemäss v. 3 für וידבר .... לאמר stehn sollen שנית .... ויספר. Aber nicht die leiseste Andeutung, dass es sich um Wiederholung einer schon früher einmal geschehenen Sache handelt!"

spielt, nicht aber in der Liste selbst – wiederum ganz anders als in Num 1–4. Das deutet daraufhin, daß V. 2 zumindest in seiner jetzigen Form nicht die ursprüngliche Einleitung zur Liste bietet. Etwas verspätet und überraschend kommt schließlich in V. 3 die Lokalisierung in den Steppen Moabs. Wie Num 1,1 oder 35,1 zeigen, gehört eine solche Verortung üblicherweise bereits in die Einleitung der Gottesrede. Leider stoßen weitere Detailuntersuchungen angesichts des in welcher Form auch immer durcheinandergeratenen Textes an ihre Grenzen.[874] Daß es ursprünglich eine Einleitung zur Liste gegeben hat, scheint mir plausibel, ebenso daß sie anders aussah als der überlieferte Text; wie dieser aussah, kann hingegen nur noch vermutet werden. Es gibt jedoch hinreichend Gründe anzunehmen, daß eine ursprünglich knappere Fassung nachträglich an die Zählanweisung Num 1,1–3 angepaßt wurde.[875]

Zusammengefaßt bedeutet das: Eine Grundschicht in Num 26* reicht etwa von V. 4b* bis V. 62, ist aber dazwischen mehrfach ergänzt. Diese Grundschicht ist einerseits jünger als Gen 46 und Jos 17, setzt möglicherweise andererseits aber erst wenige narrative Stücke im Buch Numeri voraus. Ob etwa bereits eine Vorform von Num 16 f. vorlag, ist fraglich. Ergänzt wurde dieser Grundbestand zweifach gestuft in den Vv. 8–11, ebenso gestaffelt auch in den Vv. 58–61. Ergänzt sind darüber hinaus auch die Vv. 29aβb.30aα in kreativer Reïnterpretation von Jos 17 sowie die Vv. 63–65. Nicht ganz deutlich ist die Lage hinsichtlich der Vv. 1–4b*(bis משה), mit Überarbeitungen in Angleichung an Num 1,1–3 ist jedenfalls zu rechnen.

### c) Num 26 im Verhältnis zu Num 1–4

Sollte die letztgenannte Annahme korrekt sein, dann wäre das der letzte Baustein zur Klärung der Frage nach dem literarischen Verhältnis von Num 26 und 1–4*. Aber auch mit dieser Unsicherheit sind m. E. bereits genügend Indizien versammelt, die darauf hinweisen, daß es sich bei den Kapiteln 1–4* um spätere Ausmalungen eines am Sinai (noch) geordneten Israels nach dem Vorbild von Num 26 handelt. Neben dem in Num 26* eigentümlichen Schweigen über eine etwaige erste Zählung kommen hinzu:

---

**874** Vgl. Holzinger 1903, 135: „Die Verwirrung in dem unübersetzbaren Vers 3 ist alt; die schon gemachten Verbesserungsvorschläge [...] sind zu billig, um zu befriedigen." Interessant ist der Vorschlag von Ashley 1993, 525; Levine 2000, 312 f. (gefolgt von Seebass 2007, 153), wonach V. 4a als zitathafter Ausruf zu verstehen wäre. Aber das paßt nicht zu אתם ... וידבר in V. 3, es wäre eher ויאמר ... להם zu erwarten.
**875** Vgl. Seebass 2007, 162.

1. Der Kontext: In Vorbereitung auf die Landnahme erfüllt die Volkszählung ihre Funktion. In Num 1–4 ist sie rein um des dramatischen Effekts willen bzw. der theologischen Überhöhung da.
2. Die Nichtberücksichtigung der Leviten: Da diese kein Land erhalten, werden sie auch nicht mit gezählt. Am Sinai erfolgt jedoch keine Begründung ihres Sonderstatus. Auch die Beauftragung der Leviten mit dem Kultus begründet einen solchen nicht mit Blick auf die Zählung, sondern setzt sie voraus.
3. Die Einteilung in Sippen und Vaterhäuser: Num 26 kennt nur Sippen, von Vaterhäusern ist allein in dem mutmaßlich überarbeiteten oder sekundären V. 2 die Rede. Für Num 1–4 ist die Feingliederung in Stämme, Sippen und Vaterhäuser jedoch konstitutiv.[876]
4. Die Anordnung der Josephsöhne Manasse und Ephraim: Während Num 26 beide in ihrer altersgemäßen, von Gen 46 her bedingten Reihenfolge bringt, stellen die Texte in Num 1–4 diese bereits um und reflektieren so schon die Vertauschung des Segens beider durch Jakob in Gen 48.[877] Auch in diesem Punkt zeigen sie sich jünger als Num 26.

Nach dem Gesagten muß Num 1–4* jünger als Num 26 bzw. daraus entwickelt sein.[878] In diesem Sinne wäre die obige Kapitelüberschrift zu korrigieren: Statt „Noch eine Volkszählung" müßte es diachron betrachtet „Die erste Volkszählung" heißen.

Aus diesen Überlegungen folgen selbstverständlich auch Konsequenzen für die Frage nach der Reihenfolge der Stämme in Num 26. Wenn dem Autor von Num 26 die Kapitel Num 1–4* noch nicht vorlagen, dann gibt es auch keinen Grund, die schon die Ordnung des Lagers reflektierende Reihenfolge des masoretischen Textes für die originale zu halten. Ursprünglich dürfte in diesem Falle also die LXX sein, welche noch die enge Abhängigkeit zur Vorlage in Gen 46

---

876 Auf diesen Unterschied weist v. a. Levine 2000, 329–332 hin. Man beachte auch die sprachgeschichtlichen Überlegungen zum אבות בית im Vergleich mit אב בית bei Levine 2000, 332–337.

877 Vgl. hierzu die bereits oben Anm. 820 genannte Arbeit von Franziska Ede.

878 Wellhausen ³1899, 183 f. ließ die Frage offen, weil er glaubte, für Q auf keinen der beiden Texte verzichten zu können. Befinden wir uns hier aber ohnehin schon im Bereich sekundärer Zuwächse, so ist zumindest dieses Problem überholt. Daß die Kapitel 1–3 (Num 4 ist s.E. ohnehin jünger) insgesamt jünger als Num 26 sein könnten, ahnt schon Baentsch 1903, 444, deutlich dann 628. In gewohnter Knappheit dafür Levin 1995, 166 f.; wenn ich recht sehe auch Levine 2000, 332. Nicht recht schlau werde ich aus der Darstellung Achenbachs, der zwar Num 26 für die Vorlage von Num 1–4* zu halten scheint (vgl. Achenbach 2003, 448 u. ö.), aber dennoch beide Texte seiner ThB I zuweist.

spiegelt. Der masoretische Text hingegen gleicht die Anordnung der Stämme an das in Num 1–4* im Hinblick auf die Lagerordnung entwickelte System an.[879]

Der Anlauf, um zu diesen Ergebnissen zu gelangen, ist recht lang gewesen. Macht man sich klar, welche Konsequenzen das für das Alter der Texte am Ende des Aufenthalts Israels am Sinai bedeutet, dürfte dieser Aufwand zur genaueren Klärung des literarhistorischen Ortes von Num 26 jedoch berechtigt sein. Muß schon Gen 46 als Vorlage für die Liste in Num 26 als nachpriesterschriftlich gelten, so ist man bei den von Num 26 abhängenden Texten Num 1–4* und erst recht bei den Fortschreibungen in ihnen nicht erst auf halbem Wege zur Chronik, sondern man dürfte bereits kurz vor dem Ziel sein, in anderen Worten: „The priestly stratum represented by Numbers 1 and 2, and by redactional components elsewhere in Numbers, as well as the redactional elements in Joshua 13–22, all correspond with the integral level in Ezra-Nehemiah and Chronicles. [...] The *primary* priestly stratum in Numbers and the primary stratum in Joshua 13–22 antedate Chronicles."[880] Die Suche nach P$^G$ in diesen Texten ist damit selbstredend erledigt.[881]

Für die Levitenthematik sind diese Beobachtungen höchst aufschlußreich. Num 26 kennt in seinem Grundbestand einen in die drei Hauptsippen der Gerschoniter, Kehatiter und Merariter gegliederten Stamm Levi. Von einer Hervorhebung der Familie Aarons ist nichts zu merken. Dies ändert sich mit der Ergänzung des Levi-Stammbaumes in den Vv. 58b–61 mit Fokussierung auf die hohepriesterliche Linie sowie der Einführung Eleasars neben Mose in den Vv. 63–65. Wahrscheinlich ist auch mit einer Ergänzung oder zumindest Überarbeitung der Einleitung des Kapitels in den Vv. 1–4b* zu rechnen. Noch jünger ist V. 58a, wobei der Sinn dieser zusätzlichen Systematisierung der Sippen Levis nicht ganz deutlich wird. Einen Reflex auf die Auseinandersetzungen um das Priestertum zeigen ebenso die Ergänzungen in der Nachkommenliste Rubens in den Vv. 8–11, wobei darin eine zweite Überarbeitung beobachtet werden kann, die verstärkt auf die Rolle des Leviten Korach eingeht. Auch in Num 26 gehören die

---

**879** Vgl. Holzinger 1903, 133. Gegen Holzinger beweist das jedoch nicht, daß mit Num 26 „ein Num 1f. gegenüber selbständiger Entwurf vorliegt".

**880** Levine 2000, 336 (Kursivierung H.S.). Was „antedate Chronicles" in absoluter Chronologie meint, klärt sich auf der folgenden Seite: „We are reading priestly expressions of a postexilic mentality, one that developed in several stages, and that retrojected contemporary ideologies of the postexilic restoration to Jerusalem and Judea [...] into the early history of Israel."

**881** Siehe schon Kratz 2000a, 115; entsprechend auch Achenbach 2003, 457: „... so ist auch für Num 26 zumindest literarisch zu sagen, daß das Kapitel wohl eher vor-chronistisch im 4. Jh. als „priester(schrift)lich" im 6. Jh. einzuordnen ist."

Fortschreibungen, welche die Familie Aarons hervorheben und eine levitenkritische Position einnehmen, also zu späteren Bearbeitungen.

Gerade in den letzten Phasen der Pentateuchentstehung wurde demnach massiv an der Frage des Verhältnisses von Priestern und Leviten gearbeitet bzw. um die Stellung der Leviten gerungen, und zwar im Ergebnis zuungunsten der Leviten. Das bestätigt auch die grundsätzliche literarhistorische Nachordnung von Num 1–4 hinter Num 26, wo ja ebenfalls mit dem Fortschreiten der Redaktionsgeschichte eine zunehmend levitenkritische Haltung bei gleichzeitiger Aufwertung der Aaroniden erkennbar wurde. Die Rede von einer „aaronidischen Zensur" ist also auch im Buch Numeri mehr als berechtigt.[882]

## 3.3 Num 7 f.: Die Weihe der Stiftshütte und die Weihe der Leviten

### a) Die Weihe der Stiftshütte

In den einleitenden Bemerkungen zur Analyse von Num 1–4 war bereits darauf hingewiesen worden, daß Num 7 u. a. aufgrund der Datierung auf den Tag der Errichtung der Stiftshütte in V. 1 als Einschub in die Grundschicht in Num 1–10* gelten muß und hier keinesfalls P$^G$ vorliegt.[883] Das ist in erstaunlicher Einmütigkeit Konsens.[884] Daß Num 7 die *Reihenfolge* der Stämme nach Num 2 voraussetzt, war ebenfalls schon erwähnt worden. Ebenso kennt Num 7 die *Namen* der Stammesfürsten aus Num 1,4 ff., was – da es sich hierbei um einen Nachtrag handelt – ein weiteres Argument für den Nachtragscharakter von Num 7 liefert. Der Vergleich mit Num 1,4 ff. wies außerdem auf einen internen Anachronismus hin, insofern die nach Num 7 opfernden Fürsten zum Zeitpunkt von Num 1 als Gremium noch nicht konstituiert waren.[885]

Die von den Stammesfürsten dargebrachten sechs Wagen und zwölf Rinder (V. 3) sind als Tragehilfen den levitischen Sippen der Gerschoniter und Merariter zugedacht (Vv. 5 ff.). Dabei ist sogar bedacht, daß letztere schwerer zu tragen

---

**882** Vgl. Dahmen 1996, 405, der eine solche im Horizont des Deuteronomiums erarbeitet hatte. Nur ist sie bereits dort schon weit über die von Dahmen in Betracht gezogenen Texte hinaus erkennbar und verstärkt sich in den spätesten Schichten von Numeri.
**883** Gegen Dillmanns Annahme einer Umstellung des Kapitels von seiner ursprünglichen Position hinter Ex 40 oder Lev 8–10 (Dillmann 1886, 39), die sich v. a. an Wellhausens „Posthumität des Stückes" (Wellhausen ³1899, 179) stört, vgl. schon Baentsch 1903, 485.
**884** Vgl. u. a. Wellhausen ³1899, 179; Noth 1948, 8 Anm. 12; Elliger 1952, 122; Kratz 2000a, 109 etc. bis hin zu Seebass 2008, 241; ebenso Achenbach 2003, 529. Er rechnet Num 7 zu seiner ThB III.
**885** S. o. S. 150 f.

haben, und so kommt ihnen die doppelte Anzahl an Tragetieren zu (V. 7 f.). Auch Itamar, unter dessen Aufsicht die Gerschoniter und Merariter stehen, ist nicht vergessen (V. 8). Lediglich die Kehatiter gehen leer aus, da sie Dienst am Heiligtum zu tun haben und ihre Last auf den Schultern tragen sollen (V. 9). Mindestens der Rückverweis auf Itamar zeigt, daß auch die entsprechenden Ergänzungen in Num 4* bereits vorausgesetzt sind.[886] Die in Num 7 eingeführten Transportwagen spielen späterhin keine Rolle mehr, aber das muß man in Num 10 vielleicht auch nicht zwingend erwarten. Ob man nun Num 7 gleichzeitig mit den jeweils vorausgesetzten späten Schichten ansetzt, oder aufgrund seiner bis zur Ermüdung ausgefeilten Systematik[887] noch später einordnet,[888] scheint mir hier, auch wenn ich zu ersterer Ansicht tendiere,[889] fast unerheblich, ebenso wie die Frage einer nochmaligen literarkritischen Differenzierung in Num 7.[890]

Was trägt das Ganze für die Leviten aus? Erneut ist Vorsicht geboten, wollte man zu viel für die Beantwortung dieser Frage allein aus dem Kapitel schlußfolgern. So gewinnt die solenne Schilderung der zwölftägigen Opferdarbringung durch Israels Fürsten ihr Profil zuvörderst im Vergleich mit den beiden Schilderungen der Einweihung des Tempels unter Salomo (I Reg 8 und II Chr 5)[891] sowie der idealen Landkonzeption bei Ezechiel (Ez 45 f.).[892] Daß dabei zweien der drei levitischen Sippen auch Tragetiere zugestanden werden, muß demnach ebenfalls im Zusammenspiel mit ähnlichen „Transporterzählungen" erklärt werden. Als

---

**886** Vgl. oben S. 169 ff.

**887** Diese Ermüdung verspüren offenbar nicht nur moderne Leser, sondern bereits den mittelalterlichen Punktatoren erging es ähnlich, vgl. BHS zu Stelle und die weiteren Hinweise bei Kellermann 1970, 98 Anm. 40.

**888** So z. B. Baentsch 1903, 485. Nachordnung gegenüber Num 4,14 aufgrund der anderen Begriffsverwendung zieht auch Kellermann 1970, 105 in Erwägung. Achenbach 2003, 534 verweist auf die Unterschiede gegenüber Num 16 f.* im Hinblick auf ein geregeltes Räucherwesen.

**889** Da die letzten Fortschreibungen in Num 3 noch einmal auf Num 8 reagieren, was seinerseits nicht älter als Num 7 sein kann, siehe i.f.

**890** Etwa im Sinne einer Unterscheidung von Gaben für die Leviten Vv. 2–9* (älter) und Gaben für den Altar Vv. 1.10–88 (jünger), vgl. dazu etwa Holzinger 1903, 30 f. u.v.a. Kellermann 1970, 98–111.

**891** Zu beiden Texten und ihrem Verhältnis zueinander s.u. Kapitel 6.3.3, zum Zusammenhang auch Achenbach 2003, 530–532.

**892** Vgl. weiter Achenbach 2003, 534–536. Dort findet sich zudem der interessante Hinweis auf historische Parallelen aus persischer Zeit. Daß in Num 7 zwölf gleichrangige „Fürsten" auftreten, leuchtet in der Differenz zu Ez 45 ein; weniger überzeugend scheint hingegen Achenbachs Interpretation einer Vorordnung des Hohenpriesters, „vor dem alle anderen Fürsten nur den Rat der 12 bilden" (Achenbach 2003, 535), weil weder von Aaron noch dem Hohenpriester als solchem in Num 7 die Rede ist. In der Tendenz mag trotzdem etwas Richtiges getroffen sein.

erstes ist dabei an die Ladegeschichte in I Sam 6 f.; II Sam 6 zu denken.[893] Dort gibt es einen Wagen samt einem mit eigenem Orientierungsvermögen ausgestatteten Gespann aus zwei Kühen, die beide freilich unbeschadet ihrer Wunderhaftigkeit ganz unsentimental als Opfer Verwendung finden (I Sam 6,14). Gerade die Lade gehört nun nach Num 3 f. zu den von den Kehatitern zu transportierenden Gegenständen, welche sie allerdings zu schultern haben, da für sie kein Wagen vorgesehen ist. Die Diskrepanzen verwundern kaum, haben ja im übrigen Leviten mit der samuelischen Ladegeschichte ursprünglich ohnehin nichts zu tun, denn I Sam 6,15 ist zweifellos ein späterer Zusatz.[894] Diesen Mangel in kultischer Perspektive behebt die Chronik mit ihrer Neuerzählung der Ladegeschichte. Zunächst scheitert der Transport mit dem Wagen (I Chr 13), eben weil die Priester und Leviten noch nicht berücksichtigt wurden.[895] Erst daraufhin gelingt die Heimholung der Lade nach Jerusalem (I Chr 15), wobei die Leviten sie auf ihren Schultern tragen (V. 15).[896] Kurzum: Der Fokus liegt hier wie dort auf der Heiligkeit des Heiligen, die Träger sind dafür ein entsprechender Ausdruck. Die Lade und mit ihr die nach Num 4 besonders bedeutsamen Gerätschaften dürfen nur dem dafür zuständigen Personal anvertraut werden. Daß im Unterschied dazu die Gerschoniter und Merariter ihre Arbeit mithilfe von Vieh erledigen dürfen, spricht – auch wenn es eine praktische Erleichterung sein mag – kaum dafür, daß sie „sozial gehoben" werden.[897] Die Leviten werden also nicht um ihrer selbst willen erwähnt, sondern weil die Systematik des zu Berichtenden ihrer bedarf. Das Motiv des Tragens der Lade war sachlich durch das Deuteronomium bereits vorgegeben.[898]

## b) Literarkritische Beobachtungen zu Num 8

Gelegentlich findet man in Num 8 noch Spuren einer Grundschicht von Num 1–10 bzw. sogar Reste von $P^G$.[899] Wenn dabei Num 7 einschließlich seiner Vordatierung jedoch – zu Recht – als spätere Ergänzung angesehen wird, ist die – in der Regel unzureichend bedachte – Folge davon, daß die Weihe der Leviten zum Datum der

---

893 Ausführlicher dazu und zu II Sam 15,24 unten Kapitel 6.3.1 und 6.3.2.
894 Vgl. Wellhausen [6]1927, 122; Porzig 2009, 149 f. und s.u. Kapitel 6.3.1.
895 Vgl. Milgrom 1990, 54; Achenbach 2003, 532.
896 Vgl. Porzig 2009, 250 f.
897 So Holzinger 1903, 31. Die Nähe zur Chronik sieht Holzinger ebenso wie Achenbach 2003, 532, nur darf daraus nicht vorschnell auf Wertschätzung gegenüber den Leviten geschlußfolgert werden. Zu den Perspektiven der Chronik s.u. Kapitel 8.2.
898 S.o. Kapitel 2.1.1.
899 So z.B. Holzinger 1903, 33; Seebass 2008, 250; skeptisch schon Elliger 1952, 122 Anm. 4.

Musterung (Num 3 f.) am ersten Tag des *zweiten* Monats im Jahr II des Auszuges bzw. sogar noch danach stattfände, d. h. mindestens einen Monat nach der in Num 7 vollzogenen Einweihung der Stiftshütte am ersten Tag des *ersten* Monats. Erst die spätere Einfügung von Num 7 hätte die Levitenweihe dann gewissermaßen vorverlegt und somit sichergestellt, daß von Anfang an[900] ein ordnungsgemäßer Kult vollzogen worden sei. Dieser Vorgang erscheint recht unwahrscheinlich, betrachtet man dazu noch den insgesamt recht planvoll strukturierten und genutzten chronologischen Rahmen von Num 7–10,[901] scheint mir eine solche Annahme vollends auszuschließen zu sein. Unter anderem hieraus folgt, daß Num 8 bereits in seinem Grundbestand Num 7 voraussetzt. Auch auf die konzeptionellen Weiterentwicklungen von Num 8 gegenüber Num 3,5–10 war bereits hingewiesen worden,[902] woraus ebenfalls auf den Nachtragscharakter der Erzählung vom Dienstantritt der Leviten zu schlußfolgern ist. Selbst wenn man also in Num 1–10 grundsätzlich noch an P^G festhalten wollte, kann angesichts der angedeuteten literarischen Abhängigkeiten in Num 8 nicht mehr damit gerechnet werden.

Nach dem kurzen Abschnitt über den goldenen Leuchter (Vv. 1–4)[903] folgt als Hauptteil von Num 8 die Erzählung von Aussonderung und Weihe der Leviten (Vv. 5–22). Die Vv. 5–15a enthalten JHWHs Aufforderung an Mose zur Reinigung der Leviten einschließlich ihrer Darbringung als Schwing- bzw. Erhebungsopfer,[904] die Vv. 15b–19 eine theologische Begründung dazu, die Vv. 20–22 den Ausführungsbericht. Literarkritische Spannungen im Text betreffen vor allem die Frage, wer das Schwingen des Opfers respektive der Leviten durchführt. Nach V. 13 soll Mose diese Aufgabe übernehmen, nach V. 11 Aaron. Ebenso vollzieht im zugehörigen Ausführungsbericht V. 21aβb Aaron das Schwingen und die Sühne für die Leviten, was nach V. 12b gleichfalls Aufgabe des direkt angesprochenen Mose gewesen wäre. Aarons Auftreten in V. 11 greift weiterhin V. 13 insofern voraus, als Mose erst da die Leviten vor Aaron und seinen Söhnen aufstellen soll. In Summe deutet das darauf, die Vv. 11 und 21aβb für spätere „gesetzliche" Korrekturen von Autoren zu halten, die im Schwing- bzw. Erhebungsopfer ein priesterliches Vor-

---

900 Oder doch zumindest nach der zwölftägigen Einweihungsfeier für die Stiftshütte.
901 S.o. S. 150 f.
902 S.o. S. 174 f.
903 Zu Stellung und Funktion des Abschnittes vgl. neben den einschlägigen Kommentaren v. a. Achenbach 2003, 537–541.
904 Ein wörtliches Verständnis kommt hier natürlich an seine Grenzen, aber ein Grundmaß an Symbolik darf man dem Autor doch wohl zugestehen, Baentschs beißender Spott verfehlt hier darum ein wenig die Sache, auch wenn man dem letzten hier zitierten Satz zustimmen darf: „Man male sich die Situation aus und suche ernst zu bleiben. Der Verf. hat für die Komik seiner Verordnung offenbar kein Organ. Der Abschnitt gehört sicher zu den allerjüngsten im Pentateuch." (Baentsch 1903, 490).

recht sahen, das von Aaron ausgeführt werden mußte.[905] Ein ähnliches, eher kultisches Anliegen steht hinter der möglichen Einfügung von V. 9a, der sich mit V. 10a doppelt.[906] Da V. 10a nur davon berichtet, daß die Leviten „vor JHWH" zu versammeln sind, woraufhin die Israeliten ihre Hände auf die Leviten aufstützen sollen, sah sich möglicherweise ein späterer Ergänzer genötigt klarzustellen, daß dies auch „vor dem Zelt der Begegnung" stattzufinden habe.

Nicht selten vertreten wird auch die Ansicht, die Vv. 15b–19 seien ein späterer Nachtrag.[907] Das ist zu präzisieren. Zwar greift V. 15b zeitlich hinter V. 15a zurück, aber dies ist notwendig als Anknüpfungspunkt für den ab V. 16 folgenden, das gesamte Geschehen zusammenfassenden Begründungssatz.[908] Zwischen V. 16a und 16b[909] hingegen liegt zwar kein offensichtlicher literarischer Bruch vor, der eine Scheidung *prima facie* berechtigt erscheinen ließe. Bemerkenswert ist aber der konzeptionelle Unterschied in der jeweiligen Begründung der JHWH-Zugehörigkeit.[910] Nach V. 14 resultiert diese praktisch aus der durch Mose vorgenommenen Aussonderung. Nach den Vv. 16b–18 hingegen sind die Leviten Ersatz für alle Erstgeburt in Israel, die schon seit Ägypten als JHWHs geheiligtes Eigentum gilt. Weder spielt aber Ägypten sonst im Kontext von Num 8 eine Rolle, noch die Erstgeburtsthematik; ebenso bleibt ungeklärt, in welcher Verbindung letztere mit den Leviten steht. Das alles spricht dafür, die Verse für nachgetragen zu halten, sie

---

**905** So schon Baentsch 1903, 490; ähnlich, aber mit z.T. problematischer Begründung Holzinger 1903, 33; Noth 1966, 62f. Gegen Baentsch und Noth sehe ich allerdings keine Notwendigkeit, auch V. 21aα als Nachtrag anzusehen, zumal dieser in V. 7 partiell eine Vorlage hat. Kellermann 1970, 120.122 hält den gesamten Vers für ursprünglich, jedoch um den Preis einer Austauschung des Subjekts Mose durch Aaron. Das ist methodisch schwer vertretbar. Achenbach 2003, 543 ff. deutet die Spannung m. E. etwas voreilig weg. Aus der an sich berechtigten Kritik an Kellermann folgt ja keineswegs die literarhistorische Einheitlichkeit des Textes, selbst wenn es sich dabei um einen ohnehin schon späten Text handelt.
**906** Anders Holzinger 1903, 33 und Kellermann 1970, 116 f.123, welche die Vv. 9b–11 für spätere Ergänzungen halten, vgl. aber die Überlegung bei Kellermann 1970, 116 f.: „Auffällig ist dabei nur, daß der Sache nach מועד אהל לפני 9a die Historisierung des יהוה לפני 10a ist, so daß man folgern müßte, daß 9a die Ergänzung und 10a die Grundlage ist." Die Idee ist richtig, nur die Begründung problematisch.
**907** Vgl. u.a. Dillmann 1886, 44; Baentsch 1903, 490; Holzinger 1903, 33; Noth 1966, 62f. (nur Vv. 15b.16b–19).
**908** Vgl. hier Kellermann (!) 1970, 118: „15b ist also indikativischer Zwischensatz und nicht an Mose gerichteter Befehl, der einfach 6b und 13b wiederholt [...] Man muß 15b keineswegs einem neuen Verfasser zuschreiben [...], sondern 15b stammt vom gleichen Verfasser wie 15a. Auch 16a geht wohl auf sein Konto."
**909** Zu den textkritischen Problemen in V. 16b vgl. BHS zur Stelle, sowie Holzinger 1903, 32f.
**910** Vgl. Kellermann 1970, 119. Die genannten älteren Kommentare sehen den Abschnitt als reine Wiederholung von Num 3,5–13. Das ist der Sache nach richtig, kann aber nicht als literarkritisches Argument dienen, den Abschnitt für später ergänzt zu halten.

dürften eine sehr junge Angleichung an Num 3 darstellen.[911] Nicht zum Nachtrag gehört aber V. 19, der in schöner Parallelität zu V. 16a steht und diesen seiner Bestimmung zuführt: Erst der Dienst am Heiligtum und für die Gemeinde bildet ja den Zielpunkt für die V. 15b angesprochene Reinigung und Darbringung der Leviten als Opfer, V. 16a allein begründet nicht, sondern konstatiert. Nicht gänzlich überzeugen kann auch die Annahme, daß V. 22 eine nachträgliche Dublette zu V. 20 darstelle,[912] zumal der Sinn einer solchen nachträglichen Doppelung nicht einleuchtet. Vielleicht darf man die Verse eher als Bekräftigung deuten: Sowohl vor als auch nach dem Dienstantritt der Leviten befolgten Mose, Aaron und die Gemeinde genau die Anweisungen JHWHs. Der Grundbestand des Textes umfaßt also Num 8,5–10*.12–16a.19–22*, mit Zuwächsen ist in den Vv. (9a?)11 und 21aβb sowie v. a. im Abschnitt Vv. 16b–18 zu rechnen.

Hieran schließt sich ein kurzer, gleichwohl bedeutsamer Anhang über das Dienstalter der Leviten an (Vv. 23–26).[913] Im Unterschied zu Num 4MT wird jetzt der Dienstbeginn auf 25 Jahre festgelegt. Die Obergrenze bleibt bei 50 Jahren bestehen, es wird aber die Möglichkeit eröffnet, danach noch Hilfsdienste für die übrigen Leviten zu versehen.[914] Dieser Unterschied wird klassischerweise mit dem gestiegenen Bedarf an kultischem Personal gedeutet.[915] So einleuchtend diese Erklärung auch im Hinblick auf die mutmaßlich noch späteren Entwicklungen in Esr 3,8 und I Chr 23,3.24 ff. ist, bleibt zugegebenermaßen doch die Frage, warum dem Redaktor in Num 8 unmöglich gewesen sein sollte, was die Tradenten der LXX in Num 4 offenbar konnten.[916] Darum liegt die Annahme, für den Redaktor der Vv. 23–26 müsse die sachliche Differenz überbrückbar oder zumindest deutbar gewesen sein, trotz ihres harmonisierenden Beigeschmacks, zwar nicht gar so fern.[917] Andererseits stellt sich auch die Frage, warum eine solche – „eigentlich"

---

911 S.o. Anm. 797; vgl. dagegen Achenbach 2003, 544f. und Frevel 2010b, 152f.
912 Vgl. Baentsch 1903, 490.
913 Die Annahme, daß es sich dabei um einen Nachtrag zu Kapitel 8 handelt, ist m.E. unnötig, da wir es in Num 7–9 ohnehin mit zahlreichen Nachträgen zu Num 1–4 zu tun haben; anders z.B. Sturdy 1976, 67.
914 Zu Hinweisen auf Altersbeschränkungen für Kultbedienstete im babylonischen Raum vgl. Waerzeggers 2008, 9 Anm. 26.
915 Vgl. Baentsch 1903, 492; Holzinger 1903, 33; Noth 1966, 63; Sturdy 1976, 37; Achenbach 2003, 545. Anders Scharbert 1992, 39, der auf die geringe Zahl der nach dem Exil zurückkehrenden Leviten gemäß Neh 7 verweist, aber das erklärt nicht die Differenz zum ebenfalls sicher nachexilischen Num 4.
916 S.o. Anm. 681 zur Frage der Textkritik in Num 4.
917 Vgl. schon Dillmann 1886, 45 mit Verweis auf Harmonisierungsversuche von Exegeten seiner Zeit sowie traditioneller jüdischer Ausleger. Auch Achenbach 203, 545 zieht einen Ausgleich zwischen beiden Fassungen der Regelung in Erwägung.

nicht widersprüchliche – Anordnung nicht schon in Num 4 selbst erfolgen konnte. Man muß wohl annehmen, daß sie im Zuge des ohnehin durch die Einfügung von Num 7 f. erfolgenden Ausbaus von Num 1–10 ihren Platz an prominenter Stelle am Tag der Weihe der Leviten, also gezielt chronologisch noch *vor* den Anweisungen von Num 4, erhielt. Insofern bleibt ein Unterschied zwischen Num 4 und 8, der sich, wie gehabt, auch in einer literarkritisch differenzierten Betrachtung ausdrücken sollte. Die klassische These einer Novellierung von Num 4 in Kapitel 8 behält also ihre Berechtigung. Ob dahinter ein „gestiegener Personalbedarf" steht, muß letztlich – wenn auch begründete – Spekulation bleiben.

### c) Redaktionsgeschichtliche Auswertung

Wie aber ist die Rolle der Leviten in Num 8 zu deuten? Zunächst soll Mose an den Leviten einen Reinigungsritus vollziehen (Vv. 6 f.).[918] Hernach stützen die Leviten ihre Hände auf zwei Stiere, mit denen Mose Sühne für sie schafft (V. 12), bevor sie selbst als Schwing- bzw. Erhebungsopfer dargebracht werden (V. 13). Durch diesen Vorgang gelten sie als „ausgesondert", womit sie befugt sind, ihren Dienst an der Stiftshütte anzutreten. Der wesentliche Punkt davon ist das künftige Sühnen für die Israeliten[919] zur Verhinderung einer Plage bei unerlaubter Annäherung an die Stiftshütte (V. 19). Wesentlich am Dienst der Leviten ist freilich auch, daß sie ihn vor Aaron und seinen Söhnen, d. h. in Unterordnung unter diese vollziehen. Eine solche Unter- oder doch zumindest Nachordnung wird auch im Vergleich mit der Erzählung über die Weihe der Priester (Ex 29;) Lev 8 deutlich. Die Priesterweihe dauert sieben Tage, sie beinhaltet eine Waschung, aber keine Rasur,[920] dazu werden die Priester mit eigenen Kleidern ausgestattet und gesalbt. Wenn bei den Leviten hingegen ausdrücklich eine Reinigung vorangehen muß, soll das offenbar

---

[918] Sachlich und terminologisch ergeben sich Verbindungen nach Num 6 und 19, vgl. auch Scharbert 1992, 38. Denselben wäre an anderer Stelle noch genauer nachzugehen, insofern sich daraus eventuell Antworten für die Frage nach der kompositionellen Stellung des Gesetzesmaterials in Num 1–10 gewinnen ließen.

[919] S.o. S. 174 ff. zu Num 3 sowie Janowski ²2000, 161 Anm. 232. Milgrom 1987 unterläuft bei seiner Argumentation m. E. ein logischer Fehler. Zwar ist es richtig, daß „just as the bulls are the *kippûr* on behalf of the Levites, so the Levites are the *kippûr* on behalf of the Israelites" (Milgrom 1987, 207), nur sind nicht Stiere und Leviten Subjekt des Ritus, sondern Mose (V. 12) und die Leviten (V. 19). Das ist grammatisch unzweideutig und gilt unabhängig von eventuellen literarkritischen Differenzierungen im Hinblick auf die Vv. 10 f.

[920] Man beachte auch das an die „Söhne Zadoqs" gerichtete ausdrückliche Verbot einer Rasur in Ez 44,20.

ausdrücken, daß sie der Sphäre des Heiligen schon grundsätzlich ferner stehen.[921] Ebensowenig erhalten sie spezielle Kleider[922] oder werden sie gesalbt. Das alles ist weder überraschend noch neu, geht man vom durch den Endtext geprägten Bild der Leviten aus. Vergleicht man dies aber mit dem Bild, welches das Deuteronomium zeichnet, oder auch mit den etwas älteren Texten in Num 1–4*, so zementiert der Num 8 dargestellte Vorgang den Rangunterschied zwischen den Aaroniden als vollwertigen Priestern und den Leviten als deren Gehilfen. Die spätere Einfügung der Vv. 11 und 21aβb betont noch einmal die Rolle Aarons. Weniger signifikant in dieser Hinsicht scheint mir die Ergänzung der Vv. 16b–18, die v. a. eine Angleichung an Num 3 darstellt.

Die Nachbildung eines der Priesterweihe nach Lev 8 analogen, in seiner Bedeutung dieser jedoch untergeordneten Ereignisses hat in Num 8 darüber hinaus auch die Funktion, die Aussonderung (והבדלת, V. 14) der Leviten zu schildern, welche Dtn 10,8 für den gesamten Stamm der Leviten notiert (הבדיל).[923] Wie gesehen, verschieben sich im Buch Numeri aber die Akzente: Die Aaroniden selbst sind spätestens seit Ex 29 als besondere Gruppe konstituiert. Dementsprechend wird in Num 8 nicht mehr der gesamte Stamm zum Dienst für JHWH ausgesondert, sondern lediglich die den Aaroniden untergeordneten „Leviten" zum Dienst am Zelt – mit den bekannten Zugangsbeschränkungen gemäß Num 4.[924] Darüber hinaus ist seit Num 6,22ff. auch der Segen als eine speziell aaronidische Domäne benannt. Eine Ausweitung gegenüber den deuteronomischen Texten hat in Num 1–10 lediglich das Thema des Tragens heiliger Gegenstände erhalten, was sich in Dtn 10,8 allein auf die Lade bezog. Dies wiederum steht in Num lediglich der Sippe der Kehatiter zu. Gegenüber Dtn 10 erscheint in Num 1–10 also ein in sich differenziertes Kultuspersonal mit deutlich geringerer Verantwortung für die Leviten, die überhaupt erst als eine mit dem Stamm nicht deckungsgleiche Gruppe

**921** Vgl. auch Holzinger 1903, 34.
**922** Vgl. dazu Josephus AJ XX,9,6 (20.216), nach dem eine Gruppe von Leviten entgegen den Überlieferungen der Väter ebenfalls für sich in Anspruch genommen hätte, priesterliche Leinenkleider zu tragen. Daraus leitet er einen der Gründe ab, warum eine (göttliche) Bestrafung der Juden hätte erfolgen müssen, wie sie dann in der Niederlage im Aufstand gegen Rom auch geschieht. Samely 1990, 261 notiert in Targum Pseudo-Jonathan zu Ex 29,30 die Ergänzung „und nicht von den Leviten" und bringt das mit besagter Stelle in Josephus in Verbindung, ähnlich Maher 1994, 245. Aber ולא מן ליואי bezieht sich auf כהנא דיקום בתרוי מן בני, d. h. die Herkunft des künftigen Hohenpriesters, der einer von den Söhnen Aarons und kein Levit sein soll! Wenn sich hier zeitgeschichtliche Umstände spiegeln sollten, dann solche, die von der Einsetzung Hoherpriester ohne entsprechenden Stammbaum handeln.
**923** S.o. Kapitel 2.1.1.
**924** Bereits mit den ersten Erweiterungen in den Vv. 4–16.21.24–28.31–33, aber wohl noch ohne die Vv. 17–20.

*innerhalb* des Stammes und mit nochmaliger interner Differenzierung Kontur gewinnen.

In welchem Verhältnis steht aber die Vorschaltung der Vv. 6 f. vor Dtn 10,8 f. zu den hier behandelten Texten? Oben wurde die Vermutung geäußert, daß beide Verse noch jünger als Num 8\* sein dürften.[925] Das fügt sich zu den inzwischen gemachten Beobachtungen in Num 1–4. Wie gesehen, gibt es auch dort noch von Num 8 abhängige bzw. jüngere Texte (Num 3,11–13.40–51; 4,17–20), sowie Ergänzungen in Num 8 selbst (Vv. [9a.]11.16b–18.21aβb). In ihnen ist wie in Dtn 10,6 f. das Interesse an den Aaroniden bestimmend, zum Teil verbunden mit einer weiteren Herabsetzung der Leviten. In ihrem thematischen Interesse und ihrer Haltung gegenüber den Leviten stimmen diese letzten Zufügungen in Num mit dem genannten späten Zusatz im Deuteronomium also durchaus überein, was indirekt die obige Annahme bestätigt.

Abschließend sind auch für Num 8 noch einige knappe Bemerkungen zur Gestalt der LXX angebracht.[926] Im masoretischen Text ist gemäß der Vokalisation in V. 12b Mose angesprochen. Er wird die Opfer bereiten und für die Leviten Sühne schaffen. Die nach der literarkritischen Analyse spätere Hinzufügung von V. 11 trägt Aaron als Opfernden schon hier ein. Auf dieser Linie liegt es, wenn die LXX in V. 12 anstelle des mit Kopula angeschlossenen Imperativs ועשה eine andere Punktierung voraussetzend ein *waw*-Perfekt liest, also 3. Person Sg. Futur ποιήσει, und so Aaron anstelle von Mose zum Subjekt erklärt. Außerdem vermeidet sie die Doppelung im masoretischen Text zwischen V. 11 und V. 13, indem sie נוף nur in V. 11 mit ἀφορίζω wiedergibt, während für Moses Tun in Anlehnung an die Vv. 16.19 ἀποδίδωμι Verwendung findet (Vv. 13.15). Auch wenn das gleichermaßen in V. 21β in bezug auf Aaron der Fall ist, scheint mir insgesamt die terminologische Unterscheidung zwischen V. 11 und den Vv. 13.15 klarzustellen, daß allein Aaron Opfer vollzieht.[927] Num 8,19 sieht als Aufgabe der Leviten das Sühnen (כפר) vor, damit keine Plage auftrete (ולא יהיה ... נגף), wenn sich die Israeliten dem Heiligen nähern sollten (בגשת בני־ישראל אל־הקדש). Von einer möglichen Plage ist in der LXX allerdings keine Rede mehr, womit auch die Bezugsgröße für das Sühnen der Leviten entfällt. Statt dessen wird apodiktisch festgehalten, daß sich keiner der Söhne Israels dem Heiligen nähern solle (καὶ οὐκ ἔσται ... προσεγγίζων). Das dürfte nunmehr unter Einschluß auch der Leviten zu verstehen sein.[928] Allein Mose und den Aaroniden steht damit noch der Zugang zum Heiligtum offen. Wie schon in

---

**925** S.o. S. 28 f.
**926** Vgl. allgemein Dorival 1994; zu einer auch deutenden Aufarbeitung im Kontext des Numeribuches vgl. wiederum Rösel 2001a.
**927** Mit anderer Deutung Wevers 1998, 122 ff.
**928** So auch Rösel 2001a, 32; vgl. außerdem Wevers 1998, xxx und 127.

Num 3 trägt die LXX auch hier die Gedankenwelt der jüngsten Fortschreibungen in den Text ein.

## 3.4 Num 16 f.: Korachs Aufstand und die Folgen

Im Unterschied zu den in den vorangegangenen Kapiteln behandelten Texten, vielleicht abgesehen von Num 26, kann die Geschichte vom Aufruhr Korachs, Datans und Abirams nicht über mangelnde Aufmerksamkeit klagen. Die alttestamentliche Forschung hat sich ihr in den letzten Jahren mit einem knappen Dutzend Untersuchungen zugewandt, noch ganz abgesehen von neu erschienenen Kommentaren und Monographien zum Buch Numeri insgesamt. Dieses Interesse mag zum einen in der Geschichte selbst sowie ihrer Wirkungsgeschichte begründet liegen,[929] zum anderen aber auch an ihren innerbiblischen Fortwirkungen sowie den noch immer deutlich erkennbaren Überformungen des Textes, an die sich über Num 16 f. hinausweisende redaktionsgeschichtliche Fragen knüpfen. Von einer Klärung derselben darf man sich also entsprechende Antworten für die Entwicklung des Buches Numeri und nicht weniger für die „literarische Karriere" der Priester und Leviten erhoffen: „[T]he analysis of the redaction of the Korah episode [...] offers much promise towards solving the problem of the redaction of the wilderness narrative, in general, and the Book of Numbers, in particular."[930]

### a) Ein Gang durch den Text

Zuerst ist aber der Geschichte und ihrer Dramatik auf der Ebene des Endtextes nachzugehen. Sie beginnt in Num 16,1 ohne Lokalisierung mit der Erwähnung eines Urenkels Levis namens Korach.[931] Dieser Korach und dazu Datan und

---

**929** Vgl. die knappen Andeutungen bei Lux 1995, 207 f. Auch der Blick in die Kunstgeschichte ist erhellend, vgl. etwa Botticellis berühmtes Fresko in der Sixtinischen Kapelle.

**930** Milgrom 1981, 145. Seine projektierte Lösung unterscheidet sich jedoch zumindest in Fragen der Datierung erheblich von der hier vorgelegten. Auch nach Achenbach 2003, 36 ff. sind Num 16–18 geradezu als Schlüsselkapitel für die späte Entwicklung des Buches Numeri anzusehen.

**931** Eindeutig zu unterscheiden ist dieser Korach von zwei bzw. drei weiteren Trägern dieses Namens, die in Gen 36,14.16.18 und in I Chr 2,43 erwähnt werden. Es besteht aber angesichts der levitischen Herkunft m. E. kein Zweifel, daß unser Korach mit dem Korach der Psalmen (Ps 42–49 und 84 f./87 f.) bzw. den Korachitern der Chronik zu verbinden ist, womit die Bedeutung dieser Figur und ihrer Nachkommenschaft bereits angedeutet ist. – Außerbiblisch ist קרח in

Abiram, Söhne Eliabs, betätigen sich als Aufrührer (V. 1). Das Verhältnis der drei Personen zueinander wird in dem nicht leicht verständlichen Vers jedoch ebensowenig deutlich wie die Genealogie Datans und Abirams.[932] Zu den Genannten gesellen sich noch weitere Männer aus den Söhnen Israels, und zwar חמשים ומאתים נשיאי עדה קריאי מועד אנשי־שם (V. 2). Sie rebellieren gegen Mose und Aaron mit dem Vorwurf, jene würden sich über die Gemeinde erheben, wo doch die ganze Gemeinde heilig sei (V. 3).[933] Mose reagiert (V. 4), aber was er sagt, ist textlich unsicher (V. 5). Seine Antwort handelt jedenfalls vom Problem der Heiligkeit und der Erwählung. Zudem macht er den Vorschlag zur Durchführung einer Art kultischer Machtprobe am nächsten Tag, die Aufrührer werden jetzt u. a. als „Söhne Levis" angesprochen (Vv. 6 f.).

Die folgenden Vv. 8 – 11 lassen Mose erneut reden, wieder zu Korach bzw. den Söhnen Levis. Nur geht es jetzt um deren vorgeblichen Wunsch nach dem Priestertum und damit den Vorwurf, nur vordergründig gegen Aaron, *de facto* aber gegen JHWH zu murren.[934] Im Anschluß an diese Rede läßt Mose nach Datan und Abiram – noch einmal als Söhne Eliabs eingeführt – schicken. Beide hatten bis dahin mit dem Geschehen nichts weiter zu tun. Ihr Vorwurf an Mose ist ein

---

hebräischen Inschriften in je einem Ostrakon aus Arad und aus Lachisch, wo das ה allerdings ergänzt ist, belegt, vgl. Aharoni 1981, 80 – 84; sowie HAE Arad(8):49 und Lak(7/6):26; für den Namen in ugaritischen, aramäischen und phönizischen Texten sowie in Keilschrift vgl. die Verweise bei Renz/Röllig 1995b, 84. Für die mögliche hieroglyphische Wiedergabe als Königsname (kanaanäischen Ursprungs) in der „Zweiten Zwischenzeit" vgl. Ryholt 1998. Von Interesse für unsere Fragestellung ist v. a. das genannte Ostrakon Nr. 49 aus Arad im Zusammenhang mit den ebenso aus Stratum VIII stammenden Ostraka Nr. 50 – 57 (HAE Arad[8]:50 – 57): Alle Ostraka wurden im oder in der Nähe des „Heiligtums" von Arad gefunden; מרמות (Nr. 50) und פשחר (Nr. 54) sind zudem als Namen priesterlicher Familien in der Bibel bezeugt (Esr 8,33 u. ö. für Meremot sowie Esr 2,38 u. ö. für Paschhur), vgl. Aharoni 1981, 87. Dennoch wird man sich hüten müssen, die inschriftlich bezeugten Namen sogleich (und unter Absehung der weiteren, nicht „identifizierbaren" Namen) mit ihren biblischen Gegenstücken zu identifizieren. Nicht nur Korach ist schon innerbiblisch anderweitig belegt, auch „the name Pašḥur is widespread in epigraphic sources" (Avishur/Heltzer 2000, 49). So ist die Schlußfolgerung, in den Ostraka würden „various goods ... presented to the people of the sanctuary including its priests" (Avishur/Heltzer 2000, 48), zwar attraktiv, aber – strikt gesehen – durch den Befund nicht gedeckt. Sollten die „Söhne Korachs" aus Arad tatsächlich mit den biblischen Korachitern in Verbindung gebracht werden können, böte das reichlich Raum für Spekulationen (vgl. etwa die gewagten Thesen bei Miller 1970), nur wiederum kaum etwas Greifbares. Vom Ende des 8. Jahrhunderts bis zu den nachexilischen Korach- bzw. Korachitertexten bliebe ein sehr großer Zeitraum zu überbrücken.
**932** Zu beidem s. u. S. 214 ff.
**933** Zu weiteren feinsinnigen Differenzierungen der möglichen Aussage(n) vgl. Magonet 1982, 17. Blum 1990, 271 Anm. 157 verweist auf die Stichwortverbindung zu Num 15,40 ff., die eventuell einen Hinweis auf die kompositionelle Einbindung der Paränese Num 15 bietet.
**934** Derselbe Gedanke mit nahezu identischer Formulierung Ex 16,7.

weiterer: Jener habe sie aus einem gelobten Land in die Wüste geführt, erhebe zu Unrecht einen Herrschaftsanspruch[935] usw. Sie jedenfalls verweigern sich Moses Anordnungen (Vv. 12–14). Mose erzürnt und wendet sich an JHWH (V. 15).

Bevor er aber eine Antwort erhalten kann, wiederholt er in einer kurzen Rede an Korach die Aufforderung zur Kultprobe für den nächsten Tag (Vv. 16 f.). Die Vorbereitung selbiger – nicht aber ihre Durchführung – wird merkwürdigerweise sogleich noch berichtet (V. 18), wobei erst im Nachgang geschildert wird, daß Korach *die ganze Gemeinde am Eingang des Heiligtums* versammelt und die Herrlichkeit JHWHs erscheint (V. 19). Dort kündigt JHWH sofort *Mose und Aaron* die Vernichtung der Gemeinde an (Vv. 20 f.). Die beiden aber fallen nieder auf ihr Antlitz und halten Fürbitte mit dem Hinweis darauf, daß wegen der Sünde *eines* Mannes doch nicht der ganzen Gemeinde gezürnt werden müsse (V. 22).[936] JHWH scheint sich zu besinnen und beauftragt *Mose* der Gemeinde mitzuteilen, sie solle sich von der *Wohnung Korachs, Datans und Abirams* fernhalten, wozu sich Mose und die Ältesten nun zu *Datan und Abiram* hinbegeben (Vv. 23–25). Dort gibt Mose JHWHs Rede in eigenen Worten an *die Gemeinde* weiter: Sie solle sich von den *Zelten* dieser frevelhaften Menschen und ihrem Besitz fernhalten (V. 26). Die Gemeinde folgt und entfernt sich von der *Wohnung Korachs, Datans und Abirams.* Die beiden letzteren stellen sich samt Familien vor ihren *Zelten* auf (V. 27). Die Szene für den „Showdown" ist bereitet, so daß Mose ein besonders ausgefallenes Strafwunder ankündigen kann: JHWH wird eine schöpfungsgleiche Tat[937] vollbringen, und die Frevler werden lebend in den *sche'ol* hinabfahren[938] (Vv. 28–30). Kaum gesagt, erfüllt sich die Prophezeiung. Der Erdboden spaltet sich, das Land öffnet sein „Maul", verschlingt die lebend in den *sche'ol* hinabfahrenden Übeltäter samt Anhang[939] und Besitz und bedeckt sie schließlich wieder (Vv. 31–33);[940] die

---

**935** Zur midraschischen Verbindung der Wurzel שרר zur Mosegeschichte von Ex 2,14 (מי שמך ‏לאיש שר ושפט עלינו) vgl. die Hinweise bei Magonet 1982, 7 f.

**936** Zur auffälligen Anrede JHWHs als „El, Gott der Geister allen Fleisches" vgl. Num 27,16.

**937** Zur Kritik an der verbreiteten Übersetzung von ברא als theologischem *terminus technicus* für „Schöpfung" vgl. H. Hanson 1972. Aber die scharfe Unterscheidung von Grund- und „theologischer" Bedeutung ist eine Frage der Übersetzung, weniger der hebräischen Sprache. Dort liegt viel eher ein Spiel mit Bedeutungsnuancen vor. Zudem sollten in solchen Fragen, anders als bei Hanson, auch die antiken Versionen Beachtung finden. Zur Kritik an Hanson vgl. auch L. Schmidt 1993, 125 f.

**938** Zu dieser Vorstellung vgl. Ps 55,16.

**939** Wie L. Schmidt 1993, 127 klarstellt, ist בתיהם in V. 32 auf die Familien Datans und Abirams zu beziehen, nicht auf ihre Wohnungen.

**940** Ähnlich hatten sich Ex 14,21 die Wasser gespalten (ויבקעו המים) und später die Ägypter bedeckt (ויכסו, V. 28). Aufgrund dieses großen Wunders „glaubten die Israeliten an JHWH und seinen Knecht Mose" (V. 31).

umstehenden Israeliten weichen verschreckt beiseite (V. 34). Über Moses Ankündigung hinaus erscheint aber auch noch ein von JHWH ausgehendes Feuer und verzehrt die im Gang der Erzählung beinahe vergessenen 250 Mann (V. 35).[941] Nun, da die Bösewichte tot sind, scheint die Geschichte zu ihrem wohlverdienten „Happy End" gelangt zu sein, aber der Eindruck täuscht. In einer Gottesrede erfährt Mose, daß die 250 Räucherpfannen nun „heilig" geworden sind und entsprechend auch in der Sphäre des Heiligen verbleiben müssen. Sie sollen, von Eleasar zu Blechen verarbeitet,[942] als Altarüberzug dienen und als solcher den Israeliten ein Zeichen dafür sein, daß kein Unbefugter, präziser: keiner außer den Aaroniden, sich zum Räuchern dem Altar nähern dürfe (17,1–5).

Die Israeliten aber scheinen trotz aller Wunder des Murrens noch nicht überdrüssig geworden zu sein. Mit dem Vorwurf, Mose und Aaron hätten das Volk JHWHs getötet, lösen sie am folgenden Tag die nächste göttliche Strafaktion aus, der Aaron zwar wehren kann, aber nicht ohne daß zuvor noch 14.700 weitere Kinder Israels in der Wüste ihre letzte Ruhestätte finden (Vv. 6–15). Interessant sind in dieser Episode die nahezu wörtlichen Übereinstimmungen mit Num 16,19–22: 17,7 ‖ 16,19; 17,8 ‖ 16,18b; 17,9 ‖ 16,20; 17,10 ‖ 16,21. Die Unterschiede fallen darum umso mehr auf: In Num 16 ergeht die Aufforderung an Mose und Aaron zum Fernhalten von den Aufrührern mit בדל *nif'al* (V. 21), in Num 17 mit רום *hif'il* (V. 10). In der ersten Erzählung stehen die Aufrührer und auch Aaron mit den Schaufeln in der Hand bereit (16,18 f.), in der zweiten nimmt sich Aaron erst auf Moses Anweisung hin eine Schaufel und belegt sie mit Räucherwerk, um Sühne zu schaffen und damit dem göttlichen Zorn (קצף) Einhalt zu gebieten und die Plage (נגף)[943] zu stoppen (17,11 f.). Aaron ist damit erfolgreich und erweist sich so auch als „der Heilige" im Sinne der angekündigten Kultprobe, obwohl diese letztlich auch in Num 17 nicht zur Ausführung kommt. Num 17,6–15 können auf diese Weise, auch wenn einzelne Formulierungen und Motive nicht ausdrücklich aufgenommen werden, dennoch als narrative Entsprechung zu Num 16,3–7 gelten. Zu-

---

941 Welche Folgen bei unbefugtem Darbringen von Räucherwerk selbst Priestern drohen, hätte seit Lev 10,1 f. einem jeden Israeliten an sich klar sein sollten. Aber dort ging es um das fremde Feuer, hier steht die darbringende Person in Frage. Für mögliche andere Folgen solchen Tuns vgl. II Chr 26,16–21.

942 Vgl. Eleasars Aufgaben nach Num 4,16, aber v. a. Ex 38,22LXX, wonach Bezalel diese Arbeit übernommen hatte.

943 Auf die Ironie der Wortwahl verweist Levine 1993, 421: נגף ist nach Ex 12,13 speziell die Plage des Schlagens der Erstgeburt, und gerade die Leviten, die sich JHWH anstelle der Erstgeburt genommen hat, sollen entsprechend Num 8,19 die Gemeinde vor einem נגף schützen (s. o. S. 174 und vgl. Ex 32,35!). Hier aber lösen – jedenfalls dem Endtext nach – Leviten oder zumindest ein Levit selbst eine solche Plage aus!

mindest gelangt Moses Ankündigung, daß JHWH zeigen werde, wer sich ihm nahen dürfe, erst jetzt zu ihrer Erfüllung.[944]

Es folgt die Episode der zwölf Stäbe, auf denen die Namen der zwölf Stämme stehen sollen, auf dem Stab Levis allerdings der Name Aarons. Daß allein dieser Stab am nächsten Morgen wundersamerweise blüht,[945] soll das Murren endgültig verstummen lassen und die Israeliten vor weiteren Ausbrüchen göttlichen Zornes bewahren (Vv. 16 – 26). Die Frage nach dem Erwählten (V. 20) greift auf ihre Weise noch einmal Num 16,5 auf, und das Ergebnis ist damit eine weitere Entsprechung zu Num 16,3 – 7.[946] Die nachfolgende Reaktion der Israeliten ist zwar kein Murren mehr, aber verstanden haben sie den Sinn der neuen Regelung offenbar nicht, denn überhaupt erst jetzt scheint die Problematik einer drohenden Vernichtung sie zu erreichen, was sich in ihrer angstvollen Frage, ob sie denn gänzlich untergehen sollen, ausdrückt (Vv. 27 f.).

Wie zur Klärung dieser Frage wendet sich schließlich JHWH direkt an Aaron und macht ihn und seine Sippe haftbar für künftige Verfehlungen der Gemeinde sowie der Leviten (18,1). Dazu werden die Kompetenzen von Aaroniden und Leviten säuberlich unterschieden, wobei sich bezüglich der Leviten gewisse Doppelungen ergeben (vgl. Vv. 2aβ–3 mit V. 4). Am Schluß steht die bekannte Drohung, daß der „Fremde", der sich nähert, sterben solle (V. 7). Mit V. 8 beginnt eine weitere Gottesrede, die zwar deutlich an das vorangegangene anknüpft, sich jedoch den Fragen der priesterlichen Abgaben widmet. Das Thema Rebellion ist damit vorläufig abgehakt und beschäftigt Mose und Aaron erst wieder in Num 20.[947]

Wir halten fest: Es gibt verschiedene Gruppen von Rebellen, einerseits Korach, andererseits Datan und Abiram, gelegentlich 250 Mann, die in Num 16,2 noch allerlei andere Bezeichnungen tragen, manchmal alle zusammen. Sie rebellieren gegen Mose oder Mose und Aaron mit mindestens drei unterschiedlichen Begründungen (V. 3: Überhebung Moses und Aarons über die insgesamt heilige Gemeinde; Vv. 8 ff.: Anspruch der Leviten auf das Priestertum; V. 12 ff.: schlechte Führung durch Mose). Auf Moses Seite agieren zudem noch die Ältesten (V. 25). Eine Kultprobe wird für den nächsten Tag angekündigt, aber noch am ersten vorbereitet, die bereitstehenden Teilnehmer außer Aaron auch am selbigen schon

---

**944** Vgl. auch Berner 2011, 28; anders Noth 1966, 108: „Um notwendige oder auch nur naheliegende Fortsetzungen einer der Versionen von Kap. 16 handelt es sich [*scil.* bei Kapitel 17] jedoch in keinem Falle."
**945** Zur Verbreitung des Motivs vgl. die Hinweise bei Levine 1993, 431.
**946** So auch Blum 1990, 269. Aber dieser Abschluß wird sich als ein zweiter, erst durch die Redaktion zustande gekommener erweisen.
**947** Vgl. auch die konzise Darstellung mit gelegentlich anderer Schwerpunktsetzung bei Wellhausen ³1899, 102 – 106.

vernichtet. Bestrafungen erfolgen verschiedenartig (V. 31: der Erdboden spaltet sich; V. 32: die Erde tut ihren Mund auf und verschlingt; V. 35: ein göttliches Feuer verzehrt). Das Strafwunder salviert nur Mose (V. 28), erst in Kapitel 17 agiert auch Aaron (Vv. 12 ff.), nachdem die Gemeinde am nächsten Tag (V. 6) erneut rebelliert. An diesem wird schließlich auch das Thema „Erwählung" wieder aufgegriffen (V. 20), nicht jedoch das Thema „Heiligkeit" in bezug auf Personen. Schließlich finden in Kapitel 16 die Ereignisse an wechselnden Orten statt, wobei die erzählten Ortswechsel dazu teilweise in Widerspruch stehen (V. 19: Zelt der Begegnung; V. 25 [bzw. Vv. 24.27] an den Zelten [Korachs,] Datans und Abirams; V. 35 wieder am Zelt der Begegnung?).

## b) Literarkritische Analyse

Anhaltspunkte für literarkritische Scheidungen gibt es also zur Genüge, auch wenn sich im Detail Schwierigkeiten zeigen mögen. Im Grunde sind jedoch die Zuschnitte der einzelnen Schichten seit Abraham Kuenen und Julius Wellhausen akzeptiert, ebenso wie die Erkenntnis, es mit drei Geschichten bzw. drei Varianten einer Geschichte zu tun zu haben.[948] Zu klären sind also letztlich nur die Details der Abgrenzung und die Zuordnung der einzelnen Schichten zueinander.

Man setzt am besten ein mit der Unterscheidung der Hauptakteure. Von Beginn an treten *nominell* alle drei Rebellen, Korach, Datan und Abiram auf, ebenso die 250 Mann, Fürsten der Gemeinde etc., *de facto* freilich nur Korach „und seine ganze Gemeinde". In den Vv. 12–15 hat man es wieder, und diesmal allein, mit Datan und Abiram zu tun. Deren erneute Einführung mit Patronym ist bereits ein erstes Argument gegen die Annahme, diese Verse gehörten einer jüngeren Redaktionsstufe an als die Vv. 1–11.[949] Die Vv. 16–22 hingegen behandeln erneut Korach. In den Vv. 24.27 taucht dann zwar die Reihung der drei in der Formulierung „*Wohnung* Korachs, Datans und Abirams" wieder auf, aber Mose und die Ältesten bewegen sich mit V. 25 nur in Richtung der *Zelte* Datans und Abirams. Das läßt sich zwar im Sinne des Endtextes zunächst durchaus erklären, da Korach (mitsamt der ganzen *Gemeinde*) ja während der ganzen Szene weiter an der Stiftshütte wartet. Aber Mose fordert, angekommen bei Datan und Abiram, die *Gemeinde* auf, von den Zelten „dieser frevelhaften Leute" zu weichen, was eigentlich nur auf die Anwesenden, also Datan und Abiram, bezogen sein kann. Die

---

**948** Für einen etwas knappen Durchgang durch die Forschungspositionen vgl. Mirguet 2008, 311–315.
**949** Gegen H.-Chr. Schmitt 1995, 269–271.

Gemeinde allerdings hält sich nach V. 27 entsprechend V. 24 von der *Wohnung* Korachs, Datans und Abirams fern,[950] was m. E. deutlich zeigt, daß Korach erst nachträglich mit Datan und Abiram verbunden wurde. Seine Erwähnung in den Vv. 24.27 dürfte also nachgetragen und der Abschnitt Vv. 23 ff. ursprünglich nur mit Datan und Abiram in Verbindung zu bringen sein.[951]

Wen die folgende Rede Moses anspricht und wen daher das Strafwunder trifft, ist wiederum nicht ganz eindeutig. Namentlich genannt wird allein Korach (V. 32b), aber gerade dieser Satz hat als einziger Teil des Ausführungsberichtes kein Gegenstück in der Ankündigung und wird daher meist als Nachtrag beurteilt.[952] Nimmt man zu dieser Beobachtung noch hinzu, daß Korachs Anwürfe jeweils Mose und Aaron betrafen, Datans und Abirams Rebellionsgrund jedoch Mose allein, und bemerkt man schließlich, daß das fragliche Wunder auch nur Mose rechtfertigt, so erscheint die Annahme am plausibelsten, in den Vv. 28 – 34\* ursprünglich nur die Erzählung von der Bestrafung Datans und Abirams samt Anhang zu sehen und V. 32b als einen Nachtrag darin.[953] Die Geschichte der Eliab-Söhne ist damit in V. 34 zu ihrem Ende gekommen. Nicht mehr ihr zugehörig ist V. 35, denn dieser berichtet von einer anderen Art der Bestrafung, die an anderen Personen vollzogen wird. Das gleiche gilt für die darauf aufbauenden Episoden in Kapitel 17.

Als Grundbestand einer solchen Datan-Abiram-Geschichte verbleiben also *vorläufig* Num 16,12 – 15 und 23 – 34\*.[954] Sie beginnen in V. 12 mit der Vorstellung der Akteure, was Grundvoraussetzung für

---

**950** L. Schmidt 1993, 121 ff. möchte auch die Differenz zwischen עלה *nifʿal* (Vv. 24.27) und סור (V. 26) literarkritisch auswerten, aber da es sich hierbei nicht um einen theologisch geprägten Begriff handelt, wird man dem Autor auch ein wenig stilistische Abwechslungsmöglichkeiten zuschreiben dürfen.

**951** Anders Nöldeke 1869, 80, der Vv. 16 – 24 „Grundschrift" rechnete, worin ihm die meisten gefolgt sind. Das richtige Gegenargument hatte allerdings schon Wellhausen ³1899, 103: „Es geht nicht an, v. 23 und den Anfang von v. 24 durch einen recht kühnen Schnitt für Q zu retten, da העדה wegen v. 26 nichts beweist, im Übrigen v. 24 sich mit v. 27 deckt und v. 23 dadurch, dass die Anrede an Mose allein ergeht, sich hinreichend von v. 20 unterscheidet." In den späteren Nachträgen schloß sich Wellhausen, ohne sein eigenes Argument zu entkräften, der klassisch gewordenen Position Kuenens an.

**952** Vgl. etwa Noth 1966, 114. Etwas anders Milgrom 1981, 137, der in V. 32b nach einem Vergleich mit Dtn 11,6 להם anstelle von לקרם für die ursprüngliche Lesart hält. Aber ein solcher Eingriff in den Textbestand ist methodisch problematisch.

**953** Wellhausen ³1899, 103 f. hatte innerhalb der Vv. 31 – 33 noch differenzieren wollen, in den Nachträgen jedoch darauf verzichtet (Wellhausen ³1899, 342).

**954** Klassischerweise (s. o. Anm. 951) wird erst ab V. 25 wieder mit der Datan-Abiram-Geschichte gerechnet, vgl. z. B. Nöldeke 1869, 81; Kuenen 1887, 92; Wellhausen ³1899, 341; Levine 1993, 427; Achenbach 2003, 49, wobei nicht selten die Annahme hinzutritt, daß Teile von V. 24 noch hinzuzuzählen seien, vgl. z. B. die Anmerkung von Noth 1966, 113, die Aussage V. 24 stamme

einen eigenständigen Erzähleinsatz ist. Es fehlt, wie erwähnt, eine genauere Lokalisierung, die demnach vom Kontext her vorgegeben sein müßte. Es fehlt ebenso eine deutlichere Situations-beschreibung, um zu klären, was mit der Aussage „wir werden nicht hinaufziehen" (לא נעלה) gemeint ist. Auch hier ist auf den Kontext zu verweisen. Durch den jetzigen redaktionellen Zu-sammenhang ist dieser nicht mehr in seiner ursprünglichen Form gegeben und muß dann erhoben werden, wenn auch die übrigen redaktionsgeschichtlichen Fragen geklärt worden sind. Klar ist nur, daß der ehemalige Anfang der Datan-Abiram-Geschichte nicht in den (später überarbeiteten) Versen Num 16,1 f. gesucht werden kann: Eine solche Lösung würde zu einer Doppelung der Einführung der Personen führen.[955] Einen recht deutlichen Hinweis auf den Kontext geben al-lerdings schon die Vv. 13 f.: Der Streitpunkt ist der Exodus samt Wüstenwanderung bzw. die bis dato erfolglosen Versuche des Hinaufziehens (!) in das gelobte Land.[956] Der Vorwurf an Mose lautet, ungeachtet seines Scheiterns als Führer in dieser Aufgabe, jetzt auch noch die Herrschaft über die Israeliten anzustreben. Das äußert sich v. a. in der provozierenden Frage „Willst du nun auch die Augen jener Männer ausstechen?", womit auf den üblichen Umgang mit unbotmäßigen

---

„dem Inhalt, nicht dem Wortlaut nach" aus der Datan-Abiram-Erzählung. Ohne die Vv. 23 f. vermißt man aber eine Antwort JHWHs auf Moses Anrufung (V. 15), und Moses Handeln wäre auch nicht durch die JHWH-Rede gedeckt, zudem wird damit die Redaktionsgeschichte in den Vv. 24–27 überaus kleinteilig und unnötig kompliziert. Man entgeht all diesen Schwierigkeiten, rechnet man, wie oben vorgeschlagen, die Vv. 23 f. (ohne „Korach" bzw. „Wohnung Korachs") zur Datan-Abiram-Geschichte.

**955** Das Problem wird bei der üblichen Lösung, die mit einem Beginn der Geschichte in den Vv. 1 f. rechnet, übersehen oder verschleiert, vgl. u. a. Wellhausen ³1899, 105; Noth 1966, 108; Schart 1990, 220 f.; Levine 1993, 405 f. L. Schmidt moniert, nicht ganz zu Unrecht, daß aus V. 12 nicht hervorgehe, warum Mose ausgerechnet Datan und Abiram rufen ließ, weswegen die Er-zählung nicht mit V. 12 eingesetzt haben könne (L. Schmidt 1993, 117 ff.). Allerdings ergibt sich ein Grundbestand mit Datan und Abiram in den Vv. 1 f. eben nur, wenn man ihn bereits vor-aussetzt, eine unvoreingenommene literarkritische Analyse führt nicht dahin, vgl. schon Ru-dolph 1938, 83 f.: „J beginnt somit erst in 16 12. Ob davor etwas weggefallen ist, läßt sich nicht sicher sagen." Ähnlich auch Fritz 1970, 25.86 und Schart 1990, 220 f. Noch radikaler in der Reduktion ist Hentschel, der an den Beginn der Überlieferungsgeschichte „die Nachricht, daß sich der Boden unter den Füßen von Datan und Abiram spaltete und sie mit ihren Familien lebend in die Unterwelt gestürzt sind (VV 31b.33*.34a)", setzt (Hentschel 1997, 25).

**956** Ähnlich Fritz 1970, 87 f. (allerdings für eine vorjahwistische Fassung mit anderer Rolle Moses); L. Schmidt 1993, 132 f.; Achenbach 2003, 44 f.; anders z. B. Ahuis 1983, 37 ff. und Scharbert 1992, 67 (hinauf zum Jerusalemer Tempel, was indirekt auf eine Idee Ibn Esras zu-rückgeht, vgl. Blum 1990, 263 Anm. 128); Lux 1995, 197 (Vorladung zum Rechtsstreit) oder Rudolph 1938, 84 (Erscheinen des Niedrigeren vor dem Höherstehenden), ähnlich Berner 2011, 16 f. Attraktiv erscheint der Vorschlag von Levine 1993, 424 f., der angesichts der ostjordanischen Lokalisierung des Stammes Ruben die Weigerung auf künftige westjordanische Kriegszüge be-zieht. Aber weder befindet sich Ruben in Num 16 schon im Ostjordanland, noch ist die rube-nitische Herkunft der beiden Aufrührer in der Grundschicht der Erzählung eindeutig. Man kann immerhin erwägen, ob die Datan-Abiram-Episode nicht eine subtile Ätiologie für die ostjorda-nische Ansiedlung Rubens bietet. Die Verbindung zur Frage einer ostjordanischen Ansiedlung Rubens diskutiert auch H. Schmid 1968, 95 f.

Untertanen angespielt wird.[957] Mose geht in seiner Rechtfertigung auf die Frage der Führung ins Land nicht ein, sondern verteidigt sich lediglich gegen den Vorwurf der Herrschaftsanmaßung.[958] Allein Moses Aufforderung an JHWH אל־תפן אל־מנחתם (V. 15) fällt aus dem Rahmen. Sie hat keinen Anhalt in der vorherigen Anklage Datans und Abirams, auf die Mose erst mit לא חמור אחד מהם נשאתי[959] usw. antwortet. Da eine Reaktion Moses auf V. 14 und vor der JHWH-Rede V. 23 nicht nur zu erwarten, sondern notwendig ist, ist die literarkritische Ausscheidung des ganzen Verses keine probate Lösung.[960] Wahrscheinlicher ist daher die Annahme, nur in der betreffenden Aufforderung einen späteren Nachtrag zu sehen,[961] der sachlich auf die in den Vv. 5–7 eingeführte Idee einer Kultprobe reagiert, auch wenn dort nicht wörtlich von מנחה die Rede ist.[962] Auf diese Selbstrechtfertigung Moses folgt jedenfalls in den Vv. 23 f. eine Gottesrede, später eine Moserede und schließlich das erwähnte Strafwunder, welches Moses Stellung bestätigen wird. Das ergibt – abgesehen vom noch fehlenden Kontext – eine in sich geschlossene Erzählung. Sie kommt mit Ausnahme der nachgetragenen Vv. 15aγ.32b ohne den Rest des Kapitels aus, ist also sicher nicht von diesem abhängig.[963] Und wie gesehen, ist auch die doppelte Einführung der beiden Rebellen mit Patronym in V. 1 und V. 12 ein weiteres Argument zugunsten der Annahme des relativ höheren

---

**957** Vgl. dazu Levine 1993, 414 mit Verweis auf Jdc 16,21 (נקר) und II Reg 25,7 (עור), daneben auch McCarthy 1981, 179 ff.: „Jene Männer" bezieht sich auf Datan und Abiram selbst, der unpersönliche Sprachgebrauch resultiert aus der Vermeidung von Aussagen, die von möglichen Schädigungen des Sprechers handeln.
**958** Vgl. I Sam 12,3! Bei solchen Unschuldsbeteuerungen mag es sich allerdings um traditionelle Formeln handeln, vgl. Levine 1993, 425 f. mit Verweis auf EA 280. Darüber hinaus wäre aus dem hethitischen Bereich etwa auf den sogenannten Bericht des Puḫānu (CTH 16) zu verweisen, worin der Wettergott von Aleppo beteuert (§2): „Niemandem habe ich etwas genommen! Ein Rind habe ich niemandem genommen! Ein Schaf habe ich niemandem genommen!" Vgl. dazu Haas 2006, 48.
**959** Zum Verständnis der Verbform vgl. von Mutius 1997.
**960** Anders etwa Fritz 1970, 24 und L. Schmidt 1993, 119 ff., wobei jeweils mit einem Anschluß von V. 25 an V. 14 gerechnet wird. Aber zum einen fehlen klare Argumente, warum der ganze V. 15 nachgetragen sein sollte, zum anderen überzeugen auch die Argumente nicht, wonach die Vv. 23 f. der Datan-Abiram-Erzählung abgesprochen werden sollten, s. o. Anm. 954. Zudem erscheint mir der Übergang von V. 14 nach V. 25 einigermaßen holprig.
**961** Levine 1993, 426 f. erklärt den Satz mit Verweis auf Parallelen als allgemeine Fluchdrohung, aber die angeführten Belege setzen jeweils einen kultischen Kontext voraus und können die Aussage im Rahmen der Datan-Abiram-Episode daher nicht hinreichend erklären; ähnlich wie Levine auch Rudolph 1938, 83; Noth 1966, 111 und Aurelius 1988, 190. Dagegen rechnen Schart 1990, 222; Achenbach 2003, 47 ff. u. a. mit einem Wegfall der ursprünglichen Bezugsgröße zu מנחה.
**962** Terminologisch ergibt sich hier eine interessante Parallele zu Gen 4,3 ff. die später in V. 11 mit der Formulierung מן־האדמה אשר פצתה את־פיה weiter gestärkt wird, vgl. v. a. Berner 2011, der diesem Verweiszusammenhang ein stärkeres Eigengewicht der Ergänzung entnimmt und darum auch das Verhältnis zu Num 16,5–7 anders bestimmt. Die intertextuellen Verbindungen zwischen Gen 4 und Num 16 werden auch in der jüdisch-hellenistischen und rabbinischen Literatur schon gesehen, in LAB 16 geradezu ausgebaut, vgl. dazu die Hinweise bei Jacobson 1983, 458; Murphy 1990, 115; ausführlich Fisk 2004.
**963** Anders H.-Chr. Schmitt 1995, 269 ff.

Alters der Datan-Abiram-Geschichte, die klassischerweise entsprechend als die älteste Fassung angesehen und dem Jehowisten oder Jahwisten zugerechnet wird.[964] Der Anschluß nach vorn fände sich entsprechend diesem Modell in Num 14,[965] der Anschluß nach hinten in Num 20,1 ff. Letztere Beobachtungen haben im wesentlichen Bestand, weil sie unabhängig vom jeweils zugrundegelegten Modell sind oder zumindest sein sollten. Zweifel an der Zuordnung der Datan-Abiram-Geschichte zu J/JE sind jedoch u. a. aufgrund des Gebrauchs des ganz priesterlich wirkenden Wortes עדה zur Bezeichnung Israels angebracht.[966] Der Sprachgebrauch ist freilich meist ein etwas vages Kriterium, um allein über derlei Fragen zu entscheiden.[967] Sieht man aber bereits die Grundschicht von Num 16 als Ergänzung innerhalb des ursprünglichen

---

**964** Vgl. die Übersicht bei Holzinger 1893, Tabelle 1; Baentsch 1903, 539 ff.; Holzinger 1903, 66 ff.; Noth 1966, 108; Sturdy 1976, 115; L. Schmidt 2004, 63 f. et al. Im Grunde ähnlich Blum 1990, 130 – 132, der die Geschichte seiner D-Komposition zurechnet.
**965** Üblicherweise V. 45, vgl. etwa L. Schmidt 1993, 132. Zweifel daran sind allerdings angebracht, vgl. Lux 1995, 190. Eher muß man daher den Anschluß von Num 16 auf einer älteren Redaktionsstufe der Kundschaftergeschichte Num 13 f. suchen. Die dafür notwendige Analyse kann hier nicht geleistet werden. Schart 1990, 220 Anm. 100 zieht etwa Num 14,1b als Übergang zu „Num 16/JE" in Erwägung; nach Rudnig-Zelt 2011, 224 ff. endet der Grundbestand in Num 14 mit V. 37. Berner 2011, 20 schließt Num 16,12 an 14,39a an. Berner verweist zugleich allerdings auf die Schwierigkeit, daß bereits der Grundbestand der Kundschaftergeschichte Num 13 f. die Landnahme nur noch der Generation der Kinder zugesteht, woraus folgt, daß „sich Datan und Abiram mit ihrer Weigerung [*scil.* Hinaufzuziehen] paradoxerweise gerade als gehorsam erweisen würden." (Berner 2011, 17). Diese Schwierigkeit löst sich vielleicht, wenn man beachtet, daß der Zug ins Land – in der Tat paradoxerweise – ja trotz allem weitergehen muß und natürlich auch Mose, obwohl er das Land nicht betreten dürfen wird, weiterhin die Führung beim „Hinaufziehen" behält. Akzeptiert man diesen Vorschlag, bliebe die scheiternde Landnahme weiterhin ein möglicher Rebellionsgrund: Warum sollten Datan und Abiram weiter „hinaufziehen", wenn dieser Zug für sie doch kein erreichbares Ziel mehr enthält?
**966** Die klassische Position vermeidet dieses Problem, indem sie mit starkem Eingreifen des Redaktors in den Vv. 24 – 27 rechnet, vgl. Nöldeke 1869, 80 f.; Baentsch 1903, 541 – 543.548; Holzinger 1903, 66; auch L. Schmidt 1993, 121 f., aber hier wird deutlich, wie aus dem Systemzwang der Urkundenhypothese heraus ein älterer, vorpriesterschriftlicher Grundbestand für die Erzählung gerettet werden muß. Weitere sprachliche Hinweise für eine jüngere Abfassungszeit der Datan-Abiram-Geschichte bei H.-Chr. Schmitt 1995, 269 f., der sie für nachpriesterschriftlich hält. Allerdings gilt sie ihm – was sich nicht bestätigen wird – auch als die letzte Überarbeitung in Num 16; worin ihm etwa Schorn 2000, 260 f. folgt. Weitaus gründlicher und darum auch aussagekräftiger ist die sprachliche Analyse bei Lux 1995, 192 – 195. Zwar formuliert Lux noch sehr zurückhaltend, daß die Beobachtungen „auf eine späte, kaum vordeuteronomische Entstehungszeit hinweisen" würden. Überträgt man die Beobachtungen jedoch in das inzwischen veränderte Koordinatensystem der Pentateuchanalyse, dann deutet der Befund eher auf eine nachpriesterschriftliche Entstehung. Ganz anders Milgrom 1978/79, v. a. 66 – 76, für den עדה ein Terminus aus vorstaatlicher Zeit ist und der damit das hohe Alter von P meint erweisen zu können.
**967** Allerdings macht man es sich auch zu einfach, wenn man das Wort „aus dem Sprachgebrauch von P" heraus erklärt, der „einen ursprünglich anderen Ausdruck, vermutlich ,das Volk', verdrängt hat" (Noth 1966, 113; ähnlich Scharbert 1992, 69).

Erzählzusammenhangs von Num 14 zu Num 20[968] bzw. rechnet man bereits in Num 13 f. nicht mehr mit vorpriesterschriftlichem Text,[969] hat sich die Zuordnung zu J bzw. JE auch von daher erledigt. Mir scheint noch ein anderes Argument wichtig: Die Ankündigung Moses Vv. 28 ff. auf die folgende, ausgefallene Bestrafung in Erwartung ihrer sofortigen Erledigung, die sich ja auch sofort einstellt, reflektiert das Prophetengesetz des Deuteronomiums (Dtn 18,9–22)[970] und wird kaum älter als jenes sein. Da es sich bei diesem bereits um eine spätere Ergänzung innerhalb des Deuteronomiums handelt,[971] entfällt auch von daher die Datan-Abiram-Geschichte für einen älteren Jahwisten und gehört bereits zu den jüngeren, frühestens dtr Ergänzungen in Numeri.[972] Dem rekonstruierten Kontext nach ist die Weigerung Datans und Abirams dann tatsächlich als Verweigerung der Landnahme zu sehen, die in der Bezeichnung Ägyptens als eines Landes, in dem Milch und Honig fließen, geradezu in ihr Gegenteil verkehrt wird.[973] Die Nichterfüllung der Landverheißung lasten die beiden Aufrührer Mose an, der aber mit der Bestrafung der Rebellen als Prototyp eines Propheten in seiner Rolle bestätigt wird, womit künftig jeder Zweifel an der Verheißung als schlimme Verirrung gebrandmarkt ist.[974] Auch thematisch paßt eine solche Geschichte besser in den Kontext des nachexilischen Jehud als in vorexilische Zeit.[975]

Es bleibt die Frage, wie sich der verbleibende Textbestand – Num 16,1–11.16–22.35 sowie das gesamte Kapitel 17 – zu dieser Geschichte fügt. Der Einstieg Num 16,1 ist

---

**968** So Kratz 2000a, 110 in Anlehnung an Noth 1948, 138 Anm. 354: „Die Notiz Num. 20,1aβ J hatte sich ursprünglich einmal gewiß an Num. 14,45 J angeschlossen." Die Annahme ist zumindest nicht zwingend nötig. Die kurze Episode *kann* m. E. durchaus als ursprüngliche Fortsetzung der Reaktion des Volkes in Num 14 gelesen werden. Den logischen Zusammenhang von Num 13 f. mit der Rebellion des Volkes in Num 16, natürlich ohne literarkritische Überlegungen, erklärt schon Nachmanides in seinem Kommentar zu Stelle, vgl. auch die Hinweise bei Milgrom 1981, 145 Anm. 14 und Magonet 1982, 6.
**969** Vgl. Levin 1993, 375 f.; Kratz 2000a, 109 f.301; Berner 2011, 15 f. und Rudnig-Zelt 2011, 224 ff.
**970** Vgl. Lux 1995, 204 f., ähnlich Achenbach 2003, 51 f.
**971** Vgl. Hölscher 1922, 203 f.; Steuernagel ²1923, 9.121; Köckert 2000, 94 ff.; Kratz 2000a, 123. Anders wohl Perlitt 1971, 596–601.
**972** Vgl. dazu auch Aurelius 1988, 194 f. mit Verweis auf die dänische Arbeit von Johannes Pedersen; dazu auch oben Anm. 969 zur nachpriesterschriftlichen Ansetzung von Num 14. Der Bezug auf das Prophetengesetz entfiele als Argument allerdings dann, wenn man mit L. Schmidt 1993, 123 f. die Vv. 28–31a für spätere Zusätze hielte. Denkbar ist das, aber der angenommene Gegensatz zu V. 26 reicht als Argument dafür nicht aus, ich sehe ihn nicht. Auch die Beobachtungen zum Sprachgebrauch, die gegen eine vorpriesterliche Ansetzung der Grunderzählung sprechen, sind literarkritisch unbrauchbar, denn deren vorpriester(schrift)liche Ansetzung müßte ja erst erwiesen werden! Klarere Argumente erbringt Berner 2011, 12 ff.
**973** Vgl. Lux 1995, 192; sowie Schart 1990, 223 und Berner 2011, 22 f. zur Ironie in der Art der Bestrafung der Aufrührer.
**974** Zu dieser Thematik v. a. im Hinblick auf Num 13 f. vgl. auch Rudnig-Zelt 2011, 253 ff.
**975** Mit Werbung für die Rückkehr hat das nichts zu tun, wie Kratz 2000a, 109 f. anhand des ähnlich gelagerten Falles Num 13 f. deutlich macht. Insofern ist „nachexilisch" wohl zu „spätnachexilisch" zu präzisieren. Gegen eine allzu konkrete Identifizierung mit politischen Ereignissen wendet sich mit Recht auch L. Schmidt 1993, 134 f.; man wird vielmehr von einer theologischen Beispielerzählung ausgehen dürfen.

ein selbständiger Beginn, was freilich – da der Vers jetzt die gesamte Erzählung einleitet – wenig überraschend ist. Datan und Abiram haben hier allerdings ihren einzigen Auftritt, im Rest der Verse bleiben sie funktionslos. Es gibt, so weit ich sehe, drei Möglichkeiten, das zu erklären:

- Es könnte sich um einen redaktionellen Nachtrag innerhalb des Verses handeln, als die vorliegende Geschichte Num 16,1–11.16–22.35 etc. um eine Datan-Abiram-Schicht ergänzt wurde.[976] Wie gesehen, ist die Datan-Abiram-Erzählung aber eine in sich geschlossene Erzählung, welche die noch verbleibenden Verse, abgesehen vom vermutlich später zugesetzten V. 15ay, in keiner Weise berücksichtigt oder voraussetzt, also älter als der Rest sein muß. Der Vorschlag kann weiterhin nicht plausibel machen, warum V. 12 die beiden Männer noch einmal mit Patronym einführt. Daher scheidet eine solche Erklärung aus.

- Es könnte sich weiterhin um einen redaktionellen Nachtrag handeln, der aus der Verbindung zweier ehemals unabhängiger Geschichten resultiert. Dann müßte auch der jetzt verbleibende Textbestand, so wie es das klassische Modell annimmt, eine zweite, in sich geschlossene und abgesehen von möglichen weiteren Nachträgen unabhängige Geschichte ergeben (üblicherweise P).[977] Daran bestehen allerdings Zweifel. Auf den in V. 3 geäußerten Vorwurf der Aufrührer reagiert Mose in einer ersten Rede (Vv. 5–7), in einer zweiten solchen (Vv. 8–11) hingegen antwortet er auf einen nirgendwo geäußerten Vorwurf, der nur zusammen mit dem vorangehenden verständlich ist. Zu Recht gelten diese Verse daher gemeinhin als späterer und unselbständiger Nachtrag.[978] Ohne Pause spricht Mose aber in den Vv. 16 f. ein drittes Mal zu Korach und wiederholt die Aufforderung zum Ordal für den *nächsten Tag* aus der ersten Rede. Die Rebellen scheinen dieses ohne eigene Wortmeldung freilich *sofort* durchführen zu wollen und werden dazu von Korach an der Stiftshütte versammelt (Vv. 18 f.). Hierauf folgt eine JHWH-Rede (Vv. 20 f.) auf die wiederum die Fürbitte Moses und Aarons reagiert (V. 22), welche aber angesichts der Bestrafung V. 35 offenbar kein Gehör findet. Moses

---

**976** So H.-Chr. Schmitt 1995, 269, wobei in der Schwebe bleibt, ob zuvor eine eigenständige Datan-Abiram-Erzählung vorlag; ähnlich Schorn 2000, 261.

**977** Vgl. Noth 1966, 108; Sturdy 1976, 115 f.; L. Schmidt 1993, bes. 177–179 usw.; ähnlich auch Wellhausen ³1899, 105 f.; vgl. die folgende Anmerkung. Anders noch Noth 1948, 19 Anm. 59 und v. a. Aurelius 1988, 188 f.

**978** Vgl. etwa Noth 1966, 110; L. Schmidt 1993, 135 f. Anders zunächst Wellhausen ³1899, 104 f., der Vv. 8–11 zu Q zählt, Vv. 3–5 hingegen noch zu JE. Aber diese Sicht ist in den Nachträgen S. 340–342 im Anschluß an Kuenen zugunsten der dann klassischen Fassung geändert, daß die zweite Schicht zu P zu zählen sei, die dritte ein sekundärer Nachtrag hierzu.

Ankündigung einer Entscheidung JHWHs, wer „der Heilige" sei etc. bleibt unerfüllt. Daß sich daraus eine sinnvolle Geschichte ergäbe, sehe ich nicht. Das Problem verschärft sich, wenn man Kapitel 17 mit einbezieht und im Sinne der nachfolgenden Analyse neben Num 16,8 – 11 auch die Vv. 16 – 22.35 und 17,1 – 5 für spätere Ergänzungen hält. Der Anschluß an Num 16,7 wäre demnach erst in 17,6 ff. zu suchen.[979] Dann bliebe allerdings offen, worauf sich der Vorwurf des Volkes bezieht, Mose und Aaron würden das Volk JHWHs töten.

– Die angeführten Probleme finden eine viel einfachere Lösung, wenn mit dem Vorliegen und der Verarbeitung der älteren Datan-Abiram-Geschichte gerechnet werden kann. In anderen Worten: Die Analyse von Num 16 führt nicht zu verschiedenen Quellen, sondern zu einem Fortschreibungsmodell.[980] Mit dieser Annahme löst sich auch das alte Problem, warum zwei Geschichten, die weder eine gemeinsame Lokalisierung noch eine gemeinsame Thematik verbindet, einmal redaktionell zusammengeführt worden sein sollten.[981]

Wie bereits gesehen ist aber der verbleibende Textbestand noch einmal in sich literarhistorisch zu differenzieren. Dafür seien nun die Detailprobleme des Textes bedacht. Erste und gleich gravierende solcher Art ergeben sich in Num 16,1. Auch

---

**979** Den engen Bezug zwischen 17,6 ff. und 16,7 betont auch Wellhausen [3]1899, 341, rechnet aber auch 16,19 – 24 zur gleichen Schicht.

**980** Vgl. schon Lehming 1962, sowie Levin 1993, 377; Kratz 2000a, 110, sowie v. a. Berner 2011; 2012. Anders Gordon 1991; Levine 1993, 424 und L. Schmidt 1993, 113 ff., mit ganz eigenen Vorstellungen auch Seebass 2003, 165 ff. und Zwickel 1990, 291 – 299. Letzterer erhebt neben der klassisch JE zugeschriebenen Datan-Abiram-Geschichte und einer Korach-Fassung, die er für jünger als P[G] hält, noch eine unabhängige 250-Männer-Geschichte. Dafür muß er allerdings jeweils mit Textausfällen rechnen, was mißlich bleibt.

**981** Vgl. andeutungsweise schon Nöldeke 1869, 79.81; Kayser 1874, 85 ff. und Liver 1961, 203. Wellhausen löst das Problem, indem er Korach ursprünglich ein weltliches Stammeshaupt judäischer Herkunft sein läßt. Dieser hätte mit anderen gegen die Beschränkung priesterlicher Rechte auf die „Söhne Levis" protestiert (JE), was sich gut an die ältere Erzählung vom Aufstand Datans und Abirams (J) anlehne; erst in der jüngsten, der Q-Fassung, sei dann eine Auseinandersetzung innerhalb des Stammes Levi daraus geworden (Wellhausen [3]1899, 105 f.). Aber hier hat Wellhausens Argumentation einen Schwachpunkt: Daß Korach ursprünglich Judäer gewesen sei, ergibt sich für ihn implizit aus der Tatsache, daß der Vorwurf an Mose und Aaron in V. 3 von der Heiligkeit der ganzen Gemeinde ausgehe, Korach demnach auch Laie sein müsse. Aber das läuft sämtlichen Traditionen über Korach zuwider, vgl. auch Gunneweg 1965, 173 ff.; Noth 1966, 109; Blum 1990, 265; L. Schmidt 1993, 142. Nach L. Schmidt 1993, 161 f. hätte die zu P zugehörige 250-Mann-Erzählung die Datan-Abiram-Erzählung immerhin gekannt, und das beide verbindende Thema sei die fälschliche Unterstellung von Machtansprüchen gewesen. Daß die Erzählung sich nicht allein aus dem vermuteten P-Zusammenhang heraus erklärt, sondern nur mit Kenntnis der älteren Datan-Abiram-Geschichte (so L. Schmidt 1993, 162), spricht jedoch deutlich gegen ein Quellenmodell.

die Neufassung der Erzählung setzt mit der Vorstellung der Aktanten ein, woraus sich die – auf ebendiese Weise aber auch erklärbare – partielle Doppelung zu V. 12 ergibt. Als erste und neue Person wird jetzt Korach, Sohn des Jizhar, Enkel des Kehat und Urenkel Levis, eingeführt. Er ist ein Levit, sogar Kehatiter, also naher Verwandter Moses und Aarons, aber eben kein Sohn Amrams und im aaronidischen Sinne kein Priester. Hinzu kommen die bereits bekannten Rebellen Datan und Abiram, deren Genealogie Schwierigkeiten bietet, indem sie noch einen On ben Pelet einführt. Dieser ist ansonsten unbekannt, für die Geschichte auch irrelevant und wohl ebenso wie Pelet nur Produkt eines Schreiberirrtums, sodaß eine Verbesserung des Textes im Sinne einer „Normalgenealogie" analog zu Num 26,9 oder Dtn 11,6, etwa ודתן ואבירם בני אליאב [והוא בן־פלוא] בן ראובן, nahezu allgemein anerkannt ist.[982] In jedem Falle sind Datan und Abiram, anders als in V. 12, eindeutig als Rubeniter vorgestellt.[983] Problematisch ist die Bedeutung des Verbs, denn die durch die Vokalisierung nahegelegte Bedeutung „nehmen" von der Wurzel לקח scheint unmöglich zu sein, da ein Objekt fehlt. Die meiste Anerkennung hat ein häufig auf Martin Noth zurückgeführter Vorschlag gefunden, die Form von „einem Stamm *jḳḫ (sic!) = arab. waḳaḥa = ‚unverschämt sein'"[984] abzuleiten. Alternativ könnte man erwägen, in Datan und Abiram die Objekte zu לקח zu sehen, der Anschluß mit ...ו ...ו entspräche einem „sowohl... als auch...",[985] also

---

**982** Vgl. BHS zur Stelle. Die besondere Einführung Pallus mit והוא mag darauf hindeuten, daß es sich dabei um eine spätere Glosse handelt, mit der eine ursprünglichere Form der Genealogie wie Dtn 11,6 in Einklang mit Num 26,5.8 ff. gebracht wurde, vgl. Noth 1966, 104.109; Sturdy 1976, 116. Zur Möglichkeit „gewollter" Verlesung, d. h. Verballhornung, vgl. Achenbach 2003, 41.
**983** Auf die unklare Stammeszugehörigkeit Datans und Abirams in der Grundschicht verweisen auch u. a. Lehming 1962, 307 und Fritz 1970, 87. Eine interessante Beobachtung zur rubenitischen Herkunft bietet NumR 18,5: Gemäß der Lagerordnung von Num 1–10 ist der Platz des Stammes Ruben ebenso wie jener der Kehatiter südlich des Zeltes. Es gibt also eine räumliche Nähe der Aufrührer Korach, Datan und Abiram (der Hinweis bei Magonet 1982, 6 f., dort auch zu weiteren midraschischen „Identifizierungen" Datans und Abiram in der Exoduserzählung). Andere Vorstellungen über den Sinn der rubenitischen Herkunft bietet Schorn 2000.
**984** Noth 1966, 104 Anm. 2. Die Idee geht allerdings nicht auf Noth zurück, sondern stammt bereits von Eitan 1924, 19–21 (allerdings وَقَح, also i-Perfekt!). Demnach könnte auch in Hi 15,12 diese Wurzel zugrunde liegen. Die Idee wurde vor Noth u. a. von G.R. Driver 1948, 235 f. übernommen, der zudem Prov 6,25 in die Diskussion einbezog.
**985** Zu dieser Bedeutung von ... ו ... ו vgl. auch Num 9,14; Jer 13,14; Ps 76,7 u.ö. Erwogen wird gelegentlich auch die Streichung des ersten ו, was in der Sache aber zum gleichen Ergebnis führt, vgl. auch Levine 1993, 410. Methodisch problematisch ist es, das Objekt in V. 2 zu suchen, welches erst durch die Redaktion bzw. Zusammenfügung zweier Geschichten vom Verb getrennt worden wäre, so L. Schmidt 1993, 142 f., zumal dann noch mit weiteren Umformulierungen gerechnet werden muß. So weitreichende Unkenntnis der hebräischen Sprache sollte man keinem Redaktor andichten! Die Idee findet sich freilich schon bei Nöldeke 1869, 79 („Für die Grundschrift läßt sich nun zuerst ausscheiden 16, 1a und 2 von אנשים an, aber ohne ו. So erhalten

„Und Korach [...] nahm sich sowohl Datan als auch Abiram etc." Problematisch an diesem Vorschlag ist das Fehlen der *nota accusativi* את, ihr Vorteil besteht darin, keine ansonsten im Hebräischen unbelegte Verbwurzel postulieren zu müssen.[986] Wie auch immer diese Frage zu klären sein wird,[987] V. 1 nimmt die aus der Vorlage bekannten Akteure auf, stellt ihnen aber den Leviten Korach als Rebellen voran. Noch einmal neu setzt dann V. 2 mit ויקמו an, wobei diesmal der Inhalt klar ist: Es handelt sich um einen Aufstand gegen Mose. Die Aufständischen werden als „Männer von den Söhnen Israels, 250 Mann" bezeichnet und mit weiteren Epitheta wie „Fürsten der Gemeinde" usw. versehen (V. 2b).[988] Drei Dinge fallen auf:

1. Der Anschluß an V. 1 ergibt sich nur durch das „und" vor „Männer".
2. Das Zahlwort 250 klappt syntaktisch auffällig nach.
3. Die Zahl von „250 Mann" verträgt sich nicht gut mit der Angabe „Fürsten der Gemeinde".

Punkt 1 läßt die Frage aufkommen, ob es sich bei den Vv. 1 und 2 um zwei konkurrierende Einleitungen handelt, die Punkte 2 und 3 erregen den Verdacht, die 250 Mann könnten einem Nachtrag entstammen.[989] Dieser Verdacht müßte allerdings im folgenden noch erhärtet werden können.

Es folgt der Vorwurf an Mose und Aaron, sich über die Gemeinde zu erheben (V. 3). Die Erwähnung Aarons deckt sich nicht ganz mit den Vv. 2.4, was allein allerdings literarkritische Eingriffe nicht rechtfertigt. Mose antwortet „Korach und seiner ganzen Gemeinde" (V. 5a). Terminologisch ergeben sich damit Verbindungslinien zu den „Fürsten der Gemeinde" aus V. 2, nicht jedoch – jedenfalls nicht ausdrücklich – zu den 250 Mann. Auf die Frage der Adressaten ist allerdings noch einmal zurückzukommen. Mit seiner Rede kündigt Mose in den Vv. 5b–7 eine göttliche Entscheidung für den morgigen Tag an, die klären soll, wer „der Heilige

---

wir statt des jetzigen Unsinns einen verständlichen Satz.") und Kayser 1874, 88, der zudem מבני ישראל zu לוי מבני bzw. קהת emendiert.

**986** Es bestünde auch keine „Numerusinkongruenz" in V. 1, aber als literarkritisches Argument kann eine solche, gegen H.-Chr. Schmitt 1995, 271 und Schorn 2000, 254, ohnehin nicht gelten.

**987** Weitere Vorschläge bei Richter 1921, 129f. und Levine 1993, 410f.

**988** Zu den Bezeichnungen vgl. Magonet 1982, 9; von Arx 1990, 447–451; Levine 1993, 411f.; Seebass 2003, 191.

**989** Das spricht bereits gegen die Möglichkeit, eine eigenständige 250-Mann-Geschichte rekonstruieren zu können. Eine solche findet sich nur, wenn man sie bereits voraussetzt. Hier liegt der entscheidende argumentative Fehler im klassischen Quellenscheidungsmodell und führt dann zu nicht lösbaren literarkritischen Schwierigkeiten beim Versuch, den verbleibenden Bestand zu differenzieren, vgl. Noth 1966, 108.

ist und wer sich JHWH nähern darf",[990] was präzise auf V. 3 reagiert. Problematisch sind die Eingangsworte seiner Rede in V. 5a: בקר läßt sich adverbiell als „morgens" verstehen,[991] wobei die Tageszeit nirgends in der Geschichte eine Rolle spielt. Hart ist dann auch der Anschluß mit וידע,[992] welches zudem als defektiv geschriebenes *hif'il* zu lesen wäre. Eventuell ist daher der LXX zu folgen, die lediglich eine andere Vokalisierung voraussetzt. Nach ihr hätte JHWH ohnehin bereits bedacht und erkannt, wer die betreffende Person sei, was im Rückblick auf den Aufenthalt Israels am Sinai auch zutrifft.[993] Die Probe diente dann lediglich dazu, der Gemeinde diese Entscheidung noch einmal vor Augen zu führen. Deren Modus erläutern die Vv. 6 f. Etwas nachklappend darin wirkt V. 6bβ. Geradezu überraschend ist V. 7b mit seiner Anrede der Aufrührer als „Söhne Levis", da sich mit den Rubenitern Datan und Abiram eindeutig auch Nichtleviten erheben, und ebensowenig dürften die 250 Mann bzw. Gemeinde*fürsten* aus V. 2 alle als Leviten vorgestellt sein. Vor allem spricht der Vorwurf in V. 3 von der Heiligkeit der ganzen Gemeinde. Insofern ist V. 7b deutlich fehl am Platz.[994] Er liegt eher mit der nächsten Moserede an Korach Vv. 8 – 11 auf einer Linie.[995] Diese redet direkt die „Söhne Levis" an und antwortet auf einen, narrativ allerdings nirgends vorgebrachten, Anspruch der Leviten auf das Priesteramt. Der Sache nach ist der Abschnitt daher nicht ohne die vorhergehende Moserede und nur als ihre Neudeutung verständlich, d. h. es liegt in den Vv. 8 – 11, zusammen mit V. 7b, ein weiterer Nachtrag vor. Jetzt folgt die so weit bekannte Datan-Abiram-Geschichte, lediglich erweitert um V. 15aγ. Die ältere Vorlage wird auf diese Weise im Kontext der Kultprobe reïnterpretiert und so in die Neufassung integriert.[996]

---

990 Das setzt die vorgeschlagene Lesung הקרוב voraus. Zu einem anderen Vorschlag unter Beibehaltung des Textes vgl. Levine 1993, 412 f., was mir ein wenig gezwungen erscheint. Der Parallelismus der Verbformen in V. 5b (zweimal 3. Sg. Imperfekt) legt m. E. ähnliches auch für V. 5a nahe, d. h. zweimal Adjektiv mit Artikel.

991 Ein deutschsprachiger Irrtum ist es, wenn aus „morgens" bzw. „dem Morgen" dann „morgen" wird, so u. a. Noth 1966, 105 oder die Lutherübersetzung. Hier unterscheidet die hebräische Sprache klar und deutlich.

992 Vgl. allerdings ähnlich Ex 16,6 f.

993 Vgl. auch Wevers 1998, 261.

994 Eine Umstellung ans Ende von V. 3a, wie sie Noth 1966, 104.109 vorschlägt, womit die Worte zugleich noch den Aufrührern in den Mund gelegt werden, verschiebt nur das Problem, da Korach ja ebenso wie Mose und Aaron ein „Sohn Levis" ist. Der Vorschlag findet sich übrigens schon bei Kayser 1874, 88. Auch Wellhausen ³1899, 104 hatte eine entsprechende Umstellung als Ergebnis der Redaktionsgeschichte vorgeschlagen, aber in seinem Modell wäre Korach ursprünglich Judäer gewesen, so daß der Satz in V. 3 als Anrede Moses und Aarons durchaus Sinn ergäbe.

995 Vgl. auch L. Schmidt 1993, 136 und Seebass 2003, 175.

996 S. o. S. 210.

Mit den Vv. 16 f. beginnen weitere Probleme. Noch einmal wendet sich Mose an Korach und seine ganze Gemeinde und wiederholt die Aufforderung, am nächsten Tag vor JHWH zu erscheinen. Es fehlt lediglich die Zuspitzung auf die Frage, wen JHWH erwählen wird bzw. scheint das Ergebnis schon durch, denn anders als in den Vv. 5–7a ist jetzt wie auch schon in V. 11 Aaron mit von der Partie. Neu ist weiterhin die ausdrückliche Erwähnung der 250 Mann bzw. Schaufeln, die in den Vv. 5–7a allenfalls von der Einleitung V. 2 her vorgegeben sein könnten, so ihre Nennung dort überhaupt ursprünglich sein sollte. Mag die Doppelung einer Moserede mit Aufforderung zur Kultprobe für den nächsten Tag grundsätzlich noch denkbar sein, wobei auch die Differenzen zu den Vv. 5–7a bemerkenswert sind, verwundert dann doch die sofort berichtete Ausführung oder zumindest die Vorbereitung dazu seitens der Rebellen (Vv. 18 f.). Allerdings kann dieses Problem nicht einfach diachron aufgelöst werden.[997] In der Abfolge der Vv. 16–19 läßt sich die Geschichte durchaus sinnvoll als Zuspitzung der Sünde Korachs lesen. Statt den nächsten Tag abzuwarten, versammelt er seine Rotte sofort. Das kann aber kaum die ursprüngliche Intention der Vv. 5–7a gewesen sein, da die Erfüllung von Moses Worten über die offenbare Erwählung „des Heiligen" ja noch immer aussteht und in Kapitel 16 auch keine Erfüllung finden wird. Von daher müssen die Vv. 16–19 insgesamt als Dublette und Umdeutung zu den Vv. 5–7a gelten und entsprechend *in toto* einem späteren Nachtrag zugerechnet werden.[998] Das gilt gleichermaßen für die Vv. 20–22, die sich nahtlos anschließen.[999]

In den Vv. 23–34 folgt wiederum die ältere Datan-Abiram-Erzählung. Wann in den Vv. 24.27 mit der Einfügung Korachs zu rechnen ist, hängt von der abschließenden Beurteilung des Verhältnisses von V. 1 und V. 2 ab; m. E. wird sich zeigen lassen, daß die nachträgliche Ergänzung „Korachs" (bzw. des משכן קרח) auf der Ebene einer zweiten Erweiterung liegt. Das gilt entsprechend für V. 32b. Ebenfalls ergänzt ist V. 35, der von einer Bestrafung der 250 Personen erzählt, die unerlaubterweise Räucherwerk darbringen wollten. Dies kann sich nur auf die am Eingang des Zeltheiligtums wartenden Aufrührer beziehen, also die Vv. 16–22 fortsetzen, wo ja ebenfalls die 250 Mann eine Rolle spielten. Von daher ist auch

---

997 Nicht wenige Analysen übergehen dieses chronologische Problem freilich zur Gänze.
998 Die Herauslösung von V. 18* bei Aurelius 1988, 195; L. Schmidt 1993, 137 f., ähnlich Baentsch 1903, 541.547; Holzinger 1903, 66 u. a. resultiert v. a. aus der Notwendigkeit, einen weiteren Erzählfaden, etwa für P retten zu müssen: „Nun muß in der Vorlage des Bearbeiters berichtet worden sein, daß der Befehl, den Mose in v. 6.7a erteilt hatte, befolgt wurde." (L. Schmidt 1993, 137 f.). Ausreichende literarkritische Gründe dafür, d. h. v. a. Brüche oder Spannungen in den Vv. 16–22, gibt es nicht.
999 Ähnlich Sturdy 1976, 117, der „verses 16–17, 19–21 at least" einem „later strand in P" zurechnen möchte.

V. 35 der zweiten Erweiterung zuzuschreiben und bietet so ein weiteres Indiz für die Verortung der 250 Mann aus V. 2. Weiterhin sind Num 17,1–5 hiervon abhängig und somit ebenfalls später ergänzt. Sie nehmen die Geschichte zum Anlaß für eine Art Kultgeräteätiologie und stellen ausdrücklich fest, daß allein Aaron und seine Söhne zum Räuchern befugt sind. Diese Sonderrolle Aarons, wogegen zu rebellieren einer Rebellion gegen JHWH gleichkäme, stand ja auch im Mittelpunkt von Num 16,8–11. Hierin zeigen sich erste inhaltliche Schwerpunkte der zweiten Erweiterung.[1000]

In Num 17,6 kommt die Geschichte nun mit neuerlichem Aufruhr der „ganzen Gemeinde der Söhne Israels" auf den bereits lang angekündigten nächsten Tag zu sprechen. Auf der Endtextebene hat diese fast schon bewundernswerte Halsstarrigkeit und Lust zum Murren schon immer Verwunderung unter Exegeten hervorgerufen.[1001] Die Verwunderung legt sich ein wenig mit einem Blick in die Redaktionsgeschichte, d. h. mithilfe der Hypothese, daß Num 17,6 ff. die zweite Erweiterungsschicht und damit u. a. die Bestrafung in Num 16,35 noch nicht voraussetzt.[1002] In anderen Worten: Das Volk reagiert in 17,6 ff. lediglich auf den Untergang der beiden Rubeniter Datan und Abiram und ihres Anhanges, erwartet aber im Grunde noch immer die Beantwortung der Frage nach der Heiligkeit der ganzen Gemeinde (16,2 f.), welche ja durch eine ebenso noch ausstehende Kultprobe geklärt werden sollte (Vv. 5–7a). Genau diese Fragen finden hier ihre Klärung. Als einzige Gruppe der Aufständischen sind die 250 bereits zu Tode gekommenen Männer nicht mehr mit von der Partie. Auch wenn dies narrativ begründet ist, zeigt die gesonderte Behandlung dieser Gruppe, daß sie ursprünglich nicht mit dem Laien-Aufstand der Gemeinde verbunden (und daher in 16,2 nachgetragen) ist. Sind aber die 250 Mann der zweiten Erweiterung zuzurechnen, muß man entsprechend den Aufstand der Laien als das Thema der ersten Bearbeitungsschicht ansehen.

Die den Fortgang des Aufstandes berichtenden Verse Num 17,7–11 haben, wie gesehen,[1003] fast wörtliche Parallelen in 16,18–22. Literarisch ist das höchst aufschlußreich. Es klärt sich damit, wo die vorzeitig durchgeführte Vorbereitung zur

---

**1000** Mit etwas anderer Begründung Sturdy 1976, 120 f. und L. Schmidt 1993, 148, der die Geschichte der 250 Männer grundsätzlich für älter hält und in 17,1 ff. Widersprüche zu dieser Erzählung sieht.

**1001** Siehe etwa Greßmann 1913, 275 f. Anm. 4: „Drittens konnte sie [*scil.* die Gemeinde] überhaupt nicht murren, nachdem Jahve ein so furchtbares Strafgericht gehalten hatte; keine Psychologie kann das ‚Am anderen Morgen' verständlich machen."

**1002** Abgesehen von der Beurteilung von V. 35 ähnlich Aurelius 1988, 198 f.

**1003** S. o. S. 205.

Kultprobe in Num 16,18 f. ihre Vorlage hat.[1004] Auf diese Weise ergibt sich ein weiterer indirekter Beleg für die Annahme, daß Num 17,6 – 15 zur ersten Bearbeitungsschicht zählen und als Erfüllung von 16,3 – 7 gelten kann. Auf die feinen Unterschiede zwischen den beiden Dubletten wurde oben schon hingewiesen, die Konsequenzen daraus sind bei der Synthese noch zu erörtern. Die Plage findet jedenfalls ihr Ende, und der göttliche Zorn wird durch Aarons Handeln gestoppt.

Hieran schließt sich die Erzählung von Aarons grünendem Stab (Num 17,16 – 26) an. Zwölf Stäbe soll Mose von den Fürsten der Stämme, die an dieser Stelle mit den Vaterhäusern gleichgesetzt werden,[1005] nehmen und mit Namen beschriften. Die Formulierung legt nahe, daß damit die Namen der jeweiligen Fürsten gemeint sind.[1006] Irritierend bleibt, daß nicht klar ist, wie die Zwölfzahl zustande kommt. Nach V. 18 ist ja ein Stab Levis dabei, auf den der Name Aarons geschrieben werden soll. Im Unterschied zu Num 1–10 denkt die Episode offenbar an ein Zwölfersystem, welches Levi einschließt und Joseph als *einen* Stamm zählt. Vielleicht darf man hier aber auch keine allzu hohen Erwartungen an die logische Konsequenz haben.[1007] Diese Stäbe sollen dann vor dem „Zeugnis"[1008] niedergelegt werden (V. 19), wo JHWH den Stab seines Erwählten zum Blühen bringen wird (V. 20). Dies greift noch einmal Num 16,3 – 5 auf, obwohl ja Aaron durch seine Aktion bereits die Plage gestoppt hatte und somit erwiesenermaßen als der Erwählte zu gelten hat. Natürlich wird es dann auch Aarons Stab sein, der am nächsten Tag erblüht ist (V. 23) und daraufhin als Zeichen vor[1009] dem „Zeugnis" deponiert werden soll (V. 25), um somit jeglichen Aufruhr zu beenden. Auffällig ist die zweimalige Benennung des Zeltheiligtums als „Zelt des Zeugnisses" (אהל העדות) in den Vv. 22 f.[1010]

Erstaunlicherweise kommt nun, nachdem alle Probleme geklärt sein sollten, unter den Israeliten Angst auf, sie könnten völlig vertilgt werden und dem Un-

---

1004 So auch L. Schmidt 1993, 138 f. Anders Blum 1990, 268 f., nach dem die enge Entsprechung der Abschnitte ein Beleg dafür ist, beide zur P-Komposition zu rechnen.
1005 Vgl. dazu auch den Sprachgebrauch in dem späten Vers Num 4,18 sowie Levine 1993, 421 und L. Schmidt 1993, 151 f.
1006 Anders Noth 1966, 115.
1007 Die Frage der Anzahl der Stäbe ist freilich umstritten. Allein V. 21 kann man in dem Sinne verstehen, daß Aarons Stab zusätzlich zu den übrigen zwölf zu zählen ist. Aber das ignoriert m. E. die Vv. 17 f., die nichts dergleichen nahelegen, sondern ganz selbstverständlich vom Stab Levis als einem der zwölf sprechen. Es ist daher an der Zwölfzahl festzuhalten, so auch Noth 1966, 115 f.; Blum 1990, 269 Anm. 151; L. Schmidt 1993, 151 ff. u. a.; gegen Davies 1995, 182; Milgrom 1990, 144; Levine 1993, 421 f.; mit Vorsicht so auch von Arx 1990, 210 f.
1008 Zu dem auffälligen Terminus vgl. auch L. Schmidt 1993, 151 sowie v. a. Porzig 2009, 26 – 28 zur „Lade des Zeugnisses".
1009 Nach Hebr 9,4 ungenau „in".
1010 Sonst nur noch Num 9,15 (dazu s. o. Anm. 692) und 18,2.

tergang geweiht sein, weil ein jeder, der sich dem Heiligtum (משכן יהוה) nähere, sterben müsse (Vv. 27 f.). Verständlich ist eine solche Reaktion nur im direkten Anschluß an die Plage V. 15.[1011] Von daher müssen die Vv. 16 – 26 als Einschub in den älteren Konnex von V. 15 auf V. 27 gelten und somit der zweiten Bearbeitungsschicht zugehören.[1012] Berührungen zu anderen Abschnitten dieser zweiten Bearbeitung ergeben sich durch die Betonung der Rolle Aarons, aber auch in dem Gedanken, daß aus den jeweiligen Aufständen ein „Zeichen" für die Israeliten als künftige Warnung hervorgehe.[1013]

Schließlich verlangt die Frage der Israeliten V. 28 nach einer Fortsetzung.[1014] Sie findet ihre unmißverständliche – und Num 17,16 – 26 offenbar noch nicht voraussetzende – Klarstellung in Num 18,1 – 7.[1015] Aaron, seine Söhne und sein Vaterhaus, also wohl die übrigen Leviten,[1016] tragen die Schuld für das Heiligtum, d. h. sie übernehmen die Verantwortung für Verfehlungen der Gemeinde. Mit „Verfehlungen" ist hier die unerlaubte Annäherung gemeint, wie es bereits V. 4b im Hinblick auf das Kultpersonal festhält und V. 7b in bekannt drastischer Weise formuliert: והזר הקרב יומת. Auch dieser Text enthält noch einmal Ergänzungen: „Der Passus scheint stark überarbeitet, er leidet jedenfalls an bedenklicher Hypertrophie."[1017] Deren genaue Bestimmung erweist sich allerdings als ausgesprochen schwierig.[1018] Am deutlichsten zeigen sich die redaktionellen Spuren in der Ver-

---

**1011** Ähnlich L. Schmidt 1993, 155 ff., der entsprechend seiner Literarkritik den Anschluß in V. 13 sieht und V. 28a der Korachbearbeitung zurechnet; anders Noth 1966, 118, der meint, daß von einem Nahen der Israeliten zur Wohnung JHWHs „in Kap. 16/17 nicht gerade die Rede gewesen" sei. Genau dieser Gedanke steht, wenngleich mit leicht unterschiedlichem Wortlaut, in Num 17,7. Auch wenn man mit L. Schmidt den Satz für einen Nachtrag hält, der V. 7 im Lichte der Korachbearbeitung interpretiert, entfiele Noths Argument.

**1012** Daß es sich hier um einen sehr jungen Zusatz handelt, ist allgemein anerkannt, vgl. Noth 1966, 115; Levine 1993, 431 f.; L. Schmidt 2004, 74 – 76.

**1013** Vgl. Num 17,5.

**1014** Vgl. auch Wellhausen ³1899; 179 f.; Milgrom 1970a, 18 – 20 und Stackert 2007, 195.

**1015** Anders L. Schmidt 2004, 78, nach welchem die Erzählung 17,16 – 26 in 18,2 – 7 vorausgesetzt sei, „da hier die Verwandtschaft zwischen Aaron und den Leviten betont wird." Abgesehen davon, daß m.W. nirgends die Zugehörigkeit Aarons zum Stamm Levi in Frage gestellt ist, wird in der Erzählung vom wieder erblühenden Stab Aarons gerade dessen Superiorität über den Stamm betont, nicht die Verwandtschaft.

**1016** Zumindest auf der Ebene des Endtextes ist die Identifizierung von Vaterhaus und Stamm angesichts Num 17,16 – 26 wohl anzunehmen. Ob das für frühere Redaktionsstufen auch gilt, oder hier Vaterhaus einen eingeschränkten Personenkreis, etwa nur die Sippe der Kehatiter bezeichnet, muß offenbleiben.

**1017** Baentsch 1903, 553.

**1018** Noth 1966, 119: „... wenn nicht der ganze Abschnitt V. 1 – 7 so ungeordnet und uneinheitlich wäre, daß man an eine Folgerichtigkeit der Gedankenführung kaum große Ansprüche stellen darf."

hältnisbestimmung zwischen Aaroniden (als Priestern) und Leviten. Selbige erfolgt zweifach über ein Wortspiel mit der Wurzel לוה,[1019] zunächst in V. 2aβ (וילו עליך) und erneut in V. 4 (ונלוו עליך). Eine gewisse Subordination der Leviten oder doch zumindest hervorgehobene Stellung Aarons ist also in beiden Varianten intendiert. Während aber die Vv. 2aβ–3 festhalten, daß die Leviten Aaron dienen (וישרתוך) und seinen Anordnungen gehorchen sollen, sowie den heiligen Gerätschaften und dem Altar nicht zu nahe kommen dürfen, damit sie nicht sterben, enthält V. 4 keinerlei Gedanken in dieser Richtung, und das Tun der Leviten umfaßt „die *ganze* Arbeit am Zelt". Interessant ist, auch wenn die Syntax nicht ganz eindeutig ist, zudem die Lokalisierung in V. 2b: Der Dienst der Leviten soll *vor* dem Zelt stattfinden. Damit dürfte V. 4 die ältere Fassung, die Vv. 2aβ–3 hingegen ein späterer Nachtrag sein, der übrigens wie schon die Bearbeitung 17,16–26 den Begriff אהל העדת für das Heiligtum benutzt.

Als nächstes wird eine 2. Person Pl. angesprochen und mit dem „Bewahren des Dienstes am Heiligen und des Altardienstes" beauftragt, damit kein Zorn (קצף) mehr über die Israeliten komme (V. 5), was im ersten Teil deutlich auf 17,6–15 zurückgreift, lediglich die Erwähnung des Altardienstes im zweiten Teil bleibt ohne Vorlage.[1020] Im Lichte von V. 4 müßte man die angesprochene Größe auf Aaroniden *und* Leviten beziehen. Angesichts der folgenden Verse 18,6 f. können damit jedoch allein Aaron und seine Söhne gemeint sein. Eventuell ist das ein weiterer Hinweis auf Spannungen und Reïnterpretationen im vorliegenden Text. V. 6 greift dann wieder die Rede von den „Brüdern" aus V. 2aα auf, verwendet aber anders als dieser nicht den Begriff „Stamm",[1021] sondern redet von „Leviten". Sie jedenfalls sind als „für JHWH Gegebene"[1022] ein Geschenk an Aaron und seine Söhne. Diese sollen nach V. 7 ihr Priestertum, ebenfalls ein Geschenk, bewahren, konkret: alle Angelegenheiten des Altars und des inneren Heiligtums hinter dem

---

**1019** Das gleiche Wortspiel findet sich auch Gen 29,34 in anderem Kontext, s. o. Kapitel 5.1.
**1020** Ähnlich Noth 1966, 119.
**1021** In Numeri sonst nur noch 3,6 und 17,18, dort allerdings im konkreten Sinn gebraucht. Nach Achenbach 2003, 481 Anm. 137 wäre in V. 2 „der Versuch einer bewußten sprachlichen Differenzierung zwischen שבט und מטה greifbar: Aaron wird zum ‚Stamme' Levi gerechnet, die übrigen Leviten stehen unter dem ‚Stabe' (מטה)."
**1022** Frevel 2010b, 138 spricht sich dagegen u. a. mit Verweis auf Formeln wie ברוך ליהוה für JHWH als das mit der Präposition ל angeschlossene logische Subjekt beim Partizip passiv aus, also „von JHWH Gegebene". In Num 3,9 und 8,19 ist mit ל jedoch eindeutig das Dativ-Objekt „Aaron" angeschlossen und der Gedanke, daß JHWH der Gebende sei, anders ausgedrückt. Für die hier vorgelegten diachronen Überlegungen ergibt sich aus den beiden Deutungsmöglichkeiten in 18,6 gleichwohl kein Unterschied. Zum möglichen Verhältnis von נתנים und נתינים vgl. ebenfalls Frevel 2010b und dort die Auseinandersetzung mit der Literatur, v. a. Taggar-Cohen 1998 zur Erhellung möglicher rechtsgeschichtlicher Hintergründe.

Vorhang, was nach Lev 16 ohnehin nur den Hohenpriester am Versöhnungstag betreffen kann. Außer einer etwas ausführlicheren Wiederholung von V. 5 sagt der Vers sonst sachlich wenig Neues.[1023] Von daher könnte man die Vv. 6 f. als Nachtrag ansehen,[1024] wobei m. E. der Fall für V. 7 klarer liegt als für V. 6. Bei letzterem sind die Leviten immer noch Brüder der Aaroniden, wohingegen in ersterem angesichts der Todesdrohung, die auch die Leviten umfaßt, eine scharfe Abgrenzung vorliegt. Eventuell muß man hier also noch einmal graduell differenzieren. Mit V. 7 dürfte schließlich auch die Ergänzung ואת משמרת המזבח in V. 5a zusammenhängen. Sind die Schlußfolgerungen zu den Vv. (6.)7 richtig, dann wäre V. 5aα.b tatsächlich ursprünglich auf den ganzen Stamm bezogen und erst durch die Zufügung der Vv. (6.)7 als an die Aaroniden gerichtet zu verstehen, was auch die gesonderte Erwähnung des Altardienstes noch einmal klarstellt. Unklar ist noch, ob auch V. 1b eine redaktionelle Zuspitzung von V. 1a ist oder eine ursprüngliche Präzisierung. Angesichts der Entscheidung über die Vv. (6.)7 scheint es mir wahrscheinlicher, in V. 1b ebenfalls einen Nachtrag zu vermuten. Als Grundbestand in 18,1 – 7 blieben dann die Vv. 1a.2aα.4.5aα.b, Ergänzungen sind die Vv. 1b.2aβ–3.5aβ.(6.)7.[1025]

Ein letzte Frage ist noch offen: In welchem Verhältnis stehen Num 16,1 und 2 zueinander und welchen Platz nimmt Korach in den Geschichten ein? Nicht wegzudenken ist der Levit Korach aus dem Aufstand der Leviten (16,8 – 11). Auch in den weiteren Teilen dieser Erzählfassung (Vv. 16 – 22) gehört er zum Grundbestand hinzu, wie u. a. die dortige Zuspitzung auf das Duell Korach vs. Aaron zeigt. Gerade der letzte Text nimmt auch die Zahl 250 auf, demnach wären diese Männer mit den Leviten gleichzusetzen. In der Konsequenz hieße das, daß die „Fürsten der Gemeinde" usw. aus V. 2 erst durch die zweite Bearbeitung zu 250 Mann gemacht und dabei – jedenfalls teilweise – zu Leviten uminterpretiert werden.[1026] Mit dem Aufstand der Laien hat Korach hingegen nur sekundär zu tun. Dessen Ausgang in 17,6 – 15 weiß von Korach nichts mehr bzw. betont, daß „die Sache Korachs" eine schon abgeschlossene Angelegenheit sei (V. 14b), was sich auf den Tod der 250 Männer (= Leviten) zurückbezieht. Aber genau dieser Vers dürfte in seinem Kontext nachgetragen sein.[1027] Sicher nachgetragen ist 16,7b; auch auf die auf-

---

**1023** Vgl. Baentsch 1903, 554.

**1024** Entsprechend Baentsch 1903, 554.

**1025** Zu V. 6 siehe auch unten S. 234 f. in der Zusammenschau mit den übrigen Numeritexten.

**1026** Daß die „Levitisierung" der Aufständischen nur partiell durchgeführt ist, darauf verweist u. a. Num 27,3, so richtig L. Schmidt 1993, 167 f. Die Einschreibung der Leviten erst in die letzte Bearbeitung sah auch schon Kuenen 1887, 92. Neu ist hier lediglich die Annahme, daß auch die Zahl 250 erst dem letzten Redaktor zuzurechnen ist, vgl. dazu aber Wellhausen ³1899, 105 f.

**1027** Etwas anders noch L. Schmidt, 1993, 159, der die Vv. 14 f. insgesamt für nachgetragen hält.

fällige Stellung von V. 6bβ war oben schon hingewiesen worden. Es bleibt noch die Anrede Moses an „Korach und seine ganze Gemeinde" in V. 5. Diese ist nicht ohne Weiteres aus dem Vers herauszulösen, aber unmöglich ist auch das nicht.[1028] Und schließlich, rechnet man V. 2 zur ersten Bearbeitungsschicht, ist V. 1 als dazu gedoppelte Einleitung kaum nötig, sondern eher eine noch spätere Erweiterung. Jedenfalls bliebe Korach in einer ersten Erweiterungsfassung der Aufstandsgeschichte ziemlich blaß, seine Rolle unklar. Alles in allem spricht das m. E. dafür, ihn insgesamt erst in der zweiten Bearbeitungsstufe eingeführt zu sehen,[1029] die aus einem Aufstand von angesehenen Führungspersonen der Gemeinde (erste Bearbeitung), darunter als Sonderfälle Datan und Abiram (Grundschicht), einen Angriff 250 rebellischer Leviten auf das Priestertum macht.[1030]

### c) Redaktionsgeschichtliche Synthese

Zusammengefaßt ergibt sich damit für Num 16,1–18,7 ein dreistufiges Fortschreibungsmodell:[1031]
1.  Bereits diskutiert wurde die Grundschicht Num 16,12–15*(ohne 15aγ).23–34*, der Aufstand der beiden Eliab-Söhne Datan und Abiram gegen Mose.

---

**1028** Vgl. zuletzt Berner 2011, 25.
**1029** Ähnlich Aurelius 1988, 195 f.; L. Schmidt 1993, 142–146; Hentschel 1997, 21 f. (vgl. aber die folgende Anmerkung) und Kratz 2000a, 110, der Korach in der ersten Bearbeitungsstufe in Klammern setzt; sowie Berner 2011, 24 f. und v. a. Berner 2012.
**1030** Abgesehen von der Rolle Korachs so schon Wellhausen ³1899, 105 f. Dagegen sieht Hentschel 1997, 29 f. durch die Verbindung von priesterlicher und dtr Erzählung ein Zurücktreten des levitischen Charakters Korachs: „Er vertrat jetzt auch die Anliegen der Laien und wurde auf diese Weise zum Erzrebell schlechthin. Seine Gestalt diente dazu, die priesterliche und die dtr geprägte Erzählung miteinander zu verknüpfen." Da aber Korach mit der Datan-Abiram-Erzählung auch bei dem von Hentschel vertretenen Quellenmodell nicht verbunden ist, kann diese Erklärung nicht überzeugen.
**1031** Vgl. mit etwas anderer Schichtenzuweisung im Detail Levin 1993, 377 und Kratz 2000a, 110. Auch Milgrom 1981, 138–143 denkt offenbar schon an drei Entwicklungsstufen der Geschichte. Er zählt allerdings den Großteil der hier zur zweiten Bearbeitung gerechneten Verse zu seiner „penultimate recension". Etwas undurchsichtig bleibt seine Zuordnung von Num 16,5–11 zu *einer* Schicht. Seine Lösung muß aber mit einer Form von „rewriting" rechnen – so sei Num 16,35 ursprünglich auf V. 27a gefolgt, erst danach hätten sich Vv. 25 f*.27b–34* angeschlossen! –, die er selbst als „poor one" (Milgrom 1981, 142) ansieht. Richtiger müßte man sagen, daß derlei Textumstellungen methodisch schwierig sind. Zudem bleibt Milgrom einige Antworten zum Sinn der letzten Bearbeitung schuldig. Eine deutlich verfeinerte Analyse bietet Berner 2011; 2012, die ungeachtet mancher Unterschiede im Detail v. a. für die Textpassagen zu beachten ist, in denen die vorliegende Arbeit mit Blick auf das Hauptthema „Leviten" etwas knapper argumentiert.

2. Dazu kommt eine erste Erweiterung um 16,2–7*(ohne ו vor אנשים und ohne
חמשים ומאתים in V. 2, ohne die Erwähnungen Korachs in den Vv. 5 f. und ohne
V. 7b) und den Zusatz V. 15aγ; dazu 17,6–15*(ohne V. 14b); 17,27 f.;
18,1a.2aα.4.5aα.b.
3. Schließlich folgt eine zweite Erweiterung mit Voranstellung von Num 16,1
sowie den genannten Ergänzungen in Num 16,2.5 f.7b.24.27; dazu 16,8–11.16–
22.32b.35; 17,1–5.14b.16–26; 18,1b.2aβ–3.5aβ.(6.)7.

Nach dieser Analyse wird durch die *erste Fortschreibung* aus einer Rebellion gegen
Mose ein Disput um die Frage der Heiligkeit der ganzen Gemeinde. Er wird geführt
von angesehenen Männern der Gemeinde, zu denen dann als Sonderfall auch
Datan und Abiram gerechnet werden. Die Entscheidung der Streifrage soll, wie
gesehen, mittels einer Probe eingeholt werden. Die Einfügung von Num 16,15aγ
bindet die ältere Vorlage entsprechend ein, die sich entsprechend der Vorlage in
den Vv. 23–34 anschließt. Auch die Bestrafung der Hauptübeltäter, also Datans
und Abirams, wird berichtet. Dieser Vorgang, noch ohne daß die Streitfrage der
Heiligkeit entschieden worden wäre, provoziert am nächsten Morgen die Rebellion
der ganzen Gemeinde gegen Mose und Aaron (Num 17,6 ff.). Das Volk wendet sich
dem Zelt zu, die Wolke bedeckt das Zelt und die Herrlichkeit JHWHs erscheint.
Gottes Zorn ist heraufbeschworen, und allein Aaron kann, nachdem ihn Mose
dazu aufgefordert hat, diesen noch stoppen und erweist sich so, ohne daß seine
Gegner jemals ihre Schaufeln in die Hand genommen hätten, als der Sieger im
kultischen Wettstreit, der nichtsdestoweniger 14.700 Tote gefordert hat. Der Plage
wurde zwar gewehrt (V. 15), aber den Israeliten steckt noch der Schrecken im Leibe
(Vv. 27 f.). Um ein für alle Male derartige Katastrophen für Israel zu verhindern,
regelt JHWH nun in seiner Rede an Aaron, wer welchen Zugang zu heiligen Dingen
hat (Num 18,1–7*): Die Lösung des Problems liegt in der Übertragung der Verantwortung an das Kultuspersonal, welches Aaron und seine Familie sowie seine
levitischen Brüder umfaßt. Die Antwort auf die Losung der Rebellen (16,3) ist klar:
Das Heilige muß vor den Laien geschützt werden, und dieser Schutz ist Aufgabe
des Stammes Levi.

Im Vergleich dazu spitzt die *zweite Fortschreibung* den Konflikt auf eine
Auseinandersetzung innerhalb des Stammes bzw. ein Duell zwischen Korach und
Aaron zu:[1032] Korach ist der Führer der Rebellen (16,1), namentlich genannt
werden noch die beiden Rubeniter Datan und Abiram, dazu weitere 250 Mann

---

1032 Vgl. Wellhausen ⁶1927, 353: „… und der Streit zwischen Klerus und Adel hat sich in einen
häuslichen Streit zwischen höherem und niederem Klerus verwandelt, der ohne Zweifel in der
Gegenwart des Erzählers brennender war." So auch Aurelius 1988, 199 f.

(V. 2). Diese werden von Mose spöttisch „Gemeinde Korachs" genannt bzw. als Leviten (V. 7b) identifiziert. Er wirft Ihnen Geringschätzung der Tatsache vor, daß JHWH sie aus den Israeliten ausgesondert (הבדיל) habe, was auf Num 8,14 zurückverweist, und klagt sie für ihr vermeintliches Streben nach dem Priestertum an (Vv. 8–11), das im Grunde Auflehnung gegen JHWH sei. Die Bestrafung dieser Freveltat konnte aber nicht mit der Bestrafung des Volkes in Num 17 zusammen erzählt werden, darum erfolgte die Einfügung einer Dublette dazu in den Vv. 16–22, die – entgegen der erst auf den nächsten Tag zielenden Aufforderung – die Vorbereitungen zur Kultprobe noch am selben Tag schildert, was entsprechend den göttlichen Zorn hervorruft. Bevor die Bestrafung erfolgen kann, sollen sich aber Mose und Aaron von den Aufrührern absondern (הבדלו, V. 21), womit spielerisch auch Moses Vorwurf an die Aufrührer (V. 9) aufgenommen wird. Wie aber Mose und Aaron mit ihrer Fürbitte hoffen, darf nicht wegen *eines Mannes* die ganze Gemeinde bestraft werden (V. 22). In der Person des Leviten Korach konzentriert sich damit die ganze Sündhaftigkeit der Rebellion (schon V. 19). Folgerichtig reagiert JHWH unter Zuhilfenahme der älteren Geschichte (Vv. 23–34*, jetzt ergänzt um משכן קרח in den Vv. 24.27[1033] und V. 32b), indem er Mose und die Gemeinde auffordert, sich von den Zelten der Frevler fernzuhalten, und tatsächlich werden auch nur diese und ihr unmittelbarer Anhang bestraft. Die Fürbitte ist damit streng genommen nur teilweise erfolgreich, aber das narrative Element vom Untergang Datans und Abirams lag dem Erzähler ja entsprechend vor. Da außerdem falscher Umgang mit Räucherwerk einen Tod durch Feuer erfordert, wird noch V. 35 angeschlossen, in welchem die 250 Mann einschließlich Korach[1034] entsprechend zu Tode kommen. Aarons Sohn Eleasar wird das Ergebnis dieses Geschehens *materialiter* festhalten zum Zeichen, daß allein die Aaroniden räucherbefugt sind (17,1–5).

Es folgt die bekannte Rebellion des ganzen Volkes, die im Laufe der redaktionellen Bearbeitungen nunmehr zu einem ganz eigenen, dritten Aufstand geworden ist und dabei ihre ursprüngliche Spitze bzw. Verbindung zu 16,5–7a verloren hat, denn der dort ausgelöste Aufstand findet ja mittels der Einfügung von 16,16–22 bereits in 16,35 sein Ende. Zur Klärung, daß es sich bei 17,6–15 um einen neuerlichen Aufstand handelt und „die Sache Korachs" (דבר־קרח) bereits abge-

---

**1033** Genau umgekehrt Baden 2009, 272, der in beiden Versen, die er offenbar zu P rechnet, Datan und Abiram als Zusätze erkennen möchte. Man wüßte gerne, worauf sich Badens Zuordnung (auch von V. 26) zu P gründet. „The analysis of Numbers 16 [...] already been given in detail" kann ich jedoch weder „in Chapter 3" (Baden 2009, 271) noch sonst finden.
**1034** So ebenfalls Num 26,10 f. nach dem Samaritanus, vgl. oben Anm. 845; in diesem Sinne auch Milgrom 1981, 137 f. mit Verweis auf Josephus AJ IV,3,4 (4.55 f.) sowie entsprechende Diskussionen in bSan 110a; vgl. zu dem Problem ansonsten auch Aurelius 1988, 191 ff.

schlossen war, ist auch V. 14b ergänzt worden. Mit dieser Umdeutung der Empörung des Volkes ist die Frage nach dem Erwählten JHWHs allerdings wieder offen. Sie wird jetzt erst in einem Gottesentscheid – dem einzigen tatsächlich durchgeführten! – mit dem wundersamen Aufblühen von Aarons Stab geklärt (Vv. 16 – 26), der damit für alle sichtbar der von JHWH erwählte Mann (vgl. V. 20) ist. Indem „Aaron" die Aufschrift des Stabes Levis sein soll, wird aber nicht mehr die Auseinandersetzung um die Heiligkeit der Gemeinde zu Ende geführt, sondern, entsprechend der Streitfrage in Num 16,8 – 11, geradezu wörtlich der Primat der Aaroniden über den Stamm Levi festgeschrieben.[1035] Eponymer Stammvater bleibt zweifellos Levi, aber die Befähigung zum Priestertum, welches allein eine geschädigte Gottesbeziehung wiederherstellen kann, ist damit Sache Aarons und seiner Söhne. Das drücken auch die Erweiterungen innerhalb von 18,1 – 7 aus, welche eine scharfe Unterscheidung zwischen Aaroniden und Leviten einführen, so daß letzteren die Berührung heiliger Gerätschaften bei Androhung des Todes untersagt ist.[1036]

### d) Rezeptionsgeschichtliche Fortführungen

Da die Aufstandsgeschichte(n) von Num 16 f. ihre Spuren an drei weiteren Stellen im Tanach hinterlassen hat (haben), kann ein Vergleich mit diesen unter Umständen die obige Analyse bestätigen oder auch die Chronologie der betreffenden Texte in Relation zu den Entwicklungsstadien von Num 16 f. klären helfen.

Der Einschub Num 26,8 – 11 ist bereits diskutiert worden.[1037] Die Verse hängen sich an die Genealogie Rubens an und nehmen daher ihren Ausgangspunkt bei Datan und Abiram. Diese werden als „Berufene der Gemeinde" (קרואי העדה) bezeichnet. Die Worte erinnern an die Bezeichnung der übrigen Aufständischen in

---

**1035** Zur symbolischen Bedeutung des Stabes bzw. der Mandelblüte in diesem Kontext vgl. die Ausführungen bei Wenham 1981: Zum einen steht das neue Leben dem Tod aus Num 16 gegenüber. Zum anderen wird der Mandelbaum seiner frühen Blüte wegen bzw. nach dem bekannten Wortspiel Jer 1,11 f. als „Wächter" bezeichnet, so wie auch die Priester das Heilige bewachen. Allerdings versäumt es Wenham, die Differenzierungen *innerhalb* des Stammes Levi, um die sich die Diskussion letztlich dreht, zu berücksichtigen. Scharbert 1992, 71 notiert noch die im Wort ץיצ (V. 23) liegende Anspielung auf die „Rosette" (EÜ) bzw. das „Stirnblatt" (Luther) an der Kopfbedeckung des Hohenpriesters nach Ex 28,36.
**1036** Dies als Präzisierung zu Knohl 1995, 79 f. Richtig gesehen ist dort, daß die Korachrevolte zum jüngsten Gut in Num 16 f. gehört und damit jünger als die Grundschicht in Num 18,1 – 7* ist, welches auf die Laienrevolte reagiert. Jedoch ist dieser Text seinerseits eben nicht unberührt geblieben von den vorangehenden Überarbeitungen.
**1037** S.o. S. 184 ff.

Num 16,2, die hier der ersten Fortschreibung zugeschrieben wurden, sind damit aber nicht deckungsgleich. Man könnte also vermuten, daß Num 26,9bα hier der Stichwortgeber für die betreffende Erweiterung gewesen ist. Da andererseits V. 9bβ bereits den Gedanken einer Rebellion gegen Mose *und* Aaron voraussetzt, könnte man auch an eine Gleichzeitigkeit beider Fortschreibungen denken. Erst die nachfolgenden Worte führen jedenfalls Korach ein und reden sogar von Rebellion gegen JHWH. Sollten sie, wie oben vermutet, noch einmal nachgetragen sein, würde sich das – ebenso wie die mutmaßlichen weiteren Ergänzungen in 26,10 f.[1038] – gut zu den übrigen Beobachtungen fügen, daß die Einführung Korachs erst einer späteren Bearbeitung zu verdanken ist. Sind die Beobachtungen richtig interpretiert, dann dürfte sich Num 26,8 – 11 in Parallelität zu Num 16 entwickelt haben.[1039]

Deutlicher liegt der Fall in Dtn 11,6. Dort rekapituliert Mose die großen Taten Gottes von Ägypten an bis zum Ende der Wüstenwanderung, und eine Station darin ist erstaunlicherweise der Aufstand Datans und Abirams. Weder gibt es in dem Vers Reminiszenzen an Korach, noch die Kultprobe oder die 250 Mann. Erst der Samaritanus und die Phylakterien A und K aus Qumran[1040] tragen diese – textgeschichtlich sekundär – aus Num 16,32 nach.[1041] Die erinnerte Bestrafung nimmt mit der Formulierung אשר פצתה הארץ את־פיה in leichter Variation die Worte aus Num 16,30 (ופצתה האדמה את־פיה) und 32 (ותפתח הארץ את־פיה) auf. Daß man aus diesen insignifikanten Variationen weitreichende redaktionskritische Schlußfolgerungen zum Verhältnis von Num 16 und Dtn 11 ziehen kann, bezweifle ich, zumal sich schon in Num 16 m.E. keine zwingenden Differenzierungen ergeben.[1042] Insofern ist Dtn 11,6 ein deutlicher Beleg für die ältere Fassung der Datan-Abiram-Geschichte, die weder um den Laien-Aufstand noch die Korach-Schicht erweitert worden war.[1043] Damit ist zugleich ein *terminus post quem* für die beiden

---

**1038** S.o. S. 184f. Es spricht m.E. viel dafür, bezüglich der Stellung Korachs in V. 10 oder V. 11 dem Samaritanus zu folgen. Demnach wäre Korach, wie es die Geschichte auch nahelegt, mit den 250 durch Feuer sterbenden Männern verbunden. Erst MT hätte Korach dann nachträglich noch zu Datan und Abiram umgruppiert und ihn so zu einer Hauptperson gemacht.
**1039** Vgl. bereits Noth 1966, 178f., der von „einem komplizierten Wechselverhältnis zu 16,1" spricht.
**1040** Vgl. Milik 1977, 48 – 51.67 – 69.
**1041** Vgl. die Zusammenstellung bei Weinfeld 1991, 432.443f.
**1042** Anders Schorn 2000, 258, welche allerdings die Analyse von L. Schmidt 1993 einfach voraussetzt. Nach Berner 2011, 13 Anm. 12 bildet Dtn 11,6 „eine Mischform aus Num 16,30.32, setzt also bereits die um Num 16,15.28 – 31 erweiterte Gestalt der Erzählung von Datan und Abiram voraus."
**1043** Der Sache nach ähnlich Weinfeld 1991, 443f., der allerdings der klassischen Quellen-scheidungshypothese folgt. In diesem Sinne wäre Dtn 11 der JE-Erzählung gefolgt, Samaritanus

Bearbeitungen in Num 16 gegeben, der v. a. angesichts des ebenfalls kaum hohen Alters von Dtn 11 aufhorchen läßt.[1044]

Eine dritte Erwähnung findet Num 16 schließlich in Ps 106,16 – 18. Namentlich genannt werden wiederum nur Datan und Abiram. Klar ist aber auch, daß nicht nur Mose, sondern auch Aaron, „der Heilige JHWHs", das Feindbild der Aufrührer ist. Die berichtete Bestrafung nimmt Num 16,31 – 34 auf, aber mit der Erwähnung des Feuers auch V. 35.[1045] Damit setzt Ps 106 wohl die Endgestalt von Num 16 f. voraus, nennt aber trotzdem den Namen Korachs nicht.[1046] Daraus zu schließen, daß Korach noch nicht Teil der Geschichte in Num 16 gewesen sei, wäre angesichts der übrigen Berührungen mit der Endgestalt der Aufstandsgeschichte eine Überinterpretation des Textes bzw. der Nichtbezeugung. Vielleicht kann man den Verzicht auf eine ausdrückliche Erwähnung Korachs eben auch als Rücksichtnahme darauf erklären, daß sein Tod in Num 16 f. nicht explizit berichtet wurde und ein solcher – gerade in den Psalmen! – für die Frage der real existierenden Korachiten hätte problematisch erscheinen müssen. Damit würde Ps 106 eine alternative Lösung zu dem auch von Num 26,11 aufgeworfenen Problem korachitischer Nachkommen bieten.[1047] Insofern bestätigt der Psalm lediglich, daß Datan und Abiram zum unverzichtbaren Inventar der Erzählung gehörten. Angesichts der notorisch schwierigen Datierung von Psalmen kann daraus jedoch kein *terminus ante quem* für das Vorliegen der Endgestalt von Num 16 f. erschlossen werden. Es ist nur klar, daß Ps 106 jünger sein muß als diese.

---

und die Phylakterien hätten entsprechend der priesterlichen Fassung von Num 16 den Text in Dtn 11 harmonisiert. Ganz ohne Berücksichtigung der Textkritik Baden 2009, 183, welcher die nichtpriesterschriftliche Fassung von Num 16 E zuschreibt und in Dtn 11,6 einen weiteren Beleg für die Abhängigkeit Ds von E findet. Unabhängig von der problematischen Quellenzuschreibung ist bei beiden eines richtig erkannt: Dtn 11 spiegelt eine ältere Fassung von Num 16 wider. Anders H.-Chr. Schmitt 1995, 271, der hier und auch in Ps 106 ein „Zurücktreten Korachs und die Zentrierung der Überlieferung von Num 16 f. auf Datan und Abiram" sieht. Das läßt offen, warum sich die Rezeption sonst, z. B. Jud 11; LAB 16 etc., entsprechend der Letztfassung von Num 16 auf Korach konzentriert, bis hin zur fast schon sprichwörtlich gewordenen „Rotte Korach". Zum Problem von Ps 106 siehe i. f.

**1044** Veijola 2004, 248 hält V. 6 innerhalb des Kapitels 11 noch einmal für nachgetragen, aber die Argumentation leuchtet mir nicht ein.

**1045** Es sei denn, die Formulierung wäre als Anspielung auf die Plage in Num 17,6 – 15 zu verstehen.

**1046** Vielleicht ist mit Milgrom 1981, 141 aber auch V. 18 als hinreichend deutliche Anspielung auf Korach zu sehen.

**1047** Das ist nicht zu verwechseln mit der Frage, ob gemäß der ursprünglichen Intention von Num 16 f. Korach als gestorben galt! Hier geht es allein um die *Möglichkeit*, Num 16 f. auch anders zu lesen. Vgl. auch L. Schmidt 1993, 114 Anm. 216.

Kurz erwähnt werden soll an dieser Stelle noch die Verarbeitung von Num 16 f. im „Lob der Väter" bei Jesus Sirach (Sir 45,18 f.). Sie findet sich nicht im Abschnitt über Mose, sondern in der ausführlichen Laudatio Aarons, in welcher nach verbreitetem Konsens die Prämissen Sirachs deutlich hervortreten.[1048] Es wäre aber übereilt, den Text allein mithilfe einer vorgängigen historischen Verortung Sirachs erklären zu wollen. Jedenfalls muß zunächst textimmanent nach den exegetischen Anhaltspunkten gefragt werden, die Sirachs Perspektive auf den biblischen Text und damit seine Rezeption ermöglichen. Der erste und offensichtlichste Punkt betrifft die Frage der Hauptgestalt: Nach Sirach handelt es sich bei Num 16 f. um eine Aaron-, keine Mose-Geschichte. Aber diese Tendenz ist bereits durch die Redaktionsgeschichte des Textes selbst vorgegeben, die immer stärker Aaron in den Mittelpunkt stellt und als den Erwählten und Heiligen JHWHs präsentiert. Ein zweiter Punkt betrifft die Bezeichnung der Aufrührer als „Unbefugte" (זרים). Auch das ist angesichts der in Num wiederholt auftauchenden Warnung, der זר, der sich nähere, sei zu Tode zu bringen, alles andere als überraschend. Wer jeweils mit „Unbefugter" gemeint ist, geht aus dem biblischen Text freilich nicht immer klar hervor bzw. ändert sich die inhaltliche Füllung des Wortes im Laufe der Redaktionsgeschichte.[1049] Sind zunächst vornehmlich Laien damit gemeint, rechnet der Begriff auf der Ebene des Endtextes oft auch Leviten zu den „Unbefugten".[1050] Historisch läßt sich für Sirach daraus nichts entnehmen.[1051] Die Formulierung, daß die Aufständischen „eifersüchtig wurden" (ויקנאו) kennt schon Ps 106,16. Schließlich berichtet Sirach die Vernichtung der Aufständischen durch JHWHs Feuer.[1052] Damit legt er den Schwerpunkt auf jenen Teil der Geschichte, welche den Streit um das Priestertum debattiert, was sich in einem Lob Aarons auch nahelegt. Zugleich entspricht das allerdings der Intention der letzten Redaktionsstufe in Num 16 f., die eine entsprechende Leserperspektive vorgibt. In anderen Worten: Die Version Sirachs vom Aufstand Datans, Abirams und Korachs läßt sich bestens als Rezeption des biblischen Textes in der durch dessen Redaktionsgeschichte angebahnten Richtung verstehen. Anhaltspunkte für eine Evaluierung der zeitgeschichtlichen Hintergründe Sirachs bietet das nicht.

---

**1048** Skehan/di Lella 1987, 511 u. a.
**1049** Sauer 2000, 311 denkt an „Fremdkulte[..] der Fruchtbarkeitsreligion", aber davon steht nichts im Text bzw. hat זר an dieser Stelle des hebräischen Textes eindeutig andere Bezüge.
**1050** Zur Problematik vgl. Milgrom 1970a, 5 Anm. 6. Milgrom rechnet jedoch nicht mit möglichen diachronen Veränderungen.
**1051** Anders Zapff 2010, 332.
**1052** Etwas anders Skehan/di Lella 1987, 513, die im „Zeichen" (אות) eine Anspielung auf die wundersame Spaltung des Erdbodens sehen. Das ist möglich, allerdings wird אות im biblischen Text jeweils in anderem Zusammenhang (vgl. 17,3.25!) verwendet.

Ein letzter, nicht zu vergessender Punkt betrifft schließlich die Rezeption des Textes in der LXX.[1053] Auf die Eintragung von Gedanken aus Num 18,7 in den griechischen Text von 3,10 war bereits hingewiesen worden.[1054] Aber auch in Num 16 f. selbst gibt es entscheidende Differenzen zwischen hebräischem und griechischem Text. Den ersten Unterschied hatten wir in Num 16,5 gesehen, wo m. E. die LXX den zu bevorzugenden Text bezeugt. Sollte allerdings der masoretische Text ursprünglicher sein, dann müßte die oben gebotene Auslegung tatsächlich erst als interpretierender Akt der griechischen Überlieferung (bzw. seiner hebräischen Vorlage) gelten. In jedem Falle liegt die Erwählung Aarons, die hier – ohne Aaron direkt zu nennen – als bereits vollzogen gilt, in der Zielrichtung der Geschichte. Die nächsten Unterschiede betreffen Korach. Nach V. 16 MT sollen er und seine Gemeinde vor JHWH erscheinen, während in der LXX zunächst Mose an Korach den Auftrag richtet, seine Gemeinde zu heiligen, damit sie überhaupt bereit seien, vor JHWH zu erscheinen. Darin drückt sich nicht notwendig eine Herabsetzung Korachs aus,[1055] sondern schlicht das Interesse der LXX an Fragen kultischer Reinheit. Gleiches gilt in V. 18. LXX läßt die Kopula vor „Mose" aus, womit – anders als im MT – allein dieser und Aaron schon vor dem Zelt stehen.[1056] Das ist möglicherweise nur ein logischer Ausgleich mit V. 19, nach welchem Korach die Gemeinde erst in Richtung des Zeltes versammelt. Andererseits ergibt sich nach dem Erzählablauf der LXX damit ein weiterer Verstoß Korachs: Er hat auch Moses Anordnung zur Heiligung mißachtet und damit gegen Grundregeln kultischer Reinheit verstoßen.[1057] Schuldig macht sich allerdings nicht „die ganze Gemeinde" (MT), sondern nur „die Gemeinde Korachs" (LXX). Ganz auf der Linie der letzten Redaktionsschichten liegen auch die Vv. 24.27 in der LXX. An die Israeliten ergeht nicht mehr die Anweisung, sich von der Wohnung Korachs, Datans und Abirams fernzuhalten, sondern sie sollen sich aus der „Gemeinde Korachs" (ἀπὸ τῆς συναγωγῆς Κορε) wegbegeben.[1058] Von Datan und Abiram ist hier ebensowenig die Rede wie in V. 27, wo sich die Israeliten vom Zelt Korachs entfernen.[1059] Alles ist – entsprechend der Fürbitte Moses und Aarons V. 22 – auf

---

**1053** Daß es sich nicht einfach um Text*überlieferung* handelt, sondern die Text*entwicklung* weitergeht, hat im Blick auf das Numeribuch v. a. Martin Rösel mehrfach verdeutlicht, vgl. im Hinblick auf Num 16 f. Rösel 2001a und auch Findlay 2006, der allerdings die vorhandene Literatur zum Thema komplett ignoriert.
**1054** S. o. S. 177 f.
**1055** Anders Findlay 2006, 424.
**1056** Vgl. Wevers 1998, 268.
**1057** Vgl. Rösel 2001a, 36.
**1058** Vgl. Wevers 1998, 270.
**1059** Vgl. mit etwas anderer Schwerpunktsetzung Rösel 2001a, 36 f.; ähnlich auch L. Schmidt 1993, 140 f. Anm. 291.

„einen Mann" hin konzentriert. Auf der anderen Seite ist in der LXX die Rolle der am Geschehen beteiligten Aaroniden hervorgehoben. In 17,1 f. (LXX: 16,36 f.) ist die Syntax so verändert, daß JHWH zu Mose und Eleasar spricht und an beide den Auftrag zur Bergung der Räucherpfannen erteilt.[1060] Zusätzlich wird das Feuer in Analogie zu Lev 10 zum „fremden Feuer", was möglicherweise aus einer doppelten Lesung des hebräischen זרה – in MT nur Imperativ „(zer)streu" – resultiert. Nach 17,9 (16,44) wird neben Mose auch Aaron angesprochen,[1061] in V. 23 (8) betritt er mit Mose das Zelt, und laut V. 26 (11) waren die Anweisungen JHWHs ebenso an Mose wie auch an ihn ergangen. Anders liegt der Fall scheinbar in V. 19 (4) in der Frage, *wem* JHWH im Zelt der Begegnung begegnen wird. Dort hat MT den Plural, LXX den Singular, aber diese Lesart wird auch von einigen hebräischen Handschriften, speziell dem Samaritanus, sowie der Vulgata gestützt. Insofern dürfte LXX hier den ursprünglicheren Text repräsentieren, während MT Aaron einbezieht.[1062] Eine letzte Differenz betrifft in Num 18,4 das Verbot an den Fremden, sich „euch" zu nähern. Wie gesehen, veränderte sich die Bezugsgröße für die im Plural ange-sprochene Gruppe im Laufe der Redaktionsgeschichte. Indem die LXX den Plural (אליכם) jedoch in Singular verändert (πρὸς σέ), wird eindeutig nur noch Aaron angesprochen.[1063]

Fast alle Veränderungen der LXX lassen sich also gut aus der Dynamik der Fortschreibungen in Num 16 f. heraus erklären. Einzig die Aufforderung an Korach, seine Gemeinde zu heiligen (Num 16,16), verrät ein darüber hinausgehendes In-teresse an Fragen kultischer Reinheit. Mit aller Vorsicht wird man zumindest dies dem Übersetzer bzw. den Übersetzerkreisen unterstellen dürfen. Weitere Speku-lationen zur historischen Verortung und zeitgeschichtlichen Konflikten um das Priestertum, Ansprüche levitischer Kreise usw. haben keine Grundlage in den Texten.[1064]

---

1060 Vgl. Wevers 1998, 276 f. Die Räucherpfannen sind in LXX in Angleichung an 17,4 (16,39) aus Kupfer.
1061 Vgl. zur Diskussion um den Text auch L. Schmidt 1993, 150 f. Anm. 313.
1062 Wevers 1998, 285 f. verweist noch auf die textkritischen Differenzen in Ex 29,42; 30,6.
1063 Etwas anders Wevers 1998, 295, der lediglich eine Angleichung an עליו in V. 4a vermutet.
1064 Anders Findlay 2006, 428 f.

## e) Ergebnisse im Kontext des Numeribuches

Alles in allem fügen sich damit Num 26, Dtn 11 und Ps 106, aber ebenso auch Sir 45 und die Überlieferung der LXX gut zur obigen Analyse.[1065] Offen bleibt bisher, wie sich die skizzierte Entwicklung in den größeren Rahmen der Redaktionsgeschichte des Numeribuches einordnet. Auf die relativ späte Verortung bereits der Grundschicht ist schon eingegangen worden. Diese ließ sich als Brücke zwischen der Erzählung von der gescheiterten Landnahme (Num 13 f.) und der fortgesetzten Wüstenwanderung (Num 20) verstehen.[1066] Die beiden Erweiterungsschichten von Num 16 ff. mit ihrer Zuspitzung der Auseinandersetzung um Fragen des Kultus und seines Personals hingegen erinnern deutlich an jene Tendenzen, die sich auch schon in Num 1–10 beobachten ließen. Ein Vergleich mit diesen dürfte daher aufschlußreich sein.

Wie gesehen, handelt die *erste Fortschreibung in Num 16 ff.* von einem Konflikt um den Zugang zum Heiligtum, der den Laien verwehrt wird und nur dem Kultuspersonal vom Stamm Levi zusteht. Eine interne Hierarchie des Stammes ist nicht erkennbar, allenfalls ist Aaron als Repräsentant desselben, d. h. als *primus inter pares* ein wenig hervorgehoben. In diesem Sinne war auch *Num 1–4\** aufgebaut. Die Lagerordnung gruppierte die Stämme Israels rund um das Zeltheiligtum, zwischen den Israeliten und dem Zelt befanden sich als „Sicherheitskordon" noch die Sippen des Stammes Levi. Irritierend ist auf den ersten Blick, daß die Frage der Israeliten in 17,27 f. die ausgeklügelte Lagerordnung von Num 1–4, die ja implizit zur Vermeidung derartiger Unglücke diente, zu ignorieren scheint. Insofern könnte man zunächst vermuten, daß die erste Fortschreibung in Num 16 ff. noch älter als der Grundstock in Num 1–4 sei. Aber man darf andererseits nicht übersehen, daß ein konkreter Problemfall in Num 1–10 nie geschildert wurde und entsprechend der idealen Disposition bis zum Aufbruch vom Sinai eben auch nicht geschildert werden konnte. Insofern wird die Explizierung des Sinnes der Lagerordnung in Num 16 ff. als Reaktion auf den Aufstand des Volkes nicht überraschen, dieser ist im Gegenteil eine fast schon zu erwartende Verirrung des Volkes. Eine klare Rangordnung innerhalb der Nachfahren Levis ist in beiden Textbereichen nicht vorgesehen, allenfalls (a) ein Ehrenplatz Moses,

---

**1065** Zur Rezeption der Korach-Episode in der jüdischen Literatur der Zeit des Zweiten Tempels vgl. Jacobson 1983; Murphy 1990; Derrett 1993; Feldman 1993; Scott 2001; Feldman 2003; Fisk 2004. Weitere Motive zu Num 16 f. sind gesammelt bei Ginzberg 1911, 286–307 und Kugel ²1998, 782ff. Interessant, aber hochgradig spekulativ ist Draper 1991, der „Korach" im rabbinischen Schrifttum (v. a. in mSan 10,3) als Chiffre für eine jüdische Sekte sieht, die er tentativ mit der Qumrangemeinschaft identifiziert.
**1066** S.o. S. 211 f.

Aarons und seiner Söhne im Osten am Eingang der Stiftshütte, so wie (b) Mose und Aaron eben auch die Akteure im Kampf gegen aufsässige Laien sind.

Veränderungen in Fragen der Hierarchie brachte die *erste Bearbeitung in Num 1–4* mit sich, die besonderes Augenmerk auf die Aaroniden legte (v.a. Num 3,1–4.5–10.32) und die Dienste der Leviten einschränkte, die jetzt v.a. zu Trägern des Wüstenheiligtums werden (4,4–16.21.24–28.31–33). Auf der Linie dieser Gedanken lag auch die *Grundschicht* der Erzählung von der Levitenweihe *Num 8*. Von Bedeutung in Num 3,9 und einer dazu etwas weiterentwickelten Variante in 8,16a.19 war außerdem die Vorstellung, daß die Leviten „Gegebene" (נתונים) JHWHs an Aaron seien, was auch in *Num 18,6* („Gabe", מתנה) aufgenommen wird. Und schließlich bezieht sich Num 8 auf die Thematik des Sühneschaffens aus der ersten Bearbeitung in Num 16 ff. (vgl. 8,19 und 17,11 f.; 18,5). Bei alldem sind die Leviten inzwischen zwar den Aaroniden subordiniert, aber die Verhältnisbestimmung findet noch immer auf recht nüchterne Weise statt.[1067]

Eine Verschärfung des Tonfalls setzt erst mit den spätesten *Ergänzungen in Num 3 f. und 8*, sowie der Umfunktionierung des Laienaufstandes zu einer Rebellion der Leviten in *Num 16 ff.* ein. Blicken wir noch einmal auf Num 18,6: Daß die Leviten eine Gabe an die Aaroniden waren, setzte voraus, daß JHWH sie sich genommen hatte. Diese Formulierung (V. 6a) hat eine fast wörtliche Parallele in 3,12, es fehlt lediglich ein Wort: אחיכם. Aber genau das Fehlen dieses Wortes beschreibt bestens die Differenz zwischen beiden Positionen. In Num 18,1–6* ist Aaron herausgehoben aus *seinen Brüdern*, in der jüngeren Fortschreibung Num 3,11–13 etc. liegt ein Klassenunterschied zwischen aaronidischen Priestern und Leviten vor. Zudem führte Num 3,12b noch die Vorstellung ein, JHWH habe sich die Leviten anstelle aller Erstgeburt genommen – ein Gedanke, der Num 18 unbekannt ist und zu 18,15 f. in direktem Widerspruch stehen dürfte.[1068] Die Zusätze in Num 18 legen weiterhin peinlichst genau Wert auf die Fernhaltung der Leviten von den heiligen Gerätschaften. Gleiches regelte Num 4,17–20 speziell für die Kehatiter.

Gewisse Unschärfen zugestanden kann man also festhalten, daß die Grundschicht in Num 1–4 mit der ersten Fortschreibung in Num 16 ff. sachlich korrespondiert, die Datan-Abiram-Erzählung entsprechend noch etwas älter sein muß. Es folgen die ersten Fortschreibungen in Num 1–4 sowie die Grundschicht von Num 8. Eine Entsprechung dazu in den Aufstandsgeschichten findet sich, so weit ich sehe, nur in Num 18,6,[1069] sonst scheinen die Umarbeitungen der ersten Kapitel

---

1067 So redet Num 3,6 wie auch 18,2 vom Stamm Levi (מטה לוי). Das deutet darauf hin, daß zumindest 3,5–10* noch nahe der Erzählung vom „Volksaufstand" anzusiedeln ist.
1068 Zur Einordnung von Num 18,8–32 siehe i.f.
1069 Aber siehe i.f. die Analyse zu Num 18,8 ff.

des Numeribuches keine vergleichbaren Spuren in Num 16 ff. hinterlassen zu haben. Aber das muß nicht überraschen, da die Geschichte auch in Form ihrer ersten Überarbeitung bereits als Aaron-Geschichte lesbar war und die Differenzierungen zwischen Aaroniden und Leviten noch nicht die Schärfe späterer Auseinandersetzungen zeigen. Erst danach folgen die finalen Bearbeitungen in Num 3 f. samt den entsprechenden Angleichungen in Kapitel 8 und – mit dem Hauptanteil der redaktionellen Arbeit auf dieser Ebene – die Umdeutung des Laienaufstandes in Num 16 ff. zu einer Konfliktgeschichte zwischen Leviten und Priestern. Mit P$^G$ hat das alles längst nichts mehr zu tun, wir befinden uns vielmehr schon im Bereich nachpriesterschriftlicher Ergänzungen.[1070] Für die Leviten bedeutet das nicht anderes als das, was wir bisher schon in Num 1–10 gesehen hatten: Sie werden degradiert, zunächst unmerklich, dann immer deutlicher, und dies mit zum Teil scharfer Polemik.

## 3.5 Num 18 und 31: Abgaben

### a) Der Zehnte vom Zehnten

Mit Num 18,8 setzt nach 18,1 noch einmal eine JHWH-Rede an Aaron ein. Sie nimmt einige der Stichworte aus den vorangegangenen Versen auf und schließt daran eine Reihe von Abgabenregelungen zugunsten Aarons und seiner Familie an. Wie ein Ostinato durchzieht ein fünfzehnfaches לך den Text bis V. 19. In V. 20 schließt sich eine weitere Rede an, ab V. 25 wendet JHWH sich dann Mose zu, bevor schließlich in Num 19,1 beide Brüder zu einem ganz anderen Themenkomplex angesprochen werden. Jenseits dieser formal klaren Gliederung ist die thematische Einteilung weniger deutlich. Zwar werden die Vv. 20–24 durch das gemeinsame Leitwort נחלה zusammengehalten, doch andererseits beschließt erst V. 20 die Aaron betreffenden Regelungen – so findet sich hier auch ein sechzehntes לך – während ab V. 21 die Leviten in Blick geraten. Diese Differenz schien auch den Masoreten wichtig zu sein, weswegen sich ein *Setuma*-Zeichen nach V. 20 findet.[1071] Und auch wenn das Suffix der 3. Person Pl. in בארצם bzw. בתוכם in V. 20a

---

1070 Mit ganz anderer Argumentation, nämlich einem Vergleich der Frage nach der Heiligkeit der Laien, kommt u. a. auch Stackert 2007, 191 ff. zu dem Ergebnis, die priesterlichen Texte nicht P zuzurechnen. Statt dessen sieht Stackert H am Werk. Problematisch ist dabei jedoch die Rede von „Quellen", jedenfalls mit Blick auf „H" in Num 16 f., vgl. auch unten S. 238 f. in der Diskussion um das Verhältnis zwischen Lev 27, Num 18 und Dtn 14 und 18.
1071 Vgl. auch Baentsch 1903, 557.

kataphorisch auf בני ישראל in V. 20b bezogen sein mag, ist diese Referenz insgesamt besser verständlich, wenn, wie zuvor in den Vv. 9b.11–13, die entsprechende Bezugsgröße bereits eingeführt worden war.[1072] Die Redeeinleitung in V. 20, die ja durch den thematischen Neueinsatz bedingt und gerechtfertigt ist, kann also hier nicht als literarkritisches Argument dienen.

Auch ansonsten gestalten sich alle Versuche literarhistorischer Differenzierungen innerhalb des Kapitels zumindest schwierig. Wenngleich etwa in den Vv. 20–24 gewisse Doppelungen vorliegen, sehe ich ansonsten kaum klare Indizien für eine literarkritische Analyse. Einige wenige Beobachtungen seien dennoch mitgeteilt:

- Die Vv. 8 ff. sind zwar über Stichworte mit den Vv. 1–7 verbunden, ein sachlicher Zusammenhang ist jedoch nur schwer zu entdecken.[1073] Dies ändert sich erst mit V. 21b, der wörtlich das Ende von V. 6 sowie die Thematik unbefugter Annäherung an das Zelt der Begegnung wieder aufnimmt.
- Die Vv. 22 f. stimmen darüber hinaus auch terminologisch mit den Vv. 1–6* überein, insofern sie vom אהל מועד reden, während der hinzugefügte V. 2aβ.b dafür אהל העדת benutzt. In ihrem jetzigen Kontext sind die Bemerkungen Vv. 22.23a auffällig funktionslos.[1074]
- Während nach V. 24 der Zehnte, den die Israeliten für JHWH erheben (רום hifʿil), als תרומה für die Leviten gilt, sollen letztere, nachdem sie den Zehnten von den Israeliten genommen haben (לקח), davon einen Zehnten als תרומת יהוה erheben und an Aaron, den Priester, geben. Durch diesen Vorgang wird, wie v. a. die Vv. 30 ff. festhalten, der Levitenzehnt gewissermaßen profaniert und kann an jedem Ort verzehrt werden,[1075] die gemäß V. 24 vorausgehende Zueignung des Zehnten an JHWH wird damit sogleich wieder aufgehoben.
- In der Zuspitzung auf Aaron und seine Nachfahren sind die Vv. 8–19.20(.25–32) mit den ergänzten Vv. 1b.2aβ.b.7 vergleichbar, ebenso in der Warnung vor Übertretungen des Gesetzes, die zum Tode führen könnten (Vv. 3b.7.32). Letzteres gilt zwar auch für V. 22, betrifft dort aber ausschließlich die Laien, während in den anderen Versen die Leviten gemeint sind.

---

1072 Vgl. dagegen Holzinger 1903, 72, der eine Umstellung von V. 20 nach V. 5 erwägt.
1073 Anders Holzinger 1903, 72: „In 8–19 knüpft וַאֲנִי in 8 über v. 6 f. zurück an v. 5 an [...]: v. 5 nennt die Leistung, v. 8 ff. die Gegenleistung." (Im Original teilweise in Fettdruck.)
1074 Holzinger 1903, 72 hält sie darum für nachgetragen, aber das klärt das Problem nicht, sondern würde die Frage nach dem Sinn des Nachtrages eher verschärfen. Vgl. darüber hinaus Wellhausen ³1899, 181 zur Frage der Abhängigkeit der Verse von Ez 44,9 f.
1075 Vgl. dazu Stackert 2007, 176 ff. Das ist zugleich ein Hinweis darauf, daß es – wie selbstverständlich auch in späterer Zeit – nach wie vor Leviten *auf dem Land* gibt. Kultzentralisation darf nicht verwechselt werden mit einer zwangsweisen Zentralisation des (potentiellen) Kultpersonals!

Es wäre daher eventuell zu überlegen, ob etwa V. 22 eine ursprüngliche Fortsetzung von V. 6 gewesen sein könnte und die Vv. 8 – 21 einen Nachtrag innerhalb dieses Konnexes mit Wiederaufnahme in V. 21b darstellen.[1076] Ebenso könnten die Vv. 25 – 32 erst nachträglich an V. 24 angeschlossen worden sein. Die Annahme einer ursprünglichen Weiterführung von V. 6 in den Vv. 22 – 24 würde jedenfalls die Funktion von V. 22 erklären, ebenso böten die Verse alle entscheidenden Stichworte für die Vorschaltung der Vv. 20 f. und den Nachtrag ab V. 25.[1077]

Zugegebenermaßen bleiben die Indizien für eine solche Entwicklung jedoch schwach. Verzichtet man auf diese literarhistorische Differenzierung, so wird man in Num 18 den gesamten Text ab V. 8 als einen Nachtrag ansehen müssen, der angesichts der oben genannten thematischen Berührungen auf einer Ebene mit den letzten Ergänzungen in den Vv. 1 – 7 liegen dürfte. Das Vorspiel zu denselben war die Umdeutung des Laienaufstandes in Num 16 f.* zu einer Revolte von Leviten gegen aaronidisch-priesterliche Vorrechte, die mit einer glänzenden Bestätigung der Position Aarons und einer künftige Nachahmer abschreckenden Bestrafung der Aufrührer endete. Nicht nur sind also (a) die speziellen Abgabenregelungen an Aaron und (b) der auch von den Leviten abzugebende Zehnte in jedem Falle zu den jüngsten Stücken in Num 18 zu rechnen, sondern sie sind in den größeren Kontext levitenkritischer Bearbeitungen im Buch Numeri zu stellen.

Diese Überlegung bestätigt sich auch durch einen Vergleich von Num 18 mit den Zehnt- bzw. Abgabenregelungen im Deuteronomium. Vor allem Num 18,20 – 32 ist deutlich als Reformulierung von Dtn 14,22 – 29 zu lesen.[1078] Dabei ist zu beachten, daß in Dtn 14 keine Abgabe an das Kultpersonal gefordert ist: Die Erwähnung des Leviten in V. 29 ist sekundär,[1079] und selbst dann wird er ja nicht seines Dienstes am Heiligtum wegen angeführt. Aufschlußreicher und damit entscheidender ist aber der Vergleich von Num 18,12 mit Dtn 18,1 – 5. Wie gesehen, wird dort auf einer deuteronomistischen Ebene die ראשית von Getreide, Most und Frischöl zunächst dem ganzen Stamm Levi zugeschrieben, bevor eine späte, priesterliche Redaktion durch die Einfügung von V. 3 den Sinn entsprechend ändert und lediglich den Priestern im engeren Sinne die betreffenden Abgaben zukommen läßt. Eben diesen Gedanken drückt auch Num 18,12 aus, wonach der חלב, d. h. „Fett" im Sinne des besten Teils,[1080] von Frischöl, Most und Getreide als von JHWH dem Aaron gegeben gilt, wobei durch den Parallelismus von V. 12a und

**1076** Zu V. 7 s. o. S. 222 f.
**1077** Nicht selten werden allerdings gerade die Vv. 22 – 23bα als Zusätze angesehen, vgl. etwa L. Schmidt 2004, 81.
**1078** Vgl. zuletzt Stackert 2007, 171 – 183, v. a. 179 Anm. 32.
**1079** S. o. S. 85 f.
**1080** Vgl. auch Noth 1966, 120.

V. 12b חלב und ראשית gleichgesetzt werden.[1081] Die späte Ergänzung von V. 3 in Dtn 18 bringt demnach diesen Abschnitt auf eine Linie mit Num 18, welches selbst bereits als Revision der deuteronomischen Gesetzgebung konzipiert ist. Im Zusammenspiel beider Stellen zeigt sich beispielhaft, wie im Pentateuch die priesterliche Perspektive die deuteronomische „kontradiktorisch" überlagert. Damit ist aber auch angedeutet, daß – was im Anschluß an die obige Analyse von Num 16 f. bereits klar sein sollte – die Abgaben- bzw. Zehntregelungen in Num 18 nicht einer „Quelle" zugehörig sind, sondern es sich bei ihnen um sehr späte Fortschreibungen in einem bereits aus priesterschriftlichen und nichtpriesterschriftlichen Texten verbundenen Pentateuch handelt.

In Fortführung dieser Frage bleibt abschließend noch das Verhältnis von Num 18 und Dtn 14 und 18 zu Lev 27,30 – 33 zu klären.[1082] Es handelt sich bei letzteren Versen nicht im eigentlichen Sinne um eine Anordnung des Zehnten, sondern vielmehr um Bestimmungen bei Auslöse desselben. Dabei bildet der Zehnte nur den Abschluß einer Reihe von Fällen, anhand derer die Problematik des Auslösens von für JHWH als heilig ausgesonderten Dingen diskutiert wird. In dieser Reihung ergeben sich strukturelle und inhaltliche Parallelen zu Num 18, wo etwa in den Vv. 15 – 17 die Auslöse der Erstgeburt von Mensch und Tier in Anlehnung an Lev 27,26 f. thematisiert wird.[1083] In Lev 27,28 f. folgt die Frage nach dem Umgang mit Gebanntem, von dem in Num 18 zuvor V. 14 handelte. Und noch davor in V. 12 steht die Bestimmung zum Zehnten, welche in Lev 27, gebrochen durch das Thema der Auslöse, in den Vv. 30 – 33 folgt. Lev 27 setzt also den Zehnten voraus, und zwar als קדש ליהוה. Er kann darum, anders als in Dtn 14, nur mit entsprechendem Zuschlag von 20 % verkauft werden, und auch das gilt nur für den vegetabilen Teil, der Viehzehnt kann überhaupt nicht ausgelöst werden. Damit bildet Lev 27 die jüngere (und quellenhafte[1084]) Gegenposition zu Dtn 14.[1085] Nur mit Lev 27 im Hinterkopf allerdings ist auch der Gedankengang in Num 18,30 – 32 und darin v. a. die beschwichtigende Formulierung in V. 32 verständlich, die Leviten würden keine Sünde auf sich laden, die heiligen (Gaben) der Israeliten nicht „besudeln" und müßten auch nicht sterben, wenn sie den – vegetabilen! – Zehnten

---

[1081] Die LXX vereindeutigt die Parallele, indem sie beide Worte mit ἀπαρχή wiedergibt.
[1082] Vgl. dazu auch Stackert 2007, 191–198.
[1083] Man beachte aber auch die feinen Unterschiede: Lev 27 verbietet die Weihe von שור und שה, weil dieselben ohnehin bereits als JHWHs Eigentum gelten, Num 18 untersagt die Auslöse von שור, כשב und עז, denn diese seien קדש. Die Auslöse der menschlichen Erstgeborenen kann Lev 27,26 f. dem Kontext gemäß logischerweise nicht thematisieren, vgl. aber V. 6; dazu auch Baentsch 1903, 461 in der Betrachtung von Num 3,40 ff.
[1084] Vgl. Kratz 2000a, 114 f.
[1085] Die sich exemplarisch hieran entzündende Diskussion über das Verhältnis von P und D wird als bekannt vorausgesetzt und soll an dieser Stelle nicht erneut aufgerollt werden.

verzehren, solange sie nur selbst zuvor den Zehnten davon an die Priester ab-
liefern. Das Problem, welches für Num 18 allein dadurch entsteht, daß Lev 27 die
Unterscheidung von Levitenzehntem und dem Zehnten davon für die Priester nicht
kennt,[1086] wird durch die Unterscheidung im Heiligkeitsstatus beider Zehnter, d. h.
durch eine erlaubte bzw. gebotene Re-Profanierung des Levitenzehnten, gelöst.[1087]
Num 18 stellt also nicht nur eine Neuinterpretation von Dtn 14 und 18 dar, sondern
nimmt zugleich Lev 27 auf.[1088] Von einem *Ausgleich* zwischen Leviticus- und
Deuteronomiumstexten kann man dennoch nur bedingt reden, denn der logische
Kompromiß hat eine sachliche Schlagseite in Richtung Lev 27, insbesondere geht
er zu Lasten der Leviten. Auch der Vergleich mit Lev bestätigt die obigen Beobachtungen zur in den späten Numeritexten eingeschlagenen Tendenz: Für die
Leviten ist sie wenig vorteilhaft.

## b) Beute

Weitere Abgabenregelungen finden sich schließlich in der eher lehrhaften Erzählung vom Midianiterkrieg Num 31. Sie beziehen sich auf den Anteil an der
Kriegsbeute, der auch Priestern und Leviten zustehen soll. Interessanterweise
benutzen nur die die Priester betreffenden Vv. 28f. die Wurzel רום *hifʿil* (v. a. V. 29:
תרומת יהוה), während es von den Leviten ganz profan heißt, Mose solle deren Anteil
nehmen (לקח). Bereits in dieser terminologischen Differenzierung drückt sich
vermutlich der auch oben in bezug auf den Zehnten konstatierte Unterschied im
Heiligkeitsstatus der Abgaben aus. Diese Vermutung wird bestärkt durch einen
Vergleich mit den Zehntregelungen. Gleich ist das quantitative Verhältnis der
Abgaben – den Priestern steht der zehnte Teil der den Leviten gehörigen Abgaben
zu. Der Unterschied besteht in der Reihenfolge. Den Zehnt erhalten zunächst die

---

**1086** Was daran liegen dürfte, daß Lev 27 ebenfalls nicht, jedenfalls nicht strikte, die Zweiteilung des Kultpersonals in Priester und Leviten als *clerus minor* kennt.
**1087** Vgl. Levine 1993, 452f.; darüber hinaus auch Stackert 2007, 189f. zur subtilen Differenzierung im Gebrauch von חלק und נחלה, worin sich etwa Num 18 von Dtn 18 unterscheidet. Den
Punkt der „Entsakralisierung" übersieht L. Schmidt 2004, 82f., weswegen er in den Vv. 25–32
eine andere Bewertung des Zehnten als in den Vv. 21–24* sieht und erstere darum als Nachtrag
zu den Vv. 1–24* versteht.
**1088** Vgl. auch Milgrom 1970a, 67 Anm. 246 („Num. 18:21ff., then, is a later development than
Lev. 27:30ff."); Levine 1993, 450f. („The legislation summarized in Numbers 18 represents,
therefore, the end of a long process."); Knohl 1995, 80 Anm. 60 (mit Verweis auf Y. Kaufmann,
wobei dessen Argumentation problematisch bleibt); dagegen Milgrom 2001, 2397.

Leviten, um davon später selbst zu verzehnten.[1089] Ihr eigener Zehnt gilt danach nicht mehr als heilig.[1090] Eine solche Klarstellung, wie sie Num 18,25 – 32 einführen muß, erübrigt sich aber für die Beuteanteile, weil diese von vornherein getrennt erhoben werden können. Neben anderen Hinweisen auf das kaum hohe Alter von Num 31[1091] deutet allein schon dieser Befund darauf hin, daß Num 31 die Regelungen von Num 18 voraussetzt. Die Anweisungen zu den Beuteanteilen sind demnach ein weiterer Beleg für die immer deutlicher sichtbar werdende Hierarchisierung des Kultpersonals im Buch Numeri.[1092]

## 3.6 Num 35: Levitenstädte

Eine letzte Erwähnung der Leviten in Numeri bietet Kapitel 35. Bevor ab V. 9 die Asylgesetzgebung traktiert wird, erfolgt die Anweisung zur Aussonderung von 48 Städten samt dem dazugehörigen Weideland (מגרש) für die Leviten, wobei sechs dieser Städte mit den Asylstädten identisch sein sollen (V. 6). Die Größe des Weidelandes geben die Vv. 4 f. in recht schematischer Weise an, mit den realen Gegebenheiten im ephraimitischen oder judäischen Bergland lassen sich solche Idealpläne kaum harmonisieren.[1093] Auch mit Ez 45 und 48 ist die Vorstellung von 48 über das Land verteilten Levitenstädten nicht vereinbar. Die Utopie in Ez ist vielmehr konzentrisch aufgebaut und orientiert sich damit *eher* an der Vorstellung des um das Zelt der Begegnung versammelten Volkes, wie sie sich auch in Num 1–10 findet.

---

**1089** Damit wird ihr eigener Anteil reduziert, womit die Bemerkung über das quantitativ gleiche Verhältnis mathematisch nicht ganz korrekt ist.
**1090** S.o. S. 238 f.
**1091** Vgl. u. a. Wellhausen ³1899, 113; Holzinger 1903, 148; Noth 1966, 198; und v. a. Levine 2000, 470 – 474 (z. B. 471: „the complicated stipulations of Num 31 reflect the same mentality as that which informs the historiography of the Chronicler, a product of the Achaemenid Period"); etwas anders Baentsch 1903, 651, der zumindest mit der Möglichkeit einer älteren Vorlage in P^G rechnet, jedoch noch ohne die gesetzlichen Bestimmungen.
**1092** Anders als Achenbach 2003, 621 vermag ich jedenfalls keine „Tendenz der Aufwertung des Levitentums" in den Regelungen zu erkennen.
**1093** Wellhausen ⁶1927, 153 f.: „vollens (sic!) die Bestimmung, daß ein quadratischer Bezirk von 2000 Ellen Seitenlänge rings um die Stadt, die dabei (Num. 35, 4) rein als Punkt betrachtet wird, zur Viehtrift für die Leviten abgemessen werden solle, ließe sich, um mit Graf zu reden, wol etwa in einer südrussischen Steppe, oder bei neu zu gründenden Städten im Westen Nordamerikas, nicht aber in dem gebirgigen Palästina ausführen, wo ein solcher geometrisch abzumessender Raum gar nicht vorhanden ist und es keineswegs von willkürlichen Gesetzesbestimmungen abhängt, welche Grundstücke sich zu Viehweiden und welche sich zu Feld- und Gartenbau eignen, wo auch die Städte schon bestanden und das Land schon bebaut war, als die Israeliten es im Laufe der Jahrhunderte eroberten."

Kein Widerspruch, jedenfalls kein offener, besteht hingegen zur häufig wiederholten Aussage, die Leviten erhielten weder Anteil noch Erbteil in Israel, die mit jeweils unterschiedlichen Begründungssätzen verbunden ist.[1094] Die Zuweisung von Wohnstädten, die auf die Gebiete der anderen Stämme verstreut sind, ist natürlich keine נחלה im eigentlichen Sinne.[1095] Aber merkwürdig bleibt doch, daß nirgends, wo im Zusammenhang der Verteilung des Landes sonst von der Nichtverteilung desselben an die Leviten die Rede ist – etwa in Num 26[1096] –, die Levitenstädte Erwähnung finden. Die sprechende Ausnahme davon ist lediglich der sehr junge Vers Jos 14,4.[1097] Selbst das ansonsten an den Leviten durchaus interessierte Deuteronomium kennt zwar Asyl-, nicht aber Levitenstädte.[1098]

Es muß hier nicht die m. E. fruchtlose Debatte um die Historizität der Levitenstädte aufgerollt werden,[1099] auch die komplexen literarischen Verhältnisse sollen nicht hier, sondern erst in der Analyse von Jos 21, und auch dort nur knapp, beleuchtet werden.[1100] Für die Frage nach den Leviten im Buch Numeri und ihr Verhältnis zu den Priestern im engeren Sinne genügt es an dieser Stelle festzuhalten, daß die Konzeption von Levitenstädten ihren *literarischen* Niederschlag – wie so vieles andere in Num 26 – 36 auch – erst in recht später Zeit gefunden hat. Num 35,1 – 8 wird jedenfalls nicht älter als die Bestimmung über die Asylstädte Vv. 9 ff. sein, die eine späte Revision der entsprechenden deuteronomischen Bestimmung (Dtn 19) ist.[1101] Allerdings stellt sich angesichts der Differenz zu Ez 45

---

**1094** V.a. Dtn 10,8 f.; 18,1 f.; Jos 13,14.33; 18,7; s.o. S. 119 f.
**1095** Und vgl. darüber hinaus G. Schmitt 1995, 28: „Die Leviten sollen 48 Städte erhalten und mit ihnen je ein Stück Weideland (*migrāš*), aber nicht die zugehörige Ackerflur. Dies ist in einem Fall, Jos 21,12, mit Rücksicht auf Jos 15,3 ausdrücklich gesagt, aber auch sonst vorausgesetzt; daher das hartnäckig wiederholte ‚und ihre Weidegebiete' zum Unterschied von dem regelmäßigen ‚und ihre Gehöfte' in Kap. 13 – 19."
**1096** Vgl. die Formulierungen in Num 26,54 mit 33,54 und 35,8! Unabhängig von der Frage, ob 26,54 in seinem Kontext als nachgetragen zu gelten hat (aber s.o. Anm. 853), wird das Fehlen einer Bestimmung über die Levitenstädte in Num 26 damit nur umso deutlicher.
**1097** Dazu s.u. S. 320 f.
**1098** Vgl. G. Schmitt 1995, 28 mit dem Hinweis, daß das Dtn vom Levit „in *deinen* Toren" rede, während erst die Chronik Leviten „in *ihren* Städten" kenne (vgl. I Chr 13,2 und II Chr 31,19).
**1099** Vgl. für einen knappen Forschungsüberblick Noort 1998a, 195–197; ergänzend dazu L. Schmidt 2002 sowie Hutton 2011; in der Sache ansonsten kurz und bündig Baentsch 1903, 691: „Die Idee besonderer Priesterstädte ist der ganzen vorexilischen Zeit fremd. Priester gab es überall im Lande, wo ein Heiligtum, eine Bama, war. Manche Priestergeschlechter mögen über einen grossen Erbbesitz an ihrem Orte verfügt haben, aber den besassen sie nicht als priesterliche Pfründe, sondern als Privatbesitz (vgl. die Familie des Jeremia in Anathoth). Das Deut. setzt die Priester oder Leviten über das ganze Land zerstreut voraus."
**1100** Einschließlich eines Blickes auf Lev 25 und I Chr 6; s.u. S. 324 ff.
**1101** Vgl. zuletzt noch einmal ausführlich Stackert 2007, 31–112.

und 48 sowie der Zurückhaltung der klassischen Landverteilungstexte auch *in der Sache* der Eindruck ein, es hier mit einer recht jungen und vornehmlich theoretischen (wenn nicht „Korrektur", so doch zumindest) Ergänzung der Landverteilungsthematik und -systematik zu tun zu haben.[1102]

## 3.7 Zusammenfassung

Die vermutlich älteste Erwähnung von Leviten im Buch Numeri findet sich nach den obigen Analysen in Kapitel 26. Im Rahmen der Volkszählung, die auf die Landnahme vorbereitet, werden gesondert auch die Leviten nach ihren drei Hauptsippen, den Gerschonitern, Kehatitern und Meraritern, aufgenommen (V. 57). Daß sie nicht zusammen mit den übrigen Israeliten gezählt werden, liegt darin begründet, daß sie auch nicht mit ihnen Anteil am Land haben (V. 62). Ist Num 26, wie oben angenommen, abhängig von Gen 46, setzt es demnach bereits eine supplementierte Priesterschrift voraus.

Zugleich ist Num 26 aber selbst die Voraussetzung für die Darstellung des Abschlusses von Israels Aufenthalt am Sinai in Num 1–10. Der Grundbestand jenes Abschnittes findet sich in den Kapiteln 1–4, die vor allem die Volkszählung Num 26 in die Ordnung eines Heerlagers der Israeliten „übersetzen". Auch hier werden die Leviten (Num 3,14–39) gesondert erfaßt, dabei ist die Gliederung über die Hauptsippen hinaus noch weiter verfeinert bzw. die Genealogie jeweils um eine Generation verlängert. Die Sonderstellung der Leviten erhält ihre – jedenfalls implizite – Begründung in ihren Aufgaben am das Zentrum des Heerlagers bildenden Zelt der Begegnung (Num 4,1–3.34–49*). Eine wesentliche ihrer Aufgaben besteht darin, die Israeliten vor unbefugter Annäherung an das Zelt der Begegnung und damit vor sich selbst zu schützen. Dies wird in einer Beispielerzählung exemplifiziert, in dem die Geschichte vom Widerstand Datans und Abirams gegen Mose (Num 16*) zur Geschichte einer Rebellion des Volkes gegen den Ausschluß der Laien vom Kultus umgeschrieben wird. Das Problem der Abgrenzung des Heiligen gegenüber den Laien findet seinen deutlichsten Ausdruck in der Angst der Israeliten, vollends zugrunde zu gehen (Num 17,27 f.), woraufhin Num 18,1–6* noch einmal die Verantwortlichkeiten klärt. Spätestens jetzt, vermutlich aber doch eher, und zwar gleichzeitig mit der Einfügung von Num 16*, wurde ein Hinweis auf Datan und Abiram auch in die Rubenitergenealogie in Num 26 eingetragen. Be-

---

[1102] Vgl. schon Kuenen 1887, 30 f.284; Baentsch 1903, 690 und Holzinger 1903, 169; von den neueren etwa Achenbach 2003, 594–598 zur Spätdatierung des Konzeptes. Anders Gunneweg 1965, 64 f., aber ich sehe bei allem nicht, wie das Konzept des deuteronomischen Leviten (גר!) sich mit der Idee von Levitenstädten vertragen soll.

züglich des Verhältnisses von Priestern und Leviten ist bis zu diesem Zeitpunkt lediglich ein Ehrenrang Aarons und seiner Familie erkennbar, jedoch keine strikte Hierarchisierung des Kultpersonals.

Dies ändert sich mit der nächsten Bearbeitungswelle. Wesentliche Ergänzungen betreffen hier Num 1 (Vv. 4 – 19a.44[.45?].48 – 54); 3 (Vv. 1 – 4.5 – 10.32) und 4 (Vv. 4 – 16.21.24 – 28.31 – 33.47b.49). Sie bringen bereits eine Differenz zwischen Aaroniden und Leviten mit Unterordnung der letzteren und (v. a. in Num 4) Einschränkung ihrer Verantwortungsbereiche zum Ausdruck. Ganz in diesem Sinne ist auch die Erzählung von der Levitenweihe in Num 8 zu verstehen, die auf dieser Ebene Eingang in das Buch Numeri findet. Zwar wird damit die Weihe der Aaroniden gemäß Lev 8 nachgebildet und so auch den Leviten eine gewisse Dignität zugestanden, jedoch mit deutlicher Rangabstufung und entsprechender Verfügungsgewalt der Aaroniden. In Num 16 ff. scheint diese Bearbeitung keine weiteren Spuren hinterlassen zu haben, abgesehen vielleicht von 18,6 (und Vv. 22 – 24?). Insofern aber Aaron bereits in der zu diesem Zeitpunkt vorliegenden Fassung der Aufstandsgeschichte der wesentliche Protagonist ist – als Repräsentant des Stammes Levi – scheint eine Reformulierung auch nicht nötig gewesen zu sein. Dagegen darf angenommen werden, daß in Num 26,58b – 61 nun die Aaronidengenealogie eingefügt wurde. Offen ist wieder, ob die Überarbeitung der Vv. 1 – 4(bis משה־את) sowie die Ergänzung der Vv. 63 – 65 zu diesem Zeitpunkt oder doch schon im vorhergehenden Schritt erfolgt ist. In jedem Falle ist jetzt eine deutliche Unterscheidung von (aaronidischen) Priestern und Leviten spürbar.

Eine nochmalige Verschärfung, nicht zuletzt im Ton, bringt schließlich die letzte Bearbeitung mit sich. Die Leviten werden so zum Ersatz für die Erstgeburten der Israeliten (Num 3,11 – 13.40 – 51; 8,16b – 18), sie sind aber ebenso durch mögliche Fehltritte bei ihrer Arbeit permanent gefährdet und vom Tode bedroht (Num 4,17 – 20). Welche Folgen jedoch ein Aufstand gegen diese göttliche Ordnung haben kann, zeigt Num 16 f., welches sich nunmehr zu einer Geschichte rebellierender Leviten, angeführt von Korach, gewandelt hat. Um derlei für alle Zukunft zu vermeiden, erhalten auch die entsprechenden Bestimmungen in Num 18 weitere „Präzisierungen" (Vv. 2aβ – 3.5aβ.7), aber auch ganz grundsätzliche Ergänzungen zur Verteilung der Abgaben an Priester und Leviten (Vv. 8 – 32). Die Einführung Korachs in Num 16 zog auch seine Ergänzung in Num 26,9 – 11 nach sich; ob hier auch V. 58 einzuordnen ist, mag dahingestellt bleiben.

Ich gestehe gerne zu, daß einzelne Teile der obigen Analyse unsicher bleiben oder im Detail noch einer künftigen Präzisierung bedürfen mögen. Die grundsätzliche Tendenz der Entwicklung sollte m. E. jedoch unstrittig sein: Die Analyse des Buches Numeri zeigt einen massiven Ausbau in nachpriesterschriftlicher Zeit,[1103] und insbesondere das Verhältnis von Leviten und Priestern war einer der Motoren dieser Entwicklung. „In diesen Bestimmungen (*scil.* Num 3 f.; 8; 18) mögen Beiträge, Novellierungen aus einem längeren Zeitraum enthalten sein; das unterstreicht dann aber nur den andauernden Legitimationsbedarf in diesen Dingen."[1104] Auch wenn es schwer sein wird, die konkreten im Hintergrund stehenden Vorgänge zu erhellen, zeigen sich hier doch ganz deutliche Linien von Konflikten, deren Folgen wir in den jüngeren Büchern der Chronik sowie schließlich in der Spätzeit des Zweiten Tempels sehen. Der entscheidende Unterschied gegenüber den klassischen Analysen besteht jedoch in der Beobachtung, daß die zunehmende Hierarchisierung des Kultpersonals, die sich in den Texten spiegelt und dabei von stark polemischen Tönen getragen wird, nicht den Unterschied zwischen der Priesterschrift und ihren Ergänzungen ausmacht,[1105] sondern erst eine Angelegenheit der spätesten Fortschreibungen ist.[1106]

---

**1103** Vgl. neben vielen anderen auch Blum 2009, 39 Anm. 29: „In my view major parts of the priestly texts in Num (1–10; 15; 17–19*; 26; 27*; 28ff) form later expansions."

**1104** Blum 1990, 270 Anm. 153. Warum allerdings das einschränkende „nur"?

**1105** So Wellhausen ³1899, 342 bzw. ⁶1927, 116 Anm. 1.

**1106** Vgl. dagegen Jenson 1992, 133: „Although the Priestly portrait of the Levites is normally interpreted as reflecting disputes over the identity of the priesthood, there is no overt downgrading of the Levites." Es ist zwar nachvollziehbar, daß bei einer rein synchronen Betrachtung, die sich dazu noch auf die Priesterschrift beschränkt, die historische Tiefenschärfe verlorengeht. Wie man angesichts der teilweise scharfen Polemik allerdings das „overt downgrading of the Levites" übersehen kann, bleibt mir dennoch rätselhaft. – Aus den genannten Schlußfolgerungen ergibt sich auch eine deutliche Kritik an Schaper 2000. Die von ihm grundsätzlich akzeptierte Unterscheidung zwischen P^G und P^S (vgl. Schaper 2000, 42–49) spielt in seiner historischen Rekonstruktion merkwürdigerweise kaum eine Rolle. So kommt er in seiner knappen Betrachtung der einschlägigen Texte Num 3 und 8 zu dem Ergebnis, „daß in der Priesterschrift die scharfe Trennung zwischen ‚Priestern' und ‚Leviten' [...] bereits unzweideutig vorgenommen ist – m.a.W., die geistigen Grundlagen für eine Trennung des führenden Kultpersonals in zwei Gruppen waren zur Zeit der Abfassung der genannten priesterschriftlichen Abschnitte bereits gefestigt." (Schaper 2000, 213). Hier wird jede Differenzierung zwischen P^G und P^S bzw. späteren Fortschreibungen ignoriert. Zudem kann die Annahme, die erwähnte Unterscheidung sei vorauszusetzen, kaum die Notwendigkeit einer Auseinandersetzung, geschweige die Schärfe derselben in Num erklären. Viel stärker stützt sich Schaper auf Esr-Neh und Chr, deren Angaben er recht unkritisch in die frühnachexilische Zeit projiziert bzw. hochrechnet. Das führt ihn zu dem Schluß, „daß die in P vorliegende Trennung zwischen Priestern und Leviten bereits in der spätexilischen Zeit fest etabliert gewesen sein muß." (Schaper 2000, 214). Da hier schon Grundannahmen nicht stimmen oder zumindest zweifelhaft sind, kann das Ergebnis nicht überzeugen. Vgl. zur Kritik an Schapers Argumentation auch Achenbach 2003, 546 f. Anm. 53.

Wir hatten auch gesehen, daß sich teilweise Überschneidungen der Numeri-Texte mit den jüngsten redaktionellen Eingriffen priesterlicher Natur in das Deuteronomium ergeben. Im Blick auf das Zusammenspiel von priesterschriftlichen und nichtpriesterschriftlichen Texten ist nun das Buch Exodus zu befragen.

# 4 Die Leviten im Buch Exodus

Die vorangegangenen Kapitel hatten es mit zwei biblischen Büchern zu tun, die jeweils eine Vielzahl an Belegen für Levit/Leviten aufweisen konnten. Während im Hinblick auf das Deuteronomium ein Fortschreibungsmodell zur Erklärung der Literargeschichte als Konsens gelten darf, erwies sich diese Art der Erklärung auch für das Buch Numeri zunehmend plausibler. Jedenfalls konnten die Levitenbelege beider Bücher in eine je kontinuierliche Wachstums- und Fortschreibungsgeschichte des Textes eingezeichnet und schließlich miteinander korreliert werden, was – sowohl je für sich als auch in Kombination – ein stimmiges Gesamtbild ergab. Die Lage stellt sich im Buch Exodus komplett anders dar. Zum einen gibt es hier nach wie vor starke Argumente für ein Quellenmodell, d. h. es ist mit einem stärkeren Nebeneinander verschiedener Tendenzen zu rechnen. Tatsächlich zeigt bereits ein flüchtiger Blick, daß sich die Belege etwa gleichmäßig auf den priesterschriftlichen und den nichtpriesterschriftlichen Textbestand verteilen. Zum anderen gibt es in Exodus ohnehin nur wenige und zudem verstreute Erwähnungen von Leviten. Eine kontinuierliche Entwicklung der Vorstellungen innerhalb des Exodus-Buches wird sich daher kaum nachzeichnen lassen. Vielmehr sollen nach einer jeweils knappen literargeschichtlichen Verortung die einzelnen Leviten-Belege zu den bisherigen Ergebnissen aus den Büchern Numeri und Deuteronomium ins Verhältnis gesetzt werden. Andererseits präsentiert sich das Buch auf der Ebene des Endtextes als eine Einheit, insofern sind es nicht nur rein pragmatische Gründe, die dafür sprechen, die betreffenden Stellen in Exodus hier zusammengefaßt zu betrachten.

Die erste Erwähnung von לוי bietet gleich der Buchanfang in Ex 1,2. Es handelt sich hierbei um eine Aufzählung der Söhne Jakobs, darunter natürlich auch Levi, dem als Person in einem späteren Kapitel zur Genesis ohnehin noch nachgegangen wird.[1107] Vor allem aber gehört der Vers nach weitreichendem neueren Konsens zur letzten Entstehungsphase des Buches Exodus, wäre also klassisch $R^P$ zuzuschreiben.[1108] Auf eine nähere Betrachtung verzichte ich daher an dieser Stelle und widme mich allein den übrigen Belegen im Buch Exodus.

---

[1107] S.u. Kapitel 5.
[1108] Vgl. Fohrer 1964, 9; Levin 1993, 315; Propp 1999, 125; Gertz 2000a, 362f.; Kratz 2000a, 243.286f.; Gerhards 2006, 66–68; Berner 2010, 14f. sowie die Hinweise auf die ältere Literatur bei W.H. Schmidt 1988, 11, der selbst allerdings in diesem Vers mit $P^G$ rechnet; im letzteren Sinne auch Wellhausen ³1899, 61; Holzinger 1900, 1; Baentsch 1903, 1; Noth 1959, 10. Noch etwas anders Blum 2002, 149.

# 4.1 Ex 2

## a) Die Frage nach der Herkunft Moses

„Ein Mann aus dem Hause Levis ging und nahm sich die Tochter Levis (zur Frau) (Ex 2,1)." Dieser Satz markiert einen Neuanfang. Ob es sich dabei um einen ursprünglich selbständigen Einsatz der Mosegeschichte handelt, wird im folgenden noch zu klären sein. Im jetzigen Kontext hat diese Geschichte jedenfalls noch eine Vorge-schichte: im kleineren Rahmen die sich dem Tötungsgebot des Pharao widerset-zenden Hebammen, im größeren die des Einzugs nach Ägypten. Eingezogen waren Jakob und seine Söhne, von denen der dritte Levi hieß (Ex 1,2). Vor diesem Hin-tergrund liegt eine Übersetzung des hebräischen לוי als Eigenname „Levi" nahe. Im Falle des zweiten Vorkommens des Wortes in diesem Vers ist das sogar die einzig mögliche Variante, da die Konstruktion בת־לוי durch die *nota accusativi* als deter-miniert angezeigt wird; „Levi" muß demnach Eigenname sein.[1109] Im ersteren Falle steht aufgrund der Doppeldeutigkeit des hebräischen Wortes grammatisch noch eine andere Möglichkeit offen, man könnte mit „aus levitischem Hause" übersetzen. Die LXX jedenfalls setzt in beiden Fällen den Eigennamen Λευι, spricht aber von Töchtern im Plural, womit der Gedanke, die Braut sei *die* (leibliche) Tochter Levis, umgangen wird. Die Vulgata formuliert etwas eleganter und vermeidet mit *uxore stirpis suae* die Namenswiederholung. In der Frage, ob Moses Mutter die Tochter Levis sei, ist sie damit ebenso vieldeutig wie die LXX.

Auch wenn die zweite Nennung von לוי im Hebräischen die grammatisch ein-deutige ist, bereitet ausweislich der antiken Übersetzungen also ausgerechnet sie Schwierigkeiten in der Deutung. Nach Ex 1,6 sind „Josef, alle seine Brüder und dieses ganze Geschlecht" gestorben. Die Tochter Levis aber scheint noch immer jung genug, ein Kind zu gebären. Freilich sind biblisch auch Geburten in hohem Alter nichts Ungewöhnliches, nur wüßte man doch gerne den Namen dieser bemerkenswerten Frau – die Namen der Söhne Levis kennt der Leser schließlich schon seit Gen 46,11. Man wird auch fragen müssen, in welchem verwandtschaftlichen Verhältnis der ebenso namenlose *Mann aus dem Hause Levis/levitischem Hause* zu besagter *Tochter Levis* steht. Er kann, sollte er nicht auch Sohn Levis und damit Bruder seiner künftigen Braut sein, bestenfalls noch als ein Enkel Levis gedacht werden, der dann seine Tante zur Frau nähme. In diesem Sinne haben zumindest Ex 6,20 und Num 26,58b.59 den

---

[1109] Ebenso Propp 1999, 148; anders Blum 1990, 231 Anm. 12, der hier den Fall einer „kata-phorischen Determination" sieht. Von dieser grammatischen Detailfrage abgesehen gleichen aber Blums Schlußfolgerungen zur von Ex 2,1 ausgehenden innerbiblischen Auslegung den hier vorgetragenen Erwägungen weitgehend.

Sachverhalt auch verstanden. Beide Texte sind jedoch anerkanntermaßen junge Ergänzungen im Pentateuch,[1110] die mit ihren exegetischen Bemühungen vor allem eines zeigen: Der jetzige Text von Ex 2,1 trifft mit seiner Lesart kaum das ursprüngliche Verständnis der Mosebiographie. Wie schon für den Mann aus levitischem Hause wird man auch für dessen Frau annehmen müssen, daß sie in einer Vorform der Erzählung schlicht die Tochter *eines Leviten* war.[1111]

Damit drängt sich sofort eine weitergehende Schlußfolgerung auf: Zur später auch benannten Tochter Levis wird die vorläufig namenlose Levitin[1112] nahezu automatisch, wenn der Jakobssohn Levi aus der Genesis bekannt ist. Einfache Levitentochter bleibt sie, solange dieser Zusammenhang nicht besteht. Mit anderen Worten: Es deutet vieles darauf hin, daß einmal eine Mose-Exodus-Erzählung unabhängig von den Vätererzählungen der Genesis existierte. Dieser Gedanke hat mit anderen Begründungen in den letzten Jahren eine gewisse Verbreitung und Akzeptanz gefunden,[1113] es scheint mir nichtsdestoweniger lohnenswert, seine Plausibilität auch an dieser einen Detailbeobachtung aufzuzeigen. Dementsprechend würde erst durch die Vorschaltung von Erzählungen der Genesis vor den Exodus ויקח בת־לוי durch Relektüre zu ויקח את־בת־לוי.[1114]

## b) Exodus ohne Erzväter?

So sicher überlieferungsgeschichtliche Erwägungen eine solche Theorie stützen, so schwierig gestaltet sich freilich die konkrete literarkritische Bestimmung des Anfangs dieser Geschichte.[1115] Die kürzeste Fassung findet sich bei Christoph Levin. Nach ihm gehörten allein 2,1–2a.3(ab ותקח).5aα.b.6(bis ותראהו).10aβb zu

---

**1110** Zu Num 26,58b.59 s.o. S. 187; zu Ex 6,20 s.u. Kapitel 4.3.

**1111** So u.a. Baentsch 1903, 10; Noth 1948, 219f. Anm. 545; W.H. Schmidt 1988, 49f.; vorsichtig Kratz 2000a, 288. Unnötig ist die von Noth 1959, 13 Anm. 1 vorgeschlagene weiterreichende Änderung des Textes, ähnlich zuvor auch schon GK²⁶, 357 (§117d).

**1112** Die Targumim fügen, neben anderen Ausschmückungen, harmonisierend hier schon die Namen der Eltern ein.

**1113** Vgl. u.a. Gertz 2000a, 380–388; ebenso Blum 2002 in Revision seiner nun auf den Bereich von Ex 1 bis Dtn 34 begrenzten KD-Hypothese. In der Sache rechnet freilich schon Winnett 1949 und 1965 mit einem Mose ohne Genesis. Strittig bleibt einstweilen die Frage des Zeitpunkts der Zusammenarbeitung von Väter- und Exodustradition, vgl. überblicksweise Kratz 2011, 38f. Anm. 21.

**1114** Vgl. noch einmal Blum 1990, 231 Anm. 12, der von „eine[r] Art innerbiblischer Midrasch" spricht.

**1115** Nach Blum 2002, 147 „ist ein absoluter Erzählanfang in Ex 1–2 nicht (mehr) zu erkennen. [...] Jeder Versuch einer Rekonstruktion wäre unseriös; allenfalls mag man vermuten, dass in der Erzähleinleitung u.a. von der Vermehrung der Israeliten in Ägypten die Rede war."

seiner „vorjahwistischen Quelle (J^Q)".[1116] An dieser etwas reduktionistisch wirkenden Lösung ist bemängelt worden, daß jegliches Motiv für die Aussetzung des Knaben fehle.[1117] Dieser Einwand ist nicht unberechtigt, insofern auf der Ebene des Endtextes Ex 1,22 ja einen Grund liefert: das Gebot Pharaos an sein ganzes Volk zur Tötung der männlichen Neugeborenen.[1118] Dieses setzt allerdings notwendig die Hebammengeschichte (Vv. 15–21) voraus, was sich nicht zuletzt darin zeigt, „daß der Bericht über den allgemeinen Tötungsbefehl nur im Fortgang des gescheiterten Versuchs, die Hebammen in das Mordkomplott einzubinden, unausgesprochen lassen kann, wessen neugeborene Knaben eigentlich ertränkt werden sollen (V. 22b)."[1119] Die Wiederholung steigert demnach nur die schon ausgedrückte Unmenschlichkeit des ägyptischen Herrschers. Allerdings bietet die Hebammengeschichte weder einen selbständigen Erzählanfang, noch ist sie ohne die vorhergehende Bestätigung der Mehrungsverheißung überhaupt sinnvoll. Damit ist nicht zwingend die Einsetzung des Frondienstes, welcher entgegen seiner ursprünglichen Absicht die Mehrung der Israeliten noch befördert, vorausgesetzt (V. 11 f.),[1120] in jedem Falle aber die in der simpel festgestellten Mehrung des Volkes (Vv. 8 ff.) liegende Motivation für diesen und das Tötungsgebot.[1121] Es ist schon von daher wenig überzeugend, die Vv. 8–10 für jünger als Vv. 11 f. erklären zu wollen, die vorgebrachten Beobachtungen reichen dazu jedenfalls nicht aus.[1122] Eher kann man überlegen, in den Vv. 10b–12 eine weitere Ausgestaltung

**1116** Levin 1993, 318–321.
**1117** Vgl. etwa Gertz 2000a, 374 f.
**1118** Hier liegt eine durchaus feinsinnige Ironie vor. Die Knaben sollen getötet werden, indem man sie in den Nil wirft, Mose aber wird im Nil ausgesetzt, was ihm letztlich das Leben rettet, vgl. u. a. Jacob 1997, 19; Propp 1999, 153 f. Über die ursprüngliche literarische Zusammengehörigkeit der Verse ist damit noch nichts gesagt.
**1119** So richtig Gertz 2000a, 374 mit Verweis auf die klärenden Zusätze in Samaritanus, LXX und Targumim. Es stimmt zwar nachdenklich, daß Samaritanus und LXX hier gegen MT übereinstimmen, allerdings läßt sich eine (jeweils unabhängige) Zufügung dort sinnvoll erklären, eine Streichung im MT nur schwer. Anders Gerhards 2006, 38–47, bes. 38 Anm. 44, der darin keine Schwierigkeit sieht und nach welchem V. 22 unmittelbar an V. 12 anschließt.
**1120** Gertz 2000a, 372.
**1121** Vgl. Kratz 2000a, 287.
**1122** Mit Blum 2002, 146 Anm. 122. So setzt der Plural ויימו (V. 11) durchaus natürlich den Plural נתחכמה V. 10 fort, demgegenüber ist die Singularform der LXX eine eindeutige Glättung. Mit einer „Notlösung" (so W.H. Schmidt 1988, 4; Gertz 2000a, 370) hat das nichts zu tun. Nicht zwingend ist m. E. auch der Hinweis auf den unterschiedlichen Sprachgebrauch zwischen den Vv. 9 f. und 11 f. Wenn V. 9 konstatiert, daß das Volk bereits רב ועצום ist und V. 12 dies mit כן ירבה וכן יפרץ noch steigert, sehe ich nicht, wie daraus die Notwendigkeit zu literarkritischen Operationen folgt. Erst recht ist die Verwendung von נגשים und שטרים zur Bezeichnung der Aufseher in Texten, „die wie 1,8–10 vermutlich der Endredaktion zuzuweisen sind", d.h. Ex 3,7*;

des Themas „Vermehrung trotz Bedrückung" zu sehen.[1123] Ohnehin würde der Verzicht auf die Vv. 8–10 mit der Mißlichkeit enden, einen jetzt verlorengegangenen Anfang der nichtpriesterschriftlichen Exoduserzählung postulieren zu müssen.[1124] Statt dessen gehören diese Verse als notwendiges Vorspiel hinzu, womit allerdings die Brücke zur Josephserzählung geschlagen ist. Bei Einbeziehung einer Vorgeschichte in Ex 1 in den nichtpriesterschriftlichen Grundbestand wäre darum notwendigerweise mit der Verbindung von Väter- und Exoduserzählung zu rechnen.[1125]

Allerdings scheint es mir nicht ausgemacht, daß einerseits das Tötungsgebot Pharaos an die Hebammen bzw. sein ganzes Volk tatsächlich die einzig mögliche und damit ursprüngliche Motivation für die Aussetzung des Kindes darstellt, noch daß andererseits die Auffindungsgeschichte des Kindes durch die Tochter des Pharao hinreichend Rücksicht auf den genannten Erzählzug nimmt. So dürfte ein im Fluß dahintreibendes Kind genügend Grund zum Erbarmen bieten. Die Feststellung, es sei eines von den Hebräerkindern, steht mit dem Erbarmen in keinem kausalen Zusammenhang (V. 6).[1126] Jedenfalls läßt die weitere Erzählung nirgends durchblicken, daß die Tochter sich ihrem königlichen Vater widersetze oder der Knabe seiner hebräischen Herkunft wegen gefährdet sei. Damit kommt der Möglichkeit, daß der entsprechende Vorspann in Ex 1 eine narrative Ausspinnung

---

5,6.10.13 ff.19, im Unterschied zu שרי מסים in V. 11 kein Argument zur Differenzierung zwischen Vv. 9 f. und Vv. 11 f. (so aber Gertz 2000a, 370). Werden die literarkritischen Argumente extern gewonnen, liegt die Gefahr des Zirkelschlusses auf der Hand. Überhaupt ist allein die Zuweisung zur „Endredaktion" kein Hinweis darauf, daß die Vv. 8–10 jünger als Vv. 11 f. sein könnten. Daneben setzen nach Gertz 2000a, 372 „die V. 8–10 bereits eindeutig die (sekundäre) Verbindung von Frondienst und Kindermord voraus". Das wäre ein Argument, nur kann ich diese Verbindung nicht erkennen.

**1123** Vgl. Kratz 2000a, 287, wonach der Kern der Vv. 8–12 in Vv. 8–10a zu finden wäre, während das Motiv des Frondienstes nachgetragen sei und zumindest dieser Nachtrag bereits priesterschriftlichen Sprachgebrauch voraussetze.

**1124** So Gertz 2000a, 379.380 ff. Die auf diese Weise überlieferungsgeschichtlich vorausgesetzte „Jugendgeschichte" des Mose, die irgendwo in Ex 4 abbricht, bliebe so aber „ein Fragment, von dem niemand zu sagen weiß, woher es stammt und was es soll ... Von daher legt sich der Schluß nahe, daß die Gestalt des Mose von vornherein für die Exoduserzählung so gezeichnet ist, wie man sie im Text findet." (Kratz 2000a, 293).

**1125** Insofern mit Kratz 2000a, 286–288.304; Gerhards 2006, 29 f.115 ff. Anders Blum 2002, wonach KD vorpriesterlich zwar ebenfalls erst mit Mose einsetze, wozu allerdings auch Ex 1 zu rechnen wäre, wenngleich „ein absoluter Erzählanfang in Ex 1–2 nicht (mehr) zu erkennen" sei (Blum 2002, 147); s. o. Anm. 1115.

**1126** Vgl. etwa die nüchterne Deutung bei Levin 1993, 318.

und dramatische Zuspitzung von Ex 2 sei,[1127] einige Wahrscheinlichkeit zu und die Suche nach einem Motiv für die Aussetzung begänne erneut.

Blickt man auf die Geburtsgeschichte Sargons als mögliche literarische Vorlage,[1128] so wird auch dort nicht expliziert, warum die Mutter das Kind in einem Korb dem Fluß überläßt. Allenfalls implizit begründet die zweifelhafte Herkunft des künftigen Helden von einer zur Kinderlosigkeit verpflichteten Entu-Priesterin[1129] die Aussetzung. Entsprechendes schimmert vielleicht in der vagen Beschreibung der Ehe und der Namenlosigkeit der levitischen Eltern in Ex 2 noch durch.[1130] Man wird dabei nicht so weit gehen können, V. 1 als Andeutung einer Vergewaltigung zu lesen.[1131] Jedoch fällt auf, daß die levitische Herkunft des Mose – so weit ich sehe – in der weiteren Erzählung kein einziges Mal fruchtbar gemacht wird, sie erfüllt ihre Funktion also allein im Rahmen der Geburtsgeschichte. Von daher ist es m. E. nicht unplausibel, in V. 1 den Grund für die Gestaltung des weiteren Erzählverlaufs zu sehen, nach welchem Mose seine Eltern zunächst nicht kennt und auch von seiner „hebräischen" bzw. levitischen Herkunft nichts weiß, sondern am ägyptischen Hof aufwächst.

Wen diese Erklärung nicht zu befriedigen vermag, der betrachte die Alternativen: Wenn man von der narrativen Notwendigkeit des Tötungsbefehls durch den Pharao ausgeht – sei es allein in V. 22 oder unter Einschluß der Hebammengeschichte –, ist, wie gesehen, auch der Zusammenhang mit den Vätergeschichten bereits vorgegeben.[1132] Wer hingegen nicht nur überlieferungsgeschichtlich mit einer vormals eigenständigen Mose-Exodus-Erzählung rechnet, wofür an anderer Stelle Gründe erbracht wurden, sondern auch nach deren li-

1127 Vgl. entsprechend Levin 1993, 320 f.

1128 Zur Motivgeschichte vgl. die Hinweise bei W.H. Schmidt 1988, 55 ff., der jedoch im Hinblick auf die Hebammen und die levitische Herkunft Moses eine andere Position als die hier vertretene einnimmt; Otto 2000b; sowie ausführlich Gerhards 2006.

1129 Zur Problematik der Deutung des akkadischen Wortes vgl. aber Gerhards 2006, 171 f. Anm. 117. An der zweifelhaften Herkunft Sargons ändert das nichts.

1130 So zumindest implizit auch Levin 1993, 319 f.; explizit Kratz 2000a, 287 f.; ähnlich Otto 2000b, 49 f.

1131 So aber K. Schmid 1999, 154 ff.; vgl. die gründliche Kritik daran bei Blum 2002, 146 f. und Gerhards 2006, 27 ff. sowie 2012. Aber man darf sich immerhin wundern, warum der Vater des Knaben nicht zumindest in den Vv. 2 f. auftaucht. Gegen Gerhards 2012 bleibt jedenfalls festzuhalten, daß die Überlegungen zu einem Erzählanfang in Ex 2 nicht an der „unordentlichen Geburt" des Mose allein hängen und diese wiederum nicht an einem eng geführten und von Gerhards wohl zu Recht bestrittenen Verständnis von V. 1 im Sinne einer Vergewaltigung.

1132 Die entsprechende Konsequenz z.B. bei Gerhards 2006, 26 ff.

terarischem Niederschlag sucht, kann ihren Beginn nur in Ex 2 finden, was m. E. nach wie vor eine hinreichend plausible Lösung ist.[1133]

## c) Ergebnisse?

Wie dem auch sei, weitgehend unstrittig ist, daß Ex 2,1 zur nicht- und vorpriesterschriftlichen Exoduserzählung gehört und damit wohl zu den ältesten Teilen des Pentateuch. Entsprechend gehören auch die beiden Erwähnungen von לוי in diesem Vers zu den ältesten Belegen für dieses Wort; akzeptiert man eine nachjosianische Datierung des Deuteronomiums,[1134] sind es die ältesten Belege schlechthin.[1135] Die Freude darüber, hier auf Urgestein der Überlieferung zu stoßen, trübt sich jedoch, sobald man nach der genaueren Bedeutung fragt. Für die Funktion Moses jedenfalls spielt, wie bereits angemerkt, seine levitische Herkunft über die Geburtsgeschichte hinaus keine Rolle bzw. wird sie, ebenso wie Moses Kindheit am Pharaonenhof,[1136] nirgends explizit für Moses Auftreten fruchtbar gemacht.[1137] Im Gegenteil: Die gern behauptete besondere levitische Qualifikation zur Rede – m. E. ohnehin wesentlich ein Produkt der Forschungsgeschichte, welches die Idee des protestantischen Predigers in die Leviten hineinprojiziert –, die in Ex 4,14 Aaron zugesprochen werde,[1138] würde dort Moses levitische Herkunft geradezu konterkarieren! Wer oder was Leviten sind, geht aus Ex 2,1 nicht hervor, sondern das Wissen darum ist beim Leser vorausgesetzt. Wäre die levitische

---

**1133** Mit Levin 1993, 318; K. Schmid 1999, 152–157 (allerdings mit teilweise problematischer Begründung, s. o. Anm. 1131); Kratz 2000a, 288; Otto 2000b, 49–51; Berner 2010, 49f. Etwas anders Winnett 1949, 27 ff., der den Beginn einer älteren Exoduserzählung eher in Ex 3 vermutete.

**1134** S. o. S. 104.143 f.

**1135** Vgl. auch Noth 1948, 219 f. Anm. 545.

**1136** Vgl. W.H. Schmidt 1988, 61.

**1137** Für Gunneweg 1965, 65–69 ist dann bezeichnenderweise die „Amphiktyonie" das Mosaische an den Leviten und das Levitische an Mose. Nach Otto 2000b, 58 läge in der Vorstellung Moses als „Sohn von Leviten, die im dtn Deuteronomium unter die der sozialen Solidarität bedürftigen landlosen *personae miserae* gerechnet werden" (Kursivierung im Original), ein Element „subversiver Rezeption" der Sargonlegende vor. So apart die Idee als Ganze für die Mosegeschichte ist, dürfte zumindest dieses eine Element nicht den Kern der Sache treffen, da der Levit als Teil der *personae miserae* im eigentlichen Sinne erst Anliegen eines priesterlich bearbeiteten Deuteronomiums ist, s. o. S. 145 f. Es bleibt wohl dabei, daß Moses levitische Eltern zwar der literarischen Vorlage geschuldet sind, dabei aber Moses zweifelhafte Herkunft der entscheidende Aspekt ist.

**1138** Z.B. Baentsch 1903, 32; Westphal 1906, 230; Valentin 1978, 128 ff.; Dozeman 2009, 144 f. u. a. Vorläufer dieses Gedankens ist freilich schon Philo, Det 132.

Herkunft sogar nur als Reminiszenz an die Sargon-Legende zu verstehen, dann entfielen auch sämtliche weiteren historischen (oder eher historisierenden) Spekulationen zur Bedeutung der levitischen Herkunft Moses. Kurzum, Ex 2,1 ist vermutlich der älteste Beleg für Leviten in der Hebräischen Bibel. Nach ihm ist einer der berühmtesten Helden der eigenen Volksgeschichte väterlicher- wie mütterlicherseits aus levitischer Familie. Daß man in vorexilischer Zeit wußte, wer oder was Leviten waren, ist folglich sicher. Wir wissen es allerdings nicht, und Ex 2,1 hilft uns bei der Klärung dieser Frage auch nicht weiter: „Über Vermutungen wird man nie hinauskommen."[1139]

### d) Rezeptionsgeschichtliche Fortführungen

Um das Kapitel nicht mit dieser etwas entmutigenden Bemerkung zu beschließen, seien hier noch einige Bemerkungen zur überaus interessanten Auslegungsgeschichte angebracht, welche die so vieldeutig erzählte Herkunft Moses nach sich gezogen hat. Die Frage des Verwandtschaftsgrades von Vater und Mutter behandelten schon LXX und Vulgata in Ex 2,1 etwas anders als MT.[1140] Nach ihnen ist, wie gesehen, auch die Mutter nur allgemein eine Nachfahrin Levis, nicht *die* Tochter. Eine Klärung eigener Art nimmt die Genealogie in Ex 6 vor. Sie nennt in V. 18 vier Söhne Kehats, des zweiten Sohnes Levis. Der älteste von ihnen ist Amram, der sich seine Tante (דֹדָה) Jochebed zur Frau nimmt, die ihm Aaron und Mose gebiert, bevor er alt[1141] und lebenssatt stirbt (V. 20). דֹדָה bezeichnet nach Lev 18,14; 20,20 die Frau des Vatersbruders, in Ex 6 muß aber – will man nicht Ex 2 ignorieren – die Vaterschwester gemeint sein. Eine solche Verbindung ist nach Lev 18,12 allerdings verboten. LXX umgeht dieses Problem, in dem sie דֹדָה etwas freier als die „Tochter des Vatersbruders" übersetzt, ähnlich die Vulgata.[1142]

Diese Möglichkeit ergibt sich nicht mehr in Num 26,59. Diesmal benutzt MT nicht das Wort „Tante", sondern nennt Jochebed eine Tochter Levis. Vielleicht darf man בַּת־לֵוִי hier aber auch als Teil des Eigennamens verstehen, so daß MT auf sehr subtile Weise (und gegen Ex 6,20) die Schwierigkeit der illegitimen Eheverbindung umgehen würde. Der griechische Text schließt ein solches Verständnis allerdings aus und steht damit im Widerspruch zu seiner eigenen geschickteren Lösung des Problems in Ex 6,20.

---

**1139** Wellhausen ⁶1927, 138 zum Verhältnis „Mose" und „Levi"; entsprechend auch Noth 1959, 14.

**1140** S.o. S. 247 f.

**1141** Zur textkritischen Unsicherheit der Altersangabe s.u. Anm. 1190.

**1142** Vgl. auch Otto 2000b, 50 Anm. 42.

Es bleibt damit nur noch die Frage der verschobenen Generationenfolge. Auch hier liefert Num 26,59 schon einen ersten Hinweis: Jochebed wurde erst in Ägypten geboren. Führt man diesen Gedanken weiter, ist sie wohl ein „Nachzügler". Genau dieser Spur folgt das Aramäische Levi-Dokument (ALD), wonach Levis Söhne Gerschon, Kehat und Merari in dessen 30., 34. und 40. Lebensjahr zur Welt kommen, Jochebed jedoch erst im 64. (ALD 11).[1143] Ihre Heirat mit Amram wird für Levis 94. Jahr festgehalten (12,3). Das Alter Kehats zur Geburt seines Sohnes Amram bietet ALD zwar nicht, dafür die Tatsache, daß Amram und Jochebed am selben Tag geboren wurden (12,5).[1144] Somit ist auch dieses chronologische Rätsel, welches die Redaktionsgeschichte des Pentateuch der Tradition aufgegeben hat, in der Literatur des Zweiten Tempels gelöst. Allein die Frage der illegitimen Eheverbindung bleibt, aber offenbar galten hier – allgemein vorsinaitisch? – andere Maßstäbe, schon die Bibel selbst kennt noch mehrere ähnlicher Fälle. Nichtsdestotrotz hat sich die rabbinische Literatur dieses Problems angenommen und auf verschiedene Weisen zu lösen versucht.[1145]

## 4.2 Ex 4

Die Geburt Moses, seine Herkunft und seine Jugend im Haushalt der Tochter des Pharao lassen bereits Großes für die Zukunft ahnen (Ex 2,1–10). Moses Flucht nach Midian (Vv. 11–22) bringt scheinbar den Abbruch dieser Entwicklung zu künftiger Größe mit sich, tatsächlich entpuppt sie sich als notwendiges Vorspiel für einen ersten Höhepunkt: Die Begegnung mit dem Gott Israels, die verschleierte Offenbarung des Namens und die Berufung Moses zum Befreier der Israeliten aus Ägypten (Ex 3 f.). Was sich in Abstraktion groß anhört, zeigt sich im Konkreten wie so oft von einer ganz nüchternen Seite. Ernüchternd und fast komisch ist es jedenfalls, die verschiedenen Einwände Moses auf seine Beauftragung zu lesen. Sind es in Ex 3,11 noch Bescheidenheit („Wer bin ich?") und in V. 13 Neugier (ein vorsichtiges „Wer bist du?"), so zeigen sich in 4,1 schon deutliche Zeichen hart-

---

1143 Die Zählung hier nach Greenfield/Stone/Eshel 2004.

1144 Zu weiteren Zahlenangaben im Jubiläenbuch und dem griechischen Testament Levis vgl. neben Greenfield/Stone/Eshel 2004 und Drawnel 2004 zur Stelle jeweils die Kommentare. Zu 4Q559 (4QpapBibChronology ar) vgl. Nebe 1997; Wise 1997 und Puech 2009.

1145 Vgl. die einführenden Hinweise auf diese teils vergnügliche, in jedem Falle aber im Hinblick auf antike Auslegungsmethoden lehrreiche Literatur bei Kugel ²1998, 524–526 und Jacob 1997, 20 f.; zur antiken Rezeption der Kindheitsgeschichte generell vgl. Cohen 1993 und Pinnick 1996; zur Rezeption in der spätantiken Kunst vor dem Hintergrund rabbinischer Schriftauslegung vgl. Schubert/Schubert 1977; bis zu christlichen Darstellungen der frühen Neuzeit schließlich reicht der Bogen, den Ulmer 2009, 297–322 spannt.

näckiger Weigerung unter dem Deckmantel des Unglaubens der Anderen. Anstatt sich aber von den göttlichen Wunderzeichen (Vv. 2–9: ein Stab wird zur Schlange, Moses Hand wird aussätzig – jeweils mit Rückverwandlung, Ankündigung einer Wasser-zu-Blut-Verwandlung) überzeugen zu lassen, kommt dem so eindrucksvoll Berufenen, der in seinen Fragen durchaus eloquent wirkt, jetzt seine rhetorische Ungeschicklichkeit in den Sinn (V. 10), was JHWH, den Schöpfer auch des Mundes, nicht anficht und ihm eine Beistandszusage für Mose entlockt (Vv. 11 f.). Diesem bleibt nun nichts anderes, als sich offen und direkt zu verweigern (V. 13). Daraufhin entbrennt JHWHs Zorn über Mose. Er führt mit Aaron eine neue Person ein, die dem verhinderten Helden als Sprachrohr gegenüber den Israeliten dienen soll (Vv. 14–16). Abschließend kommt JHWH noch einmal auf den Stab zu sprechen, mit dem das erste Wunder vollbracht worden war. Diesen soll Mose nehmen und die Zeichen tun (V. 17). Damit ist die Szene an ihr Ende gelangt, V. 18 erzählt bereits von Moses Begegnung mit seinem midianitischen Schwiegervater und den Vorbereitungen zur Rückkehr nach Ägypten.

Abgesehen von der hoch umstrittenen literarhistorischen Einordnung des gesamten Abschnittes ist es v. a. der hier interessierende Vers Ex 4,14, der den Exegeten rein sprachlich vor Probleme stellt. Auf eine umfassende literarkritische Analyse der Kapitel Ex 3 f. muß im Rahmen dieser Arbeit verzichtet werden. Die sprachlichen Probleme in Ex 4,14 jedoch sind lösbar, womit auch für die Literargeschichte einzelne Hinweise gewonnen werden können.

### a) Zum Problem von Ex 4,14

Die Schwierigkeiten bestehen in der doppelten Näherbestimmung Aarons als „dein Bruder" und „der Levit" (אהרן אחיך הלוי). Bei letzterem fällt die Determination auf, denn als Prädikatsnomen zu Aaron wäre eine indeterminierte Form zu erwarten.[1146] Damit besagt der Vers jedenfalls nicht, daß „Aaron, dein Bruder", auch *ein* Levit im Sinne seiner Herkunft sei. Diese Information wäre ja – zumindest für den Leser – ohnehin in der Angabe „dein Bruder" enthalten gewesen.[1147]

Alternativ kann man versuchen, Aarons Bezeichnung als *der* Levit einen Sinn abzugewinnen, indem man הלוי hier nicht im genealogischen Sinne, sondern funktional als Berufsbezeichnung und damit etwa als gleichbedeutend mit „Priester" versteht,[1148] entsprechend der v. a. in den priesterschriftlichen Texten

---

1146 So richtig Valentin 1978, 125.
1147 Vgl. Blum 1990, 362 Anm. 5.
1148 Vgl. Wellhausen ⁶1927, 139 („Ehrentitel des Priesters"); Baentsch 1903, 31 f.; Noth 1948, 197; Gertz 2000a, 321; ähnlich Noth 1959, 33. Nach ihm ist die Bezeichnung Aarons als הלוי „kaum als

üblichen Formulierung אהרן הכהן.[1149] Zum einen findet nun Levit als Berufsbezeichnung in den frühen Texten des Deuteronomiums Verwendung – wozu Ex 4,14
eine gewisse Nähe aufzuweisen scheint –, jedoch immer in der Wendung „levitische Priester", wenn die kultischen Funktionen am Zentralheiligtum in den Blick
geraten.[1150] *Der Levit* läßt sich im deuteronomischen Sprachgebrauch also gerade
nicht als „Ehrentitel" für Priester ausmachen. Zum anderen ist Levit in den späteren Büchern wie Esr-Neh und Chr, dazu auch in den jüngsten Zusätzen zu Num,
eine absolut gebrauchte Berufsbezeichnung, womit freilich jeweils eine vom
„Priester" scharf unterschiedene Größe ausgedrückt wird. Diese Deutungsmög-
lichkeit ist für Ex 4 angesichts der üblicherweise diskutierten Überlegungen zur
Literargeschichte im Grunde ausgeschlossen: Entweder ist Ex 4 älter als die
priesterschriftlichen Texte – dann wäre die genannte Unterscheidung noch nicht
eingeführt, sie ergäbe hier auch keinen Sinn –, oder aber Ex 4 ist eine nachpriesterschriftliche Ergänzung im Pentateuch[1151] – dann wäre eine Apostrophie-
rung Aarons als „der Levit" erst recht schwer denkbar.[1152] *Der Levit* läßt sich damit
nirgends als „Ehrentitel" für Priester ausmachen, zu einer solchen Deutung von
Ex 4,14 fehlt jede Parallele.

---

eine Angabe über die Abstammung zu verstehen; sie scheint vielmehr dem Aaron eine Funktion
zuzusprechen, die Mose selbst nicht hat." Gegen Noth kann aber die Bezeichnung „Levit" schon
deshalb schwerlich ein Unterscheidungsmerkmal zwischen Mose und Aaron sein, weil die
funktionale Verwendungsweise des Begriffs immer eng an den genealogischen Gebrauch ge-
koppelt ist und nirgends deutlich wird, daß bzw. warum nur der eine der beiden Brüder *der* Levit
sein sollte. Ist Mose selbst nicht ebenso paradigmatisch *der* Levit? Etwas anders Blum 1990, 362,
der aber das Problem des bestimmten Artikels umgeht, ähnlich Dozeman 2006, 123 bzw. 2009,
143 ff.

**1149** Ex 31,10; 35,19; 39,41 u. ö.

**1150** S.o. S. 142.

**1151** Zu einer in literarhistorischer Perspektive dritten Möglichkeit s.u. S. 260 f.

**1152** Der institutionsgeschichtliche Einwand bleibt m. E. gegen Gertz 2000a, 321–327 weiterhin
bestehen, da dessen Exkurs im wesentlichen auf korrekturbedürftige Annahmen Ulrich Dahmens zu Dtn 10 und Num 18 zurückgreift, dazu s. o. S. 25 f. Zwar wird sich zeigen, daß die strikte
Unterscheidung von Priestern und Leviten noch nicht Sache von $P^S$ ist (s.u. S. 299 ff.), sondern
erst in klassisch $P^S$ zugeordneten Texten zum Tragen kommt, die dementsprechend der *terminus
ante quem* für Ex 4,14 wären. Im Sinne der obigen Analysen sind die betreffenden Texte allerdings nicht mehr als Zusätze zu einer selbständigen Priesterschrift anzusehen, sondern müßten
eher mit dem Siglum $R^P$ o. ä. bezeichnet werden. Daraus folgte für Ex 4,14 jedoch, daß hier –
nachdem die Priesterschrift das Thema nicht behandelt! – zunächst Aaron nachpriesterschriftlich als „der Levit" apostrophiert würde und noch später schließlich priesterschriftlich
orientierte Texte die Unterscheidung von Priestern und Leviten einführen würden. Eine solche
Gesamtentwicklung hat m. E. wenig Wahrscheinlichkeit für sich. Rechnet man mit Gertz 2000a,
327 Ex 4,1–17 zur „Endredaktion" besteht das institutionsgeschichtliche Problem umso mehr.

Schließlich bleibt die syntaktische Frage, ob nicht bei einer Lesart, wonach Aaron als Levit *par excellence* vorgestellt würde, הלוי sinnvollerweise direkt auf Aaron folgen müßte und eine Voranstellung vor אחיך zu erwarten wäre,[1153] denn andernfalls bestünde noch immer die eingangs genannte grammatische Schwierigkeit, daß לוי als Prädikatsnomen nicht determiniert sein sollte. Als Variante dazu kann man noch versuchen, das Wort zu einer irrtümlich in den Text eingedrungenen Glosse zu Aaron zu erklären.[1154] Aber welches Problem wäre damit gelöst?[1155]

Die voranstehenden Interpretationsvorschläge haben zudem sämtlich das Problem, daß bei ihnen, jedenfalls implizit, der Anfang der JHWH-Rede „mit LXX als einpoliger Existenzsatz aufgefaßt" ist, „ohne daß überzeugende syntaktische Parallelen beigebracht würden."[1156] Wenn statt dessen mit einer Pendenskonstruktion – mit pendierendem Subjekt vor verbalem Konjunktionalsatz[1157] – zu rechnen ist, legt dies auch eine andere Erklärung eben des pendierenden Subjekts nahe: הלוי kann als Näherbestimmung zu אחיך verstanden werden, zu deutsch „dein levitischer Bruder". Diese Deutungs- und Übersetzungsmöglichkeit wird zumeist nicht in den Blick genommen oder ohne nähere Begründung abgelehnt.[1158] Man stößt sich dabei wieder am genealogischen Verständnis von „Levit". Das Problem ist letztlich jedoch weniger die Bedeutung von הלוי, als vielmehr das vom Endtext geprägte Vorverständnis des Wortes „Bruder". Nur wenn, z. B. mit Blick auf die Genealogie Ex 6,16 ff., vorausgesetzt wird, daß Aaron der *leibliche* Bruder Moses sei, ergibt die simple Aussage, Aaron sei Moses „levitischer Bruder" scheinbar keinen guten Sinn. Nur kann Ex 6,16 ff. – allgemein als später Zusatz zum priesterschriftlichen Text akzeptiert[1159] – für die Auslegung des nichtprie-

---

1153 Vgl. Valentin 1978, 127.132.

1154 So etwa Loretz 1976. Auch in diesem Fall wäre natürlich nach dem Sinn der Glosse zu fragen.

1155 Vgl. Dahmen 1996, 10 f., der die Probleme prägnant benennt, und Gunneweg 1965, 96. Dessen Lösung supponiert einen „unter dem Eponym ‚Levi' zusammengefaßten, durch besonderen, amphiktyonischen Rechtsstatus und besondere amphiktyonische Funktionen ausgezeichneten Personenkreis" in den „vorjosianischen Überlieferungen" (Gunneweg 1965, 97). Vorjosianische Überlieferungen zu den Leviten lassen sich m. E. nirgends finden, und auf eine Amphiktyonie wird man heute erst recht nicht mehr zurückgreifen wollen.

1156 Groß 1987, 118.

1157 Vgl. die Diskussion bei Groß 1987, 116–118.180. Die engste syntaktische Parallele bietet Ex 9,30, jedoch ohne negierte Fragepartikel und pronominale Aufnahme des pendierenden Subjekts. Die Stellung von הלא vor dem Pendens und nicht unmittelbar vor dem Verb des Objektsatzes bleibt also ohne Analogie.

1158 Vgl. Valentin 1978, 126.

1159 S.u. S. 265 ff.

sterschriftlichen Verses Ex 4,14 nicht einfach vorausgesetzt werden,[1160] zumal
überlieferungsgeschichtliche Erwägungen zu Aaron es sehr wahrscheinlich machen, daß Aaron gerade nicht von vornherein als (leiblicher) Bruder Moses galt.[1161]
  Bereits die Wortfolge in Ex 4,14 legt m.E. ein weiter gefaßtes Verständnis von
„Bruder" nahe. Gemäß einer einfachen Regel erfolgen Näherbestimmungen vom
Allgemeinen zum Konkreteren,[1162] in anderen Worten: „Bruder" bezeichnet hier
einen größeren Personenkreis als „Levit". Genau diesem Gebrauch des Wortes folgt
der Kontext: In Ex 2,11 und 4,18 – beide Verse sind dem nichtpriesterschriftlichen
Text zuzurechnen – ist mit „Bruder" jeweils der Israelit bzw. Hebräer gemeint.[1163]
Überträgt man dieses Verständnis auf Ex 4,14, so wird Aaron zunächst als „(hebräischer) Bruder" Moses eingeführt und anschließend als „levitischer (Bruder)"
näherbestimmt.[1164] Eine im engeren Sinne leibliche Verwandtschaft beider wäre
damit nicht im Blick, und eine solche legt sich von Moses Kindheitsgeschichte Ex 2
her für den nichtpriesterschriftlichen Text auch nicht nahe.[1165]

### b) Literarhistorische Einordnung

Das Problem im Verhältnis von Ex 4,14 zur Priesterschrift ist damit weniger die
Frage, ob eine Bezeichnung Aarons als „Levit" nachpriesterschriftlich denkbar
sei,[1166] sondern ob es auch nach der Zusammenarbeit von nichtpriester-

---

1160 So aber u.a. W.H. Schmidt 1988, 203. Schmidts nachfolgende Bemerkung, Ex 4,14, scheine
„auf dem Wege zur priesterschriftlichen Darstellung 7,7 (vgl. 6,20 u.a.) zu sein, der Aaron
genauer als älterer Bruder Moses gilt" (Hervorhebung im Original), macht unabsichtlich bereits auf das Problem aufmerksam. Noch deutlicher ist der logische Widerspruch bei W.H.
Schmidt 1988, 299.
1161 Vgl. z.B. Noth 1948, 195ff.236 mit Verweis auf Ex 17,8ff. und 15,20. Daneben ist im vorpriesterschriftlichen Textbestand natürlich v.a. auf Ex 2,1–10, wo keine Spur von Aaron zu
entdecken ist, zu verweisen.
1162 Vgl. Gen 22,2 und die berühmte Auslegung dazu in GenR 45,2.
1163 Vgl. etwa auch Dozeman 2006, 123, der dann in der Bestimmung von הלוי jedoch andere
Wege geht.
1164 Aus philologischer Perspektive und mit Verweis auf Dtn 15,12 usw. ganz ähnlich schon
Kaufmann 1937, 175 Anm. 15, der sonst freilich gänzlich andere Wege beschreitet.
1165 Vgl. immerhin schon die vorsichtige Formulierung von Noth 1959, 33 zu Ex 4: „*Falls* das Wort
‚Bruder' in V. 14 im engen Sinne verstanden werden *muß* und nicht allgemein ‚Volksgenosse' bedeutet, erscheint Aaron in diesem Abschnitt als der leibliche Bruder Moses" (Hervorhebungen H.S.),
sowie H. Schmid 1968, 37f. (darüber hinaus allerdings mit problematischen Spekulationen zu einer
„aronitischen „Wüstenfestgruppe"; Propp 1999, 214.231f. und Dozeman 2009, 143f.
1166 So die übliche Argumentation für eine vorpriesterschriftliche Datierung, vgl. stellvertretend für die klassische Position W.H. Schmidt 1988, 203f.

schriftlichem und priesterschriftlichem Text noch möglich sein kann, Mose und Aaron als „Leviten", aber nicht als leibliche Brüder zu verstehen. Angesichts von Ex 7,1 f.; 28,1–4.41, wo keinerlei Anlaß zum Zweifel an einer Verwandtschaft besteht, scheint diese Möglichkeit ausgeschlossen. Von daher könnte man zunächst vermuten, daß Ex 4,14 tatsächlich zum vorpriesterschriftlichen Bestand gehört.[1167]

Es wäre allerdings gewagt, so weitreichende Schlußfolgerungen allein auf diese Deutung von Ex 4,14 aufzubauen, zumal in den letzten Jahren gewichtige Argumente für eine nachpriesterschriftliche Ansetzung des gesamten Abschnittes Ex 4,1–17 vorgebracht worden sind.[1168] Es ist an dieser Stelle weder möglich noch nötig, die Diskussion zu Ex 3 f. umfassend zu rekapitulieren, lediglich einzelne Punkte und Grundentscheidungen seien hervorgehoben:

- Für die häufig vertretene Ausgrenzung der Vv. 14aβb–16[1169] aus dem Kontext Ex 4,1–17 spricht textimmanent wenig, da sie einen engen kompositionellen Zusammenhalt mit den Vv. 10–13 zeigen (z.B. in der zweifachen Anrede Moses בי אדני [Vv. 10.13] usw.) und da die Weigerung Moses Vv. 10 ff. ohne die Einsetzung Aarons Vv. 14 ff. ins Leere liefe.[1170]
- Ex 4,1–17 erweisen sich als gegenüber dem Grundbestand von Ex 3 nachgetragen.[1171] Die Annahme, daß in Ex 5,1 „Mose und Aaron" das ältere Subjekt „Mose und die Ältesten" verdrängt habe und in V. 4 nachträgliche Explikation sei[1172] bzw. das anonyme Subjekt in V. 3 auf Mose und die Ältesten zu beziehen sei,[1173]

---

**1167** So in der Konsequenz mit vielen anderen Dozeman 2006.
**1168** Vgl. v.a. Gertz 2000a, 305–327, nach dem die Verse der „Endredaktion" zukommen; knapper K. Schmid 1999, 203–206. Die Bestreitung der bis dahin üblichen vorpriesterschriftlichen Ansetzung zuvor schon bei Valentin 1978, 101–116 u.ö., vgl. dazu auch die Hinweise bei Blum 2002, 127 Anm. 41.
**1169** Vgl. u.a. Wellhausen ³1899, 71 Anm. 1; Holzinger 1900, 9; Baentsch 1903, 29 f.; vorsichtiger Noth 1959, 32 f. und Blum 1990, 27 f.; inzwischen revidiert Blum 2002, 129.
**1170** Weitere Argumente bei Valentin 1978, 82–85; Kohata 1986, 84 f. und W.H. Schmidt 1988, 190 f. Vorstellbar ist eher eine Ausgrenzung der Vv. 10–16, insofern V. 10 vom möglichen Unglauben des Volkes auf Moses eigene Unzulänglichkeiten überleitet, und V. 17 über die genannten Verse hinweg wieder auf die angekündigten Zeichen Vv. 2–9 zurückgreift, wobei freilich auch zwischen den Vv. 2–9 und 17 leichte Differenzen bestehen, vgl. jedenfalls gegenüber der hier gezwungenermaßen etwas flächigen Argumentation die detaillierte Analyse von Berner 2010, 106–122. Zur Einheitlichkeit des Abschnittes Ex 4,1–17 vgl. v.a. Gertz 2000a, 307–311 und Blum 2002, 128–130.
**1171** Vgl. u.a. Levin 1993, 330–333; Gertz 2000a, 306 f.; Kratz 2000a, 296 und Berner 2010, 106 ff.
**1172** So Wellhausen ³1899, 72; Holzinger 1900, 17; Blum 1990, 28; Levin 1993, 330; Gertz 2000a, 336; ähnlich Valentin 1978, 366–371.
**1173** Vgl. Baentsch 1903, 38, der dafür Ex 5,1 f.4 zu E rechnet.

ist durchaus folgerichtig.[1174] Es müßte dann nur deutlicher die Konsequenz bedacht und benannt werden, daß ohne diese Texte Aaron für den *nicht*priesterschriftlichen Text *als Bruder Moses* ausfiele, je nach Datierung dieser Stücke
eventuell sogar für den *vor*priesterschriftlichen Text *zur Gänze.*[1175]

– Unstrittig sind die Berührungen zwischen Ex 4 und dem priesterschriftlichen
  Text, lediglich die Frage des Verhältnisses ist nicht offenkundig. Mit Jan
  Christian Gertz u. a. scheint mir inzwischen die Mehrzahl der Beobachtungen
  dafür zu sprechen, daß sich Ex 4 plausibler als Reaktion auf priesterschriftliche Paralleltexte verstehen läßt.[1176] Dann allerdings stellt sich die Frage, ob
  im vorpriesterschriftlichen Text überhaupt mit Aaron zu rechnen ist.[1177]

Damit scheint man in eine Aporie geraten. Während angesichts einer Reihe von
Beobachtungen die Kenntnis der Priesterschrift in Ex 4 vorausgesetzt werden
muß, ist eine Ergänzung wie V. 14 in einem bereits priesterschriftlich geprägten
Pentateuch nur schwer denkbar.

Die Lösung liegt möglicherweise in der Überwindung der m. E. falschen Alternative zwischen vorpriesterschriftlich und nachpriesterschriftlich, wenn bei
Annahme der zweiten Möglichkeit automatisch mit der bereits vorliegenden Zusammenarbeit von nichtpriesterschriftlichem und priesterschriftlichem Text
gerechnet wird. Statt dessen sollte in Betracht gezogen werden, daß es sich bei
diesem und ähnlichen Texten um Fortschreibungen im noch selbständigen
nichtpriesterschriftlichen Text handeln könnte, die zwar auf P reagieren, aber die
Zusammenarbeit beider Quellen noch nicht voraussetzen. So ließen sich am
besten sowohl die stofflichen Berührungen erklären als auch die ebenfalls vor-

---

1174 Kritisch demgegenüber Kratz 2000a, 298 Anm. 91; vgl. aber jetzt auch die ausführliche
und bisher gründlichste Argumentation bei Berner 2010, 94 f.137–152.170 ff.
1175 Tendenziell weist auch schon Valentin 1978, 135 in diese Richtung, wenn er schreibt: „Dies
impliziert übrigens, daß für den vorpriesterschriftlichen Aaron keine Textstelle übrig bleibt, die
eine Blutsverwandtschaft Aarons mit Mose zum Ausdruck bringt." Diese Aussage ist im Anschluß an die hier vorliegenden Analysen zu differenzieren und partiell zu korrigieren: Es gibt
auch nachpiesterschriftlich noch einen nichtpriesterschriftlichen Aaron, auf den diese Aussage
zutrifft.
1176 Vgl. Gertz 2000a, 312–321. Unzweifelhaft ist auch, daß Ex 4,14 auf eine für den Leser
bekannte Person zurückgreift, vgl. Levin 1993, 333.
1177 In Frage kommen dafür noch Ex 15,20, 17,10.12; 18,12 oder Ex 32. Zu Ex 32 s.u. Kapitel 4.4;
zu Ex 17,8–16 und Kapitel 18 vgl. Kratz 2000a, 300. Damit bliebe vorpriesterschriftlich allenfalls
noch Aaron als Bruder Mirjams in Ex 15, vgl. mit gewisser Skepsis Noth 1948,197 f. und Kratz
2000a, 290 Anm. 81. Es scheint, daß Aaron seine Prominenz doch eher der Priesterschrift
verdankt, s.u. S. 295 ff.

handenen gegenläufigen Tendenzen. Zu diesen zählt der hier im Zentrum stehende V. 14,[1178] noch deutlicher aber die Rolle Aarons in Ex 32.

Diese Argumentation setzt voraus, daß sich Fortschreibungen, die der Priesterschrift entgegenlaufende Tendenzen enthalten, in einem Pentateuch, der bereits die Vereinigung beider Quellenschriften voraussetzt, schwer erklären ließen. Das Problem daran und damit an der Zuweisung von Texten wie Ex 4 zur „Endredaktion" beruht auf der Beobachtung, daß ansonsten die allgemein als spät anerkannten Ergänzungen im Pentateuch sehr wohl auf der Linie der Priesterschrift liegen. Sollten diese und die mit ihr zusammenhängenden Annahmen richtig sein, ergäbe sich daraus eine Verschiebung des Zeitpunktes der Zusammenarbeit von priesterschriftlichem und nichtpriesterschriftlichem Erzählfaden. Man müßte wohl noch für längere Zeit ein Nebeneinander und damit auch eine wechselseitige Beeinflussung beider Werke annehmen und dürfte erst in relativ später Zeit mit einem vereinten Penta- bzw. Hexateuch rechnen. Dafür spricht auch die obige Analyse, nach welcher die durchaus greifbaren Einsprengsel priester(schrift)licher Konzeption im Deuteronomium dort zu den jüngsten Ergänzungen gehören.[1179] Ohne Frage kann aber dieses Modell nur ein vorläufiges sein und müßte seine Erklärungskraft an anderen Schlüsseltexten noch demonstriert werden, was ich an späterer Stelle zu tun hoffe.[1180]

### c) Konsequenzen

In Ex 4,14 liegt demnach ein vergleichsweise junger, sicher nachexilischer,[1181] in jedem Falle nicht- und höchstwahrscheinlich auch nachpriesterschriftlicher Text vor. Er reagiert auf die Bedeutung der Aaron-Figur in der Priesterschrift und führt Aaron auch in den nichtpriesterschriftlichen Text ein, in welchem jener zuvor keine oder allenfalls eine geringe Rolle spielte. Ex 4,14 ff. zeichnet Aaron jedoch anders als P[(G)]. Er ist seiner Herkunft nach Levit und als solcher ein „Bruder" Moses. Wenn er im betreffenden Abschnitt zu Moses Sprachrohr an das Volk wird,

---

**1178** Möglicherweise muß auch die Verhältnisbestimmung zwischen Mose und Aaron in V. 15 f. im Vergleich mit Ex 7,1 f. eher in diesem Lichte gelesen werden. Liegt nicht ein gewichtiger Unterschied vor, wenn einerseits Mose gegenüber Pharao zum Gott wird und Aaron sein Prophet ist (7,1), wenn andererseits aber Mose zum Gott für Aaron wird und dieser lediglich Moses Mund ist (4,15 f.)?
**1179** S.o. S. 145 ff.
**1180** Weitere Hinweise, die diese Überlegung stützen, werden sich aus der Analyse von Ex 32 ergeben, s.u. Kapitel 4.4.
**1181** Unabhängig von der Frage des Verhältnisses zu P[G] scheint mir dies konsensfähig zu sein, vgl. Kratz 2000a, 298.302 f. und Blum 2002, 127–130.

so folgt daraus, daß jegliche Autorität, ob nun aaronidisch und/oder levitisch, der mosaischen untergeordnet ist, aber gleichzeitig ist „Moses" eben nur noch vermittelt über „Aaron", seinen „levitischen Bruder" zu haben. Insofern wüßte man gern genauer, welche Gruppe sich hier in welcher Weise auf Moses Bruder beruft. Angesichts der Verwendungsweise des Begriffs „Levit" sind Differenzen zu P deutlicher und eine gewisse Nähe zu deuteronomisch-deuteronomistischen Vorstellungen erkennbar. Es wären also eher die „levitischen Priester", für deren Perspektive Aaron als einer der ihrigen in Anspruch genommen würde, als daß hier die priesterlich-aaronidische Konzeption von P das Attribut „levitisch" okkupieren würde.

Daß Ex 4 damit ein Versuch sei, „zwischen den durch Aaron repräsentierten Priestern und den Leviten eine Brücke zu schlagen, und zwar aus levitischer Perspektive (»auch Aaron ist ›Levit‹«)",[1182] scheint mir den Sachverhalt noch nicht ganz zu treffen. Vielmehr liegt, folgt man der obigen Interpretation, konzeptionell noch einmal ein nichtpriesterschriftlicher *Gegen*entwurf zur Priesterschrift vor. Allein thematisch weist diese Aufnahme von priesterschriftlichem Vorstellungsgut durch den nichtpriesterschriftlichen Text auf zunehmende Konvergenzen beider Quellen hin. In diesem Sinne ist es dann auch plausibel, in Ex 4,1–17 einen „Brückentext" zu sehen.

Welche Verhältnisbestimmungen zwischen „priesterlichen Aaroniden" und „levitischen Priestern" historisch mit Ex 4,14 verbunden sind, läßt sich aus dem Text nur schwer entnehmen. Für die frühe Geschichte der Leviten ergeben sich jedenfalls keine, für die spätere Geschichte durchaus brisante, aber nicht in wünschenswerter Weise belastbare Ergebnisse. Sofern man den dargebotenen Schlüssen folgt, wäre Ex 4,14 ein weiterer Beleg dafür, daß ein aaronidischer Anspruch auf das Priestertum noch in später Zeit von wesentlichen, d. h. Traditionsliteratur verfassenden, Gruppen in „Israel" nicht akzeptiert wurde und vielmehr die dtn-dtr Konzeption „levitischer Priester" weiterhin Anhänger hatte. Erst die in später Zeit – möglicherweise deutlich später als bisher angenommen – erfolgte Zusammenführung von nichtpriesterschriftlichem Text und Priesterschrift zum Pentateuch, für welchen dann die priesterschriftliche Perspektive maßgeblich wurde, setzte schließlich auch die aaronidische Konzeption durch.

---

[1182] Blum 1990, 362.

# 4.3 Ex 6

Die nächste Erwähnung von „Levi" bzw. „Leviten" findet sich in Ex 6 in einem Text, der häufig als „Stammbaum Moses und Aarons" bezeichnet wird, was aber den Inhalt nur unzureichend beschreibt.

### a) Levis Nachfahren

Folgen wir auch hier zunächst dem Text in Ex 6: Ein weiteres Mal wird Mose von JHWH, der sich ihm auch namentlich als solcher vorstellt, damit beauftragt, den Israeliten zu verkünden, daß JHWH sie aus der ägyptischen Knechtschaft heraus- und in das gelobte Land hineinführen wolle (Ex 6,2–8). Mose gehorcht, aber obwohl er bei den Israeliten kein Gehör findet, erhält er von JHWH den nächsten Auftrag. Diesmal soll er dem Pharao die Freilassung der Israeliten nahelegen (Vv. 9–11). Mit Verweis auf seine vorangehende Erfolglosigkeit will er sich diesem Ansinnen entziehen und bezeichnet sich selbst recht drastisch als „von unbeschnittenen Lippen" (V. 12).[1183] Als Antwort darauf führt der Text nun neben *Mose* plötzlich *Aaron* ein, der gemeinsam mit dem *Erstgenannten* den nahezu wortgleichen Auftrag erhält (V. 13). Ist aber im vorhergehenden allein JHWH das Subjekt zu יצא *hifʿil* (Vv. 6f.) und wird Pharaos Aufgabe mit שלח *piʿel* formuliert (V. 11), steht nun der Finalsatz להוציא את־בני־ישראל מארץ מצרים, zu dem wohl Mose und Aaron als die Subjekte von יצא *hifʿil* vorzustellen sind.[1184]

An die Erwähnung der aus Ägypten herauszuführenden Kinder Israels schließt sich mit אלה ראשי בית־אבתם die Einleitung zu einer Liste der Söhne Rubens (V. 14) und Simeons (V. 15), sowie eine Aufzählung der Nachfahren Levis (Vv. 16–25) an. Während von Ruben und Simeon jedoch lediglich die Namen der Söhne genannt werden, folgt bei Levi noch die Nennung seines Lebensalters (V. 16). Weiterhin werden die Namen der Enkel[1185] und das Lebensalter Kehats,[1186] des

---

**1183** Der Ausdruck steht ansonsten nur noch in Ex 6,30! Zur metaphorischen Verwendung von ערל vgl. ansonsten Lev 26,41; Jer 6,10; 9,25; Ez 44,7.9.

**1184** In LXX hat אל־בני ישראל in V. 13a keine Entsprechung, weswegen Pharao das Subjekt zu „herausführen" wäre. Allerdings hat LXX statt dessen in Angleichung an V. 11 auch hier das Verbum ἐξαποστέλλω, vgl. dazu Wevers 1990, 79; Propp 1999, 263.

**1185** In bezug auf ומושי V. 19a irreführend Achenbach 2003, 462 Anm. 72: „Die Handschrift M 137 des Sam reicht nicht aus, um hier eine ‚mosaische Linie' zu rekonstruieren..." Die Suche nach dieser Handschrift wird allerdings ergebnislos bleiben, es gibt sie nicht. Ihr „Ursprung" findet sich bei HALAT s.v. מושי. Der dortige Verweis auf „Sam. ᴹ¹³⁷" bezieht sich nach Ausweis des Abkürzungsverzeichnisses XXXI bzw. XXVI auf Murtonen 1960. Dort wird man S. 137 (!) ent-

mittleren Sohnes, notiert (Vv. 17–19). Aus dessen Linie geht es nun mit dem Erstgeborenen, Amram, weiter. Wir erfahren Namen (Jochebed)[1187] und Verwandtschaftsgrad[1188] seiner Frau, die Namen seiner Söhne, nämlich Aaron und Mose,[1189] sowie sein Lebensalter (V. 20).[1190] Aber auch die Namen der Söhne Jizhars, des zweitgeborenen Kehats, und Usiëls, des vierten, werden aufgezählt (V. 21 f.), dazu der Name der Frau Aarons (Elischeba), ihre Herkunft (Tochter Amminadabs und Schwester Nachschons),[1191] sowie die Namen ihrer vier Söhne (V. 23). Wir kennen also schon Nachfahren Levis in der vierten Generation. Zu diesen gehören auch die Söhne Korachs, die zusammenfassend noch einmal als „Sippen der Korachiter" bezeichnet werden (V. 24). Diese Formel schloß ebenso die Liste der Söhne Rubens und Simeons ab, sowie die Liste der Enkel Levis. Aber mit der vierten Generation ist noch nicht Schluß, V. 25 bietet schließlich Informationen zur Frau Eleasars, des dritten Sohnes Aarons sowie zum gemeinsamen Sohn Pinchas. Jetzt folgt als Unterschrift die Bemerkung, daß diese die ראשי אבות הלוים[1192] seien.

Angesichts der Aufforderung JHWHs an Mose und Aaron, die *Kinder Israels* aus Ägypten herauszuführen (V. 13), wird man im Anschluß an die Stammbäume Rubens, Simeons und Levis nun analog zu Gen 46 die Stammbäume der übrigen Söhne Jakobs erwarten. Mit Levis Kindern und Kindeskindern endet die Aufzählung der Nachfahren Jakobs jedoch, und ab V. 26 knüpft der Text allein an *Aaron und Mose* an, die jetzt eindeutig die Subjekte zu יצא *hifʿil* sind. Ihr Auftrag wird präzisiert: Sie sollen die Israeliten nach ihren Scharen geordnet (על־צבאתם) aus Ägypten herausführen (V. 26) und zu diesem Behuf mit dem Pharao sprechen (V. 27). Der Text greift anschließend mit V. 28 noch einmal nach hinten aus und erwähnt, daß der sich selbst vorstellende JHWH mit Mose in Ägypten redet und ihn zum Boten an den Pharao macht (V. 29). Mose aber bringt – diesmal ohne Rückgriff

---

sprechend fündig. Ein herzlicher Dank geht an Noam Mizrahi, jetzt Tel Aviv, und Nathan MacDonald, jetzt Cambridge, die beide an der Aufklärung des „Rätsels" beteiligt waren.

**1186** Im MT 133 Jahre, nach LXX 130 Jahre. Zur Frage der Altersangaben vgl. Propp 1999, 278.

**1187** Zum Problem eines JHWH-haltigen Namens in P[G] siehe Propp 1999, 276 f. Propps Verwunderung über Num 26,59 läßt sich ebenso einfach lösen: Der Vers gehört nicht zu P[G], s.o. S. 184.188 zu Num 26.

**1188** Dazu siehe die Diskussion zu Ex 2,1 oben Kapitel 4.1.

**1189** Samaritanus und LXX nennen auch Mirjam, aber das dürfte eine Angleichung an Num 26,59 und vielleicht auch Ex 15,20 f. sein, vgl. Propp 1999, 264; ohne Entscheidung Wevers 1990, 85.

**1190** MT: 137 Jahre, Samaritanus und LXX[A]: 136, LXX[B]: 132. Propp 1999, 264 hält 136 für die ursprünglichere Lesart; vgl. (ohne Entscheidung) auch Wevers 1990, 85.

**1191** Vgl. dazu Jacob 1997, 163.

**1192** Samaritanus: הלוי, was die ursprünglichere Lesart sein dürfte.

auf das Scheitern seiner Mission bei den Israeliten – angesichts seiner „unbeschnittenen Lippen" Zweifel am Erfolg seines Tuns beim Pharao vor (V. 30). Dem stellt JHWH ein zweites Mal seine Lösung entgegen: Mose solle dem Pharao wie ein Gott sein[1193] und Aaron, der jetzt als Moses Bruder eingeführt wird, Moses Prophet (7,1). Vers 2 präzisiert diesen Modus in Wiederholung von Ex 6,11 und erklärt, daß der Pharao dann die Israeliten ziehen lassen solle (שלח). Darauf folgen die Vorhersage von der Verstockung Pharaos und die Nennung der entsprechenden Konsequenzen (Vv. 3–5); in je einem Vers wird dann recht nüchtern der Vollzug des Auftrages durch Mose und Aaron konstatiert (V. 6), sowie beider Lebensalter notiert (V. 7): Mose erhält 80 Jahre zugesprochen, sein Bruder Aaron ist noch 3 Jahre älter. Der Fortgang der Geschichte ist bestens bekannt.

## b) Literarhistorische Einordnung

Daß wir uns in Ex 6,2–7,7 im Bereich der priester(schrift)lichen Literatur bewegen, ist Konsens,[1194] die nochmalige Berufung Moses zählt zu den *loci classici* der Begründung einer ehemals unabhängigen Priesterschrift.[1195] Weitreichende Übereinstimmung besteht auch hinsichtlich der literarischen Einordnung der Vv. 13–30: Sie sind ein jüngerer Nachtrag in den älteren Konnex von 6,12 und 7,1.[1196]

Da die letztgenannte Ansicht gelegentlich bestritten oder zumindest in Frage gestellt wird,[1197] schadet es nicht, die Argumente noch einmal klar zu benennen: Daß Mose „von schwerer Zunge" sei, sagt er selbst (Ex 4,10), wobei er mit diesem letzten Weigerungsversuch in fast schon paro-

---

**1193** In einem monotheistischen Kontext fällt eine derartige Formulierung ungeachtet ihres metaphorischen Gebrauchs auf. Cassuto 1967, 89 erinnert daher feinsinnig an die dahinterstehende Ironie im Gegenüber zu einem als gottgleich angesehenen Pharao; in ähnliche Richtung denkt auch Jacob 1997, 168 f.
**1194** Vgl. Nöldeke 1869, 36–39; Kayser 1874, 37 ff.; Kuenen 1887, 66 f.; Wellhausen ³1899, 62; Holzinger 1893, Tabelle 1; und ausführlich Berner 2010, 153–167.
**1195** Vgl. mit Nachdruck K. Koch 1987; anders Berner 2010.
**1196** Vgl. schon Kayser 1874, 38 f.; Kuenen 1887, 68; Wellhausen ³1899, 62; Holzinger 1900, 18 f.; Baentsch 1903, 43 f.; Noth 1959, 42 f. (sogar in der Übersetzung weggelassen!); Fohrer 1964, 49 f.; Childs 1974, 111; Lohfink 1978, 198 Anm. 29; Kohata 1986, 50; W.H. Schmidt 1988, 296 f., der allerdings darin noch weitere Nachträge annimmt; Blum 1990, 231; Propp 1999, 267; Kratz 2000a, 244; Berner 2010, 153 ff. Ähnlich Otto 1996, 101, der statt V. 30 allerdings V. 12 dem Nachtrag zurechnet. Nur ist V. 30 lediglich als (verkürzender) Rückgriff auf V. 12 verständlich, nicht umgekehrt. Der Umschwung liegt doch wohl im überraschenden Auftauchen Aarons in V. 13.
**1197** So z. B. G. Fischer 1996, 154 f. im Anschluß an Marx 1995; ohne klare Entscheidung K. Koch 1987, 465; ohne Diskussion Dozeman 2009, 50 f.168 ff.

distischer Weise zu erkennen gibt, daß er v. a. schwer zu größeren Taten zu bewegen ist (Ex 3 f.). Um ihm nicht auch noch unterstellen zu müssen, daß er schwer von Begriff sei, weil er JHWHs bereits angebotene Problemlösung (6,13) ignoriert, unternimmt V. 28 einige Anstrengungen zur Bereinigung der Chronologie, so daß die Beauftragung Aarons *nach* der ersten Unterredung JHWHs mit Mose erfolgt sein kann. Damit erweisen sich die Vv. 26–30 als eine „klassische Wiederaufnahme"[1198] der Vv. 10–12, d. h. mit V. 30 haben wir im Grunde keinen anderen Entwicklungsstand der Erzählung als in V. 12, abgesehen von der Hintergrundinformation des Stammbaumes und der in 6,13 vorweggenommenen Beauftragung Aarons, die eigentlich erst 7,1 bieten wird.[1199] Die Vorstellung Aarons als Bruder[1200] Moses in 7,1 ist im übrigen eine hinreichende Einführung dieser Person. Innerhalb des Abschnittes Ex 6,13–30 hingegen holt im Grunde erst der Stammbaum die Vorstellung Aarons nach. Bei seiner Erstnennung in V. 13 unterbleibt eine solche – weil Aaron aus dem Kontext heraus offenbar als bereits bekannt vorausgesetzt werden kann. Auf den jeweils unterschiedlichen Gebrauch der Wurzel יצא *hif'il*, der auf konzeptionelle Verschiebungen zwischen der Grundschicht (Ex 6,2–12*; 7,1ff.) und der Einfügung (6,13–30) deutet, wurde bereits hingewiesen.

Neben diesen textinternen Signalen, die m. E. hinreichend den Nachtragscharakter des Abschnittes verdeutlichen, gibt es jedoch auch textübergreifende Beobachtungen, die konsequent gegen eine Zurechnung zu P$^G$ sprechen. Rein stilistisch fällt die Rede von „Häuptern der Vaterhäuser" (Ex 6,15), „Häuptern der Väter der Leviten" (6,25) und „ihren [*scil.* der Israeliten] Scharen" auf. Dieser Sprachgebrauch erinnert stark an jene priester(schrift)lichen Texte in Numeri, in denen sich die Suche nach P$^G$ ebenfalls schon als ergebnislos erwiesen hatte.[1201]

Schließlich ist die punktuelle Fortführung der Genealogie interessant. Sie entwickelt ja nicht alle Geschlechterlinien der Kehatiter weiter, sondern nur diejenigen Amrams, Jizhars und Usiëls, nicht aber Hebrons. Bei Amram ist das Interesse an Mose und Aaron offensichtlich, aber auch da werden wiederum nicht Moses Söhne aufgezählt, sondern nur die Nachfahren Aarons, unter denen dann allein Eleasar von größerer Bedeutung ist, da sogar noch dessen Sohn Pinchas der

---

**1198** Vgl. Seeligmann 1962, 322; Propp 1999, 267. Zum Begriff bzw. zur Technik allgemein siehe Kuhl 1952.

**1199** Dagegen schließt G. Fischer 1996, 154f. aus den leichten Differenzen zwischen V. 12 und V. 30 auf einen Fortschritt in der Handlung: In V. 12 thematisiere Mose sein Autoritätsproblem vor den Israeliten und vor Pharao sowie seine rhetorische Ungeschicklichkeit. Der erste Punkt würde durch den Verweis auf Moses Herkunft, d. h. durch den Stammbaum gelöst. Mir ist allerdings nicht deutlich, inwiefern „unbeschnittene Lippen" im Kontext etwa anderes bedeuten sollen als mangelnde rhetorische Fähigkeiten, die der Grund für die mutmaßlich fehlende Überzeugungskraft Moses sind. In anderen Worten: Es handelt sich sowohl in V. 12 als auch in V. 30 jeweils nur um ein Problem, und dieses ist zudem ein und dasselbe: Mose kann und will seinen Auftrag nicht ausführen! Unklar bleibt zudem, wie Moses mangelnde Autorität bei den Israeliten durch die Erwähnung einer Genealogie gelöst worden sein sollte, weswegen diese Frage in 6,30 nicht mehr eigens erwähnt werde. Die (Teil)liste der Nachfahren Jakobs mit ihren chronologisch weit vorausgreifendenden Informationen ist ja für den Leser gedacht, nicht für die Israeliten! Hier beachtet Fischer die Differenzierung der Kommunikationsebenen nicht hinreichend. Darüber hinaus vermisse ich in Fischers Darstellung eine Verhältnisbestimmung zur Einführung Aarons in Ex 4.

**1200** Vgl. oben Kapitel 4.2 zu Ex 4,14.

**1201** S.o. S. 242ff.

Erwähnung würdig scheint. Der Grund dafür ist unstrittig Pinchas' Rolle in Num 25 u. ö. Bei Jizhars Nachfahren Korach, Nefeg und Sichri steht zweifellos Korach im Fokus. Es ist schwer, den Zielpunkt seiner Erwähnung nicht in seiner Rolle in Num 16 zu sehen,[1202] womit wir uns im Bereich der spätesten Ergänzungen im Buch Numeri befänden. Daß hier ausdrücklich auch seine drei Söhne erwähnt werden, ruft weiterhin den Hinweis in Num 26,11 ins Gedächtnis.[1203] Mischael und Elzafan, zwei der Söhne Usiëls, begegnen uns noch in Lev 10,4, wo sie die Leichen Nadabs und Abihus aus dem Lager heraustransportieren sollen; Elizafan (sic!), Sohn des Usiël, ist nach Num 3,30 zudem der Fürst der Sippen der Kehatiter. Schaut man sich also die literarischen Horizonte an, auf welche die Genealogie hier abzielt,[1204] wird man schwerlich noch immer ihre Zugehörigkeit zu P$^G$ behaupten können, nicht einmal mit P$^S$ im Sinne von Einfügungen in eine noch selbständige Priesterschrift wird man rechnen dürfen.[1205] Vielmehr handelt es sich bei dieser Genealogie um einen späten redaktionellen Eingriff, der weite Partien des Pentateuch überblickt und miteinander verbindet.[1206]

Gelten nun die Vv. 13–30 als Nachtrag, so wird von manchen Exegeten das Problem einer fehlenden Einführung Moses in P empfunden, woraus gelegentlich ein Argument dafür abgeleitet wurde, daß P keine eigenständige Schrift, sondern eine Redaktions- bzw. Kompositionsschicht sei.[1207] Mir scheint das nicht zwingend,[1208]

---

**1202** Milgrom 1981, 143: „Indeed, the inclusion of Korah the Levite in the genealogy of Exodus ch. 6 is a transparent editorial prolepsis of the forthcoming Korah rebellion."

**1203** Diesen Bezug übersieht W.H. Schmidt 1988, 298.

**1204** Vgl. auch Propp 1999, 267, der auf mittelalterliche jüdische Ausleger verweist, die ebenfalls in der speziellen Fokussierung dieser Genealogie, insbesondere in der Auslassung Hebrons, Vorverweise auf spätere Texte des Pentateuch sehen. Das Auswahlprinzip ist damit gerade im Rahmen einer auf den Endtext zielenden Perspektive klar erkennbar, anders noch Childs 1974, 117.

**1205** So auch Berner 2010, 164 f.; gegen W.H. Schmidt 1988, 297; Gertz 2000a, 251 f. Gertz' Argument für die Zuschreibung zu P$^S$ ist die Beobachtung, daß die Genealogie in Ex 6 eingeordnet wird und nicht, wie man erwarten könnte, nach der ersten Erwähnung Aarons in Ex 4. Demnach müsse der Stammbaum in Ex 6 älter als Ex 4 sein. Das ist ein interessanter Gedanke, der jedoch allenfalls etwas über das Verhältnis zu Ex 4, nicht aber über die Frage einer noch selbständigen Priesterschrift aussagen kann. Zudem geht diese Erklärung von der Prämisse aus, daß der Stammbaum der Einführung Aarons diene. Wie gesehen, bietet Ex 6,13 jedoch das Stichwort zur Auflistung der בני ישראל, welche zumindest von „Ruben" bis „Levi" genannt werden. Eine vergleichbare Anschlußmöglichkeit sehe ich in Ex 4 nicht. Es gibt also durchaus andere Erklärungsmöglichkeiten für die Stellung der Genealogie in Ex 6.

**1206** Zur Funktion des Textes so auch Magonet 1982, 5 f.: „Therefore its [scil. der Genealogie] placing in Exodus 6 has a wider function than merely an alleged priestly interest in the genealogies of Moses and Aaron. It is part of an overall editorial concern with the Pentateuch as a narrative whole." Insofern greift die Erklärung von Noth 1959, 42 f., den Zielpunkt des Einschubs allein in der Nennung Moses und Aarons V. 20 zu sehen, zu kurz.

**1207** Vgl. Rendtorff 1977, 130 und insbesondere Blum 1990, 231.240–242, sowie in Auseinandersetzung mit Rendtorff Koch 1987, v. a. 465. Freilich vermag Kochs als Möglichkeit geäußerte Variante, Ex 6 könne in toto doch ursprünglich P zugehörig gewesen sein und die Funktion einer Einführung Moses erfüllt haben, nicht zu überzeugen, vgl. noch einmal Blum 1990, 241 Anm. 45.

da auch andere Personen in P ohne nähere Vorstellung bleiben.[1209] Streng genommen lösen zudem selbst die Vv. 13–30, die sich ja nicht auf Mose und Aaron beschränken, den empfundenen Mangel bestenfalls teilweise, insofern beide ja erst *nach* ihrem ersten Auftritt in ein umfassenderes genealogisches Schema eingeordnet werden. Man wird wohl unterstellen dürfen, daß P eine Figur wie Mose schlicht als bekannt voraussetzen konnte und eine längere Einführung desselben nicht notwendigerweise zu erwarten ist.[1210] Als literarkritisches Kriterium ist eine solche von der konkreten Beobachtung am Text abstrahierende Überlegung ohnehin ungeeignet. Eine Analyse des Textes, die nicht von der Voraussetzung literargeschichtlicher Größen wie P belastet ist, zwingt m. E. zur Annahme, daß die Verse nachgetragen sind.

Zwei Fragen bleiben: Die erste betrifft die literarischen Vorlagen der Genealogie und läßt sich relativ leicht beantworten. Die Stammbäume Rubens und Simeons (Vv. 14 f.) haben ihr Vorbild in Gen 46,8–10;[1211] zur Levitengenealogie (Vv. 16–25) bestehen enge Parallelen sowohl in Num 3 als auch in Num 26, auch wenn sie zu einem nicht unerheblichen Teil eine Eigenkomposition des hiesigen Verfassers sein dürfte. Gerade in den Verwandtschaftsverhältnissen liegen ja offenbar genealogische Interpretationen älteren Materials vor, so wenn Jochebed ausdrücklich als Tante Amrams angeführt wird.[1212] Diese Beobachtung leitet über

---

**1208** Vgl. etwa Wellhausen ³1899, 62: „Die Erwartung, den Mose erst eingeführt zu sehen, ehe er, wie 6, 2 geschieht, als bekannte Person auftritt, ist bei Q nicht berechtigt." Das hat allerdings nicht, wie Rendtorff 1977, 231 unterstellt, damit zu tun, daß man den Autor von P für einen schlechten Schriftsteller hielte, sondern mit der Annahme, daß P bei seinen Lesern eine Vertrautheit mit Personen und Ereignissen der „Geschichte" voraussetzt. Vgl. auch Winnett 1949, 28 mit sachlich ähnlicher Argumentation in bezug auf seine Rekonstruktion einer nichtpriesterschriftlichen Exoduserzählung ohne Ex 1 f.: „It may be felt that if the first two chapters be regarded as a later addition to the Book of Exodus, it is still necessary to assume that another account of Moses' birth once stood there, which account for some reason displeased P and was replaced by the account from the other source. But the abrupt manner in which Abraham is introduced in Gen. 12 (for it is very doubtful if any of the preceding genealogy is part of the original written story) should be a warning against forming too hasty a judgment on the matter. It is evident that story-tellers did not always feel it necessary to incorporate into their narratives all of the facts which had been handed down by tradition, such as the names of the ancestors of the hero of the tale. Later on P felt it desireable to incorporate into the written tradition the more important of these supplementary facts."
**1209** Vgl. etwa den Hinweis auf Bezalel bei Elliger 1952, 126 Anm. 1, wogegen man allerdings einwenden kann, daß Bezalel in Ex 31,2 u. ö. zumindest eine Genealogie erhält.
**1210** Vgl. neben Wellhausen noch Noth 1959, 45; Kratz 2000a, 244 u. a.
**1211** Ex 6,15 kennt sogar den Simeon-Sohn „Ohad" aus Gen 46,10, der in den Parallelen Num 26,12 und I Chr 4,24 jeweils fehlt.
**1212** S. o. S. 253 f.

zur zweiten Frage: dem Verhältnis des Stammbaumes zu Ex 4,14. Dort bezeichnete Aarons Attribuierung als „Bruder" Moses keine leibliche Verwandtschaft,[1213] auch wenn sich die Stelle nachträglich so lesen läßt. In Ex 6,13 – 30 ist ein solches Verständnis allerdings expliziert, insofern kann Ex 4,14 keine jüngere Fortschreibung zur hiesigen Genealogie und womöglich endredaktionell sein. Das allein schlösse noch nicht aus, daß in Ex 6 eine selbständige Priesterschrift um die Vv. 13 – 30 erweitert wurde, die oben diskutierten Bezugstexte hingegen sehr wohl. Damit dürfte der hier behandelte Text, wie sich oben schon andeutete, zu den jüngsten, „endredaktionellen" Stücken im Pentateuch gehören.[1214]

## c) Ertrag

Mit dem oben genannten zweiten Punkt, der genealogischen Interpretation vorhandenen älteren Materials, ist auch der entscheidende Beitrag von Ex 6,13 – 30 für die Frage nach den Leviten angesprochen. Der Abschnitt systematisiert bzw. schematisiert die überkommenen Stoffe, definiert das Verhältnis zwischen Amram und Jochebed, erklärt Aaron zum älteren (leiblichen) Bruder Moses[1215] und andere bekannte Nachfahren Levis zu ihren engsten Verwandten. Die Familiengeschichte der Genesis, die mit dem Exodus zu einer Volksgeschichte geworden war, wird in den spätesten Zusätzen wieder fokussiert auf eine Familiengeschichte: auf Levi und seine als Kultpersonal beschäftigten Nachfahren.

Dabei scheinen die im Buch Numeri ausgetragenen Konflikte zwischen aaronidischen Priestern und Leviten[1216] als den übrigen Nachfahren Levis bereits vorausgesetzt zu sein – oder besser: diese Konflikte sind bereits zugunsten einer Vorrangstellung der Aaroniden entschieden. Zwar wird man, dem Genre Genealogie entsprechend, *offene* Auseinandersetzungen in Ex 6 auch nicht erwarten dürfen. Aber die Unterscheidung zwischen den Nachfahren Aarons und den übrigen levitischen Familien ist einerseits im Vorgriff auf Eleasar und Pinchas im-

---

**1213** S.o. S. 257 f.
**1214** Mit etwas anderer Begründung aber gleichem Ergebnis Berner 2010, 164 f.; genau umgekehrt z. B. Gertz 2000a, 251 f., der in Ex 6,13 – 30 eine Erweiterung des noch selbständigen priesterschriftlichen Textes sieht und Ex 4,14 für „endredaktionell" hält. Ähnlich Otto 1996, 101 ff. Nach ihm wäre Ex 4,14 ein Vorverweis auf den „Levitenstammbaum" Ex 6, der zweifellos nachpriesterschriftlich ist. Dieser „Vorverweis" mag im Endtext bestehen, aber er ist kaum ein hinreichendes literarkritisches Argument für eine diachrone Ansetzung von Ex 4,14 nach Ex 6, zumal m. E. Bedeutung und Funktion von חול bei Otto nicht zutreffend bestimmt sind.
**1215** Zum Verhältnis von Mose und Aaron und insbesondere zur Frage der Nachfahren Moses nach P vgl. Propp 1999, 284 – 286.
**1216** S.o. Kapitel 3.

pliziert, wenn die Aaroniden den am weitesten in die Zukunft blickenden Stammbaum mit Fortführung der hohepriesterlichen Linie erhalten. Andererseits finden auch die eigens mit einer Zusammenfassung versehenen Nachfahren Korachs Erwähnung (V. 24), womit sowohl auf die Letztfassung von Num 16 rekurriert wird als auch auf das daraus entstehende Problem, warum in der Gegenwart der Verfasser – trotz Korachs Untergang – weiterhin korachitische Geschlechter existieren.[1217]

Der hier behandelte Text, ein absoluter Spätling im Pentateuch, ist damit eines der Bindeglieder zwischen diesem und den Büchern der Chronik. In jenen gerät der Pentateuch nicht mehr als Darstellung einer Epoche der Geschichte Israels in den Blick, sondern nahezu ausschließlich als Gesetzbuch mit Mose als Gesetzgeber – ein Bild, welches wesentlich durch die spät hinzugefügten Gesetzesmaterialien in den Büchern Leviticus und Numeri geprägt wird. Der Abriß der Menschheitsgeschichte bis zu König David liest sich nach I Chr 1–10 v. a. als Entwicklung einer Generationenfolge von Adam an. Im Vergleich mit den Überlieferungen im Pentateuch werden dabei die genealogischen Systeme noch weiter ausgebaut, wobei die Nachfahren Levis einer der Schwerpunkte sind.[1218] Die Unterscheidung zwischen den Aaroniden als Priestern und den übrigen Leviten innerhalb der Nachfahren Levis setzen aber Ex 6 wie auch die Chronikbücher – im Unterschied zu den späten Numeri-Texten – als selbstverständlich und ganz unpolemisch voraus.

## 4.4 Ex 32

### a) Mose, Aaron und der Bruch des Bundes

Nach der Liste der Nachfahren Levis in Ex 6 begegnet uns לוי erst wieder in der „hinteren Sinaiperikope" (Ex 32–34). Für die Ereignisse in Ägypten, den Exodus, die Wüstenwanderung bis zum Gottesberg, sowie für die ersten Ereignisse und die Gesetzgebung dort spielte die Leviten-Thematik keine Rolle. Inzwischen ist Mose 40 Tage auf dem Berg, um sich mancherlei Gesetze und die Anweisungen zum Bau der Stiftshütte anzuhören. Das Volk, verunsichert von der langen Abwesenheit seines Helden, läßt sich von Aaron ein Gottesbild anfertigen, den es mit dem Exodusgott gleichsetzt und ihm folgerichtig opfert und dazu diversen Lustbar-

---

1217 Vgl. Num 26,11.
1218 S.u. Kapitel 8.2.

keiten[1219] nachgeht (Ex 32,1–6). Für JHWH ist das Grund genug, seine laut Ex 31,18 ohnehin beendete Unterredung mit Mose mit dem Hinweis zu beschließen, dieser möge vom Berg hinabsteigen und sich um das vom rechten Wege abgeirrte Volk kümmern (Vv. 7f.). Bevor Mose wirklich gehen darf, wird er allerdings noch in einen nächsten Redegang verwickelt (V. 9).[1220] JHWH will seinem Zorn gegenüber den Israeliten freien Lauf lassen, und erst durch Moses Fürbitte, die einerseits auf den möglichen Spott der Ägypter, andererseits auf JHWHs Schwur an die Väter verweist, läßt er sich besänftigen (Vv. 10–14).

Nun steigt Mose tatsächlich mit den Tafeln des Zeugnisses in seiner Hand hinab (Vv. 15f.). Als ersten trifft er auf Josua, der Mose auf die von den Israeliten kommende Geräuschkulisse aufmerksam macht, deren Bedeutung noch unklar ist (Vv. 17f.). In Sichtweite zum Lager erkennt Mose dann das Kalb und die Festivitäten. Obwohl er ja eigentlich durch JHWH von den Vorgängen während seiner Abwesenheit wissen sollte, und obwohl er selbst zuvor noch besänftigend auf JHWH eingewirkt hatte, entbrennt daraufhin sein Zorn. Er zerbricht die Tafeln, läßt diesem destruktiven Drang auch am goldenen Kalb freien Lauf und bereitet aus dessen Resten für die Israeliten ein Wassergemisch, mit welchem er sie tränkt (Vv. 19f.).[1221] Daraufhin stellt er Aaron zur Rede, der – in wörtlicher Aufnahme von V. 1b – die Vorgänge schildert und sich selbst mit Verweis auf die Bosheit des Volkes zu entschuldigen versucht, wobei sein eigener Anteil etwas bescheidener wirkt als in den erzählenden Versen zu Beginn (Vv. 21–24). Erst jetzt (V. 25) scheint Mose zu sehen, daß das Volk „verwildert" ist (פרע), weil Aaron es hatte „verwildern" lassen (פרעה).[1222] Er stellt sich am Lagertor auf und ruft einen jeden, der zu JHWH gehört, zu sich. Dem Ruf folgen *alle* Söhne Levis. Diesen verkündet Mose nun die göttliche Botschaft, daß ein jeder sich mit seinem Schwert gürten solle, um

---

**1219** Zur negativen Konnotation von צחק *pi'el* vgl. u. a. die rabbinischen Auslegungen zu Gen 21,9.

**1220** Der Vers fehlt in LXX, hat allerdings eine wörtliche Parallele in Dtn 9,13. Es ist gut möglich, daß hier eine interne Harmonisierung des hebräischen Textes vorliegt, so z. B. Lohfink 2001, 83. Ich bin mir allerdings nicht sicher, ob sich auf diese Weise auch die erneute Redeeinleitung in Ex 32,9 erklären läßt, oder ob nicht doch der hebräische Text als *lectio difficilior* vorzuziehen ist, vgl. ähnlich Propp 2006, 543. Wevers 1990, 523 tendiert mit allerdings eher schwacher Begründung zur Annahme bewußter Auslassung in der LXX. Für die kapitelinterne Literarkritik ergeben sich so oder so keine schwerwiegenden Konsequenzen.

**1221** Vgl. Num 5,11ff. und Num 19.

**1222** Es gibt zwei Möglichkeiten, die Schreibung des Suffixes der 3. Person Sg. m. mit ה zu erklären. Entweder liegt hier die alte, vorexilische Form vor (vgl. Gogel 1998, 60.163f.; Blau 2010 171f.) oder, weniger wahrscheinlich, ein „orthographischer Aramaismus". Die Frage verfehlt allerdings den Punkt. Entscheidend ist die Anspielung auf „Pharao": Aaron hat also Israel in „ägyptische Zustände" zurückfallen lassen!

seinen Bruder, Freund und Nächsten (אח, רע, קרב) zu töten. Diesem ohne Zögern ausgeführten Strafgericht[1223] fallen an jenem Tage 3000 Mann aus dem Volk zum Opfer. Hierauf gibt Mose den Söhnen Levis die Anweisung, sie mögen sich „die Hände für JHWH füllen", ein jeder seinem Sohn und Bruder, um Segen auf sie zu legen[1224] (Vv. 26 – 29).

Erst am nächsten Morgen wird auch das Volk von Mose einer Rede für würdig erachtet und über sein Fehlverhalten aufgeklärt. Nach der Ankündigung, bei JHWH um Vergebung ersuchen zu wollen, verabschiedet sich Mose erneut und überläßt das Volk sich selbst (V. 30). Die diesmal knappere Unterredung mit JHWH endet mit dem Auftrag, das Volk zu führen, verbunden mit der Zusage eines voranziehenden Boten/Engels. Die Heimsuchung der Israeliten ihrer Sünde wegen soll aber zu gegebener Zeit noch erfolgen (Vv. 31 – 34)! Entweder ist dieser Aufschub als von sehr kurzer Dauer gedacht oder es ist eine noch andere, größere Dimension der Strafe im Blick, denn der folgende Vers konstatiert, daß JHWH das Volk des gemachten Kalbes wegen schlägt (V. 35).

Mit Kapitel 33 setzt noch einmal eine Gottesrede an. JHWH erteilt zum zweiten Mal den Befehl an Mose, das Volk zu führen und nennt diesmal auch das Ziel: das Land, von welchem er Abraham, Isaak und Jakob geschworen hatte, es deren Nachkommen zu geben. Auch das Motiv des Boten/Engels erscheint (Vv. 1 f.), ansonsten nimmt die Rede einen etwas anderen Verlauf als die vorherige.

### b) Zur Literarkritik in Ex 32

Der Fortgang der Erzählung in Ex 33 f. kann hier auf sich beruhen, da eine literarkritische Analyse der kompletten hinteren Sinaiperikope an dieser Stelle nicht beabsichtigt ist. Einige grundsätzliche Bemerkungen zu Kapitel 32 mit Hinblick auf das Thema „Leviten" sollen genügen. Vorausgesetzt ist, daß Ex 32* in jedem Falle zum ältesten Bestand der „hinteren Sinaiperikope" gehört, da Ex 33 f. ohne die Erzählung vom Goldenen Kalb schlechterdings undenkbar sind.[1225] Angesichts

---

1223 Gegen die Deutung als „Strafgericht" wendet sich Dohmen 2004, 312f. Er betont statt dessen den Bezug zu Ex 19,20 – 25 und deutet die Sünde von Ex 32 im Lichte von Ex 19, d. h. als unerlaubtes Vordringen in den Bereich des Heiligen, was auf der gleichen Stufe wie Abwendung von JHWH stünde. Abgesehen von der Schwierigkeit dieser Gleichsetzung bleibt unklar, inwiefern es sich dann bei Ex 32 nicht mehr um eine Strafe handelte.
1224 So in Anlehnung an die Versionen; der hebräische Text ist in der zweiten Vershälfte schwer zu deuten. Zu den Einzelheiten s.u. S. 281ff.
1225 Vgl., wenn auch mit anderen Grundsatzentscheidungen, Aurelius 1988, 60.

der diffusen Diskussionslage[1226] möchte man zwar einstimmen in den Ausruf „[e]s kann nicht meine Aufgabe sein, die Menge der Scheidungsversuche zu diesem Kapitel noch um einen weiteren zu vermehren".[1227] An einer Durchsicht der Argumente und einer zumindest partiellen Korrektur bisheriger Versuche führt jedoch kein Weg vorbei.

Eine erste Beobachtung betrifft die Digression in Vv. 9 – 14. Nachdem JHWH in Vv. 7 f. mit recht dramatischen Worten Mose die nicht minder dramatische Situation im Lager der Israeliten schildert und ihn sogleich vom Berge hinabschickt, hält er ihn plötzlich Vv. 9 ff. auf mit der überraschenden Wendung, daß er das störrische Volk vernichten und statt dessen Mose zu einem großen Volk machen wolle, worauf Mose allerdings nicht eingeht, sondern Fürbitte hält.[1228] Erst nachdem JHWH von seinem Zorn abgekehrt ist (V. 14), kann Mose doch noch nach dem Rechten sehen (V. 15). Insofern reagiert V. 15 auf die ursprüngliche Anweisung in V. 8, was wohl auch der ältere Textzusammenhang ist, während die Fürbittszene Vv. 9 – 14 ein späterer Einschub sein dürfte.[1229] Der Plan JHWHs zur Vernichtung des Volkes läuft der Anweisung an Mose, hinabzusteigen, ja entgegen – zu wem sollte Mose dann überhaupt noch gehen und zu welchem Zweck? Die Verse klären vielmehr nachträglich, warum das Volk trotz dieses sofortigen und schweren Verstoßes gegen das Erste Gebot nicht der Vernichtung anheimfiel. Der Anschluß von V. 15 an V. 8 spricht übrigens auch dafür, daß die Vv. 7 f., anders als häufig angenommen,[1230] zum Grundbestand gehören.[1231] Gestützt wird diese These durch

---

**1226** Zur Einführung in die vertretenen Forschungspositionen vgl. K. Schmid 2001.

**1227** Westphal 1906, 212. Vgl. zur Übersicht von Knobel (1857) bis Valentin (1978) Hahn 1981, 142.

**1228** Vgl. in enger Parallelität Num 14,11– 20.

**1229** Vgl. mit Zuordnung zum Jehovisten u. a. Nöldeke 1869, 55; Wellhausen ³1899, 91. Dort (Anm. 1) erwägt Wellhausen auch die Möglichkeit, eventuell mit Knobel Vv. 7 f. als Nachtrag anzusehen, wobei er sich scheinbar dagegen ausspricht, S. 92 dann aber doch Vv. 7 – 14 als „Supplement" einordnet. Leider sind die meisten Exegeten der letzteren Anschauung gefolgt, anders z. B. Perlitt 1969, 208 f. und Kratz 2000a, 140.

**1230** Siehe die vorangehende Anm. Die Argumentation lautet in etwa, daß Mose in Vv. 17 f.19 f. noch nicht wisse, was vor sich gehe und darum Vv. 7 f., welche dieses Wissen vorwegnähmen, nachgetragen sein müßten, vgl. Holzinger 1900, 108; Baentsch 1903, 268 f. mit etlichen Nachfolgern. Konkel 2008, 108 f. Anm. 23 verzichtet gar auf jegliche Begründung seiner literarkritischen Ausscheidung der Vv. 7 – 14 und führt zur Bestätigung seiner Entscheidung auch diejenigen Positionen an, nach denen lediglich die Vv. 9 – 14 als zugesetzt zu gelten hätten. Das verkennt das Problem und führt in die Irre, denn die mögliche Doppelung zwischen den Vv. 19 f. und V. 25, die zumindest Zweifel an der Ursprünglichkeit der Vv. 19 f. weckt (s. u. Anm. 1242), wird dabei nicht hinreichend beachtet. Statt dessen setzt man die Priorität von Vv. 19 f. einfach voraus. Schlußendlich hat das Argument der „Vorwegnahme" als solches keinen Bestand, da die

eine terminologische Beobachtung: Während Vv. 1.4.7 f.[1232] für „herausführen" die Wurzel עלה *hif'il* verwenden, benutzen Vv. 11 f. יצא *hif'il*. Damit verbunden ist, daß im letzteren Falle JHWH das Subjekt des Herausführens ist,[1233] in den zuerst genannten Versen dagegen entweder Mose oder – in blasphemischer Verkennung der Tatsachen – das selbstgemachte Gottesbild.

Eine zweite Beobachtung betrifft das Motiv der Tafeln. Diese sind aus Ex 24,12b und 31,18 bekannt. In 24,12b erwähnt JHWH, daß er dem Mose zwei steinerne Tafeln (לחת האבן), d. h. das Gesetz und die Weisung,[1234] die er bereits geschrieben habe, übergeben wolle. Die Ursprünglichkeit der Vershälfte ist durchaus fraglich.[1235] An der zweiten Stelle ist von den zwei ebenfalls in Stein gehaltenen Tafeln des Zeugnisses (לחת העדת) die Rede, die auf die mit göttlichem Finger geschrieben ist. Der Vers setzt die Beendigung einer längeren Unterhaltung JHWHs mit Mose voraus, in der JHWH zuvor (Ex 25,16.21) bereits angekündigt hatte, Mose das Zeugnis (העדת) zu übergeben. Zudem ist in 31,18 das Subjekt, d. h. JHWH, nur impliziert und fordert daher dessen vorherige Nennung. Textlich folgt daraus, daß V. 18 auf die vorangehenden priesterschriftlichen Kapitel 25 – 31* angewiesen ist und darum mit Recht üblicherweise ebenfalls zu P$^G$ gerechnet wird.[1236] Da Ex 24,12 jedoch nur die Ankündigung einer Übergabe beider Tafeln beinhaltet, muß Mose dieselben erst in 31,18 entgegen- und in 32,15 mitnehmen, damit er sie anschließend in V. 19b zerbrechen kann. Damit setzt das Motiv der Tafeln in Ex 32 die Priesterschrift bereits voraus. Soll das nicht für die ganze Episode vom Goldenen Kalb gelten – wogegen manch andere Beobachtung spricht –, müßten die Tafeln hier auf einem Nachtrag beruhen.[1237]

Eine dritte Beobachtung betrifft schließlich Moses Gehilfen Josua. Dieser taucht in V. 17 ebenso plötzlich wieder auf, wie er nach Ex 24,13, wo er sich noch gemeinsam mit Mose auf den Weg gemacht hatte, von diesem offenbar zurück-

---

Vv. 17 ff. durchaus eigene Akzente gegenüber Vv. 7 f. setzen und eine bloße Ankündigung Moses eigenes Sehen noch keineswegs überflüssig macht.

**1231** Vgl. auch Kratz 2000a, 140 mit Anm. 42.

**1232** Dazu V. 23 als Zitat von V. 1 sowie Ex 33,1.

**1233** Vgl. oben S. 263.266 zu Ex 6,6 f. in Differenz zu 6,13.26 f.

**1234** Das ו vor התורה ist im jetzigen Text wohl als *waw explicativum* zu deuten.

**1235** Vgl. u. a. Lehming 1960, 33; Kratz 2000a, 143.

**1236** Vgl. Wellhausen ³1899, 91 f. Anm. 1; Lehming 1960, 33; Perlitt 1969, 206 f. u. a. Holzinger 1900, 148 und Baentsch 1903, 268 ordnen allerdings aus Systemzwang V. 18b im Anschluß an Ex 24,12b E zu.

**1237** Grundsätzlich kritisch zur Ursprünglichkeit des Tafelmotivs schon Perlitt 1969, 209 f. und in gewohnter Kürze Levin 1993, 369: „Das spektakuläre Motiv, das die Aufmerksamkeit der Exegeten über Gebühr auf sich gelenkt hat, gehört zu den spätesten Zutaten von vorderer und hinterer Sinaiperikope."

gelassen wird, denn auf den Berg hinauf steigt Mose allein. Seinen ersten Auftritt hat Josua als Kämpfer gegen Amalek in Ex 17, als Person eingeführt wird er allerdings erst in Ex 33,11; Num 11,28 oder – mit Umbenennung Num 13,(8.)16. Nicht allein die schwache Kontexteinbindung in der Sinaiperikope läßt vermuten, daß Josuas Auftreten vor der Kundschaftergeschichte kaum zum ältesten Überlieferungsgut gehört.[1238] Diese Beobachtungen zeigen zunächst nur, daß die Endgestalt von Ex 32 mit Josua und dem Motiv der beiden Tafeln junge Elemente enthält. Unter Verzicht auf literarkritische Differenzierungen innerhalb des Kapitels müßte man dieses entsprechend insgesamt für nachpriesterschriftlich halten.[1239] Nun ist es aber *möglich*, beide Motive, d. h. Vv. 15aβ–18.19b, zu Nachträgen zu erklären: Sie lassen sich problemlos aus dem Kontext herauslösen, der verbleibende Textbestand ergibt nach wie vor eine kohärente Erzählung und auch der Zweck der Nachträge ist gut erklärbar. Zwingende textimmanente Gründe für eine literarkritische Scheidung liegen an diesem Punkt zugegebenermaßen *noch* nicht vor. Gegen die Ursprünglichkeit des Tafelmotivs kann man immerhin auf den leichten Widerspruch verweisen, der sich durch die Ortsangabe תחת ההר in V. 19 ergibt, während „in V. 20 das Innere des Lagers als Standort vorausgesetzt wird."[1240] Gegen Josua als ursprünglichen Begleiter Moses spricht, daß V. 19 im Singular formuliert ist und dabei offenbar nur an Mose denkt.[1241] Abgesehen davon bleibt noch der argu-

---

1238 Vgl. etwa Noth 1948, 192 f., wobei Noth auch gegenüber Josua in Num 13 f. skeptisch bleibt. Mit altem Überlieferungsgut muß man auch dort nicht rechnen, aber man bedenke, daß sich die Relationen zu den von Noth noch zu P gerechneten Stücken Num 27,15 – 23 und Dtn 34,9 verschoben haben. Von daher besteht durchaus die Möglichkeit, daß Josua seine Karriere im Pentateuch als Hosea in Num 13 begann. Wie auch immer man diesen Sachverhalt entscheidet, in den Texten vor Numeri zählt Josua jedenfalls nicht zum Urgestein.

1239 Entsprechend Otto 1996, 88 f. Seine Analyse beinhaltet außerdem Beobachtungen zu Ex 32,1 – 6 im Verhältnis zum priesterschriftlichen Text. Zur Auseinandersetzung damit s. u. S. 288 f.

1240 Gertz 2001, 97. Dagegen ist das Argument priesterschriftlichen Sprachgebrauchs (so mit vielen etwa H.-Chr. Schmitt 2000, 237 f.) nicht aussagekräftig, insofern damit nichts über die *interne* Chronologie des Textes gesagt werden kann, solange die Möglichkeit besteht, daß der gesamte Abschnitt nachpriesterschriftlich ist.

1241 Problematisch ist hingegen die Argumentation von H.-Chr. Schmitt 2000, 237, der die Vv. 17 f. derselben Bearbeitungsschicht wie Vv. 7–14 zuweist, weil Mose darin „bereits von Jahwe über das Goldene Kalb informiert ist." Zum einen kann ich die Einschätzung der Vv. 7 f. nicht teilen, zum anderen sehe ich nicht, daß Mose in den Vv. 17 f. sein Wissen darum, was ihn erwartet, zum Ausdruck brächte, wenn er (V. 17b) von „Kriegslärm" spricht. Erzähltechnisch liegt in der Unterhaltung zwischen Mose und Josua ein retardierendes, die Spannung erhöhendes Moment vor. Die Frage, ob dem Autor/Redaktor der Vv. 17 f. bereits die Vv. 7 f. vorgelegen haben mögen, ist unabhängig davon zu betrachten.

mentative Umweg über die Beobachtung, daß eine eventuell verbleibende Grunderzählung in Ex 32* nicht oder nur schlecht als nachpriesterschriftliche Fortschreibung verständlich wäre und statt dessen mit einem vor- bzw. – in Anlehnung an die Überlegungen zu Ex 4 – *neben*priesterschriftlichen Erzählfaden gerechnet werden müßte. Mir scheint letzteres besonders im Hinblick auf die Vv. 1– 6.25 – 29, d. h. die Rollen Aarons und der Söhne Levis, der Fall zu sein. Dem ist im folgenden noch nachzugehen, als Arbeitshypothese übernehme ich zunächst die Annahme, daß V. 15aα seine ursprüngliche Fortsetzung in V. 19a(?).20a findet.[1242]

Vers 20b wiederum könnte ebenfalls nachgetragen sein. Zum einen fällt auf, daß im Kontext nur hier von den „Kindern Israels" die Rede ist, während sonst der Begriff „Volk" benutzt wird. Zum anderen finden in der Parallelstelle Dtn 9,21 die Überreste des verbrannten und zerstoßenen Bildnisses anders als in Ex 32,20 keine Verwendung als Trank.[1243] Vielleicht liegt mit diesem eine Anspielung auf das Fluchwasser Num 5,11ff., welches einer des Ehebruchs verdächtigten Frau zu verabreichen ist, vor.[1244] Daß sich der Bundesbruch der Israeliten gut mit dem Bild des Ehebruchs beschreiben läßt, braucht nicht betont zu werden. Vor allem aber bleibt das Motiv des Tränkens in Ex 32 unausgeführt[1245] und gibt sich so als spätere Auslegung zur Frage, was mit den Überresten des Kalbes passiert sei, zu erkennen.

---

**1242** Dazu klassisch Perlitt 1969, 207: „Die Anfertigung und Zerstörung des עֵגֶל מַסֵּכָה ist die Mitte der Erzählung von Ex 32, von der alle Nebenzüge ihre Existenz haben." Daran angelehnt Konkel 2008, 111: „Die Grundschicht muss in V. 19 eine Fortsetzung finden." Ganz sicher scheint v. a. letzteres jedoch nicht, vgl. Dohmen ²1987, 79f.90 ff. und, nochmals etwas anders, Berlejung 1998, 351 ff. Für eine Fortsetzung in V. 20 spricht sich etwa Kratz 2000a, 140 aus. – In Variation der obigen Ausführungen habe ich zwischenzeitlich die Möglichkeit erwogen, die Fortführung der Grundschicht nach V. 15aα erst in V. 25 zu sehen. Im jetzigen Text fällt Moses zweimaliges Sehen in V. 19 und V. 25 auf. Letzterem fehlt die Novität, da die Tatsache, daß das Volk abgeirrt war, sich sachlich bereits aus ersterem ergibt. Das führt auf den Gedanken, die Verdoppelung könne das Resultat einer nachträglichen Voranstellung der Vv. 19 f. sein. Wenn die Grundschicht allein am Verhalten und der Züchtigung des Volkes, nicht am Verbleib des Kalbsbildes, interessiert wäre, ergäbe sich gleichermaßen ein gutes Motiv für die nachträgliche Ergänzung der Vv. 19 f. (eventuell zusammen Vv. 21– 24). In anderen Worten: Vv. 19 f. wären als vorangestellte Ergänzung zu Vv. 25 ff. gut erklärbar. Ich bleibe aber doch unsicher, ob man tatsächlich auf V. 20 verzichten kann.
**1243** Vgl. zu Dtn 9,21 dagegen II Reg 23,4.12!
**1244** Kritisch dazu Gertz 2001, 98 Anm. 52. Redaktionsgeschichtliche Schlußfolgerungen sollten aus dieser möglichen Nähe zu Num 5 in der Tat nicht gezogen werden.
**1245** Nach Aurelius 1988, 65 Anm. 42 ist damit auch nicht zu rechnen. Dementsprechend bestimmt er die literarkritische Relation innerhalb des Verses: Nach ihm ist V. 20b ursprünglich, וישרף באש hingegen Anteil einer deuteronomistischen Überarbeitung in einem ansonsten vordeuteronomistischen Text. Abgesehen von der insgesamt nur schwerlich überzeugenden vor-

Wenn aber V. 20b auf einen Ergänzer zurückgeht, dann ist auch die nicht selten vertretene Position, V. 35 biete den Abschluß zu diesem Erzählstrang,[1246] hinfällig. Jedenfalls können die dazwischenliegenden Verse nicht gleichsam automatisch einer Grundschicht abgesprochen werden, und die Frage nach ihrer redaktionellen Zuordnung stellt sich noch einmal neu. Für die Annahme, die folgende Unterredung Moses mit Aaron (Vv. 21–24) sei eine spätere Ergänzung, wird zumeist angeführt, daß darin ein nachgetragener Entschuldigungsversuch Aarons vorliege.[1247] Die Überzeugungskraft dieses Arguments hängt davon ab, für wie erfolgreich man den Versuch hält.[1248] Mir scheint die Beobachtung des engen Zusammenhangs von Vv. 19.20a mit V. 25 aussagekräftiger: Zuerst sieht Mose das Kalb und beseitigt dieses Übel, danach sieht er den Zustand des Volkes[1249] – und reagiert entsprechend. Dieser Zusammenhang wird sowohl durch V. 20b als auch durch die Unterredung mit Aaron unterbrochen. Von dieser ist in V. 25 jedoch nichts zu spüren, vielmehr trägt Aaron die volle Verantwortung für die Verwahrlosung des Volkes.[1250] Ebensowenig lassen die Verse erkennen, daß Mose in V. 20b bereits in Kontakt mit dem Volk gekommen sein müßte. In Summe spricht das für die Annahme einer späteren Zufügung der Vv. 21–24.[1251]

---

deuteronomistischen Einordnung von Ex 32 vgl. dagegen im folgenden die Beobachtungen zum Konnex zwischen V. 20a und V. 25; mit anderer Begründung kritisch gegen Aurelius Otto 1996, 89 Anm. 116; vgl. dazu allerdings auch die relativierende Einordnung von Ottos Kritik bei Gertz 2001, 98 Anm. 49.

**1246** Vgl. u. a. Wellhausen ³1899, 92; Holzinger 1900, 109 (J); Baentsch 1903, 268.273 f. (E). Kritisch zur Notwendigkeit eines Abschlusses in V. 35 bereits Noth 1948, 158 f. Anm. 411.

**1247** Vgl. Holzinger 1900, 108; Baentsch 1903, 272; anders Aurelius 1988, 65: „Wenn das eine Entlastung sein soll, muß man den Erzähler für ebenso einfältig wie Aaron halten."

**1248** Noch die Rabbinen schienen nicht davon überzeugt zu sein, denn die „zweite Erzählung vom Kalb" – was gewöhnlich auf Aarons Rede bezogen wird – „soll man lesen, aber nicht übersetzen", ganz im Unterschied zur ersten: מעשה העגל הראשון נקרא ומתרגם, והשיני נקרא ולא מתרגם (mMeg 4,10 nach dem Text von MS Kaufmann); vgl. dazu auch die entsprechenden Parallelen in der Tosefta und den Talmudim.

**1249** Interessant ist in V. 22 die Lesart פרוע des Samaritanus anstelle des masoretischen ברע. Damit ist deutliche eine Verbindung zu V. 25 hergestellt. Sollte diese Lesart ursprünglich sein, wäre dies auch ein starkes Argument für die ursprüngliche Zusammengehörigkeit der Vv. 21–24 mit den Vv. 25–29. Allerdings ist die samaritanische Version ebensogut als nachträglich harmonisierende Verknüpfung erklärbar.

**1250** Die von Holzinger 1900, 109 u. a. vertretene Ausscheidung von V. 25b verschärft das Problem der negativen Rolle Aarons, denn damit hätte ein Späterer dessen unverantwortliches Verhalten (eventuell gegen die zuvor bereits erfolgte Entschuldigung) sogar noch betont. Anders dementsprechend Dohmen ²1987, 83 f., nach welchem der Zusatz in V. 25aβ (כי פרע הוא) zu finden wäre. Bei einer diachronen Auflösung des Verses geht allerdings das Wortspiel um die Schreibung פרעה verloren.

**1251** Vgl. Aurelius 1988, 67.

Nahezu durchgängig werden auch die Vv. 25–29 als spätere Ergänzung angesehen, die Argumente dafür sind allerdings selten deutlich.[1252] Problematisch ist v. a., daß niemandem so recht eine redaktionelle Einordnung dieses Stückes gelingen will.[1253] Aber solange der Sinn dieser Zufügung nicht hinreichend erklärt werden kann, verliert jede entsprechende redaktionsgeschichtliche Hypothese erheblich an Plausibilität. Neben der Legitimation der Söhne Levis[1254] bzw. ihrer Einsetzung zum Priesterdienst erfüllt der kurze Abschnitt auch den Zweck, die notwendige Reinigung des Volkes nach dem Bundesbruch zu vollziehen. Mit der Ausrottung (eines Teils) der Götzendiener erweisen sich die Söhne Levis jedenfalls als gut deuteronomistisch geschult.[1255] Man muß umgekehrt auch fragen, ob die Erzählung ohne den Abschnitt vollständig ist. Zu allererst fehlte eine Reaktion Moses, der sich mit der Zerstörung des Gußbildes begnügen würde, gegenüber

---

**1252** Dunkel bleibt z. B. die Argumentation bei Noth 1959, 201 (kritisch dazu schon Perlitt 1969, 209), bei vielen anderen fehlt überhaupt eine Begründung oder gilt der „Konsens" als Grund, vgl. z. B. Konkel 2008, 114 mit Verweis auf Hahn 1981, 129 u. a. Aurelius 1988, 66–68 hebt v. a. auf die mangelnde Kontexteinbindung ab, läßt die Entscheidung aber offen. Das scheint mir ein nicht unproblematisches Argument zu sein, zumal die Kontexteinbindung in diesem Falle so schlecht nicht ist.

**1253** Am intensivsten versucht Konkel 2008, 163–168, die Zuweisung an eine nachpriesterschriftliche Redaktion zu stützen. Seine Argumente können jedoch nicht überzeugen. So wäre (1) eine Erwähnung der „Söhne Levis" ohne Ex 6,16 (nach Konkel P$^S$, aber s.o. S. 265 ff.) kaum denkbar. Warum? Laut Konkel seien (2) auch nach der Theorie von P in Ex 32 die Aaroniden noch nicht als gesonderte Gruppe von den Leviten unterschieden. Wie sollte dann aber Ex 28 f. verstanden werden? (3) Das „Füllen der Hand" möchte Konkel v. a. mit Hinweis auf I Chr 29,5 und II Chr 29,31 (und im Anschluß an Dahmen 1996, 80–85) nicht mehr als *terminus technicus* der Priesterweihe verstanden wissen. Damit lassen sich aber die zahlreichen anderen Belege, in denen genau dieses der Fall ist, nicht wegdiskutieren (s.u. S. 281 ff.). Daß die beiden Chronik-Stellen als späte Texte hier mit Ex 32 korrespondieren sollen, setzt im übrigen zirkelschlüssig die Spätdatierung von Ex 32 voraus. (4) Ex 32,26–29 verhalte sich zu Ex 32* wie Num 25,6–13 zu Vv. 1–5. Dem mag *inhaltlich* so sein, aber was soll das *literarkritisch* begründen? Vgl. zudem Oswald 1998, 198, der sehr plausibel Num 25,6–12 als priesterschriftliche Reaktion auf Ex 32,26–29 liest. (5) Ex 32,26–29 sei die „jüngere erzählerische Explikation" des Levisegens Dtn 33,8–11, zu dem offensichtlich ein enger Bezug bestehe. Zur Problematik dieses offensichtlichen Bezuges s.o. Kapitel 2.1.4 in der Diskussion von Dtn 33 sowie unten S. 284. (6) Ex 32,26–29 sei die „Aufhebung des Jakobfluchs". Diese Verknüpfung von Ex 32 mit Gen 49 scheitert an ähnlichen Gründen wie die vermeintliche Explikation von Dtn 33 in Ex 32. Es ist darüber hinaus auch methodisch nicht unproblematisch, einen dunklen Text durch einen anderen, ebenfalls dunklen Text erklären zu wollen. Abgesehen davon sind im Falle von Gen 49 und Ex 32 auch keine terminologischen Verknüpfungen erkennbar.

**1254** Worauf Dtn 10,8 Bezug nimmt, s.o. Kapitel 2.1.1.

**1255** Das wäre weiter zu qualifizieren. Man wird dabei eher an solche Texte denken, die üblicherweise mit dem Siglum DtrN bezeichnet werden. Num 25 als Verständnishintergrund für die Levitenepisode bedarf es, gegen H.-Chr. Schmitt 2000, 249, jedenfalls nicht.

dem Volk. Erst am nächsten Morgen würde er sich diesem in einer Rede zuwenden (V. 30).[1256] Nicht zuletzt angesichts dieser Konsequenz tendiere ich dazu, die Vv. 25–29 für ursprünglich in Ex 32 zu halten.[1257]

Mit der Tötung von 3000 Frevlern ist die Geschichte allerdings noch nicht an ihr Ende gelangt, insofern die Vv. 30–34 Mose noch einmal als zumindest teilweise erfolgreichen Fürbitter präsentieren. Angesichts der vorausgehenden Bestrafung scheint hier eine Spannung vorzuliegen. Eine solche besteht aber nicht weniger zwischen der Ankündigung der verschobenen Heimsuchung in V. 34 und dem sofort vollzogenen Schlagen des Volkes in V. 35. Dieser wird, wie gesehen, nicht selten als Abschluß zu V. 20 verstanden. Ist V. 20b jedoch eine Ergänzung und jünger als Vv. 25 ff., kann das nicht mehr die ursprüngliche literarische Verbindung gewesen sein. Ebensogut könnte V. 35 die Vv. 25–29 zusammenfassen, zumindest wenn die Söhne Levis – angesichts von V. 27 – im Sinne JHWHs handelten. Aber der Übergang vom Segen über die Leviten (V. 29) zum Schlagen des Volkes (V. 35) bleibt doch hart.

Das problematische Verhältnis zwischen Vv. 25–29, 30–34 und 35 ist damit noch immer ungeklärt. Die angesprochene Spannung läßt sich schwerlich dadurch auflösen, daß man Vv. 30–34 für ursprünglich und Vv. 25–29 für nachgetragen hält,[1258] solange nicht erhellt wird, was der Sinn einer nachträglich um die erfolgreiche Fürbitte Moses herum gruppierten Strafaktion sein sollte. In synchroner Lesart könnte sich eine Lösung durch die Unterscheidung von Strafe und Schuld ergeben, womit auch diachron die spätere Zufügung der Vv. 30–34 möglicherweise verständlich wird: Trotz der Strafe, welche die Israeliten unmittelbar für ihr Tun zu erleiden hatten, ist ihre Schuld noch nicht getilgt, die eigentliche Sühne steht noch aus. Während die Vv. 25–29 und 35 damit rein innerhalb der Erzählung verankert sind, blicken die Vv. 30–34 mittels der Unterredung Moses mit JHWH in die Zukunft voraus und entwickeln dabei ein geschichtstheologisches Bild, insofern bereits in der Ursünde des Bundesbruches Israels in der Wüste jede spätere „Heimsuchung" durch JHWH begründet ist. Wenn man den Bogen sehr weit spannt, ist damit bereits über den konkreten Anstoß der „Stierbilder Jerobeams" hinaus[1259] der Verlust der Staatlichkeit reflektiert. Auf ein

---

**1256** Mit ähnlicher Argumentation spricht sich Aurelius 1988, 67 Anm. 50 gegen die Möglichkeit eines direkten Übergangs von V. 24 zu V. 30 aus, aber die Überlegung gälte nicht minder für einen Anschluß von V. 30 an V. 20. Alternativ wäre zu erwägen, ob eben die Zeitangabe ויהי ממחרת in V. 30 im Zuge der Einschaltung von Vv. (21–24.)25–29 nachgetragen ist.
**1257** Anzumerken ist noch der enge Zusammenhang der Lagervorstellung in Vv. 25–29 mit V. 19. Hält man diesen für sekundär, wird man wohl auch jene später ansetzen müssen.
**1258** So aber mit vielen Gertz 2001, 97; in sich widersprüchlich Konkel 2008, 115.
**1259** Dazu s.u. S. 287.

relativ junges Abfassungsdatum der Vv. 30–34 deuten daneben – mit aller Vorsicht – auch deren Themen: Das Buch des Lebens (Vv. 32f.), der voranziehende Engel (V. 34a),[1260] der Tag der Heimsuchung (V. 34b). Andererseits bliebe ohne Moses Rückkehr auf den Berg in V. 31 die Lokalisierung aller Gespräche in Ex 33 ohne erzählten Ortswechsel. Eine zufriedenstellende Lösung sehe ich weder in der einen noch der anderen Richtung,[1261] nicht ohne etliche Vorbehalte entschließe ich mich daher dazu, die Vv. 30–34 vorläufig als Fortschreibung anzusehen.[1262]

Zum Grundbestand in Ex 32 gehörten demnach die Vv. 1–8.15aα.19a.20a.25–29.35(?). Zugesetzt sind neben den Vv. 9–14 noch 15aβ–18.19b.20b, 21–24 und 30–34, also v. a. Moses zweimalige Fürbitte, das Motiv der Tafeln, Josua, das Tränken der Israeliten mit dem Gemisch aus den Überresten des Kalbsbildes und Moses Unterredung mit Aaron. Die Frage, ob alle diese Zusätze aus einer Feder stammen, braucht hier nicht weiter verfolgt zu werden, die Annahme scheint allerdings eher unwahrscheinlich. Aaron gehört nach dieser Analyse jedenfalls zum Grundbestand der Erzählung.[1263]

### c) Rollenprofile der Protagonisten

Über diese Feststellung hinaus bleiben zur Rolle Aarons und der Söhne Levis textimmanent manche Fragen offen.[1264] Erstaunlich ist ja, daß letztere erst mit V. 26 in das Geschehen eingreifen. Wo aber waren sie, als das Kalb gefertigt wurde?[1265] Wo waren sie überhaupt in der bisherigen Exoduserzählung? Ist Aaron auch als einer von ihnen gedacht? Oder bleibt es bei der nicht näher verfolgten Feststellung, daß „der Gegensatz von Aharon und Levi einigermassen befrem-

---

1260 Wobei es sich bei diesem im Vorgriff auf Ex 33,2 um einen Zusatz handelt könnte, vgl. auch Aurelius 1988, 67.

1261 Vgl. auch die sehr offenen Erwägungen bei Kratz 2000a, 141.

1262 Mit Wellhausen ³1899, 92; Weimar 1987, 136f. u.a.; anders Gertz 2001, 95ff.; Konkel 2008, 116 u.a.

1263 Die Schwierigkeiten dabei sollen nicht verhehlt werden: Man kann nicht übersehen, daß Aaron in V. 35 deutlich nachklappt. Zu erwägen wäre also die Möglichkeit, auch die Exposition in den Vv. 1–6 gegenüber Vv. 7f. für nachgetragen zu halten (ähnlich schon Kratz 2000a, 141). Dann wäre in der Tat auch die Frage nach Aaron in V. 25 noch einmal neu zu stellen, siehe dazu etwas ausführlicher i.f. Für den nachdrücklichen Hinweis danke ich Christoph Berner. Vielleicht ist doch dies der Weg, den Gordischen Knoten einmal zu zerschlagen.

1264 Vgl. u.a. Noth 1959, 205f.

1265 Besonders auf diesen Punkt ist bei der Behandlung von Ez 44 zurückzukommen, s.u. Kapitel 7.3.1.

det"?[1266] Aber vor allem: Wie kommt Aaron zu einer so negativen Rolle? Explizite Antworten auf diese Fragen bietet der Text m. E. nicht, dafür ergeben sich eine Reihe impliziter Antwort*möglichkeiten*, die jedoch im Laufe der Literargeschichte des Textes Wandlungen unterworfen gewesen sein dürften. Insofern sehe ich hier in besonderer Weise das methodische Problem, einerseits noch vor der literar-historischen Ortsbestimmung eine inhaltliche Auswertung vorzunehmen, während anderseits die Literargeschichte in nicht unerheblichem Maße anhand der konzeptionellen Differenzen nachvollzogen werden muß. Die Gefahr eines Zirkelschlusses liegt also offen zutage. Um dieses Problem so gut wie möglich zu umgehen, bleibt wie immer nur die Möglichkeit, die inhaltliche Profilierung möglichst voraussetzungslos zu betreiben bzw. in den übrigen Fällen jedwede Voraussetzung klar zu benennen. Diese an sich selbstverständliche und simple Feststellung sei hier nur aufgrund der sich an der Einordnung von Ex 32 entscheidenden Weichenstellungen mit weitreichender Konsequenz noch einmal betont.

Die Probleme einer inhaltlichen Profilierung ergeben sich vor allem aus dem schwer verständlichen V. 29.[1267] Die Schwierigkeiten beginnen bereits mit dem ersten Wort der Moserede. Formal ist ein Imperativ m. pl. *qal* denkbar, ebenso ein Perfekt 3. m. pl. *piʿel*.[1268] Da in Verbindung der Wurzel מלא mit dem Substantiv יד üblicherweise der Doppelungsstamm benutzt wird, sollte gleiches auch hier anzunehmen sein.[1269] Bei einer Perfektform der 3. m. pl. können freilich nicht mehr die angesprochenen Söhne Levis Subjekt des Verbs sein, sondern eher noch die zuvor genannten 3000 Erschlagenen: „Sie haben heute eure Hand gefüllt." Denkbar ist dies natürlich allenfalls in metaphorischer Weise, etwa in dem Sinne, daß die 3000 Mann eine Art Einsetzungsopfer gewesen seien.[1270] Mag man dieser etwas makabren Deutung nicht folgen, fehlt eine Bezugsgröße für das Verb und es

---

**1266** Wellhausen ³1899, 92.

**1267** Vgl. v. a. die Diskussion bei Dahmen 1996, 80 – 85.

**1268** Das fehlende *dagesch* im *piʿel* ist hier durchaus regelhaft und dürfte euphonische Gründe haben, vgl. Gen 26,15; 42,25; Ex 39,10; Num 32,11 f.; I Sam 18,27; I Reg 20,27; II Reg 3,25; Esr 9,11; Hi 3,15; Ps 81,11; Jes 23,2; 65,11; Jer 4,5; 33,5; Ez 9,7; 43,26; Zeph 1,9.

**1269** Gegen Dahmen 1996, 81 f. ist eine Lesart als Imperativ *qal* keine *lectio difficilior*, die auf der masoretischen Texttradition beruhe, sondern schlicht eine andere Verständnismöglichkeit derselben. *Lectio difficilior* ist angesichts des Suffixes der 2. (!) m. pl. in ידכם eher umgekehrt die Lesung des Verbs als Perfekt 3. m. pl. *piʿel*, siehe i.f. Weiter ist gegen Dahmen festzuhalten, daß der Kontext weder für noch gegen eine der beiden Varianten spricht: Eine Moserede mag sowohl mit einem Imperativ als auch mit einer Feststellung im Indikativ beginnen. Im letzteren Sinne hat auch die LXX den Vers verstanden, wenngleich sie das Verbum glättend als 2. m. pl. versteht, woraus der Überschuß αὐτοῖς in der Redeeinleitung resultiert.

**1270** Vgl. Propp 2006, 564, der allerdings von V. 29αβ her argumentiert, s.u. Anm. 1282.

bliebe beim Imperativ *qal*, was freilich für die Semantik der Wurzel מלא „voll sein/ füllen" keinen Unterschied ergibt:[1271] Das Füllen der Hand ist „entweder eine allgemeine Bezeichnung der Priesterweihe oder ein wichtiger Teil davon ... Der Handfüllungsritus ist pars pro toto die Priesterweihe."[1272] Gegen die Deutung der hiesigen Formulierung als Priesterweihe ist u. a. eingewandt worden, daß in V. 29 das Verb „indirekt reflexive Bedeutung" annehme, während in der Bedeutung „einweihen" immer eine andere Person als die zu weihende Subjekt sei.[1273] Das trifft Ex 32,29 jedoch höchstens teilweise, insofern eine Gruppe angesprochen wird, deren Mitglieder einander „die Hand füllen" sollen.[1274] Damit läge ein reziprokes („einander"), kein reflexives („sich selbst") Verständnis vor, wofür m. E. zudem V. 29aβ spricht. Ohnehin bliebe bei einer erstmaligen Installierung von Priestern fraglich, wer den Part des Weihenden übernehmen sollte, wenn nicht die künftig dazu Qualifizierten. Nach Ulrich Dahmen laufen auch die beiden Näherbestimmungen היום ליהוה dem Gedanken einer Priesterweihe entgegen, weil a) die Formulierung ליהוה nur in I Chr 29,5 und II Chr 29,31 auftauche, wo es gerade nicht um eine Priesterweihe ginge und b) durch die Begrenzung auf היום keine längerfristigen Rechtsansprüche der Söhne Levis erkennbar wären.[1275] Weder im einen noch im anderen Falle sehe ich irgendeine Signifikanz: So ist in Lev 8,33 ff. von einem siebentägigen „Füllen der Hände" die Rede, ohne daß damit die weitergehende Relevanz der Weihe bestritten wäre. Es ist vielmehr der Einsetzungsritus als solcher, der naturgemäß zeitlich begrenzt ist.[1276] Weder einzeln noch in Summe schließen Dahmens Beobachtungen daher eine Deutung von Ex 32,29 im Sinne einer Einsetzung der Leviten in das Priesteramt aus.[1277]

---

1271 So weit auch Dahmen 1996, 81.

1272 Snijders 1984, 883.

1273 Dahmen 1996, 82 mit Verweis auf die Vorgänger.

1274 Sieht man das Subjekt in V. 28, ist dieser Einwand ebenfalls entkräftet.

1275 Vgl. Dahmen 1996, 83–85.

1276 Etwas undurchsichtig wird Dahmens Argumentation dadurch, daß er nachfolgend genau die beiden Wendungen היום ליהוה für eine pro-aaronidische 2. Fortschreibung als Reaktion auf eine pro-levitische 1. Fortschreibung V. 29aβ in den grundsätzlich pro-aaronidischen und der Pentateuchredaktion zugehörigen Text Vv. 26–29 hält (Dahmen 1996, 90–93). Abgesehen von dem recht unwahrscheinlichen Hin und Her zwischen jeweils gegensätzlich arbeitenden proaaronidischen und pro-levitischen Fortschreibungen dürften beide Ausdrücke damit nicht mehr als Argument gegen eine Deutung als Priesterweihe in der von Dahmen rekonstruierten Grundschicht geltend gemacht werden.

1277 Gegen Dahmen 1996, 84 und Konkel 2008, 164 ff. Auch bleibt Dahmens alternativer Deutungsvorschlag „aufs Neue bevollmächtigen/mit Kraft ausrüsten, um fähig zu sein, JHWHs Segen zu erlangen" entsprechend blaß.

Wichtig ist nichtsdestotrotz die Beobachtung, daß die LXX im Kontext der Priesterweihe zur Wiedergabe von מלא üblicherweise τελειόω und nicht wie hier πληρόω verwendet.[1278] Aus dieser semantischen Unterscheidung folgt zunächst jedoch nur, was für die LXX auch zu erwarten ist: Mit dem Vorliegen des Pentateuch ist die Unterscheidung von Priestern und Leviten konstitutiv, im Sinne des Endtextes also eine Priesterweihe der Leviten in Ex 32 problematisch. Der Gebrauch von πληρόω in der LXX weist diese also lediglich als konsequent in ihrer Lektüre des Endtextes aus, für das ursprüngliche Verständnis des hebräischen Textes ist sie damit nicht heranzuziehen.[1279]

Als problematisch für die Exegeten hat sich weiterhin V. 29aβ erwiesen. Zum einen scheint ein Verb zu fehlen, zum anderen ist die Funktion des כי undeutlich.[1280] Für die antiken Versionen ergab sich ungeachtet dessen freilich ein Sinn. Indem das hebräische כי ohne Äquivalent bleibt,[1281] ist der Rest des Satzes noch auf den Auftrag zum Füllen der Hände bezogen. Demnach bezeichnet איש בבנו ובאחיו keine Gegnerschaft der „Söhne Levis", sondern steht dafür, daß sie aneinander – ein jeder an seinem *Sohn* und seinem *Bruder* – die Priesterweihe vollziehen.[1282] Sollte dieser Ansatz richtig sein, dann ist damit jedem Versuch einer wechselseitigen Interpretation von V. 29 und V. 27 der Boden entzogen. Darüber hinaus sind die terminologischen Differenzen zu beachten: So rechnet Ex 32,27 mit Gewalt gegenüber dem *Bruder*, *Freund* und *Nächsten*, was sich ausweislich V. 28 auf das *ganze* Volk, d.h. die übrigen Israeliten bezieht – um innerlevitische Auseinandersetzungen bzw. Familienverhältnisse im engeren Sinne geht es also gerade nicht. Letztere treten erst in V. 29 ins Blickfeld, nur werden hier bereits die

---

1278 Vgl. Snijders 1984, 881. Belege für τελειόω in bezug auf die Weihe der Aaroniden sind Ex 29,9.29.33.35; Lev 8,33; 16,32; 21,10; Num 3,3; vgl. aber auch Ex 28,41 mit ἐμπίπλημι!

1279 Vgl. Dahmen 1996, 81f., der dieser Tatsache nicht genügend Beachtung schenkt. Immerhin fügt sich dies zu ähnlichen Beobachtungen, wonach die LXX auch sonst die Linie der späten, eher aaronidisch orientierten Fortschreibungen weiterverfolgt, siehe etwa oben S. 177f.201.231f.

1280 Vgl. u.a. Noth 1959, 206: „Leider ist die Begründung des Priesterrechts der ‚Leviten' in V. 29 nicht mehr intakt erhalten; der Begründungssatz ist offensichtlich lückenhaft überliefert und es besteht keine sichere Möglichkeit, die Lücken durch Konjekturen zu füllen."

1281 Mit Grimme 1924, 195; Propp 2006, 564 läßt sich das כי am besten assertorisch verstehen. Das von Gunneweg 1965, 31f. vorgeschlagene Verständnis als Redeeinleitung für eine alte Formel, die gewissermaßen den Überlieferungskern bilde, ist nicht nur sprachlich arg gekünstelt, sondern auch methodisch problematisch, indem so der Weg bereitet wird, diese „Formel" einerseits losgelöst von ihrem Nahkontext V. 29 zu verstehen, nur um andererseits V. 27 hineinlesen zu können.

1282 Etwas anders Propp 2006, 564. בבנו ובאחיו ist nach ihm auf die Getöteten zu beziehen, die anstelle der üblichen Opfer getreten seien. Die Präposition ב wäre hier als *beth instrumentalis* zu verstehen.

Folgen des (gewalttätigen) Handelns der Leviten betrachtet. Und insofern Moses Aufforderung allein die Söhne Levis folgten, wird das Füllen der Hände auch nur unter ihnen, am Sohn und am Bruder, vollzogen. Literarkritisch auswertbare Differenzen zwischen V. 27bβ und V. 29aβ ergeben sich damit jedenfalls nicht.[1283]

Aufgrund dieser Überlegung ist dann auch die oft vermutete inhaltliche Verbindung zwischen Ex 32,26 ff. und Dtn 33,9 ff differenzierter zu betrachten.[1284] Dtn 33,9a spricht vom „Nichtsehen" von Vater und Mutter, vom „Nichtkennen" der Brüder und vom „Nichtwissen" um die Söhne. Es geht also, anders als in Ex 32,27, wo das Volk in den Blick genommen wird, um die Familie im engeren Sinne. Subjekt des Spruches in Dtn 33,9a ist eine Einzelperson. Von gewollter Bindungslosigkeit bzw. „Gewalt" gegenüber den Verwandten ist, wiederum anders als in Ex 32,27, nicht die Rede, es sei denn, man liest den im Unterschied zu Dtn 33,9a schwerer verständlichen V. 11, der aber gerade das gewalttätige Tun JHWHs herbeisehnt, in den Text hinein. Ebensowenig kann auch Dtn 33,9a mit Ex 32,29 verglichen werden, denn vom „Füllen der Hände" oder vom „Auflegen des Segens" als Folge der – wie auch immer zu deutenden – Familienverhältnisse ist im Dtn nicht die Rede. Die Episode in Ex 32 kann darum schon aus inhaltlichen Gründen nur schlecht als narrative Explikation des deuteronomischen Levi-Spruches[1285] gelten. Auch aus redaktionsgeschichtlicher Perspektive ergäben sich angesichts der oben vertretenen Spätdatierung von Dtn 33[1286] noch manche Bedenken, die jedoch angesichts der inhaltlichen Verschiedenheit beider Texte für die Argumentation nachrangig sind.

Das Bild ändert sich, bezieht man die redaktionsgeschichtlichen Differenzierungen innerhalb von Dtn 33,8 – 11 in die Überlegungen mit ein. Die bisher betrachteten Unterschiede betreffen ja zunächst die Grundschicht des Levi-Spruches in den Vv. 8.9a.11. Deren Deutung verschiebt sich aber mit Einfügung der pluralischen Partien Vv. 9b.10. Vor allem V. 9b könnte dabei als Anspielung auf Ex 32 gelesen werden. Auf der Ebene der Fortschreibung ergäben sich als gezielte Neuinterpretation damit genau jene Bezüge, die moderne Exegeten zur wechselseitigen Interpretation von Ex 32 mit Dtn 33 veranlaßt haben.

Eine letzte Schwierigkeit bietet noch der Anschluß von V. 29b mit der Kopula ו, welche in den antiken Übersetzungen ebenfalls kein Äquivalent hat, wonach der Versteil daher als von מלא abhängiger Finalsatz zu lesen ist. Für den hebräischen Text bleibt nur die Möglichkeit, לתת etc. in Parallele zu ליהוה zu lesen. Eventuell ist der Nachsatz damit epexegetisch gemeint und das ו explikativ zu verstehen. Sachlich ist wohl in keinem Falle etwas anderes als in den Versionen gemeint. Gemäß den Vv. 25 – 29 werden also *alle Söhne Levis* aufgrund ihres Einsatzes für das Erste Gebot mit dem Priestertum ausgestattet und mit Segen belegt.

---

**1283** Gegen Dahmen 1996, 85 ff., v. a. 90 f. Problematisch sind auch die Vorannahmen über eine für die Leviten typische Bindungslosigkeit u. ä. bei Gunneweg 1965, 30 ff.
**1284** S. o. S. 72 ff.
**1285** So aber eine geläufige Position, vgl. u. a. Kuenen 1887, 235; Baentsch 1903, 273; vorsichtiger schon Holzinger 1900, 111 oder auch Propp 2006, 568, der nur eine traditionsgeschichtliche Nähe annimmt.
**1286** S. o. S. 67.

Dieser Wertschätzung aller Söhne Levis steht die Rolle Aarons in eigenartigem Kontrast gegenüber. Angesichts seiner genealogischen Verortung in der Priesterschrift, aber auch angesichts seiner Charakterisierung als Levit im nichtpriesterschriftlichen Text[1287] ist es nur schwer denkbar, daß er hier nicht auch zu *allen Söhnen Levis* gerechnet sein sollte. Andererseits bleibt seine Rolle in den hier zur Diskussion stehenden Versen so unklar, daß daraus zumindest keine explizit positive Aussage über Aaron getroffen werden kann. Ein Autor, der mit Ex 32,25 – 29 eine „Entlastung Aarons" bieten wollte, hätte sein Ziel jedenfalls gründlich verfehlt,[1288] auch wenn im Sinne des Endtextes Aaron ohne Zweifel an der Aktion der Söhne Levis beteiligt war.

Ganz offenkundig problematisch aber ist die Rolle Aarons in den Vv. 1– 6. Im Anschluß an Martin Noth wird gelegentlich die These vertreten, Aaron sei möglicherweise erst später zum Grundbestand hinzugesetzt worden.[1289] Diese Möglichkeit sehe ich innerhalb der Vv. 1– 6 nicht.[1290] Möglich scheint eine spätere Zufügung Aarons v. a. in V. 35, was allerdings aus redaktionsgeschichtlicher Perspektive, wonach tendenziell mit einer *Ent*lastung und nicht mit einer weiteren *Be*lastung Aarons gerechnet werden müßte, Schwierigkeiten mit sich bringt.[1291] Auch in V. 25 kann man durchaus auf den Gedanken kommen, daß der zweite כי-Satz eine nachträgliche Explikation sei.[1292] Die Entscheidung hängt also vor allem an den Vv. 1– 6, wo Aaron fest verankert ist. Zählt man sie zum Grundbestand, ist auch von Beginn an mit Aaron und seinem Anteil an der Verirrung des Volkes in der Erzählung zu rechnen.[1293] Ernsthaft entlastet von seiner Verfehlung

---

**1287** S.o. Kapitel 4.2.

**1288** Gegen Dahmen 1996, 90, der mit Bezug darauf sogar von der „einzigen erzählerischen und inhaltlichen Funktion" von Ex 32,26 – 29* spricht.

**1289** Vgl. Noth 1959, 200 f.

**1290** Vgl. auch Kratz 2000a, 141.

**1291** In diesem Sinne sieht Dohmen ²1987, 89, der „die Konstruktion des ersten אשר-Satzes" in V. 35 für „wesentlich schwieriger" hält, darum את אשר עשו את als Interpolation an. Auch wenn mir diese Lösung im Hinblick auf die redaktionelle Dynamik des Textes plausibel erscheint, ist die Argumentation in sprachlicher Hinsicht nicht ausreichend. Was an der Konstruktion „schwierig" sein soll, vermag ich jedenfalls noch nicht zu sehen (vgl. zu על אשר etwa Gen 47,6; Ex 16,5; Num 20,24; Dtn 29,24; 32,51; I Sam 24,6 u. ö.). Allenfalls deutet die Verbindung von על und אשר auf nicht allzu frühen Sprachgebrauch. Gertz 2001, 94 Anm. 33 folgt Dohmen, allerdings ungenau. Der nach ihm verbleibende Grundbestand על את־העגל usw. ist sprachlich unmöglich. Ohne vorgefaßte Modelle im Hinterkopf wird man zugegebenermaßen eher den auf Aaron bezogenen Nachsatz für zugesetzt halten.

**1292** S.o. Anm. 1250.

**1293** Darin ist allenfalls V. 5b eventuell ein „pro-aaronidische[r] Nachtrag, der durch die Ausrufung eines Festes für Jahwe, wie sie in der Exposition der Erzählung keineswegs angelegt ist, Aarons schlechter Tat eine gute Absicht unterstellt." (Gertz 2001, 94; so zuvor schon Dohmen

wird Aaron aber weder durch seine Erklärung im Gespräch mit Mose (Vv. 21–24) noch durch die Aktion der Söhne Levis (Vv. 25–29). Allenfalls in den Vv. 5b.35bα* könnten spätere Zusätze mit dem Ziel einer Beschönigung des Aaronbildes gesehen werden.[1294] Wie läßt sich dies erklären?

Ungeachtet des deutlichen Befundes in Ex 32 und abgesehen von Dtn 9,20, wo Ex 32 aufgegriffen und Aaron nur durch die Fürbitte Moses vor der Vernichtung durch JHWH bewahrt wird, bleibt dieses negative Aaronbild ein merkwürdiges und nur schwer erklärbares Zwischenspiel in der Hebräischen Bibel. Ps 106,19 f. und Neh 9,18 verzichten in ihrer Rezeption der Geschichte zumindest auf eine explizite Nennung Aarons, wenngleich er in der unpersönlichen Formulierung mit inbegriffen sein könnte.[1295] In der literarhistorischen Einordnung von Ex 32 wird auf das mit Aaron verbundene Problem noch zurückzukommen sein.

Merkwürdig oder doch zumindest auffällig bleibt außerdem die distanzierte Beschreibung des Verhältnisses zwischen Mose und Aaron im Munde der Israeliten. Diese sprechen gegenüber Aaron nur von „diesem Mann Mose" (זה משה האיש, V. 1, aufgenommen in V. 23). Daß sie die beiden Protagonisten als Brüder ansehen, lassen sie jedenfalls nicht erkennen. Auch wenn man auf diese Beobachtung *ex negativo* kaum allzu viel aufbauen dürfen wird,[1296] ergeben sich daraus in Verbindung mit den übrigen Beobachtungen zu Aaron im nichtpriesterschriftlichen Text sachliche Konvergenzen.[1297]

---

[2]1987, 106 u. a.). Denkbar ist das, sicher ist es nicht, da angesichts des Kontextes auch ein Fest für JHWH weiterhin den Geruch der Pervertierung richtiger JHWH-Verehrung trüge.

**1294** Zu V. 35bα s. o. Anm. 1291.

**1295** Vgl. dazu auch Berlejung 1998, 351 f. u.v.a. Watts 2011, 421 f. mit weiteren Hinweisen zur antiken inner- und außerbiblischen Rezeption der Episode. Überall zeigt sich eine Tendenz zur Entschuldigung bis hin zur Idealisierung Aarons. Daß Watts dann entgegen dieser eindeutigen Tendenz, sich an der offenkundig problematischen Rolle Aarons in Ex 32 abzuarbeiten, trotzdem auf die Idee kommt, „Exodus 32 can be read, then, not as an anti-Aaronide polemic but rather as a pro-Aaronide apologia for the priests' complicity in preexilic heterodoxy" (Watts 2011, 429), verwundert. Trotz einiger interessanter Überlegungen sind mir damit zu viele gedankliche Kapriolen verbunden.

**1296** Valentin 1978, 289 verweist mit Vorgängern noch darauf, daß Aaron nicht deutlich als Priester gezeichnet werde. Das scheint mir tatsächlich zu viel aus dem Befund herauslesen zu wollen. Richtig ist zwar, daß Aaron nicht das Epitheton „Priester" erhält, aber er stellt das Kultbild her, baut einen Altar und ruft ein Fest für JHWH aus.

**1297** S. o. Kapitel 4.2 zu Ex 4.

## d) Literarhistorische Einordnung

Die letzten Bemerkungen leiten auf das schon mehrfach angesprochene Problemfeld der literarhistorischen Verortung von Ex 32–34 über.[1298] Einigkeit besteht eigentlich nur in der Zuordnung zum nichtpriesterschriftlichen Text. Damit ist allerdings in den klassischen Analysen auch die Kategorisierung „vorpriesterschriftlich" verbunden, während sich in neuerer Zeit vermehrt Stimmen zu Wort melden, die massive nachpriesterschriftliche Bearbeitungen, gelegentlich auch eine „Endredaktion", am Werke sehen.[1299] Die Entscheidung hängt wesentlich an der Verhältnisbestimmung von priesterschriftlicher und nichtpriesterschriftlicher Sinaiperikope. Für die relative Chronologie ist allerdings auch das Verhältnis von Ex 32–34 zu Dtn 9f. einerseits und zu I Reg 12,26ff. andererseits zu betrachten. Ich möchte mit der Betrachtung der beiden letztgenannten Texte beginnen, da hierfür eher mit einem Konsens gerechnet werden kann.

Unbestritten dürfte sein, daß es zwischen der Erzählung vom „Goldenen Kalb" und den „Kälbern Jerobeams" enge sachliche und sprachliche Berührungen gibt,[1300] die sich am besten als Ergebnisse literarischer Abhängigkeit erklären lassen.[1301] Beobachtungen zur Kontexteinbindung und Funktion beider Texte deuten mit hoher Plausibilität darauf, daß Ex 32 (v. a. in V. 4) I Reg 12,26ff. voraussetzt.[1302] Da dieser Text in seinem Grundbestand allgemein zu DtrH gerechnet wird,[1303] kann Ex 32* jedenfalls nicht älter sein.[1304]

Umgekehrt steht es mit Dtn 9f.: Dadurch, daß diese Kapitel im Endtext selbst eine verschlungene literarische Genese aufweisen und wahrscheinlich einzelne Fortschreibungen darin auf Ex 32 zurückgewirkt haben, verkompliziert sich zwar jeder Antwortversuch. Jedoch ist ein mahnender Rückblick, wie ihn Dtn 9f. bieten,

1298 Vgl. noch einmal die Darstellung bei K. Schmid 2001.
1299 Pointiert v. a. Otto 1996, wobei er zumindest noch einen schmalen vorpriesterschriftlichen Bestand in Ex 34 annimmt, sowie die Möglichkeit, daß das nichtpriesterschriftliche Material traditionsgeschichtlich älter sei (Otto 1996, 99).
1300 Vgl. ausführlich Aberbach/Smolar 1967.
1301 Vgl. zur Übersicht über die Positionen und Argumente Hahn 1981, 304–313, der selbst jedoch grundsätzlich gegen die Annahme einer literarischen Abhängigkeit beider Texte votiert.
1302 Vgl. z.B. Perlitt 1969, 207f. (v. a. 208 Anm. 1 in Auseinandersetzung mit Martin Noth); Levin 1993, 367; Kratz 2000a, 139; Gertz 2001, 92f.; kritisch in Einzelaspekten dagegen Aurelius 1988, 77f.
1303 Vgl. Jepsen ²1956, 5f. (mit anderer Nomenklatur); Becker 2000, 221; Kratz 2000a, 168f. Kritisch dagegen Pakkala 2008, der Vv. 28–30 einem anderen Autor zurechnet als V. 27aα. Allerdings vermag mich diese literarkritische Analyse nicht zu überzeugen, die Gegengründe finden sich schon bei Jepsen.
1304 So auch Pfeiffer 1999, 38f.

ohne eine Vorlage in Ex 32–34 grundsätzlich nur schwer denkbar.[1305] Damit ist der spätdeuteronomistische Deuteronomiumstext *terminus ante quem* für Ex 32*. Auch die Vv. 25–29, die nach der obigen Analyse zum Grundbestand von Ex 32 gehören, müßten demnach dem Verfasser von Dtn 9f. vorgelegen haben. Dieses Ergebnis ist insofern von Bedeutung, als daraus folgt, daß die sekundär eingefügten Verse Dtn 10,8f., die den „Stamm der Leviten" behandeln, *nachträglich* auf Ex 32 reagieren und *nicht* demselben Redaktor zuzurechnen sind.[1306]

Damit gelangen wir zur Bestimmung des Verhältnisses zur Priesterschrift. Daß es zwischen den jeweiligen Darstellungen des Aufenthaltes am Gottesberg thematische Berührungspunkte gibt, ist sattsam bekannt[1307] und in der Sache auch wenig überraschend. Umstritten ist, inwieweit sich aus diesen intertextuellen Bezügen auch Hinweise auf literarische Abhängigkeiten ergeben. Die grundlegendste Bestreitung der vorpriesterschriftlichen Ansetzung von Ex 32–34 geht von Eckart Otto aus.[1308] Ich sehe bei ihm im wesentlichen zwei Beobachtungen: Die erste bezieht sich auf einen Vergleich von Ex 32,1 mit 35,1 und die Verwendung der Wurzel קהל in beiden Versen.[1309] Nach Otto ergebe sich „eine Bündelung recht unwahrscheinlicher Annahmen", wenn man mit Blum annehme, „daß KP in Ex 35,1 und Num 16;17; 20 unterschiedlich an Ex 32,1 anknüpfte und dies noch mit der These verbunden sei, daß innerhalb von KP auch noch dem priesterschriftlich definierten Priesterprivileg der Aaroniden widersprochen wurde."[1310] Da in Num 16f. und 20 der Widerspruch gegen das Privileg der Aaroniden aber gerade scharf zurückgewiesen wird, sehe ich zumindest darin nicht das Problem einer Zuweisung dieser Texte zu KP. In der Zusammenstellung seiner Belegstellen übergeht Otto weiterhin den Unterschied zwischen dem Gebrauch der Wurzel קהל im *nif'al* oder *hif'il*, zudem findet die Präposition על in Ex 35,1 gerade keine Verwendung. Insofern erschließt sich mir die Signifikanz dieser Zusammenstellung

---

**1305** Vgl. statt vieler Begg 1985 (mit minutiösem Vergleich von Ex 32,20 mit 9,21); Lohfink 2001 und Gertz 2001, 98 ff. Diese generelle Verhältnisbestimmung behält ihre Gültigkeit auch dann, wenn man z. B. Lohfinks literarkritischer Analyse von Dtn 9 f. nicht in jedem Detail zustimmt. Anders van Seters 1994, 290 ff., gefolgt von Dozeman 2009, 688 ff. – freilich um den Preis der Annahme weitgehender literarischer Einheitlichkeit von Ex 32 – sowie Otto 1996, 88 f.; auch Watts 2011, 423 erwägt diese Variante.
**1306** Anders Dahmen 1996, 87–94 und s. o. S. 27.29. Sachlich liegen Ex 32,25–29 und Dtn 10,8 f. dennoch eng beieinander.
**1307** Vgl. u. a. Hurowitz 1983/84, 53–55; Utzschneider 1988, 84–92; Blum 1990, 333 f. usw. Mit Blum 1990, 334 Anm. 3 ist allerdings Hurowitz' These, daß Ex 32 unter dem Einfluß des Bauberichts von P in Ex 25 ff. sprachlich überarbeitet worden sei, kritisch zu betrachten.
**1308** Vgl. Otto 1996.
**1309** Vgl. Otto 1996, 84 f.
**1310** Otto 1996, 85.

nicht. Damit bleibt es zwar eine reizvolle Überlegung, daß der Autor von Ex 32,1 „die spannungsfreie Idylle in Ex 35,1 ins Negative hebt",[1311] eine zwingende Argumentation dafür ist dafür allerdings noch nicht erbracht.[1312] Auf der Linie dieses Arguments bewegt sich auch die zweite Beobachtung: die Verwendung des Schmuckes zur Herstellung des Kalbes (Ex 32,2–3) einerseits und zum Bau der Stiftshütte (35,22) andererseits. Da weder auf der einen noch der anderen Seite eine explizite Auseinandersetzung mit der möglichen Vorlage zu erkennen ist, kann aus der Berührung *allein* nicht auf die Richtung einer literarischen Abhängigkeit geschlossen werden.[1313] Eine grundsätzlich nachpriesterschriftliche Ansetzung von Ex 32 läßt sich zumindest auf diese Weise nicht zeigen.[1314]

Vor allem müßten dafür auch die klassischen Beobachtungen, die gegen eine solche These sprechen, widerlegt werden.[1315] Als erstes bleiben die ganz an der Textoberfläche angesiedelten Fragen des literarischen Anschlusses. Wie gesehen, läßt sich Ex 32,1 ohne Schwierigkeiten als Fortsetzung von 24,18 lesen, d. h. die Kapitel 25–31 können komplett aus dem Kontext herausgelöst werden, während umgekehrt – bei Verzicht auf die Kapitel 32–34 – Ex 35 nicht direkt auf Ex 31 folgen kann. Das Problem ist dabei weniger, daß die Ausführung direkt auf die Anweisungen folgt,[1316] sondern daß Mose in Ex 31,18 mit zwei in ihrer Funktion etwas unklaren Tafeln auf dem Gottesberg steht, in 35,1 aber plötzlich die ganze Gemeinde der Israeliten zu sich versammelt.[1317] Und während leicht einsichtig ist, daß Moses vierzigtägiger Aufenthalt auf dem Gottesberg geradewegs dazu einlud, die langen Anordnungen zum Bau der Stiftshütte einzufügen, leuchtet es keineswegs ein, warum zwischen Moses Stehen auf dem Berg und seinem Versam-

---

1311 Otto 1996, 85.

1312 Noch problematischer ist die anschließende Annahme, daß der Pentateuchredaktor „das priesterschriftlich vorgegebene Priesterprivileg der Aaroniden aber insoweit respektieren mußte, daß er die Verantwortung dem gegen Aaron handelnden Volk auferlegt." Mit „Respekt" hat die Darstellung eines pervertierten JHWH-Kultes unter Leitung Aarons wohl kaum zu tun.

1313 So auch Gertz 2001, 93: „Als Verstehenshilfe sind die P-Texte jedenfalls nicht notwendig."

1314 Vgl. Gertz 2001, 95. Fragt man zudem synchron, woher nach der Episode Ex 32* überhaupt noch Schmuck zum Bau der Stiftshütte in Ex 35 hergekommen sein sollte, so ergibt sich ein weiteres Problem für die Annahme einer nachpriesterschriftlichen Erweiterung in Ex 32. Eher könnte man auf den Gedanken kommen, daß in Ex 33,5 f. eine Ergänzung vorliegt, die zwischen den zwei konkurrierenden Traditionen Ex 32 und 35 vermittelt, insofern die Verse in Ex 33 ansonsten funktionslos blieben.

1315 Vgl. auch Kratz 2000a, 140: „Es reicht nicht aus, die eine Unbekannte, den alten, urisraelitischen Kern, durch die andere Unbekannte, die Chiffre ‚Endredaktor' zu ersetzen."

1316 Hierin ist Otto 1996, 99 Anm. 169 gegen Crüsemann 1992, 64 zuzustimmen.

1317 Am Problem ändert sich grundsätzlich auch dann nichts, wenn man mit Otto 1996, 96 Ex 31,18 für redaktionell hielte. In jedem Falle müßte der Zusammenhang zwischen Ex 25 ff. und 35 ff. vor der Einarbeitung von Ex 32–34 aufgezeigt werden können.

meln der Gemeinde plötzlich noch ein komplexer – mehrfach in sich geschichteter! – Erzählgang mit Auf und Ab und weiteren Gesetzesmitteilungen eingefügt worden sein sollte. Bereits diese ganz vorläufigen Beobachtungen sprechen dagegen, daß Ex 32–34 als *rein* nachpriesterschriftliche Fortschreibung verstanden werden kann und deuten eher darauf, daß die Priesterschrift in einen vorgegebenen Kontext eingearbeitet wurde.

Abgesehen von der Frage nach den textlichen Übergängen bleiben des weiteren schwerwiegende institutionengeschichtliche Bedenken gegen eine generelle Zuordnung von Ex 32 zum nachpriesterschriftlichen Text. Insbesondere die in der Geschichte liegende Polemik gegen Aaron ist angesichts der unzweifelhaft positiven Rolle des ersten Hohenpriesters Israels in der Priesterschrift, in den spät(est)en Zusätzen zum Pentateuch[1318] und in den übrigen späten Schriften der Hebräischen Bibel als nachpriesterschriftliche Fortschreibung nur schwer erklärbar.[1319] Das gleiche gilt für die Rolle der Söhne Levis, deren Auftreten dazu führt, daß sie sich „die Hände für JHWH füllen" sollen. Ein Priesterdienst *aller* Söhne Levis findet Parallelen in den deuteronomistischen[1320] Schichten des Deuteronomiums,[1321] der priesterschriftlichen Konzentration auf die Aaroniden läuft ein solches Konzept klar entgegen.[1322] In Summe spricht das m. E. recht deutlich gegen die Annahme, mit Ex 32 läge eine Fortschreibung des bereits

---

1318 Vgl. z. B. oben Kapitel 3.4 zu Num 16.
1319 Vgl. auch Blum 1990, 73 f. Anm. 127. Am Rande sei auch noch einmal die Beobachtung zum etwas distanziert dargestellten Verhältnis zwischen Mose und Aaron erwähnt. Auch das erinnert – mit aller Vorsicht – an die Erwägungen zur Rolle Aarons im nichtpriesterschriftlichen Text und läßt sich mit dem priesterschriftlichen Aaronbild nur schwer versöhnen.
1320 Achenbach 2004a, 77 f. sieht dieses Konzept mit Verweis auf Dtn 10,8 f. und teilweise im Anschluß an Dahmen 1996 erst nachdeuteronomistisch im Deuteronomium verankert. Zu den Schwierigkeiten dieser Ansetzung von Dtn 10,8 f. s. o. S. 28 f. Abgesehen davon, daß Dtn 10,8 f. bei weitem nicht der einzige Beleg dieser Art im Deuteronomium ist, bliebe der Sinn eines solchen Konzeptes bei nachdeuteronomistischer Ansetzung unklar.
1321 S. o. S. 144 f. Die Nähe zu dieser spezifisch deuteronomistischen Konzeption läßt sich nicht mit der an sich richtigen Beobachtung weit gestreuter Verbreitung deuteronomistischer Sprachklischees – bis hinein in die neutestamentliche Zeit und darüber hinaus – (weg)erklären. An dieser Stelle ist im übrigen, auch wenn ich im Sprachgebrauch entscheidend abweiche, Steck 1967 gegen ein grundlegendes Mißverständnis (vgl. v. a. Lohfink 1995) in Schutz zu nehmen: Ihm war es um das deuteronomistische Geschichtsbild als Vorstellungszusammenhang zu tun, nicht um einen schwammigen Deuteronomismusbegriff oder eine deuteronomistische Bewegung!
1322 Das Problem verschärft sich massiv, rechnet man mit einer späteren Einfügung Aarons in Ex 32. Bei Watts 2011, v. a. 427 liegt im übrigen ein Mißverständnis vor: Wenn alle Söhne Levis als Priester eingesetzt werden, steht kein Konflikt zwischen Priestern und Leviten im Raum, sondern zwischen einer Konzeption vom Priestertum aller Söhne Levis und einem Priestertum der Aaroniden.

priesterschriftlich überarbeiteten Pentateuch vor. Damit wird auch die oben als Arbeitshypothese übernommene Möglichkeit, daß mit dem Motiv der Tafeln und der Person Josua jüngere, eben auf die Priesterschrift angewiesene Nachträge in Ex 32 vorlägen,[1323] zur Notwendigkeit.

Ergeben sich damit aus dem Vergleich der priesterschriftlichen Sinaiperikope mit Ex 32* keine schlüssigen Argumente zur Bestimmung der relativen Chronologie, wird man auf eine Untersuchung der inneren Entwicklung des nichtpriesterschriftlichen Textes zurückgeworfen, womit die Hypothesenbildung weiter, als es wünschenswert erscheinen mag, auf sehr unsicheres Gelände vordringen muß. Mit relativer Zustimmung kann immerhin noch bei der Annahme gerechnet werden, daß die „hintere Sinaiperikope" innerhalb des nichtpriesterschriftlichen Textes ein jüngerer Nachtrag zur „vorderen Sinaiperikope" ist,[1324] an welche sich Ex 32 nahtlos anfügt. Die Fortführung im nichtpriesterschriftlichen Großkontext wäre dann, nicht anders als auch für Ex 24,18, in Num 10 zu suchen.[1325]

Sucht man weiter nach inhaltlichen Kriterien zur Einordnung von Ex 32*, bleibt noch die Rückfrage nach Aaron im nichtpriesterschriftlichen Text, womit man wieder auf Ex 4 verwiesen wird. Die Frage ist erneut, ob man zwingend mit einer Einführung Aarons in Ex 32 rechnen muß – dann wäre Ex 4 vorauszusetzen –, oder ob dies ähnlich wie für den priesterschriftlichen Mose nicht nötig erscheint. Beide Fälle unterscheiden sich vielleicht darin, daß im nichtpriesterschriftlichen Text nicht mit der Bekanntheit der Figur Aarons gerechnet werden kann. Mit aller Vorsicht neige ich jedoch dazu, Ex 32 demselben Bearbeiter wie Ex 4 zuzuschreiben. Mit anderen Worten: Wie schon für Ex 4 legt sich auch für Ex 32* die Annahme von auf P reagierenden Fortschreibungen im nichtpriesterschriftlichen Text nahe.[1326] Für den vordeuteronomischen Levitenbefund kann Ex 32 jedenfalls nicht mehr in Anspruch genommen werden.[1327]

---

[1323] S. o. S. 274 ff. In Anlehnung an Gertz 2001, 90 f. kann man eher hierin das Wirken eines „(End)Redaktors" sehen.

[1324] Vgl. Kratz 2000a, 139 f. im Anschluß an ältere Arbeiten.

[1325] Vgl. etwa Levin 1993, 370 ff.; Kratz 2000a, 301 ff., aber auch nahezu alle übrigen mit vorpriesterschriftlichem Textbestand im Buch Numeri rechnenden Ansätze, vgl. u. a. Wellhausen ³1899, 98 f.

[1326] S. o. Kapitel 4.2. Da Dtn 9 f. der *terminus ante quem* für Ex 32* ist, sind also auch weite Teile des vorderen Deuteronomiumsrahmens entsprechend jünger als P anzusetzen.

[1327] Vgl. dagegen etwa Seebass 1991, 38.

## e) Ergebnisse

Manche Frage zur Einordnung von Ex 32* im Verhältnis zur Priesterschrift und im Rahmen eines vorpriesterschriftlichen Textzusammenhangs muß hier offen bleiben, solange sich keine weiteren Beobachtungen ergeben bzw. plausible Kriterien zur literarhistorischen Verortung finden lassen. Die Zuschreibung von Ex 32* an den „Endredaktor", d. h. die Sicht auf den Text als Fortschreibung eines Pentateuch, der bereits die Priesterschrift und das nichtpriesterschriftliche Erzählwerk umfaßt, ist m. E. nicht aufrechtzuerhalten. Dagegen sprechen zu viele Punkte, die sich mit priesterschriftlichen Konzepten nicht vereinbaren lassen, und die darum besser als Bestandteile eines noch selbständigen nichtpriesterschriftlichen Textes zu deuten sind. Erst die Vereinigung der teilweise widerstreitenden Konzepte – meistenteils im Sinne von P – wäre dann als das Werk eines späteren Redaktors (R^P) anzusehen, wozu einige der Ergänzungen in Ex 32 zu zählen sein könnten.

Damit ist andererseits der Grundbestand in Ex 32 nicht notwendigerweise vorpriesterschriftlich. Zunächst kann man nur festhalten, daß die richtig beobachteten intertextuellen Zusammenhänge zwischen nichtpriesterschriftlichem Text und Priesterschrift in der Sinaiperikope keineswegs so dicht gesät sind, daß nur noch die Richtung der textlichen Abhängigkeit im Rahmen eines Fortschreibungsmodells zu bestimmen wäre. Für eine solche Annahme scheint mir die wechselseitige Durchdringung alles in allem zu gering: Weder lassen Ex 32–34 Kenntnis von Ex 25–31 durchscheinen,[1328] noch reagieren Ex 35–40 ersichtlich auf Bundesbruch und -erneuerung.[1329] Sofern man aber die Möglichkeit zugesteht, daß beide Quellen noch vor ihrer Vereinigung Wechselwirkungen ausgesetzt waren, könnte die Erzählung vom „Goldenen Kalb" durchaus auch „nachpriesterschriftlich" im Sinne einer Reaktion auf P sein. Die kontrastierende Darstellung Aarons und der „Söhne Levis" in Ex 32 wäre in diesem Sinne als bewußte Gegenposition (einer Erweiterung) im nichtpriesterschriftlichen Text zur priesterschriftlichen Konzeption zu verstehen. Damit böte Ex 32 die nichtpriesterschriftliche Erzählvariante zur Einsetzung des Priesterdienstes, jedoch, wenn man so will, mit historischer und nicht mit schöpfungs- bzw. ordnungstheologischer Begründung. Die partiellen inhaltlichen Berührungen zwischen der Priesterschrift und dem nichtpriesterschriftlichem Text sind jedenfalls nicht mehr als ein Hin-

---

**1328** Vgl. auch Gertz 2001, 95.
**1329** Daß es sich auf der Ebene der Endkomposition in Ex 25–40 um eine höchst raffiniert arrangierte Abfolge von Schöpfung, Fall und Restitution handelt (vgl. Kearney 1977, 384 f.), ist davon unbenommen.

weis auf zunehmende thematische Konvergenzen, wobei gerade die jeweils unterschiedliche Stoßrichtung nicht übersehen werden darf.

Die vorgetragenen Überlegungen zeigen, daß die Frage nach der Organisation des Priestertums in „Israel" weiterhin ein Schlüssel zur Literargeschichte sein kann. In jedem Falle bleibt Ex 32,25 – 29 für die Frage nach den Leviten ein ausgesprochen wichtiger Text, auch wenn wir erneut nichts über die Leviten in vorexilischer Zeit erfahren. Mit ihm liegt ein im Grundsatz pro-levitischer Eintrag vor, insofern gegen eine einseitige Bevorzugung der Aaroniden *alle* Söhne Levis durch ihren Eifer für JHWH mit dem „Füllen der Hand" belohnt werden, was mit Recht als Einsetzung in den Priesterdienst verstanden werden darf. Eine personelle Differenzierung in (aaronidische) Priester und nachrangige Leviten ist nicht intendiert oder wird sogar kritisch gesehen.

Diese Position deckt sich mit der deuteronomistischen Anschauung, die ähnlich in dem recht jungen Eintrag Dtn 10,8 f. zum Ausdruck kommt.[1330] Auch dort handelt es sich um einen pro-levitischen Zusatz, der unter Rückgriff auf Ex 32 pointiert, aber vermutlich auch letztmalig, die gesamtlevitische Position einer Berufung des ganzen Stammes zum Ausdruck bringt. Die weiteren Fortschreibungen und Bearbeitungen des Themas im Deuteronomium sowie – noch deutlicher – im Buch Numeri und in der LXX werden dann von der aaronidischen Perspektive einer steilen Hierarchie geprägt sein. Ähnliche Tendenzen lassen sich eventuell auch in Details in Ex 32 beobachten. Die nichtpriesterschriftliche Grundschicht der Erzählung in Ex 32* ist gegenüber Aaron – nach P Israels erster Hohepriester – ausgesprochen kritisch eingestellt. Spätere Überarbeitungen in Ex 32 wie V. 5b oder Vv. 21 – 24 lassen möglicherweise Versuche einer Entlastung Aarons erkennen. Ebenso scheint die LXX mit ihrer terminologischen Differenzierung zwischen πληρόω und τελειόω, den Gedanken einer Priesterweihe in Ex 32,29 zu verwischen. Letztlich muß man natürlich v. a. auch die kompositionelle Zusammenstellung der nichtpriesterschriftlichen mit der priesterschriftlichen Sinaiperikope in diesem Sinne deuten:

> „The P editing placed the JE material within an archetypal pattern, thus further neutralizing the older tradition of Aaron's fault as well as removing the superior position of the Levites: now the temple cult under the supervision of the Aaronide priesthood was established with a guarantee as firm as creation itself."[1331]

---

**1330** S.o. Kapitel 2.1.1.

**1331** Kearney 1977, 385. Blums inzwischen klassische Formulierung, daß „bestimmte inhaltliche Anliegen von Ex 19 – 24; 32 – 34 »kontradiktorisch« überlagert" würden (Blum 1990, 334), bliebe damit im Recht, nur daß dies noch nicht für KP in Anspruch genommen werden kann, sondern erst für die Zusammenstellung von Priesterschrift und nichtpriesterschriftlichem Text zum Pentateuch im Geiste von P.

Ähnlich wie in Ex 4 würde in Ex 32 damit noch einmal eine (spät)deuteronomistisch gefärbte Stimme gegen die priester(schrift)liche Konzeption einer Hervorhebung der Aaroniden erklingen, bevor letztere unter Aufnahme des nichtpriesterschriftlichen Textes demselben in einem aus beiden Quellen zusammengestellten Pentateuch ihren Stempel aufdrückt und damit das Bild der Geschichte „Israels" und der „Verfassung" seines Kultpersonals prägt.

## 4.5 Ex 38

Die letzte Erwähnung von Leviten im Buch Exodus findet sich in Kapitel 38. Die Vv. 21–31[1332] notieren, daß Bezalel und Oholiab den Bau der Stiftshütte ausgeführt haben, und verzeichnen die dabei verwendeten Materialien. Einleitend dazu ist von der Arbeit der Leviten unter Leitung Itamars, des Sohnes Aarons, die Rede (V. 21). Syntax und Semantik der ersten Vershälfte bergen manche Probleme,[1333] aber so viel wird man sagen können, daß die Leviten hier mit dem Dienst an der Stiftshütte betraut sind. Literarisch vorausgesetzt ist zum einen die Erhebung einer Steuer von einem halben Schekel pro erwachsener Person zugunsten der Stiftshütte (Ex 30,11–16), zum anderen das Ergebnis der dafür notwendigen Zählung, welche erst in Num 1 erfolgt. Erst in Num 4,28.33 findet sich dann auch die Unterstellung der levitischen Sippen der Gerschoniter und Merariter unter die Aufsicht Itamars.

Daß wir es hier, wie auch in Ex 30,11–16, mit einem Nachtrag zu tun haben, ist nahezu Konsens.[1334] Aus der Wolke der Zeugen sei August Kayser zitiert:

„Diese Verordnung einer Kopfsteuer für den Bau der Stiftshütte unterbricht nicht allein die Aufzählung der heiligen Geräthe, sondern sie steht auch in Widerspruch mit XXV, 2, nach welchem das Werk aus f r e i w i l l i g e n Gaben bestritten werden soll. Dass neben diesen letzteren zugleich die obligatorische Kopfsteuer in Geld eingezogen werden sollte, ist nicht annehmbar, da XXXV, 5 sq., wieder nur die ersteren[1335] in Betracht kommen. Ich stehe daher nicht an dieses Stück auf die Rechnung des Sammlers zu setzen, so wie Kap. XXXVIII, 21–31, welches darauf Rücksicht nimmt und gleichfalls den Zusammenhang unterbricht."[1336]

---

1332 Zur Stellung des Stückes in der LXX vgl. Popper 1862, 163 f.
1333 Vgl. Propp 2006, 667.
1334 Vgl. neben dem folgenden u. a. Wellhausen ³1899, 139.145; Holzinger 1900, 145.149; Baentsch 1903, 261.297 f.; Noth 1959, 224. Nicht wenige neuere Kommentare (Dohmen 2004; Dozeman 2009) verzichten allerdings nahezu vollständig auf eine Kommentierung von Ex 35–40.
1335 Gemäß den Korrekturnachträgen zu berichtigen in „jene".
1336 Kayser 1874, 61; Sperrung im Original.

Rechnet man nun noch ein, daß die Ausführungsberichte Ex 35 – 39 ihrerseits spätere Dubletten zu den Anweisungen zum Bau der Stiftshütte Ex 25 – 31 sind,[1337] so bewegen wir uns hier in den jüngsten Schichten des Pentateuch. Die Lust an der genauen Auflistung und Berechnung, am Ausgleich zwischen verschiedenen Schriftstellen (hier Exodus und Numeri) zeigt deutliche Anzeichen von Schriftgelehrsamkeit und ist Erklärung genug für den Sinn dieser Einfügung.[1338]

Zu diesen Überlegungen, die anhand der relativen Chronologie im Buch Exodus gewonnen wurden, kommen aber auch externe Vergleichspunkte hinzu. Noch einmal sei Kayser zitiert:

> „Das Elohimbuch[1339] ist zur Zeit Esra's entstanden; auf dieses Ergebniss laufen alle, sowohl literär- wie kultgeschichtliche Thatsachen hinaus. Alle Bestandtheile des Pentateuchs waren aber damit noch nicht gegeben. Wir haben oben das Gesetz über die Tempelsteuer, Exod. XXX, 11, aus demselben ausgeschieden, und die Stelle Nehem. X, 30 bestätigt dass wir Recht hatten, indem sie berichtet, zur Bestreitung der Opferkosten hätte das Volk sich eine Steuer von dem Drittheil eines Sekels auferlegt. Diese war demnach nicht schon geboten, und das Gesetz des Exodus, nach welchem die Steuer sich auf einen halben Sekel beläuft, ist späteren Ursprungs, wie es später in Uebung kam."[1340]

Dem ist nichts hinzuzufügen. Für die frühe Geschichte der Leviten ist aus Ex 38,21 keinerlei Information zu entnehmen, für die späte Geschichte ist der Vers ein weiterer Beleg für die letztgültige Durchsetzung der spätpriesterlichen Sichtweise.

## 4.6 Zusammenfassung

Wie schon in der Einleitung des Kapitels angedeutet, liegt im Buch Exodus sehr disparates Material in bezug auf „Levi" vor. Lediglich ein Beleg ist klar dem vorpriesterschriftlichen Textbestand zuzuordnen (Ex 2,1). Nach ihm ist Mose väterlicher- wie mütterlicherseits ein Levit. Aber weder ist klar, was genau damit gemeint ist, noch wird das Motiv, welches zudem der literarischen Vorlage geschuldet sein könnte,[1341] in der weiteren Erzählung fruchtbar gemacht.

Auf den Leviten Moses kommt indirekt auch der ebenfalls zum nichtpriesterschriftlichen Text zählende Vers Ex 4,14 zu sprechen, bei dem jedoch Aaron als

---

**1337** Zum Nachweis vgl. schon Popper 1862, von den Gegenwärtigen Kratz 2000a, 105.
**1338** Anders Propp 2006, 667.
**1339** Bei Kayser Bezeichnung für die Priesterschrift.
**1340** Kayser 1874, 196; Sperrung im Original.
**1341** S.o. Kapitel 4.1.

„levitischer Bruder" Moses im Vordergrund steht. Nach der obigen Analyse[1342] legt diese Bezeichnung implizit nahe, daß Aaron und Mose (noch) nicht als leibliche Brüder zu gelten hätten. Könnte dieser Gedanke zunächst auf eine vorpriester-schriftliche Einordnung des Abschnittes deuten, weisen Überlegungen zu inter-textuellen Beziehungen mit der priesterschriftlichen Berufung Moses in Ex 6f. eher auf das Gegenteil. Insbesondere die Art und Weise der Einführung Aarons läßt vermuten, daß Ex 4 literarisch auf die Priesterschrift reagiert. Nachpriester-schriftlich bereitet wiederum die Bezeichnung Aarons als הלוי Schwierigkeiten. Man entgeht dem Dilemma vielleicht am besten in einer Aufhebung der unter Umständen irreführenden Alternative, nach welcher „nachpriesterschriftlich" gleichbedeutend mit einer Fortschreibung im bereits aus P und Nicht-P vereinten Pentateuch wäre. Statt dessen bietet es sich an, einen Text wie Ex 4 als Erweiterung des noch selbständigen nichtpriesterschriftlichen Textes in Reaktion auf die Aa-ron-Konzeption der Priesterschrift zu verstehen. Unter dieser Voraussetzung müßte vor der Zusammenstellung von P und Nicht-P zu einem Ganzen zunächst noch mit einer Phase wechselseitiger Beeinflussung gerechnet werden. Diese führt zu thematischen, aber keineswegs zu konzeptionellen Konvergenzen. Die *the-matische Konvergenz* läge hier in der Einführung Aarons in den nichtpriester-schriftlichen Text, in welchem Aaron ohne Ex 4, vielleicht mit der Ausnahme von Ex 32* sonst keine Rolle spielen würde. Die *konzeptionelle Differenz* hingegen läge in der Rolle Aarons, die sich anhand von Ex 4 in einem Detail, der verwandt-schaftlichen Beziehung, zeigt.

Ähnliches gilt für Ex 32*, worin ebenfalls eine vergleichsweise junge Fort-schreibung im nichtpriesterschriftlichen Text vorliegt. Zwar wird über die Ver-wandtschaftsverhältnisse zwischen Mose und Aaron – abgesehen von der bemer-kenswert distanzierten Bezeichnung Moses als זה משה האיש im Munde der Israeliten – nichts gesagt, weshalb man allenfalls *e silentio* auf Differenzen zur priesterschriftli-chen Sichtweise schließen könnte. Auffällig ist aber die eindeutig negative Rolle, die Aaron bei der Herstellung des Goldenen Kalbes spielt (Vv. 1–6*), und die nur mühsam in möglichen kleineren Ergänzungen (etwa V. 5b) ein wenig retuschiert wird. Ein ähnliches Aaronbild transportiert sonst nur der deuteronomistische Vers Dtn 9,20, während die übrigen, meist jungen Rückblicke auf Israel in der Wüste (Ps 106; Neh 9) den Anteil Aarons am Geschehen gerade nicht ausführen. Mit der priesterschriftlichen Sichtweise einer Hochschätzung und Hervorhebung der Aaroniden ist Ex 32* darum kaum zu vereinbaren. Es sind allenfalls die bereits angesprochenen kleinen Bear-beitungen, die sich als spätere Entlastungsversuche Aarons zu erkennen geben und damit das Bestreben eines Ausgleichs zwischen nichtpriesterschriftlichem und

---

1342 S.o. Kapitel 4.2.

priesterschriftlichem Text zeigen, wobei die priesterschriftliche Sicht das letzte Wort behält, wenn einerseits mit Ex 34 der gebrochene Bund zwischen JHWH und Israel wiederhergestellt und damit das überlebende Israel rehabilitiert wird, und andererseits die Errichtung der Stiftshütte in Ex 35–40 einschließlich einer Zentrierung des Priestertums auf die Aaroniden als Wiederherstellung einer idealen, schöpfungsgemäßen Ordnung propagiert wird.

Bevor es dazu kommt, äußert sich mit Ex 32* aber, neben der Kritik an Aaron, noch einmal das deuteronomistische Konzept eines (potentiellen) Priestertums *aller* Söhne Levis.[1343] Allein jene sind es, die aus der verwerflichen Anbetung des selbstgemachten Goldenen Kalbes auf Moses Ruf „Zu mir, wer für JHWH ist!" (V. 26) hin den richtigen Schluß ziehen, daß Israel für diesen Frevel büßen müsse. Ihr Handeln stellt in der nichtpriesterschriftlichen Erzählung zum ersten Mal eine besondere Beziehung zwischen Mose und anderen „Kindern Levis" her und begründet zugleich deren Einsetzung ins Priestertum am Sinai. Während man nach der Fortführung dieses Motivs in den Büchern Leviticus und Numeri vergeblich sucht – lediglich in der Negation solcher Ansprüche bietet Numeri manchen Bezugspunkt –, finden sich enge Parallelen im Deuteronomium,[1344] besonders dessen späteren Bearbeitungsschichten. Im Hinblick auf die gewaltsame Durchsetzung des Ersten Gebots etwa ist eine konzeptionelle Nähe von Ex 32,25–29 zu spätdeuteronomistischen („nomistischen") Partien des Deuteronomiums zu erkennen. Auch im Deuteronomium werden sich jedoch in den letzten Redaktionsstufen, wie auch schon in Ex 32, Überlagerungen durch die aaronidisch orientierte (priesterschriftlich geprägte) Literatur zeigen.[1345] Diese Überlagerungen können als ein weiterer Hinweis darauf gesehen werden, daß Ex 32* nur schwer als nachpriesterschriftliche Fortschreibung zu verstehen ist. Plausibler scheint mir, wie schon für Ex 4, eine Deutung der Erzählung als Erweiterung des nichtpriesterschriftlichen Textes in Reaktion auf die Priesterschrift. Ob Ex 4 in Ex 32* der Einführung Aarons wegen schon vorauszusetzen ist, bleibt unsicher, ich halte es jedoch für wahrscheinlich.

Mit der literarhistorischen Verortung ist freilich noch nichts über den „kompositorischen Sinn" von Ex 32,25 ff. ausgesagt, auf den Erhard Blum aufmerksam macht:

> „Die Einsetzung einer *ausgesonderten* Priesterschaft markiert das Ende des in Ex 19,6 für Israel vorgesehenen und in 24,3 ff. verwirklichten »allgemeinen Priestertums«! Mit dem

---

**1343** S.o. Kapitel 2.3.
**1344** Vgl. auch Oswald 1998, 172.
**1345** Dazu s.o. S. 145 ff.

»Sündenfall« um das »goldene Kalb« hat Israel gleichsam seine Unschuld verloren, es wird nicht mehr in denselben Stand eingesetzt wie zuvor."[1346]

Auf der priesterlich geprägten Endtextebene des Pentateuch wird diese von Blum gezogene Linie dann sogar noch eine Fortführung in der weiteren Ausdifferenzierung des Kultpersonals in Num 1–10 erhalten.[1347]

Nichtpriesterschriftlich ist schließlich auch Ex 1,2, aber Levis bloße Nennung als Sohn Jakobs ist, zumal in so später („endredaktioneller") Zeit, wenig aussagekräftig hinsichtlich unserer Fragestellung.

Damit bleiben noch die im weiteren Sinne zur priesterschriftlichen Literatur gehörigen Belege Ex 6 und 38 übrig. Ex 6 ist insofern interessant, als hier eine ausgefeilte Genealogie der Nachfahren Levis samt Lebensdaten geboten wird. Wir erfahren dadurch allerdings nichts über Rolle und Funktionen von „Leviten". Das Interesse an einer systematisierenden Zusammenstellung der Verwandtschaftsverhältnisse etc. ist durchaus typisch für späte Bücher wie Chr und hat v. a. in der jüdisch-hellenistischen Literatur seinen Niederschlag gefunden. Diese thematische Nähe bestätigt indirekt die aus textinternen Beobachtungen gewonnene Überzeugung, daß Ex 6,13 ff. zu den allerjüngsten Stücken im Pentateuch gehört, von einer selbständigen Priesterschrift also weit entfernt ist. Gleiches gilt für Ex 38, wo zwar die spätpriester(schrift)liche Sichtweise einer Unterordnung der Leviten unter die Aaroniden bestätigt wird, worin aber kaum noch das eigentliche Interesse des Abschnittes zu suchen sein dürfte. Vielmehr handelt es sich um eine schriftgelehrte, buchübergreifende Harmonisierung, die Informationen aus Num 1–10, also vom Abschluß des Aufenthaltes der Israeliten am Sinai, vorwegnehmend in das Buch Exodus, d. h. in die Zeit vor der endgültigen Aufrichtung der Stiftshütte, einträgt. Auch in Ex 38 liegt also kein Text aus P$^G$ vor, noch finden sich hier eigenständige Vorstellungen von den Aufgaben der Leviten.

Der Vollständigkeit halber soll hier in aller Kürze auch auf Lev 25 eingegangen werden. Da der Text dem Heiligkeitsgesetz zuzuordnen ist, bewegen wir uns im weiteren Sinne noch im Umfeld der priesterschriftlichen Literatur. Der Beleg setzt Leviten und Levitenstädte voraus und wird darum ausführlicher erst im sachlichen Zusammenhang mit der Frage nach den Levitenstädten in Jos 21 diskutiert werden. Aber bereits diese Voraussetzungen sowie die Isolierung des Belegs innerhalb

---

**1346** Blum 1990, 56 (Hervorhebung im Original). Die Kritik von Dahmen 1996, 90 Anm. 401 hängt an seiner m. E. nicht haltbaren Interpretation von Ex 32,29 und geht damit ins Leere. Konkel 2008, 166 f. folgt Dahmen weitgehend und schlägt statt dessen eine Linie von Gen 34 und 49 über Ex 32 zu Dtn 33 als kompositorisches Prinzip vor. Für den Endtext wird darin etliches richtig gesehen sein, zu den Problemen einer wechselseitigen Interpretation von Gen 49; Ex 32 und Dtn 33 siehe jedoch oben Anm. 1253.
**1347** S.o. Kapitel 3.1.

des Buches Leviticus zeigen, daß Bedeutung der Leviten darin nicht ohne Zuhilfenahme größerer literarischer Kontexte erhellt werden kann. Für die Frage nach Leviten in der Konzeption von P tragen die Verse daher nichts aus, insofern hat die Beschränkung des vorliegenden Kapitels auf das Buch Exodus ihre Berechtigung.

Die Verteilung der Leviten-Belege im Buch Exodus weist damit eine bedeutsame Leerstelle aus: Neben einem vorpriesterschriftlichen Beleg (Ex 2,1) und zwei weiteren nichtpriesterschriftlichen Texten (4,14; 32,26.28), die kontrastierend auf die Priesterschrift reagieren, gibt es darüber hinaus sehr späte und sachlich unselbständige Erwähnungen von Leviten in spätpriesterlichem Geist (6,16.19.25; 38,21), die Passagen aus dem Buch Numeri voraussetzen. Wie gesehen, waren in Numeri *alle* Behandlungen der Leviten-Thematik nachpriesterschriftlichen Ergänzungen zuzurechnen.[1348] Selbst wer in Numeri also noch P^G findet, wird es darin nicht mit Leviten zu tun haben. Noch eindeutiger ist die Sachlage für diejenigen, die mit einem Ende von P^G in Lev 9 oder – letzterem neige auch ich zu – in Ex 40 rechnen: Die Priesterschrift schweigt sich über die Leviten aus! Die klassische Position zum Thema faßte Wellhausen zusammen:

> „In den sekundären Stücken des Priestercodex wird die Kluft zwischen clerus major und minor weit stärker betont, die Leviten werden möglichst herabgedrückt. So besonders in Num. 3. 4. 8. Die Differenz besteht allerdings weniger in der Sache, als in der Stimmung. Trotzdem darf sie nicht übersehen werden."[1349]

Nach der obigen Analyse ist das nun wesentlich zu korrigieren: Erst nachpriesterschriftliche Texte führen überhaupt eine Scheidung in *clerus maior* und *clerus minor* ein, für P^G ist dergleichen kein Thema.[1350]

Man kann diesen Befund zunächst relativieren durch die Frage, ob eine solche Differenzierung des Kultpersonals für die Priesterschrift angesichts ihres literarischen Rahmens überhaupt erwartet werden darf: Schließlich sind Mose und Aaron ja „erst" die Ururenkel Jakobs. Die Gegenfrage dazu liegt auf der Hand: Warum sollten Num 1–10 narrativ einen besseren Ort für dieses Thema bieten? Auch in Num 1–10 ist das Volk noch am Gottesberg versammelt, die vorausge-

---

**1348** S.o. S. 191 ff.
**1349** Wellhausen ³1899, 342.
**1350** Vgl. neben dem vorangegangenen Kapitel zu den Leviten in Numeri auch Knohl 1995, 85 („Because we maintain that HS is later than PT, we thus conclude that the distinction of two cultic classes–priests and Levites–and the assignment of their respective tasks were an innovation of HS."); sowie Stackert 2007, 207 f. und 2009, 194. Stackerts vorangehende Feststellung, „the answer [*scil.* auf die Frage nach den Grenzen des Kultpersonals] for both P and H is that the priesthood is limited to Aaronids alone and that Levites serve in a lesser capacity as sanctuary maintenance staff", ist also im Grunde *e silentio* geschlossen (Stackert 2007, 206).

setzte Situation hat sich also in keiner Weise geändert. Ausgenommen davon ist allein die personelle Situation Israels, welches inzwischen recht zahlreich geworden zu sein scheint – selbst die Leviten umfassen mehrere tausend Mann! Und obwohl nun Num 1–10 die Leviten massiv thematisiert, wird die Frage, wer oder was Leviten sind, kaum hinreichend erklärt, sondern das Wissen darum schon vorausgesetzt. Die postpriesterschriftlichen Bearbeitungen in Numeri füllen also einerseits eine Lücke, die sich aus der Nichterwähnung der Leviten in $P^G$ ergibt, indem sie einzelne in $P^G$ angelegte Konzeptionen weiterführen. Andererseits operieren sie dabei mit Voraussetzungen, die sich nicht einfach als organische Fortführung von $P^G$ erklären lassen. Vielmehr dürften sich hier direkte Auseinandersetzungen mit der nichtpriesterschriftlichen Literatur spiegeln. Das Fehlen von Leviten in $P^G$ forderte offenbar schon innerbiblisch zu Klärungsversuchen heraus. Daneben wird man aber schlußfolgern müssen, daß $P^G$ und die spätpriesterlichen Texte in Num literarhistorisch weiter voneinander entfernt sind, als es die gängige Nomenklatur anzeigt.[1351]

Bevor ich – am Ende meiner Arbeit – kurz in den Bereich der Spekulationen über die möglichen Trägerkreise und damit die historischen Rahmenbedingungen der literarhistorischen Vorgänge eintreten werde, ist noch einmal mit Nachdruck auf das angesprochene Problem hinzuweisen: Wenn, wie der literarische Niederschlag in Ex 2,1 zeigt, Leviten einerseits schon vorpriesterschriftlich vorausgesetzt werden müssen und andererseits spätere Ergänzer die Notwendigkeit empfanden, die Rolle der Leviten noch am Gottesberg zu thematisieren, warum tauchen sie dann in der Priesterschrift nicht auf? Möglich wäre es natürlich, daß die Priesterschrift aus einem gänzlich anderen Milieu als die vorpriesterschriftliche Hexateucherzählung stammt. Aber es scheint sich doch an genügend Stellen zu zeigen, daß deren Kenntnis durch P nichtsdestoweniger vorauszusetzen ist. Egal wann und wo wir die Priesterschrift und ihre Autoren also verorten – auch sie werden „Leviten" gekannt haben. Damit sehe ich zwei Möglichkeiten, die Nichterwähnung von Leviten in der Priesterschrift zu erklären: Entweder war die Frage nach den Leviten für P schlechterdings kein Thema, oder das Nichtnennen ist ein bewußtes Verschweigen. Letzteres ist allerdings kaum methodisch kontrollierbar zu erweisen, besonders angesichts der nicht wenigen Hypothesen, die einem rekonstruierten Text wie P ohnehin schon zugrundeliegen. Hier liegt ein Problem vor, das schlüssig zu entscheiden ich einstweilen keine Möglichkeit sehe.

---

**1351** Vielleicht ist es auch ganz grundsätzlich angebracht, sich künftig über den Gebrauch bzw. die Angemessenheit des Begriffes „*Priester*schrift" noch einmal neu zu verständigen.

# 5 Levi in der Genesis

Die bisherigen Analysen widmeten sich nahezu ausschließlich den Leviten; Levi selbst kam nur an wenigen, jeweils späten Stellen in den Blick. Daß er dabei die Funktion eines *heros eponymos* einnehme, war mehr oder minder vorausgesetzt worden. Dieses Bild ist nun anhand der Genesis zu prüfen, zu präzisieren und gegebenenfalls auch zu korrigieren. Dabei ist zum einen die Rolle Levis in den Listen der Söhne Jakobs zu bedenken, zum anderen das für die hellenistische Rezeptionsgeschichte so wichtige Auftreten Levis im Konflikt mit Sichem.

## 5.1 Levi, der Sohn Jakobs

Abgesehen von seinem Auftreten als Rächer Dinas in Kapitel 34 erscheint Levi viermal in der Genesis: anläßlich seiner Geburt und Namengebung (Gen 29,34); in der Liste der Söhne Jakobs (35,23); in der Liste jener siebzig Personen, die mit Jakob nach Ägypten zogen (46,11), sowie gemeinsam mit Simeon in einem der Sprüche, mit denen Jakob vor seinem Tode seine Söhne bedenkt (49,5–7), wobei ungeachtet der Kontexteinbindung (V. 28!) kaum von einem „Segensspruch" die Rede sein kann. Dazu kommt als Gegenstück zu Gen 46,8–27 noch eine Aufzählung der Namen der Söhne Jakobs in Ex 1,1–5, die sachlich in diesem Zusammenhang zu erwähnen ist.

Von den genannten Texten können Gen 35,23; 46,11 und Ex 1,2 für unsere Analyse allerdings unbeachtet bleiben, weil sie außer der reinen Erwähnung des Namens Levi[1352] an dritter Stelle der Söhne Jakobs nichts beitragen und zudem frühestens priesterschriftlich (Gen 35,23)[1353] oder eher noch später (Gen 46,11; Ex 1,2) anzusetzen sind.[1354] Nicht weiter eingehen werde ich ebenso auf Gen 49,5–7.[1355] Es handelt sich bei Gen 49 um ein Sonderstück, welches zwar ältere Traditionen aufnehmen mag, in seiner jetzigen Form und in seinem jetzigen Kontext jedoch ebenfalls zu den jüngsten Stücken der Genesis zählen dürfte.[1356]

---

1352 Sowie in Gen 46,11 der Namen seiner drei Söhne.
1353 Levin sieht in Gen 35 freilich – mit weitreichenden Konsequenzen – eine noch spätere Hand am Werk: „Mit der Synthese von priesterschriftlichem Stil und jehowistischem Stoff setzt auch dieser Beleg die Endredaktion voraus. Nota bene: Er ist der älteste, der die zwölf Söhne Jakobs im Sinne eines Systems begreift." (Levin 1995, 172).
1354 Zu Gen 46 s.o. S. 178ff.; zu Ex 1 s.o. S. 246.
1355 Die verschiedenen Forschungspositionen sind ausführlich aufgearbeitet von de Hoop 1999, bes. 97–109, und Macchi 1999, bes. 54–56; siehe dazu auch oben S. 181 mit Anm. 829.
1356 Vgl. Levin 1995, 170f. in Auseinandersetzung mit den Thesen M. Noths.

Der Sinn des Spruches über Simeon und Levi ist darüber hinaus einigermaßen dunkel, jedoch könnte die Zusammenstellung gerade dieser beiden Söhne Jakobs darauf hinweisen, daß hier auf Gen 34 angespielt wird, auch wenn sonstige Parallelen in der Terminologie mehr zu erahnen sind.[1357]

Von Interesse für unsere Fragestellung ist daher letztlich allein der dem nichtpriesterschriftlichen Text zuzurechnende Beleg Gen 29,34. Er berichtet von der Geburt Levis als Leas drittem Sohn. Sie gibt ihm den Namen, der im Rahmen der Erzählung auf das „Anhangen" Jakobs an Lea gedeutet wird, ein besonderer JHWH-Bezug Levis ist in dieser Notiz nirgends erkennbar. Literarkritische Fragen entzünden sich v. a. am „Geburtenwettstreit" Leas und Rahels und damit an der jeweils vorausgesetzten Zahl der Kinder Jakobs. Daß etwa die Verse Gen 30,1–13 auf einem späteren Nachtrag beruhen und somit eine Vorstufe des jetzigen Textes einmal nur von sechs Söhnen Jakobs ausging,[1358] scheint nicht unwahrscheinlich,[1359] betrifft aber Levi nicht, der in jedem Falle zu diesen sechs Söhnen zählt.[1360] Ob es darüber hinaus möglich ist, mit Christoph Levin eine „vorjahwistische Quelle" zu rekonstruieren, die nur allein Ruben, Simeon und Josef kannte, ist deutlich unsicherer.[1361] Ich gehe darum von einem Zyklus an Jakoberzählungen aus, der bereits mit Levi als Sohn Jakobs rechnet.

---

**1357** Eine Anspielung auf חמור könnte etwa mit שׁוּר (49,6) vorliegen; die מכרתיהם (49,5) – verstünde man sie mit Dahood 1961 als „Beschneidungsmesser" – wären wohl der deutlichste Hinweis auf Gen 34, vgl. aber de Hoop 1999, 108 f.: „We would suggest, however, rendering the word in a more neutral way as the derivative of כרת „to cut" > מְכֵרָת „cutter" > „knife". Anders Baden 2011, der – leider ohne nachvollziehbare Argumentation und Textabgrenzung – Gen 34 auf E und J verteilt, wobei Simeon und Levi der J-Erzählung vorbehalten bleiben. Die spezifische J-Fassung von Gen 34 sei daher letztlich von Gen 49, einer älteren Sammlung von Stammessprüchen, die J in seine Großerzählung eingebaut habe, abhängig. Der Vorschlag ist, abgesehen vom problematischen Quellenmodell, nicht uninteressant, bedürfte aber einer eingehenderen Begründung.
**1358** Vgl. Levin 1993, 221 ff.; 1995, 173 f.; Kratz 2000a, 270 f. Dabei ist im Vorausgriff auf Gen 35,17 f. Benjamin, der hier freilich noch keine Rolle spielen kann, mit eingerechnet.
**1359** Vgl. dagegen Blum 1984, 105–111.
**1360** Anders dagegen Yoreh 2006, der mit E in Gen 29,32; 30,1–24* rechnet und 29,33–35 für spätere Ergänzung durch J hält. Sein Kriterium ist allerdings eine Unterscheidung der „Gottesnamen", vgl. dagegen schon Blum 1984, 107.471 ff. Daneben scheint für Yoreh seine Verortung E's im Norden eine Rolle zu spielen, weswegen Simeon, Levi und Juda als „Südstämme" J zugerechnet werden müssen.
**1361** So aber Levin 1993, 223 f.225 f.; 1995, 173 f. Dafür spricht immerhin die Beobachtung, daß allein Ruben, Simeon und Joseph genuine Personennamen sind, Levi, Juda und Benjamin dagegen Eponymen, siehe dazu i.f. Dagegen hält Kratz 2000a, 271 lediglich Juda (V. 35) für eine Hinzufügung der jahwistischen Bearbeitung. Vom literarkritischen Standpunkt aus gesehen erscheint mir diese Lösung plausibler.

Was aber ist die Funktion „Levis" in diesem Rahmen? Neben Ruben, Simeon und Joseph, bei denen es sich um primäre Personennamen handelt, stehen Levi, der lediglich in Sekundärverwendung zum Eigennamen wird,[1362] sowie Juda und Benjamin als Eponymen. Während die letzteren beiden jedoch recht eindeutig Landschaften zuzuordnen sind, kommt Levi – vorausgesetzt die eingangs gemachten philologischen Beobachtungen sind zutreffend – seine Bedeutung als fiktiver Ahnherr einer sozial definierten Personengruppe zu. Der Wert dieser Aussage für die Suche nach Levi und den Leviten hängt nun v. a. an der Frage der literarhistorischen Einordnung dieses Zyklus. Setzt man mit Levin einen Jahwisten in der Mitte des 6. Jahrhunderts an, läge auch mit Ex 29,34 kein vorexilischer Beleg für לוי vor.[1363] Spiegelt diese jahwistische Schicht jedoch „die Verhältnisse zwischen 720 und 587 v. Chr., in denen ‚Israel' im Umkreis der noch bestehenden judäischen und der anderen umliegenden Monarchien, samt und sonders assyrische Provinzen und Vasallenstaaten, überlebt",[1364] so können wir neben Ex 2,1 eine weitere vorexilische Erwähnung „Levis" notieren.

Wie in Ex 2,1 ist aber auch hier der Ertrag nicht so groß, wie man zunächst hoffen wird. Wir lernen daraus, daß es in vorexilischer Zeit Leviten gab – das war zu erwarten – und daß man mit Levi als ihrem Vorvater literarisch operieren konnte – auch das ist für einen mutmaßlichen *heros eponymos* wenig spektakulär! Etwas gewichtiger ist vielleicht die Beobachtung, daß die Ursprünge der Jakoberzählungen wohl nicht in Juda zu suchen sind, ebenso wie die Exoduserzählung, die mit Ex 2,1 den zweiten alten Levitenbeleg enthält, ihre Heimat weiter nördlich gehabt haben dürfte.[1365] Sollte beides auf eine Verankerung der Leviten ursprünglich eher im Nordreich Israel deuten? Es wäre schön, hier mehr Klarheit zu haben, insbesondere könnten daraus neue Impulse für die Frage nach den Leviten im Deuteronomium gewonnen werden. Solange jedoch keine zusätzlichen Beobachtungen für die Richtigkeit dieser Hypothese ins Feld geführt werden können, handelt es sich bestenfalls um einen „educated guess".

---

1362 S. o. S. 12 ff.
1363 Nach Levin 1993, 224 bestünde der Sinn der Einfügung Levis allein im genealogischen Brückenschlag zwischen Vätergeschichte und Exodus. Diese Funktion übernimmt Levi zweifellos, aber dennoch erklärt das m. E. den Aufstieg Levis zu einem Eponym neben Juda und Benjamin nur unzureichend.
1364 Kratz 2000a, 279, vgl. auch 309 f.
1365 Vgl. u. a. Kratz 2000a, 311.

## 5.2 Dina und Sichem

Die einzige biblische Erzählung, in der Levi selbst agiert, steht in Gen 34. Zusammen mit seinem älteren Bruder Simeon rächt er die Vergewaltigung Dinas, ihrer gemeinsamen Schwester. Die beiden erschlagen alle männlichen Einwohner der (namenlosen) Stadt (V. 25), nicht zuletzt Hamor und Sichem, und holen ihre Schwester heim (V. 26). Nun erst treten die übrigen Söhne Jakobs in Erscheinung und plündern die Stadt (Vv. 27–29). Jakob tadelt Simeon und Levi für ihr Tun aus Furcht vor den übrigen Bewohnern des Landes und angesichts der geringen Zahl seiner Männer (V. 30). Den beiden wird noch die protestierende Antwort zugestanden, man dürfe ihre Schwester ja wohl nicht wie eine Hure behandeln (V. 31). Damit endet die Geschichte, ohne daß der Erzähler eine eindeutige Wertung der Vorgänge einfügte, vielmehr scheint Gottes Aufforderung an Jakob, nach Bethel zu ziehen (35,1), diesem gerade recht zu kommen.

Literarkritisch gibt die Erzählung einige Rätsel auf. So spricht in V. 11 Sichem zu „ihrem Vater und ihren Brüdern", wozu in V. 10 als dem unmittelbaren Vorkontext die Bezugsgröße fehlt. Weiterhin ist nach V. 6 allein Hamor auf Brautwerbung für seinen Sohn gegangen, wobei er die Gelegenheit gleich für ein umfassenderes Verschwägerungsangebot nutzt. Aus den beiden Verhandlungsgängen ergeben sich zwei Handlungsstränge, ein privater und ein „politischer", insofern sich nun die Bewohner der Stadt beschneiden lassen sollen, worin sich im Ergebnis beide Fäden auch wieder treffen. „Die Stadt" ist nach V. 20 die Stadt Hamors und Sichems, in V. 24 bleibt die Bezugsgröße für das singularische Suffix dagegen offen.[1366] Die schmerzhaften Folgen der Beschneidung ausnutzend machen Simeon und Levi die Bewohner *der Stadt* – in V. 2 ist dagegen vom Fürsten *des Landes* die Rede – nieder (Vv. 25 f.), erst danach treten die übrigen Brüder noch auf den Plan. Lediglich in der LXX sind Simeon und Levi schon diejenigen Brüder, die auch die Idee zur Beschneidung entwickeln (V. 14).[1367]
  Die klassische Lösung bestand darin, die Erzählung auf zwei Quellen aufzuteilen,[1368] aber hier bestand immer der Makel, daß eine Fassung, und zwar die meist J zugeschriebene, nicht vollständig erhalten sei. So wird man eher auf eine Ergänzungshypothese geführt.[1369] Auch hier lassen sich nicht alle Probleme glatt lösen, aber die Tendenz von einer eher privaten, d. h. auf Sichem konzentrierten, Erzählung hin zu einer Ausweitung ins „Politische", in der auch Hamor als

---

**1366** Die LXX liest glättend Plural. Vgl. Blum 1984, 213 Anm. 14 zur Problematik eines distributiven Verständnisses. Ohnehin sollte man dann כל־יצא(י) statt כל־יצאי erwarten.
**1367** Vgl. insgesamt Blum 1984, 213 f.
**1368** Vgl. Wellhausen ³1899, 45–48 (dagegen der teilweise Sinneswandel 312 ff. in Reaktion auf Kuenen); Holzinger 1898, 213–216 usw. (vgl. die bei Blum 1984, 214 Anm. 19 aufgeführten Positionen und ihre Probleme), neuerdings auch Baden 2011.
**1369** Vgl. nach Kuenen etwa Noth 1948, 31 Anm. 99; Lehming 1958 sowie v. a. Blum 1984, 215 f. (dort Anm. 21 die Aufarbeitung der Literatur) und Levin 2000.

Vater Sichems eine stärkere Rolle spielt, ist deutlich.[1370] Darüber hinaus *kann* auch die besondere Verantwortung Simeons und Levis, deren Rolle die LXX tendenziell noch zu verstärken scheint (V. 14!), relativ leicht als spätere Ergänzung angesehen werden.[1371] Ich verzichte an dieser Stelle auf eine eigene literakritische Analyse des Kapitels[1372] und begnüge mich mit einer knappen Betrachtung des literarischen Kontextes.

Daß Gen 34 in Sichem angesiedelt ist, ergibt sich zum einen aus dem Spiel mit den Namen der beteiligten Personen, zum anderen aus den vorangehenden Versen: Jakob siedelt sich vor Sichem an und erwirbt das Land von „den Söhnen Hamors, des Vaters Sichems" (33,19). Wie diese Formulierung verdeutlicht, ist Hamor hier als Fürst der Stadt Sichem gedacht, woraus Gen 34 aber einen Sohn Hamors namens Sichem konstruiert.[1373] Das Kapitel ist also deutlich jünger als der Vers 33,19, dessen vorpriesterschriftliche Herkunft mehr als fraglich ist;[1374] eventuell setzt die Dina-Erzählung also auch die priesterschriftliche Notiz zum Aufenthalt Jakobs vor Sichem 33,18 schon voraus. Vorgegeben sein muß schließlich auch die Geburt Dinas in 30,21, aber da diese „nicht zum primären Kontext von Gen 29,31–30,24 zählt" – denn „in 32,23 ist Dina offensichtlich nicht vorausgesetzt"[1375] – ist auch für Gen 30,21 vorpriesterschriftliche Herkunft nicht gegeben.[1376] Mit anderen Worten: Handelt es sich bei Gen 34 womöglich schon im Grundbestand nicht um Urgestein alttestamentlicher Überlieferung,[1377] so liegt in seiner Endgestalt sicherlich eines der jüngsten Stücke der Genesis vor.[1378]

---

**1370** Vgl. Blum 1984, 215 f.: Zu einer Ergänzungsschicht zählen demnach die Vv. 4.6.8–10(.15–17*?).20–23 sowie die Erwähnungen Hamors in den Vv. 13.18.24.26. Das erklärt etwa das Singularsuffix in V. 24, aber auch die Einführung Sichems als „Sohn Hamors" (und nicht als „sein Sohn") in V. 18.

**1371** Vgl. auch die vorsichtigen Erwägungen bei Gunneweg 1965, 48 ff.; Blum 1984, 219 Anm. 39 läßt diese Möglichkeit zumindest aufgrund eines überlieferungsgeschichtlichen Vergleichs mit Gen 48,22 offen.

**1372** Vgl. neben Blum 1984, 210 ff. auch Levin 2000 zur Skizzierung weiterer Möglichkeiten.

**1373** Anders Levin 2000, 63 Anm. 8, aber die daraus resultierende Umkehrung der literarischen Entwicklung, d. h. von der Person zur Stadt, läßt sich schwerer erklären. Becker 2009, 176 f. unterscheidet zwischen „einem *Grundbestand in V.18a.20* und einer auf c.34 zielenden *Bearbeitung in V.18b–19*" (Hervorhebung im Original) und setzt diesen Grundbestand nachpriesterschriftlich an. Der Vorschlag ist bedenkenswert, aber auch hier stellt sich die Frage, woher Gen 34 Hamor ben Sichem kennt, wenn nicht als Konsequenz einer Relektüre von Gen 33,19.

**1374** Vgl. etwa Levin 1993, 264.

**1375** Beide Zitate Blum 1984, 110.

**1376** Vgl. Levin 1993, 229; diese Schlußfolgerung gilt allerdings nicht für Blum 1984.

**1377** Vgl. darüber hinaus die thematischen Erwägungen, etwa zur Rolle der Beschneidung, bei Levin 2000, 63 ff. (dagegen Blum 1984, 222 f.).

**1378** Vgl. Kratz 2000a, 263 ff. Bereits Kuenen 1887, 312 sah hier stärker als sonst im Pentateuch ein Eingreifen des Redaktors bzw. nachpriesterschriftlicher Autoren. Blum rechnet in Gen 34 mit

Spätestens mit der letzten Feststellung, aber ohnehin auch aus methodischen Gründen, erübrigen sich überlieferungsgeschichtliche Spekulationen zur Landnahme der Stämme Simeon und Levi.[1379] Gleichwohl sind die Beobachtungen, die zu derartigen Thesen geführt haben, ernstzunehmen, nur eben auf literarischer Ebene: So scheint Jakobs Hinweis auf die geringe Zahl seiner Männer (V. 30)[1380] zugleich die Funktion eines Vorverweises auf seinen „Segen" über Simeon und Levi, welcher deren Zerstreuung ankündigt, zu erfüllen. Darin ist tatsächlich ein ätiologisches Moment enthalten: Den „Stamm Simeon", der eine historische Fiktion ist, wird der Leser künftig auch literarisch vergebens suchen,[1381] und Leviten leben verstreut in ihren Städten in ganz Israel. Insofern ist die Gegenwart der Autoren über die Historiographie auch wieder eingeholt.[1382]

Erstaunlich ist aber – v. a. wegen des Unterschiedes zur Levi-Literatur der hellenistischen Zeit[1383] –, daß Levi in diesem späten Text, der gleichzeitig das einzige explizit narrative Element seiner Biographie in der Hebräischen Bibel darstellt, in keiner Weise als Priester bzw. als mit kultischen Angelegenheiten befaßte Person in Erscheinung tritt. Man gewinnt vielmehr den Eindruck, daß dieser kriegerische und auf keine Reinheitsvorschrift achtgebende Levi geradezu „säkularisiert" werden soll.[1384] Auch wenn Levi Vorfahr Moses und Aarons ist und damit fraglos Ahnherr der Leviten, beginnt das Priestertum im eigentlichen Sinne, so die Botschaft, erst mit Aaron – die Berufung auf Levi(sohnschaft) allein rechtfertigt also keine priesterlichen Ansprüche.

Sollte diese Interpretation zutreffend sein, zeigt sie noch einmal die Fruchtlosigkeit einer Suche nach dem „weltlichen Stamm Levi"[1385] und fügt sich überdies nahtlos zu den bisherigen Analysen, die auf eine massive nachpriesterschriftliche und in der Tendenz anti-levitische Bearbeitung des Pentateuch hinweisen. Wenn

---

seiner D-Bearbeitung, liefert aber selbst ein gewichtiges Gegenargument: „Insbesondere fällt auf, daß die Vereinbarungen der Jakobsöhne mit Sichem auch nicht die Spur dtr Begrifflichkeit (כרת ברית o. ä.) erkennen lassen" (Blum 1984, 222).

**1379** So aber bekanntlich Noth 1948, 93ff. im Gefolge Albrecht Alts mit weitreichenden Schlußfolgerungen zur Vorgeschichte Israels.

**1380** Vgl. zum Ausdruck מתי מספר noch Dtn 4,27; 33,6 (!); I Chr 16,19 ‖ Ps 105,12; Jer 44,28; sowie מתי מעט Dtn 26,5 und 28,62.

**1381** Schon in Dtn 33 fehlt er, s. o. S. 66.

**1382** Vgl. Gunneweg 1965, 45f. in Diskussion von Gen 49, der allerdings auch historisch mit verstreuten „Simeon-Leuten" rechnet, aber v. a. Blum 218–221.

**1383** Vgl. Pummer 1982; Kugel 1992; Kugel 1993; Feldman 2004; sowie Kartveit 2009, 106–108 und 109ff. zur Rezeption von Gen 34 bei Josephus und in der Literatur des Zweiten Tempels generell.

**1384** Vgl. auch die Bemerkungen zu Levi und den Leviten in Dtn 27, oben S. 43ff.

**1385** Vgl. schon Hölscher 1925, 2157–2161 und s. o. S. 15.

die übrige Literatur des Zweiten Tempels schließlich Levi doch zu einer priesterlichen Figur stilisiert, schlägt sie einen anderen Weg ein. Daraus folgt jedoch keineswegs, daß sie in Fragen der Leviten eine konträre Position einnehmen würde, ihr Interesse scheint vielmehr auf einer ganz anderen Ebene zu liegen: einem rechtmäßigen Kult schon zu Zeiten der Erzväter, wofür aufgrund seiner genealogischen Verknüpfung mit Mose und Aaron kein anderer Sohn Jakobs als Levi qualifiziert ist. Dann aber steht hinter dem Aufstieg Levis im Grunde ein rein literarischer Interpretationsvorgang,[1386] mit den sich in der Hebräischen Bibel spiegelnden Auseinandersetzungen um die Hierarchie des Kultpersonals haben jene Texte nichts mehr zu tun.[1387]

Levi, der *heros eponymos* der Leviten, kann also durchaus eine alte Figur sein (Gen 29), die jedoch literarisch weitgehend blaß bleibt. Mit ihrer ersten Fleischwerdung zu Levi dem Patriarchen (Gen 34) ist kein Ausbau, sondern eher eine Zurückdrängung des kultischen Moments verbunden. Ein solches ist aber in der genealogischen Verbindung, die zu Mose und Aaron führt, bleibend angelegt und feiert über diesen Umweg, wenn sich die Diskussion um das Priestertum auf eine andere Ebene verlagert haben wird, eine Renaissance. So wird außerbiblisch aus Levi, dem Patriarchen, schließlich Levi, der Priester.[1388]

---

**1386** Das Interesse an einem Priestertum vor dem Sinai mag historische Ursachen haben, aber die Inanspruchnahme Levis für dasselbe ist literarisch motiviert. Allein darauf kommt es an dieser Stelle an!
**1387** Darüber hinaus s.u. Kapitel 8.4.
**1388** Vgl. den Titel der Arbeit von Kugler 1996 „From Patriarch to Priest"; der Vorgang ist aber ohne eine Aufhellung der „biblischen" Vorgeschichte einschließlich Levis „Aufstieg" zum Patriarchen nur unvollständig erklärbar.

# 6 Die Leviten von Josua bis Könige

Die bisherige biblische Geschichte der Leviten läßt sich in wenigen Sätzen so zusammenfassen: Zunächst begegnen wir dem Leviten Mose (Ex 2,1 f.), der – wie sein levitischer Bruder Aaron (Ex 4,14) – nachträglich zum Urenkel (väterlicherseits) bzw. Enkel (mütterlicherseits) des Jakobsohnes Levi wird (Ex 6,14 ff.). Beider Beziehung zu den Leviten erhält in einer Schlüsselszene der Geschichte Israels am Gottesberg eine besondere Note (Ex 32). Dadurch ist Mose, der Familie Aarons und den Leviten ein besonderer Platz in der Ordnung des Lagers der Israeliten auf der Wüstenwanderung sicher, und auch die Betreuung der Stiftshütte samt ihrer Gerätschaften ist ihnen anvertraut (Num 1–10). Gegen die in der Lagerordnung gleichfalls angelegte Hierarchisierung regt sich Widerstand (Num 16 ff.), der Konflikt endet zwar wie in Ex 32 auch mit Gewalt, aber diesmal zuungunsten der Leviten und mit einer Bestätigung der aaronidischen Suprematie.

In der deuteronomischen Rekapitulation der Ereignisse am Gottesberg wird an die Aussonderung des Stammes und dessen Betrauung mit der Lade erinnert (Dtn 10,8 f.). Das ebenfalls als Wiederholung präsentierte deuteronomische Gesetz widmet sich in zahlreichen Einzelfragen den Leviten bzw. levitischen Priestern. Schließlich sieht der nach Abschluß des Gesetzesvortrages erfolgende Bundesschluß Israels mit seinem Gott die Leviten in liturgischer Funktion (Dtn 27,9.14), der weitere Ausblick in die Zukunft schärft ihre (tragende) Rolle als Hüter der in der Lade verstauten Tora ein (Dtn 31,9.25).

An dieses Motiv wird auch im Buch Josua (Jos 3 und 8) angeknüpft, sowie später mit den spärlichen Erwähnungen in I Sam 6; II Sam 15 und I Reg 8. Der Schwerpunkt der Belege in Josua liegt freilich auf dem Thema des Landbesitzes (Jos 13 f.; 18; 21). Die Frage des Priesterdienstes ist im Vergleich dazu bedeutungslos. Sie wird nur einmal ausdrücklich in I Reg 12 thematisiert, dazu eher implizit in der freilich in vielerlei Hinsicht merkwürdigen Geschichte Jdc 17 f. Völlig quer zu den übrigen Themen steht die Erzählung Jdc 19 f. In Summe sind allerdings auch die beiden letzten Geschichten nicht minder aufschlußreich für die Vorstellungen, die man sich von Leviten machte, als es andererseits auch das nahezu durchgängige Schweigen der Samuel- und Königebücher zum Thema ist.

Bereits dieser thematische Vorgriff läßt einige der Probleme erahnen, die sich für die Frage nach den Leviten in den Vorderen Propheten ergeben. Vor dieser Zusammenschau sollen jedoch, wie bisher auch, Versuche einer literarhistorischen Einordnung der Texte stehen. Aufgrund der Vereinzelung der Belege kann aber kaum eine kontinuierliche Entwicklung des Levitenbildes innerhalb der jeweiligen Bücher aufgezeigt werden, auch daher werden die redaktionsgeschichtlichen Betrachtungen eher knapp ausfallen.

# 6.1 Land und Leviten

### 6.1.1 Jos 3: Jordandurchzug

Der Durchzug Israels durch den Jordan ist sowohl seinem theologischen Gehalt nach als auch in seiner ikonographischen Bedeutung sicher dem Aufenthalt des Volkes am Gottesberg vergleichbar. Vergleichbar ist darüber hinaus auch die Verwirrung, die einen in simplen Raum-Zeit-Kategorien denkenden Leser bei der Lektüre überfällt. So ahnt man in Ex 19 – 34 zwar, daß Mose ein rüstiger Bergsteiger sein muß, aber weiß nicht, wo er sich jeweils befindet. Hier in Jos 3 f. weiß man nie, ob die Israeliten noch im oder bereits jenseits des Jordans zu suchen sind. Auch die Identität und Lokalisierung der zwölf Gedenksteine bleibt rätselhaft. Gründe für die Annahme redaktioneller Tätigkeit in Jos 3 f. gibt es also zur Genüge, einfache Lösungen sind freilich nicht zu erwarten.[1389]

Eine komplette Analyse ist hier allerdings auch nicht nötig, insofern lediglich die „levitischen Priester" aus Jos 3,3 von Interesse sind. Wenn im weiteren Verlauf jeweils nur von „Priestern" die Rede ist, so bleibt diese Differenz m. E. von marginaler Bedeutung und läßt sich *hier* jedenfalls nicht literarkritisch auswerten. Man muß vielmehr annehmen, daß es ausreichte, die Priester bei ihrer ersten Erwähnung als „levitisch" zu qualifizieren, in den folgenden Erwähnungen darf dieses Attribut dann jeweils vorausgesetzt werden.[1390] Nun bestehen allerdings Zweifel an der Ursprünglichkeit des Lademotivs – und damit auch ihrer Träger – in der Erzählung vom Jordandurchzug. Zuletzt hat im Anschluß an ältere Arbeiten Peter Porzig die Verse Jos 3,1.14a.16; 4,11a.18b.19 als Grundgerüst der Erzählung bestimmt, welche der vordeuteronomistischen Erzählung zuzuordnen wäre.[1391]

---

[1389] Zur gründlichen Analyse von Jos 1–5 samt einer Aufbereitung der Forschungsgeschichte vgl. die Tübinger Dissertation „Exodus und Eisodus: Komposition und Theologie von Josua 1–5" von Joachim Krause (erscheint als VT.S 161). Sein Modell wird von der hiesigen Position in nicht wenigen Punkten abweichen. Umso mehr sei an dieser Stelle noch einmal ein herzlicher Dank ausgesprochen: In nächtelanger intensiver Diskussion in der Tübinger Burgsteige sind wir uns zumindest darüber einig geworden, daß sich mit der Analyse der betreffenden Kapitel die Frage nach dem Übergang von Num zu Jos (und somit auch nach einem Hexateuch) entscheidet. Die Antwort werden wir einstweilen unterschiedlich formulieren. Zur Forschungsgeschichte bisher vgl. Noort 1998a, 147–164.
[1390] Mit Blick auf V. 3 anders Fritz 1994, 43, der wegen des Fehlens der Kopula im Hebräischen „die Leviten" als Glosse ausscheidet. Das übersieht den sprachlichen Befund des Deuteronomiums und kann schlecht die Lesart der LXX erklären, dazu i.f.
[1391] Vgl. Porzig 2009, 63ff. Die Aufnahme von Jos 4,1 in die Grundschicht ist ein Druckversehen. Zu den Vorläufern vgl. die bei Fritz 1994, 43f. genannten Positionen, dazu Kratz 2000a, 208.

Entsprechend später sind die Lade und mit ihr die „levitischen Priester" anzusetzen.[1392] Diese These erfährt Unterstützung und läßt sich präzisieren aus der Perspektive des Deuteronomiums. Die nach Jos 3,3 die Lade tragenden levitischen
Priester kommen narrativ kaum ohne Dtn 10,8 f. bzw. 31,(9.)25 aus, da erst dort ihre
Beauftragung zum Transport der Lade erfolgt. Bei Dtn 10,8 f. und 31,25 handelt es
sich um spätdeuteronomistische Belege, bei 31,9aβ.b um einen postdeuteronomistischen Nachtrag in priesterlichem Geist.[1393] Wer mit diesem Befund an Lade
und (levitischen) Priestern in Jos 3 festhalten will, müßte daher bereits im
Grundbestand auf eine frühdeuteronomistische Ansetzung verzichten – eine
Konsequenz, die kaum auf Zustimmung hoffen kann, aber angesichts der obigen
literarkritischen Scheidung auch nicht nötig ist.[1394] Der Ausdruck „levitische
Priester" selbst ist, wie gesehen, nicht spezifisch einem frühen Deuteronomismus
zuzuschreiben, sondern kann auch in sehr späten Texten noch gebraucht werden.[1395] Andererseits spricht Jos 3,3 eben auch nur allgemein von levitischen
Priestern und nimmt die weitergehenderen Differenzierungen aus Num 1–4 nicht
auf. Insofern verbietet sich eine allzu späte Ansetzung der entsprechenden Fortschreibungen in Jos 3 f.[1396] Nach allen bisherigen Analysen scheint mir eine
spätdeuteronomistische Einordnung in Entsprechung zu Dtn 10,8 f. oder 31,25 am
nächsten zu liegen. Da aber, wie schon in den Analysen zum Deuteronomium
beobachtet, die Rede von „levitischen Priestern" auch für (post)priesterliche Redaktoren anschlußfähig ist, wird man hier nicht nach einer weiteren, explizit
priesterlichen und levitenkritischen Überarbeitung suchen müssen.

Aufschlußreich ist vielmehr der textkritische Befund: Einige hebräische
Handschriften, LXX und Peschitta lösen die Formulierung „levitische Priester" in
„Priester *und* Leviten" auf. Anders als im Deuteronomium, wo nur die Peschitta

---

**1392** Etwas anders Fritz 1994, 43 ff., der für die Grundschicht zwar auf die Lade nicht verzichten
will, als ursprüngliche Träger jedoch mit dem Volk rechnet. Das läßt sich literarkritisch jedoch
kaum begründen. Zur Auseinandersetzung damit vgl. auch Porzig 2009, 65 f.
**1393** S.o. S. 58 ff.146 f.
**1394** Noch einmal anders läge der Fall, wenn man statt 3,1 die Vv. 2 f. wegen des Drei-Tage-
Schemas als ursprünglich ansieht. Bei ihnen handelt es sich aber m. E. um eine sekundäre
Anknüpfung an Jos 1,10 f. Im Sinne des für sie verantwortlichen Redaktors läge dann Jos 3,1 noch
innerhalb der betreffenden Drei-Tages-Frist. Eine nachträgliche Aufbrechung des ursprünglich
konsequent durchgeführten Zeitmusters durch Einfügung von V. 1 hingegen läßt sich m. E.
schwerer erklären, vgl. aber die Argumente bei Krause (s. o. Anm. 1389).
**1395** S.o. S. 131.144 f.
**1396** Anders Fritz 1994, 54, der hier nur noch unbestimmt von weiteren redaktionellen Zusätzen
spricht, die er offenbar deutlich nachpriesterschriftlich ansetzt.

konsequent so vorging,[1397] führt hier also auch die LXX eine Unterteilung in zwei voneinander zu unterscheidende Gruppen ein, ungeachtet der Tatsache, daß daraus praktisch einige Verwirrung in der Frage resultiert, wer nun eigentlich die Lade zu tragen hat. Entscheidend ist für sie vielmehr die strikte Unterscheidung zweier Klassen des Kultuspersonals. Damit liegt die LXX mit ihrer gewissermaßen „kanonischen" Perspektive ganz auf der Linie der späten Fortschreibungen in Numeri, die ihrerseits auf die Chronikbücher zulaufen.

### 6.1.2 Jos 8: Altarbau

Bevor wir in Jos 8 erneut *levitischen* Priestern begegnen, treffen wir Priester und Lade schon bei der wunderhaften Eroberung Jerichos in Jos 6. Ich übergehe das Kapitel an dieser Stelle jedoch, denn auch dort „kann die Lade [...] *frühestens* im Zuge einer spätdeuteronomistischen Erweiterung in den Text geraten sein."[1398] Zwischen der Eroberung von Ai (Jos 8,1–29) und dem Vertrag mit den Bewohnern Gibeons (Jos 9) findet sich als Zwischenstück noch die Erzählung vom Altarbau Josuas, der Beschriftung des Altars sowie der Verlesung des mosaischen Gesetzes, während das Volk an Ebal und Garizim um die Lade herum postiert ist.

Der Abschnitt erregt schon seit längerer Zeit Aufmerksamkeit aufgrund seiner unterschiedlichen Stellung in MT und LXX. Im hebräischen Text schließt er unmittelbar an die Erzählung von der Eroberung Ais an, worauf in der LXX zunächst noch die Verse über den Zusammenschluß der kanaanäischen Könige gegen Josua und die Israeliten folgen (Jos 9,1f.). Erst danach wird vom Altarbau berichtet. Die Lage verkompliziert sich durch den Befund in den Schriftrollen vom Toten Meer.[1399] In der Handschrift 4Q47/4QJosh^a findet sich in Fragment 1, von welchem der obere Rand erhalten ist, zunächst der Schluß von Jos 8,34, danach mit Abweichung gegen Ende hin V. 35,[1400] hierauf einige dem biblischen Text nicht entsprechende Worte (üblicherweise als Jos 5:X bezeichnet), bevor Jos 5,2ff. folgen.

Insbesondere unter Qumranforschern ist die Ansicht verbreitet, der Abschnitt Jos 8,30–35 MT habe ursprünglich seinen Platz unmittelbar nach dem Durchzug durch den Jordan gehabt und sei erst sekundär an seinen jetzigen Ort im masoretischen Text bzw. in der LXX umgestellt wor-

---

**1397** S.o. Kapitel 2.3.

**1398** Porzig 2009, 80 (Kursivierung im Original).

**1399** Vgl. die *editio princeps* von Ulrich 1995; zuvor u.a. Rofé 1994 und Ulrich 1994.

**1400** Die erste Zeile endet mit נגד כל, der rechte Rand der Kolumne ist nicht erhalten. Bevor mit הנשים der biblische Text wieder einsetzt, ist noch את הירד[ן] zu lesen. Die Lücke davor ergänzt Ulrich 1994, 98 bzw. 1995, 147 mit ישראל בעברו, Rofé 1994, 78 hingegen mit קהל ישראל בעברם, was mir in Anlehnung an die biblische Vorlage und aus Gründen der hebräischen Syntax der bessere Vorschlag zu sein scheint. Noch einmal anders Ulrich 2010, 249 (האנשים העברים), wobei er irrtümlich – im Unterschied zum Haupttext – im Variantenapparat noch die alte DJD-Lesart anführt!

den.[1401] Diese Annahme ist wenig wahrscheinlich. Zunächst ist zu bemerken, daß lediglich das letzte Wort von Jos 8,34 sowie ein veränderter V. 35 erhalten sind. Materialiter ist also – und auch das nur fragmentarisch – lediglich von der Gesetzesverlesung die Rede, der Abschnitt zum Altarbau selbst ist nicht erhalten.[1402] Weiterhin ist von Jos 8 in der Handschrift nur der Beginn, von Jos 9 nichts erhalten. Ob der Abschnitt also dort fehlte oder nicht doch vorhanden war, kann nicht sicher entschieden werden.[1403] Als drittes ist darauf hinzuweisen, daß in 4QJosh[a] sowohl V. 35 redaktionell verändert wurde – mit syntaktisch störender Einfügung der Erwähnung des Jordandurchzuges – sowie weitere überleitende Worte (Jos 5:X) ergänzt wurden. „It appears that the editorial addition wants to connect our text to the story of the crossing of the Jordan and the circumcision which then followed."[1404] Jos 5,1 scheint hingegen zu fehlen. Wer die Ursprünglichkeit der qumranischen Textfolge vertritt, sollte auch die Ursprünglichkeit dieser redaktionellen Elemente bzw. ihr Fehlen in MT und LXX (besser) erklären können.

Letztlich beruht freilich die Argumentation zugunsten der ursprünglichen Stellung des genannten Abschnittes nach Jos 4 im wesentlichen auf der Annahme, daß der Altarbau in Übereinstimmung mit Dtn 27 unmittelbar nach dem Jordandurchzug zu erwarten sei.[1405] Das ist unzweifelhaft richtig, liefert aber allenfalls ein passendes Motiv für spätere, schriftgelehrte Tradenten, die Episode wie in 4QJosh[a] tatsächlich direkt nach Jos 4 zu erzählen.[1406] Hingegen bliebe unklar, wie es – gegen die so schön hergestellte Logik – zur Textumstellung im jetzigen hebräischen und griechischen Text gekommen sein sollte.[1407] Problematisch ist es daneben auch,

---

**1401** Vgl. u. a. Ulrich 1994, 96; Ulrich 1995, 145 f.; Tov 2000, 432. Auch Noort 1998a, 57; 1998b, 134 f.141 scheint ungeachtet seiner Kritik an Ulrich dieser Position zuzuneigen. Unklar Fabry 2000, der einerseits schreibt, daß man in der Zeit des Zweiten Tempels den Abschnitt Jos 8,30 – 35 an seiner Position für falsch gehalten habe und 4QJosh[a] deshalb den Text nach vorne ziehe (so Fabry 2000, 46; vgl. dagegen das unten Anm. 1405 gebotene Zitat [ebd. 45]), andererseits die Frage nach einem Urtext aber für obsolet erklärt (ebd. 49). Nur wäre dann konsequenterweise auch die Rede vom „Nach-vorne-ziehen" aufzugeben.
**1402** Entsprechend reserviert schon Noort 1998b, 133: „[T]he promising title of Ulrich's ‚Joshua's First Altar' ... mentions precisely that element in the text which not has been preserved."
**1403** Vgl. aber i. f. die Position von van der Meer 2004.
**1404** Noort 1998b, 134.
**1405** Vgl. etwa Fabry 2000, 45: „Deshalb muß der Altarbau der Jordanüberquerung unmittelbar angelagert werden, kann also nicht auf einen textlichen Unfall zurückgeführt werden. [...] Dies ist eine vernünftige und wahrscheinlich auch ursprüngliche Textabfolge." Es ist bei Fabry nicht ganz klar, inwieweit dieser Abschnitt lediglich eine Paraphrase von Rofé sein soll oder auch Fabrys eigene Anschauung spiegelt. Rofé 1994, 78 macht jedenfalls einen Redaktor mit nomistischem Interesse für die Stellung des Abschnittes in 4QJosh[a] verantwortlich.
**1406** So auch Becker 2006, 154 f. Weitere theologische Motive sind zusammengestellt bei De Troyer 2005, 159 ff.
**1407** Die Frage nach dem Sinn der Stellung des Abschnittes muß unzweifelhaft auch für den masoretischen Text als solchen beantwortet werden können. Sie stellt sich allerdings verschärft, wenn man mit einer nachträglichen Umstellung gegen die ursprünglich so logische Anordnung wie in 4QJosh[a] rechnet. – Rofé 1994, 77 f. erklärt die Stellung im masoretischen Text nach Jos 8,29 mit strategischen bzw. geographischen Gründen, was nach Noort 1998b, 141 angesichts Josephus' Variante allerdings nur eine „half-hearted solution" wäre. Die von Noort 1998b, 141 angeführten „theological reasons", die in der Plazierung vor der Gibeoniten-Geschichte durch-

Josephus als Parallele zu 4QJosh[a] heranzuziehen, da dieser von der Aufrichtung eines Altars nach der Überquerung des Jordans berichte,[1408] hingegen Jos 8,30 – 35 nach der Eroberung Ais kein Gegenstück habe.[1409] Das entscheidende Element, nämlich das Sprechen der Flüche und die Beschriftung des Altars, fehlt jedoch. Die entsprechende Passage dazu ordnet Josephus vielmehr erst nach der Eroberung des ganzen Landes ein.[1410] Damit präsentiert er allerdings einen nicht nur von der biblischen, sondern auch von der qumranischen Überlieferung deutlich abweichenden Gesamtentwurf.[1411]

Den m. E. bisher überzeugendsten Beitrag zur Erklärung des Befundes in 4QJosh[a] bietet Michaël van der Meer: Der Versuch einer materiellen Rekonstruktion der Handschrift ergibt mit gewisser Wahrscheinlichkeit, daß auch hier Jos 8,30 – 35 an ihrem Platz gestanden haben könnten, die Vv. 34 f. als Abschluß des Jordandurchzuges im Anschluß an Jos 4 dagegen lediglich eine Dublette darstellen und keine generelle Umstellung bezeugen.[1412] Ob nun der masoretische Text oder die LXX die originale Reihenfolge bieten, kann hier offenbleiben,[1413] die Variante aus Qumran ist jedenfalls sekundär und bezeugt vielmehr das schriftgelehrte Interesse der dortigen Schreiber.

---

scheinen würden, scheinen mir jedoch auch nicht überzeugender. Auch wenn die verbleibenden Fremdvölker „in the nomistic redactional way of thinking" ein wichtiges Thema sein mögen, sind die Bezüge zwischen beiden Erzählungen doch recht mager. Mit ähnlicher Begründung versucht Albertz 2007, 293 die Stellung der Perikope speziell in der LXX zu erklären, vgl. auch Nihan 2007, 220. Vielleicht trifft doch Butler 1983, 94 f. das Richtige, der nach Jos 7 die Notwendigkeit der Bundeserneuerung und darin den Grund für Jos 8,30 – 35 sieht: „The sinful nation must again stand under the blessing and the cursing, must again hear the whole law of Moses, must again renew their pledge to Yahweh by bringing him the proper sacrifices."

**1408** AJ V,1,4 (5.16 – 20).

**1409** AJ V,1,15 (5.45 – 48).

**1410** AJ V,1,19 (5.69 f.).

**1411** Vgl. zur Problematik auch Begg 1997b, 201 ff., daneben Begg 1997a zur Darstellung bei Pseudo-Philo (LAB 21). Die rabbinischen Diskussionen sind knapp aufbereitet bei Rofé 1994, vgl. v. a. mSot 7,5 sowie tSot 8 und jSot 21c,1 – 21d,38.

**1412** Vgl. van der Meer 2004, 479 – 522, v. a. 518: „It becomes clear that this can only lead to a plausible reconstruction if we retain the text of Joshua 8:30 – 35 after Joshua 8:29. Without this passage, the text of this column would lack 11 lines and would therefore be unusually short." Vorsichtig zustimmend auch Nihan 2007, 221 und Porzig 2009, 94 f. Anm. 270. Tov 2000, 432 hingegen argumentiert bereits gegen diese Variante, „because in that case Joshua would have built two altars and probably would have performed two similar ceremonies." Da sich ähnliche Dubletten als Folge von Harmonisierungen (nicht nur) in Qumran auch sonst finden, ist das kein restlos überzeugendes Gegenargument. In seiner neuesten Veröffentlichung scheint sich Tov jedoch van der Meer im Grundsatz angeschlossen zu haben (vgl. Tov 2012), ich danke Joachim Krause für diesen Hinweis.

**1413** Vgl. dazu Rofé 1994, 77 f.; van der Meer 2004, 519; Becker 2006, 154 f. und Nihan 2007, 221 mit Bevorzugung des masoretischen Textes; dagegen De Troyer 2005, 158 f. mit Präferenz für den altgriechischen Text bzw. seine Vorlage.

Schriftgelehrtes Interesse liegt der Perikope freilich auch in ihrer masoretischen Form selbst schon zugrunde.[1414] Die Verse präsentieren sich in vielfacher Weise als eine kunstvolle Rezeption von Dtn (11;) 27 und 31.[1415] So nimmt V. 30 die Lokalisierung auf dem Berg Ebal aus Dtn 27,4 auf.[1416] Die Darstellung des Altarbaus V. 31 kombiniert Dtn 27,5 und 6a, die Beschreibung der Opfer 27,6b und 7. Die Beschriftung der Steine orientiert sich an dem Gebot von 27,3 bzw. 8.[1417] Aus Dtn 27,11 ff. ist schließlich der Gedanke einer *in Richtung* bzw. *auf* die beiden Berge Ebal und Garizim verteilten Aufstellung des Volkes entnommen. Nicht übernommen ist jedoch das Konzept einer Aufstellung nach Stämmen, woraus sich die Möglichkeit zur Glättung eines in Dtn 27 bestehenden Problems ergibt: Dort liegt eine Spannung in der doppelten Rolle Levis bzw. der Leviten – einmal als Stamm, ein zweites Mal als liturgisch aktives Kultpersonal – vor. Während jedoch in Dtn 27 allein Fluch und Segen im Vordergrund stehen, sind in Jos 8 Fluch und Segen offenbar gleichbedeutend mit dem Verlesen der ganzen Tora (V. 34). Das wiederum ist ein Konzept aus Dtn 31,11 f., wo sich auch eine nahezu identische Liste der Hörer (vgl. V. 35) findet. Aus Dtn 31 stammen sachlich und terminologisch schließlich auch die die Lade tragenden levitischen Priester.

Betrachtet man den Textbestand v. a. aus Dtn 27, der in Jos 8 rezipiert wird, so muß dem Autor des letzteren Textes Dtn 27 bereits in seiner Endgestalt vorgelegen

---

1414 Für eine ausführlichere Übersicht der Bezüge vgl. Butler 1983, 90 f.

1415 Vgl. im Hinblick auf Dtn 27 auch Rofé 1994, 76.

1416 Zur Textkritik von Dtn 27,4 s.o. S. 40 ff. Wenn man den Berg Ebal in Dtn 27,4 für eine sekundäre „Korrektur" aus judäischer Perspektive hält, hat dies natürlich Auswirkungen auf Jos 8,30. Entweder richtet sich Jos 8,30 damit bereits nach der masoretischen Lesart in Dtn 27,4, woraus ein sehr junges Alter des Jos-Abschnittes zu folgern wäre, oder aber auch in Jos 8,30 könnte ursprünglich „Berg Garizim" gestanden haben, was erst später „korrigiert" wurde. Der textkritische Befund gibt hierüber leider keinen Aufschluß; das samaritanische Josua-Buch kann jedenfalls nicht als Zeuge gelten, vgl. Crown 1993. Damit scheinen zwar beide Varianten grundsätzlich möglich, ich halte erstere jedoch angesichts des sonstigen Befundes für wahrscheinlicher. Zu einer dritten Variante vgl. Nihan 2007, 222 Anm. 98: „[I]f the interpolation of Josh 8:30–35 MT postdates the redaction of the Pentateuch [...], the two passages [*scil.* Dtn 27,4 und Jos 8,30–35] need not be placed on the same footing. At that point, the book of Joshua served as a kind of orthodox commentary on the Torah for Judeans exclusively, and the scribe who introduced Josh 8:30–35 could accept leaving the reading „Mount Gerizim" in Deut 27:4 as long as it was corrected in the corresponding account in Joshua."

1417 Die „Abschrift des Gesetzes" erinnert darüber hinaus auch an Dtn 17,18, weswegen Butler 1983, 93 Josua als „royal figure" gezeichnet sieht. Insbesondere mit der Fassung der LXX ist es aufgrund des Begriffs δευτερονόμιον dann schwierig, nicht an eine konkrete Buchgröße zu denken, aber auch Vv. 31.34 MT haben mit dem Zusatz ספר vor תורת משה bzw. התורה eine solche im Blick. Hinsichtlich der Beschriftung stellt darüber hinaus die Peschitta in ihrer Fassung noch klar, daß die Steine des Altars gemeint sind.

haben.[1418] Da hierbei bereits recht späte Fortschreibungen vorausgesetzt sind, wird man auch Jos 8,30 – 35 als einen sehr jungen Text ansehen müssen. Daß der Abschnitt insgesamt als Einschaltung in den älteren Konnex von Jos 8,29↔9,1 (bzw. 9,2↔3) zu gelten hat, ist im Grunde unbestritten.[1419]

Die aus den literarkritischen Beobachtungen resultierenden Überlegungen zur Datierung werden im übrigen auch durch sachliche Anfragen gestützt, da in deuteronomistischer Perspektive ein Altarbau abseits des erwählten Ortes ein Problem darstellen müßte.[1420] Während die Lade mit den Israeliten umherzieht und somit auch die jeweils um sie herum plazierten Heiligtümer eine Zentralisation des Kultes gewährleisten – es gäbe demnach vor Jerusalem *temporär* erwählte Orte –, ist ein Altar damit nicht zu vergleichen, insofern er dauerhaft errichtet ist und auch nach Abzug der Israeliten noch besteht, auch wenn er nicht zum Opfern benutzt werden sollte. Das führt einen schließlich „to the conclusion that Josh 8,30 – 35 was composed in a late period, when striving for the centralization of the cult was already superfluous, and the central issue in community life was the demand to fulfill *all* the words of the Torah.“[1421]

Die späte Abfassungszeit allein kann zwar nicht der Grund sein, auf literarkritische Differenzierungen in dem Abschnitt zu verzichten, allerdings wird eine deuteronomistisch-priesterliche Mischung in sprachlicher wie teilweise auch konzeptueller Hinsicht in einem derart späten Text dann kaum noch überra-

---

**1418** Vgl. auch Dahmen 1996, 136 f. Das gilt in besonderer Weise für die Lokalisierung auf dem Ebal oder Garizim. Die These einer ursprünglich fehlenden Lokalisierung in Dtn 27,4 (vgl. u. a. Ulrich 1994, 95) ist an sich schon problematisch, sie wird mit Blick auf Jos 8,30 nicht plausibler, vgl. auch die Kritik bei Noort 1998b, 139 f. Vor allem aber ist es methodisch problematisch, mit Blick auf die vermeintlich glattere Textfolge in 4QJosᵃ (implizit) die Literarkritik in Dtn 27,4 begründen zu wollen (gegen Ulrich 1995, 145 f.). Ist die Lokalisierung des Altarbaus aber in Jos 8,30 ursprünglich, dann findet dieser auch nicht in Nähe der Leichen aus Jos 8,29 statt, weswegen sich De Troyer mit ihrer Zustimmung zu Fabry in Widerspruch zu ihrer Literarkritik begibt (vgl. De Troyer 2005, 153 Anm. 25).

**1419** Vgl. Ska 2009, 308 f. zur Aufbereitung auch der Positionen des 19. Jahrhunderts. Der erste Gelehrte, der auf den sekundären Charakter des Abschnittes hinwies, wäre demnach bereits Gottlob Wilhelm Meyer im Jahr 1815 gewesen! Die neuere Forschung diskutiert van der Meer 2004, 485 – 496. Zu Textumstellungen als generellem Indiz für späte redaktionelle Tätigkeit vgl. Tov 1987. Problematisch ist allerdings die u. a. dort vertretene Annahme, daß bestimmte späte Perikopen gewissermaßen noch „freischwebend" auf der Suche nach ihrem Platz gewesen wären.

**1420** Vgl. bereits oben S. 32 f. die redaktionelle Umdeutung des Steinmals Dtn 27,1 – 3 zu einem Altar in Vv. 4 – 8, womit auf der Ebene des Endtextes das gleiche theologische Problem vorliegt.

**1421** Anbar 1985, 309 Anm. 27 (Kursivierung im Original).

schen.[1422] Ich verzichte aus diesem, aber auch aus pragmatischen Gründen auf Versuche der Rekonstruktion literarischer Vorstufen.[1423] Letztlich steht im Mittelpunkt des Interesses ja ohnehin nur der eine V. 33, welcher „levitische Priester" einmal mehr als Träger der Lade sieht. Da sich der ganze Abschnitt aber als literarische Erfüllung seiner deuteronomischen Vorlagen zu erkennen gibt, ist daraus für die Leviten weder real- noch literarhistorisch etwas zu gewinnen.[1424]

Zu beachten ist allenfalls die LXX, die – wie schon in Jos 3,3 – durch Einfügung der Konjunktion καὶ den Sprachgebrauch verändert und „Priester und Leviten" die Lade tragen läßt.[1425] Der späte, vermutlich postdeuteronomistische Autor des hebräischen Textes störte sich angesichts der deuteronomischen Vorlage offenbar nicht am Begriff הכהנים הלוים. Die LXX hingegen verfolgt konsequent die priesterliche (und letztlich kanonisch gewordene) Linie einer klaren Differenzierung von Priestern und Leviten, selbst wenn dadurch im konkreten Fall zwei verschiedene Gruppen um den Tragedienst an der Lade konkurrieren.

### 6.1.3 Jos 13 f. und 18: Landverteilung

#### a) Zur Literargeschichte von Jos 13 – 19
Der Altarbau in Jos 8 bedeutet sowohl im masoretischen Text als auch in der Septuaginta den Auftakt für die Eroberung des restlichen Landes, die summarisch in Kapitel 10 für den Süden, für den Norden in Kapitel 11 berichtet wird. Mit der

---

1422 Vgl. ähnlich Ska 2009, 310. Neu gegenüber der deuteronomischen Vorlage ist z. B. die Zusammenstellung von גר und אזרח in V. 33, die v. a. für späte Texte im Stile des Heiligkeitsgesetzes typisch ist, vgl. etwa Lev 17,15; 18,26; 24,16.22; aber auch Ex 12,19; Lev 16,29; Num 9,14; 15,29 f. Nicht selten werden jedoch die beiden Worte als jüngerer Zusatz ausgeschieden, vgl. etwa Fritz 1994, 94.97 f. (innerhalb des ohnehin nachgetragenen V. 33); Albertz 2007, 292. Das implizite Argument dabei scheint der priesterschriftliche Sprachgebrauch zu sein, der in einem deuteronomistischen Text störend wirkt. Aber das verkennt eben den sprachlichen Mischcharakter des Textes. Interne Gründe für literarkritische Operationen sehe ich jedenfalls nicht. Noch einmal anders van der Meer 2004, 508 f., der u. a. aufgrund des Fehlens der beiden Begriffe in Esr-Neh und Elephantine meint, „as a result, there is no reason to attribute MT-Josh. 8:30 – 35 to P (either P^G or RedP) instead of to DtrN." Aber diese Schlußfolgerung vermischt verschiedene Argumentationsebenen miteinander und ignoriert den sprachlichen Befund im Pentateuch, vgl. auch Nihan 2007, 219.
1423 Ähnlich Dahmen 1996, 136; Ska 2009, 310. Zu den literarkritischen Möglichkeiten vgl. Porzig 2009, 93 f.
1424 Zur theologischen und politischen Bedeutung des Altarbaues und der öffentlichen Proklamation des Gesetzes vgl. Ska 2009, 313 – 316.
1425 So auch LAB 21,9. Codex Alexandrinus allerdings hat das καὶ (wohl in Angleichung an MT) nicht.

Feststellung, daß das ganze Land eingenommen, verteilt und zur Ruhe gekommen sei (V. 23), scheint alles in bester Ordnung. Kapitel 12 mit seiner Liste der besiegten 31 Könige faßt den Zustand noch einmal zusammen, hier allerdings unterschieden nach Ost- und Westjordanland. Mit dem Beginn von Kapitel 13 wird hingegen eine andere Situation vorausgesetzt. JHWH spricht zu einem betagten Josua, der noch vieles zu tun habe. Das eigentlich schon befriedete und verteilte Land ist noch immer nicht zur Gänze in israelitischer Hand, die Verteilung wird nur für den ostjordanischen Teil vorausgesetzt und rekapituliert, im Westen wartet noch Arbeit. Auf diese blicken die Kapitel 14–19 voraus, in deren letzten Versen zumindest der masoretische Text festhält, daß die Verteilung des Landes nun endgültig abgeschlossen sei.[1426]

Trotz des auf den ersten Blick drögen Listenmaterials sind die in Jos 13 ff. enthaltenen Ortslisten natürlich historisch hochinteressante Quellen – nur wofür? Die Verschiedenheit der in der Forschung vertretenen Verortungsvorschläge könnte kaum größer sein.[1427] Das historische Problem ist nicht zu trennen von der noch davor zu beantwortenden Frage nach der Literargeschichte des Textes. Aber auch hier ist an einen Konsens nicht zu denken.[1428] Nicht zu vergessen sind schließlich all die Schwierigkeiten, die sich aus der Verschiedenheit von hebräischem und griechischem Text ergeben. Die Gefahr ist nun groß, sich heillos im Dickicht dieser Fragen und der unübersichtlichen Forschungslage zu verlieren. Das ist allerdings nicht nur wenig hilfreich, sondern v. a. unnötig, denn der Ertrag für die Levitenfrage dürfte geringer sein, als man sich zunächst erhoffen mag. Es sollen daher zunächst nur einige wenige Beobachtungen zur grundsätzlichen literarhistorischen Einordnung der Kapitel Jos 13–19 notiert werden. Ich gehe von folgenden Beobachtungen und Grundannahmen aus:

- Jos 13,1 nimmt 23,1b vorweg, womit sich der Abschnitt Jos 13–19 *in seiner jetzigen Struktur* und *im jetzigen Kontext* gegenüber Jos 23 als nachgetragen erweist.[1429] Ohne Jos 13–19 fehlt aber auch die Grundlage für Jos 20 f.
- Die für historische Überlegungen wichtige Rückfrage nach etwa in den Ortslisten vorliegendem älteren Material ist hier unerheblich, da sämtliche

---

**1426** Jos 19,49.51 MT ויכלו, hingegen LXX ἐπορεύθησαν. Die Variante entspricht hebräischem ויכלו und könnte damit auf eine simple Buchstabenvertauschung zurückzuführen sein. Andererseits bieten die Kapitel 20 f. auch einen sachlichen Grund, die Verteilung des Landes noch nicht für abgeschlossen zu halten, vgl. dazu auch Dtn 31,1 und s.u. S. 322.
**1427** Vgl. den Forschungsüberblick bei Noort 1998a, 181–197.
**1428** Vgl. wiederum Noort 1998a, 173–181. Selbst die Position, daß Jos 13–19 grundsätzlich älter als die Kapitel 1–12 seien, wird vertreten (so etwa Wazana 2010).
**1429** Vgl. Noth 1938, XIV; Mowinckel 1964, 61 (mit ansonsten freilich völlig anderen Ergebnissen); Kratz 2000a, 200.

Levitenbelege in Jos 13 f.; 18 zu den redaktionellen Teilen gehören und nicht zu etwaigen älteren Schichten bzw. den zugrundeliegenden Quellen.

– Die Grundschicht in Jos 1–12 ist allein an einem westjordanischen Israel interessiert. Alle Bezüge auf die zweieinhalb Stämme des Ostjordanlandes sind relativ leicht aus dem Kontext zu lösende spätere bis späteste Nachträge, so etwa Jos 1,12–18.[1430] Dem entspricht auch die – ebenfalls von späteren Ergänzungen abgesehen – im Deuteronomium vorausgesetzte Situation Israels *vor dem Eintritt* in das verheißene Land. Die Einbeziehung des Ostjordanlandes in die theologische Geographie spiegelt ein anderes, diachron ausgedrückt: jüngeres Konzept.

– Dagegen setzen Jos 13–19 strukturell die schon erfolgte Verteilung des Ostjordanlandes voraus. Als Bezugstexte stehen drei mögliche Passagen zur Auswahl: Entweder die rein rekapitulierende Fassung in Jos 13 selbst, die ebenfalls rekapitulierende Kurzfassung in Dtn 3,12–20 oder die tatsächliche Durchführung der Landverteilung samt einer Begründung für sie in Num 32*. Allerdings weist Jos 13 Merkmale einer komplexen literarhistorischen Entwicklung auf und ist wohl seinerseits ohne eine Vorlage nur schwer verständlich. Letzteres gilt auch für den zudem überarbeiteten Abschnitt Dtn 3,12–20.[1431] Für die redaktionelle Zusammenstellung von Jos 13–19 muß demnach wohl mit dem Vorliegen von Num 32* gerechnet werden.

Alle Beobachtungen sprechen dafür, daß – ungeachtet der Frage nach eventuell verarbeitetem älterem Material – Jos 13–21 weder deuteronomistisch noch priesterschriftlich sind, sondern spätere Nachträge in z.T. priesterschriftlichem Stil vorliegen.[1432] Trotz der Aufnahme der Formel zur Landbesitzlosigkeit, die deuteronomischen Ursprungs ist, sind im eigentlichen Sinne deuteronomische bzw. deuteronomistische Positionen in Jos 13–21 also nicht zu erwarten. Da andererseits die Diskussion um die Levitenfrage auch erst in späten, priesterlichen Fortschreibungen im Buch Numeri eine besondere Dynamik und Schärfe entwickelte, können Spuren einer ähnlichen Diskussion auch in Josua vermutet werden. Nun kreisen alle Belege (Jos 13,14.33; 14,3 f.; 18,7) in ähnlichen Formulierungen um dasselbe Thema: Der Stamm Levi bzw. die Leviten erhalten kein Land mit den anderen Stämmen Israels. Alle diese Verse hängen von ihrer literarischen Vorlage

---

1430 Vgl. Kratz 2000a, 199; erwogen auch bei Noth 1938, XIV.7; ablehnend dagegen Noth 1943, 5 Anm. 1.
1431 Vgl. Kratz 2000b, 105 f.: Als Grundbestand verbleiben nur die Vv. 12.13a.
1432 Vgl. Kratz 2000a, 216 und de Vos 2003, 304–307. Angesichts der oben Kapitel 3 entwickelten komplexen Fortschreibungsgeschichte des nachpriesterlichen Bestandes in Num, besagt diese Einordnung noch nicht viel.

Dtn 18,1f. ab.[1433] Auch wenn damit einer literarhistorischen Auswertung der betreffenden Verse enge Grenzen gesetzt sind, gilt es auf die feinen Unterschiede in den Formulierungen zu achten. Dazu sollen die Belege in der notwendigen Kürze im Einzelnen betrachtet werden.

### b) Jos 13,14.33

Die ersten beiden Erwähnungen des Stammes Levi finden sich in Jos 13,14.33, an letzterer Stelle aber nur im masoretischen Text. Dafür hat V. 14LXX am Ende einen Überschuß gegenüber MT, der mit V. 32 nahezu wörtlich übereinstimmt. Auf je ihre Weise zeigen also MT und LXX das Bestreben, die beiden Abschnitte 13,1–14 und 15–32(.33)[1434] parallel enden zu lassen, was dafür spricht, *jeweils* den Überschuß als nachträglichen Zusatz zu werten. Bezüglich V. 33 sind damit v. a. die kleinen Variationen zu V. 14 von Interesse, d. h. der Wechsel vom auf den Stamm bezogenen Singular in den Plural.[1435] Gedacht ist dabei an die Leviten als Bezugsgröße. Die Numerusinkongruenz zwischen V. 33a und V. 33b ist also durch die Übernahme geprägter Sprache bei nur partieller Anpassung an späteren Sprachgebrauch bzw. einen anderen Vorstellungshintergrund zu erklären. Eine weitere Differenz zwischen V. 14 und V. 33 betrifft das Wort אשׁר, hier ist jedoch mit einer Glosse in V. 14 zu rechnen, wie einerseits das Fehlen eines Äquivalents in LXX zeigt, andererseits die Inkongruenz zwischen dem pluralischen Subjekt und der singularischen Kopula הוא.[1436] Die Einfügung des Wortes dürfte auf eine Angleichung an die Formulierung in Dtn 18 zurückzuführen sein.

Der Sache nach führt V. 14 die durch die allgemeine Grenzbeschreibung in den Vv. 9–13 unterbrochene Gedankenführung aus V. 8 weiter, woraus auch das Subjekt Mose zu entnehmen ist, sollte nicht mit der LXX נתן als passive Verbform zu lesen sein.[1437] In jedem Falle hält V. 14 penibel fest, daß auch bei der Verteilung des Ostjordanlandes der Stamm Levi keinen Besitz erhielt. Der Gedanke an sich verbleibt somit ganz im Rahmen der deuteronomischen Vorgabe, nur daß er jetzt auch auf die Verteilung des Ostjordanlandes, welches für das Deuteronomium keine Rolle spielte, angewendet wird.

---

**1433** S. o. S. 120.

**1434** Dabei sind die Vv. 15–32 nachträgliche Erläuterung und Präzisierung der Erzählung in 1–14.

**1435** So auch LXX bereits in V. 14, sowie in Dtn 10,9a und 18,1–2a.

**1436** Vgl. Steuernagel ²1923, 258.

**1437** Daß angesichts der textkritischen Situation aus dem weiten Abstand zwischen נתן und zugehörigem Subjekt auf eine nachträgliche Einfügung der Vv. 9–13 zu schließen wäre, scheint mir etwas gewagt, vgl. aber – mit etwas anderer Begründung – Noth 1938, 47 ff.

## c) Jos 14,3 f.

Nachdem Jos 13,1 ff. auf das Problem des noch immer nicht in Gänze eingenommenen Landes verweist, V. 7 den Auftrag zur Verteilung des Restes erneuert und Vv. 8 ff. auf die Verteilung an die zweieinhalb ostjordanischen Stämme zurückblicken, erwartet man nun in Kapitel 14 die dazugehörige Ausführung. Die Einleitung in 14,1 scheint diese Erwartung zunächst zu bestätigen. Tatsächlich aber nennt der Vers nur die an der Verteilung beteiligten Personen, wobei hier anders als in Jos 13 plötzlich auch Eleasar und die Stammeshäupter an die Seite Josuas treten. Auch V. 2 erläutert nur noch einmal den Modus; die Vv. 3 f. klären, wie aufgrund der Zählung Ephraims und Manasses als eigenständige Stämme trotz der Nichtberücksichtigung Levis die Zwölfzahl erreicht wird; V. 5 stellt fest, daß all dies im Einklang mit den Anweisungen JHWHs an Mose geschehen sei. Mit den Vv. 6 – 15 kommt aber nur der Sonderfall Kalebs zur Sprache, vom restlichen Land ist nicht die Rede, auch wenn laut V. 15 selbiges nun vom Kriege ruhte, was in deutlichem Widerspruch zu der erst mit Kapitel 15 tatsächlich einsetzenden Verteilung des Landes an die restlichen Stämme steht.

Ohne hier auf alle Einzelheiten der literarkritischen Probleme von Jos 14 eingehen zu können, spricht manches dafür, die Vv. 1– 5 als spätere Ergänzung anzusehen oder doch zumindest in ihrer jetzigen Form für später überarbeitet zu halten.[1438] Skeptisch macht einen nicht zuletzt das Auftreten Eleasars, welcher der Person Josuas erst nachträglich vorgeordnet sein dürfte.[1439] Für den Leser wenig überraschend und darum reichlich ermüdend halten die Vv. 3 f. zum wiederholten Male fest, daß die Leviten bei der Landzuteilung leer ausgingen. Dabei bezieht sich V. 3 auf die ostjordanische Landzuteilung durch Mose zurück,[1440] während V. 4 auf das Westjordanland vorausblickt. Im Unterschied zu Jos 13 samt seinen Vorbildern reden Jos 14,3 f. allerdings von „den Leviten" und nicht vom Stamm Levi, womit schon rein sprachlich der größere Abstand zur deuteronomischen Vorlage und eine Nähe zu den postpriesterschriftlichen Texten deutlich wird. Stilistisch interessant ist zudem, daß der übliche Parallelismus חלק ונחלה auf die Vv. 3 (נחלה) und 4 (חלק) aufgeteilt wird. Eine weitere Abweichung von den deuteronomischen Formulierungen betrifft schließlich die Ersatzleistung für die Nichtberücksichti-

---

**1438** Mit jeweils sehr diffiziler interner Differenzierung des Abschnittes etwa Noth 1938, 55 f. oder de Vos 2003, 175 – 185.

**1439** Entsprechendes läßt sich auch in Num 32 beobachten, ebenso gehören die Eleasar er- · wähnenden Verse Jos 17,4 und 19,51 nicht zum Kernbestand in Jos 13 – 19. Vgl. auch Albertz 2007, 293 – 295.

**1440** Vers 3aα fehlt in LXX, wohl aufgrund einer *aberratio oculi*: Das zweifache המטה המטות וחצי lädt geradezu zur Verwirrung ein. Damit kommt in der LXX allein das Westjordanland in den Blick, womit sich auch der Wechsel von Mose zu Josua in V. 2LXX erklärt.

gung Levis: Nicht mehr die Betrauung mit dem Dienst an der Stiftshütte kommt in den Blick, sondern die Zuteilung von Levitenstädten. Damit sind literarisch die Regelungen aus Num 35,1–8 (bzw. Jos 21)[1441] vorausgesetzt. Auch diese Bezugnahmen legen in Ergänzung zu obigen Bemerkungen eine grundsätzlich späte Abfassungszeit des Textes nahe, v. a. im Vergleich mit Jos 13 liegt hier noch einmal eine jüngere Abwandlung der „Levitenregel" vor.

### d) Jos 18,7

Als letzter Beleg bleibt noch Jos 18,7 zu bedenken. Die Landverteilung an Juda und die Joseph-Stämme erfolgte in den Kapiteln 15–17, ohne daß die Levitenthematik erneut aufgegriffen worden wäre. Erst in Jos 18, wo die noch verbleibenden sieben Stämme in den Blick geraten, wird wieder auf das Thema Bezug genommen. Die Einleitung von V. 7a mit כי sowie die Fortsetzung in V. 7b sollen offenbar die Siebenzahl erläutern: Da Juda und Joseph (Ephraim und Halbmanasse) bereits versorgt sind, ebenso die zweieinhalb Stämme des Ostjordanlandes, bleiben noch sieben Stämme übrig, insofern Levi eine Sonderstellung zukommt.

Die Besonderheit von V. 7 ist, daß das JHWH-Priestertum der *Leviten* (LXX: Söhne Levis) als Ersatz für die Nichtberücksichtigung bei der Landvergabe aufgeführt wird. Das ist zunächst sprachlich auffällig, insofern das Suffix in נחלתו auf eine Singulargröße rekurriert, als welche eigentlich שבט zu erwarten wäre. Das entspräche dann auch dem Kontext, der von den übrigen *Stämmen* Israels spricht.[1442] Ich vermute daher mit aller Vorsicht, daß auch in V. 7 ursprünglich vom *Stamm Levi* die Rede war,[1443] und erst durch spätere Umformulierung *die Leviten* eingang in den Vers fanden. Auffällig bliebe die Formulierung aber auch in dieser Fassung. Zwar kann mit einer zwischen Priestern und Leviten nicht hinreichend differenzierenden Aussage auch in später Literatur noch gerechnet werden, wie etwa die spätdeuteronomistischen Passagen in Dtn zeigen. Aber gerade wenn ein Austausch von שבט לוי in לוים vorliegen sollte, ist es erstaunlich, daß die eigentlich anstößige Formulierung zur כהנת יהוה ohne spätpriesterliche Korrektur oder Präzisierung blieb.

Ich habe auf letzteres Problem keine befriedigende Antwort. Erkennbar scheint mir jedenfalls, daß der Vers innerhalb des Komplexes Jos 13–19 zum Kernbestand gehört und sicher älter als Jos 14,3 f. ist. Man muß dementsprechend wohl ebenso annehmen, daß Jos 18 auch den entsprechenden Degradierungen der

---

**1441** Dazu s.u. Kapitel 6.1.4.

**1442** Vgl. שבט in den Vv. 2.4.7.

**1443** Möglicherweise – auch angesichts der LXX – mit der Formulierung מטה בני + Stammesname (so 13,15.29; 15,1.20 f.; 16,8; 18,11.21; 19,1.8.23 f.31.39 f.48[.51]; 21,9).

Leviten in den spätesten Numeri-Texten vorausgeht.[1444] Zumindest in der Tendenz mögen darum die drei Belege für die „Levitenregel" in Jos 13; 14 und 18, obwohl sie sämtlich nachpriesterschriftlich einzuordnen sind, grundsätzlich die im Buch Numeri beobachtete Entwicklung bestätigen.[1445] Aufgrund der Unsicherheiten im Detail entwickeln die Verse jedoch nur wenig Beweiskraft für sich, sondern stärken eher kumulativ die bisherigen Beobachtungen. Historisch trägt das jedoch wenig bis nichts aus. Letztlich bereitet die wiederholt vermerkte Sonderrolle des Stammes Levi bzw. der Leviten v. a. das Kapitel Jos 21 vor.

### 6.1.4 Jos 21: Levitenstädte

Nachdem in Jos 19 die Verteilung des Landes abgeschlossen zu sein scheint, folgen mit der Einrichtung der Asylstädte in Jos 20 und der Vergabe der Levitenstädte in Jos 21 noch zwei Nachträge. Beide setzen die Kapitel 13 – 19 voraus und sind mithin nicht älter als jene, d. h. ebenfalls nachpriesterschriftlich.[1446] Man kann vielmehr überlegen, ob „Nachträge" nicht nur sachlich, sondern auch literarhistorisch zu verstehen ist. Schließlich bietet Jos 19,49 – 51 einen deutlichen Abschluß, nach dem die beiden folgenden Kapitel etwas verspätet anmuten. Der Einschnitt ist immerhin so deutlich, daß LXX im Anschluß an Jos 21,42 einen Textüberschuß hat, worin sie in mit 19,49 f. nahezu identischen Formulierungen noch einmal den Abschluß der Landverteilung konstatiert. Vor allem aber gibt sie in Jos 19,49.51 das hebräische ויכלו mit ἐπορεύθησαν, dem Äquivalent zu וילכו, wieder. Auch wenn demnach eine schlichte Buchstabenvertauschung in der mutmaßlichen Vorlage der LXX bzw. eine irrige Lesung derselben vorliegen könnte, fügt sich diese Abweichung gegenüber dem masoretischen Text sachlich zu den folgenden Kapiteln.[1447] Das Bemühen der LXX um eine Glättung der Ereignisfolge kann daher durchaus als ein indirekter Hinweis auf die spätere Ergänzung von Jos 20f. gelten.[1448] Ansonsten ist auf die Zusammensetzung des Landverteilungsgremiums zu

---

**1444** Vgl. dazu auch oben Kapitel 3.2 die Überlegungen zur Nachordnung von Num 26 nach Jos 17. Sollten, wie oben vermutet, Jos 13 – 19 grundsätzlich von Num 32* abhängig sein, müßte das Verhältnis von Num 26 zu Num 32* noch einmal neu bestimmt werden.
**1445** Angesichts der vorhandenen Unterschiede ist es m. E. gegen de Vos 2003, 240 f.301 ff. nicht möglich, die Levitenbelege (mit Ausnahme von 14,3 bei de Vos) *einer* „Levitenbearbeitung" zuzurechnen. Jos 13,33 sollte als später, in der LXX nicht bezeugter Zusatz ohnehin ganz aus der Diskussion herausgehalten werden und kann nicht zur Einordnung einer „Levitenbearbeitung" dienen.
**1446** Vgl. die Diskussion oben S. 316 ff.
**1447** S.o. Anm. 1426 und vgl. auch Rösel 2001b, 203 f.
**1448** Vgl. auch Rofé 1985, 147.

verweisen, welche sich so noch in Jos 14,1–5 findet, das seinerseits nachgetragen sein dürfte.[1449] Auch das spricht dafür, in Jos 21 eine Erweiterung zu sehen, die jünger ist als der Kernbestand in den Kapiteln 13–19.[1450]

Ungeachtet dessen ist aber Jos 21 selbst nicht aus einem Guß. So kündigt V. 3 eine Liste von Städten an, welche die Israeliten aus ihrem Besitz den Leviten gaben. In den Vv. 4–8 folgt jedoch zunächst die Aufstellung über einen Losentscheid, wonach den Aaroniden als einem Teil der Kehatiter, den übrigen Kehatitern, den Gerschonitern und Merariten aus jedem Stamm eine bestimmte Anzahl von Städten zu geben sei. Dabei nimmt V. 8 Elemente aus V. 2 und v. a. V. 3 wieder auf. Die Wiederaufnahme ist das *literarische Signal*, die Einführung eines Losverfahrens bei gleichzeitiger Viertelung der zu verteilenden Städte auf Aaroniden, Kehatiter, Gerschoniter und Merariter das *inhaltliche Kriterium*, um die Vv. 4–8 als Zusatz anzusehen.[1451] Daraus ergibt sich die Frage, ob auch im verbleibenden Bestand der Vv. 9–42 die Verteilung auf die Aaroniden und die levitischen Hauptsippen womöglich erst auf einem Nachtrag beruht.[1452] Für diese Annahme spricht u. a., daß im Falle der Kehatiter, Gerschoniter und Merariter die Nennung der Sippe der Aufzählung der einzelnen Städte jeweils vorangeht (Vv. 20.27.34), während im Falle der Aaroniden die Nennung jener Stämme, aus welchen Städte abgegeben werden, vorausgeht (Vv. 9f.), die Aaroniden also erst nachträglich eingeführt werden. Zusätzlich ergibt sich hier ein Problem durch die doppelte Erwähnung von Hebron (Vv. 11.13), wobei die Rücksichtnahme auf den Besitz des Kaleb ben Jefunne (V. 12) es erforderlich macht, daß die Aaroniden in einer Art Wiederaufnahme ein zweites Mal in V. 13 eingeführt werden müssen.

Folgt man dieser Überlegung, dürfte ab V. 9 ursprünglich eine nach Stämmen geordnete Aufzählung von Städten, die den Leviten zu übergeben waren, gefolgt sein.[1453] Eingeschlossen darin sind auch die sechs Asylstädte.[1454] Für jeden Stamm

---

1449 S.o. S. 320.
1450 Darüber hinaus scheint sich etwa für Josephus die Frage gestellt zu haben, warum nicht bereits nach der Verteilung des ostjordanischen Landes an die zweieinhalb Stämme die zugehörigen Levitenstädte verteilt worden waren. Entsprechend baut (!) daher Mose selbst zehn Städte im Ostjordanland (AJ IV,7,4 [4.172]), während Josua später nur noch die Zuweisung der restlichen 38 Städte im Westjordanland an die Leviten vollzieht (AJ V,1,24 [5.91]). Was im biblischen Text als Nachtrag erscheint, wird damit bei Josephus organisch in den Ablauf der Geschichte eingetragen.
1451 Vgl. auch Noth 1938, 97 und Fritz 1994, 216.
1452 Noth 1938, 97 übersieht diese mögliche Konsequenz aus der Beobachtung zu den Vv. 4–8.
1453 Noth 1938, 97 hält statt dessen das Stämmeschema für sekundär, da „die Stämme gar nicht in einer sachgemäßen Reihenfolge auftreten, sondern ihrerseits zu Gruppen zusammengefaßt sind, offenbar unter dem Zwange der schon vorher festgelegt gewesenen Einteilung der

wird die Summe der abzugebenden Städte genannt, lediglich Juda und Simeon werden in V. 16 gemeinsam berechnet.[1455] Erst in Folge einer späteren Überarbeitung werden diese 48 Städte etwa gleichmäßig auf die Aaroniden und die drei levitischen Hauptsippen verteilt, wozu ebenfalls die jeweilige Anzahl der verteilten Städte angegeben wird.[1456] Nachgetragen sind neben den Vv. 4–8 also auch die Vv. 10–13*(bis נתנו).19f.*(bis גורלם).21*(nur להם ויתנו).26f.33f.40. Allein diese Verse berücksichtigen ausdrücklich die Aaroniden.

Damit fügen sich auch die Schlußfolgerungen zur Literargeschichte in Jos 21 zu den bisher beobachteten Tendenzen bezüglich der Levitenfrage, die später zumindest in zwei kleinen Details ihre Fortsetzung im jüngeren Paralleltext I Chr 6,39–66[1457] finden:

1. Das System der Zählung entsprechend den levitischen Sippen überlagert das konkurrierende, ältere System einer Zählung der jeweils von einem Stamm abgegebenen Städte so stark, daß letzteres in I Chr 6 aufgegeben ist.

2. Die Vorrangstellung der Aaroniden wird durch die Struktur des Textes in I Chr 6 noch stärker betont. Nachdem im Anschluß an eine Liste der Nachkommen Aarons (Vv. 33–35) die den Aaroniden im Land (!) Juda (V. 40) zugeteilten Städte genannt werden, folgt darauf eine zunächst nur summarische Beschreibung der Verteilung an Kehatiter, Gerschoniter und Merariter, bevor danach auch deren Städte auch namentlich genannt werden.

Darüber hinaus sehe ich zwischen Jos 21 und I Chr 6 keine wesentlichen Differenzen in der Frage nach Priestern und Leviten, was angesichts des anzunehmenden bereits sehr späten Abfassungsdatums von Jos 21 und noch mehr seiner Überarbeitung jedoch nicht überraschen kann.

An dieser Stelle seien einige knappe Bemerkungen zu den literargeschichtlichen Zusammenhängen mit Jos 20 und v. a. Num 35 angefügt. Die Erwähnung der Asylstädte gehört in Jos 21 zum Grundbestand; deren Aussonderung gemäß Jos 20 ist damit notwendige Verstehensvoraussetzung

---

Städteliste in gewisse geographische Gruppen." Aber was soll hier „sachgemäß" besagen? Vgl. dagegen auch G. Schmitt 1995, 41f.

**1454** In V. 36 ist mit LXX nach ראובן noch את־עיר מקלט הרצח zu ergänzen. Chr. Dietrich 2008, 73 Anm. 172 ignoriert den textkritischen Befund. Gegen Noth 1938, 97 gibt es keinen literarkritischen Grund, die Asylstädte dem Grundbestand abzusprechen, vgl. neben G. Schmitt 1995, 33f. auch Hutton 2011, 59f.

**1455** Vgl. dazu die einleuchtende Erklärung bei G. Schmitt 1995, 33, der darauf verweist, daß nach Jos 19 Simeon sein Erbteil innerhalb des Gebietes Judas erhält.

**1456** Ähnlich G. Schmitt 1995, 40ff. Ganz spekulativ Cody 1969, 158–166.

**1457** Zum detaillierten Nachweis, daß I Chr 6 tatsächlich aus Jos 21 gespeist ist vgl. G. Schmitt 1995, 36–40.

für Jos 21*.[1458] Jos 20*[1459] seinerseits stimmt mit Num 35,9–15 nahezu wörtlich überein,[1460] lediglich die *Namen* der Asylstädte fehlen verständlicherweise in Num 35. Ihre Nennung in Jos 20 schließt in V. 9a mit einer Wiederaufnahme von V. 3a ab.[1461] Ob diese Beobachtung zur formalen Einbettung der sechs Namen allerdings ausreicht, um Jos 20 einer späteren Hand als Num 35 zuzuschreiben, scheint mir zweifelhaft.[1462] Umgekehrt ist noch viel weniger ein Grund ersichtlich, Num 35,9–15 für jünger als Jos 20 zu erklären, zumal Jos 20,2 auf Num 35 zurückzuverweisen scheint.[1463]

Ähnlich verhält es sich mit Num 35,1–8 und Jos 21*. Beide Texte stimmen nahezu wörtlich überein. Unterschiede betreffen – neben der in Num 35 fehlenden Auflistung der 48 Stadtnamen – lediglich die Beauftragung Moses mit der Anweisung zur Aussonderung von Asylstädten in Num 35, während in Jos 21 Eleasar, Josua und die Häupter der Stämme die zuständige Kommission bilden. Redaktionsgeschichtlich ist daraus nichts zu schließen, von daher scheint mir auch für Num 35 und Jos 21* derselbe Autor verantwortlich zu sein, mit Sicherheit ist Num 35 nicht jünger als Jos 21*.[1464]

---

**1458** Gegen Chr. Dietrich 2008, 74.

**1459** Die Vv. 4–6 haben in LXX kein Äquivalent und sind sehr junge Ergänzungen im masoretischen Text, die einerseits auf die Fortschreibung in Num 35,15–29 bzw. 25–29 reagieren, andererseits auch einen Ausgleich mit Dtn 19,1–13 vornehmen. Zum Verhältnis von Num 35 zu Jos 20 und zum jeweiligen Wachstum der Texte vgl. auch Rofé 1986, 230 ff.

**1460** Vgl. außerdem noch ויקדשו Jos 20,7 und והקריתם Num 35,11. In beiden Fällen benutzt LXX διαστέλλομαι. Die Form in Jos 20,7 dürfte irrtümlich aufgrund des nachfolgenden Ortsnamens קדש in den Text gekommen sein, vgl. Noth 1938, 94. Die weitergehenden Spekulationen von Chr. Dietrich 2008, 74 zu einer vermeintlichen Differenzierung im Status der ost- und der westjordanischen Asylstädte, die anhand der benutzten Verben erkennbar sei, beruhen damit auf einer sekundären Textform.

**1461** In V. 3 ist בבלי־דעת erläuternde Glosse zu בשגגה, wie das Fehlen des Ausdrucks in LXX, in V. 9 und in Num 35 deutlich macht, anders dagegen Dtn 19,4. Vgl. dazu auch Steuernagel ²1923, 287 und die vorhergehende Anmerkung. V. 3b erhält in LXX eine Erweiterung, die V. 9b (!) als Dublette mit leichten Varianten in der Formulierung vorwegnimmt. Die Gleichsetzung dieses Überschusses in V. 3 mit V. 6aβ MT (!) hat die Diskussion unnötigerweise verwirrt (vgl. etwa Stackert 2007, 96–112); so verkennt auch Albertz 2007, 296 f. die Lösung: LXX bewahrt mit Auslassung der Vv. 4–6 durchaus den älteren Text, in V. 3 dagegen zeigt sie eine eigenständige Weiterentwicklung.

**1462** Albertz 2007, 296 möchte die zeitliche Nachordnung von Jos 20 nach Num 35 am Gebrauch der einmaligen Formulierung ערי המועדה festmachen, aber das scheint mir einem Ausdruck, dessen Bedeutung nicht gänzlich geklärt ist, etwas viel Beweislast aufbürden zu wollen.

**1463** Vgl. die folgende Anmerkung.

**1464** Gegen Noth 1938, 97 u. a. vgl. G. Schmitt 1995, 33 f. und Albertz 2007, 297 f. Rein thetisch und ohne jede Auseinandersetzung mit der Literatur vertritt etwa auch Chr. Dietrich 2008, 79, die Abhängigkeit des Endtextes in Num 35 von Jos 20 f.; weder differenziert sie dabei zwischen Num 35,9–15 und 16 ff., noch diskutiert sie die textlichen Varianten in Jos 20. Im übrigen sagt Gleichheit des Vokabulars nichts über die Richtung einer möglichen literarischen Abhängigkeit aus! Mit logischen Schwierigkeiten behaftet ist auch Niehr 1987, 107: Wie sollte Num 35,24, welches in der LXX enthalten ist, Jos 20,4–6, welches in der LXX *noch* fehlt, voraussetzen können? Die Inkonsequenz geht letztlich auf die problematische Analyse von Noth ²1953, 123 ff.

Schließlich scheint mir zur historischen Frage nach den Levitenstädten noch eine kurze Bemerkung angebracht. Wie gesehen, ist für Jos 21 bereits im Grundbestand eine recht junge Abfassungszeit anzunehmen.[1465] Sollte die Auswahl der Städte tatsächlich irgendein Stadium der Geschichte „Israels" reflektieren, so müßte man also am ehesten in spätnachexilischer Zeit danach suchen. Die Suche nach einem in der Historie verankerten Auswahlprinzip hat jedoch bisher zu keinem überzeugenden Ergebnis geführt,[1466] m. E. notwendigerweise! Das einzige erkennbare Prinzip scheint jedenfalls die relativ gleichmäßige Verteilung der Städte auf die zwölf Stämme zu sein – und bereits diese Schematisierung weckt Zweifel an der historischen Realität der Levitenstädte.[1467] Vollends deutlich wird der theoretische Charakter von Jos 21 dann, wenn auf dieses erste Schema zusätzlich noch ein zweites – nämlich die ebenfalls annähernd gleichmäßige Verteilung auf Aaroniden, Kehatiter, Gerschoniter und Merariter – projiziert wird. Zumindest in der Form, wie Jos 21 das Konzept der Levitenstädte präsentiert, muß man es darum als literarische Fiktion bezeichnen.[1468] Über die historischen Wohnsitze der Leviten, gar salomonischer, davidischer oder womöglich mosaischer (!) Zeit,[1469] sagt uns Jos 21 schlechterdings nichts.[1470]

---

bzw. 1938, 95 ff. zurück. Ob Jos 21 noch einmal jünger ist als Num 35, sei hier dahingestellt. Ein bedenkenswertes Argument dafür hat G. Schmitt 1995, 43 f. geliefert: Num 35 könne bei den Levitenstädten kaum an die Aaroniden gedacht haben, und noch in Jos 21 wirkten die Bezugnahmen auf sie recht gezwungen. Aber eindeutig ist auch das nicht, v. a. wenn die Erwähnungen der Aaroniden in Jos 21 nachgetragen sind.

**1465** Vgl. auch Achenbach 2003, 594–598.
**1466** Vgl. die Übersicht bei Noort 1998a, 195–197; sowie Hutton 2011.
**1467** Vgl. in diesem Sinne auch Mowinckel 1964, 71 ff. und v. a. G. Schmitt 1995, 34 f., nach welchem – mit Hinweis auf das zugrundeliegende Stämmeschema – „jeder Versuch, aus der geographischen Verteilung der Orte Schlüsse auf die Entstehungszeit, die historische Realität und Bedeutung der Städtereihe zu ziehen, von vornherein verfehlt" ist. Und wenig später: „Die geographische Verteilung der Städte kann für eine geschichtliche Deutung nicht herangezogen werden, weil diese Verteilung das Ergebnis nicht eines geschichtlichen, sondern eines literarischen Prozesses ist. [...] Hinter dieser Reihe von Namen *kann* eine geschichtliche Wirklichkeit stehen, aber wir haben geringe Aussichten, uns dieser etwaigen Realität nähern zu können, weil sie uns jedenfalls nicht in ihrer ursprünglichen Form überliefert ist, sondern überarbeitet und in ein Schema gezwängt." (G. Schmitt 1995, 36; Kursivierung im Original). Davon zu unterscheiden ist allerdings die Frage, ob die Herkunft der Namen als solche, die sich aus Jos 13–19 allein nicht erklären läßt, historisch auswertbar sein könne, vgl. G. Schmitt 1995, 44 ff.
**1468** Vgl. nach wie vor Kuenen 1887, 284 und Wellhausen ⁶1927, 153–158.
**1469** Vgl. u. a. die Positionen von Mazar, Albright und Boling bei Noort 1998a, 195 f.
**1470** Ausführlich zum „ideologischen" Hintergrund und zur Funktion des literarischen Konstrukts auch Ben Zvi: „Furthermore, because the list of Levitical cities is not simply a list but a pan-Israelite system, it forcefully conveys the sense that at the creation time, the *Urzeit*, the Israelite territory overlapped the area of the United Monarchy, or the twelve tribal allotments.

Ungeachtet der rein literarischen Konstruktion des Konzeptes der Levitenstädte in Jos 21 dürfte jedoch außer Frage stehen, daß es *realiter* Leviten in Städten
auch außerhalb Jerusalems gegeben hat. Und obwohl Lev 25,32 – 34 die Fiktion von
Levitenstädten aufnimmt und daher – jedenfalls in seinem Wortlaut – nicht älter
als Num 35 sein wird, kann dem dort verhandelten Rechtsfall also ein gewisses
Maß an Historizität zukommen. Der Versuch, die literarische Konstruktion rein
levitischer Städte mit der juristischen Realität zu versöhnen, zeigt sich m. E. etwa
in der umständlichen Konstruktion בתי ערי הלוים (V. 33), d. h. Lev 25 rechnet –
anders als Num 35 und Jos 21 – damit, daß in den „Levitenstädten" auch Nichtleviten wohnen. Bemerkenswert ist auch der Gebrauch des Wortes אחזה für den
Besitz der Leviten,[1471] womit auch terminologisch die Einhaltung der „Levitenregel" deutlich gemacht wird. Für die Geschichte des Verhältnisses von Priestern
und Leviten scheint mir daraus jedoch weiter nichts zu gewinnen zu sein, weswegen Lev 25 hier nicht weiter untersucht werden soll.[1472]

## 6.2 Chaotische Verhältnisse

### 6.2.1 Jdc 17 f.: Anatomie einer Entführung

Die häufig als „Anhänge zum Richterbuch" charakterisierten Kapitel Jdc 17 – 21[1473]
umfassen einen Zyklus von Erzählungen, die den neuzeitlichen Leser seltsam
anmuten. Aber auch dem antiken Leser sollten sie wohl die chaotischen Verhältnisse am Ende der „Richterzeit" vor Augen führen, wie die einem Kehrvers
gleichkommende Bemerkung, es habe in jenen Tagen keinen König in Israel gegeben (Jdc 17,6; 18,1; 19,1; 21,25), nahelegt. Daß die Stellung der Texte zum Kö-

---

Against the background of the post-monarchic period, this assertion is a kind of self-reassurance
concerning the legitimate place of Israel—not only in Judah, but also in the area that once
belonged to the Northern Kingdom" (Ben Zvi 1992, 100; Kursivierung im Original).
1471 Vgl. dazu die Anmerkungen unten S. 370 f. in der Behandlung von Ez 45.
1472 Vgl. zum Sachverhalt grundsätzlich Milgrom 2001, 2201 – 2204, wenngleich ich seine literarhistorischen Schlußfolgerungen nicht teilen kann.
1473 Vgl. überblicksweise zu dieser auf Budde 1890, 91 zurückgehenden These Becker 1998,
bes. 196 f., und Noth 1943, 54 Anm. 2: „Ri. 17 – 21 hat anerkanntermaßen nicht mit zum Werke von
Dtr gehört, sondern ist später eingefügt worden." Kritisch dagegen Veijola 1977, 15 – 29; pointiert
anders auch Pfeiffer, der in Jdc 19* (dazu s.u.) „die mutmaßlich älteste Brücke zwischen Volks-
und Königtumsgeschichte" (Pfeiffer 2009, 286) findet. Auch bei ihm zählt Jdc 17 f. aber – anders
als bei Jepsen, von dem die Grundidee, der Mittelteil des Richterbuches sei jünger als der
Rahmen, stammt (vgl. Jepsen ²1956, 68 Anm. 2) – zu einer jüngeren, jedenfalls nachdeuteronomistischen Entwicklungsstufe des Richterbuches.

nigtum allein schon hinreichend Auskunft gibt über die (literar)historische Verortung derselben, wird man bestreiten dürfen[1474] – es handelt sich dabei in jedem Falle nur um *einen* Aspekt der Erzählungen. In unserer Untersuchung dagegen soll einem anderen Aspekt – der Frage nach dem Levitenbild – nachgegangen werden.

Die jetzige Erzählung Jdc 17 hat einen recht klaren szenischen Aufbau: 17,1–6 handeln von Micha auf dem Gebirge Ephraim, seiner Mutter und seinem Gottesbild, die Vv. 7–13 von der Anstellung eines Leviten aus Bethlehem in Juda durch Micha, bevor Kapitel 18 mit der Suche der Daniten nach einer neuen Heimat ein neues Thema anschlägt. An die Erkundung Lajischs durch zunächst fünf Späher, die auf ihrem Wege nach Norden in Michas Haus nächtigen (Vv. 1–7), schließt der Eroberungszug von 600 Kriegern an, da die erkundete Stadt sich als ein verheißungsvolles Ziel erwiesen hat (Vv. 8–12). Auch die größere Truppe macht Halt bei Micha, raubt dessen selbstgemachte Kultgegenstände und lockt den Priester mit der Aussicht, nicht nur für ein Haus, sondern für einen ganzen Stamm zu amten, wobei der Lockung mit einer Drohung auch ein wenig nachgeholfen wird (Vv. 13–20). Michas Versuch, den Daniten nachzujagen und sein Eigentum zurückzuerhalten, scheitert an den Machtverhältnissen (Vv. 21–26),[1475] so daß der Eroberung Lajischs und einer Ansiedlung an gleicher Stelle nun nichts mehr im Wege steht (Vv. 27–31).

Auch wenn beide Hauptthemen – Micha und sein Hauskult sowie die Wanderung der Daniten – nur lose miteinander verbunden zu sein scheinen, ist es m. E. nicht möglich, sie getrennt zu behandeln und auf zwei ursprünglich selbständige Überlieferungen zurückzuführen.[1476] Michas Aktionen blieben ohne Kapitel 18

---

1474 Vgl. exemplarisch Crüsemann 1978, 155–167, der meint, die Erzählungen in die „salomonische Epoche" datieren zu können. Zunächst aber erfüllen die Texte rein literarisch die Funktion, das Ende der „Richterzeit" und die Einsetzung des Königtums in Israel unter Saul bzw. später unter David vorzubereiten. Für die historische Verortung des Autors kann daraus im Grunde nichts geschlossen werden. Erst recht gälte die Kritik, würde man etwa mit Seidl 2006, 7.27 u. a. die Verse 17,6 und 18,1a für Nachträge halten. Zumindest im Falle von 17,6 scheinen mir die Argumente dafür jedoch nicht zwingend.
1475 Ganz anders als bei Abraham in Gen 14.
1476 Anders Neef 2004, 219 ff. und Seidl 2006, 30 f. Die Existenz einer „Landnahmeerzählung", die nach Seidl „etwa 18,1b-2d.7a-11.27c-29a* umfasst haben dürfte" (Seidl 2006, 31) wird aber im wesentlichen postuliert und nicht mehr eingehend literarkritisch begründet. Eine solche Reduktion des erzählerischen Grundbestandes ist zwar durchaus möglich, aber das zentrale Element, der Zug der Daniten nach Norden, erweist sich als literarisches Konstrukt und deutet keineswegs auf mündliche Tradition, dazu siehe i.f. In jedem Falle müßte der literarhistorische Ort einer solchen Geschichte genauer beschrieben werden, oder es sollte – Seidls Spur folgend – deutlich werden, warum gerade diese Erzählung mit der Micha-Episode Jdc 17* verbunden und als Grundlage der nun um das Element der Kultgründung erweiterten Erzählung genutzt wurde. Solche Überlegungen führen m. E. allenfalls zu dem Ergebnis, daß Jdc 18* bereits einen Kern von

ohne Ziel. Von einer eigenständigen Lokalüberlieferung wäre zumindest eine Ätiologie o. ä. zu erwarten, aber nichts dergleichen findet sich in Jdc 17: die Lokalisierung auf dem Gebirge Ephraim ist (bewußt?) unkonkret,[1477] Micha wird genealogisch in keiner Weise eingeordnet,[1478] sein Sohn bleibt namenlos. Ebenso fehlte aber dem Zug der Daniten ohne den Aufenthalt bei Micha ein wesentliches Element, da die Daniten nur so die Kultgegenstände rauben und mittels ihrer den Kult in Dan einrichten können. Selbst wenn es im übrigen möglich sein sollte, dieses Element aus der Erzählung zu eliminieren,[1479] so ließe das verbleibende Grundmotiv, d. h. der Zug der Daniten von Süden nach Norden, doch nicht auf eine alte Überlieferung, sondern auf eine jüngere literarische Konstruktion schließen, die die Umsiedlung der Daniten in den Norden bzw. den Namen der Stadt Dan erklärt, während zuvor Josuas Landverlosung dem Stamm einen Platz im Süden zugewiesen hatte, wo auch Simson noch beheimatet ist.[1480]

Sowohl die allgemein anerkannte Annahme, es handle sich um „Nachträge" zum Richterbuch, wie auch die Überlegung zur literarischen, d. h. verschiedene Überlieferungskomplexe miteinander verknüpfenden Funktion des Danitenzuges oder die durchweg vorausgesetzte Polemik gegenüber Kultbildern[1481] deuten auf

---

Jdc 13–16 voraussetzt, Jdc 17* dagegen von Anfang an auf eine Fortsetzung in einer bereits überarbeiteten Fassung von Jdc 18* hin angelegt war, was in etwa der von Seidl angenommenen ersten literarischen Stufe (18,1b.2–11.13.16[?].18–29a.30a [oder 31a] näherkäme. Seidls Gegenargument, „[w]äre Ri 17 nachträglich von Ri 18 her konstruiert, ließe sich die ausladende, umständliche Exposition mit dem Silbervermögen Michas und seiner Mutter kaum motivieren" (Seidl 2006, 32), überzeugt nicht. Bei allen Schwierigkeiten im Detail bei der Deutung dieser reichlich kruden Geschichte ist doch der Fokus auf dem zweifelhaften Ursprung der Kultgegenstände deutlich. Das dürfte eine hinreichende Motivation sein.

**1477** Vgl. Amit 1990, 12f.

**1478** Mehr noch: Michas Vater wird nicht einmal dem Namen nach erwähnt, was im Zusammenspiel mit dem prominenten Auftreten der Mutter vielleicht nicht zufällig ist; vgl. überdies Michas Rede an den Leviten Jdc 17,10: ‏וֶהְיֵה־לִי לְאָב וּלְכֹהֵן‎! Hier wird möglicherweise mit der Doppeldeutigkeit von ‏אָב‎ – Ehrentitel (vgl. auch 18,19) und Verwandtschaftsbezeichnung – gespielt. Darf man überdies annehmen, daß bereits mit dem Fehlen des *pater familias* „schwierige Familienverhältnisse" ausgedrückt werden sollen und die Bühne für ein Drama bereitet ist?

**1479** Vgl. die o.g. Überlegungen bei Seidl 2006.

**1480** Vgl. dazu Jos 19,40ff.; Jdc 13,2.25; 16,21 und 18,2.8.11; man beachte auch die Ortsnamen Zora und Eschtaol. Veijola 1977, 24f. rechnet Jdc 18,1b zu einer dtr Redaktion. Selbst wenn man ihm hierin folgen würde, bliebe dennoch der Zug der Daniten nach Norden als zentrales Element der Erzählung erhalten. Daß im übrigen schon Dtn 33,22 Dan im Norden lokalisiert, ist seinerseits sprechend im Hinblick auf das keineswegs hohe Alter von Dtn 33. Zu den literarischen Kontexten vgl. auch Becker 1990, 254 und Groß 2009, 780f.

**1481** Vgl. dazu etwa Groß 2010, 177: „Unbeschadet möglicher älterer Überlieferungskerne, die allerdings vor allem bezüglich der Herstellung und des Raubes des Kultbilds nur schwer wahrscheinlich zu machen sind, jedenfalls nicht literarkritisch im Wortlaut herausoperiert

eine eher späte Abfassungszeit des Textes. Bevor der Datierung näher nachgegangen wird, soll aber noch kurz ein Blick auf mögliche Fortschreibungen im Text geworfen werden.[1482] Dem Thema dieser Arbeit entsprechend beschränke ich mich dabei auf die Rolle des Leviten in der Geschichte. Folgendes fällt auf: Nach Herstellung von Ephod und Teraphim füllt Micha einem seiner „Söhne" die Hand und bestellt ihn so zum Priester (17,5). Erst nach Abschluß dieser Szene tritt der Levit auf den Plan und an die Stelle des Sohnes bzw. Priesters, von dem im folgenden nicht weiter die Rede zu sein scheint. Der Levit wird schließlich von den Daniten an seiner Stimme erkannt (18,3: הכירו את־קול), was wohl nicht auf ein persönliches Wiedererkennen,[1483] sondern die dialektale Auffälligkeit eines Bethlehemiters im ephraimitischen Bergland zu beziehen sein wird. In entsprechender Weise steht ja bei den Nachforschungen der Späher v. a. die Fremdheit des Leviten an seinem jetzigen Ort im Hintergrund. Daß die Fragen eher persönlich gehalten seien,[1484] mag modernem westlichen Empfinden entsprechen, aber ein solches Geschmacksurteil reicht kaum als Argument für die Schlußfolgerung, der Text supponiere die Bekanntschaft einiger Daniten mit einem Leviten aus Bethlehem. Davon läßt der Text sonst jedenfalls nichts erkennen. In aller Kürze erzählt der Levit seine Geschichte (V. 4) und erteilt den Daniten eine Orakelauskunft (V. 6). Als später die Krieger auf ihrem Zug Richtung Lajisch noch einmal bei Micha vorbeikommen und von ihren Kundschaftern auch auf die Kultgegenstände hingewiesen werden, begegnen sie *dem Leviten* an seinem Hause (V. 15). Während der Beraubung Michas hält sich *der Priester* draußen am Tor auf (V. 17).[1485] Von nun an ist immer nur von einem Priester die Rede, während die levitische Identität des Priesters keine Rolle mehr spielt. Allein die nachgelieferte Genealogie (V. 30b)[1486]

---

werden können, ist der Text Ri 17–18 somit ein junges Produkt, das die dtr Kultbildpolemik bereits voraussetzt." Zwar sehe ich die „möglichen älteren Überlieferungskerne" kritischer als Groß und bewerte statt dessen die Wahrscheinlichkeit literarkritischer Überlegungen etwas günstiger (dazu i.f.), aber letztere betreffen gerade nicht das Thema der Kultbildpolemik.

**1482** Ausführlichere diachrone Analysen aus neuerer Zeit haben v. a. Niemann 1985 und Becker 1990 vorgelegt. Bauer 1998 hingegen plädiert für weitgehende Einheitlichkeit des Textes. Vgl. zudem die forschungsgeschichtliche Darstellung bei Bauer 1998, 57–110.

**1483** So u. a. Cody 1969, 54 und Bauer 1998, 307 (mit Zusammenstellung der Forschungspositionen), gefolgt von Neef 2004, 213.

**1484** So Bauer 1998, 307.

**1485** LXX[B] hat einen erheblich kürzeren Text, der entweder auf eine versehentliche Auslassung zurückzuführen ist (vgl. Moore ²1898, 397) oder den bewußten Versuch einer Glättung darstellt (vgl. Fernández Marcos 2011, 103* und die literarkritischen Anmerkungen i.f.). So ergänzen einige mit dem Codex Vaticanus verwandte MSS den Passus in V. 18.

**1486** Die Interpretation von Bauer 1998, 393–395, es handle sich bei der Erstnennung des Namens des Leviten am Ende der Geschichte um einen „gezielte[n] Überraschungseffekt", insofern mit beißender Ironie festgehalten werde, daß bereits die Generation der Enkel Moses dem

bringt ein wenig Klärung in dieser Frage, sofern das *nun suspensum* tatsächlich auf משה als die ursprüngliche Lesart und מנשה als spätere Korrektur hinweisen soll-te.[1487] Man *kann* dies auf der Ebene des Endtextes vielleicht damit erklären, daß jeweils nur beim ersten Auftreten die levitische *Herkunft* eindeutig benannt wird, während im folgenden jeweils die *Funktion* im Vordergrund steht. Aber es fragt sich, ob man auf diese Weise nicht auch Signale übersieht, die auf Überarbei-tungen des Textes hinweisen. Zumindest in 18,20 fällt die Verwendung von כהן statt לוי doch auf.

Über die Aussagekraft des letzten Punktes für sich genommen mag man streiten, aber in Kombination mit dem unausgeglichenen Nebeneinander des Priestertums von Michas Sohn einerseits und des Leviten andererseits in Kapitel 17 weckt die Beobachtung zur Begriffsverwendung doch Zweifel, ob der Levit tat-sächlich ursprünglich in der Erzählung beheimatet gewesen ist.[1488] Am deut-lichsten lassen sich diese Zweifel in 17,7–13 auch literarkritisch begründen. Neben die sachliche Spannung zwischen den ersten beiden Szenen (17,1–6.7–13) tritt die Wiederaufnahme von V. 6a in 18,1a.[1489] Und während 17,6 als narrativer Kom-mentar zur in V. 5 berichteten Handlung gut verständlich ist, kommt 18,1a im Kontext keine vergleichbare Funktion zu. Es handelt sich vielmehr um eine rein literarische Wiederholung zur Überleitung auf V. 1b, der die ältere Fortführung von 17,6 darstellen dürfte. Der Abschnitt 17,6–18,1a kann so recht gut als Einschub erklärt werden.[1490]

---

Götzendienst verfallen sei, ist durchaus ansprechend, aber damit sollte (und kann) eine dia-chrone Perspektive auf 18,30b, die üblicherweise auch vertreten wird (vgl. etwa Gunneweg 1965, 20), nicht ausgeschlossen werden, sie steht vielmehr im Zusammenhang mit der Frage nach dem Ort des Leviten in der Erzählung überhaupt. Die schlüssigste Erklärung für die Konstruktion der Genealogie und nicht zuletzt des Namens Gerschom (!) bietet m. E. noch immer Veijola 1977, 19 f.
**1487** Vgl. BHS und die Kommentare zur Stelle sowie Bauer 1998, 393–395; Groß 2009, 754 und v. a. Fernández Marcos 2011, 104*f.
**1488** Vgl. zur Beobachtung an sich schon Wellhausen ³1899, 368 f. mit dem Verweis auf Vatke 1835, wobei Wellhausen wie die meisten der älteren Kommentatoren dann zu einer Quellenhy-pothese gelangt, vgl. die Zusammenstellung bei Moore ²1898, 366 ff. Zwei Parallelfassungen gibt der Text aber nicht her. Kritisch dagegen etwa Veijola 1977, 21 Anm. 43, der vielmehr Jdc 17,5 für nachgetragen hält. Ich sehe allerdings nicht, wie das Auftauchen des Knaben redaktionell er-klärt werden kann.
**1489** Vgl. schon Vatke 1835, 268! Kritisch dazu jedoch Wellhausen ³1899, 368 f. Ganz anders van der Toorn 1996, 249, der in V. 5 die Nahtstelle zwischen zwei ehemals unabhängigen Micha-Geschichten sieht. Der narrative Gehalt einer lediglich aus Vv. 1–4 bestehenden Erzählung erschließt sich mir jedoch nicht.
**1490** Der Einschub ist in sich freilich auch nicht ohne Schwierigkeiten. Auffällig sind etwa das doppelte והוא in V. 7, der Übergang von V. 10 auf V. 11 (vgl. LXX!), das zweifache ויהי in V. 12 und nicht zuletzt das Schwanken zwischen הנער und הלוי in Vv. 11 f. Letzteres erklärt sich in V. 11

Etwas schwieriger ist die Analyse in bezug auf Kap. 18. Daß die Szene vom Überfall auf Michas Haus einige Schwierigkeiten aufweist, ist seit längerem bekannt. Auffällig sind:

- die – von einem seinerseits bezeichnend minimalen Unterschied abgesehen – gleichen Einleitungen in V. 14 und V. 17: ויעלו חמשת האנשים ההלכים לרגל\ויענו את־הארץ[1491]
- die Syntax in V. 17: es folgt zweimal einfaches Perfekt auf *waw*-Imperfekt
- die Positionierung des Leviten bzw. Priesters: V. 15 an seinem Haus, V. 17 am Tor
- das mehrfache Kommen zum Haus Michas (Vv. 13.18)
- die Unklarheit über Zeitpunkt und eigentliche Akteure des Raubes der Kultgegenstände (V. 17 vs. V. 18)

Eine höchst ansprechende Erklärung für den Sachverhalt hat Hans Schmoldt in einer kleinen Notiz gegeben,[1492] wonach V. 17 mithilfe einer minimalen Textänderung den Schlüssel zur Literargeschichte biete: Statt ויעלו wäre ursprünglich wie in V. 14 ויענו anzunehmen, d. h. V. 17 leitete eine wörtliche Rede ein, was auch eine Umpunktierung der Perfekta באו und לקחו in Imperative nach sich zöge.[1493] Als Nachträge hätten die Vv. 14 – 16.17bβ–18aα zu gelten. Die ältere Fassung erzählte demnach vom Kommen der Daniten zum Hause Michas (V. 13), sodann daß die fünf Späher ihre Stammesgenossen zum Raub der Kultgegenstände aufgefordert hätten (V. 17a), dessen Vollzug schließlich allein V. 18aβ berichtete. Die Analyse scheint mir lediglich in zwei Punkten einer leichten Abänderung zu bedürfen: (a) Die alte Redeeinleitung ist m. E. in V. 14aα zu finden, V. 17aα¹ erklärt sich besser als

---

vielleicht am einfachsten als Versuch der Vermittlung der Fortschreibung mit V. 5, vgl. dazu etwa Murtonen 1951, 223. Aber ist das לו darin überhaupt auf Micha zu beziehen? Könnte statt dessen nicht auch der Knabe (und Priester) aus V. 5 *dem Leviten* „wie einer von seinen Söhne" werden? In V. 12 schließlich ist das Fehlen eines Äquivalents zu הנער in LXX^B zu verzeichnen. Das Wort könnte also durchaus spät aus V. 11 – irrtümlich oder als wenig gelungener Versuch der Klärung? – in V. 12 eingedrungen sein.

**1491** In V. 14 steht außerdem לו שם am Ende der Formulierung, was aber sachlich sowie syntaktisch deplaziert scheint, und überdies textkritisch unsicher ist.

**1492** Vgl. Schmoldt 1993. Die Forschungsgeschichte ist wiederum bei Bauer 1998, 348 – 353 kurz dargestellt, dessen rein synchroner Interpretation ich allerdings nicht folgen kann, insbesondere finden die syntaktischen Auffälligkeiten in 18,17 keine befriedigende Erklärung. Daß Groß 2009, 762 ausgerechnet Schmoldts Entwurf „hochspekulativ" nennt, will nicht einleuchten. Die Probleme des Textes lassen sich jedenfalls kaum durch die Annahme erklären, ein späterer Glossator hätte „aus Bruchstücken der umliegenden Verse V 17 zusammengestückelt ... und dazwischengeschoben." (Groß 2009, 786 f.).

**1493** In dieser Sache ganz ähnlich schon Wellhausen ³1899, 228; Budde 1897, 122 u. a.

Wiederaufnahme.[1494] (b) Die so entstandene Doppelung der Redegänge könnte dann in einem nochmals späteren Stadium der Textüberlieferung – zusammen mit den Nachträgen in den Vv. 17bβ–18aα, die zur (mehr oder minder gelungenen) Klärung des Handlungsablaufes dienten – auch die Änderung von ויענו in ויעלו in V. 17 verursacht haben. Die Funktion der nachgetragenen Vv. 14aβ–16.17aα¹ bestünde nicht nur darin, das Wissen der Späher um das Vorhandensein der Kultgegenstände zu verdeutlichen, sondern auch den künftigen Priester der Daniten mit dem Leviten aus 17,7–13 bzw. 18,3f. zu identifizieren.

Sollte diese Beobachtung zutreffen, ergäben sich daraus auch Zweifel an der Ursprünglichkeit der Szene in 18,3f., die von der Erstbegegnung mit dem Leviten im Hause Michas berichtet und so ebenfalls begründet, warum die Späher von Ephod und Teraphim wußten. Eine glatte literarkritische Lösung sehe ich in diesem Falle noch nicht. So bliebe etwa bei dem – zumindest möglichen – Übergang von V. 3aα¹ auf V. 6 die Rede des Priesters ohne die vorausgehende Frage der Daniten ohne klare Motivation.[1495] Auffällig ist allerdings auch hier der Wechsel von הנער הלוי (V. 3) zu הכהן (V. 6), so daß in Kombination mit den vorstehenden Beobachtungen zu 17,7–13 und 18,14–18 m.E. die Schlußfolgerung naheliegt, die Gestalt des Leviten in Jdc 17f. insgesamt für nachgetragen zu halten.[1496] Ob man nun in 18,(2b.)3ff. mit einem Nachtrag oder mit einer nicht mehr völlig rekonstruierbaren Umformulierung rechnet, ändert an der grundsätzlichen Tendenz nichts und muß hier darum nicht entschieden werden.

In der Grundschicht wäre dann Michas „Sohn" der Priester, welcher – halb gezogen, halb dahinsinkend – die Priesterschaft in Dan begründet. Bereits diese Fassung der Erzählung ist von scharfer Polemik durchzogen.[1497] Das danitische

---

**1494** Sachlich macht das für die Analyse, wie Schmoldt 1993, 97 mit Recht feststellt, keinen Unterschied. Wellhausen ³1899, 228 schließt V. 17 direkt an V. 14 an und stellt V. 15 nach diesen beiden um.

**1495** Oder sollte man gar die Vv. 2b–6 für zugesetzt halten, wonach sich dann V. 2a und V. 7 wie Gebot und Ausführung zueinander verhielten? (Vgl. ungeachtet der Unterschiede i.f. wiederum die Rekonstruktion von Seidl 2006, 31!) Der erste erzählte Aufenthalt der Daniten in Michas Besitztümern fände so erst in 18,13.14aα.17aα²–bα.18aβ–b statt. Daß die Späher von den Kultgegenständen wußten – der Leser ist hierüber seit der Bemerkung zu Michas Gotteshaus in 17,5 unterrichtet – wäre dann freilich impliziert, was immerhin zum grundsätzlichen Fehlen der Information im Bericht der Späher Vv. 9f. und ihrer durchaus etwas holprigen Nachholung in 18,14aβ paßt. Endgültig zufriedenstellend scheint mir diese Lösung vorerst nicht, da das Problem der Spannung zwischen V. 3 und V. 6 bestehen bleibt.

**1496** Ganz ähnlich Vatke 1835, 268f.

**1497** Vgl. dazu grundsätzlich Amit 1990, 4–10. Die Kritik an Amits Position von Neef 2004, 221 wäre nur dann berechtigt, wenn man eine vordeuteronomistische Erzählfassung plausibilisieren könnte. Das sehe ich allerdings nicht, s.o. Anm. 1473.

Heiligtum gründet in jedem Falle auf dem Raub von Götzenbildern. Die Erweiterung um den Leviten ändert nichts grundsätzlich an der bitterbösen Karikatur der JHWH-Verehrung, welche Jdc 17 f. zeichnet; sie gibt der dem Text innewohnenden Polemik aber noch einmal eine eigene Note. Es ist ein Levit, der sich hier als ein der eigenen Geld- und Ruhmsucht erlegener Mietling erweist. Micha, der JHWHs gnädige Zuwendung darin sieht, daß er einen Leviten zum Priester gewinnt (17,13), wird letztlich genau durch diesen in größte Bedrängnis gebracht und um seine Hoffnungen betrogen.[1498] Und während die Orakelauskunft des Leviten zumindest einen Friedens*wunsch* beinhaltet (18,6), erfährt der Leser bald hernach von den Gewalttaten der Daniten – bei der Beraubung Michas und bei der Eroberung des friedlichen Lajisch – und ebenso vom gewaltsamen Ende der Daniten selbst als Teil des Nordreiches (18,30). Er lernt daraus nicht zuletzt, wie gefährlich Gottesbefragungen durch Leviten sein können.

Spuren alter Überlieferungen[1499] finden sich in Jdc 17 f. demnach gewiß nicht, es empfiehlt sich vielmehr eine Spätdatierung des Textes.[1500] Die anti-levitische Polemik ist der Erzählung freilich auch unabhängig von redaktionsgeschichtlichen Fragen inhärent. Man gewinnt darum keine Informationen über die Leviten, zumal in alter Zeit,[1501] als vielmehr über ihre (literarischen) Gegner in spätnachexilischer Zeit. In deren Sicht ist ein Levit als Priester, selbst wenn es sich dabei um den Enkel Moses handeln sollte, der Gipfel des Götzendienstes und

---

**1498** Spencer 1995, 389 („it is obvious that Levites are preferred as priests [Judg. 17–18, esp. 17.12–13]") scheint – als einer unter vielen – diesen Punkt auszublenden.

**1499** So sieht etwa Crüsemann 1978, 164 beim Verfasser die Kenntnis „judäischer Levitentraditionen". Auch Gunneweg 1965, 14 ff. spricht immer wieder von „archaischen Hintergründen"; Jdc 17 f. ist in seiner chronologisch aufgebauten Arbeit der erste von ihm behandelte Text. Nicht minder entschieden Cody 1969, 52 f.: „Judg. 17–18, a very old narrative … Almost no one denies the antiquity of the story …" Den von Cody beschworenen Konsens gab es schon 1969 nicht, derzeit noch viel weniger – ein Argument ist er ohnehin nicht. Van der Toorn sieht in Jdc 17 f. eine polemische Erzählung aus Betheler Perspektive gegen Dan noch vor dessen Eroberung durch die Assyrer im Jahr 734. Eigentlich sei diese Erzählung aber lediglich die überarbeitende Kombination zweier ehemals unabhängiger Micha-Geschichten, deren Inhalt „must go back to at least the early monarchic era" (van der Toorn 1996, 246–251, das Zitat 249).

**1500** So im Grundsatz, bei weitgehender Ablehnung diachroner Differenzierungen, auch Bauer 1998, 440 ff.

**1501** Trotz der Betonung der „archaischen Hintergründe", beobachtet Gunneweg gleichwohl „das „Schwankhafte dieser Erzählung" (Gunneweg 1965, 19 Anm. 4) und ist mit Recht zurückhaltend bei der historischen Auswertung. Es fehlt seinen Schlußfolgerungen lediglich die letzte Konsequenz.

bringt natürlich nichts als Unglück![1502] Darüber hinaus ist auch die Notiz zur Herkunft des Leviten aus Bethlehem in Juda,[1503] wo jener als Fremdling seßhaft gewesen sei (Wurzel גור) kein Beweis der Altertümlichkeit, sondern ein rein literarischer Reflex auf das deuteronomische Levitenbild.[1504] Erst wenn man die Historisierung des Deuteronomiums, die sich durch die Einbindung in den enneateuchischen Erzählablauf ergibt, für Historie hält, geben das Buch und ebenso die Erzählung in Jdc 17 f. Verhältnisse der vorstaatlichen Zeit wieder. Aus kritischer Perspektive hingegen erscheint der Levit aus Bethlehem vor allem als archaisierendes Motiv zur Illustration der verwerflichen Zustände vor David.[1505]

### 6.2.2 Jdc 19 f.: Der Morgen danach

Die vorstehenden Schlußfolgerungen über den Leviten der Daniten in Jdc 17 f. lassen sich im wesentlichen auch auf den Leviten in Jdc 19,1 und 20,4 übertragen. In der tempel- sowie königslosen und daher prinzipiell chaotischen Zeit ist er als Fremdling irgendwo am Rande des ephraimitischen Berglandes seßhaft (19,1), allerdings stammt seine Frau aus Bethlehem in Juda. Beide Lokalisierungen verdeutlichen die Art der (literarischen) Anknüpfung an Jdc 17 f.[1506] Die Portrai-

---

1502 Gunneweg 1965, 18 f. beobachtet richtig, daß Levit und Priester in dieser Geschichte gerade nicht identisch sind. Die Polemik lebt genau davon, daß ein Levit zum Priester gemacht wird.

1503 Die Apposition ממשפחת יהודה ist in der Tat auffällig. Die entscheidende Erklärung hat freilich schon Veijola gegeben: „Der Levit ist kein Fremdling unter seinen Stammesverwandten in Bethlehem (V. 7), sondern wird ein solcher erst, wenn er seine judäische Heimat verlässt (V. 8). ‚Levit' bezeichnet hier also nicht die Stammeszugehörigkeit des Mannes sondern seinen *Beruf*." (Veijola 1977, 18, Hervorhebung im Original). Archaisch ist ein Levit aus Juda folglich nur dann noch, wenn man auch die Idee eines Stammes Levi für alt hält.

1504 Vgl. v. a. Veijola 1977, 18, der V. 7bβ als Teil einer dtr Bearbeitung (mit Blick auf das Priestergesetz Dtn 18,1–8) hält. Der Etikettierung „dtr" folge ich hier nicht, der Rückbezug auf Dtn 18 ist jedoch unzweifelhaft erkennbar, vgl. auch die folgenden Bemerkungen zu Jdc 19,1. In jedem Falle kann damit historisch nichts auf Jdc 17,7 aufgebaut werden.

1505 Die Tendenz ist vollends im Targum Jonathan entfaltet, wo zumindest ein Teil der Handschriften die Bezeichnung כהנא für Michas Sohn sowie den Leviten aus Bethlehem (und dessen Nachkommen) vermeidet und durch כומרא ersetzt; ebenso wird Michas בית אלהים (MT) zu einem בית טעותא; vgl. Harrington/Saldarini 1987 und Smelik 1995 zur Stelle sowie Pietsch 2009, 231.

1506 Das gilt, so weit ich sehe, auch unbeschadet einer möglichen Überarbeitung, die den Mann aus Ephraim zu einem Leviten macht, dazu siehe i. f. Die umgekehrte These, die Fokussierung auf Dan in Jdc 17 f. setze die Rolle Bethels (und Mizpas) in Jdc 19 bereits voraus (so Pfeiffer 2009, 270), ist m. E. noch zu schwach begründet.

tierung der ehelichen Verhältnisse des Leviten läßt diesen alles andere als vorteilhaft erscheinen: Nicht nur, daß seine Hauptfrau erst gar nicht in den Blick gerät, vielmehr flieht seine Nebenfrau vor ihm aus Zorn zu ihrem Vater (V. 2).[1507] Nach immerhin erst vier Monaten nimmt der Levit sich dieses Problems an (V. 2f.) und die Heimholung scheint, wenngleich erst nach einigen Verzögerungen, zu gelingen (Vv. 4–9). Sie scheitert letztlich in Gibea auf furchtbare Weise. Die benjaminitischen Bewohner jener Stadt erscheinen hier im gleichen Licht wie die Sodomiter,[1508] und der Hauptakzent der Polemik ist sicherlich gegen die Benjaminiter im allgemeinen gerichtet. Aber man wird kaum sagen können, daß der Levit, welcher nicht einmal bemerkt, daß seine grausamst mißhandelte Nebenfrau auf der Schwelle des Hauses bereits tot ist, und der die Leiche schließlich in zwölf Teile zerstückelt an die Stämme Israels schickt, auch nur im Ansatz als positiver Held gezeichnet wäre.[1509] So weiß man nicht recht, ob der die Ungeheuerlichkeit des Verbrechens konstatierende Vers 19,30 allein auf die Benjaminiter zu beziehen ist oder nicht doch auch auf das Verhalten des Leviten, selbst wenn Jdc 20 lediglich von einer Strafaktion der Israeliten am Stamm Benjamin berichtet und das Tun des Leviten letztlich ohne explizite Verurteilung bleibt.[1510]

Aus der Absonderlichkeit des Erzählten auf Altertümlichkeit schließen zu wollen, führt auch in diesem Fall in die Irre. Die Geschichte ist – m. E. bereits in

---

**1507** Zum textkritischen Befund sowie zu den klassischen Konjekturvorschlägen vgl. Moore ²1898, 409f. und Fernández Marcos 2011, 105*. Auch Stipp 2006, 137f. spricht sich mit guten Gründen für die in LXX$^A$ gespiegelte Ableitung von einer Wurzel זנה II „zornig sein" bzw. „Abneigung empfinden" aus. Erklärungsbedürftig bleibt so nur das innerhalb des klassischen Paradigmas irreguläre Langimperfekt. Nach Stipp 2006, 137 Anm. 51 läge „wohl eine sekundäre Bildung, gefördert durch den Anlaut des folgenden Wortes mit Laryngal" vor. Mir scheint statt dessen schlicht nachklassisches Hebräisch vorzuliegen. Das zuletzt genannte Problem stellt sich nicht für die im unmittelbaren Kontext durchaus interessante Interpretation von ותזנה עליו פילגש als „And his concubine whored *for him*" (Reis 2006, 129, Hervorhebung H.S.), aber es bleibt doch fraglich, ob diese Deutung durch das Hebräische gedeckt ist und die Geschichte so besser erklärt wird. Davon abgesehen, daß Reis ihre Lesart zudem direkt in „The Levite was prostituting his wife." uminterpretiert, fehlt bei ihr auch eine gründliche Auseinandersetzung mit der o.g. Möglichkeit einer Ableitung von זנה II bzw. der griechischen Lesart.

**1508** Man beachte die mannigfachen Bezüge zu Gen 19, dazu die bei ter Brugge 2004 zusammengestellte Bibliographie.

**1509** So viel, scheint mir, kann man sagen, auch wenn sich die Übertragung moralischer Urteile aus der Gegenwart auf diese Texte grundsätzlich verbietet, da sie regelmäßig zu exegetischen Fehlschlüssen führt.

**1510** Auch wenn man Reis' Interpretation von V. 2 nicht folgt, ist das grundsätzlich positive Urteil mancher Ausleger über den Leviten schwer nachvollziehbar. Aber auch Gunnewegs Annahme, v. a. die levitische Identität des Mannes erkläre die besondere Schwere des Verbrechens und das amphiktyonische Eingreifen Israels (Gunneweg 1965, 25f.), wird dem Text nicht gerecht.

ihrer Grundfassung – ebenfalls ein junger Appendix zum Richterbuch,[1511] mindestens gilt das aber für die Überarbeitung, die den Mann am Rande des Gebirges Ephraim zu einem levitischen Fremdling macht.[1512] Es wird einmal mehr schildert, wie übel es in Israel zuging, bevor Männer wie Samuel und David für geordnete Verhältnisse sorgten: Ein im Gebirge Ephraim lebender Levit,[1513] der von Reinheitsvorschriften nichts weiß, unbeteiligt die Vergewaltigung seiner Nebenfrau geschehen läßt und schließlich recht pietätlos deren Leiche zerteilt,[1514] ist dabei zwar nur ein Nebenaspekt, aber offenbar das passende Inventar einer solchen Schauergeschichte und damit letztendlich nichts als ein weiterer Beleg für anti-levitische Polemik in später Zeit.

---

**1511** Vgl. Becker 1990, 262–264.296–299. Ob allerdings damit gerechnet werden kann, daß der Text bereits vor seiner Einbindung in das Richterbuch als selbständige Erzählung vorlag, erscheint mir recht unsicher. Auch Walter Groß spricht von einem „nicht-dtr Text, der die dtr bearbeiteten Königsbücher voraussetzt" bzw. einem „junge[n] nachexilische[n] Zeugnis schriftgelehrter Arbeit" (Groß 2009, 765.879). Seine richtigen Beobachtungen zur Konstruktion der Geschichte vor dem Hintergrund der Gesetzesbestimmungen des Deuteronomiums führen jedoch gerade nicht zu der Annahme, hier läge eine ehemals selbständige *Erzählung* vor. Die Frühdatierung bei Stipp 2006 beruht hingegen nicht auf der Auswertung literarischer Bezüge, sondern der Ansicht, es läge ein anti-saulidisches Pamphlet vor und ein solches habe nur unter in der frühen Königszeit seinen Platz. Dagegen bleibt festzuhalten, daß es sich hier (wie vermutlich auch bei nicht wenigen Anti-Saul-Geschichten) primär um anti-benjaminitische Polemik handelt, die sehr wohl in späterer Zeit verortet werden *könnte*.

**1512** Die verbreitete Annahme, dies gehe auf eine sekundäre Reïnterpretation zurück, findet bei Stipp 2006, 132f. noch einmal eine klare Begründung, vgl. daneben auch Pfeiffer 2009, 270f. Anders als Gunneweg 1965, 23 meint, ist es durchaus von Bedeutung, sollte der Mann in Jdc 19f. ursprünglich nicht als Levit vorgestellt sein. Dabei geht es allerdings weniger um ein verändertes historisches Levitenbild, als vielmehr um die Frage der Zuspitzung später anti-levitischer Polemik.

**1513** Stipp 2006, 133 macht auch darauf aufmerksam, daß die Verwendung des Verbums גור zur Beschreibung des Mannes in V. 1 dessen (nachträgliche) Kennzeichnung als Levit voraussetzt, für einen in Ephraim lebenden Ephraimiten hingegen keinen Sinn ergäbe. Daraus läßt sich m. E. auch ablesen, was Stipp allenfalls andeutet: Die Idee des levitischen Schutzbürgers im Gebirge Ephraim speist sich aus der deuteronomischen Levitenkonzeption (vgl. v. a. Dtn 18,6). Jdc 19,1 kann so keinesfalls als altertümlicher Beleg für die Historizität dieser Vorstellung gelten bzw. umgekehrt die angebliche Altertümlichkeit der Vorstellung das vordeuteronomische Alter von Jdc 19,1 erweisen. Gleiches gilt nach Veijola 1977, 18 schon für den s. E. nachgetragene Versteil Jdc 17,7bβ (s. o. Anm. 1504)!

**1514** Vgl. noch einmal Reis 2006, 144f.

## 6.3 Leviten in Jerusalem

### 6.3.1 I Sam 6: Die Rückkehr der Lade

Relativ unverbunden mit dem vorangehenden Erzählablauf setzen die Samu-
elisbücher mit der Kindheitsgeschichte des namengebenden Helden ein. Obwohl
dieser am Heiligtum in Schilo in Diensten des Priesters Eli aufwächst, ist von
Leviten nirgends die Rede. Besonders auffällig ist das in der Rede des Gottesmannes an Eli in I Sam 2,27–36, die sachlich und terminologisch zahlreiche
Anklänge an im Pentateuch im Zusammenhang mit den Leviten verhandelte
Themen (Erwählung und Opfergaben) enthält.[1515] Wie immer sich der Autor der
Rede und der übrigen Kindheitsgeschichte die genealogische Identität Elis dachte,
er legte jedenfalls keinen Wert auf die ausdrückliche Feststellung von dessen
levitischer Herkunft – ganz zu schweigen von Samuel, der Nachfahre von
Ephraimitern und offenkundig nicht aus levitischem Hause ist.[1516] Betreffs Samuel
sorgt erst die Chronik für eine „Klarstellung" und führt ihn über Korach (!) auf

---

[1515] Zur möglichen Aufnahme in Jer 33,18 vgl. Lust 1991, 105 und s.u. S. 361. Zum Nachweis des
anti- und postdeuteronomistischen Charakters des Abschnittes vgl. Kratz 2000a, 178f. und v. a.
Frolov 2006; zur weiteren literarhistorischen Einordnung vgl. Achenbach 1999, 301–304 und die
Diskussion bei W. Dietrich 2011, 123 ff. Gegen Dietrich muß mit Achenbach festgehalten werden,
daß etwa die Beobachtungen zum Sprachgebrauch deutlich in die nachdeuteronomistische bzw.
nachpriesterschriftliche Zeit weisen. Daß sich noch ein älterer deuteronomistischer Kern her-
ausschälen ließe, scheint mir fraglich. Nicht ganz folgen kann ich allerdings Achenbachs Interpretation, der Text sei anti-aaronidisch, was überdies gleichbedeutend mit pro-zadoqidisch
wäre. Das setzt die problematische Hypothese voraus, man könne Aaroniden und Zadoqiden als
zwei verschiedene und um das Priestertum konkurrierende Gruppen (be)greifen. Wie nicht zuletzt V. 36 deutlich macht (כהנת!), reflektiert die Rede des Gottesmannes einen Streit innerhalb
der Priesterschaft um die Führung in derselben, d.h. es ginge allenfalls um zadoqidische (?)
Ansprüche auf hohepriesterliche (?) Vorrechte, wobei die Zadoqiden als Teil einer sich grundsätzlich aaronidisch verstehenden Priesterschaft zu denken wären. Insofern dürfte Josephus mit
seiner Vorstellung, es habe lediglich einen Wechsel des Priestertums zwischen den Nachkommen Eleasars und Itamars gegeben (AJ V,11,5 [5.361f.]), auf seine Weise der Wahrheit durchaus
nahekommen. Richtig erkannt hat Achenbach, daß der Text nicht anti-levitisch zu lesen ist, was
m. E. übrigens schon dadurch ausgeschlossen werden kann, daß die grundsätzliche Rechtmä-
ßigkeit des Priestertums Elis nicht bestritten wird. Die Streitigkeiten um die Rechte der Leviten
dürfte unser Text vielmehr bereits im Rücken haben.
[1516] Vgl. allerdings die ausführliche Argumentation bei Cody 1969, 72–80, daß Samuel kein
Priester gewesen sei bzw. nicht als solcher dargestellt werde. Die Frage dabei ist, in welchem
Sinne man „Priester" versteht. Unzweifelhaft nimmt Samuel jedenfalls priesterliche Funktionen
wahr, und das legitimatorische Bedürfnis, Samuel auch genealogisch mit Levi zu verknüpfen,
bestand jedenfalls für die Autoren der Chronik, nicht aber für die Autoren der Samuelisbücher.
Nur auf diesen letzten Punkt kommt es hier an.

Kehat und somit Levi zurück (I Chr 6,18 ff.), während Eli sogar erst bei Josephus ausdrücklich zum Nachfahren Itamars erklärt wird.[1517] Nach all den Diskussionen um Priestertum und Leviten im Pentateuch läßt dieses Schweigen aufhorchen.

Ihren ersten Auftritt haben die Leviten schließlich bei der Rückkehr der Lade von den Philistern (I Sam 6,15). Aber gerade dieser Vers ist ein Zusatz:

> „Nachdem sie [*scil.* die Bewohner von Bet Schemesch] nun fertig sind, kommen (v. 15) die Leviten im Plusquamperfektum und tun als ob nichts geschehen wäre, heben die Lade von dem gar nicht mehr vorhandenen Wagen und setzen sie auf den Stein, auf dem bereits das Opfer brennt: natürlich nur um das Gesetz zu erfüllen, dessen Anforderungen die ursprüngliche Erzählung ignoriert.“[1518]

Läßt sich der Zusatz nun literarhistorisch noch näher qualifizieren? Der Vers selbst bietet wenig Anhaltspunkte. Nach Jos 21,16 ist Bet Schemesch eine Levitenstadt, oder genauer: eine Priesterstadt, denn sie kommt den Aaroniden zu. Insofern I Sam 6,15 von Leviten und nicht ausdrücklich von (aaronidischen) Priestern spricht, könnte man vermuten, daß die Einfügung des Verses älter als Jos 21 oder zumindest dessen pro-aaronidische Überarbeitungen ist.[1519] Ansonsten läßt sich m. E. kaum mehr sagen, als daß das Bestreben, die Lade nicht ohne Begleitung des Kultpersonals ziehen zu lassen, auf eine recht junge Abfassungszeit deutet, d. h. man wird sich wohl im Vorfeld der Chronik bewegen.[1520]

Leider fehlt eine chronistische Parallele zu diesem Stück, so bleibt – abgesehen von der Bemerkung, daß man sich in den Tagen Sauls nicht um die Lade gekümmert habe (I Chr 13,3) – ganz unklar, wie die Lade nach Kirjat-Jearim ins Haus Abinadabs gekommen war, von wo man sie nun nach Jerusalem verbringen möchte (Vv. 5 ff.). Wichtig für den Chronisten ist vielmehr, daß David nach einem gescheiterten ersten Versuch der Heimholung der Lade entsprechende Regelungen zur Beteiligung der Priester und Leviten trifft (I Chr 15). Wenn also bei Josephus in Wiedergabe der Erzählung von I Sam 6 die Leviten nicht auftreten,[1521] besagt das wohl vor allem etwas darüber, wie die chronistische Perspektive auf die Samuelisbücher deren Lesart lenkt. Die Bestrafung der Bewohner von Bet Schemesch erfolgt nach Josephus denn auch ausdrücklich, weil sie die Lade *berührt* hatten –

---

1517 AJ V,11,5 (5.361 f.) und vgl. Anm. 1515.
1518 Wellhausen ⁶1927, 122; vgl. weiterhin Porzig 2009, 149 f. und W. Dietrich 2011, 268 f.289 f.
1519 S. o. Kapitel 6.1.4.
1520 Vgl. auch Porzig 2009, 149.
1521 AJ VI,1,3 (6.15).

anders in I Sam 6,19: כי ראו בארון יהוה –, obwohl sie doch keine Priester gewesen waren.[1522]


## 6.3.2 II Sam 15: Ein fliehender König

Nach dem Auftritt an der Seite der Lade wird es wieder still um die Leviten, obwohl erneut einzelne Priester ihren Einsatz haben, so etwa Achija, ein Nachfahre Elis in I Sam 14, Achimelech und die Priester von Nob[1523] in I Sam 21 f., oder Abjatar, der einzige überlebende Sohn Achimelechs in I Sam 30. Letzterer wird auch in II Sam 8,17 neben Zadoq, einem Sohn Achitubs, genannt, der folgende Vers kennt sogar Söhne Davids als Priester. Von Leviten oder Levitentum ist an all diesen Stellen nicht die Rede, das Amtieren der בני דוד als Priester widerspricht dem Gedanken einer levitischen Priesterschaft sogar ganz fundamental.[1524] Selbst als David die Lade nach Jerusalem holt (II Sam 6), wird zwar von deren gefährlicher Macht berichtet (V. 6 f.) und David eigens zum Träger des Ephod gemacht (V. 14), aber Leviten oder levitische Priester spielen einmal mehr keine Rolle.[1525] Wie gesehen,[1526] wird der Erzählzug der levitischen Nichtbeteiligung beim Lade-transport in der Chronik dann gezielt ausgebaut (I Chr 13), um zum einen das Verweilen der Lade im Hause Obed-Edoms zu begründen,[1527] zum anderen die

---

1522 AJ VI,1,4 (6.16). Darüber hinaus macht Josephus allerdings Aminadab (biblisch Abina-dab), in dessen Hause die Lade 20 Jahre weilt, zum Leviten (AJ VI,1,4 [6.18]). Nach I Sam 7,1 wird Abinadabs Sohn Eleasar noch zum Dienst an der Lade geweiht, hat ansonsten jedoch keinen Auftritt. Die beiden anderen Söhne Usa und Achjo werden nur in II Sam 6 mit dem bekannten ungünstigen Ausgang für Usa genannt. I Chr 13 kennt Eleasar nicht und erwähnt auch nicht, daß Usa und Achjo Abinadabs Söhne sind.

1523 Obwohl Nob hier als „Priesterstadt" bezeichnet wird, erscheint es bezeichnenderweise nicht unter den Levitenstädten in Jos 21.

1524 Der Fall ist allerdings kontextuell und textkritisch nicht unumstritten, möglicherweise muß כהנים zu סכנים emendiert werden, vgl. Wenham 1979.

1525 Vgl. dagegen die Darstellung in I Chr 15.

1526 S.o. S. 194 f.

1527 Obed-Edom, der Gatiter, wird in der Chronik „levitisiert" (ebenso dann Josephus AJ VII,4,2 [7.83]). Dies gilt, auch wenn nicht alle Nennungen des Namens (I Chr 13,13 f.; 15,18.21.24 f.; 16,5.38; 26,4.8.15 und II Chr 25,24) auf dieselbe Person zu beziehen sein sollten, vgl. hierzu Tan 2007, 228: „Apparently the Chronicler does not feel the need to clarify if there was more than one Obed-edom, or if the same Obed-edom was a gatekeeper and/or a musician, or to clarify the relationship of ‚Obed-edom, the Gittite', in 1 Chronicles 13, with the rest of the Obed-edoms who appear in the succeeding texts. His sole aim, when the ark narratives begin with the introduction of this figure, is to emphasize Obed-edom's identity as a Levitical priest." Obed-Edoms Herkunft aus Gat dürfte allerdings literarisch nicht ganz zufällig sein. So ist auf die besondere Beziehung

Notwendigkeit der kultpolitischen Maßnahmen Davids in I Chr 15 f. Erst als der König wegen des Aufstandes seines Sohnes Abschalom Jerusalem verläßt (II Sam 15), kommt es am Bach Kidron zu einer denkwürdigen Begegnung (Vv. 24 – 29): Zadoq und mit ihm die die Lade tragenden Leviten finden sich ein, Abjatar bringt Opfer (?) dar.[1528] David allerdings beauftragt die beiden Priester, mit der Lade in die Stadt zurückzukehren.

Es ist deutlich, daß der Abschnitt im Kontext ein nachträglicher Einschub ist.[1529] Läßt sich dies präzisieren? Auf eine vergleichsweise späte Abfassungszeit deuten allein schon die Thematik der Sorge des exemplarisch frommen Königs um die Lade sowie die levitische Trägerschaft derselben.[1530] Für eine genauere Einordnung im Rahmen der „Thronfolgegeschichte" kann auf die gründlichen Analysen in der Arbeit von Thilo A. Rudnig verwiesen werden. Nach Rudnig ist der Abschnitt in seinem Grundbestand einer Theodizee-Bearbeitung (T1) zuzurechnen.[1531] Diese bewege sich „im geistigen und zeitlichen Vorfeld der Chronik,"[1532] d. h. im späten vierten oder doch eher dritten Jahrhundert v. Chr. Für einen deuteronomistischen Verfasser fällt der Abschnitt jedenfalls aus – und ebenso die Leviten für die Samuelisbücher, denn nach II Sam 15 legt sich wieder ein beredtes Schweigen über sie.

---

Davids zu dieser Stadt (vgl. I Sam 21 ff.) zu verweisen, sowie auf das Verweilen der Lade in Gat gemäß I Sam 5.

**1528** Die beiden Worte ויעל אביתר sind problematisch, vgl. zur Diskussion Porzig 2009, 179 v. a. Anm. 378 f.

**1529** Vgl. Dietrich/Naumann 1995, 276 f. für einen knappen forschungsgeschichtlichen Rückblick; ansonsten Kratz 2000a, 181 Anm. 85 und Porzig 2009, 178 – 181; sowie Rudnig 2006, 188 – 193 zum Nachweis, daß auch die Vv. 27 f. nicht ursprünglich sind, sondern auf einen weiteren Nachtrag zurückgehen. Problematisch ist Nurmela 1998, 27 f. Nach ihm wäre sowohl die Erwähnung der Leviten als auch Abjatars „a gloss, as well as a surviving fragment of a partly reference. His name might have been inserted by someone who wanted to repress the *fact* that the relation between the priest and King David was not entirely harmonious." (Hervorhebung H.S.). Dieser Glossator wird im folgenden mit dem deuteronomischen Zirkel, welcher im Norden beheimatet gewesen sei, in Verbindung gebracht. Der Zugang zu Nurmelas „Fakten" bleibt mir allerdings verwehrt. Etwas später sieht Nurmela dann allerdings, daß „the clause might go back to a later scribe, whose point of view was that of the Chronicler." (Nurmela 1998, 30).

**1530** Vgl. oben Kapitel 3.1 und 3.3 zu Num 1–4 bzw. 7.

**1531** Vgl. Rudnig 2006, 347 – 363.

**1532** Rudnig 2006, 349.

### 6.3.3 I Reg 8: Vom Zion in den Tempel

Die auf die Könige Israels bzw. Israels und Judas fokussierte Erzählung in den Samuelis- und Königebüchern läßt jedoch weiterhin Priester auftreten. Unter David amtieren demnach Abjatar und Zadoq. In der Frage der Thronfolge setzt Abjatar mit Adonija freilich auf den – wie sich herausstellen wird – falschen Kandidaten. So kommt es, wie es kommen muß: Abjatar wird von Salomo abgesetzt und auf seine Besitzungen nach Anatot verbannt (I Reg 2,26 f.).[1533] Etwas später hält der Text fest, daß Zadoq *anstelle* Abjatars als Priester eingesetzt wurde (V. 35). Von Priestern im namenlosen Plural ist dann erstmalig in I Reg 8 die Rede. Nachdem Salomo den Tempel sowie Paläste für sich errichten ließ, dazu für deren Ausstattung Sorge trug (I Reg 6 f.), kann nun der Umzug der Lade in das Allerheiligste erfolgen (Vv. 1–11) und Salomo mit Gebeten das Seinige zur Einweihung des Tempels tun (Vv. 14 ff.).[1534]

Die Leviten treten, wie man nach allem bisher zur Lade Gesagten erwarten darf, beim Transport derselben von der Davidsstadt in den Tempel in Erscheinung – freilich nur im masoretischen Text in V. 4b, der in LXX keine Entsprechung hat.

Damit ist das wesentliche Problem einer Analyse von I Reg 8 angesprochen. Der Text von MT und LXX weicht vielfach voneinander ab, so begegnet bereits in V. 1 in der LXX ein längerer Überschuß zur genaueren zeitlichen Einordnung der im Anschluß berichteten Episode. Hierbei wird es sich um eine Ergänzung der LXX bzw. ihrer Vorlage handeln. In den nachfolgenden Versen hat jedoch meist der MT einen längeren Text, der gegen die LXX in I Reg 8 vielfach mit der Parallele in II Chr 5 übereinstimmt. Zwar bedarf jeder Einzelfall einer genauen Prüfung, aber als Faustregel läßt sich m. E. festhalten, daß alles in allem der kürzere Text der LXX die ursprünglichere Überlieferung repräsentiert.[1535] Die Abweichungen des MT in I Reg 8 gegen LXX können dagegen am besten als späte Fortschreibungen erklärt werden, die schließlich auch die Vorlage für II Chr 5 bilden. Die Ähnlichkeit zwischen dem nachdeuteronomistisch überarbeiteten Text I Reg 8 MT und II Chr 5 verwischt damit teilweise die an sich größeren sprachlichen und theologischen Entwicklungen

**1533** Vgl. Rudnig 2006, 132–135 und Porzig 2009, 181–183 zum Nachtragscharakter dieser Verse.
**1534** Die Vv. 12 f. fehlen in der LXX, die statt dessen in V. 53 eine ähnlichlautende Erweiterung gegenüber MT aufweist. Schon die textkritische Situation spricht gegen das hohe Alter des Tempelweihspruches und vielmehr dafür, daß hier recht junge Zusätze vorliegen, vgl. dazu auch Porzig 2009, 202–205.
**1535** So auch Benzinger 1899, 56 und McKenzie 1986. Kritisch Hölscher 1923, 163: „In I 8,1–13 ist der Text ungewöhnlich stark aufgefüllt; viele der sekundären Zusätze fehlen noch in LXX. Doch ist der blinde Glaube an den LXX-Text hier wie auch sonst, vom Übel, da LXX öfters auch eigenmächtig gestrichen hat." Tatsächlich schlägt jedoch auch Hölscher an den meisten (und jedenfalls den entscheidenden) Stellen vor, mit LXX zu streichen. Unentschieden Noth 1968, 174; anders, aber im Detail wenig überzeugend van Keulen 2005, 151–163.

zwischen Kön und Chr, die am deutlichsten noch in der Differenz der Monatsbezeichnungen I Reg 8,2 ‖ II Chr 5,3 hervortritt.[1536]

Bereits der textkritische Befund weckt also Zweifel an der Ursprünglichkeit von V. 4b. Literarkritische Beobachtungen am hebräischen Text stützen diese Zweifel.[1537] In V. 3b heben die Priester die Lade an und bringen sie gemäß V. 4a hinauf, bevor sie sie in V. 6 an ihren endgültigen Aufstellungsort schaffen. V. 4b ist in diesem Ablauf eine nicht nur unnötige, sondern auch unpassende Doppelung zu V. 4a. Darüber hinaus treten in dem Abschnitt sonst nur die Priester in Erscheinung, nicht aber die Leviten.

Den endgültigen Beweis dafür, daß die Erzählung ursprünglich nur von Priestern, nicht aber Leviten spricht, liefert m. E. die chronistische Parallele. In ihr nehmen die Leviten insgesamt zwar eine etwas prominentere Position als in I Reg 8 ein: So heben nach II Chr 5,4 die Leviten – ganz im Sinne von Num 1–4 – die Lade samt allen übrigen Geräten der Stiftshütte an, was nach I Reg 8,3 noch die Priester tun, und treten in dem chronistischen Zusatz 5,11b–13a neben Priestern auch Leviten auf. An allen übrigen Stellen wird jedoch die Vorlage aus I Reg 8 getreu übernommen. Es sind auch in II Chr 5 – und das nicht ohne Grund! – die Priester, welche die Lade in das Allerheiligste transportieren (V. 7) und nach getaner Arbeit aus dem Heiligtum treten (V. 11a), woraufhin die Wolke mit dem כבוד יהוה von Trompetenschall begleitet das Haus Gottes bedeckt (Vv. 11b–14). Die Leviten ersetzen also die Priester nur an den Stellen, wo die priesterlichen Zutrittsbeschränkungen zum Heiligtum es zulassen, womit die Chronik zugleich eine systematisierende Erklärung dafür bietet, warum in den übrigen Texten Priester und/oder Leviten als Träger der Lade auftreten.

Zu beachten ist schließlich noch V. 5. Nach Ausweis zahlreicher hebräischer Handschriften und der antiken Versionen ist „Priester *und* Leviten" zu lesen – der Text, den auch I Reg 8,4 bietet. Der Vers vollzieht also, indem er Priester und Leviten als mögliche Trägergruppen benennt, genau den oben beschriebenen Übergang zwischen beiden. Dagegen stellt die Lesart des Codex Leningradensis und weiterer hebräischer Handschriften mit Weglassen des ו, woraus sich die ganz unchronistische Formulierung „levitische Priester"[1538] ergibt, vielmehr den Versuch einer nochmaligen (sozusagen tertiären) Glättung durch Identifizierung beider Gruppen dar. Der ursprüngliche Text der Chronik dürfte jedoch mit Beibehaltung des ו seiner (postdeuteronomistischen) Vorlage gefolgt sein.

---

[1536] Der Zeitpunkt der Tempelweihe im siebenten Monat dürfte kaum zufällig gewählt sein, vgl. u.a. den Hinweis auf Sukkot in Dtn 31,10f.
[1537] Vgl. bereits Benzinger 1899, 57; sodann Hölscher 1923, 163–166 (problematisch sind allerdings die Sonderthesen zum Vorliegen von JE); Jepsen ²1956, 21ff. (v.a. die Übersichtstabellen am Ende) und Noth 1968, 177f.
[1538] Vgl. dazu oben S. 131.144f.

Die literarhistorische Verortung der Grundschicht von I Reg 8, in der LXX-Fassung insgesamt besser als im MT bewahrt, kann damit hier auf sich beruhen.[1539] Sie spricht nur von Priestern, an deren genealogischer Identität sie – bestenfalls – nicht interessiert ist. Erst eine späte Überarbeitung des masoretischen Textes weist den Leviten in der Erzählung für ein kurzes Wegstück einen Platz als Träger der Lade zu. Dieses Darstellungsinteresse erinnert an junge Fortschreibungen im Buch Numeri,[1540] aber auch an die oben behandelten Ergänzungen in Jos sowie I–II Sam. Auch die hebräische Letztfassung von I Reg 8 dürfte damit dem Vorfeld der Chronik zuzurechnen sein. Die Chronikbücher selbst weiten die Levitenthematik schließlich noch stärker aus und ergänzen die Leviten als „Musikanten" (II Chr 5,12 f.). I Reg 8,4 MT ist damit ein Beleg für sehr späte, gewissermaßen protokanonische Harmonisierungstendenzen in der Hebräischen Bibel. Für die Geschichtsschreibung in den Samuelis- und Königebüchern bleibt es dagegen bei einem ursprünglichen „Levitenschweigen".

### 6.3.4 I Reg 12: Sünden eines Königs

Bis zum Tode Salomos (I Reg 11,41–43) spielen Priester nun keine Rolle mehr. Postsalomonisch ist Unheil absehbar. Wie die Weissagung des Achija von Schilo in nur wenig verschleierten Worten ankündigte, zerfällt die Einheit von Nord und Süd. Durch die politische Kurzsichtigkeit Rehabeams, Salomos Sohn, wenden sich die zehn Nordstämme von der Dynastie Davids ab und Jerobeam, der aus dem ägyptischen Exil zurückkehrt, zu (I Reg 12). Jerobeam jedoch verhebt sich mit seinen kultischen Maßnahmen, die von da an als die Ursünde des Nordreiches gelten: Es ist nicht genug, daß er Stierbilder in Dan und Bethel aufstellen läßt. Auch die Errichtung eines „Höhenhauses"[1541] sowie die Einsetzung von Priestern „von den Rändern des Volkes, welche nicht von den Söhnen Levis waren" (V. 31), sowie die Stiftung eines Festes im achten Monat anstelle des richtigen siebenten Monats[1542] werden ihm angelastet (V. 32).

Aus der Perspektive der kanonischen Bücher Numeri und Deuteronomium ist es vollkommen klar, daß Priester aus dem Stamm Levi bzw. „Söhne Levis" sein müssen. Der Vorwurf an Jerobeam wird dem von dort kommenden Leser daher

---

1539 Daß es sich dabei nicht um den (dtr) Kernbestand der Königebücher handelt, ist – gegen ältere Annahmen, vgl. v. a. Noth 1943, 70 f. – mit einigen neueren Analysen festzuhalten, vgl. etwa Kratz 2000a, 168.192.
1540 Vgl. oben Kapitel 3.1 und 3.3 zu Num 1–4 bzw. 7.
1541 Mit LXX und Vulgata sowie I Reg 13,32 ist möglicherweise in Plural zu ändern.
1542 Vgl. Dtn 31,10 f. und I Reg 8.

unmittelbar einzuleuchten. Im Kontext der Samuelis- und Königebücher jedoch ist er überraschend. Nicht nur, daß diese sich um die Herkunft der Priester bis dahin keine Gedanken machten, vielmehr nennen sie mehrere prominente Beispiele von Personen, die trotz ihrer klar nichtlevitischen Abstammung priesterliche Funktionen wahrnehmen: Samuel (I Sam 1,1),[1543] David (II Sam 6), die Söhne Davids (II Sam 8,18)[1544] und Salomo (I Reg 3 u. ö.).[1545] Diese Differenz zwischen Pentateuch und dem bisherigen Bild der Vorderen Propheten zeigt die Notwendigkeit einer genaueren Verhältnisbestimmung von Tradition und Redaktion(en) in I Reg 12 an.

Daß der Text literarisch angewachsen ist, darf weithin als Konsens gelten,[1546] von Interesse soll hier jedoch v. a. die Verortung des V. 31 sein. Der Kernbestand der Erzählung vom Übergang der Königsherrschaft von Salomo auf Rehabeam und Jerobeam ist nach den Analysen von Alfred Jepsen in I Reg 11,40 – 43; 12,2.20a.25 – 30 zu suchen, alles andere sei spätere Auffüllung, insbesondere müsse man V. 31 einer Redaktion R[III] („levitische Redaktion") zuschreiben.[1547] Zumindest in der relativen Schichtung sind ihm andere darin weitgehend gefolgt,[1548] m. E. mit überzeugenden Argumenten. Innerhalb I Reg 12 gehören demnach die Vv. 31f. zu den jüngsten Zusätzen, welche die Sünden Jerobeams immer weiter steigern (vgl. das dreimalige ויעש in den Vv. 31f. im Anschluß an V. 28).[1549]

Fraglich ist hingegen die jeweilige zeitliche Verortung der einzelnen Schichten. So geht nach Jepsen die maßgebliche Gestalt der Königebücher[1550] auf einen

---

**1543** S. o. S. 338 f.

**1544** Dazu allerdings s. o. Anm. 1524.

**1545** Zu Königen in priesterlicher Funktion vgl. auch Cody 1969, 105 – 107. Die Vorstellung eines Herrschers, der auch priesterliche Funktionen wahrnimmt, ist im altorientalischen Kontext ganz natürlich und wird auch die vorexilische Realität in Israel spiegeln. Darum ist die exklusive Professionalisierung des Priestertums im Pentateuch und späteren Teilen der Hebräischen Bibel umso auffälliger, vgl. nicht zuletzt II Chr 26,16 – 21.

**1546** Vgl. Hölscher 1923, 181 – 183; Noth 1943, 72 ff.; Jepsen ²1956, 5 f.

**1547** Vgl. Jepsen ²1956, 5 f.102 ff.

**1548** Vgl. Würthwein ²1985, 150; Becker 2000; Kratz 2000a, 168 f., anders Noth 1968, 268 ff.

**1549** Vgl. Hölscher 1923, 183; Würthwein ²1985, 165; Kratz 2000a, 169 und (zumindest für V. 31b) Pakkala 2008, 103 – 111; anders Noth 1968, 285, aber weder kann mit Jdc 17 als Beleg für die Sitten und Bräuche in vorköniglicher Zeit argumentiert werden (s. o. Kapitel 6.2.1), noch mit dem „undeuteronomistischen" Charakter des Ausdruckes בני לוי. Auch Nelson 1991, 135 sieht in V. 31 Dtr am Werk und schlußfolgert daraus: „One opinion of Dtr is clear – all genuine priests must be from the tribe of Levi." Führt schon eine gründliche literarkritische Betrachtung in I Reg 12 zu einem anderen Ergebnis, so müßte man bei der Zuschreibung des Verses an einen Dtr auch deswegen skeptisch sein, weil die darin vertretene Position so singulär in den Samuelis- und Königebüchern ist. Dieses Problem wird von Nelson jedoch regelmäßig ausgeblendet, wenn er eisegetisch unterstellt, daß Dtr die genannten Priester wohl für Leviten gehalten hätte.

**1550** Korrekterweise müßte es mit Jepsen eigentlich singularisch „Königsbuch" heißen.

„nebiistischen Redaktor (R$^{II}$) – textlich weitgehend mit Noths Dtr gleichzusetzen – zurück, der immerhin noch spätexilisch zu datieren wäre;[1551] für die levitische Redaktion (R$^{III}$) „kommt wohl nur der Ausgang des 6. Jahrhunderts in Frage."[1552] Diese Zeitbestimmung ist insofern interessant, als Jepsen zuvor mehrfach die sachliche Nähe dieser Redaktion zur Chronik betont.[1553] Das Argument für die dann doch vergleichsweise hohe Datierung bezieht sich auf die Stellung der Leviten: Die sie betreffenden Texte „lassen sich wohl nur als Dokumente des Kampfes der Leviten um ihre Stellung verstehen. Nur Leviten haben ein Recht auf das Priestertum, andere nicht. Andererseits erscheinen die Leviten alle als gleichberechtigt. Die Unterscheidung von Priestern und Leviten wird also offenbar nicht anerkannt."[1554] Dieser letzte Punkt ist m. E. entscheidend zu korrigieren. In der Tat spricht der Text von Priestern als „Söhnen Levis" und nicht ausdrücklich von „Söhnen Aarons". Jedoch erscheint diese Unterscheidung erst in den späten Ergänzungen im Buch Numeri.[1555] Schon das setzt den möglichen *terminus ad quem* deutlich herab. Zum anderen aber läßt die Formulierung in I Reg 12,31 nicht den Schluß zu, daß keine Unterscheidung vorausgesetzt sei. Um eine solche sicher ausschließen zu können, ist die Bezeichnung „Söhne Levis" zu vieldeutig. Man kann vielmehr vermuten, daß die weitergefaßte Formulierung geradezu verwendet werden mußte, um die Sünde(n) Jerobeams noch deutlicher hervorzuheben und selbst jeden Anschein von Legitimität der (nord)israelitischen Priesterschaft zu vermeiden. Am fehlgeleiteten Kult in Bethel nahmen tatsächlich nur „selbstgemachte" Priester teil, darunter nicht einmal ein echter Levit.[1556]

---

1551 Vgl. Jepsen ²1956, 94.

1552 Jepsen ²1956, 104.

1553 Vgl. etwa Jepsen ²1956, 5.103.

1554 Jepsen ²1956, 103.

1555 S.o. S. 242ff.

1556 Völlig spekulativ Nurmela 1998, 31, die eingesetzten Priester könnten Nachfahren Abjatars gewesen sein. Eine nochmals andere Deutung vertritt van der Toorn 1996, 302ff. Er sieht in den Leviten die Träger der Exodustradition, die er im Norden verortet, und versteht daher die Leviten auch als Trägergruppe des Kultpersonals im Nordreich. Texte wie Ex 32 oder Jdc 17f., die dieser These scheinbar widersprechen, spiegeln Kämpfe zwischen verschiedenen Gruppierungen, etwa der Priesterschaft von Bethel, die sich auf Aaron zurückführe, und der Priesterschaft von Dan, die in Mose ihren Ahnherrn finde. „The only conclusion that fits the seemingly contradictory evidence is that the Levites constituted a faction of the religious personnel of the Israelite state cult. Indeed, the Deuteronomistic criticism of Jeroboam's choice of priests does not imply that he appointed no Levites at all, but that he appointed many who were not of Levite descent" (van der Toorn 1996, 305f.). So plausibel manche dieser Zuordnungen auf den ersten Blick vielleicht sein mögen, so bleibt es in der Zusammenschau doch wenig überzeugend, Jdc 17f. als Betheler Polemik am (Co-)Heiligtum von Dan, Ex 32 hingegen als Polemik aus Dan gegen die Betheler

Damit fällt auch das letzte Hindernis für eine Spätdatierung des Verses – und eine solche ergibt sich aus der relativen Chronologie, wenn man mit den neueren Analysen bereits das annalistische Grundgerüst nicht mehr vordeuteronomistischen Quellen zurechnet, sondern DtrH.[1557] Die genauere Verortung in der Spätzeit bleibt, wie immer, schwierig. Die Parallele in II Chr 11,13 ff.[1558] scheint I Reg 12,31 jedenfalls vorauszusetzen und baut sie kräftig aus: „Der Chronist ergänzt unsere Notiz dahin, dass alle Leviten aus Israel ausgewandert oder verjagt worden seien – eine Logik, die von ihrem Standpunkt aus ganz im Recht ist: was hätten diese Leute auch in Israel thun sollen?"[1559]

### 6.3.5 II Reg 23: Josia und die Leviten

In den Königebüchern sind die Auftritte der Leviten damit beendet. Es kommen zwar – abgesehen von Priestern des Baal (II Reg 10) und Priestern auf dem Gebiet des ehemaligen Nordreichs, die den im Sinne der Erzählung dort einsetzenden Synkretismus zumindest nicht verhindern (II Reg 17) – auch Jerusalemer JHWH-Priester vor, etwa im Zusammenhang mit der Tempelrenovierung durch Joasch (II Reg 12), aber deren genealogische Identität ist in den Königebüchern offenbar nicht von Bedeutung. Deutlich anders stellt sich die Gesamtsituation bekanntlich in der Chronik dar, die an zahlreichen Stellen ein Wirken der Leviten ergänzt bzw. sämtliche am Tempel tätige Gruppen zu Leviten erklärt. Dieses Phänomen zeigt sich besonders deutlich in den Erzählungen über die Könige Joschaphat, Joasch, Hiskija und Josia. Ein genauer Vergleich der Parallelüberlieferungen von Kön und Chr braucht an dieser Stelle nicht durchgeführt zu werden,[1560] denn bereits ein kurzer Blick genügt, um das systematische Interesse der Chronik und das nicht minder systematische Desinteresse der Samuelis- und Königebücher an den Leviten zu verdeutlichen. Hier sollen vielmehr die Auswirkungen dieses Negativbefundes für die Frage nach dem Verhältnis der Erzählung II Reg 23 zu Dtn 18 und damit nach den Leviten in einer „Josianischen Reform" bedacht werden.

Spätestens seit Julius Wellhausen wird die Schuld der Leviten nach Ez 44 darin gefunden, daß sie – sofern sie nicht in Jerusalem amtierten, also Zadoqiden wa-

---

Kollegen zu verstehen. Sobald man, im Unterschied zu van der Toorn, redaktionsgeschichtliche Fragen nicht mehr völlig außer Acht läßt, ist seinen Thesen gänzlich die Grundlage entzogen.

**1557** Vgl. Becker 2000 und Kratz 2000a; kritisch etwa Mommer 1994, der V. 31 einer dtr Redaktion zurechnet.

**1558** Vgl. auch II Chr 13,9 ff.

**1559** Benzinger 1899, 90.

**1560** Vgl. dazu den Ausblick unten Kapitel 8.2.

ren – die Priester der abgeschafften Höhenheiligtümer gewesen seien.[1561] Unter dieser Maßgabe müsse dann auch II Reg 23,8 f. gelesen werden, wobei aber II Reg 23,9 eine Abweichung vom deuteronomischen Gesetz notiere: „Die Söhne Sadoks ließen es sich wol gefallen, daß in ihrem Tempel alle Opfer sich vereinigten, aber daß sie ihr Erbe nun mit der Priesterschaft der Höhen teilen sollten, leuchtete ihnen nicht ein und es wurde nicht durchgesetzt (2. Reg. 23,9). Für diese Abweichung vom Gesetz findet Ezechiel einen moralischen Ausdruck, der indes die Tatsache nicht motivirt, sondern nur umschreibt."[1562] Grundlegend für Wellhausens These ist weiterhin, daß vor Ezechiel zwischen „Priester" und „Levit" kein Unterschied bestanden habe, erst Ezechiel diesen einführe, während er in der Priesterschrift bereits vorausgesetzt sei. Die Auswirkungen, die diese These nicht nur für das Verständnis von II Reg 23, sondern v. a. für die Verhältnisbestimmung von Deuteronomium, Ezechiel und Priesterschrift hatte, sind allgemein bekannt.[1563] An jener ist – ausgenommen Ezechiel – im Grundsatz auch nicht zu rütteln, jedoch sind doch mehrere Einzelinterpretationen zur (Literar-)Geschichte des Priestertums zu revidieren. Dazu sollen einige der Voraussetzungen Wellhausens einer kritischen Prüfung unterzogen werden:

– die Identität der dtn Landleviten mit den Höhenpriestern nach II Reg 23: Diese Identifikation, die sich schon aufgrund der terminologischen Verschiedenheit nicht eben einfach ergibt,[1564] resultiert bei Wellhausen wesentlich aus der vorgängigen Interpretation von Ez 44. Aber Ez 44 spezifiziert die Schuld der Leviten gerade nicht in Richtung eines Dienstes an den (illegitimen) Höhenheiligtümern. Der Vorwurf lautet vielmehr, daß die Leviten Götzendienst betrieben hätten.[1565]

– die Unterscheidung von Priestern und Leviten: Diese führt nicht erst Ezechiel ein, sie ist auf ihre Weise auch im Urdeuteronomium schon vorhanden.[1566] Und auch wenn (bislang) unklar bleiben muß, was die Leviten der Frühzeit bzw. der vorexilischen Zeit waren, ist die These einer ursprünglich generellen Gleichsetzung mit Priestern, welche erst nachträglich einer Differenzierung gewichen sei, ganz unsicher.[1567] Die Verwendung zweier Begriffe ist in der

---

**1561** Vgl. Wellhausen ⁶1927, 115 ff.
**1562** Wellhausen ⁶1927, 118.
**1563** Vgl. Wellhausen ⁶1927, 118 f.
**1564** Etwas zu einfach Rüterswörden 1987, 74; vgl. dagegen Dahmen 1996, 298.
**1565** Zur Problematik einer Verortung dieses Verweises auf die Geschichte Israels vgl. Rudnig 2000, 291–295.
**1566** S.o. S. 142 ff.
**1567** S.o. Kapitel 4.2 die Diskussion zu הלוי in Ex 4,14, aber v. a. die Einleitung S. 7. Sollte es eine regionale Verwendungsweise von לוי anstelle von כהן als „Priester" gegeben haben, so spiegelt

Regel nur dann nötig und erklärbar, wenn auch zwei unterscheidbare Dinge damit bezeichnet sind.

– das Alter von Ez 44: Wellhausen schreibt den Text dem Propheten Ezechiel zu und datiert ihn recht sicher in das Jahr 573 v. Chr.[1568] Diese Frühdatierung ist jedoch nicht plausibel. Angesichts der inzwischen weitgehend anerkannten Notwendigkeit zur literarkritischen Differenzierung innerhalb des ezechielischen Verfassungsentwurfes muß auf jeden Fall das Verhältnis von Ez 40 – 48 zur Priesterschrift anders bestimmt werden als noch bei Wellhausen. Für die Leviten thematik in Ez 44 ergibt sich dabei eine spätere, deutlich nachpriesterschriftliche Datierung.[1569] Auswirkungen hat dies aber auch für das Verständnis von II Reg 23. Selbst wenn in Ez 44 an die Leviten als ehemalige Höhenpriester gedacht sein sollte (aber siehe den ersten Punkt), darf diese Lesart nicht einfach in II Reg 23 hineinprojiziert werden.

– die zadoqidische Identität der Jerusalemer Priesterschaft: Diese ist, nicht nur für Wellhausen,[1570] historische Tatsache, aber sie steht auf mehr als wackligen Füßen. Weder deuten die biblischen Texte auf eine speziell zadoqidische Identität der (Jerusalemer) Priester noch überhaupt auf ein exklusiv vererbbares Priestertum in vorexilischer Zeit.[1571]

– die Historizität der Ereignisse in II Reg 23: Die Historizität einer Josianischen Reform gehört, auch wenn die Diskussion in den letzten Jahren ruhiger geworden ist, zu den umstrittensten Themen der Geschichte Israels. Selbst wenn man aber von der Historizität eines „begründeten Minimums" ausgeht,[1572]

---

das Dtn jedenfalls schon die Verbindung der zwei Begriffe und eine notwendigerweise daraus resultierende Verhältnisbestimmung beider.

**1568** Vgl. Wellhausen [6]1927, 116.

**1569** Vgl. Rudnig 2000, 364.

**1570** Vgl. Otto 2007 und die dortige Literatur.

**1571** Vgl. v. a. Bartlett 1968, der ansonsten in seinen historischen Annahmen durchaus sehr traditionelle Positionen vertritt, sowie Grabbe 2003 und Hunt 2006. Hunts Thesen sind jedoch mit eigenen Problemen behaftet, vgl. die bisweilen sehr scharfe Kritik von Otto 2007. Aber auch Ottos hermeneutischer Ansatz ist nicht unproblematisch, wenn er zum Fehlen von Belegen für Zadoqiden in vorexilischer Zeit meint, daß solche auch nicht zu erwarten seien, „wenn erst in exilischer Zeit mit der Infragestellung von Davididendynastie und Tempel als Legitimationen die Aaroniden mit einer neuen Legitimationsform sich konstituierten und von den Zadokiden abgrenzten. Erst jetzt wurde es notwendig, die eigene Identität als Priestergruppe zu schärfen in Abgrenzung von den Aaroniden." (Otto 2007, 273). Damit wird das Fehlen der Evidenz zirkelschlüssig geradezu zum Beweis der Existenz erhoben. Die wesentlichen Einwände gegen vorexilische Zadoqiden bei Bartlett bleiben jedenfalls bestehen, und auch Ottos Verweis auf Asarja, den Sohn Zadoqs in I Reg 4,2 (in LXX fehlt ein Äquivalent zu הכהן!) kann kaum die Beweislast tragen, vgl. auch dazu Bartlett 1968, 8f.

**1572** Vgl. Uehlinger 1995.

bestehen erhebliche Zweifel, ob die die Höhenpriester betreffenden Vv. 8 f.
und 20 Teil dieses Minimums sind.[1573] Wenn aber die entscheidenden Verse
auf redaktionellen Nachträgen beruhen, sind sie selbstverständlich nicht
mehr als historische Informationen über die Zeit Josias verwertbar.

Spätestens mit dem letzten Punkt sollte einer wechselseitigen Interpretation von
Dtn 18 und II Reg 23 der Boden entzogen sein. Eine Reihe anderer Probleme hatte
bereits Antonius Gunneweg aufgezeigt.[1574] Aus diesen scheint mir besonders
hervorzuheben zu sein, daß V. 9 ganz gewiß nicht eine „bedauerliche Abweichung" vom deuteronomischen Gesetz konstatiert.[1575] Festzuhalten ist weiterhin,
daß ein erheblicher Unterschied besteht zwischen der berichteten Zwangsver-
bringung der judäischen Höhenpriester nach Jerusalem einerseits und der deuteronomisch für die Leviten eröffneten Möglichkeit, (gelegentlich) am einzig legitimen Heiligtum Dienst zu tun, während sie ansonsten als Fremdlinge in den
Städten Israels wohnen. Nicht nur Dtn 18 sieht keine dauerhafte Umsiedlung aller
Leviten an das Kultzentrum vor, sondern auch Num 35, Jos 21 und Texte der
Chronik (etwa II Chr 11,13) rechnen ganz selbstverständlich mit außerhalb Jerusalems wohnenden (Priestern und) Leviten.[1576] Auch wenn das Konzept von Levitenstädten jünger sein wird als II Reg 23* und eine Idealkonstruktion bietet,
spiegelt es doch insofern die Realität, als daß auch in der Zeit des Zweiten Tempels
Priester und Leviten außerhalb Jerusalems wohnhaft sein konnten. Diese Realität
ist aber für II Reg 23 ohne jegliches Interesse, weil der Fokus der Erzählung
vielmehr auf der nachhaltigen Zentralisierung und gründlichen Reinigung des
Kultes durch Josia liegt – und sich um Leviten nicht kümmert.

---

**1573** Umstritten dürfte v. a. V. 8 sein, vgl. dazu Würthwein 1976 und in dessen Nachfolge Kratz 2000a, 173 gegen Levin 1984; Bultmann 1992, 48 – 52; Niehr 1995 u. a. Vgl. ansonsten die aus-führliche Diskussion bei Spieckermann 1982, 79 – 120.
**1574** Vgl. Gunneweg 1965, 118 – 126; dazu Würthwein 1976, 417; Dahmen 1996, 299 – 302 und Rudnig 2000, 291.
**1575** So aber Schaper 2000, 87 in Aufnahme einer Formulierung von Gunneweg.
**1576** Siehe jeweils zur Stelle. Bultmann versucht diesen Widerspruch zwischen Dtn 18 und II Reg 23 zu lösen, indem er V. 9 so versteht, „daß die Priester der במות nicht in Jerusalem blieben" (Bultmann 1992, 51). Diese Lesart hängt am Verständnis von אח, welches Bultmann nicht auf die „Amtsbrüder", sondern die „Dorfgenossen" beziehen möchte. Aber das ist, auch ohne Dtn 18,7 zum Vergleich heranzuziehen, doch ganz unwahrscheinlich. Und selbst wenn man Bultmann zugestehen muß, daß eine Deutung von בוא hif'il als „Ansässig-Machen" (V. 8) dem Wort ein wenig zu viel Bedeutung beimessen möchte, läßt sich die Annahme einer in V. 9 (implizit) berichteten Rückkehr der Höhenpriester in ihre Ortschaften – was wäre dann über-haupt der Sinn von Josias Aktion gewesen? – noch viel weniger wahrscheinlich machen.

Noch ein weiterer Punkt verdient hervorgehoben zu werden: Dtn 18 eröffnet Leviten aus *ganz Israel* den Weg zum Zentralheiligtum, Josia aber unterscheidet in seinen Aktionen. Nur die *judäischen* Höhenpriester werden nach Jerusalem umgesiedelt (Vv. 8 f.), die *samarischen* JHWH-Priester hingegen werden auf den dortigen Altären „geschlachtet" (V. 20). Mit ihnen springt Josia demnach sogar härter um als mit den [1577]כמרים (Vv. 5 f.).[1578] Auch wenn der samarische JHWH-Kult aus judäischer Perspektive als illegitim galt und somit Josias Vorgehen gerechtfertigt wird, unterscheidet sich dieser partikularjudäische Ansatz doch erheblich von der gesamtisraelitischen Perspektive des Deuteronomiums.

Fallen nun die Bemerkungen über die Höhenpriester in II Reg 23 als historische Nachrichten über eine Josianische Reform aus, entfällt damit – falls es dessen überhaupt noch bedurfte – auch ein weiterer Grund für eine Datierung von Dtn 18,1–8* bzw. des Urdeuteronomiums in die Zeit Josias. Daß das Urdeuteronomium nicht die Grundlage eines historischen Josianischen Reformprogramms gewesen sein kann, hat in m. E. nach wie vor gültiger Weise bereits Gustav Hölscher aufgewiesen.[1579] Das ließe noch immer eine Entstehung des Urdeuteronomiums in josianischer Zeit grundsätzlich zu. Aber an einer solchen Datierung ergeben sich dennoch Zweifel, weniger aufgrund der Frage nach einer josianischen Reform, sondern vielmehr wegen verschiedener Themen, Regelungen und Interessenlagen des Deuteronomiums, die vorexilisch schwerer denkbar sind.[1580] Auch unabhängig davon, wie man zur Frage der Datierung des Urdeuteronomiums steht, muß allerdings folgendes deutlich werden: Inwiefern sich eine – wie auch immer geartete – Josianische Reform um die Leviten kümmerte, kann aus II Reg 23 nicht erhoben werden, denn der Text gibt darüber keine Auskunft. Nach dem sonstigen Schweigen der Samuelis- und Königebücher zu den Leviten zu urteilen, ist es jedoch alles andere als wahrscheinlich, daß vordeuteronomisch ein größeres

---

1577 Zu diesen s. o. S. 7.
1578 Durchaus mit Recht betont Schaper 2000, 83 die Notwendigkeit, zwischen „heidnischen Priestern" und „jahwistischen Höhenpriestern" zu unterscheiden. Warum er sie dann doch als ein und dieselbe Gruppe behandelt (und überdies mit den Leviten aus Dtn 18,6–8 identifiziert), erschließt sich mir nicht (vgl. Schaper 2000, 84.89).
1579 Vgl. Hölscher 1922. Bei der verbreiteten Kritik an Hölschers Arbeit wird nahezu immer übersehen, daß dessen Datierung des Deuteronomiums, deren Begründung man durchaus kritisch betrachten kann, erst der zweite Schritt war. Der Nachweis des utopischen Charakters diente zunächst nur dazu, die Unwahrscheinlichkeit der Annahme, das Urdeuteronomium könne die Grundlage für ein tatsächlich von Josia durchgeführtes Reformprogramm gewesen sein, aufzuzeigen. Man macht es sich zu einfach, verwirft man mit Hölschers Begründung seiner Datierung zugleich auch diese historische Einsicht!
1580 Vgl. oben S. 104; sowie neben Hölscher 1922 v. a. Würthwein 1976 und Kratz 2000a, 136.

Interesse an den Leviten bestand, womit auch die Wahrscheinlichkeit, der historische Josia habe sich mit den Leviten befaßt, fällt.[1581]

Und doch ist hiermit noch nicht alles über das Verhältnis von Dtn 18 und II Reg 23 gesagt: Die Ironie im Zusammenspiel von Literar- und Forschungsgeschichte besteht m. E. darin, daß Dtn 18 – auch ohne daß man dies mit einer Josianischen Reform verbindet – tatsächlich von ehemaligen JHWH-Priestern auf dem Land reden *könnte*, so wie auch II Reg 23. Nur sind diese für Dtn 18 einfach durch die Kultzentralisation arbeitslos gewordene potentielle Priester, denen der Weg an das nun einzig legitime Zentralheiligtum offen stehen soll; für den viel jüngeren Autor bzw. Redaktor von II Reg 23 hingegen handelt es sich bei ihnen um potentiell Irrglauben stiftende Priester, die nach Jerusalem verbracht werden müssen, wo sie unter Aufsicht gestellt und ihnen kultische Rechte verwehrt werden. Somit mag der Autor von II Reg 23,9 – aus entsprechendem historischen Abstand heraus und ohne sich dessen bewußt zu sein – über dieselbe Personengruppe sprechen wie Dtn 18, aber er meint damit doch etwas gänzlich anderes.[1582]

## 6.4 Zusammenfassung

Wie bereits im Eingang des Kapitels angedeutet, umfassen die Levitenbelege in Jos – II Reg recht disparates Material. Dennoch soll hier eine systematisierende Erfassung des Materials gewagt werden. Fragen ergeben sich vor allem mit Blick auf das Verhältnis zum Pentateuch bzw. allgemein bei der Betrachtung der größeren literarischen Zusammenhänge.

Zum ersten Mal im hier besprochenen Textbereich werden Leviten im *Buch Josua* mit der aus dem Deuteronomium bekannten Formulierung „levitische Priester"[1583] erwähnt (Jos 3,3). Diese Attribuierung bei Erstnennung der Priester in Josua überhaupt soll vermutlich bei den folgenden Auftritten von Priestern in Jos 4 und 6 mitgehört werden. Der Vers gehört allerdings nicht zum deuteronomisti-

---

1581 Vgl. dagegen die Gliederung der Arbeit Gunnewegs, welche die Josianische Reform als Epochenscheide voraussetzt. Auch Zwickel 2010 spricht noch ganz klassisch Josia eine große Rolle bei der Entwicklung des Priestertums zu. Ganz eigene Vorstellungen zur Rolle der Leviten in der Josianischen Reform hat auch Leuchter 2007. Eine Auseinandersetzung mit seinen Thesen fällt schwer, nicht nur, weil er auf literarhistorische Differenzierungen nahezu völlig verzichtet, sondern auch, weil er mit historischen Voraussetzungen operiert, die bestenfalls als hochgradig unsicher bezeichnet werden können.

1582 Unter Berücksichtigung dieser Unterscheidung kommen nicht wenige Beobachtungen bei Spieckermann 1982, 96–98 wiederum zu ihrem Recht.

1583 Dazu s. o. S. 131.144 f.

schen Kern der Erzählung vom Jordandurchzug, sondern ist einer spätdeuteronomistischen Ergänzung zuzuschreiben, die etwa auf einer Linie mit spätdeuteronomistischen Fortschreibungen des Deuteronomiums wie Dtn 10,8 f. und Dtn 31,25 liegen dürfte. Auch Jos 8,33 scheint sachlich und sprachlich ganz ähnlich gelagert zu sein, dennoch handelt es sich dabei eher um einen sehr jungen, nachdeuteronomistischen und auch nachpriesterschriftlichen Einschub, dem v. a. an der Erfüllung des in Dtn 27 und 31 Gebotenen gelegen ist, was auch den scheinbar deuteronomistischen Sprachgebrauch („levitische Priester") hinreichend erklärt.

Ebenfalls deuteronomistischer Sprachgebrauch scheint in Jos 13 f. und 18 in Aufnahme der „Levitenregel" zur Landbesitzlosigkeit durch. Bei den drei Vorkommen der Regel[1584] sind jedoch charakteristische Unterschiede feststellbar, die auf Entwicklungen im Grundverständnis der darin vorkommenden Größen bzw. des gesamten Sachverhaltes verweisen. Darum sind die Verse keinesfalls alle in derselben Redaktionsschicht zu verorten. Als im eigentlichen Sinne (spät)deuteronomistisch können m. E. nur Jos 13,14 und 18,7 gelten, bei 14,3 f. handelt es sich dagegen um einen spätpriesterlichen Nachtrag, der Leviten im Unterschied zu 13,14 nur noch als den rangniederen Teil des Stammes Levi versteht. Die Tendenz zur Negierung levitischer Ansprüche findet sich weiterhin in Jos 21. Die Grundschicht des Kapitels kennt lediglich die Aussonderung von 48 Levitenstädten. Eine aaronidische Bearbeitung verteilt diese jedoch auf Aaroniden sowie Kehatiter, Gerschoniter und Merariter, wobei den Aaroniden nicht nur per Los der größte Anteil zukommt, sondern es sich dabei auch um die zentral gelegenen Städte handelt. Bemerkenswert in Josua ist neben den eigentlichen Levitentexten auch die Bedeutung des Priesters Eleasar, des Sohnes Aarons, der im Laufe der Redaktionsgeschichte des Buches zunehmend eine Führungsposition neben bzw. vor Josua einnimmt.

Das *Richterbuch* entwirft ein Bild Israels in der Zeit zwischen Landnahme und Begründung des Königtums. Priester spielen darin keine Rolle, und Leviten treten erst in den jungen Buchanhängen Jdc 17 f. und 19 f. auf. In der ersten der zwei Erzählungen fungiert ein Levit aus Juda als Priester in Michas Hausheiligtum, bevor die Daniten ihn nach Lajisch/Dan „entführen", wo er die dortige Priesterschaft bis zum Exil begründet (Jdc 17 f.). Dabei bringt der Levit weder Micha noch den Daniten Glück und erweist sich insgesamt als wenig sympathische Figur, die mittels der von Micha selbstgemachten Götzenbilder einen mehr als fragwürdigen JHWH-Dienst vollzieht. In biblischer Perspektive ist das allenfalls eine böse Ka-

---

**1584** Nicht eingerechnet ist die in LXX fehlende, minimal variierte Doppelung von Jos 13,14 in 13,33.

rikatur von Priestertum. Mit einiger Wahrscheinlichkeit beruht das Vorkommen des Leviten in Jdc 17 f. auf einer Überarbeitung der Geschichte, was die anti-levitische Tendenz, die der Erzählung jedoch auch bei synchroner Lesart eignet, nur umso deutlicher hervortreten läßt. Nicht besser steht es um den Leviten in Jdc 19 f. Er tritt zwar nicht als anmaßenderweise mit dem Kult befaßter Mensch in Erscheinung,[1585] aber er lebt zumindest in zweifelhaften Verhältnissen mit seiner Nebenfrau. Teilnahmslos läßt er in der Fremde ihre Massenvergewaltigung mit Todesfolge geschehen und zerstückelt schließlich ihren Leichnam. Wer derlei Schauermärchen erzählt, ist an den historischen Leviten nicht interessiert, und schon gar nicht an einem positiven Levitenbild. Er zeigt nur, was man seiner Meinung nach von Leviten zu halten hat. Beide Texte im Richterbuch sind damit Teil einer heftigen Polemik gegen die Leviten in spätnachexilischer Zeit. Und auch wenn es in ihnen nur zum Teil um Fragen des Kultes geht, darf man – angesichts der sonstigen bisherigen Beobachtungen – dennoch genau auf diesem Feld die Ursachen und die Urheber der Polemik suchen.

Die *Bücher I Sam – II Reg* zeichnen sich durch ein weitgehendes Schweigen zu den Leviten aus. Erst in den jeweils jungen Nachträgen I Sam 6,15; II Sam 15,24 und I Reg 8,4 treten Leviten als Träger der Lade in Erscheinung. Somit weisen diese Zusätze sachlich in Richtung der Chronik, die das Kultpersonal überall dort, wo die Tora es zu erfordern scheint (und auch darüber hinaus), auch anwesend sein läßt. Die Tendenz dazu ist jedoch bereits in den hier behandelten Ergänzungen zu erkennen.[1586] Die genannten Verse sind insofern mit der Alternative zwischen pro- bzw. anti-levitisch nicht angemessen zu erfassen, es handelt sich vielmehr um schriftgelehrte Ausgleichsbemühungen innerhalb der Vorderen Propheten. Ähnliches gilt auch für I Reg 12,31. Dieser Vers ist als eine Ergänzung im Grundbestand von I Reg 12 anzusehen, der die aufgezählten Sünden Jerobeams weiter steigern soll. Dessen selbstgemachter Kult wird von Priestern ausgeführt, die nicht von den Söhnen Levis stammen. Man möchte meinen, daß dies für einen ohnehin illegi-

---

**1585** In kanonischer Perspektive ist Pinchas, der Enkel Aarons, in Bethel (Jdc 20,28) *der* Priester der Zeit, aber dabei handelt es sich nicht nur um einen Anachronismus, sondern auch um eine junge Glosse, vgl. Thon 2006, 95–98 zum literarisch-systematisierenden Interesse des Zusatzes; sowie Porzig 2009, 100–103. In der ursprünglichen und ja bereits jungen Erzählung befragen die Israeliten Gott noch ganz ohne Vermittlung durch einen Priester. Wie Thon richtig bemerkt, fällt damit auch eine der textlichen Grundlagen für die beliebte Assoziierung der Aaroniden mit Bethel. Zu den Stierbildern von Ex 32 s.o. Kapitel 4.4.
**1586** Vgl. dagegen Spencer 1995, 394 „The tenor of the material on the Levites in Samuel and Kings is that they are (or can be) priests and that they are often associated with the ark of YHWH. This is consistent with the perspective which one finds throughout the Deuteronomistic History." Angesichts der spärlichen und späten Belege kann man weder von „tenor" sprechen, noch davon, daß sich diese Perspektive „throughout the Deuteronomistic History" finde.

timen Kult keine Rolle spielte, denn es würde wohl nichts besser machen, wenn zu allem Übel auch noch der Herkunft nach rechtmäßige Priester das Treiben Jerobeams stützen würden. Jedoch scheint dieser logische Kurzschluß dem Ergänzer keine Probleme bereitet zu haben, sondern vielmehr selbst diese Möglichkeit zur Diskreditierung Jerobeams ganz recht gewesen zu sein, woraus sich v. a. schließen läßt, daß die genealogisch gesehen levitische Identität des Kultpersonals für den Ergänzer eine grundsätzliche Richtigkeit beschreibt. Gültig ist diese im Urdeuteronomium, aber auch in den nachfolgenden deuteronomistischen Redaktionen desselben und ebenso in den priesterlichen Texten, weswegen sie für den Streit zwischen (aaronidischen) Priestern und Leviten nicht aussagekräftig ist.[1587] Auffällig ist der Vers dennoch, und zwar im Kontext der Samuelis- und Königebücher. Diese sind an der genealogischen Identität des Kultpersonals sonst nicht interessiert und erwähnen vielmehr an anderen Stellen ganz unkritisch Abweichungen vom (deuteronomischen) Grundgedanken der Levitizität des Priestertums. Folglich wird man annehmen müssen, daß I Sam – II Reg weithin vordeuteronomische Vorstellungen und Zustände darstellen.[1588]

Daraus ergibt sich nicht nur eine nochmalige Hervorhebung der Besonderheit des Levitenbildes im Deuteronomium, sondern schließlich auch die Frage, warum die Samuel- und Königebücher, die sonst entscheidend von der deuteronomisch-deuteronomistischen Perspektive überformt sind, in diesem wesentlichen Punkt im Grunde keinerlei Prägung durch das (deuteronomistische) Deuteronomium aufweisen.[1589] Dieses Problem wird m. E. bei der Frage nach einem „Deuteronomistischen Geschichtswerk" bisher noch zu wenig bedacht.[1590] Eine naheliegende Annahme ist es, davon auszugehen, daß jedenfalls die spätdeuteronomistischen

---

[1587] Gegen Jepsen ²1956, 102–105 scheint mir darum die Rede von einer „levitischen Redaktion" nicht passend zu sein.

[1588] Unkritische Rückprojektionen nachexilischer (idealisierender) Beschreibungen der Verhältnisse in die vorexilische Zeit (vgl. etwa Laato 1994) sind daher nicht nur methodisch problematisch, sondern führen historisch ganz augenscheinlich in die Irre.

[1589] Einen Erklärungsversuch deutet Zwickel 2010, 424 an: „Here [scil. in den Königebüchern] the priests of the temple of Jerusalem automatically are the legitimate priests, who need not be distinguished from their colleagues at other, now defiled sanctuaries." Das setzt seine vorhergehende Bemerkung, „[t]he priests of Jerusalem received a new name that distinguished them from other priests: they were now called Levitic priests", voraus. Man fragt sich jedoch, was der Grund für diese „Namengebung" sein soll, womit man dann doch bei den ungeklärten konzeptionellen Differenzen landet.

[1590] Vgl. etwa Nelson 1991, bes. 134 Anm. 8. Ganz abwegig im Lichte der obigen Beobachtungen ist die These von Geoghegan 2010, der den „Deuteronomistic Historian" in Kreisen levitischer Priesterschaft verortet. In noch einmal simplifizierter Weise hat Leuchter 2011, 225 Anm. 40 die These aufgenommen.

Redaktionen im Deuteronomium, die das Levitenthema forcieren, keine allzu-
große Strahlkraft mehr auf die Vorderen Propheten ausgeübt hätten bzw. jene
nicht mehr *systematisch* im Sinne dieser Redaktionen überarbeitet wurden.[1591]
Umgekehrt zeigen sich aber an markanten Stellen Einflüsse spätpriesterlichen
Gedankengutes in Jos und Ri, die entweder als überformende Korrektur von
deuteronomistischem Gedankengut verstanden werden können[1592] oder gar als
direkte Polemik gegen ein solches. In I Sam – II Reg hingegen fehlen selbst solche
Überarbeitungen weitgehend – wogegen hätte bei dem nahezu kompletten Aus-
bleiben der spätdeuteronomistischen Levitenthematik auch polemisiert werden
sollen?

Dieser Erklärungsansatz scheint mir nicht unwahrscheinlich, aber er ist zugleich eine grundsätzliche Anfrage an das Konzept eines „Deuteronomistischen
Geschichtswerkes", dessen Existenz aus ganz anderen und gewichtigeren Gründen ohnehin bestritten werden kann.[1593] Aber auch ganz jenseits der Diskussion
um den literarischen Großkontext wird die Frage des Deuteronomismus zwischen
Dtn und II Reg zu präzisieren sein. Das aber übersteigt bei Weitem den Horizont
dieser Arbeit, in der nun ein Blick auf die Leviten bei den Propheten folgt.

---

**1591** Ähnlich ansonsten Achenbach 2004b, 128, der von einer postdeuteronomistischen „Levitisierung" des Priestertums im Rahmen einer Hexateuchredaktion ausgeht. Aber das wird dem
Befund im Deuteronomium nur teilweise gerecht, denn dieses rechnet ja von Beginn an mit
levitischen Priestern, vgl. dazu oben S. 59 f.96.f.128.142 ff. Hier bleibt ein wesentlicher Unterschied zur Position Achenbachs.
**1592** In Jos 18,7 etwa lassen sich ja zumindest noch Spuren der spätdeuteronomistischen Position finden.
**1593** Vgl. v. a. Kratz 2000a.

# 7 Die Leviten und Levi bei den Propheten

Ebenso wie die Vorderen Propheten bieten auch die Schriftpropheten kein einheitliches Levitenbild, sondern versammeln recht unterschiedliche Vorstellungen. Von Bedeutung sind hier vor allem der sogenannte „Verfassungsentwurf" des Ezechiel, dessen Stellung zu den Leviten bekanntlich forschungsgeschichtlich von nicht zu überschätzender Bedeutung ist, und die Ausführungen bei Maleachi, die einen ganz eigenständigen und v. a. für die Entwicklung der Figur Levis aufschlußreichen Beitrag zum Thema liefern. Aber auch die vereinzelten Belege bei Jesaja, Jeremia und Sacharja bieten interessante Hinweise für die späte Geschichte der Leviten, wenngleich diese Texte oft von Voraussetzungen leben, deren Hintergründe sich nur noch erahnen lassen, da uns die den antiken Rezipienten selbstverständlichen Kontexte fehlen.

## 7.1 Jesaja

Das Buch Jesaja verwendet den Begriff „Leviten" in einem seiner letzten Verse. In den 65 Kapiteln zuvor ist bereits gelegentlich von Priestern die Rede. Der Ich-Bericht des Jesaja in Kapitel 8 nennt den Priester Urija (V. 2),[1594] die historischen Anhänge zu Protojesaja erwähnen neben dem Hausmeier Eljakim und dem Schreiber Schebna auch die Ältesten der Priester (37,2 ∥ II Reg 19,2). Jes 24,2 kennt Priester als Gegenbegriff zu Volk (עם) im Sinne von „die Laien", in der Schilderung Jes 28,7 stehen Priester und Prophet als Angeklagte in Parallele. An keiner der Stellen ist erkennbar von einer „levitischen Identität" der Priester die Rede, wenngleich man dies vermutlich auch nicht zwingend erwarten darf, insofern jeweils der funktionale Aspekt im Vordergrund steht.

Nach Jes 61,6[1595] wird man die Adressaten der Rede Jesajas künftig „Priester JHWHs" (כהני יהוה) und „Diener unseres Gottes" (משרתי אלהינו) nennen.[1596] Insofern

---

**1594** Der Terminus כהן hat allerdings keine Entsprechung in LXX. Dieser Befund ist vor dem Hintergrund eines ansonsten feststellbaren besonderen Interesses der Jes-LXX am Priestertum auffällig, vgl. dazu die Beobachtungen bei van der Kooij 2012 und die dort genannte Literatur.
**1595** Die Vv. 5f. könnten ein Zusatz im Kontext sein, so etwa Volz 1932, 254; vgl. dagegen Tiemeyer 2006, 69f.
**1596** Dazu scheint Jes 61,10 noch das denominative Verb כהן *pi'el* zu kennen, aber die Lesung ist unsicher (vgl. LXX περιτίθημι) und man müßte eine singuläre Bedeutung annehmen, vgl. die Wörterbücher s.v. כהן.

hier eine Entgrenzung des Priesterbegriffes intendiert ist,[1597] wäre ein Leviten-bezug geradezu kontraproduktiv für den Gehalt Aussage.

Der erste und einzige Levitenbeleg folgt schließlich in Jesaja 66,21 und ist mit einer textkritischen Unsicherheit verbunden. Das asyndetische Nacheinander von לכהנים und ללוים in Codex Leningradensis und einigen weiteren Handschriften ist grammatisch schwierig. Daß zahlreiche hebräische Handschriften sowie Syro-hexapla, Peschitta und Septuaginta die Konjunktion ו voraussetzen, könnte zwar als Glättung angesehen werden, aber das schließt keineswegs aus, daß sie *in der Sache* damit den originaleren Text bieten. Denn selbst wenn eine *sprachliche* Glättung vorliegen sollte, führte das doch zu keiner anderen Annahme als jener, daß Codex Leningradensis et al. asyndetisch formuliert hätten. Sämtliche text-kritische Überlegungen führen jedenfalls darauf, hier die Rede von Priestern und Leviten als zwei voneinander zu unterscheidenden Gruppen zu sehen; eine Konjektur zu „levitische Priester"[1598] hat den handschriftlichen Befund gegen sich.

Ebenso sprechen sachliche Überlegungen gegen eine solche Konjektur.[1599] Die Formel „levitische Priester" findet sich in den bisher diskutierten Belegen ent-weder als Identitätsmarker im deuteronomischen Bereich[1600] oder aber in späteren Texten, wenn deuteronomistische Formulierungen des Kontextes oder der je-weiligen Vorlagen aufgenommen werden.[1601] Ansonsten kennen die Texte der Spätzeit – und zu diesen ist Jes 66,21 ohne Zweifel zu rechnen – nur Priester *und* Leviten.[1602] Zu guter Letzt wäre zu fragen, was die Rede von „levitischer Prie-sterschaft" im Kontext besagen sollte. Das umstürzende Element der endzeitlichen Vision Jesajas besteht ja gerade in der kontrastiven Abkehr von gewohnten Vor-stellungen durch die Aufnahme sogar der Völker in die künftige Priesterschaft.[1603]

---

**1597** Vgl. aber wiederum den griechischen Text. Nach Spans 2012 weise Jes 61LXX eine „ver-nehmbare Tendenz, kultische und kultkritische Aussagen des Prätextes zu überformen" (Spans 2012, 61) auf und gehe wohl auf einen priesterlichen Übersetzer zurück. Vgl. dazu auch obigen Hinweis auf van der Kooij 2012.
**1598** Vgl. BHS zur Stelle.
**1599** Ungenau hier bzw. ohne Beachtung des zugrundeliegenden Problems Tiemeyer 2006, 281 f.
**1600** S.o. S. 142 f.
**1601** Vgl. oben die Analysen zu Dtn 17,18; 24,8 und Jos (3,3;) 8,33, sowie i.f. zu Jer 33,18.21 und Ez 43,19; 44,15.
**1602** Zum textkritischen Problem in II Chr 5,5 s.o. S. 343. K. Schmid 1996, 59 Anm. 34 listet noch weitere Beispiele der Spätzeit, aber auch in I Chr 9,2; Esr 10,5 und Neh 10,29.35 liegen asyn-detische Reihungen vor; II Chr 23,18 MT ist nach LXX zu korrigieren; Neh 11,20 und II Chr 30,27 sind textkritisch zumindest problematisch.
**1603** Vgl. Tiemeyer 2006, 281 f. zur Diskussion, auf welche Größe מהם zu beziehen sei, sowie 282–286 zum konzeptionellen Vergleich mit Jes 61,6 und 56,1–8.

Wenn der Merismus „Priester (und) Leviten" in Jes 66,21 also schlicht die Gesamtheit des Tempelpersonals bezeichnet, fehlt ihm natürlich die etwa den spätpriester(schrift)lichen Texten innewohnende anti-levitische Polemik, und statt dessen wird die Formulierung mit der gleichen Selbstverständlichkeit wie in Esr-Neh und Chr gebraucht. Es geht Jes 66 ja vielmehr um einen eschatologischen Gegenentwurf zu dieser bereits als selbstverständlich vorausgesetzten Konzeption. Insofern dürfte der Text nicht nur am Ende des Jesajabuches stehen, sondern auch am Ende einer langen Entwicklungslinie der Diskussion um die Identität des altisraelitischen bzw. judäischen Priestertums, zu der Jes 66 sich kontrastierend positioniert.

## 7.2 Jeremia

Anders als im Jesajabuch spielen Priester im Jeremiabuch durchaus eine gewisse Rolle. Nicht nur gilt Jeremia selbst als Priester, sondern auch seine Prophetien sind zum Teil gegen die Priesterschaft gerichtet, aus der auch die entsprechenden Gegenspieler Jeremias in den „historischen Texten" stammen.[1604] Von Leviten bzw. levitischer Herkunft der Priesterschaft ist dabei nirgends die Rede.[1605] Lediglich in Jer 33,14–26 MT taucht der Begriff לוים dreimal auf.

Die sich *in nuce* auch an Jer 33,14–26 zeigenden textgeschichtlichen Probleme des Jeremiabuches – der Abschnitt gehört zum masoretischen Sondergut – können hier nur angerissen werden.[1606] Da ein Grund für das Fehlen der betreffenden Verse in den nichthexaplarischen LXX-Handschriften nicht wahrscheinlich zu machen ist,[1607] sollte der Text zu den Fortschreibungen des masoretischen Textes nach der Gabelung von hebräischer und griechischer Textüberlieferung gerechnet werden. Allerdings läßt sich die Entstehung des protomasoretischen Textes kaum auf *eine* umstellende und bearbeitende Redaktion zurückführen; vielmehr ist auch hier mit einem gestuften Entwicklungsprozeß zu rechnen, innerhalb dessen Jer 33,14–26 kaum zu

---

**1604** Zum Standpunkt des masoretischen Jeremia-Textes zu den Priestern, speziell zu den MT-Überschüssen in 1,18 und 8,10–12 vgl. Stipp 1994, 135.
**1605** Einzige Ausnahme ist der Zusatz „Söhne Levis" in 38,14LXX (vgl. 31,14 MT), aus dem sich jedoch nichts entnehmen läßt. Die Diskussion bei Cook 2011, welcher das deuteronomisch-deuteronomistische Konzept levitischer Priesterschaft auch für Jeremia – das Buch und die historische Gestalt! – annimmt, beruht daher auf nicht unproblematischen Voraussetzungen. Teilt man diese nicht, fällt die Argumentation bereits zu Beginn in sich zusammen.
**1606** Vgl. zu diesem Abschnitt die bei Lange 2012 angeführte Literatur.
**1607** Vgl. u. a. Janzen 1973, 122f. und v. a. Lust 1991, 100f. in Präzisierung bzw. Korrektur einiger Argumente Janzens; anders Lundbom 2004, 538f.

den ältesten Stücken gehört.[1608] So weist der Abschnitt ein dichtes Netz intertextueller Bezüge auf[1609] und verarbeitet Texte, die z.T. ebenfalls masoretisches Sondergut umfassen.[1610] Insgesamt sprechen m.E. hinreichende Gründe für eine recht junge Datierung der Passage.[1611]

Ist der Text also bereits in seinem Grundbestand in sehr junger Zeit anzusetzen, gilt das umso mehr für die Erwähnungen der לוים, denn diese stammen von einer späteren Hand. Am nachhaltigsten hat sich Timo Veijola für literarkritische Differenzierungen ausgesprochen, wonach die Levitenpassagen in den Vv. 18.21b.22bβ als Ergänzungen zu betrachten wären.[1612] Die Argumente dafür überzeugen jedoch nur zum Teil, weil sie im Grunde von einer gewissen Unsinnigkeit des jetzigen Textes ausgehen und den Sinn der Zusätze nicht plausibilisieren.[1613] Richtig ist, daß V. 26 nur auf das Davidenthema deutlich zurückgreift, die Schlußpassage auf das Levitenthema jedoch allenfalls vage anspielt: mit den „zwei Familien" in V. 24a (vgl. aber V. 24b) sowie dem merkwürdigen und mit

---

**1608** Gegen Lange 2012, 99f. vgl. etwa Stipp 1994, 136. Da Lange andererseits Beobachtungen Stipps in der Formulierung, „that 33:14–26 uses untypical rhetoric for protoMT-Jer" (Lange 2012, 102), aufnehmen möchte, ist er zu der Annahme gezwungen, der Überschuß in MT würde auf einen – nicht erhaltenen und nicht mehr rekonstruierbaren – „source text" zurückgreifen. Die Einführung einer solchen schwer zu plausibilisierenden Größe ist eine unnötige Zusatzannahme. Gerade im Lichte der Qumranfunde bleibt der beharrliche Widerstand gegen die insgesamt leichtere Annahme auch kleinräumiger Fortschreibungstätigkeit ohnehin unverständlich.
**1609** Zu diesen vgl. Bogaert 1991.
**1610** Vgl. v.a. die Referenz auf Jer 29,14 MT in 33,26.
**1611** Für die hasmonäische Zeit plädiert schon Duhm 1901, 274; so auch Levin 1985, 256 (2. Jahrhundert: „Wir wissen, daß es damals für das Wiederaufkeimen der Davidhoffnung auch einen äußeren Anlaß gegeben hat."); Schenker 1994 und Piovanelli 1997 (dessen Spezialthesen zur Vorstellung einer „idéologie lévitique" und zur sehr genauen Verortung des protomasoretischen Textes allerdings mit Vorsicht zu betrachten sind); zurückhaltender (frühes 3. Jahrhundert bzw. 1. Hälfte desselben) und mit Zusammenstellung weiterer Forschungspositionen Lust 1994 und K. Schmid 1996, 60f.322ff. sowie 2011, 218. Lange 2012, 98ff. datiert den protomasoretischen Jeremiatext in das späte 4. oder frühe 3. Jahrhundert, schließt aber, anders als Schmid, zugleich weitere Redaktionstätigkeit aus. Ganz nüchtern muß man freilich festhalten, daß die Handschrift 4Q70/4QJer[a] angesichts ihres hohen Alters (um 200 v.Chr.) zwar ein eminent wichtiger Zeuge für die Textgeschichte ist, aber die fragliche Partie in Jer 33 nicht zum erhaltenen Bestand gehört. Damit kann 4QJer[a] nicht als schlüssiges Argument gegen eine womöglich spätere Datierung von Jer 33,14–26 eingewandt werden (vgl. dagegen Lange 2009, 314f.). Ganz eigen Leuchter 2008, 72–81.
**1612** Vgl. Veijola 1982, 84f.; gefolgt von Levin 1985, 256; Lust 1991 und K. Schmid 1996, 59.
**1613** Vgl. etwa Veijola 1982, 85: „Besonders frappierend ist das [...] in V. 22, wo der heutige Wortlaut die groteske Vorstellung erzeugt, dass Gott die Leviten so zahlreich machen werde ,wie das Heer des Himmels' und ,den Sand am Ufer des Meeres'."

V. 26aβ in Spannung stehenden Parallelismus „Jakob und David" in V. 26aα.[1614] Dieser Beobachtung trägt die Annahme, die Erwähnung der levitischen Priester/ Leviten sei jünger als die Vv. 23 – 26, durchaus in konsequenter Weise Rechnung.[1615] Aber dann fiele umso mehr die rhetorische Doppelung zwischen den Vv. 19 – 22* und 23 – 26 auf, in denen jeweils mittels des Verweises auf den Bund JHWHs mit Tag und Nacht eine Verheißung an die Davidsdynastie begründet wird, wobei beide Texte sachlich durchaus unterschiedliche Akzente setzen. Konsequenterweise muß darum m. E. das ganze JHWH-Wort der Vv. 19 – 22 einschließlich der Leviten als spätere Interpretation der Vv. 23 – 26 betrachtet werden.[1616]

Hieraus ergibt sich auch ein Hinweis darauf, daß gleichermaßen V. 18 an die erste Einheit Vv. 14 – 16(.17?) nachträglich angehängt wurde. Jene thematisieren eine Verheißung an Juda *und* Israel, wobei Juda durch die Erwähnung des Davidssprosses der Vorrang zukommt. Aufschlußreich ist dabei der Gebrauch von „Israel". In der Vorlage Jer 23,5 f. stehen Juda und Israel in einem synonymen Parallelismus, der in Jer 33,16 jedoch durch das Paar Juda und Jerusalem ersetzt ist.[1617] In V. 14 dagegen finden sich Israel und Juda in einer gegenüber der Vorlage 23,5 zugesetzten Formulierung, die nicht als Parallelismus aufgefaßt werden kann. Es scheint, daß das Nebeneinander dieser beiden politischen Größen in den Vv. 17 f. auf Davididen und levitische Priesterschaft gedeutet wird, aber dies kann schwerlich die ursprüngliche Intention der Vv. 14 – 16 gewesen sein, besonders wenn David beständige Nachkommenschaft auf dem „Thron Israels" zugesprochen wird (V. 17). Insofern dürfte in V. 18 eine sekundäre Interpretation vorliegen.[1618]

Der Grundstock des masoretischen Sondergutes in Jer 33 bestünde demnach in den Vv. 14 – 16.(17.)23 – 26. Der erste Abschnitt ist eine eng an Jer 23,5 f. angelehnte Reformulierung dieser Vorlage,[1619] der zweite Abschnitt enthält mit Schwursatz und dem Thema der Heimholung der Diaspora immerhin Anklänge an Jer 23,7 f., auch wenn die Bezüge zu Jer 31,35 – 37 weitaus stärker sind. Gelesen im Lichte von Jer 33,14 – 16(.17) bezieht sich V. 24 mit seinen „zwei Familien" zunächst auf Juda und Israel,[1620] und auch „Jakob" in V. 26 könnte dann als Chiffre für

---

1614 Entsprechend schlägt Duhm 1901, 277 die Streichung von יעקוב זרע ו vor, aber das ist trotz aller Schwierigkeit nicht nötig, siehe i.f.
1615 Vgl. auch K. Schmid 1996, 59.
1616 Anders K. Schmid 1996, 59, der hierin einen Parallelismus sieht.
1617 So Codex Sinaiticus bereits in Jer 23,6.
1618 Bezüglich V. 17 bleibe ich unsicher. V. 18 scheint darüber hinaus auch I Sam 2,27 – 36 aufzunehmen, vgl. Lust 1991, 105.
1619 Zum ausführlichen Vergleich von Jer 23,5 f. und 33,14 ff. vgl. K. Schmid 1996, 62 f. und 2011.
1620 Vgl. auch Lust 1991, 109 – 111 und McKane 1996, 863.

„Israel" verstanden werden, wobei durch den Parallelismus der Same Jakobs und Davids schließlich miteinander identifiziert werden.[1621] So besteht die Verheißung letztlich in der Restituierung des gesamten Gottesvolkes, d. h. der Heimholung der Diaspora und der Aufhebung jeglicher Spaltung. Die Herrschaft über Juda *und* Israel wird, ganz im Lichte des deuteronomistischen Geschichtsbildes, wonach einst das Nordreich von Juda und den Davididen abgefallen sei, letzteren zugesprochen. Angesichts der späten, vielleicht sogar hasmonäischen, Abfassungszeit des Textes ist man versucht, bei „Israel" an die (proto)samaritanische Gemeinde zu denken, aber das muß Spekulation bleiben.[1622]

Sicherer ist die Beobachtung, daß die Ergänzungen Vv. (17?)18.19 – 22 das Verständnis der Grundschicht überlagern und die Doppelung zweier begrifflicher Größen in den Vv. 14.24 auf Davididen und Priester beziehen.[1623] Diese Interpretation ist durch Erwählungsaussagen für beide Personengruppen in den biblischen Texten vorbereitet.[1624] Während die Vv. 17 f. und 21 jeweils Dauerhaftigkeit der Thronfolge bzw. des JHWH-Dienstes[1625] zusichern, verspricht V. 22 unter Aufnahme der Väterverheißungen zahlreiche Nachkommenschaft.[1626] Man wüßte freilich gern mehr über den Hintergrund der Einfügung. Ist aber schon die Datierung des masoretischen Textüberschusses im Grundbestand sowie dessen historische Verortung hochgradig unsicher, so wird man bei dem Versuch einer genaueren Einordnung der Fortschreibung desselben vollends den Bereich der Spekulation betreten,[1627] weswegen alle weiteren Überlegungen hier abgebrochen werden müssen.

Festzuhalten bleibt, daß der Text zu den absoluten Spätlingen im Jeremiabuch und wohl auch sonst in der Hebräischen Bibel gehört. Datiert man seine Endfassung ins späte 3. oder gar 2. Jahrhundert, kann man ihn jedenfalls kaum noch

---

1621 Vgl. Veijola 1982, 164.

1622 Lust 1994, 43 f. dagegen zieht, ähnlich wie in Sach 12, einen Konflikt zwischen Jerusalem und dem ländlichen Juda in Erwägung und weist dafür auch auf die Parallelisierung von Israel und Juda (V. 14) mit Juda und Jerusalem (V. 16) hin.

1623 Das ist bewußte Interpretation, nicht einfach „Misverständnis" (sic!), wie noch Wellhausen [6]1927, 134 Anm. 1 meint.

1624 Vgl. etwa Num 17,20; Dtn 10,9; 18,5 oder II Sam 6,21; 16,18 (doppelsinnig!); I Reg 11,34 u. ö.

1625 In V. 21 muß משרתי parallel zu מהית als Präposition מן plus Infinitiv (mit Suffix) vokalisiert werden. Die masoretische Vokalisation dürfte irrtümlich von V. 22 beeinflußt sein. Zur grammatischen Konstruktion dort vgl. Joüon/Muraoka 2006, 385 Anm. 2 (§121k) und 441 f. (§129 m).

1626 Vgl. Veijola 1982, 164.

1627 So sieht etwa Lange Jer 33,14 – 26 und auch das Aramäische Levi-Dokument als Zeugen eines möglichen „larger levitical antipriestly movement" (Lange 2012, 116). Dergleichen läßt sich dem ALD nicht entnehmen, aber auch der argumentative Boden in Jer 33 ist bestenfalls schwankend, siehe i.f.

mit den bisher beobachteten, sich in Texten wie Num 16 f. oder Dtn 10,6 f. spiegelnden Auseinandersetzungen zwischen Priestern und Leviten zusammenbringen. Und selbst wenn man ähnliche Streitigkeiten auch noch in späterer Zeit ansiedeln mag, läßt sich aus Jer 33 nichts dergleichen entnehmen, da dieser Text
a) vielmehr am Dualismus von Davididen und levitischen Priestern/Leviten interessiert ist.[1628]
b) die Begriffe „Priester" und „Leviten" in unspezifischer oder zumindest undurchschaubarer Weise benutzt.

In der Diskussion wird oft etwas vorschnell von der Formulierung „levitische Priester" in V. 18 auch auf die Vv. 21 und 22 geschlossen.[1629] Der erste der beiden letztgenannten Verse liest jedoch לוים כהנים, der zweite nur לוים. Will man nicht auf Glossierungen oder irrtümlichen Umstellungen zur Erklärung des Befundes zurückgreifen, so kann man nur den ungenauen Sprachgebrauch eines späten Ergänzers konstatieren. Auf einer so unsicheren Basis sollte man keine weitreichenden Theorien aufbauen, eine besondere Betonung des Gedankens „levitischer Priesterschaft" oder gar eine Bevorzugung der Leviten gegenüber den Priestern kann ich in Jer 33,14 – 26 MT jedenfalls nicht entdecken. Eher kommt man – nimmt man die Beobachtung ernst, daß mit der Verheißung zahlreicher Nachkommenschaft sowohl Davididen als auch levitische Priester mehr eine Chiffre für das Gottesvolk sind, Jer 33 in seiner Endgestalt also so etwas wie eine „Demokratisierung" der Verheißungen enthält – zu der Schlußfolgerung, daß – wie schon in Jes 61,6 und 66,21 – Priester im eigentlichen Sinne gar nicht im Blick sind.[1630] Spätestens an dieser Stelle fiele der Text für die historische Rückfrage nach Priestern und Leviten gänzlich aus.[1631]

---

1628 Vgl. auch unten Kapitel 7.4 zu Sach 12.
1629 Ganz zu schweigen von dem problematischen Argument, hier läge deuteronomischer Sprachgebrauch vor, weswegen der Text in die exilische Zeit datiert werden müsse, vgl. dazu richtig McKane 1996, 862: „One should not, however, rely on this [scil. die Aufnahme dtn Formulierungen] in order to establish that vv. 14–26 are earlier than the time of Ezra and Nehemia and if לכהנים הלוים is no more than an archaism it gives no indication of date."
1630 Vgl. Lust 1991, 107 und 1994, 43, der den bei Veijola 1982, 85.164 mehr angedeuteten Gedanken konsequent zu Ende führt. Jer 33,14–26 würde dann eher mit Texten wie Jes 61,6 auf einer Linie liegen. Folgt man dieser Annahme Lusts, wird man allerdings den Text nicht ganz so spät ansetzen können, wie oben zunächst angenommen. Anders Steck 1997, 354 f. Anm. 25, der erwägt, Jer 33,14–26 als Reaktion auf Jes 65 f., bes. 66,21 f. anzusehen, aufgenommen von K. Schmid 1996, 60.
1631 Das wäre nicht zuletzt gegen Piovanelli 1997 einerseits, ebenso wie gegen Leuchter 2008 u. a. andererseits einzuwenden.

## 7.3 Ezechiel

Unter den Schriftpropheten, die sich zum Thema „Leviten" äußern, ist besonders Ezechiel von Bedeutung: weniger, weil er als Sohn eines Priesters und damit selbst als Priester bezeichnet wird (vgl. Ez 1,3), sondern weil sich die Kapitel 40 – 48 des Buches mehrfach mit dem Thema befassen und mit ihrer Fokussierung auf die Zadoqiden in der innerbiblischen Diskussion eine ganz eigene Position einnehmen. Spätestens seit Julius Wellhausens grundlegender Verhältnisbestimmung von D, Ez, und P spielt daher Ezechiel in der Rekonstruktion der Geschichte des Priestertums in Israel (und Juda) eine gewichtige Rolle.[1632] Wellhausens vergleichsweise flächige Gegenüberstellung der Konzepte von Ezechiel und Priesterschrift hat sich jedoch als zu grobkörnig erwiesen. Sowohl im P-Material als auch in den Ezechiel-Texten muß weiter differenziert werden.[1633] „Es ist ... nicht mehr möglich, das Ezechielbuch als Einheit und das Zadokidenprogramm als Bestandteil dieser Einheit mit P, auch nicht mit einer angeblich früheren, in Wahrheit jüngeren Schicht von P (etwa Num 16 f.) zu konfrontieren und von daher die Prioritätsfrage zu stellen. Das ist endgültig passé. Man kann nur versuchen, bestimmte Schichten von P mit bestimmten Schichten von Ez zu vergleichen."[1634] Ein solcher Vergleich setzt eine detailliertere Untersuchung von Ez 40 – 48 voraus, als sie hier geleistet werden kann, weswegen sich die folgenden Gedanken mit Blick auf die wesentlichen Texte weitgehend auf vorliegende Analysen stützen.

### 7.3.1 Dienst an Haus und Altar

**a) Ez 40,46b**
In der großen Vision von der künftigen Gestalt des Landes Israel und der Stätte des Heiligtums (Ez 40 – 48) findet sich im Ezechielbuch der erste Beleg für „Levi" zugleich mit der erstmaligen Erwähnung der „Söhne Zadoqs". Der engere Kontext dieser Erwähnung ist die Beschreibung zweier Kammern am inneren Nord- und Südtor des Heiligtums (40,44 – 46). Die nördlich gelegene wird dabei „den Priestern, die am Hause Dienst tun" (לכהנים שמרי משמרת הבית, V. 45) zugeeignet, die südliche „den Priestern, die am Altar Dienst tun" (לכהנים שמרי משמרת המזבח, V. 46a). Letztere werden anschließend als „Söhne Zadoqs, die nahekommen – von den

---

1632 Vgl. oben Kapitel 6.3.5 die Anmerkungen zu II Reg 23 sowie den forschungsgeschichtlichen Überblick bei Hunt 2006, 124 – 136.
1633 S.o. Kapitel 3.7 zu Numeri.
1634 Gunneweg 1965, 197.

Söhnen Levis – zu JHWH, um ihm zu dienen" (הקרבים מבני־לוי אל־יהוה לשרתו) näherbestimmt (V. 46b).

Diese zweite Vershälfte gilt zumeist, wohl mit Recht, als Nachtrag.[1635] Während die Grundschicht Vv. 44–46a lediglich zweierlei gleichberechtigte Priestergruppen einander gegenüberstellt und die Zuordnung der Kammern allein nach dem *jeweils* zu leistenden Dienst „am Haus" bzw. „am Altar" erfolgt, so bewirkt der Nachtrag V. 46b mit seiner personalen Zuspitzung auf die Zadoqiden zugleich eine hierarchische Vorordnung der Altarpriester, insofern die Dienstverteilung jetzt *permanent* nach einem dynastischen Prinzip vorherbestimmt ist und damit, anders als der „Dienst am Haus", einer Zugangsbeschränkung unterliegt. Interessant ist, daß die „Söhne Zadoqs" ganz selbstverständlich als „Söhne Levis" vorgestellt werden. Die genealogische Fiktion von Levi als dem Ahnherrn der Priesterschaft ist also vorausgesetzt.

Die Funktion des Nachtrages besteht demnach darin, eine Rangordnung innerhalb der Priesterschaft einzuführen, die Leviten werden nicht eigens betrachtet. Daraus resultiert jedoch eine leichte Spannung zu jenen Ez-Texten, nach welchen die Leviten für den „Dienst am Haus" zuständig sind,[1636] was nach V. 45 eine priesterliche Aufgabe ist. Es liegt auf der Hand, daß die Ursache besagter Spannung die Übernahme vorgegebenen Materials und die auf diese Weise nur unvollkommen mögliche Anpassung an jene andere, mutmaßlich jüngere Position ist, wonach die Leviten den „Hausdienst" verrichten. Welche Haltung zu den Leviten im engeren Sinne der Verfasser des Nachtrages einnimmt, läßt sich erst im Zusammenhang mit den übrigen Zadoqidenbelegen deutlicher erkennen.

Literarhistorisch ist darum an dieser Stelle zunächst nur festzuhalten, daß bereits die Vv. 44–46a innerhalb des größeren Kontextes nicht zum Grundbestand gehören,[1637] und es sich bei V. 46b somit um einen recht jungen Nachtrag handeln muß.

### b) Ez 43,19

Ein weiteres Mal begegnen Zadoqiden – und diesmal auch Leviten – im Abschnitt über die Weihe des Altars (Ez 43,18–27) in 43,19. Hier ist zunächst ganz deuteronomisch von „levitischen Priestern" die Rede, die sogleich näherbestimmt werden als „jene vom Samen Zadoqs, die sich mir nähern – Spruch des Herrn JHWH –, um mir zu dienen". Soll diese Näherbestimmung Identität ausdrücken,

---

**1635** Vgl. u. a. Gese 1957, 21 f.; Zimmerli ²1979, 1028; Rudnig 2000, 256.
**1636** Vgl. Ez 44,11.14; 45,5.
**1637** Vgl. Gese 1957, 21 f.; Zimmerli ²1979, 1023 f.; Rudnig 254 f.

ist sie im Grunde freilich eine *contradictio in adiecto*,[1638] was den Relativsatz אשר הם מזרע צדוק, nicht zuletzt im Lichte von Ez 40,46b und der völlig überfüllten Syntax, eines Nachtrags verdächtig macht. Bemerkenswert ist zudem, daß auch in den Vv. 24.27 lediglich von „Priestern" gesprochen wird. Während aber das Attribut „levitisch" nach seiner Erstnennung jeweils problemlos mitgehört werden kann und darum in V. 19 nicht als ein weiterer (früherer) Nachtrag angesehen werden muß,[1639] gilt das für die Engführung auf die Zadoqiden nicht ohne weiteres. Somit wird der Text zur Altarweihe ursprünglich wohl nur von „levitischen Priestern" gesprochen haben, die Erwähnung der Nachkommen Zadoqs hingegen ist sekundärer Natur.[1640] Die Notwendigkeit zur Identifizierung der genannten Priester als Zadoqiden ergibt sich in Übereinstimmung mit Ez 40,46 daraus, daß hier speziell vom Altar die Rede ist.

Bemerkenswert bleibt die Bezeichnung der Priester als levitisch. Die Analyse der entscheidenden Deuteronomiumstexte hatte allerdings ergeben, daß zum einen nicht von einer „Identitätsformel" gesprochen werden kann, insofern auch nach deuteronomischer Theorie keineswegs alle Leviten auch *de facto* als Priester gelten,[1641] und daß zum anderen selbst späte Texte noch den Ausdruck „levitische Priester" gebrauchen, auch wenn die genaue Zielrichtung der Verwendung nicht immer deutlich ist, v. a. wenn der Gebrauch durch den literarischen Kontext angeregt ist. Mehr, als daß Ezechiel 43,18–27*[1642] den Gedanken einer grundsätzlich levitischen Priesterschaft akzeptiert, läßt sich darum aus Ez 43,19* nicht entnehmen, der Zadoqidenzusatz wird sich erst nach einer Betrachtung des Programmtextes Ez 44,6–16 näher einordnen lassen.

### c) Ez 44,6–16

Tatsächlich ist Ez 44 seit Wellhausen einer der Kerntexte der Debatte um die Geschichte des Priestertums. Nach einem Scheltwort gegen die personifizierte Widerspenstigkeit, das Haus Israel (Vv. 6–8), folgt eine Art Gerichtswort über die Leviten (Vv. 9–16). Die Anklage besteht darin, daß man Fremde (בני־נכר) in das Heiligtum gebracht (V. 7) bzw. sogar zum Dienst darin bestellt habe (V. 8). Daß anstelle jener – und zwar zur Strafe! – künftig die Leviten den „Dienst des Hauses" versehen sollen (Vv. 9f.), schließt nach Wellhausen

**1638** Vgl. Rudnig 2000, 288.
**1639** Vgl. auch Rudnig 2000, 274; anders Gese 1957, 49; Zimmerli ²1979, 1102.
**1640** Vgl. Gese 1957, 49; Zimmerli ²1979, 1102; Rudnig 2000, 274.
**1641** S.o. S. 141ff.; aus sprachlicher Hinsicht wies schon Rüterswörden 1987, 68f. auf die Problematik des Begriffs „Identitätsformel" hin.
**1642** Zur literarhistorischen Verortung vgl. Rudnig 2000, 271–276.361–363.

„das Vorhandensein des Priestercodex für Ezechiel und seine Zeit zweifellos aus. ... Bisher besaßen diese [*scil.* die Leviten] das Priestertum, und zwar nicht zufolge eigenmächtiger Anmaßung, sondern vermöge ihres guten Rechts. Denn es ist keine bloße Zurückweisung in die Schranken ihres Standes, wenn sie nicht mehr Priester sondern Tempeldiener sein sollen, keine Herstellung eines status quo ante, dessen Befugnisse sie ungesetzlicher Weise überschritten haben, sondern ausgesprochenermaßen eine Degradation, eine Entziehung ihres Rechtes, welche als eine Strafe erscheint und als verdiente gerechtfertigt werden muß: s i e s o l l e n  i h r e  S c h u l d  b ü ß e n. Sie haben ihr Priestertum dadurch bewirkt [sic!], daß sie es mißbraucht haben, um dem Kultus der Höhen vorzustehen, der dem Propheten als Götzendienst gilt und ihm in tiefster Seele verhaßt ist. Natürlich sind diejenigen Leviten von der Strafe ausgenommen, welche an der legalen Stelle amtirt haben; das sind d i e  L e v i t e n  d i e S ö h n e  S a d o k s zu Jerusalem, welche nun einzig Priester bleiben und über ihre bisherigen Standesgenossen, mit denen sie Ezekiel noch unter dem selben Gemeinnamen zusammenfaßt, emporrücken, indem diese zu ihren Handlangern und Hierodulen erniedrigt werden."[1643]

Die Interpretation Wellhausens beruht dabei ganz wesentlich auf der Identifikation der Leviten mit den Höhenpriestern, der Gleichsetzung der bei Ezechiel genannten „Abirrungen" mit dem Dienst an den durch den historischen Josia abgeschafften Höhenheiligtümern, sowie der zadoqidischen Identität der Jerusalemer Priesterschaft in vorexilischer Zeit. Alle drei Voraussetzungen haben sich als sehr brüchig erwiesen.[1644] Zudem muß, wie gesehen, stärker nach der literarischen Entwicklung von Ez 44 im Rahmen des ezechielischen Verfassungsentwurfes selbst gefragt und seine Stellung im Gesamtkontext des Buches untersucht werden.

In diesem Sinne hat v. a. Thilo Rudnig auf die Differenzen zwischen Scheltwort (Vv. 6 – 8) und Gerichtswort (Vv. 9 – 16) hingewiesen. Am auffälligsten ist die Verengung der Perspektive im Hinblick auf die jeweils zur Rechenschaft gezogene bzw. zu bestrafende Personengruppe. Die Vv. 6 – 8 haben Vergehen der Israeliten zum Thema, die Vv. 9 – 16 behandeln jedoch das Verhältnis von Priestern und Leviten, wobei letztere für ein nicht weiter spezifiziertes Vergehen in der Vergangenheit bestraft werden.[1645] „Ez 44,6 – 8* ist also aus literar- und formkriti-

---

**1643** Wellhausen [6]1927, 117 f. (Hervorhebungen im Original).
**1644** S.o. Kapitel 6.3.5. Zusätzlich zum oben Gesagten muß hier noch ergänzt werden, daß nach der Darstellung in II Reg 23 auch der Jerusalemer Kult alles andere als „rein" gewesen ist. Daß Ez dies ignoriere und nur die Existenz außerjerusalemischer Heiligtümer als Götzendienst und damit deren levitisches Personal als fehlgeleitet brandmarke, *kann* man natürlich Ezechiels zadoqidenorientierter Perspektive zuschreiben. Aber damit setzt man wiederum voraus, was erst bewiesen werden müßte, jedoch kaum zu beweisen sein dürfte, nämlich die Existenz einer vorexilischen zadoqidischen Priesterschaft; vgl. auch – mit anderer Stoßrichtung – Hölscher 1924, 197 f.
**1645** Vgl. Rudnig 2000, 204 – 207.

schen Erwägungen von V.9ff zu trennen."[1646] Auch das Scheltwort selbst ist allerdings von einer gewissen gedanklichen Schwerfälligkeit und sachlichen Spannungen durchzogen. So wird erst durch die Vv. 7bβ–8 aus dem (präsentischen) Vorwurf, unbeschnittenen Fremden Zutritt zum Heiligtum zu gewähren, die Anklage, die Israeliten hätten JHWHs Bund gebrochen,[1647] indem sie Fremde gar zu Bediensteten des Tempels machten.[1648] Das erst ist das für die Leviten-Thematik entscheidende Stichwort, woran sich auch die Vv. 9–16 anhängen können. Die Fremden werden künftig ausgeschlossen sein und nur Leviten noch Zugang zum (inneren) Heiligtum haben (Vv. 9 f.).[1649] Im Blick auf die dabei angemerkte Schuldhaftigkeit der Leviten überraschend schließt sich in den Vv. 11 f. eine Aufgabenbeschreibung der Leviten an, wobei die Leviten jetzt nicht nur selbst als Abgeirrte gelten, sondern geradezu zum Fallstrick für die Israeliten gemacht werden. Betrachtet man zudem noch die Wiederaufnahme des Endes von V. 10 (ונשאו עונם) in V. 12[1650] sowie den Beginn von V. 13, der adversativ deutlich besser als V. 11 an V. 10 anschließt, so wird man die Vv. 11 f. als nochmaligen Zusatz ansehen müssen.[1651] Sollen demnach zwar nur die Leviten noch zugangsberechtigt zum Heiligtum sein, so wird ihnen jedoch dort das Amtieren als Priester aufgrund ihrer Verfehlungen versagt (V. 13), statt dessen werden sie zum „Dienst am Hause" eingesetzt (V. 14, vgl. 40,45). Allein die „levitischen Priester, Söhne Zadoqs" sollen – weil sie den Dienst ordnungsgemäß verrichteten, als Israel abirrte – auch künftig noch JHWH nahen dürfen, um ihm zu dienen und Opfer darzubringen (V. 15).

Auf diesem Vers ruht nun ein Großteil der Beweislast für die Frage nach der Position des Ezechielbuches in der Diskussion um die Struktur des Kultpersonals! Aber wie ist der Ausdruck „levitische Priester, Söhne Zadoqs" überhaupt zu verstehen? Die Formulierung „levitische Priester" verwendete auch Ez 43,19, während

---

**1646** Rudnig 2000, 207, anders Konkel 2001, 111.

**1647** Die 3. Person Plural des Verbs in V. 7bβ ist mit LXX in 2. Person zu korrigieren. Anders Konkel 2001, 110 f., der hier literarkritisch operieren möchte. Abgesehen von der textkritisch unsicheren Basis einer solchen Entscheidung – im letzten Wort des Satzes (תועבותיכם) folgt ja wiederum ein Suffix der 2. Person Pl. – läßt er die Verortung des mutmaßlichen Zusatzes jedoch offen, was seine Argumentation grundlegend schwächt.

**1648** Vgl. auch Rudnig 2000, 207 ff., der lediglich V. 7bβ statt V. 7bα für ursprünglich hält. Mit Blick auf die Tendenz der Ergänzung folgt daraus kein wesentlicher Unterschied.

**1649** Die Syntax der Vv. 9 f. spricht recht eindeutig für diese Deutung; unter Einbeziehung von V. 11 anders Konkel 2001, 105, jedoch mit nicht ganz deutlicher Begründung. Syntaktisch (und auch redaktionsgeschichtlich, siehe i.f.) beginnt mit V. 11 eine eigene Einheit.

**1650** Ein Äquivalent für diese Worte fehlt allerdings in LXX.

**1651** Vgl. Rudnig 2000, 285 ff. jeweils mit Diskussion älterer Modelle. Dagegen versucht Duguid 1994, 84 auch והו in V. 11 mit „but they shall be" zu übersetzen, was der hebräische Text m. E. nicht nahelegt.

Ez 40,44–46 lediglich von (nicht-zadoqidischen und) zadoqidischen Priestern sprach;[1652] Ez 45 und 48 hingegen kennen Priester und Leviten als Gegensatzpaar.[1653] Die Zusammen- und Gegenüberstellung von Leviten und levitischen Priestern in Ez 44 ist also einzigartig in Ezechiel. Und obwohl letztere Formulierung deuteronomisch wirkt, kann die deuteronomische Differenzierung von potentiellen und faktischen Priestern, die sich an der Frage der Lokalität entzündet, in Ezechiel nicht intendiert sein, da es Ez 40–48 ja ohnehin nur um die Leviten an dem einen künftig existierenden Heiligtum geht. Mit anderen Worten: Die Formulierung ist in sich selbst noch nicht signifikant und bedarf – um einen wirklichen Gegensatz zu den Leviten aus V. 10 darzustellen – noch der Präzisierung durch die Erläuterung בני צדוק, die hier darum nicht zugesetzt sein kann, sondern ursprünglich sein muß.[1654]

Ist diese Überlegung richtig, dann

a) erfüllt die Qualifizierung der Priester als „levitisch" in Ez 44,15 keine eigenständige Funktion und müßte als Übernahme vorgegebenen (deuteronomischen) Sprachgebrauchs erklärt werden.

b) ist in Ez 44,15 der literarische Ausgangspunkt der Rede von den Zadoqiden für die Nachträge in Ez 40,46b und 43,19 (sowie in 48,11 f.) zu suchen.

c) besteht der Gegensatz in Ez 44 *zunächst* nicht einfach zwischen Leviten und Priestern, sondern zwischen levitischen Priestern, die ihrer Verirrungen wegen künftig nicht mehr Priester sein dürfen (und darum auch nur noch „Leviten" heißen) und Söhnen Zadoqs, die auch weiterhin (levitische) Priester sein werden, weil sie nicht vom rechten Wege abwichen. In letzter Konsequenz folgt daraus freilich nichts anderes als eine Zweiteilung des Kultpersonals in (zadoqidische) Priester und (nicht-zadoqidische) Leviten.

Diese Ergebnisse sind im Grunde wenig überraschend und bestätigen den richtigen Kern in Wellhausens Modell. Gegenüber der älteren deuteronomischen Position, wonach alle Leviten als Priester am Zentralheiligtum amtieren *können*, ergibt sich bei Ezechiel eine deutliche Verschiebung, insofern die Befähigung zum Priestertum genealogisch auf die „Söhne Zadoqs" beschränkt wird. Eigenartig undeutlich bleibt dabei der Gehalt der Formulierung „levitische Priester". Gerade diese Unklarheit deutet m. E. darauf hin, daß hier nicht nur sprachlich, sondern auch sachlich noch um die später eindeutigen Abstufungen gerungen wird, d. h. daß in Ez 44,9–16* tatsächlich der erste literarische Niederschlag der künftigen

---

1652 Vgl. dazu noch Ez 42,13 f.; 44,21 f.30 f.; 45,19; 46,2.19 f., die ebenfalls allgemein von Priestern reden.
1653 Zu beiden Texten siehe i.f.
1654 So auch Rudnig 2000, 288.

Hierarchisierung des Kultpersonals zu suchen wäre.[1655] Gegenüber der klassischen Position ergibt sich also kein wesentlicher Unterschied in der *Deutung*; zu beachten ist vielmehr die gänzlich andere *relative Datierung* von Ez 44,9–16* innerhalb des Buches Ezechiel (mit entsprechenden Auswirkungen auf die mutmaßliche absolute Datierung) und in Verbindung damit die Notwendigkeit einer neuen Verhältnisbestimmung zu den priesterschriftlichen Texten.[1656]

### 7.3.2 Landverteilung

#### a) Ez 45,1–8
Als ein Einschub im Kontext erweist sich auch der Abschnitt über die Landverteilung Ez 45,1–8, der am Ende auf *den* Fürsten Israels zu sprechen kommt und durch V. 8b behelfsmäßig zu einem Spruch über *die* Fürsten Israels in V. 9 überleitet. Ursprünglich dürfte Ez 45,9 einmal an 44,6 f.* angeschlossen haben.[1657] Der Text, der wohl Ez 48,8aβ–23a vorwegnimmt,[1658] ist an seinem Ort nicht leicht verständlich und weist womöglich Spuren einer freilich nicht mehr zu erhellenden Redaktionsgeschichte auf, hinzu kommen nicht wenige textgeschichtliche Schwierigkeiten.[1659] Vorausgesetzt ist jedenfalls eine klare Zweiteilung des Kultpersonals in Priester und Leviten, wobei keine genealogische Präzisierung hinsichtlich der Priester erfolgt. Die Frage ist daher, ob eine Referenz auf die Zadoqiden zu erwarten wäre und ob aus dem Fehlen einer solchen etwas geschlußfolgert werden kann. Meines Erachtens ist ersteres angesichts von Ez 40,46b; 43,19 und 44,15 (sowie 48,11) durchaus der Fall. Schwieriger zu beantworten ist die zweite Frage. Man wird vielleicht, in aller Vorsicht, vermuten dürfen, daß im Sinne des Autors von Ez 45,4 nicht jeder Priester als Zadoqide zu gelten hat. Ob der Verfasser darüber hinaus dennoch mit einer Priesterschaft rechnet, die sich zumindest teilweise als zadoqidisch versteht, läßt sich naturgemäß nicht klären, ist aber angesichts des Kontextes zumindest nicht ganz unwahrscheinlich.

Interessant ist zum zweiten die Aufgabenbeschreibung von Priestern und Leviten. Erstere sind „Diener des Heiligtums" (V. 4), letztere „Diener des Hauses" (V. 5). Zwar scheint V. 5 damit Ez 40,45 und 44,(11.)14 aufzunehmen, tatsächlich

---

1655 Anders z.B. Duguid 1994, 75–80, der jedoch erstaunlicherweise mit keinem Wort auf die Position des Deuteronomiums, insbesondere auf Dtn 18,1–8 eingeht.
1656 Vgl. dazu unten Kapitel 7.3.3.
1657 Vgl. Rudnig 2000, 216–221, vgl. u. a. das formal verbindende רב־לכם.
1658 Vgl. Rudnig 2000, 304.
1659 Vgl. ausführlich Rudnig 2000, 307 ff.

liegen aber charakteristische Unterschiede vor. In 40,45 war der „Dienst des Hauses" eine noch priesterliche Aufgabe und in 44,14 f. sind „Haus" und „Heiligtum" kein Gegensatzpaar, sondern synonyme Begriffe; der Unterschied zwischen Leviten und Priestern manifestiert sich vielmehr in der Durchführung des Opferdienstes. Wenn 45,4 f. zwischen „Haus" und „Heiligtum" – gemeint ist mit letzterem dann nur noch ein besonderer Teil des „Hauses" – differenzieren, erweist sich der Text darin als interpretierende Weiterentwicklung von 44,9 – 16*.[1660]

Noch ein dritter Punkt verdient Beachtung: Ez 44,28 kennt eine abgewandelte Form der „Levitenregel",[1661] wobei hier nicht die Leviten, sondern allein die Priester angesprochen sind; auch ist nicht von חלק und נחלה die Rede, sondern von נחלה und אחזה.[1662] Dies setzt 45,1– 8 um, insofern nur der Anteil der Leviten sowie die Anteile von Stadt und Fürst als אחזה bezeichnet werden (V. 5), nicht aber der Anteil der Priester. Die Verwendung von אחזה sorgt zudem für die Einhaltung der klassischen Levitenregel.[1663] Der Zuspruch JHWHs, er sei „ihr Anteil" gilt in Ez 44,28, in dessen Lichte auch 45,1– 8 zu lesen ist, allein den Priestern, was gegenüber der deuteronomischen Position eine Einengung ist, dafür aber weitgehend der Position postpriesterschriftlicher Fortschreibungen wie Num 18,20 entspricht.

Die ersten beiden Punkte zeigen deutlich, daß Ez 45,1– 8a innerhalb des Buches Ezechiel als ein sehr junger Text angesehen werden muß, Punkt drei veranschaulicht dazu die sachliche Nähe zu postpriesterschriftlichen Konzeptionen. Nicht mit diesen vereinbar ist jedoch die Idee eines Besitztums der Priester und der Leviten in der Mitte des zu verteilenden Landes, denn auch die postpriesterschriftlichen Texte im Pentateuch[1664] und die priesterlich überarbeiteten Texte in Josua rechnen mit über das Land verteilten (Priester- und) Levitenstädten. Allein die LXX scheint in V. 5b einen gewissen Ausgleich zwischen beiden Konzeptionen zu suchen, wenn sie von zu bewohnenden Städten (πόλεις τοῦ κατοικεῖν) spricht, was unter Umständen lediglich auf eine Lesung des schwer verständlichen לשכת עשרים im masoretischen Text als ערים לשבת zurückgeht.[1665]

Angesichts dieser Problematik freilich wird es schwer, Ez 45 einfach als Weiterentwicklung hexateuchisch vorgegebener Traditionen zu begreifen. Zwar ist

---

1660 Vgl. daneben mit Blick auf mögliche Differenzen zwischen Ez 40 und 44 Gunneweg 1965, 191 ff.
1661 Vgl. oben Kapitel 2.1.1 zu Dtn 10,9 bzw. S. 119 f. zum redaktionsgeschichtlichen Hintergrund und Kapitel 6.1.4 zu den Levitenstädten.
1662 In V. 28a ist mit Papyrus 967 und Vulgata vermutlich ולא תהיה להם נחלה zu lesen.
1663 Siehe auch oben S. 327 zum Gebrauch von אחזה in Lev 25,32– 34.
1664 S.o. Kapitel 3.6 zu Num 35.
1665 Vgl. BHS zur Stelle.

es grundsätzlich möglich, die Vision Ezechiels als künftiges, nachexilisches Idealmodell zu verstehen, während Numeri und Josua – jedenfalls ihrer historiographischen Grundkonzeption nach – die vorexilische Realität spiegeln sollen, was implizierte, daß die Landkonzeption des Hexateuch im Sinne des ezechielischen Entwurfes als überholte Vorstellung anzusehen wäre. Aber auch an jenen Numeri- und Josua-Texten ließ sich ja eine massive Fortschreibungstätigkeit in nachexilischer Zeit beobachten. Der Sinn dieser Arbeit bliebe unverständlich, wenn man dort lediglich ein historisch gescheitertes Projekt und nicht das ideale Urbild gesehen hätte. Trotz hie und da zu spürender Nähe Ezechiels zu späten Hexateuchtexten dürften die Tradenten des Ezechielbuches darum nicht einfach mit den priesterlichen Kreisen der späten Fortschreibungen im Hexateuch identisch sein, eher liegt in Ez 40 – 48 in seinen Entwicklungsstadien ein gänzlich eigenständiger Entwurf vor.[1666] Insofern jedoch bei den Verfassern mit Kenntnis der späten Pentateuchtexte gerechnet werden muß, handelt es sich wohl um einen bewußt konkurrierenden Entwurf.

## b) Ez 48,8 – 23

Einen weiteren Abschnitt über die ideale Landverteilung, diesmal mit ausdrücklicher Berücksichtigung der zwölf Stämme, bietet Ez 48,1– 29. Wie bereits angemerkt, dürfte hier – genauer: in den Vv. 8aβ–23a – die Quelle für den Text Ez 45,1– 8 liegen, der ohne seine Vorlage in Ez 48 schwer verständlich ist. Nur die Vv. 8aβ–23a behandeln ja die Regelungen für das Land der Priester, der Leviten, sowie des Fürsten. Die Frage, ob sie in Ez 48 nachgetragen sind, kann hier offengelassen werden.[1667] Ebenso zurückhaltend bin ich hinsichtlich der Annahme, die Vv. 11 f. seien in diesem Abschnitt eine nochmalige spätere Ergänzung.[1668] Es ist zweifellos richtig, daß sie durch die Aufnahme von 44,10.15 an die Abirrung Israels und der Leviten erinnern und erst V. 13[1669] in Parallele zu V. 10 das Thema der Landverteilung wieder aufnimmt. Diese Beobachtungen wären freilich dann signifikanter, wenn die Vv. 11 f. lediglich eine breitere Ausführung des in V. 10 Gesagten darstellen würden, also etwa die Priester mit den Söhnen Zadoqs identifizierten. Das ist m. E. jedoch nicht der Fall. Eher sprechen die Vv. 11 f. von den Söhnen Zadoqs als

---

1666 Vgl. ähnlich Achenbach 1999, 300.
1667 Vgl. mit gewichtigen Gründen u. a. Rudnig 2000, 181 f.230. Ich bleibe dennoch unsicher, da mir ohne jeden Bezug auf den Fürsten oder das Heiligtum und sein Kultpersonal ein wesentliches Element der künftigen Landkonzeption zu fehlen scheint.
1668 Vgl. etwa Zimmerli ²1979, 1222 f.1233.1247 und die gründlichen Darlegungen bei Rudnig 2000, 310 f.
1669 Der hebräische Text ist mit LXX von והלוים in וללוים zu korrigieren.

einer innerhalb der Priester noch einmal herausgehobenen Gruppierung: Sie sind geheiligt (מקדשים)[1670] und ihr Land ist die Abgabe von der Abgabe (תרומה מתרומת הארץ) und als solches gar Hochheiliges (קדש קדשים).

Stimmen diese Beobachtungen, dann basiert Ez 48,8aβ–23a im Grundbestand auf dem „Zadoqidenprogramm" von Ez 44,9–16*, entwickelt es aber in Richtung einer Dreiteilung des Kultpersonals weiter und wäre darum später als jenes anzusetzen.[1671] Ez 48 setzt nicht nur eine klare Unterscheidung von Priestern (V. 10) und Leviten (V. 13) voraus, sondern differenziert auch deutlich innerhalb der Priesterschaft (Vv. 11 f.), in welcher die Zadoqiden die eindeutige Führungsposition einnehmen sollen, während es in Ez 44 den Anschein hat, daß alle Priester Söhne Zadoqs seien. Insofern steht Ez 48 den beiden Ergänzungen in 40,46b und 43,19 näher.

Im übrigen gilt auch für Ez 48 das bereits zu Ez 45 Gesagte: Die hier vertretene Landkonzeption läßt sich kaum mit den hexateuchischen Positionen ausgleichen. Die Annahme gleicher Verfasserkreise für die ezechielischen Zadoqidentexte und die postpriesterschriftlichen Bearbeitungen in Numeri und Josua erscheint daher problematisch, im Hinblick auf die jeweilige Konzeption des Priestertums wird im folgenden noch nach Verbindungslinien und Differenzen zu fragen sein.

### c) Ez 48,31

Eine letzte Erwähnung „Levis" bezieht sich auf die Namen der Tore der künftigen „Stadt" (Ez 48,30–35a).[1672] „Levi" soll demnach neben „Ruben" und „Juda" eines der Nordtore bezeichnen. Diese Plazierung der Tore läßt sich mit keiner der sonstigen Anordnungen der Stämme in Verbindung bringen.[1673] Bemerkenswert ist jedoch, daß hier Levi auftaucht und nicht, wie zuvor im Abschnitt über die Landverteilung, Joseph durch Ephraim und Manasse repräsentiert wird. Unter anderem auch daran zeigt sich, wie wenig die Aufnahme Levis in das Zwölf-stämmeschema bzw. seine Auslassung darin rein diachron erklärt werden kann, sondern wesentlich durch die jeweilige Sachfrage bestimmt ist: Wird die Landgabe thematisiert, fehlt Levi selbstverständlich aufgrund der „Levitenregel", ebenso

**1670** In V. 11 ist die irrige Wortabtrennung המקדש מבני mit der LXX in המקדש(י)ם בני zu korrigieren.
**1671** Hier anders Rudnig 2000, 289.
**1672** Der Abschnitt wird üblicherweise als später Nachtrag angesehen, vgl. Rudnig 2000, 182.
**1673** Vgl. auch die Anordnung in der Tempelrolle Kol. 39–41, wonach Simeon, Levi und Juda die jeweils östlich gelegenen Tore bezeichnen. Dabei kommt Levi das mittige, den Vorrang markierende Tor zu, vgl. Maier ³1997, 165.

wenn kultische Belange angesprochen sind.[1674] Steht jedoch eine Idealvorstellung des Gottesvolkes im Vordergrund,[1675] so werden naturgemäß die Namen der zwölf Söhne Jakobs einschließlich Levis aufgelistet.

Davon abgesehen ließe sich aber aus der Stellung Levis, insofern der Sohn Jakobs sowohl Ahnherr der Priester als auch der Leviten ist, allenfalls etwas über das Verhältnis von Kultpersonal und Laien, nicht aber über jenes von Priestern und Leviten lernen.[1676]

### 7.3.3 Zusammenfassung

#### a) Zadoqiden und Leviten

Ist es nun möglich, diese separaten Befunde in ein umfassenderes redaktions-geschichtliches Schema einzuordnen?[1677] Fassen wir zusammen: Neben hier außer Acht gelassenen Texten wie etwa Ez 42,13 f., die allgemein von Priestern reden, findet sich in

1) Ez 40,44 – 46a ein Text, der zwei nach Funktion unterschiedene Gruppen von Priestern kennt, von denen die der Altarpriester nachträglich durch V. 46b mit den Zadoqiden identifiziert wird.

2) Ez 43,18 – 27 die Erwähnung von Priestern, die bei Erstnennung (V. 19) als „levitisch" und „vom Same Zadoqs" charakterisiert werden. Letzteres ist als Zusatz anzusehen, der die entsprechende Einteilung von Ez 40,46 übernimmt.

3) Ez 44,6 – 16 ein Scheltwort an das Haus Israel (Vv. 6 – 7bα), welches redaktionell umgearbeitet (Vv. 7bβ–8) und um ein Gerichtswort wider die Leviten

---

1674 Vgl. die entsprechenden Texte in Num 1– 10.

1675 Hierzu wird man neben Gen 49; Dtn 33 und Ez 48 auch Dtn 27,12 f. zählen.

1676 Vgl. auch Anm. 1673 zur Anordnung der Tore in der Tempelrolle.

1677 Vgl. etwa die skeptischen Bemerkungen von Hals 1989, 320: „Once it is recognized that the presumed inner priestly polemic in this section does not reflect some historically reconstructible development within the exilic and postexilic priesthood, but rather a grandiose, eschatological affirmation of heightened holiness, dating becomes a much different sort of undertaking. Instead of sorting out layers according to the degree of their pro-Zadokite claims, seeking to arrange them in a logical sequence, and then trying to find some historical points of contact for the stages of this intramural power struggle, one is left with material that can only be designated exilic." Dagegen bleibt festzuhalten, daß die Frage der Literargeschichte zunächst unabhängig von absoluten Datierungen bzw. ereignisgeschichtlichen Interpretationen zu behandeln ist und auf diese Weise – trotz aller Unsicherheiten – ein grundsätzlich erfolgversprechenderes Unternehmen sein dürfte. Das ist letztlich auch gegen die Schlußfolgerungen von Hunt 2006, 142 einzuwenden. Obwohl es unzweifelhaft richtig ist, daß uns der genaue historische Kontext für Ez 44 fehlt, enthebt uns dies nicht des Versuches einer literarhistorischen Verortung, auf die Hunt jedoch komplett verzichtet.

(Vv. 9 f.13 f.) sowie eine Zusage an die „levitischen Priester, Söhne Zadoqs" (Vv. 15 f.) erweitert wurde. Die darin nachgetragenen Vv. 11 f. präzisieren schließlich die Aufgabenbereiche der Leviten.

4)   Ez 45,1–8 ein (von Ez 48 abhängiger) Text zur Landverteilung, der zwischen Priestern (V. 4) und Leviten (V. 5) differenziert.

5)   Ez 48,8aβ–23a ein zweiter Text zur Verteilung des Landes, der ebenfalls zwischen Priestern und Leviten unterscheidet, dazu jedoch den „geheiligten Priestern, Söhnen Zadoqs" einen besonderen Teil innerhalb des priesterlichen Landes zuweist (Vv. 11 f.).

Ebenso wie die Zusätze in (1) und (2) hängt auch (5) von der Erweiterung in (3) ab, und damit auch das auf (5) basierende (4). Zu erörtern ist demnach v. a., wie sich Ez 40,44 – 46a und 43,19* zueinander und zum Zadoqidenprogramm Ez 44,6 – 16* verhalten. Insofern freilich erst die Nachträge 40,46b und in 43,19 auf das Zadoqidenprogramm reagieren, wird dieses vermutlich jünger sein als die jeweiligen Grundschichten in (1) und (2),[1678] die demnach die ältesten Belege für die Sichtweise des ezechielischen Verfassungsentwurfes auf das Kultpersonal darstellen.[1679] Eine Hierarchie innerhalb der Priesterschaft läßt sich diesen Texten nicht entnehmen. Allenfalls könnte man spekulieren, daß die Attribuierung der Altarpriester in 43,19 als „levitisch" nicht nur sprachlich deuteronomische Formulierungen aufnimmt, sondern dessen sachliche Unterscheidung von potentiellen und faktischen Priestern kreativ weiterentwickelt in eine Unterscheidung von „gewöhnlichen" Priestern und Altarpriestern. Allerdings wäre diese Annahme schlüssiger, wenn auch 40,44 – 46a dieser Nomenklatur folgte. So muß offenbleiben, was der institutionelle Hintergrund für die Verwendung von הלוים in 43,19

---

**1678** Vgl. u. a. Gese 1957, 67 und Rudnig 2000, 296 f. für Ez 40,44 – 46a. Dagegen wäre nach der umfassenderen Analyse von Rudnig Ez 43,18 – 24* einem „sühnetheologischen Beziehungsgeflecht" zuzuordnen, welches erst auf das Zadoqidenprogramm reagiert (vgl. Rudnig 2000, 278 ff.). Obwohl hierfür gute Gründe vorliegen, bliebe die Frage, warum 43,19 das Zadoqidenprogramm erst in zweifacher Abstufung übernommen haben sollte, vgl. jedoch die folgende Anmerkung.
**1679** Auch in bezug auf 40,44 – 46 wäre die umgekehrte Variante grundsätzlich denkbar, wonach 40,44 – 46a etwa gleichzeitig mit dem oder nur geringfügig später als das Zadoqidenprogramm anzusetzen und 40,46b ein nochmals deutlich späterer Zusatz wäre, da die eindeutige Zuschreibung des „Dienstes am Haus" an die Leviten in 44,11 f. ja ebenfalls erst nachgetragen ist und damit immer noch jünger als 40,44 – 46a, wo diese Aufgabe noch Priestern zukommt, sein könnte. Die Basis für alle diese Überlegungen ist jedenfalls sehr schmal, weitere Schlußfolgerungen sollte man darauf nicht aufbauen.

ist.[1680] In welchem Verhältnis Ez 40,44–46a und Ez 43,19 zueinander stehen, ließe sich daher nur im Rahmen einer ausführlicheren Analyse klären,[1681] was an dieser Stelle nicht vonnöten ist.

Die konzeptionell prägende Weiterentwicklung ergibt sich durch das Zadoqidenprogramm 44,6–16*, welches die Unterscheidung zwischen künftig nicht mehr als Priestern amtierenden Leviten und Söhnen Zadoqs als levitischen Priestern einführt, d. h. allein die Zadoqiden sind Priester bzw. gilt im Umkehrschluß die gesamte Priesterschaft als „zadoqidisch". Das Programm basiert auf der fortschreibenden Umdeutung der Vv. 6–7aα und ist zugleich jünger als Ez 40,44–46a und 43,19*.[1682] Seine absolute Datierung hängt entsprechend von der Datierung jener Texte ab. Eine genauere Klärung soll hier nicht vorgenommen werden, es dürfte jedoch deutlich sein, daß zwischen einem historischen Ezechiel und dem Zadoqidenprogramm ein gewisser zeitlicher Abstand anzusetzen ist und wir uns bereits in nachexilischer Zeit befinden.[1683] Der Text als erster greifbarer Beleg einer

---

**1680** Vgl. Achenbach 1999, 300, der Ez 44 als „Dokument einer Akzeptanz der Bezeichnung des Priestertums als levitisch" liest. Man wird dabei jedoch die Unterschiede zur deuteronomischen Konzeption nicht übersehen dürfen. Für Bartlett, der mit einer historischen Josianischen Reform rechnet, stellt diese Frage hingegen kein Problem dar: „It is easy to see how and when the designation of the Jerusalem priestly family as successors of Zadok arose. It arose after the reform of Josiah which, as has often been noted, had the result of accentuating the distinction between the country priests, i. e. the Levites, and the Jerusalem priests … It seems that Ezekiel is thinking of the former country priests and the Jerusalem priesthood, and if so, Ezekiel gives the Jerusalem priesthood the name now heard for the first time—'the sons of Zadok'. But it is noticeable that he insists on their Levitic descent. They were priests because they were Levites, not because they were sons of Zadok. They were 'sons of Zadok' because it seemed useful and natural to classify them under the name of the Davidic priest in Jerusalem, the first known Israelite priest in Jerusalem. The title was perhaps Ezekiel's invention…" (Bartlett 1968, 17). So verlockend diese Erklärung auch ist, sie läßt sich mit den Beobachtungen zur Literargeschichte nicht vereinbaren.
**1681** Vgl. hierzu v. a. die Übersicht bei Rudnig 2000, 373 f. sowie die jeweiligen Analysen der Einzeltexte.
**1682** Von 43,19 her dürfte auch die in 44,15 selbst ja eigentlich obsolete Verwendung des Begriffs „levitisch" inspiriert sein.
**1683** Für näheres vgl. die Überlegungen bei Rudnig 2000, 294 ff.330 f. Sollte mit MacDonald 2011 Ez 44 sogar nach Jes 56 anzusetzen sein, verschiebt sich die absolute Datierung noch deutlich weiter in die nachexilische Zeit hinein. Schaper 2000, 124 f. plädiert mit Gese 1957 für eine Ansetzung der „Zadoqidenschicht" vor der Statthalterschaft Serubbabels, weil sie das Amt eines Hohenpriesters nicht kenne; ähnlich auch Hals 1989, 287 f. u. a. Dieses Argument könnte freilich allenfalls dann Geltung beanspruchen, wenn Ez 40–48 im frühnachexilischen Juda unter Serubbabel und Jehoschua zu verorten wäre. Es fällt hingegen, wenn der ezechielische Verfassungsentwurf – auch in einem Teil seiner Fortschreibungen – etwa als Dokument einer Gruppe judäischer Exulanten zu lesen ist.

hierarchisierenden Unterscheidung von Priestern und Leviten ist damit jedenfalls nach P$^G$ anzusetzen, welche sich, wie gesehen, für das Problem einer Ausdifferenzierung des Kultpersonals nicht weiter zu interessieren schien.[1684]

Das zweistufige System des Kultpersonals ist späterhin, und das noch gründlicher, auch außerhalb Ezechiels wirksam geworden, nicht so hingegen der Gedanke einer generell zadoqidischen Priesterschaft.[1685] Sollten die obigen Einzelanalysen zutreffend sein, dann hat sich dieses Konzept allerdings auch in Ezechiel nicht durchsetzen können: Ez 44,15 bleibt im Rahmen des Zadoqidenprogramms eine Spitzenaussage, die bereits in den davon abhängigen Glossierungen bzw. Fortschreibungen 40,46b; 43,19 sowie 48,8aβ–23a korrigierend aufgenommen wird, insofern dort jeweils lediglich ein Teil der Priesterschaft als zadoqidisch eingestuft wird.[1686] Welche Haltung Ez 45,1–8 zu dieser Frage einnimmt, wird nicht deutlich, da der Text nur die Unterscheidung von Priestern und Leviten in den Blick nimmt. Man darf aber dem Kontext entsprechend vermuten, daß die Position jener von 48,8aβ–23a (sowie 40,46b und 43,19) grundsätzlich ähnelt.

Eine Spitzenaussage ist es freilich auch, wenn die höherrangige Altarpriesterschaft als zadoqidisch definiert wird. In diesem Sinne bedeutet die Korrektur keineswegs eine Beschränkung zadoqidischer Ansprüche, sondern eher eine Zementierung, nur erfolgt die Grenzziehung zwischen Zadoqiden und Nicht-Zadoqiden nicht mehr entlang der Linie zwischen Priestern und Leviten, sondern innerhalb der Priesterschaft. So erscheint Ez 44 beinahe als eine etwas frühreife bzw. ungenaue Formulierung der künftigen zadoqidischen Position. Erst im Sinne der späteren Fortschreibungen jedenfalls führt eine Spur über die Integration des Zadoqidenstammbaumes in die aaronidische Genealogie in der Chronik[1687] hin zu den Jerusalemer Hohenpriestern in der Zeit des Zweiten Tempels, die sich als Amtsnachfolger des unter David aktiven Zadoq auch als „Söhne Zadoqs" verstanden haben werden.[1688]

---

**1684** S.o. S. 299 f.

**1685** Davon zu unterscheiden ist vorläufig die Diskussion um die zadoqidische bzw. sadduzäische Linie der *Hohen*priester, aber siehe i.f.

**1686** Der Vers wird darüber hinaus in der Damaskusschrift (CD III,21–IV,4) in einer bemerkenswerten Variante zitiert und gedeutet, dazu s.u. Anm. 1750.

**1687** Vgl. u. a. Bartlett 1968, 15 f.

**1688** Zu dieser Thematik vgl. Grabbe 2003, 213 f. und die bei Brutti 2006, 107–115 aufgeführten Forschungspositionen.

## b) Zadoqiden und Aaroniden

Zwangsläufig stellt sich nun die Frage, wie die ezechielisch-zadoqidische Position mit den aaronidisch orientierten Überarbeitungen im Hexateuch bzw. allgemein mit der priesterschriftlichen Position und den späten Fortschreibungen im Geiste der Priesterschrift zusammengedacht werden kann. Auf die Problematik der Wellhausenschen Rekonstruktion, P *en bloc* mit Ez zu vergleichen wurde bereits mehrfach hingewiesen.[1689] Einerseits ist das Zadoqidenprogramm deutlich später einzuordnen, als noch von Wellhausen angenommen, andererseits muß klarer zwischen den $P^G$- und $P^S$-Texten sowie noch späteren priesterlichen bzw. theokratischen Fortschreibungen im Buch Numeri unterschieden werden. Mir scheint nun manches dafür zu sprechen, daß das Zadoqidenprogramm tatsächlich jünger als $P^G$ ist, aber letztlich ist diese Frage nachrangig, da $P^G$ an der für Ez 44 doch wesentlichen Levitenthematik kein Interesse zeigt. Spuren einer direkten Auseinandersetzung mit der jeweils anderen Konzeption finden sich folglich nicht. Könnte dies ein Hinweis darauf sein, die Trägerkreise beider Texte in unterschiedlichen Milieus zu suchen, d. h. mit zwei im Kern voneinander unabhängigen Entwürfen zu rechnen?

In jedem Falle anders verhält es sich mit den priesterlichen Texten in Numeri. Hier wird der in Ez 44 grundgelegte Gedanke einer strikten Trennung von Priestern und Leviten massiv propagiert und konzeptionell weiterentwickelt, ist aber überall, wo er auftaucht, schon vorausgesetzt. Beachtet man dazu noch die partiellen Übereinstimmungen in der Wortwahl und in diversen Einzelbestimmungen,[1690] liegt der Schluß nahe, die zadoqidische Position Ezechiels finde sich auch im Pentateuch wieder, lediglich – da Zadoq aus chronologischen Gründen keine Erwähnung finden kann – in aaronidischer Gewandung.[1691]

Dem stehen jedoch nicht wenige weitere Differenzen gegenüber, die sich kaum miteinander vereinbaren lassen. Auf die unterschiedlichen Landkonzeptionen wurde bereits hingewiesen.[1692] Es ist m. E. nur schwer einzusehen, wie ein und derselbe Verfasserkreis an der Fortschreibung so unterschiedlicher Utopien beteiligt gewesen sein soll. Damit verbunden ist die in Ez ganz eigene Rolle des נשיא, der in Numeri nicht nur kein Äquivalent zukommt, vielmehr werden die נשיאים als Stammesführer und Oberhäupter der levitischen Sippen gänzlich anders konzipiert. Und auch wenn Zadoqiden in Numeri naturgemäß nicht erscheinen können, so vermißt man doch einen deutlichen Hinweis auf die bei Ezechiel behaupteten Untaten der Leviten, die sich mit Num 16 f. jedenfalls nicht identifizieren lassen.

---

**1689** S.o. S. 364 und insbesondere die Ausführungen von Gunneweg 1965, 188 ff.
**1690** Vgl. zu den Konvergenzen auch Gunneweg 1965, 198 ff. und Rudnig 2000, 297 ff.
**1691** Vgl. etwa Gunneweg 1965, 202 f.
**1692** S.o. S. 371 f.

Nicht minder befremdlich bleibt das Fehlen jeglicher Referenz auf Aaron in Ezechiel und überhaupt das „Hohepriesterschweigen".[1693] In Summe läßt das nur den Schluß zu, daß in Ezechiel und den priesterlichen Erweiterungen im Buch Numeri mit jeweils verschiedenen Verfasserkreisen gerechnet werden muß, ungeachtet mancher Berührungen, vor allem ungeachtet der Einigkeit in der Abwertung der Leviten zu einer nachrangigen Gruppierung des Kultpersonals.[1694]

Damit stellen die einschlägigen Texte in Ez 40–48 tatsächlich eine ganz eigene Position in der Diskussion um das Priestertum in Juda dar. Einerseits greifen sie deuteronomische Terminologie (כהנים לוים) auf, entwickeln sie ihrem Sinne weiter und bereiten damit zugleich den Weg für die spätpriesterlich greifbare Abwertung der Leviten. Andererseits spielt die zadoqidische Option nur eine begrenzte Rolle außerhalb Ezechiels. Zwar greift die Chronik Davids Priester Zadoq auf, aber ob sie damit tatsächlich in der Traditionslinie Ezechiels steht, oder sich nicht vielmehr *allein* als schriftgelehrte Auslegung der Samuelis- und Königebücher erklären läßt, ist fraglich.[1695] In seiner pointiert pro-zadoqidischen Haltung ist Ezechiel jedenfalls biblisch singulär.

## 7.4 Sacharja

Eine reichlich rätselhafte Erwähnung Levis bietet schließlich das Buch Sacharja. In der Ankündigung einer Zeit großer Trauer (Sach 12,11–14) wegen des „Durchbohrten" (V. 10) wird neben der „Sippe des Hauses David" und der „Sippe des Hauses Nathan" (V. 12) auch die „Sippe des Hauses Levi" (משפחת בית־לוי) erwähnt, sodann die „Sippe Schimʿi" (משפחת השמעי, V. 13).[1696] Die Identifikation der genannten Größen gestaltet sich schwierig. Ist bei den vier Bezeichnungen auch an vier verschiedene Gruppen gedacht, so wird man David mit der herrscherlichen

---

1693 Vgl. dazu schon die treffende Erklärung bei Rudnig 2000, 301: „Ez 44,6ff* gibt sich vielmehr deutlich als Konkurrenzunternehmen zur Aaroniden-Theorie von P. Man beruft sich nicht nur auf Zadok, weil man nicht an die P-Konzeption gebunden ist, sondern die Trägerkreise des Zadokidenprogramms setzen sich von der P-Konzeption ab. Man will sogar jeglichen Bezug zur Aaroniden-Priesterschaft, ja überhaupt die Erwähnung Aarons oder eine Anspielung auf ihn vermeiden. Mit diesen Überlegungen löst sich schließlich noch ein anderes Problem: das merkwürdige Schweigen des Verfassungsentwurfes über den Hohenpriester."
1694 Vgl. noch einmal Rudnig 2000, 300: „[M]it dem Rekurs auf Aaron bzw. Zadok artikulieren sich unterschiedliche, ja konkurrierende Interessen und damit Trägerkreise." Vgl. darüber hinaus auch die obigen Überlegungen zum Gebrauch von בני לוי in den jeweiligen Analysen zu Dtn 21,5 und 31,9.
1695 Gleiches gilt für die gelehrten Stammbäume in Esr 7,2 und Neh 11,11.
1696 LXX: Simeon.

Familie in Verbindung bringen, Nathan vielleicht mit prophetischen Kreisen in Nachfolge der biblischen Gestalt aus davidischer Zeit.[1697] Bei Levi dürfte an levitische bzw. priesterliche Kreise zu denken sein, unklar bliebe Schimʻi.[1698] Vielleicht, und dies scheint mir wahrscheinlicher zu sein, sind aber die jeweils zwei Bezeichnungen eines Verses als Parallelismus zu verstehen. Dann könnte mit Nathan auf den Sohn Davids (II Sam 5,14 u. ö.),[1699] mit Schimʻi auf den Enkel Levis (Ex 6,17 u. ö.) angespielt sein.[1700]

Eine überzeugende Lösung der Probleme steht noch aus, aber die Frage nach der Funktion „Levis" läßt sich vielleicht dennoch beantworten. Entscheidend sind m. E. zwei ganz grundlegende Beobachtungen:
1) Levi steht nicht nur in Parallele zu Schimʻi, sondern ebenso zu David
2) Levi ist nicht im Sinne von „Levit", sondern – wie David, Nathan und Schimʻi – als Eigenname gebraucht, andernfalls wäre der bestimmte Artikel zu erwarten.

Die Gegenüberstellung von David und Levi läßt erkennen, daß hier an die Doppelung von – wenn diese anachronistischen Begriffe für den Moment gestattet sein mögen – „weltlicher" und „geistlicher" Führung gedacht ist.[1701] Der Gebrauch des Eigennamens zeigt an, daß bei Levi an den Jakobsohn gedacht ist, der Vorfahr von Priestern *und* Leviten ist. Denn auch wenn die spätnachexilische Unterscheidung von Priestern und Leviten für Sach 12 vorauszusetzen ist, wird diese in der Person des gemeinsamen Stammvaters Levi genealogisch aufgehoben.[1702] Damit liegt in Sach 12,13 – nach den isolierten Erwähnungen in der Genesis, den späten Stammbäumen in Exodus und Numeri, sowie den vereinzelten und selten deutlichen Referenzen auf die „Söhne Levis" in Pentateuch und Vorderen Propheten[1703] – ein weiterer Beleg für die Entwicklung der literarischen Figur Levi vor. „Levi" erscheint nicht mehr nur als letztlich recht theoretische, genealogische Chiffre, wie in dem Ausdruck „Söhne Levis", sondern neben David als eine der wesentlichen Gestalten der erinnerten „Geschichte Israels". Auch wenn Sach 12,13

---

**1697** Vgl. Willi-Plein 2007, 202; gegen diese Überlegung aber die Einwände bei Meyers/Meyers 1993, 346.
**1698** Leider auch nicht weiter hilft der in Tob 5,14 erwähnte, sonst aber unbekannte „Schimʻi der Große", bei welchem zudem die Namensüberlieferung in den Handschriften schwankt. – Zu Nathan und Schimʻi siehe darüber hinaus im Targum Jonathan die deutenden Varianten des Codex Reuchlinianus, vgl. Cathcart/Gordon 1989, 219.
**1699** Über diesen Nathan – nicht über Salomo! – läuft die Ahnenreihe Jesu nach Lk 3,31.
**1700** In diesem Sinne etwa Rudolph 1976, 225; Meyers/Meyers 1993, 346 ff.; Reventlow 1993, 117 f. und Wöhrle 2008, 104; skeptisch bezüglich des Davidsohnes Nathan Willi-Plein 2007, 202.
**1701** Vgl. auch oben Kapitel 7.2 zu Jer 33.
**1702** Das übersieht Willi-Plein 2007, 202.
**1703** Unter anderem Ex 32,26.28; Num 18,21; Dtn 21,5; 31,9; I Reg 12,31.

damit letztlich nur der Perspektive folgt, welche die endredaktionellen Stammbäume des Pentateuch vorgeben, ist der Vers bemerkenswert, denn in ihm vollzieht sich erstmals außerhalb detaillierter genealogischer Konstruktion die Verselbständigung des *heros eponymos* der Leviten und damit zugleich die
Indienstnahme Levis als Identifikationsfigur für Priester *und* Leviten. Einen ganz
ähnlichen Prozeß reflektiert das Buch Maleachi.

## 7.5 Maleachi

Von einem Bund im Zusammenhang mit „Levi" sprach Dtn 33, einen Bund mit
„Levi" kennt neben Jer 33 auch Mal 2.[1704] Aber wie in Jer 33 und noch mehr in Dtn 33
ist auch in Mal 2 nicht eindeutig, was mit „Levi" gemeint ist, denn zunächst liegt
ein textkritisches Problem vor: Nach der Anklage der Priester Mal 1,6 – 14 verkündet Mal 2,1 – 9 den über dieselben ergehenden Beschluß (מצוה), damit JHWHs
Bund mit „Levi" bestehen bleibe (V. 4). Während der masoretische Text hier לוי
liest, womit nur der Eigenname „Levi" gemeint sein kann, spricht die LXX von
„den Leviten" im Plural, was auf הלוי in der mutmaßlichen Vorlage zurückzuführen
ist.[1705] Eben dies ist in V. 8 auch die Lesart des masoretischen Textes.[1706] Damit ist
aber nicht an den Sohn Jakobs gedacht, sondern an eine Kollektivgröße.[1707] Der
textliche Befund ist m. E. am ehesten erklärbar mit der Annahme einer Auslassung
des Artikels in V. 4 MT und damit einer personalisierenden Zuspitzung der Aussage. Ursprünglich verhandelte jedoch auch V. 4 die ברית הלוי.[1708] Eine Suche nach

---

1704 In nochmals anderer Weise redet Neh 13,29 vom Bund des Priestertums und der Leviten.
1705 Vgl. oben S. 19 ff. die Diskussion zu Dtn 10,8 f. Daß hier lediglich eine verdeutlichende
Übersetzung vorliegt, insofern das Griechische den kollektiven Singular des Hebräischen nicht
kennt, daß also die LXX-Vorlage in dem Abschnitt nicht generell von „Leviten" im Plural sprach,
zeigt sich u. a. in der Verwendung des Singulars ab V. 5 auch im griechischen Text. Zu noch
einmal anderen und jeweils gegenteiligen Schlußfolgerungen bezüglich der Haltung des griechischen Textes zu den Leviten, v. a. aufgrund von V. 3, kommen Tilly 2009 und Vianès 2009,
aber hier wird dem Befund zu viel zugemutet.
1706 Hier liest die LXX den Eigennamen mit Artikel, dazu i. f.
1707 Die singularischen Referenzen in den Vv. 5 ff. können sich sowohl auf לוי als auch הלוי
beziehen, sind also gerade noch kein Hinweis darauf, daß „Mal Levi als ‚geschichtlichen' Einzelnen darstellt" (so Utzschneider 1989, 64, gefolgt von Fuller 1993, 38 ff.).
1708 Die Lesart der LXX hat umso mehr Gewicht, als es sich nicht um eine innergriechische
Glättung handeln kann, da in V. 8 die LXX den Eigennamen liest. Das Problem wird fast
durchgängig übersehen, vgl. etwa Rudolph 1976, 258.265 ff.; Utzschneider 1989, 64; Reventlow
1993, 143 f.; Hill 1998, 171.204 f.; Meinhold 2006, 144 ff.; Tiemeyer 2006, 127 – 135; Willi-Plein 2007,
241.250; Kessler 2011, 127.167 ff. Zu den wenigen Ausnahmen gehören O'Brien 1990, 37 f. und
Haag 1998, 27 f., aber auch sie beziehen die LXX nicht in ihre Diskussion ein.

den biblischen „Quellen" für den in den Vv. 5 f. beschriebenen Bund, die sich auf den Jakobssohn Levi beschränkt, wird daher nicht nur zu keinem Ergebnis, sondern notwendigerweise in die Irre führen.

Bevor dem in der Entstehung des masoretischen Textes liegenden Interpretationsvorgang nachzugehen ist, muß also geklärt werden, was „Levi" im „Bund des Leviten" (ברית הלוי) bzw. dem „levitischen Bund" bezeichnet. Die inhaltliche Füllung desselben ist recht allgemein gehalten: Er bedeutet Leben und Wohlergehen für den Bundespartner und äußert sich in Gottesfurcht (V. 5); im Munde „des Leviten" findet sich verläßliche Weisung und kein Falsch, wodurch viele von Sünde abgebracht werden (V. 6); Erkenntnis und Belehrung sind Sache des idealen Priesters (!), denn dieser ist ein Bote JHWHs (V. 7). Die tatsächliche Verkehrung dieses Bildes durch die Adressaten des Vorwurfes konstatieren die Vv. 8 f. Insbesondere V. 7 ist aufschlußreich, weil er deutlich zum Ausdruck bringt, daß die Verse ganz generell die Anforderungen an einen jeden Priester beschreiben, zwischen הלוי und Priester also kein sachlicher Unterschied besteht, wie dies im Grunde ja bereits durch die Anrede an die Priester (1,6; 2,1) deutlich ist. Es ist ein wenig banal noch festzustellen, daß die Priester den „levitischen Bund" natürlich nur übertreten haben können, wenn er auch ihnen galt.

Die interessantere Schlußfolgerung aus dieser simplen Beobachtung ist, daß Mal 2 schwerlich eine Positionierung zu den Auseinandersetzungen um das Verhältnis von Priestern und Leviten (als nachrangigem Kultpersonal) erkennen läßt. Zwar wird man voraussetzen können, daß die in den späten priesterschriftlichen Texten implementierte und in der Chronik vorausgesetzte Unterscheidung von Priestern und Leviten dem Autor von Mal 2 bekannt ist.[1709] Daß Mal 2 diese Differenzierung aber selbst übernimmt oder dazu in irgendeiner Weise Stellung beziehen würde, ist dem Text nicht zu entnehmen.[1710] Vielmehr ist der „levitische Bund" der Maßstab, der für die Priesterschaft bzw. das Kultuspersonal allgemein gilt. Nicht auf Aaron oder Pinchas als herausgehobene priesterliche Gestalten greift die prophetische Kultkritik zurück, auch nicht auf Levi selbst, sondern auf den „levitischen Bund". Es ist m. E. nicht zielführend, hierfür nach *einer* konkreten biblischen Vorlage zu suchen, vielmehr bieten verschiedene Texte, die von der Sonderrolle der Priester und Leviten handeln[1711] – davon in besonderer Weise Dtn 33 – den entsprechenden Vorstellungshintergrund für die Idee eines

---

**1709** Vgl. Rudolph 1976, 267.
**1710** Vgl. u. a. O'Brien 1990, 145 f.; Weyde 2000, 183 f. und Kessler 2011, 169, ähnlich auch Utzschneider 1989, 68 f.82.
**1711** Vgl. nicht zuletzt Ex 32; Num 25 und Dtn 10.

Bundes mit dem Kultpersonal, welches in genealogischer Perspektive ein levitisches ist.[1712]

Ist also einerseits kein unmittelbarer Bezug von הלוי auf die Leviten im engeren Sinne (mehr) gegeben, so liegt andererseits auch (noch) keine Funktionalisierung des eponymen Stammvaters Levi vor. Diesen Schritt geht erst der masoretische Text mit dem Wegfall des Artikels.[1713] Hierdurch wird der grundsätzlich zeitlose „levitische Bund" mit der Priesterschaft zu einem „historischen" Ereignis, zu einem Teil der Biographie des Jakobsohnes Levi. Einmal mehr bietet sich damit ein Beispiel für Interpretations- und Rezeptionsvorgänge, die aus der Doppeldeutigkeit des hebräischen לוי resultieren, denn die Levi-Literatur des Zweiten Tempels wird in dieser durch den masoretischen Text bezeugten Lesart der Strafrede Maleachis an die Priesterschaft einen weiteren Anknüpfungspunkt zur Erstellung einer Levi-Biographie finden.[1714]

Die Erwähnung der „Söhne Levis" in Mal 3,3 kann diesem Bild keinen wesentlichen Aspekt hinzufügen. Mit der Übernahme der bereits bekannten Bezeichnung der Priesterschaft als „Söhne Levis" wird, so könnte man sagen, lediglich der Weg für die genealogische Sichtweise und damit die Verselbständigung der Figur Levis bereitet.

## 7.6 Zusammenfassung

Versucht man die obigen Befunde zu den Leviten zusammenzufassen, so muß man ein im Grunde recht beschränktes Interesse an der Thematik im *corpus propheticum* konstatieren. Jesaja und Jeremia bieten nur in jeweils sehr jungen Passagen kurze, inhaltlich wenig aussagekräftige Stücke. Auch Ezechiel 1–39 und ein Großteil des Zwölfprophetenbuches äußern sich nicht zur Sache. Abgesehen von einem vieldeutigen Vers in Deuterosacharja widmen sich allein einige redaktionelle Stücke im Verfassungsentwurf des Ezechiel sowie das Buch Maleachi den Leviten. Diese Stellen jedoch haben es in sich!

---

**1712** Einen gründlichen forschungsgeschichtlichen Überblick zu dieser Fragestellung bietet Weyde 2000, 176–186.

**1713** Und auf ihre Weise die LXX in V. 8 mit der Wiedergabe von לוי als Eigenname, s.o. Anm. 1708.

**1714** S.u. Kapitel 8.4 sowie ausführlich Kugel 1993 zur Literatur des Zweiten Tempels. Den Anknüpfungspunkt für die Rezeption machen auch Utzschneider 1989, 70 und O'Brien 1990, 145 deutlich, nur bezeugt der masoretische Text selbst bereits den ersten Schritt dieses Maleachi interpretierenden Prozesses, bei dem der Bundesschluß in die Biographie Levis verlagert wird.

In Ezechiel ist es das sogenannte „Zadoqidenprogramm" (Ez 44,6 – 16*), von welchem ausgehend eigene Akzente gesetzt werden. Es unterscheidet zwischen „Söhnen Zadoqs", die zugleich ganz deuteronomisch als „levitische Priester" bezeichnet werden und Leviten, denen das Amtieren als Priester im Sinne einer Bestrafung für frühere Verfehlungen künftig untersagt wird. Sie sollen statt dessen nur noch untergeordnete Dienste „am Haus" übernehmen. Gilt diesem Programmtext also die gesamte Priesterschaft als zadoqidisch, so entwerfen die davon ausgehenden Glossierungen und Fortschreibungen in 40,46b, 43,19 und 48,11 f. ein differenzierteres Bild, wobei sie ältere Vorstellungen einer (noch) nicht streng hierarchisch gegliederten Priesterschaft übermalen. In den Fortschreibungen, v. a. in 40,46b und 48,11 f., wird nun nicht allein zwischen zadoqidischen Priestern und nicht-zadoqidischen Leviten unterschieden, sondern ebenso innerhalb der Priesterschaft, wobei im Sinne Ezechiels selbstverständlich den „Söhnen Zadoqs" der Vorrang zukommt: Sie allein sind Altarpriester. Während aber die Unterscheidung zwischen Priestern und Leviten später v. a. in den theokratischen Bearbeitungen des Numeribuches aufgenommen wird und in diesem Sinne Ez 40 – 48 tatsächlich ein Bindeglied zwischen dem Deuteronomium und den (post)priesterlichen Fortschreibungen in Numeri darstellt, scheint die zadoqidische Option in dieser Form im wesentlichen auf das Ezechielbuch beschränkt zu bleiben. Der Blick der Chronik auf die Rolle Zadoqs und seinen Stammbaum deckt sich jedenfalls allenfalls in Teilen mit der Sicht des Ezechielbuches und kann allein vor dem Hintergrund der in den Samuelis- und Königebüchern geschilderten Ereignisse zur Zeit Davids erklärt werden. In dieser Hinsicht und auch mit Blick auf die völlige Ignoranz gegenüber der Aaroniden-Konzeption der Priesterschrift erweist sich Ez 40 – 48 als ein gänzlich eigenständiger Entwurf, der sich kaum in ein kontinuierliches Entwicklungsschema einzeichnen läßt. Die Trägerkreise des ursprünglichen Buches können darum auch nicht mit den verschiedenen für Hexa- bzw. Enneateuch verantwortlichen Verfassergruppen gleichgesetzt werden. Für weitergehende, in die Ereignisgeschichte hineinragende Schlußfolgerungen sehe ich momentan keine tragfähige Basis.[1715]

Dies gilt auch für den Beitrag Maleachis zur Levitendiskussion, der ansonsten freilich völlig anders gelagert ist. Maleachi kritisiert die Priesterschaft für ihr Handeln, welches den Bruch des „levitischen Bundes" bedeute. Das Attribut „levitisch" scheint daher für Maleachi im Grunde gleichbedeutend mit „priesterliche Angelegenheiten betreffend" zu sein – eine Sichtweise, die auch in der griechischen Bezeichnung „Levitikos" für das dritte Buch des Pentateuch

---

**1715** Vgl. auch Achenbach 1999, 301.

durchscheint. Hierdurch ergibt sich eine gewisse (auch in der wissenschaftlichen Literatur nicht selten zu beobachtende) Begriffsverwirrung, denn zugleich muß angenommen werden, daß diese späten Texte sehr wohl zwischen Priestern einerseits und Leviten als *clerus minor* andererseits unterscheiden. Es ist also genau darauf zu achten, wann von Angelegenheiten des Kultpersonals insgesamt und wann von Angelegenheiten der Leviten im eigentlichen Sinne die Rede ist. Zugleich ebnet diese terminologische Doppeldeutigkeit den Weg für einen folgenreichen Interpretationsvorgang. Sowohl im masoretischen Text (2,4) als auch in der Septuaginta (2,8) wird im Zuge der Überlieferung aus dem „levitischen Bund" ganz konkret ein Bund mit Levi, dem Sohn Jakobs. Dieser, von Beginn an der *heros eponymos* eines – wie auch immer definierten – Kultpersonals, gewinnt hier Ereignisse seiner Biographie hinzu, die schließlich in der pseudepigraphischen Literatur des Zweiten Tempels ausformuliert werden wird. Dort wird er jedoch sowohl Vorfahr der (aaronidischen) Priester als auch der übrigen, nicht-aaronidischen Leviten sein und damit über allen Streitigkeiten um die interne Struktur der Kultbediensteten stehen. In „Levi" als dem prototypischen Idealbild sind diese Diskussionen aufgehoben.

# 8 Ausblicke

Nach dieser Betrachtung der Levitentexte in den Hinteren Propheten soll in einem knappen Ausblick auch die Perspektive der Bücher Esra-Nehemia, Chronik und Sirach sowie einiger Schriften vom Toten Meer in den Blick kommen. Jedes dieser Themen ließe sich monographisch abhandeln. Daß sie hier nur am Ende noch eine Rolle spielen ist der Fragestellung dieser Arbeit geschuldet: Es galt nach den (historischen) Entwicklungen und ihren (literarischen) Grundlegungen zu fragen, an die die im folgenden zu behandelnden Texte anschließen.

Freilich kam die historische Seite bisher kaum zum Zuge, was zugleich ein, an dieser Stelle vorwegzunehmendes Ergebnis der vorliegenden Arbeit spiegelt. Unzweifelhaft reflektieren die literarisch zu beobachtenden und literarhistorisch zu beschreibenden Veränderungen auch realhistorische Prozesse. Durch ihre historische (bzw. historisierende) oder prophetische Gewandung ist es in den meisten Fällen gleichwohl unmöglich, zum jeweiligen zeitgeschichtlichen Kern durchzudringen. Dementsprechend sind die folgenden Seiten als ein eher thematisch ausgerichteter und weitgehend synchroner Überblick über die literarischen Anknüpfungspunkte für die jüngere Literatur des Zweiten Tempels in der relativ älteren Literatur von Pentateuch und Vorderen Propheten zu verstehen.

## 8.1 Esra-Nehemia

Esra-Nehemia zählt mit knapp siebzig Belegen für [1716]ו7 zu den Büchern, die sich quantitativ am intensivsten mit den Leviten auseinandersetzen. Ein synchroner Überblick ergibt jedoch, daß den Texten weder terminologisch noch thematisch eine etwa dem Deuteronomium vergleichbare Dynamik in Fragen der Leviten innewohnt. Die grundlegende Unterscheidung von Priestern und Leviten sowie z.T. weiterer Klassen des Kultpersonals ist durchgängig vorausgesetzt,[1717] die nominelle Vorordnung der Priester scheint unbestritten. Die diachrone Betrachtung wird dominiert von der Frage nach dem Verhältnis zwischen den „Memoiren" Nehemias als eines Laien und den späteren Überarbeitungen, die mit Esra eine ideale Priestergestalt einführen, die auch Nehemia überstrahlt.[1718] Daß in dieser

---

1716 Darunter viermal im aramäischen Teil: Esr 6,16.18; 7,13.24.
1717 Bis hin zur Rede vom „Bund des Priestertums und der Leviten" (Neh 13,29).
1718 Vgl. etwa Kratz 2008.

deutlich erkennbaren Bewegung Leviten eine entscheidende Rolle spielen würden, ist allerdings nicht zu erkennen.[1719]

Was aber bleibt – neben reinen Aufzählungen levitischer Familien – thematisch? Eine erste Auffälligkeit ist die Altersgrenze der zur Arbeit am Haus JHWHs eingesetzten Leviten bei zwanzig Jahren und darüber (Esr 3,8). Gegenüber Num 8,23ff. wäre das eine nochmalige Herabsetzung der Dienstuntergrenze um fünf Jahre.[1720] Was der Grund für diese Entwicklung ist, ob etwa mit gestiegenem „Personalbedarf" zu rechnen ist, läßt sich aus der Stelle nicht entnehmen.[1721]

Auf einen Mangel an Leviten scheint auch Esr 8,15ff. zu deuten. Bei der Sammlung der Rückkehrer am Fluß bei Ahawa tauchen Laien und Priester auf, „Söhne Levis" fehlen zunächst.[1722] Erst nachdem Esra einige verständige Männer zu Iddo nach Kasifija schickt (Vv. 16f.), folgen einige Machliter und Merariter zuzüglich einer Anzahl von Netinim[1723] dem Aufruf – insgesamt 220 Mann (Vv. 18–20). Allerdings schildert die Darstellung nur *eine* Gruppe von Rückkehrern. Zuvor listete Esr 2,36–40 ‖ Neh 7,39–43 bereits andere Rückkehrer auf, bei denen der Mangel an Leviten nur umso deutlicher hervorsticht: 4289 Priestern stehen 74 Leviten gegenüber.[1724] Aber selbst wenn man großes historisches Vertrauen in diese Darstellung sowie die Listen setzen und Fragen nach möglichen polemischen Absichten für den Moment beiseite schieben kann, ist doch deutlich, daß die genannten Gruppen nicht den gesamten Grundbestand nachexilischer Leviten umfassen können. Aus einigen wenigen Merariten und Machlitern (Esr 8) bzw. einigen nicht näher spezifizierten Leviten ergibt sich jedenfalls nicht das ansonsten erst in der nachexilischen Literatur voll entwickelte genealogische System der Nachfahren Levis mit Gerschon, Kehat und Merari sowie deren Söhnen.[1725]

---

1719 Sie werden in Neh 10,1; 12,22 und 13,5 vor den Priestern genannt, aber dafür sind auch sachliche Gründe erkennbar; eine intendierte Bevorzugung der Leviten *muß* daraus nicht abgelesen werden. Für einen Überblick über die Frage vgl. auch Rudnig 2000, 299f. mit partiell anderer Schwerpunktsetzung.
1720 Vgl. neben Num 8,23ff. auch Num 4,3.23.30.35.39.43.47 (LXX!) sowie I Chr 23,3(!).24 und II Chr 31,17.
1721 S.o. S. 151f.198f.
1722 Die Terminologie ist auffällig: Sollten Priester hier tatsächlich noch nicht als „Söhne Levis" gedacht sein, d.h. war die „genealogische Levitisierung" der Aaroniden bzw. die „Aaronidisierung" der Priesterschaft noch nicht vollzogen? Angesichts der sehr späten Abfassung dieser Passage (siehe i.f.) scheint das unwahrscheinlich. Eher ist wohl „Söhne Levis" gleichbedeutend (wenn auch ungenau) für Leviten gebraucht.
1723 Zu diesen und älteren Thesen der Forschungsliteratur vgl. die Diskussion in Frevel 2010b.
1724 Vgl. aber auch Neh 12.
1725 Vgl. neben Ex 6,16ff. (s.o. Kapitel 4.3) sowie Num 3 und 26,58f. (zu letzterem s.o. S. 187) auch I Chr 6; 23f.

Nun besteht freilich kein Grund, in Esr-Neh eine vollständige Auflistung aller Heimkehrer zu erwarten. Man kann durchaus mit weiteren Rückkehrergruppen rechnen, die entweder aus Unkenntnis, aus Desinteresse oder vielleicht auch aufgrund bewußten Verschweigens nicht in das Buch aufgenommen wurden. Größere Wahrscheinlichkeit und vielleicht auch Wichtigkeit kommt aber der Annahme zu, daß mit dem Großteil des Volkes auch der größte Teil der Leviten niemals ins Exil gegangen, sondern immer im Lande geblieben war.[1726] So wird man etwa bei der Suche nach den potentiellen Trägerkreisen des Deuteronomiums, insbesondere in Form seiner deuteronomistischen Fortschreibungen, unschwer an im Lande verbliebene Leviten denken.[1727] Zudem darf die Redaktionsgeschichte nicht außer Acht gelassen werden. Die Episode von der Sammlung der Leviten (Vv. 15b-20) verdankt sich, wie es scheint, einem Nachtrag.[1728] Aus den Heimkehrerlisten in Esr 2 ‖ Neh 7 sowie der Episode Esr 8,15 ff. direkt historische Schlußfolgerungen für die frühnachexilische Zeit ziehen zu wollen, ist also ein höchst waghalsiges Unternehmen.[1729]

Ein weiterer Punkt von Bedeutung betrifft die an Dtn 31 erinnernde Verlesung des Gesetzes durch Esra in Neh 8.[1730] Den Leviten kommt die Aufgabe zu, das verlesene Gesetz „verständlich zu machen". Interessanterweise findet dabei die Wurzel בין *hif'il* Verwendung (Vv. 7.9), nicht die für das Deuteronomium wichtigen Verben למד *pi'el* oder ירה *hif'il*. Die Rolle des *Moses redivivus* wird überdies von Esra, dem Priester eingenommen.[1731] Trotz aller offenkundigen Anknüpfung an die deuteronomische Vorlage dürfen also die konzeptionellen Differenzen nicht übersehen werden. Auch wenn den Leviten in der Zeremonie Neh 8 f. eine ge-

---

**1726** Vgl. auch Neh 11, bes. V. 20.

**1727** S.o. Kapitel 2.3.

**1728** Vgl. Kratz 2000a, 79 ff.

**1729** Vgl. dagegen Schaper 2000, 127: „Diese Daten [*scil.* Esr 2 und Neh 7] lassen nur einen Schluß zu: Die Leviten ahnten, womit sie nach der Wiederaufnahme des Opferkultes zu rechnen hatten – nämlich mit der endgültigen Degradierung zu Priestern zweiter Klasse und der unverrückbaren Zementierung dieses Zustandes – und nahmen deshalb in überwältigender Mehrheit von der Repatriierung Abstand. Auch später [*scil.* Esr 8,15–20] fiel es schwer, Leviten zur Rückkehr nach Juda zu bewegen. Was läßt sich nun hieraus schließen? Bereits am Ende der Exilszeit war den Leviten klar, was sie in Jerusalem erwarten würde. Diese Einsicht kann also nur das Resultat von Geschehnissen im Exil und daraus gewonnenen Einsichten gewesen sein." Nicht nur weiß Schaper also, was die Leviten nur ahnten, er kommt auch zu einer erstaunlichen Frühdatierung der festen Unterscheidung von Priestern und Leviten, was mindestens den Befund der heftigen Diskussion um diese Frage etwa in den späten Partien im Buch Numeri ignoriert. Vgl. zur Kritik an Schapers Thesen auch Achenbach 2003, 546 f. Anm. 53.

**1730** Vgl. auch Otto 2000, 196–211. Das Kapitel gehört zu den jüngsten Esra-Stücken im Buch, vgl. etwa Kratz 2008, 184 f., ausführlicher zuvor Kratz 2000a, 74 ff. und v. a. J.L. Wright 2004.

**1731** Otto 2000, 210 spricht etwas vorsichtiger vom *Josua redivivus*.

wichtige Funktion zukommt, spiegelt sich darin nicht derselbe Anspruch in bezug auf priesterliche Aufgaben, wie ihn das deuteronomistische Deuteronomium vertritt. Die Führungsrolle in Esr-Neh kommt zweifelsohne Esra zu, die Leviten assistieren lediglich dabei.

Ein letzter Punkt betrifft die Regelung der Abgaben. Auch hier ist zwar ein Anknüpfen an die älteren Vorgaben im Deuteronomium erkennbar,[1732] noch deutlicher werden aber die entsprechenden Weiterentwicklungen des Abgabenwesens, wie sie sich im Buch Numeri finden, vorausgesetzt: So wie die Israeliten den Leviten den Zehnt überlassen, geben die Leviten ihrerseits einen Zehnten an die Priester weiter (Neh 10,36 ff.).[1733] Was im Pentateuch noch umstrittene Neuerung war, scheint hier also – der Sache nach – die Selbstverständlichkeit zu sein, die wiederhergestellt werden muß (Neh 13). Dies aber nicht, weil die Priester vernachlässigt worden wären, sondern die Leviten. Nur vor diesem Hintergrund läßt die Restaurierung der im Buch Numeri gewünschten Verhältnisse sich überhaupt als besondere Fürsorge für die Leviten verstehen. Der Abstand zum Deuteronomium könnte deutlicher nicht sein!

Auch dieser kurze Überblick zeigt demnach, daß grundsätzlich die priesterlichen Überarbeitungen des Pentateuch die Perspektive für die weitere Rezeption vorgeben. Alle älteren Materialien sind durch den entsprechenden Filter vermittelt. Von der Polemik, die den Numeritexten noch innewohnt, ist in Esr-Neh allerdings nichts mehr spüren. Obwohl die Einführung der Gestalt Esras in das Buch einem ähnlichen Muster der redaktionsgeschichtlichen Betonung des priesterlichen Primats entspricht, bleibt die Frage des Verhältnisses von Priestern und Leviten davon unberührt, da sie offenbar schon geklärt ist. Die Konfliktlinien in Esr-Neh verlaufen bereits an anderen Stellen als im Pentateuch.

## 8.2 Chronik

Manches des zu Esr-Neh Gesagten läßt sich in ähnlicher Weise für die Bücher der Chronik wiederholen. Beide Bücher bieten zusammen über einhundert Belege für לוי. Nahezu durchgängig treten die Leviten dabei jedoch neben den Priestern auf und die fundamentale Unterscheidung beider Gruppen ist jeweils vorausgesetzt.[1734] Ihre häufigen Auftritte, verdanken die Leviten, wie es scheint, vor allem einem kultpolitischen Interesse, wonach ihre Anwesenheit bei allen Vorgängen,

---

1732 Siehe z. B. oben S. 120 zur Trias „Getreide, Most und Frischöl".
1733 S.o. Kapitel 3.5.
1734 Vgl. auch Gunneweg 1965, 209.

die in irgendeiner Form mit dem Tempel und seinem Gerät verbunden sind, nötig ist.

Die Auswirkungen dieser Denkweise zeigten sich schon bei den Ladeerzählungen im Vergleich mit ihren Vorlagen in den Samuelisbüchern:[1735] Das in II Sam 6 noch ganz unproblematische Fehlen von Leviten beim Transport der Lade wird so für den Chronisten zum eigentlichen Grund für Gottes Zorn, der zu einem dreimonatigen Verweilen der Lade im Hause Obed-Edoms führt. Erst im Beisein von Priestern und Leviten gelingt schließlich die Heimholung der Lade (I Chr 13 und 15). In nicht unähnlicher Weise führt auch die Erzählung von der Tempelweihe II Chr 5 ihre Vorlage in I Reg 8 weiter und glättet dabei manche durch Fortschreibung des masoretischen Textes entstandenen Unebenheiten. Dabei wird zugleich die Verteilung des Tragedienstes auf Priester und Leviten systematisiert.[1736]

Systematisiert wird weiterhin die Betrachtung der sich aus der Einrichtung des israelitischen Staatskultes durch Jerobeam ergebenden Folgen. Stellt I Reg 12,31 lediglich fest, daß dieser König auf den selbstgemachten Höhen Priester einsetzte, die nicht „von den Söhnen Levis" waren, so bedenkt II Chr 11,13 f. die Konsequenzen. Die noch verstreut lebenden Priester und Leviten verlassen angesichts dieses illegitimen Kultes das Nordreich und kommen zu König Rehabeam nach Juda und Jerusalem. König Abija greift diese Vorgänge später in einer Rede gegen Jerobeam und sein Kriegsvolk auf und verweist dabei auf den allein rechtmäßigen Kult in Jerusalem (II Chr 13,9 f.). Als Belohnung für diese JHWH-Treue gewinnen die Judäer auch das Gefecht.

Auch bei der „Gerichtsreform Joschaphats" sind Leviten von Bedeutung. Der Text II Chr 19 liegt dabei sachlich ganz in der Fluchtlinie der Fortschreibungen in Dtn 17 und 19.[1737] Ebenso wie hier der Name des Königs ausgelegt wird, scheint die anschließende Erzählung vom Kampf gegen Moabiter und Ammoniter II Chr 20 eine idealisierte Darstellung des Krieges im Sinne von Dtn 20 zu sein. Jedenfalls verhält sich der Levit Jahasiël mit seinem Zuspruch (V. 14 ff.) ganz so, wie man es von dem Priester (Dtn 20,2 ff.) erwartet.

Bei der Verschwörung gegen die Königin Atalja, spielt nach I Reg 11 zwar der Priester Jojada eine Rolle, mit den militärischen Aufgaben ist ansonsten jedoch die Garde beteiligt. Da die Krönung Joaschs – das Ziel der Verschwörer – jedoch im Tempel stattfindet, sind gemäß II Chr 23 natürlich Priester und Leviten beteiligt. Joasch kümmert sich schließlich noch um die Renovierung des Tempels, wobei er

---

1735 S.o. Kapitel 6.3.1 und 6.3.2.
1736 S.o. Kapitel 6.3.3.
1737 S.o. S. 98 ff.

sich der Priester und Leviten zum Eintreiben der benötigten Finanzmittel bedient (II Chr 24).

Mithilfe der Priester und Leviten unternimmt schließlich auch Hiskija seine diversen Reformvorhaben (II Chr 29 ff.). Am Anfang steht eine Reinigung des Tempels. Bemerkenswert dabei ist – wie schon in II Chr 5 – die genaue Beachtung der verschiedenen Zugangsrechte. Zum Allerheiligsten haben allein die Priester Zugang, der Wirkungsbereich der Leviten liegt außerhalb (II Chr 29,16). In II Chr 29,34 liegt dann einer der ganz seltenen Fälle positiver Hervorhebung der Leviten gegenüber den Priestern in der Chronik vor. Sie werden für ihr Bemühen damit belohnt, daß sie das üblicherweise den Priestern zustehende Enthäuten der Brandopfer übernehmen dürfen – dies aber nur als Ausnahme, weil und solange ein Mangel an Priestern besteht. Einen dauerhaften Anspruch auf die Durchführung dieser Tätigkeit können sie daraus nicht ableiten.[1738] Priester und Leviten feiern auch das zweite Pesachfest (II Chr 30) und beaufsichtigen die Reorganisation des Abgabenwesens (II Chr 31).[1739]

Angesichts des Gesagten ist es nicht überraschend, daß auch bei König Josia Leviten eine größere Rolle spielen. Die Auffindung des Gesetzbuches bleibt zwar – wie auch in II Reg 22 – dem Priester Hilkija vorbehalten, statt der „Priester und Propheten" (II Reg 23,2) sind bei der Bundeszeremonie jetzt jedoch „Priester und Leviten" anwesend (II Chr 34,30). Auch bei dem unter Josia zu feiernden Pesach wird ausführlich das Tun der Priester und Leviten berücksichtigt (II Chr 35).

Alle genannten Stellen erweisen sich als konsequent in der Berücksichtigung von Priestern und Leviten, sobald Tempelangelegenheiten angesprochen sind. Der Chronist zeichnet dadurch bestimmte Könige – selbstredend nur Könige Judas – als fürsorgliche Bewahrer der Tora im Unterschied zu ihren nördlichen Standes- und Zeitgenossen. Zum Bewahren in diesem Sinne gehört einerseits die Beibehaltung der strikten Unterscheidung von Priestern und Leviten, andererseits die „Levitisierung" alles übrigen Tempelpersonals. So werden nicht nur die Torhüter und „Schatzmeister" (I Chr 26), sondern auch die Propheten (I Chr 25, bes. V. 1!)[1740] usw. zu Leviten gemacht. Dem im Vergleich mit den Samuelis- und Königebüchern deutlich vermehrten Auftauchen von Leviten in der Chronik liegt also kaum ein genuin pro-levitisches Interesse zugrunde als vielmehr der Schutz des Tempels vor unbefugtem Zutritt durch Sicherstellung der Tatsache, daß *alles* Kultpersonal (genealogisch) qualifiziert ist.

---

**1738** Vgl. aber noch II Chr 35,11.

**1739** Zu den verschiedenen Zehnten und dem literarhistorischen Verhältnis der deuteronomischen zu den priester(schrift)lichen Regelungen s.o. S. 237 ff. Neu in II Chr 23 ist die explizite Nennung von Honig unter den Abgaben in V. 5.

**1740** Mit gleicher Logik wird in Bel 1,1 der Prophet Habakuk dem Stamm Levi zugerechnet.

Es bleibt in der Tora nur eine Angelegenheit von Bedeutung ungeregelt: Welcher Dienst steht den Leviten zu, wenn mit der Seßhaftwerdung der Israeliten und der Errichtung des Tempels durch David bzw. Salomo die Stiftshütte ihre Funktion verliert? Hier ist der Freiraum und Ansatzpunkt für mögliche Neuerungen in der Chronik (II Chr 23,26 ff.), z. B. in der Einteilung in 24 „Lose" (I Chr 25), entsprechend der Einteilung der Priesterschaft in 24 Klassen.[1741] Im Vergleich mit den übrigen Levitentexten spielt dieser Punkt jedoch eine eher untergeordnete Rolle. Die Mehrheit der chronistischen Levitentexte ist grundlegend im Einklang mit den Regelungen der Tora und führt sie lediglich präzisierend und aktualisierend weiter.[1742] Einen Weg zurück zur deuteronomisch-deuteronomistischen Sichtweise gibt es nicht.

---

**1741** Vgl. hierzu ausführlich Gleßmer 1995.

**1742** Im großen und ganzen ist darum Martin Noth zuzustimmen, wenn er schreibt: „Es ist denn auch die übliche Auffassung, daß das Hauptinteresse von Chr einem internen Anliegen gegolten habe, nämlich der Geltendmachung der levitischen Ansprüche auf bestimmte neue und wichtige Funktionen im Tempelkult. Ich kann diese Auffassung nur für u n z w e i f e l h a f t  f a l s c h halten. Das ergibt sich nicht nur aus der Tatsache, daß die großen Levitenstammbäume und Levitenlisten in der Chronik sich literarkritisch als sekundäre Zutaten zum Werke von Chr erwiesen haben und daß die Rolle, die die Leviten in dem Grundbestand von Chr spielen, nicht über das hinausgeht, was angesichts der Übertragung der Chr von seiner eigenen Gegenwart aus geläufigen Verhältnisse in die von ihm geschilderte Vergangenheit zu erwarten ist, sondern vor allem aus der Gesamtanlage des Werkes von Chr. Wer neue levitische Ansprüche auf Funktionen im Tempelkult gegenüber Vorrechten der Priester – und das waren doch die einzig möglichen Gegner solcher Ansprüche – geltend machen und geschichtlich begründen wollte, der konnte in einer Zeit, in der die bevorrechtete Stellung der aaronidischen Priester in dem anerkannten Pentateuch eine feste und geheiligte Stellung besaß, die neu beanspruchten Rechte der Leviten unmöglich auf Anordnungen Davids gründen, wenn er sich nicht der naheliegenden Widerlegung aussetzen wollte, daß diese jüngeren Anordnungen Davids gegen die älteren Weisungen Moses nicht aufkommen könnten, sondern er mußte die Moseüberlieferung in seinem Sinne ergänzen; denn auf kultischem Gebiet gilt stets das Alter einer Ordnung als Legitimation und hat das Ältere gegenüber dem Jüngeren das größere Gewicht. Von Mose aber hat Chr völlig geschwiegen, und so lag offenbar das Abändern oder Ergänzen mosaischer Ordnungen ganz außerhalb des Bereichs seiner Interessen" (Noth 1943, 173 f.; Hervorhebung im Original). Dagegen ließe sich zwar einwenden, daß der Pentateuch zur Zeit des Chronisten bereits „geschlossen" gewesen sein könnte, aber dies unterstreicht nur umso deutlicher den normativen Charakter des Primats der Aaroniden. An einer Auseinandersetzung oder kreativen Rezeption mit diesem Konzept führt in der Spätzeit kein Weg mehr vorbei.

## 8.3 Sirach

In den beiden vorangegangenen Abschnitten war jeweils nur von den Leviten die Rede, der Patriarch Levi kam nicht in den Blick. Er spielt auch in Esra-Nehemia keine Rolle, in der Chronik allenfalls am Rande im Hinblick auf den Ausbau der Genealogien. In Sirach wäre nun eine Behandlung Levis im „Lob" der Väter durchaus zu erwarten. Aber auch hier findet er – abgesehen vom Hinweis auf Aarons Herkunft aus dem Stamm Levi (Sir 45,6) – keine Erwähnung, ebensowenig wie die übrigen Söhne Jakob-Israels. Statt dessen stehen mit Aaron und Pinchas zwei hohepriesterliche Gestalten im Fokus.

Die Konzentration auf das Priestertum ist bei Sirach an sich nicht überraschend.[1743] Bemerkenswert ist vielmehr, daß Levi, der in der zeitgenössischen Literatur bereits zum archetypischen Priester aufgestiegen ist, bei Sirach offenbar – sofern man hier *via negationis* schließen darf – nicht als solcher gesehen wird. Damit zeigt sich allerdings mehr die (proto)kanonische Orientierung Sirachs: Die gesamte Auswahl der Personen im Lob der Väter und ihre jeweilige Darstellung läßt sich ganz aus den biblisch gewordenen Traditionen und ihrer Interpretation heraus erklären. Größere Sonderüberlieferungen, wie die von Levi als Priester, haben in Sirach folglich keinen Eingang gefunden, d. h. Levi erscheint schon deswegen nicht als Priester, weil er in der Genesis nicht als solcher amtiert.

Auch bei der Interpretation von Sirach ist demnach der Primat des Literarischen zu beachten:[1744] Nur dort, wo sich der Text nicht als kongeniale Interpretation seiner Vorlagen zu erkennen gibt, kann auf Sirachs eigene Haltung geschlossen werden.[1745] Im Falle des Patriarchen Levi lassen sich darum allenfalls

---

1743 Vgl. zur Thematik neben Höffken 1975 noch Stadelmann 1980; Olyan 1987 und Fabry 2003.
1744 Vgl. oben S. 77 f. zu Sirachs (doppelter) Rezeption von Dtn 33 und S. 230 zu Num 16.
1745 In eine derartige Richtung geht etwa der Versuch Höffkens, der das Schweigen Jesus Sirachs über Esra untersucht. Demnach wiese Esra in der Perspektive Jesus Sirachs eine deutlich zu starke Nähe zu den Leviten auf: „Gerade an bedeutsamen Stellen (Esr 8 Neh 8) zeigt der Bericht mithin eine geradezu vollkommene Gemeinsamkeit von Esra und Levitentum, was von den Voraussetzungen des Jes Sir aus nur auf eine Absicht des ,geschichtlichen' Esra hindeuten kann. | ... Summiert man die angestellten Überlegungen, so zeigt sich, daß die Betonung der Gemeinsamkeit von Esra und den Leviten geradezu notorisch ist ... Von den Prämissen des Jes Sir her – Ablehnung des Levitismus, verbunden mit einer Hochschätzung des Hohenpriesters und seiner Priesterkollegen aus Aarons Geschlecht als den eigentlichen Trägern von Kult und Gesetz in Israel – reduziert sich das Werk Esras ins Bedeutungslose, bei dem gar angesichts der skizzierten Auffassung von Theokratie die negativen Aspekte überwiegen. Esra kann daher mit guten Gründen übergangen werden. Er kann bei Jes Sir's Theokratieverständnis nicht als Vater gepriesen werden" (Höffken 1975, 194 f.). Auch wenn man die Differenzen zwischen Sir und ChrG im Detail anders sehen mag als Höffken, so ist dennoch die kritischere Haltung gegenüber den Leviten und die Fokussierung auf das Hohepriestertum in Sir unverkennbar.

Tendenzen erahnen – Sirach hatte eben kein *besonderes* Interesse an Levi –, aber viel mehr wird man dieser Leerstelle nicht entnehmen dürfen.

## 8.4 Qumran

Zu guter Letzt ist noch auf Levi und die Leviten in Qumran einzugehen.[1746] Dabei soll es weniger um die Frage gehen, welche Rolle Leviten in der hinter den Schriftrollen stehenden Gemeinschaft spielten, als vielmehr darum, welche biblischen Rollenvorbilder in den Texten rezipiert wurden. Zugleich nimmt die getrennte Darstellung – zunächst die Leviten, dann Levi – ein Ergebnis bereits vorweg: Wie sich schon in den späten biblischen Texten ankündigte, entwickelt die Figur Levi zunehmend ein Eigenleben. Die ursprünglich enge Verbindung zwischen den Leviten und ihrem *heros eponymos* löst sich mehr und mehr auf, womit Levi zugleich neue Rollen und Funktionen übernehmen kann und ebenso zum Stammvater der Priesterschaft wird.

### a) Leviten

Die grundlegende Unterscheidung von Priestern und Leviten ist auch in den Qumranschriften überall vorausgesetzt. Zudem ist hier schon die Dreiteilung in Priester, Leviten und „Israel" (also Laien) anzutreffen, wie sie auch die spätere rabbinische Literatur kennt,[1747] gelegentlich taucht noch der Fremdling als viertes Glied der Reihung auf.[1748]

Eine interessante Rollenteilung zwischen Priestern und Leviten findet sich in den „liturgischen Anweisungen" für die Zeremonie bei der Aufnahme neuer Mitglieder der Gemeinschaft (1QS If.). Die Priester sollen von Gottes gerechten Taten und seinen Gnadenerweisen an Israel erzählen (I,21 f.), die Leviten dagegen sollen an Israels Sünden und Freveltaten erinnern (I,23 f.). Dementsprechend obliegt nach dem nun folgenden Schuldbekenntnis den Priestern das Segnen (II,1 ff.), den Leviten das Fluchen (II,4 ff.), während die neu aufgenommenen Personen mit „Amen, Amen" antworten. Man erkennt darin leicht die Vorlage in

---

[1746] Für einen grundlegenden Überblick sei auf Stallman 1992 und Brooke 2005 verwiesen. Gänzlich unbrauchbar angesichts der grundlegenden methodischen und sachlichen Fehler ist Labahn 2010.

[1747] So etwa 1QS II,19 ff.; aber vgl. schon Ps 135,19 f., wo V. 20a den entscheidenden Überschuß gegenüber der Parallele Ps 115,9 – 11 darstellt.

[1748] Vgl. CD XIV,3 ff.

Dtn 27, wobei dort Segnen und Fluchen einerseits den Stämmen übertragen wurde
(Vv. 11–13), andererseits die Leviten eine ganze Fluchreihe zu sprechen hatten
(Vv. 14ff.). Daß 1QS andererseits den Priestern den Segen in den Mund legt, folgt
mit Konsequenz aus der Anordnung an die Aaroniden in Num 6,24–26.

Reminiszenzen an Dtn 31 finden sich in 1Q22, aber leider sind hier ent-
scheidende Worte zerstört, so daß bei der Interpretation manche Fragen zur
Funktion der Leviten offen bleiben müssen. Klar ist, daß Eleasar, der Sohn Aarons,
der abgesehen von Dtn 10,6 im Deuteronomium als dem Buch vom letzten Tag
Moses nicht erwähnt wird, hier Mose bei seinen letzten Worten zur Seite steht.
Auch in 1Q22 tritt also die hohepriesterliche Autorität neben die mosaische.

Neben weiteren Erwähnungen von Leviten in der Kriegsregel,[1749] in der Damaskusschrift[1750] und anderen kleineren Werken[1751] sind vor allem die zahlreichen
Belege in der Tempelrolle von Bedeutung.[1752] Auf die weiterführende Auslegung
von Dtn 18 in 11QT Kol. 60 war bereits kurz hingewiesen worden.[1753] Die nicht
erhaltenen oberen Zeilen von Kol. 60 begannen vermutlich mit einer Paraphrase
von Dtn 18,1ff. Und entsprechend der Reihenfolge in Dtn 18 – die Vv. 3ff. berücksichtigen zunächst die Priester, erst die Vv. 6ff. auch die Leviten – verhandeln
die ersten erhaltenen Zeilen in 11QT Kol. 60 weitere Abgaben an die Priester. Diese
sind zum Teil gänzliche Neuregelungen, wie die Abgaben von Honig,[1754] Vögeln,
Wild und Fischen, zum Teil aber auch aus anderen Stellen des Pentateuch hier
eingetragen. So legen die Zz. 4f. den priesterlichen Anteil an Beute und Plündergut
auf ein Tausendstel fest, was Num 31 entspricht.[1755] Zwar ist dort wörtlich von
einem Fünfhundertstel die Rede, aber da sich dies auf die Hälfte der Beute bezieht,
die der kämpfenden Truppe zukommt, handelt es sich effektiv also ebenfalls um
ein Tausendstel.[1756] Entsprechend sollen die Leviten nach 11QT 60,15 ein Hun-

---

**1749** Zu möglichen Unterschieden zwischen 1QM und den 4QM-Texten in bezug auf die Leviten
vgl. Brooke 2005, 117ff.
**1750** Von Interesse ist hier v.a. die Rezeption des Zitates Ez 44,15. Während in Ezechiel „Söhne
Zadoqs" appositionell zu „levitische Priester" steht, ergänzt CD III,21ff. jeweils ein ו, so daß von
drei verschiedenen Gruppen die Rede ist. Die Deutung des Verses legt es jedoch nahe, daß der
Autor der Damaskusschrift weder bei „Priestern" noch bei „Söhnen Zadoqs" tatsächlich an
Priester dachte. Statt dessen liegt eine Umdeutung auf die Mitglieder der Gemeinschaft vor!
**1751** Vgl. v.a. noch Brooke 2005, 120f. zum Amt des מבקר in 1QS, CD sowie 5Q13 und der Frage,
ob dieser als Levit vorzustellen sei.
**1752** Vgl. in Kürze Brooke 2005, 121f. und v.a. Stackert 2011.
**1753** Oben S. 86f.112.
**1754** Vgl. aber II Chr 31,4–6; zur Frage, wie „Zehnt" an dieser Stelle zu verstehen ist, vgl. dzau
auch die Diskussion bei Schiffman 1999, 493f.
**1755** S.o. S. 239f.; vgl. außerdem 11QT 58,12f.
**1756** Vgl. Schiffman 1999, 492.

dertstel des Beutegutes erhalten, ebenso groß ist der Anteil bei Vögeln, Wild und Fischen.[1757]

Neu und einzigartig ist aber die Zuweisung der Schulter (שכם) als Opferanteil an die Leviten (Z. 14).[1758] Meines Erachtens ergibt sich zumindest die exegetische Möglichkeit, vielleicht aber auch die Motivation für diese Zuschreibung aus dem Versuch konsequenter Harmonisierung verschiedener biblischer Angaben zu den Opferanteilen: So gehören den Priestern von Opfern einerseits die Brust (חזה) und die rechte Vorderkeule (שוק),[1759] gleichzeitig stehen ihnen aber auch Bug (זרע), Kinnbacken (לחיים) und Labmagen (קבה) zu.[1760] Nach der Tempelrolle erhalten die Priester jedoch nur einen Teil der זרע, eben bis zur Schulter, d. h. die Tempelrolle differenziert verschiedene Teile der זרע und kann so die Angaben über שוק und זרע miteinander abgleichen.[1761] Daß die Schulter dann den Leviten zugeteilt wird, mag zudem durch den Wechsel der Bezugsgrößen in Dtn 18,1–8 – erst Stamm, dann Priester, dann Leviten – begünstigt worden sein.[1762] Es ist also möglich, daß auch hier ein grundsätzlich eher exegetischer Vorgang dokumentiert ist.[1763]

Gleiches gilt für die nur auf den ersten Blick in der Tendenz eindeutige Reformulierung von Dtn 18,7 in 11QT 60,21: וכול אחיו הלויים ישרת העומדים שמה לפני. Sollte nicht einfach ein Schreiberirrtum vorliegen, ergibt sich durch die leicht veränderte Wortstellung ein deutlich anderer Sinn. Der Dienst des Leviten ist hier kein Altardienst mehr, er ist vielmehr Assistenzdienst an derjenigen Personengruppe, die ohnehin am erwählten Ort vor JHWH steht, d. h. an der aaronidischen

---

1757 Vgl. zur Thematik insgesamt Schiffman 1999 und Paganini 2009, 155 f.
1758 Vgl. weiterhin 11QT 20,15 f.; 21 (rekonstruiert nach der Parallele in 11Q20); 22,9–11.
1759 Ex 29,27; Lev 7,31 f.33 f.; 9,21; 10,14 f.; Num 6,20; 18,18 u. ö.
1760 Dtn 18,3, aber – als Spezialfall – auch Num 6,19.
1761 Die Rabbinen diskutieren das Verhältnis von Dtn 18,3 und Lev 7 in mHul 10,1, die jeweilige Bedeutung von זרוע, שוק und לחי u. a. in mHul 10,4. – Die LXX umgeht das Problem, in dem Sie sowohl שוק als auch זרוע mit βραχίων übersetzt. Daß damit Feinheiten des hebräischen Textes verlorengehen, wird am deutlichsten in Num 6,19 f.
1762 Vgl. etwas anders Schiffman 1999, 490 f.
1763 Vgl. die Durchsicht der klassischen Thesen bei Stackert 2011. Er legt alllerdings Wert darauf, daß „each instance of harmonistic exegesis is achieved through both prioritization and sublimation of elements in its parent texts. The result is one conflation among many possible conflations, one novel interpretation that might easily be countered (and in many cases, as early Jewish interpretive literature demonstrates well, is countered) by alternative readings. Because multiple exegetical choices always exist in the practice of harmonistic interpretation, an appeal to a conflationary hermeneutic is insufficient to explain any particular instance of harmonization" (Stackert 2011, 212). Dieser Einwand ist grundsätzlich berechtigt, zu den daraus resultierenden Problemen siehe i.f.

Priesterschaft.[1764] Die Tempelrolle würde hier also, der klassisch deuteronomischen Haltung entgegen, die klare Unterordnung der Leviten unter die Aaroniden einschreiben. Aber damit liegt sie nicht nur auf der Linie der späten innerdeuteronomischen Fortschreibungen, sondern nimmt auch Gedanken und Formulierungen aus Num 3,6 oder 18,2 auf. Wollte man nun daraus Rückschlüsse auf die Haltung der Tempelrolle zu den Leviten ablesen, ergäbe sich ein Widerspruch zu den bisherigen Beobachtungen, die scheinbar eine Statusaufwertung der Leviten propagieren.[1765] Dieser Widerspruch erklärt sich m. E. am plausibelsten mit dem Verweis auf harmonisierende Exegese. Für die Haltung der hinter der Tempelrolle stehenden Verfasserkreise zu den Leviten ließe sich also weder aus dem einen noch dem anderen Befund etwas schlußfolgern, jedem Versuch einer historischen Auswertung fehlte die sichere Grundlage.[1766]

Nicht anders verhält es sich mit dem „Rat der Sechsunddreißig", mit denen sich der König umgeben soll (Kol. 57). Daß hier neben zwölf Laien und zwölf Priestern auch zwölf Leviten ihren Sitz haben (Zz. 18 – 20), läßt sich problemlos als Rezeption des Königsgesetzes (Dtn 17,14 – 20) in Verbindung mit der auch andernorts beobachteten Tendenz zur konsequenten Auflösung der deuteronomischen Formulierung „levitische Priester" in „Priester *und* Leviten" verstehen. Vor diesem Hintergrund muß schließlich auch die Einfügung der Leviten in die Reihung „Priester und Richter" in der Paraphrase von Dtn 19,15 ff. in 11QT 61 verstanden werden. Dahinter steht weniger die Aufwertung der Leviten[1767] – sie bleiben ja auch weiterhin im Rang von den Priestern unterschieden – als vielmehr

---

**1764** Vgl. in diesem Sinne schon Milgrom 1978, 503, deutlicher dann Milgrom 1980/81, 103 f., aufgenommen etwa bei Stackert 2011, 210 f.

**1765** So ausdrücklich Milgrom 1978, 501.

**1766** Stackert hingegen erklärt die widersprüchlichen Tendenzen auf andere Weise: Nach der Konzeption der Tempelrolle könne der Status der Leviten „at best" als „separate but equal" bezeichnet werden, wobei letzteres eine deutlich ironische Note trägt. Denn da die Vorordnung der Priesterschaft unangetastet bleibe, ja partiell sogar verstärkt werde, bediene sich die Tempelrolle letztlich eher deuteronomisch eingefärbter Gleichheitsrhetorik, die „otherwise might be labeled opportunistic egalitarianism" (Stackert 2011, 213). Das führe bei der Suche nach den Verfasserkreisen auf priesterliche Gruppen, die in Distanz zum Jerusalemer Tempel standen und sich zugleich um Leviten als ideologische Verbündete bemühten, wobei eben „the *true* motivation ... cannot be hidden entirely" (Stackert 2011, 213; Hervorhebung H.S.). Ausgeschlossen ist das nicht, aber die Bestimmung der „true motivation" setzt notwendigerweise textexterne Daten voraus, die leider gänzlich ungesichert sind. Man muß Stackert allerdings zugute halten, daß er seine Textauslegung methodisch klar von dem Versuch der historischen Einordnung trennt.

**1767** Anders etwa Milgrom 1978, 501 f.

eine Harmonisierung von Dtn 19,17 mit Dtn 17,9 im Sog der bereits angesprochenen terminologischen Tendenz.[1768]

Faßt man den Befund in der Tempelrolle zusammen, so ergibt sich m. E. keine klare Tendenz, keine Aufwertung oder besondere Berücksichtigung der Leviten. Nahezu alle Stellen lassen sich mit exegetischen (Ausgleichs)bemühungen erklären. Allenfalls kann man ein entspannteres Verhältnis der Tempelrolle zu den Leviten, als es entsprechende Texte im Buch Numeri spiegeln, konstatieren. Die Kämpfe, die zur klaren Statusunterscheidung von Priestern und Leviten führten, liegen bereits lang zurück, sie spielen für die Autoren der Tempelrolle keine Rolle mehr. Ihnen geht es statt dessen um eine sorgfältige Auslegung der für sie autoritativen Texte, d. h. vornehmlich des Pentateuch, unter Berücksichtigung der Möglichkeit halachischer Aktualisierungen.

### b) Levi

Weitgehend unberührt von all diesen Fragen vollzieht sich der weitere Aufstieg Levis zu einem der wichtigsten Charaktere in der nicht biblisch gewordenen Literatur des Zweiten Tempels.[1769] Seine „Biographie" im Jubiläenbuch aber v. a. im Aramäischen Levi-Dokument (ALD) umfaßt drei wesentliche Komponenten:

1. Die genealogische Verankerung: Levi ist der dritte Sohn Jakob-Israels, seine Söhne sind Gerschon, Kehat und Merari. Durch den mittleren Sohn führt die Linie über Amram und Jochebed schließlich auf Aaron, Mose und Mirjam.
2. Die Strafaktion an den Sichemitern als Rache für die Schändung Dinas.
3. Das Amtieren als Priester.

Die ersten beiden Punkte haben offenkundigen Anhalt an der biblischen Überlieferung. Sie werden in der betreffenden Literatur allerdings um weitere Details angereichert. So elaboriert ALD etwa die chronologischen Daten im Leben Levis, die Namen und Altersangaben seiner Nachfahren (ALD 11 f.) und entwickelt so den besonders kunstvollen Gedankengang, wonach Amram und seine Tante Jochebed am selben Tag geboren worden seien (ALD 12,5).[1770] Auch Gen 34 wird weiter ausgeschmückt und dient zugleich als Ausgangspunkt für die Behandlung hala-

---

**1768** Vgl. ähnlich Paganini 2009, 172. Möglicherweise ist auch mit einer Vorlage zu rechnen, die bereits eine entsprechende Abweichung gegenüber dem masoretischen Text in Dtn 19,17 aufwies.
**1769** Vgl. überblicksweise auch Brooke 2005, 116–126.
**1770** S.o. S. 254.

chischer Fragen.[1771] In Jub 30 etwa wird v. a. die Frage der Mischehen traktiert und scharf verurteilt.[1772]

Der entscheidende dritte Punkt aber, das Priestertum Levis, bleibt in den narrativen Levi-Texten der Hebräischen Bibel ohne Gegenstück. Wie kommen also die Autoren des Jubiläenbuches oder des Aramäischen Levi-Dokumentes zu ihrer Darstellung? Hier treffen mehrere Motive aufeinander: Zum einen der Gedanke eines Priestertums vor dem Sinai, so daß auch die Patriarchen bereits die Weisungen der Tora eingehalten haben können, und – daraus resultierend – der Gedanke einer Weitergabe priesterlichen Wissens bzw. des Priestertums von den Anfängen der Menschheit her.[1773] Unter den Söhnen Jakob-Israels kommt als Glied einer solchen priesterlichen Linie schließlich nur Levi in Frage,[1774] in Fortführung dieses Sukzessionsgedankens entstehen schließlich auch Werke wie das „Testament of Qahat" (4Q542) oder die „Visions of Amram" (4Q543–549?).

Zum anderen aber finden sich jenseits dieser grundsätzlichen Überlegungen in kleinen Details auch schon innerbiblische Anknüpfungspunkte für die priesterliche Karriere Levis. Ein erstes Beispiel sahen wir in Dtn 10,8 f.[1775] Der Konsonantentext, dem auch die LXX mit dem Plural in der Sache folgt, spricht nicht von „Levi", sondern generisch von „dem Leviten". Die Punktierung legt hingegen nahe, JHWH habe zu „Levi" gesagt, er werde kein Erbteil erhalten. Aufgrund dieser Lesart läßt sich eine Rede Gottes an Levi exegetisch konstruieren. Ein zweites Beispiel ist der „Bund mit Levi", der sich aus der Lektüre von Mal 1,6–2,9 ergibt.[1776] Mit der personalisierenden Zuspitzung – לוי statt הלוי – wird ein weiteres Element für eine Levi-Biographie gewonnen. Auch wenn Levi als Priester biblisch noch keinen Auftritt hat, ja möglicherweise die priesterlich gefärbte Redaktion in Gen 34 sogar derartige Gedanken zu unterdrücken sucht,[1777] ist diese Rolle innerbiblisch durchaus angelegt. Bedenkt man darüber hinaus noch, daß Levi über Mose (und Aaron) zum entscheidenden Bindeglied zwischen den Patriarchen und der Exodus-Generation wird, erscheint der Aufstieg Levis nur konsequent.

---

1771 Vgl. neben Pummer 1982; Kugel 1992; Kugel 1993 und Feldman 2004 v. a. Kartveit 2009, 106–108 und 109 ff. zur Rezeption von Gen 34 bei Josephus und in der Literatur des Zweiten Tempels generell.
1772 Vgl. noch Werman 1997b und Frevel 2010a.
1773 Vgl. Jub 10,14; 12,27; 21,10; 45,16 u. ö.
1774 Man beachte auch, daß Jakob selbst im Jubiläenbuch kein Glied dieser Sukzessionskette ist. Einer der impliziten Gründe dafür dürfte sein Hinken sein (vgl. Gen 32,32), denn aufgrund eines solchen körperlichen Makels wäre er als Priester ungeeignet.
1775 S.o. S. 19 ff. sowie 110 mit Blick auf Dtn 18,2.
1776 S.o. Kapitel 7.5.
1777 S.o. Kapitel 5.2.

Hat man aber die exegetische Motivation für das Interesse an Levi als Priester gefunden,[1778] so mindert das einmal mehr die Möglichkeit einer historischen Auswertung des Befundes. Sollte etwa ALD aufgrund seiner Fokussierung auf Levi als pro-levitisches Dokument zu lesen sein? Kaum, denn im weisheitlichen Schlußgedicht (ALD 13) wird Levi zum Vater von allerlei Ständen, eine anti-priesterliche Attitüde wird nirgends deutlich. Der Bezug auf den Patriarchen Levi als Identifikationsfigur dient eben nicht mehr nur den Leviten, sondern dem Kultpersonal generell. Ein „larger levitical antipriestly movement"[1779] läßt sich darum nicht (re)konstruieren.

Auch das Jubiläenbuch bietet für derlei Ideen keine Basis. Zwar ist darin das Fehlen eines klaren Verweises auf Aaron bemerkenswert, aber das könnte der vorausgesetzten zeitlichen Perspektive – die Israeliten lagern am Sinai – und der Konzentration auf Mose geschuldet sein. Wichtiger noch ist aber die Beobachtung, daß Jub 30,18 ganz klar zwischen Priestern und Leviten unterscheidet. Die Trennlinie zwischen Priestern und Leviten, wie sie die spätpriesterlichen Texte im Pentateuch ziehen und die von Esr-Neh, I und II Chr oder der Tempelrolle vorausgesetzt wird, liegt dem Jubiläenbuch ebenso wie dem Aramäischen Levi-Dokument zugrunde. In ihnen dient das Interesse an Levi nicht einer Diskussion um den Status der Leviten, sondern exegetischen Klärungen und zugleich der Verankerung halachischer Regelungen in der Zeit der Patriarchen. Die Entwicklung von Levi, dem *heros eponymos* der Leviten, über Levi, den Patriarchen, zu Levi, dem Ahnherr der Priester und Leviten, ist damit an ihr Ende gelangt.

---

**1778** Vgl. außerdem VanderKam 1996 und 1999.
**1779** Lange 2012, 116.

# 9 Zusammenfassung

Wir kommen damit an das Ende unserer Untersuchung. Es war ein langer Weg zu beschreiten, der – nach einer knappen Verständigung über den weithin negativen außerbiblischen Befund – seinen Ausgangspunkt bei der Betrachtung einschlägiger Texte des Deuteronomiums nahm. Mit den dort gewonnenen Ergebnissen war zugleich der Maßstab zur Einordnung der weiteren Belege gefunden. Entsprechend ausführlich mußten die literarkritischen Analysen der einschlägigen Texte gestaltet werden. Ebenso war aber den Levitentexten im Buch Numeri größere Aufmerksamkeit zu widmen, da sich hier mit der priesterlichen Sichtweise eine im Vergleich zur Masse der Belege im Deuteronomium grundsätzlich andere Position zu Wort meldete. Großflächige Kontrastierungen der beiden widerstreitenden Positionen zeigten sich v. a. im Buch Exodus. Aus einer Verhältnisbestimmung derselben ließen sich u. U. sogar neue Impulse für die Diskussion um das Verhältnis von priesterschriftlichem und nichtpriesterschriftlichem Text im Pentateuch gewinnen. Das nurmehr als kleiner Anhang erscheinende Kapitel über die Genesis rundete diesen Teil der Betrachtungen, der schon rein quantitativ den Schwerpunkt dieser Arbeit ausmacht, ab.

Nichtsdestotrotz waren die eingeschlagenen Wege auch in den Vorderen und Hinteren Propheten weiter zu verfolgen, woraus sich manche Bestätigung, Präzisierung oder auch leichte Korrektur der vorangehenden Ergebnisse ergab. Den Zielpunkt bildeten schließlich knappe thematische Überblicke zu den Möglichkeiten und zur Art der Rezeption in den Büchern Esra-Nehemia, der Chronik und Sirach sowie einzelner Schriften aus Qumran. Dieser lange Weg soll im folgenden aus literarhistorischer Perspektive zusammengefaßt werden, so daß zu guter Letzt noch die Rückfrage nach der hinter den Texten stehenden Historie ihren Platz finden kann.

## 9.1 Zur Literargeschichte

Als älteste Belege für לוי haben sich die Nennung Levis als Sohn Jakobs in Gen 29 und die Herkunft Moses aus levitischem Hause in Ex 2 erwiesen. Es sind die einzigen Belege, die mit hoher Wahrscheinlichkeit in die vorexilische Zeit datiert werden können. Sie geben jedoch weniger Informationen preis, als man hoffen konnte. Daß etwa die Leviten in irgendeiner Form mit dem Kult verbunden sind, läßt sich aus ihnen allenfalls indirekt schließen, wenn man die Geburtsgeschichte Moses vor dem Hintergrund der Sargonlegende und speziell der Mutter Sargons als einer Entu-Priesterin liest. Die Auflistung Levis unter die Söhne Jakobs hilft zwar in diesem Punkt nicht weiter, zeigt uns „Levi" dafür aber als den *heros eponymos* der Leviten in recht früher Zeit. Allerdings entwickelt er als literarische Figur noch keinerlei Eigenleben. Interessant ist ein Blick auf die Herkunft der Texte: Mit guten Argumenten wird sowohl der Kern der Jakob-Erzählungen als auch die älteste Fassung des Exodus nicht in Juda selbst, sondern nördlich davon verortet. Kann man daraus auf die Ursprünge der Leviten außerhalb des Judas und statt dessen beim ehemaligen Nachbarn Israel schließen? So bedenkenswert eine solche These sein mag, sie bleibt hochspekulativ und übersteigt jedenfalls die Möglichkeiten der literarhistorischen Betrachtung.

Eine nächste Etappe in der Entwicklung des Levitenbildes stellen die Belege im deuteronomischen Gesetzeskorpus dar.[1780] Sie zeigen den Leviten einerseits als Teil der erweiterten Festfamilie. Da er kein eigenes Land besitzt, wird er im Rahmen der vom Rhythmus der Landwirtschaft geprägten Feste der besonderen Fürsorge der Israeliten anvertraut. Andererseits werden auch die Tätigkeiten der Leviten in den Blick genommen. Sie assistieren dem Richter am Zentralgericht bei der Urteilsfindung und können am Zentralheiligtum kultische Aufgaben übernehmen. Worin diese genauer bestehen, verrät der Text leider nicht. Zwischen den beiden Rollen, die Leviten übernehmen können – Teil der Festfamilie und Funktionär am Zentralheiligtum –, differenziert das Deuteronomium sehr feinsinnig: Lediglich wenn die Funktionen der Leviten am erwählten Ort besprochen werden, ist von „levitischen Priestern" die Rede, ansonsten generisch von „dem Leviten". Priester, die nicht „levitische Priester" sind, kennt das Urdeuteronomium jedoch nicht: Alles Priestertum ist, wie es scheint, nach deuteronomischer Vorstellung levitisches Priestertum. Für die Aussagekraft dieses Befundes hängt nun manches an der zeitlichen Ansetzung des Deuteronomiums. Mir scheinen gute Gründe dafür zu sprechen, den Grundbestand des Buches in exilischer Zeit zu verorten. Selbst wenn man es jedoch vorexilisch datiert, läßt sich daraus m. E. kein Josianisches Reformprogramm gewinnen.

Zu überlegen wäre allerdings, ob man, ähnlich wie schon für den Jakob-Zyklus und die Exoduserzählung, mit stärkeren Einflüssen von außerhalb des judäischen Kerngebietes rechnet. Ungeachtet aller Bemühungen zur Zentralisierung ist ja nicht zu übersehen, welche Bedeutung den Regelungen für die Peripherie – gerade vor diesem Hintergrund – im Buch zukommt. Es spricht manches dafür, daß zumindest Interessen von Gruppen berücksichtigt werden, denen außerhalb der (künftigen) Zentrale einiges Gewicht zukommt. Zieht man zudem eine Verbindungslinie zu den beiden ältesten Belegen, wird man in nördliche Richtung gewiesen. Weiter wird man nicht spekulieren dürfen.

Zeichnet sich schon die deuteronomische Grundschicht durch eine recht levitenfreundliche Haltung aus, so verstärkt sich eine solche noch in den deute-

---

**1780** V.a. Dtn 12,18; 14,27; 16,11.14; 17,9; 18,1*.6 f. und 26,11.

ronomistischen Fortschreibungen des Deuteronomiums.[1781] Die Leviten haben maßgeblichen Anteil an der Bundeszeremonie, sie verwahren die mosaische Tora, sind Künder des Rechts und als solche Berater des Königs. Dieser Status gebührt ihnen, weil sie als Stamm von Gott selbst am Horeb zu ihrem Dienst ausgesondert wurden.

Fragt man nach der Motivation für diese Ausweitung der Levitenthematik im Deuteronomium, die mit einer massiven Steigerung levitischer Ansprüche einhergeht, so legt sich auf der literarischen Ebene eine Antwort nahe: die Priesterschrift. Diese übergeht die Behandlung des Themas komplett. Die Priesterschaft wird in ihr vielmehr auf Aaron und seine Nachkommen beschränkt. Daß Aaron als Bruder Moses ebenso aus levitischem Hause stammt, wird der Priesterschrift durch die Tradition möglicherweise vorgegeben gewesen sein, sie macht diesen Erzählzug jedoch nirgends fruchtbar. Es ist schwer zu entscheiden, ob die Nichtberücksichtigung der Leviten in der Priesterschrift tatsächlich absichtsvoll ist, d.h. womöglich kontrastierend auf die deuteronomische Konzeption reagiert, oder mehr ein Nebenprodukt der Fokussierung auf die Aaroniden darstellt.

Die deuteronomistische Reaktion läßt jedoch keinen Zweifel daran, daß sie selbst einer deutlichen Absicht folgt. Denn über das deuteronomistische Deuteronomium hinaus finden sich auch deuteronomistische Spuren im nichtpriesterschriftlichen Text der Exoduserzählung. Die obigen Analysen legten nahe, daß Ex 4 und 32 ihrerseits mit der Einführung Aarons auf die Priesterschrift reagieren. Die ausgesprochen kritische Haltung gegenüber Moses „neuem" Bruder läßt es als wenig wahrscheinlich erscheinen, daß die Texte einer Endredaktion zuzurechnen sind, sie bezeugen vielmehr die wechselseitigen thematischen Beeinflussungen, zunächst v.a. in kritischer Auseinandersetzung, von priesterschriftlichem und (deuteronomistisch geprägtem) nichtpriesterschriftlichem Text. In Ex 4 und 32 liegen demnach Fortschreibungen des nichtpriesterschriftlichen Textes vor, die zwar jünger sind als die Priesterschrift, die Zusammenfügung derselben mit dem nichtpriesterschriftlichen Text jedoch noch nicht voraussetzen. Mit Blick auf solche Entwicklungen ist wohl der Zeitpunkt der „Komposition des Pentateuch" deutlich später anzusetzen als bisher üblich.

Trotz ihrer Verbreitung im (Proto-)Pentateuch hat die deuteronomistische Sichtweise mit der starken Betonung des Levitentums bzw. der Levitizität des Priestertums letztlich nicht den Sieg davontragen können. Vielmehr dokumentieren späte Fortschreibungen im Buch Numeri aus priesterlicher Perspektive die z.T. heftigen Auseinandersetzungen zwischen (aaronidischen) Priestern und Leviten, die sich nach und nach zu einer zweitrangigen Klasse des Kultpersonals

---

**1781** V.a. Dtn 10,8f.; 12,12.19; 17,18; 31,25; 33,8.9a.11, dazu die Fortschreibungen in 18,1*.2.4f.

entwickeln.[1782] Sie werden aaronidischer Aufsicht unterstellt, und ihre Zugangsrechte zum Heiligtum unterliegen immer weitergehenderen Einschränkungen.
Widerstand ist zwecklos – das bestätigt ein göttliches Urteil (Num 16). Inwieweit in
Teilen von Numeri noch Fortschreibungen einer selbständigen Priesterschrift
vorliegen, ist nicht leicht zu sagen. Die Masse der Belege dürfte freilich die Zusammenfügung des priesterschriftlichen und des nichtpriesterschriftlichen Textes
zur Voraussetzung haben.

In jedem Falle gilt das für die punktuellen spätpriesterlichen Fortschreibungen im Deuteronomium,[1783] die den Primat des Priestertums herausstellen und
die Leviten unter die *personae miserae* einreihen. Eine Art Kompromiß zwischen
den widerstreitenden Positionen zeigt sich allenfalls insofern, als in den sekundär
priesterschriftlichen Texten in Genesis und Exodus auch die genealogische Verbindung von Levi und Aaron weiter elaboriert wird.[1784] In diesem Sinne hätte dann
auch die Rede von der „Levitisierung" des Priestertums ihre Berechtigung. Vergleicht man jedoch die deuteronomisch-deuteronomistische Ausgangsposition
mit der spätpriester(schrift)lich geprägten Perspektive des Endtextes, sollte man
wohl eher von einer „Aaronidisierung" sprechen.

Ebenfalls zu den priesterlich geprägten Entwicklungen gehört vermutlich
auch die Einführung Levis in die Erzählung von der Schändung Dinas (Gen 34). Mir
scheint, daß Levi hier bewußt „säkular" gezeichnet wird. Zugleich beginnt damit
die Loslösung des alten *heros eponymos* von seiner ursprünglichen Bezugsgruppe,
den Leviten. Es liegt eine gewisse Ironie darin, daß dieses einzige ursprüngliche
Element einer „Biographie" Levis in den biblischen Texten späterhin einen Ausgangspunkt für seine Erhebung zum prototypischen Priester bilden wird.

Die spätpriesterliche Perspektive bildet auch die Grundlage der Levitentexte
in Esra-Nehemia und der Chronik. Überraschenderweise ruhen aber ebenso die
meisten Erwähnungen von Leviten in den Vorderen Propheten auf dieser Basis,
oder sie werden – wie im Falle von Jos 21 deutlich – nachträglich von der auf die
Aaroniden zentrierten Perspektive überformt. Vorpriesterlich ist im Josuabuch
etwa die Beteiligung der die Lade tragenden levitischen Priester am Durchzug
durch den Jordan (Jos 3). Das Richterbuch ist von einem grundsätzlichen „Levitenschweigen" geprägt, erst in seinen Anhängen treten Leviten auf,[1785] dann aber
jeweils als wenig sympathische Gestalten im Kontext einer Beschreibung der
chaotischen Zustände in vormonarchischer Zeit. Die ohnehin wenigen Belege für

---

1782 Neben Num 1–10 v. a. die priesterliche Redaktion in Num 16 ff.
1783 Am deutlichsten in Dtn 10,6 f.; 17,12*; 18,3; 21,5; 24,8 f. und 26,3 f.
1784 Vor allem Ex 6.
1785 Jdc 17 f.19 f.

Leviten in den Samuelis- und Königebüchern[1786] beruhen ebenso auf späten Einfügungen. Sie tragen die Leviten als Träger der Lade nach und verurteilen die nichtlevitische Herkunft der von Jerobeam eingesetzten Höhenpriester. Das Überraschende daran ist die Diskrepanz zwischen der ostentativen Berücksichtigung levitischer Interessen im deuteronomistischen Deuteronomium und dem erdrückenden Desinteresse im „Deuteronomistischen Geschichtswerk". Warum neben Kulteinheit und Kultreinheit die Leviten nicht ebenso ein verbindendes Thema zwischen dem Deuteronomium und der deuteronomistischen Geschichtsdarstellung geworden sind, weiß ich nach dieser Untersuchung nicht zu beantworten. Hier liegt weiterer Forschungsbedarf.

Eine Sonderrolle gegenüber den bisher betrachteten Texten, die sich wesentlich vor dem Hintergrund eines Dualismus von deuteronomisch-deuteronomistischer und priesterlicher Sichtweise verstehen ließen, spielt das Buch Ezechiel. Es widmet sich v. a. im sogenannten „Verfassungsentwurf (Ez 40–48) der Stellung der Priesterschaft bzw. der Leviten. Dabei führt es mit den „Söhnen Zadoqs" allerdings eine ganz eigene Größe ein. Diese werden in einem programmatischen Text zunächst noch ganz deuteronomisch als „levitische Priester" bezeichnet, während zugleich den übrigen Leviten aufgrund angeblicher Verfehlungen das Amtieren als Priester untersagt wird (Ez 44,6 ff.). Dies ist jedoch nur der Ausgangspunkt einer innerezechielischen Entwicklung. Spätere Fortschreibungen differenzieren innerhalb der Priesterschaft, so daß nun nicht nur ein zwei-, sondern ein dreistufiges System des Kultpersonals erkennbar wird, in welchem die Zadoqiden an der Spitze stehen. Stimmt Ezechiel zwar mit der priesterlichen Sichtweise des Pentateuch in der Degradierung der Leviten überein, ergeben sich in anderen Punkten jedoch auch Diskrepanzen, die es nicht geraten sein lassen, für beide literarischen Bereiche dieselbe Trägerschaft anzunehmen. Damit dürfte in Ezechiel ein dritter Entwurf vorliegen. Im Pentateuch kann er naturgemäß keine Spuren – jedenfalls keine sichtbaren – hinterlassen haben, aber auch die anderen späten Schriften der Hebräischen Bibel zeigen kaum eine Beeinflussung durch das Zadoqidenprogramm Ezechiels. Ausgenommen davon sind allenfalls die nachträgliche Integration Zadoqs in den Aaronidenstammbaum in der Chronik und die Rückführung des Priesters Esra auf Zadoq. Inwieweit hier allerdings wirklich auf die ezechielischen „Söhne Zadoqs" zugegangen wird oder darin nicht vielmehr ein exegetisches Ausgleichsbemühen mit den Informationen der Samuelis- und Königebücher zu greifen ist, bleibt offen.

Als letzter der Schriftpropheten spricht Maleachi von einem Bund mit „dem Leviten", den die Priester gebrochen haben (Mal 2). Darin zeigt sich eine Ent-

---

**1786** I Sam 6,15; II Sam 15,24; I Reg 8,4; 12,31.

wicklung, die in der Verknüpfung von Levi und Aaron angelegt ist und wonach das Attribut „levitisch" neben seiner funktionalen Bestimmung auch genealogisch verstanden werden kann. In diesem Sinne ist „levitisch" Oberbegriff für sämtliche das Kultpersonal betreffende Angelegenheiten. So zumindest versteht Maleachi den Begriff, und so erklärt sich auch die griechische Bezeichnung des dritten Buches des Pentateuch, in dem Leviten im engeren Sinne bekanntlich keine Rolle spielen.[1787]

Andererseits läßt sich Maleachi auch so verstehen, als wäre von einem Bund mit Levi, dem Sohn Jakobs, die Rede. Auf diese Weise wird Mal 2 neben anderen Texten zu einem der Ausgangspunkte für die zweite Karriere Levis als Ahnherr der Leviten – und diesmal auch der Priester. Unter Einschluß von Gen 34, weiterer genealogischen Materials, sowie der aus Dtn 10,8 f. gesponnenen Idee einer JHWH-Rede an Levi entwickeln Texte wie das Jubiläenbuch und das Aramäische Levi-Dokument eine Biographie des Jakobsohnes. Als Identifikationsfigur für Priester und Leviten sind in diesem Levi die vorangegangenen Streitfragen um das hierarchische Verhältnis beider Gruppen aufgehoben. Levi, der Eponym, ist zunächst eine alte, aber leblose Figur; Levi, der Patriarch, bleibt innerbiblisch eine „säkulare" Gestalt; Levi, der Erzpriester, ist das Ergebnis hellenistischer „Bibel"-Auslegung. Spätestens ab diesem Punkt gehen Levi und die Leviten getrennte Wege.

## 9.2 Zur Geschichte

Mit der Frage nach den Trägerkreisen einzelner Literaturwerke erfolgte oben gelegentlich schon der Brückenschlag von der Literargeschichte zur Geschichte. Diese Überlegungen müssen auch hier als Ausgangspunkt dienen. Externe Evidenz für die Leviten gibt es nicht, weder in der Umwelt, noch in den epigraphischen Hinterlassenschaften Israels und Judas, auch nicht in den Elephantine-Papyri. Erst in jüdischen Synagogen- und Grabinschriften aus römischer bzw. byzantinischer Zeit begegnen uns mehrfach Leviten; Träger des Namens Levi erscheinen seit der hellenistischen Epoche.

Die ältesten biblischen Belege für Leviten stammen aus vorexilischer Zeit und aus Literaturwerken, deren Ursprünge nördlich Judas zu suchen sind. Was man sich unter einem „Leviten" vorstellte, läßt sich daraus nicht entnehmen, ebenso bleibt unklar, ob möglicherweise das Konzept von Leviten generell ein nördlicher Import und in Juda zuvor unbekannt war. Es hat jedenfalls, ausweislich des

---

[1787] Die singuläre und eher beiläufige Erwähnung in Lev 25 kann außer Acht bleiben.

Deuteronomiums, auch in Juda Verbreitung gefunden. Dabei braucht man nicht von einer Josianischen Ansetzung des Urdeuteronomiums auszugehen. Ich halte es für wahrscheinlicher, daß sich in dem Buch die Stimme der im Lande verbliebenen Bevölkerungsteile äußert, denen offenbar die Leviten-Thematik ein besonderes Anliegen war.

Im zumindest in Hinsicht auf das Priestertum konkurrierenden Konzept der Priesterschrift vernimmt man eine andere Stimme. Vielleicht gehört sie zu einer Gruppe früher Rückkehrer aus der Diaspora. Für eine genauere Verortung wäre es wünschenswert, die Hintergründe für die Fokussierung auf die Aaroniden erhellen zu können. Sie bleiben aber dunkel: Die gelegentlich vermutete Verbindung nach Bethel läßt sich kaum begründen. Ebensowenig greifbar sind die historischen Umstände der Konflikte, die sich literarisch in den wechselseitigen Reaktionen von priesterschriftlichem und nichtpriesterschriftlichem Text zeigen. Daß es Konflikte zwischen der alteingesessenen Bevölkerung und den Rückkehrern gegeben hat, wird man annehmen dürfen, das Buch Esra-Nehemia liefert ein bewegtes Bild davon. Alles Weitere liegt freilich jenseits unserer Erkenntnismöglichkeiten.

Es bleibt noch eine dritte Stimme, die in den Fortschreibungen des Ezechielbuches erklingt. Auch sie wird man vielleicht mit Rückkehrern aus der Diaspora in Verbindung bringen können, denn neben die ursprüngliche Gola-Orientierung tritt auch eine (reïnterpretierende) Anknüpfung an deuteronomische Voraussetzungen, die einen Kontakt mit den Judäern im Lande wohl voraussetzt. Über die weitere Entwicklung dieser Gruppe, vielleicht ihr Aufgehen in bzw. Zusammengehen mit den Trägerkreisen der priesterschriftlichen Literatur kann man nur spekulieren. Sie hat jenseits des Ezechielbuches jedenfalls kaum Spuren hinterlassen: Deutlich sind nur die Integration Zadoqs in die aaronidische Linie und die Zurückführung Esras auf Zadoq.

Schon bei der Bestimmung dieser Ausgangspunkte bleibt viel Raum für Spekulation. Die nun einsetzende Geschichte der literarischen Auseinandersetzungen liefert jedoch noch viel weniger ein sicheres Fundament für historische Schlußfolgerungen. Daß es realiter Konflikte zwischen den verschiedenen Gruppen gegeben haben muß, ist mit Händen zu greifen. Die literarischen Prozesse finden selbstverständlich nicht im luftleeren Raum statt, sie werden durch die geschichtlichen Prozesse angeregt und gelenkt. Die historiographische Camouflage hindert uns aber am Durchdringen zur Ereignisgeschichte. Mehr noch: Die Eigenheit von Traditionsliteratur, sich auf Gegebenes zu stützen, d.h. das Anschmiegen der Fortschreibungen an älteres Material, entwickelt letztlich eine Eigendynamik. Im – nicht seltenen – Extremfall kann so nicht einmal mehr entschieden werden, ob einer Fortschreibung überhaupt ein externes, in der Regel zeitgeschichtlich bedingtes, Motiv zugrundeliegt, oder ob rein literarisch-exegetische Interessen Auslöser einer Weiterentwicklung sind. Am deutlichsten zeigt sich dieses Problem bei dem Versuch, die Qumranliteratur historisch auszuwerten.

Die von den antiken Autoren beabsichtige Verschleierung bleibt also wirkungsvoll. Der Weg von der Geschichte über die Literatur- in die Wirkungsgeschichte ist für uns nur selten umkehrbar. Sollte in dieser Arbeit eine zumindest teilweise Erhellung der Literaturgeschichte gelungen sein, wäre bereits viel erreicht. Der nächste Schritt bleibt zu gehen, er wird noch mühsamer werden.

# 10 Literaturverzeichnis

## 10.1 Textausgaben, Übersetzungen, Hilfsmittel

Albeck, Chanoch (1958): ששה סדרי משנה: סדר זרעים. Jerusalem/Tel Aviv.

Allegro, John M. (1968): DJD(J) V. Qumrân Cave 4.I: 4Q158 – 4Q186. Oxford.

Avigad, Nahman/Sass, Benjamin (1997): Corpus of West Semitic Stamp Seals. Revised and completed by Benjamin Sass. Jerusalem.

Berger, Klaus (1981): Das Buch der Jubiläen. JSHRZ II,3. Gütersloh.

Bietenhard, Hans (1984): Der tannaitische Midrasch Sifre Deuteronomium. JudChr 8. Bern u. a.

—— (1986): Der Tosefta-Traktat Soṭa. Hebräischer Text mit kritischem Apparat, Übersetzung, Kommentar. JudChr 9. Bern u. a.

Bohak, Gideon (2010/11): קטע גניזה חדש של חיבור לוי הארמי [A New Genizah Fragment of the Aramaic Levi Document]. Tarb. 79, 373 – 383.

Cathcart, Kevin J./Gordon, Robert P. (1989): The Targum of the Minor Prophets. The Aramaic Bible 14. Edinburgh.

Clarke, Ernest G. (1984): Targum Pseudo-Jonathan of the Pentateuch. Text and Concordance. With Collaboration by W. E. Aufrecht, J. C. Hurd, and F. Spitzer. Hoboken.

—— (1998): Targum Pseudo-Jonathan: Deuteronomy. The Aramaic Bible 5B. Edinburgh.

Díez Macho, Alejandro (1978): Neophyti 1. Targum Palestinense, MS de la Biblioteca Vaticana V. Deuteronomio. Madrid.

Drawnel, Henryk (2004): An Aramaic Wisdom Text from Qumran. A New Interpretation of the Levi Document. JSJ.S 86. Leiden/Boston.

Durand, Jean-Marie (1998): Les Documents épistolaires du palais de Mari II. LAPO. Paris.

Ego, Beate (1999): Buch Tobit. JSHRZ II,6. Gütersloh.

Fales, Frederick Mario (1973): Censimenti e catasti di epoca Neo-Assira. Centro per le antichità e la storia dell'arte del vicino oriente – studi economici e tecnologici 2. Rom.

Fernández Marcos, Natalio (2011): שפטים – Judges. Biblia Hebraica quinta editione cum apparatu critico novis curis elaborato 7. Stuttgart 2011.

Finkelstein, Louis (1939): Siphre ad Deuteronomium. Corpus Tannaiticum 3,3b. Berlin [Nachdruck New York 1969].

Fitzmyer, Joseph A. (2003): Tobit. Commentaries on Early Jewish Literature. Berlin/New York.

Ges[17]: Wilhelm Gesenius' hebräisches und aramäisches Handwörterbuch über das Alte Testament, bearbeitet von Frants Buhl. Leipzig [17]1915.

Ges[18]: Wilhelm Gesenius Hebräisches und Aramäisches Handwörterbuch über das Alte Testament, bearbeitet von Rudolf Meyer und Herbert Donner. Berlin u. a. 1987 – 2010.

GK[26]: Wilhelm Gesenius' Hebräische Grammatik völlig umgearbeitet von E. Kautzsch. Leipzig [26]1896.

Gogel, Sandra L. (1998): A Grammar of Epigraphic Hebrew. SBL Resources for Biblical Study 23. Atlanta.

Greenfield, Jonas C./Stone, Michael E./Eshel, Ester (2004): The Aramaic Levi Document: Edition, Translation, Commentary. SVTP 19. Leiden/Boston.

HAE = Renz/Röllig 1995a

HALAT: Ludwig Koehler; Walter Baumgartner: Hebräisches und aramäisches Lexikon zum Alten Testament. Dritte Auflage neu bearbeitet von Walter Baumgartner u. a. Leiden u. a. 1967 – 1995.

Harrington, Daniel J./Saldarini, Anthony J. (1987): Targum Jonathan of the Former Propehts. Introduction, Translation and Notes. The Aramaic Bible 10. Edinburgh.

Hecker, Friederike (2011): Übersetzung des Talmud Yerushalmi I/11: Bikkurim – Erstlingsfrüchte. Tübingen.

Hoftijzer, Jacob/Jongeling, Karel (1995): Dictionary of North-West-Semitic Inscriptions. HO I/21. Leiden u. a.

Jongeling, Karel (2008): Handbook of Neo-Punic Inscriptions. Tübingen.

Klein, Michael L. (1980): The Fragment-Targums of the Pentateuch according to their Extant Sources 2: Translation. AnBib 76. Rom.

—— (1986): Genizah Manuscripts of Palestinian Targum to the Pentateuch 1. Cincinnati.

Maher, Michael (1994): Targum Pseudo-Jonathan: Exodus. The Aramaic Bible 2. Edinburgh, 159–275.

Maier, Johann (³1997): Die Tempelrolle vom Toten Meer und das »Neue Jerusalem«. 11Q19 und 11Q20; 1Q32, 2Q24, 4Q554–555, 5Q15 und 11Q18. Übersetzung und Erläuterung. Mit Grundrissen der Tempelhofanlage und Skizzen zur Stadtplanung. München/Basel.

McCarthy, Carmel (2007): אלה הדברים – Deuteronomy. Biblia Hebraica quinta editione cum apparatu critico novis curis elaborato 5. Stuttgart.

McNamara, Martin (1997): Targum Neofiti 1: Deuteronomy. The Aramaic Bible 5 A. Edinburgh.

Milik, Józef Tadeusz (1977): Tefillin, Mezuzot, Targums. DJD VI. Qumrân grotte 4.II. Oxford, 31–91, pls. VI–XXVIII.

del Olmo Lete, Gregorio del/Sanmartín, Joaquín (2003): A Dictionary of the Ugaritic Language in the Alphabetic Tradition. HO I/67. Leiden/Boston.

Porten, Bezalel/Yardeni, Ada (1986–1999): Textbook of Aramaic Documents from Ancient Egypt 1–4. Newly Copied, Edited and Translated into Hebrew and English. Jerusalem.

Puech, Émile (2009): 559. 4QpapChronologie biblique ar. DJD XXXVII. Qumrân grotte 4.XXVII: Textes araméens deuxième partie. 4Q550–4Q575a, 4Q580–4Q587 et appendices. Oxford, 263–289, pl. XV.

Renz, Johannes/Röllig, Wolfgang (1995a): Handbuch der althebräischen Epigraphik 1. Die althebräischen Inschriften 1. Text und Kommentar. Darmstadt.

—— (1995b): Handbuch der althebräischen Epigraphik II/1. Die althebräischen Inschriften 2. Zusammenfassende Erörterungen, Paläographie und Glossar. Darmstadt.

—— (2003): Handbuch der althebräischen Epigraphik II/2. Materialien zur althebräischen Morphologie. Siegel und Gewichte. Darmstadt.

Schwiderski, Dirk (Hg.) (2008): Die alt- und reichsaramäischen Inschriften/The Old and Imperial Aramaic Inscriptions 1. Konkordanz. Fontes et subsidia ad Bibliam pertinentes 4. Berlin/New York.

Smelik, Willem F. (1995): The Targum of Judges. OTS 36. Leiden u. a.

Steudel, Annette (Hg.) (2001): Die Texte aus Qumran II. Hebräisch/Aramäisch und Deutsch, mit masoretischer Punktation, Übersetzung, Einführung und Anmerkungen. Darmstadt.

Stone, Michael E./Greenfield, Jonas C. (1994): The First Manuscript of *Aramaic Levi Document* from Cave 4 at Qumran (4QLevi^a aram). Muséon 107, 257–281.

—— (1996a): The Second Manuscript of *Aramaic Levi Document* from Cave 4 at Qumran (4QLevi^b aram). Muséon 109, 1–15.

—— (1996b): The Third and Fourth Manuscripts of *Aramaic Levi Document* from Cave 4 at Qumran (4 QLevi^c aram and 4 QLevi^d aram). Muséon 109, 245–259.

—— (1996c): 213. 4QLevi^a ar; 213a. 4QLevi^b ar; 213b. 4QLevi^c ar; 214. 4QLevi^d ar; 214a. 4QLevi^e ar; 214b. 4QLevi^f ar. DJD XXII. Qumran Cave 4.XVII: Parabiblical Texts 3. Oxford, 1–72.

—— (1997): The Fifth and Sixth Manuscripts of *Aramaic Levi Document* from Qumran (4QLevi[e] aram and 4QLevi[f] aram). Muséon 110, 271–292.

TADAE = Porten/Yardeni 1986–1999

Ulrich, Eugene (1995): 47. 4QJosh[a]. DJD XIV. Qumran Cave 4.IX: Deuteronomy, Joshua, Judges, Kings. Oxford, 143–152, pls. XXXII–XXXIV.

VanderKam, James C. (1989a): The Book of Jubilees: A Critical Text. CSCO.Ae 87. Leuven.

—— (1989b): The Book of Jubilees. CSCO.Ae 88. Leuven.

Weinfeld, Moshe/Seely, David (1999): 436. 4QBarkhi Nafshi[c]. DJD XXIX. Qumran Cave 4.XX: Poetical and Liturgical Texts 2. Oxford, 295–305, pl. XXI.

Weippert, Manfred (2010): Historisches Textbuch zum Alten Testament. GAT 10. Göttingen.

WSS = Avigad/Sass 1997

## 10.2 Sekundärliteratur

Abba, Raymond (1977): Priests and Levites in Deuteronomy. VT 27, 257–267.

—— (1978): Priests and Levites in Ezekiel. VT 28, 1–9.

Aberbach, Moses/Smolar, Leivy (1967): Aaron, Jeroboam and the Golden Calves. JBL 86, 129–140.

Achenbach, Reinhard (1991): Israel zwischen Verheißung und Gebot. Literarkritische Untersuchungen zu Deuteronomium 5–11. EHS.T 422. Frankfurt/M. u. a.

—— (1999): Levitische Priester und Leviten im Deuteronomium. Überlegungen zur sog. „Levitisierung" des Priestertums. ZAR 5, 285–309.

—— (2003): Die Vollendung der Tora. Studien zur Redaktionsgeschichte des Numeribuches im Kontext von Hexateuch und Pentateuch. BZAR 3. Wiesbaden.

—— (2004a): Grundlinien redaktioneller Arbeit in der Sinai-Perikope. In: Otto, Eckart/Achenbach, Reinhard (Hg.): Das Deuteronomium zwischen Pentateuch und Deuteronomistischem Geschichtswerk. FRLANT 206. Göttingen, 56–80.

—— (2004b): Numeri und Deuteronomium. In: Otto, Eckart/Achenbach, Reinhard (Hg.): Das Deuteronomium zwischen Pentateuch und Deuteronomistischem Geschichtswerk. FRLANT 206. Göttingen, 123–134.

—— (2009): Das sogenannte Königsgesetz in Deuteronomium 17,14–20. ZAR 15, 216–233.

Aharoni, Yohanan (1967): The Land of the Bible: A Historical Geography. Philadelphia.

—— (1981): Arad Inscriptions. Judean Desert Studies. Jerusalem.

Aḥituv, Shmuel u. a. (2007): The Inscribed Pomegranate from the Israel Museum Examined Again. IEJ 57, 87–95.

Ahuis, Ferdinand (1983): Autorität im Umbruch. Ein formgeschichtlicher Beitrag zur Klärung der literarischen Schichtung und der zeitgeschichtlichen Bezüge von Num 16 und 17, mit einem Ausblick auf die Diskussion um die Ämter in der Kirche. CThM 13. Stuttgart.

Albertz, Rainer (2007): The Canonical Alignment of the Book of Joshua. In: Lipschits, Oded/Knoppers, Gary N./Albertz, Rainer (Hg.): Judah and the Judeans in the Fourth Century B.C.E. Winona Lake, 287–303.

Albright, William F. (1925): The Administrative Divisions of Israel and Judah. JPOS 5, 17–54.

—— (1974): The Lachish Cosmetic Burner and Esther 2:12. In: Bream, Howard N. u. a. (Hg.): A Light unto My Path: Old Testament Studies in Honor of Jacob M. Myers. Gettysburg Theological Studies IV. Philadelphia, 25–32.

Allan, Nigel (1982): The Identity of the Jerusalem Priesthood during the Exile. HeyJ 23,
259–269.

Altmann, Peter (2011a): Festive Meals in Ancient Israel: Deuteronomy's Identity Politics in Their
Ancient Near Eastern Context. BZAW 424. Berlin/Boston.

—— (2011b): What Do the "Levites in Your Gates" Have to Do with the "Levitical Priests"? An
Attempt at European-North American Dialogue on the Levites in the Deuteronomic Law
Corpus. In: Leuchter/Hutton 2011, 135–154.

Amit, Yairah (1990): Hidden Polemic in the Conquest of Dan: Judges XVII-XVIII. VT 40, 4–20.

Anbar, Moshe (1985): The Story about the Building of an Altar on Mount Ebal: The History of
Its Composition and the Question of the Centralization of the Cult. In: Lohfink 1985,
304–309.

von Arx, Urs (1990): Studien zur Geschichte des alttestamentlichen Zwölfersymbolismus 1.
Fragen im Horizont der Amphiktyoniehypothese von Martin Noth. EHS.T 397. Bern u. a.

Ashley, Timothy R. (1993): The Book of Numbers. NICOT. Grand Rapids.

Aurelius, Erik (1988): Der Fürbitter Israels. Eine Studie zum Mosebild im Alten Testament.
CB.OT 27. Stockholm.

Avigad, Nahman (1975): The Priest of Dor. IEJ 25, 101–105, pl. 10.

Avishur, Yitzhak (2003/04): ‏"כלי חמס מכרתיהם" (בר' מט, ה): קריאה חדשה בכתוב והבהרת הקללה לשמעון
‏ולוי [כלי חמס מכרתיהם] (Gen. 49:5): A New Reading and Clarification of Jacob's Curse on
Simeon and Levi]. Leš. 66, 389–393.

———/Heltzer, Michael (2000): Studies on the Royal Administration in Ancient Israel in the Light
of Epigraphic Sources. Tel Aviv.

Baden, Joel S. (2009): J, E, and the Redaction of the Pentateuch. FAT 68. Tübingen.

—— (2011): The Violent Origins of the Levites: Text and Tradition. In: Leuchter/Hutton 2011,
103–116.

Baentsch, Bruno (1903): Exodus–Leviticus–Numeri. HK I 2. Göttingen.

Bartlett, John R. (1968): Zadok and His Successors at Jerusalem. JThS 19, 1–18.

Baudissin, Wolf Wilhelm Graf (1889): Die Geschichte des alttestamentlichen Priesterthums.
Leipzig.

Bauer, Uwe F. W. (1998): „Warum nur übertretet ihr SEIN Geheiß!" Eine synchrone Exegese der
Anti-Erzählung von Richter 17–18. BEATAJ 45. Frankfurt/M. u. a.

Baumgarten, Joseph M. (2000): Art. Tithing. In: Schiffman/VanderKam 2000, 947–948.

Becker, Uwe (1990): Richterzeit und Königtum. Redaktionsgeschichtliche Studien zum
Richterbuch. BZAW 192. Berlin/New York.

—— (1998): Art. Richterbuch. TRE 29, 194–200.

—— (2000): Die Reichsteilung nach I Reg 12. ZAW 112, 210–229.

—— (2006): Endredaktionelle Kontextvernetzungen des Josua-Buches. In: Witte, Markus u. a.
(Hg.): Die deuteronomistischen geschichtswerke. Redaktions- und religionsgeschichtliche
Perpsektiven zur „Deuteronomismus"-Diskussion in Tora und Vorderen Propheten. BZAW
365. Berlin/New York, 139–161.

—— (2009): Jakob in Bet-El und Sichem. In: Hagedorn, Anselm C./Pfeiffer, Henrik (Hg.): Die
Erzväter in der biblischen Tradition. Festschrift für Matthias Köckert. BZAW 400.
Berlin/New York, 159–185.

Begg, Christopher T. (1985): The Destruction of the Calf (Exod 32,20/Deut 9,21). In: Lohfink
1985, 208–251.

—— (1997a): The Ceremonies at Gilgal/Ebal According to Pseudo-Philo *LAB* 21,7–10. EThL 73,
72–83.

—— (1997b): The Cisjordanian Altar(s) and Their Associated Rites According to Josephus. BZ 41, 192–211.

—— (2004): The Levites in Josephus. HUCA 75, 1–22.

Ben-Ḥayyim, Ze'ev (1958): Traditions in the Hebrew Language, with Special Reference to the Dead Sea Scrolls. In: Rabin, Chaim/Yadin, Yigael (Hg.): Aspects of the Dead Sea Scrolls. ScrHie 4. Jerusalem, 200–214.

Ben Zvi, Ehud (1992): The List of the Levitical Cities. JSOT 17/54, 77–106.

Benzinger, Immanuel (1899): Die Bücher der Könige. KHC IX. Freiburg/Br. u. a.

Berlejung, Angelika (1998): Die Theologie der Bilder. Herstellung und Einweihung von Kultbildern in Mesopotamien und die alttestamentliche Bilderpolemik. OBO 162. Fribourg/Göttingen.

Berner, Christoph (2010): Die Exoduserzählung. Das literarische Werden einer Ursprungslegende Israels. FAT 73. Tübingen.

—— (2011): Vom Aufstand Datans und Abirams zum Aufbegehren der 250 Männer. Eine redaktionsgeschichtliche Studie zu den Anfängen der literarischen Genese von Num 16–17. BN 150, 9–33.

—— (2012): Wie Laien zu Leviten wurden. Zum Ort der Korachbearbeitung innerhalb der Redaktionsgeschichte von Num 16–17. BN 152, 3–28.

Berry, George R. (1923): Priests and Levites. JBL 42, 227–238.

Bertholet, Alfred (1899: Deuteronomium. KHC V. Freiburg/Br. u. a.

Beyerle, Stefan (1997): Der Mosesegen im Deuteronomium. Eine text-, kompositions- und formkritische Studie zu Deuteronomium 33. BZAW 250. Berlin/New York.

—— (1998): Evidence of a Polymorphic Text: Towards the Text-History of Deuteronomy 33. DSD 5, 215–232.

Blau, Joshua (2010): Phonology and Morphology of Biblical Hebrew: An Introduction. Linguistic Studies in Ancient West Semitic 2. Winona Lake.

Blum, Erhard (1984): Die Komposition der Vätergeschichte. WMANT 57. Neukirchen-Vluyn.

—— (1990): Studien zur Komposition des Pentateuch. BZAW 189. Berlin/New York.

—— (2002): Die literarische Verbindung von Erzvätern und Exodus. Ein Gespräch mit neueren Endredaktionshypothesen. In: Gertz/Schmid/Witte 2002, 119–156.

—— (2009): Issues and Problems in the Contemporary Debate Regarding the Priestly Writings. In: Shectman, Sarah/Baden, Joel S. (Hg.): The Strata of the Priestly Writings: Contemporary Debate and Future Directions. AThANT 95. Zürich, 31–44.

Boecker, Hans Jochen (²1984): Recht und Gesetz im Alten Testament und im Alten Orient. NStB 10. Neukirchen-Vluyn.

Bogaert, Pierre-Maurice (1991): *Urtext*, texte court et relecture: Jérémie xxxiii 14–26 TM et ses préparations. In: Emerton, John A. (Hg.): Congress Volume Leuven 1989. VT.S 43. Leiden u. a., 236–247.

Boling, Robert G. (1982): Joshua. A New Translation with Notes and Commentary. Introduction by G. Ernest Wright. AncB 6. Garden City.

Bonnet, Corinne/Niehr, Herbert (2010): Religionen in der Umwelt des Alten Testaments 2: Phönizier, Punier, Aramäer. KStTh 4,2. Stuttgart.

Bowman, John (1957): Ezekiel and the Zadokite Priesthood. TGUOS 16, 1–14.

Braulik, Georg (1986): Deuteronomium I. 1–16,17. NEB 15. Würzburg.

—— (1992): Deuteronomium II. 16,18–34,12. NEB 28. Würzburg.

—— (⁸2012): C. IV. Das Buch Deuteronomium. In: Zenger, Erich u. a.: Einleitung in das Alte Testament. KStTh 1,1. Stuttgart, 163–188.

Brin, Gershon (1994): Studies in Biblical Law: From the Hebrew Bible to the Dead Sea Scrolls. JSOT.S 176. Sheffield.

Brockelmann, Carl (1908): Grundriss der vergleichenden Grammatik der semitischen Sprachen 1: Laut- und Formenlehre. Berlin.

Brodie, Thomas L. (2008): The Literary Unity of Numbers: Nineteen Atonement-Centered Diptychs as One Key Element. In: Römer, Thomas (Hg.): The Books of Leviticus and Numbers. BEThL 215. Leuven, 455–472.

Brooke, George J. (2005): Levi and the Levites in the Dead Sea Scrolls and the New Testament. In: Ders.: The Dead Sea Scrolls and the New Testament. Essays in Mutual Illumination. London, 115–139.

ter Brugge, Annemieke (2004): Bibliography of Genesis 18–19 and Judges 19 since 1990. In: Noort, Ed/Tigchelaar, Eibert (Hg.): Sodom's Sin: Genesis 18–19 and its Interpretations. Themes in Biblical Narrative 7. Leiden/Boston, 189–193.

Brutti, Maria (2006): The Development of the High Priesthood during the Pre-Hasmonean Period: History, Ideology, Theology. JSJ.S 108. Leiden/Boston.

Buchholz, Joachim (1988): Die Ältesten Israels im Deuteronomium. GTA 36. Göttingen.

Budd, Philip J. (1984): Numbers. WBC 5. Waco.

Budde, Karl (1890): Die Bücher Richter und Samuel, ihre Quellen und ihr Aufbau. Gießen.

—— (1897): Das Buch der Richter. KHC VII. Freiburg/Br. u. a.

—— (1922): Der Segen Mose's Deut. 33. Tübingen.

Buis, Pierre (1967): Deutéronome XXVII 15–26: Malédictions ou exigences de l'alliance? VT 17, 478–479.

Bülow, Siegfried (1957): Der Berg des Fluches. ZDPV 73, 100–107.

Bultmann, Christoph (1992): Der Fremde im antiken Juda. Eine Untersuchung zum sozialen Typenbegriff ›ger‹ und seinem Bedeutungswandel in der alttestamentlichen Gesetzgebung. FRLANT 153. Göttingen.

Butler, Trent C. (1983): Joshua. WBC 7. Waco.

Cassuto, Umberto (1967): A Commentary on the Book of Exodus. Jerusalem.

Cazelles, Henri (1989): Art. חָזָה. ThWAT VI, 514–522.

Charlesworth, James H. (2009): What is a Variant? Announcing a Dead Sea Scrolls Fragment of Deuteronomy. Maarav 16, 201–212, pls. IX–X.

Childs, Brevard S. (1974): Exodus. A Commentary. The Old Testament Library. London.

Christian, Mark A. (2009): Priestly Power that Empowers: Michel Foucault, Middle-Tier Levites, and the Sociology of "Popular Religious Groups" in Israel. Journal of Hebrew Scriptures 9, Artikel 1.

—— (2011): Middle-Tier Levites and the Plenary Reception of Revelation. In: Leuchter/Hutton 2011, 173–197.

Cody, Aelred (1969): A History of Old Testament Priesthood. AnBib 35. Rom.

Cohen, Jonathan (1993): The Origins and Evolution of the Moses Nativity Story. SHR 58. Leiden.

Cook, Stephen L. (1995): Innerbiblical Interpretation in Ezekiel 44 and the History of Israel's Priesthood. JBL 114, 193–208.

—— (2011): Those Stubborn Levites: Overcoming Levitical Disenfranchisement. In: Leuchter/Hutton 2011, 155–170.

Cornill, Carl Heinrich (1891): Einleitung in das Alte Testament. GThW 2,1. Freiburg/Br.

Craigie, Peter C. (1976): The Book of Deuteronomy. NICOT. London u. a.

Cross, Frank M./Freedman, David Noel (1948): The Blessing of Moses. Deuteronomy 33. JBL 67, 191–210.

Crown, Alan D. (1993): Art. Book of Joshua. In: Crown, Alan D./Pummer, Reinhard/Tal, Abraham (Hg.): A Companion to Samaritan Studies. Tübingen, 42 – 43.

Crüsemann, Frank (1978): Der Widerstand gegen das Königtum. Die antiköniglichen Texte des Alten Testamentes und der Kampf um den frühen israelitischen Staat. WMANT 49. Neukirchen-Vluyn.

—— (1992): Die Tora. Theologie und Sozialgeschichte des alttestamentlichen Gesetzes. München.

Dahmen, Ulrich (1996): Leviten und Priester im Deuteronomium: literarkritische und redaktionsgeschichtliche Studien. BBB 110. Bodenheim.

Dahood, Mitchell J. (1961): *MKRTYHM* in Genesis 49,5. CBQ 23, 54 – 56.

Dalman, Gustaf (1937): Arbeit und Sitte in Palästina V. Webstoff, Spinnen, Weben, Kleidung. SDPI 8/BFChTh 36. Gütersloh.

Davies, Eryl W. (1995): Numbers. The New Century Bible Commentaries. Grand Rapids.

Derrett, J. Duncan M. (1993): The Case of Korah Versus Moses Reviewed. JSJ 24, 59 – 78.

Dexinger, Ferdinand (1977): Das Garizimgebot im Dekalog der Samaritaner. In: Braulik, Georg (Hg.): Studien zum Pentateuch. Walter Kornfeld zum 60. Geburtstag. Wien u. a., 111 – 133.

Dietrich, Christine (2008): Asyl. Vergleichende Untersuchung zu einer Rechtsinstitution im Alten Israel und seiner Umwelt. BWANT 182. Stuttgart.

Dietrich, Jan (2010): Kollektive Schuld und Haftung. Religions- und rechtsgeschichtliche Studien zum Sündenkuhritus des Deuteronomiums und zu verwandten Texten. Orientalische Religionen in der Antike 4. Tübingen.

Dietrich, Walter (2011): Samuel. 1Sam 1 – 12. BK VIII/1. Neukirchen-Vluyn.

———/Naumann, Thomas (1995): Die Samuelbücher. EdF 287. Darmstadt.

Dillmann, August (1886): Die Bücher Numeri, Deuteronomium und Josua. KEH 13. Leipzig.

Dohmen, Christoph (²1987): Das Bilderverbot: Seine Entstehung und seine Entwicklung im Alten Testament. BBB 62. Frankfurt/M.

—— (2004): Exodus 19 – 40. HThKAT. Freiburg/Br. u. a.

Donner, Herbert (1984): Geschichte des Volkes Israel und seiner Nachbarn in Grundzügen 1: Von den Anfängen bis zur Staatenbildungszeit. GAT 4/1. Göttingen.

Dorival, Gilles (1994): Les Nombres. La Bible d'Alexandrie 4. Paris.

Dozeman, Thomas B. (2006): The Commission of Moses and the Book of Genesis. In: Dozeman, Thomas B./Schmid, Konrad (Hg.): A Farewell to the Yahwist? The Composition of the Pentateuch in Recent European Interpretation. SBL Symposium Series 34. Atlanta, 107 – 129.

—— (2009): Exodus. Eerdmans Critical Commentary. Grand Rapids.

Draper, Jonathan A. (1991): ‚Korah‘ and the Second Temple. In: Horbury, William (Hg.): Templum Amicitiae. Essays on the Second Temple presented to Ernst Bammel. JSNT.S 48. Sheffield, 150 – 174.

Driver, Godfrey R. (1948): Misreadings in the Old Testament. WO 1, 234 – 238.

Driver, Samuel R. (³1902): Deuteronomy. ICC. Edinburgh.

Duguid, Iain M. (1994): Ezekiel and the Leaders of Israel. VT.S 56. Leiden u. a.

Duhm, Bernhard (1901): Das Buch Jeremia. KHC XI. Tübingen/Leipzig.

Duke, Rodney K. (1987): The Portion of the Levite: Another Reading of Deuteronomy 18:6 – 8. JBL 106, 193 – 201.

—— (1988): Punishment or Restoration? Another Look at the Levites of Ezekiel 44,6 – 16. JSOT 13/40, 61 – 81.

Duncan, Julie A. (1995): New Readings for the "Blessing of Moses" from Qumran. JBL 114, 273–290.

Edelman, Diana (2007): Taking the Torah out of Moses? Moses' Claim to Fame Before He Became the Quintessential Law-Giver. In: Römer, Thomas (Hg.): La construction de la figure de Moïse/The Construction of the Figure of Moses. Transeuphratène.S 13. Paris, 13–42.

Ehrlich, Arnold B. (1909): Randglossen zur Hebräischen Bibel 2: Leviticus, Numeri, Deuteronomium. Leipzig.

Eißfeldt, Otto (1917): Erstlinge und Zehnten im Alten Testament. Ein Beitrag zur Geschichte des israelitisch-jüdischen Kultus. BWAT 22. Leipzig.

—— (1954): Die Umrahmung des Mose-Liedes Dtn 32, 1–43 und des Mose-Gesetzes Dtn 1–30 in Dtn 31, 9–32,44 [sic!]. WZ(H)GS 4, 411–417.

Eitan, Israel (1924): A Contribution to Biblical Lexicography. New York.

Elayi, Josette (1986): Le sceau du prêtre Ḥanan, fils de Ḥilqiyahu. Sem. 36, 43–46.

—— (1987): Name of Deuteronomy's Author Found on Seal Ring. BAR 13/5, 54–56.

—— (1992): New Light on the Identification of the Seal of Priest Ḥanan, son of Ḥilqiyahu (2 Kings 22). BiOr 49, 680–685.

Elliger, Karl (1952): Sinn und Ursprung der priesterlichen Geschichtserzählung. ZThK 49, 121–143.

Emerton, John A. (1962): Priests and Levites in Deuteronomy. An Examination of Dr. G. E. Wright's Theory. VT 12, 129–138.

Ernst, Stephanie (2010): Tempelbedienstete am Jerusalemer Tempel? Instruktionen für Tempelbedienstete in Hattuša (CTH 264) und ihr Beitrag zur Frage nach dem Jerusalemer Kultpersonal. In: Fincke, Jeanette C. (Hg.): Festschrift für Gernot Wilhelm anläßlich seines 65. Geburtstages am 28. Januar 2010. Hirschbach-Reinhardtsgrimma, 111–124.

Euting, Julius (1914): Tagbuch einer Reise in Inner-Arabien 2. Herausgegeben von Enno Littmann. Leiden.

Fabry, Heinz-Josef (1985): Noch ein Dekalog! Die Thora des lebendigen Gottes in ihrer Wirkungsgeschichte. In: Böhnke, Michael/Heinz, Hanspeter (Hg.): Im Gespräch mit dem dreieinen Gott. Elemente einer trinitarischen Theologie. FS W. Breuning. Düsseldorf, 75–96.

—— (2000): Der Altarbau der Samaritaner – Ein Produkt derf Text- und Literaturgeschichte? In: Dahmen, Ulrich/Lange, Armin/ Lichtenberger, Hermann (Hg.): Die Textfunde vom Toten Meer und der Text der Hebräischen Bibel. Neukirchen-Vluyn, 35–52.

—— (2003): Jesus Sirach und das Priestertum. In: Fischer, Irmtraud/Rapp, Ursula/Schiller, Johannes (Hg.): Auf den Spuren der schriftgelehrten Weisen. Festschrift für Johannes Marböck. BZAW 331. Berlin/New York, 265–282.

Feldman, Louis H. (1993): Josephus' portrait of Korah. OTE 6, 399–426.

—— (2003): Philo's Interpretation of Korah. REJ 162, 1–15.

—— (2004): Philo, Pseudo-Philo, Josephus, and Theodotus on the Rape of Dinah. JQR 94, 253–277.

—— (2006): The Levites in Josephus. Henoch 28, 91–102.

Findlay, James (2006): The Priestly Ideology of the Septuagint Translator of Numbers 16–17. JSOT 30, 421–429.

Finsterbusch, Karin (2005): Weisung für Israel. Studien zu religiösem Lehren und Lernen im Deuteronomium und in seinem Umfeld. FAT 44. Tübingen.

Fischer, Alexander Achilles (2009): Der Text des Alten Testaments. Neubearbeitung der Einführung in die Biblia Hebraica von Ernst Würthwein. Stuttgart.

Fischer, Georg (1996): Exodus 1–15 – eine Erzählung. In: Vervenne, Marc (Hg.): Studies in the Book of Exodus. Redaction – Reception – Interpretation. BEThL 126. Leuven, 149–178.

Fischer, Irmtraud (2007): Levibund versus Prophetie in der Nachfolge des Mose. Die Mittlerkonzepte der Tora bei Maleachi. In: Dohmen, Christoph/Frevel, Christian (Hg.): Für immer verbündet. Studien zur Bundestheologie der Bibel. Festgabe für Frank-Lothar Hossfeld zum 65. Geburtstag. SBS 211. Stuttgart, 61–68.

Fisk, Bruce N. (2004): Gaps in the Story, Cracks in the Earth: The Exile of Cain and the Destruction of Korah in Pseudo-Philo (*Liber Antiquitatum Biblicarum 16*). In: Evans, Craig A. (Hg.): Of Scribes and Sages. Early Jewish Interpretation and Transmission of Scripture 2: Later Versions and Traditions. Studies in Scripture in Early Judaism and Christianity 10/Library of Second Temple Studies 51. London, 20–33.

Florentin, Moshe (2000/01): כלי חמס] "כלי חמס מְכֵרֹתֵיהֶם" (בראשית מט, ה) והנוסח השומרוני של התורה מְכֵרֹתֵיהֶם as Reflected in Samaritan Traditions]. Leš. 63, 189–202.

Fohrer, Georg (1964): Überlieferung und Geschichte des Exodus. Eine Analyse von Ex 1–15. BZAW 91. Berlin.

Frankel, David (1998): Two Priestly Conceptions of Guidance in the Wilderness. JSOT 23/81, 31–37.

Frevel, Christian (2000): Mit Blick auf das Land die Schöpfung erinnern. Zum Ende der Priestergrundschrift. HBS 23. Freiburg/Br. u. a.

—— (2010a): Moloch und Mischehen. Zu einigen Aspekten der Rezeption von Gen 34 in Jub 30. In: Dahmen, Ulrich/Schnocks, Johannes (Hg.): Juda und Jerusalem in der Seleukidenzeit: Herrschaft – Widerstand – Identität. Festschrift für Heinz-Josef Fabry. BBB 159. Göttingen, 161–187.

—— (2010b): „... dann gehören die Leviten mir". Anmerkungen zum Zusammenhang von Num 3; 8 und 18. In: Ernst, Stephanie/Häusl, Maria (Hg.): Kulte, Priester, Rituale. Beiträge zu Kult und Kultkritik im Alten Testament und Alten Orient. Festschrift für Theodor Seidl zum 65. Geburtstag. ATSAT 89. St. Ottilien, 133–158.

Fritz, Volkmar (1970): Israel in der Wüste. Traditionsgeschichtliche Untersuchung der Wüstenüberlieferung des Jahwisten. MThSt 7. Marburg.

—— (1994): Das Buch Josua. HAT I/7. Tübingen.

Frolov, Serge (2006): Man of God and the Deuteronomist: Anti-Deuteronomistic Polemics in 1 Sam 2,27–36. SJOT 20, 58–76.

Fuchs, Andreas/Röllig, Wolfgang (2012): Die neuen Schriftfunde von Tell Halaf. In: Baghdo, Abd el-Masih Hanna u. a. (Hg.): Tell Halaf: Vorbericht über die dritte bis fünfte syrisch-deutsche Grabungskampagne auf dem Tell Halaf. Vorderasiatische Forschungen der Max Freiherr von Oppenheim-Stiftung 3. Ausgrabungen auf dem Tell Halaf in Nordost-Syrien II. Wiesbaden, 211–214.

Fuller, Russell (1993): The Blessing of Levi in Dtn 33, Mal 2, and Qumran. In: Bartelmus, Rüdiger/Krüger, Thomas/Utzschneider, Helmut (Hg.): Konsequente Traditionsgeschichte. Festschrift für Klaus Baltzer zum 65. Geburtstag. OBO 126. Göttingen, 31–44.

Gadd, Cyril J. (1940): Tablets from Chagar Bazar and Tall Brak, 1937–38. Iraq 7, 22–66.

García López, Félix (1985): Le roi d'Israël: Dt 17,14–20. In: Lohfink 1985, 277–297.

Gelb, Ignace J. (1980): Computer-Aided Analysis of Amorite. AS 21. Chicago.

Geoghegan, Jeffrey C. (2010): The Redaction of Kings and Priestly Authority in Jerusalem. In: Leuchter, Mark/Adam, Klaus-Peter (Hg.): Soundings in Kings: Perspectives and Methods in Contemporary Scholarship. Minneapolis, 109–118.

Gerhards, Meik (2006): Die Aussetzungsgeschichte des Mose. Literar- und traditionsgeschichtliche Untersuchungen zu einem Schlüsseltext des nichtpriesterlichen Tetrateuch. WMANT 109. Neukirchen-Vluyn.

—— (2012): „… und nahm die Tochter Levis". Noch einmal zu Ex 2,1 als Motivation der Aussetzung des Mose. „Seine Geburt war unordentlich …" – wirklich? BN 154, 103–122.

Gertz, Jan Christian (1994): Die Gerichtsorganisation Israels im deuteronomischen Gesetz. FRLANT 165. Göttingen.

—— (1996): Die Passa-Massot-Ordnung im deuteronomischen Festkalender. In: Veijola 1996, 56–80.

—— (2000a): Tradition und Redaktion in der Exoduserzählung. Untersuchungen zur Endredaktion des Pentateuch. FRLANT 186. Göttingen.

—— (2000b): Die Stellung des kleinen geschichtlichen Credos in der Redaktionsgeschichte von Deuteronomium und Pentateuch. In: Kratz/Spieckermann 2000, 30–45.

—— (2001): Beobachtungen zu Komposition und Redaktion in Exodus 32–34. In: Köckert/Blum 2001, 88–106.

———/Schmid, Konrad/Witte, Markus (Hg.) (2002): Abschied vom Jahwisten. Die Komposition des Hexateuch in der jüngsten Diskussion. BZAW 315. Berlin/New York.

Gese, Hartmut (1957): Der Verfassungsentwurf des Ezechiel (Kap. 40–48) traditionsgeschichtlich untersucht. BHTh 25. Tübingen.

Gesundheit, Shimon (2012): Three Times a Year. Studies on Festival Legislation in the Pentateuch. FAT 82. Tübingen.

Ginzberg, Louis (1911): The Legends of the Jews III. Bible Times and Characters from the Exodus to the Death of Moses. Philadelphia.

Glaue, Paul /Rahlfs, Alfred (1911): Fragmente einer griechischen Übersetzung des samaritanischen Pentateuchs. MSU 1,2. Berlin.

Gleßmer, Uwe (1994): Leviten in spät-nachexilischer Zeit. Darstellungsinteressen in den Chronikbüchern und bei Josephus. In: Albani, Matthias/Arndt, Timotheus (Hg.): Gottes Ehre erzählen. Festschrift für Hans Seidel zum 65. Geburtstag. Leipzig, 127–151.

—— (1995): Die ideale Kultordnung. 24 Priesterordnungen in den Chronikbüchern, den kalendarischen Qumrantexten und in synagogalen Inschriften. Habilitationsschrift Hamburg [geplant als STDJ 25].

Goetze, Albrecht (1958): Remarks on Some Names Occurring in the Execration Texts. BASOR 151, 28–33.

Gordon, Robert P. (1991): Compositeness, Conflation and the Pentateuch. JSOT 16/51, 57–69.

Goren u. a. (2005): A Re-examination of the Inscribed Pomegranate from the Israel Museum. IEJ 55, 3–20.

Grabbe, Lester L. (2003): Were the Pre-Maccabean High Priests 'Zadokites'? In: Exum, J. Cheryl; Williamson, Hugh G.M. (Hg.): Reading from Right to Left: Essays on the Hebrew Bible in Honour of David J.A. Clines. JSOT.S 373. London/New York, 205–215.

Greßmann, Hugo (1913): Mose und seine Zeit. Ein Kommentar zu den Mose-Sagen. FRLANT 18. Göttingen.

—— (1925): Mitteilungen 6. Wichtige Zeitschriften-Aufsätze. ZAW 43, 150–160.

Grimme, Hubert (1906): Südarabische Tempelstrafgesetze. OLZ 9, 256–262.324–330.395–398.

—— (1924): Der südarabische Levitismus und sein Verhältnis zum Levitismus in Israel. Muséon 37 (1924), 169–199.

Groß, Walter (1987): Die Pendenskonstruktion im Biblischen Hebräisch. Studien zum althebräischen Satz I. ATSAT 27. St. Ottilien.

—— (2009): Richter. HThKAT. Freiburg/Br. u. a.

—— (2010): Michas überfüllte Hauskapelle. Bemerkungen zu Ri 17+18. In: Ernst, Stephanie/Häusl, Maria (Hg.): Kulte, Priester, Rituale. Beiträge zu Kult und Kultkritik im Alten Testament und Alten Orient. Festschrift für Theodor Seidl zum 65. Geburtstag. ATSAT 89. St. Ottilien, 175–194.

Gryson, Roger (1999): Altlateinische Handschriften: Répertoire descriptif 1: Mss 1–275. VL 1/2 A. Freiburg/Br.

Gunneweg, Antonius H. J. (1965): Leviten und Priester. Hauptlinien der Traditionsbildung und Geschichte des israelitisch-jüdischen Kultpersonals. FRLANT 89. Göttingen.

—— (1990): Das Gesetz und die Propheten. Eine Auslegung von Ex 33,7–11; Num 11,4–12,8; Dtn 31,14 f.; 34,10. ZAW 102, 169–180.

Haag, Ernst (1998): Gottes Bund mit Levi nach Maleachi 2. Historische und theologische Aspekte des Priestertums im Alten Testament. TThZ 107, 25–44.

Haas, Volkert (2006): Die hethitische Literatur. Texte, Stilistik, Motive. Berlin/New York.

Hagedorn, Anselm C. (2004): Between Moses and Plato: Individual and Society in Deuteronomy and Ancient Greek Law. FRLANT 204. Göttingen.

—— (2011): Die Anderen im Spiegel. Israels Auseinandersetzung mit den Völkern in den Büchern Nahum, Zefanja, Obadja und Joel. BZAW 414. Berlin/Boston.

Hahn, Joachim (1981): Das »Goldene Kalb«. Die Jahwe-Verehrung bei Stierbildern in der Geschichte Israels. EHS.T 154. Bern u. a.

Halpern, Baruch (1976): Levitic Participation in the Reform Cult of Jeroboam I. JBL 95, 31–42.

Hals, Ronald M. (1989): Ezekiel. FOTL XIX. Grand Rapids.

Hanson, Howard E. (1972): Num. XVI 30 and the Meaning of $B\bar{A}R\bar{A}'$. VT 22, 353–359.

Hanson, Paul D. (1992): 1 Chronicles 15–16 and the Chronicler's Views on the Levites. In: Fishbane, Michael/Tov, Emanuel (Hg.): "Sha'arei Talmon": Studies in the Bible, Qumran, and the Ancient Near East Presented to Shemaryahu Talmon. Winona Lake, 69–77.

Haran, Menahem (1977): A Temple at Dor? IEJ 27, 12–15.

Heckl, Raik (2001): Die starke Bildung des Imperfekts bei einigen Formen der Verba primae Nun – ein Problem des Verbalsystems? ZAH 14, 20–33.

Heimpel, Wolfgang (2003): Letters to the King of Mari: A New Translation with Historical Introduction, Notes, and Commentary. Mesopotamian Civilizations 12. Winona Lake.

Hempel, Johannes (1914): Die Schichten des Deuteronomiums. Ein Beitrag zur israelitischen Literatur- und Rechtsgeschichte. Leipzig.

Henshke, David (2010): Art. Tithing. In: Collins, John J./Harlow, Daniel C. (Hg.): The Eerdmans Dictionary of Early Judaism. Grand Rapids, 1310–1312.

Hentschel, Georg (1994): 1 Samuel. NEB 33. Würzburg.

—— (1997): „Alle sind heilig – die ganze Gemeinde". Zur Auseinandersetzung um das alttestamentliche Priestertum in Num 16. In: Beinert, Wolfgang u. a. (Hg.): Unterwegs zum einen Glauben. Festschrift für Lothar Ullrich zum 65. Geburtstag. EthSt 74. Leipzig, 12–33.

Hertzberg, Hans Wilhelm (1953): Die Bücher Josua, Richter, Ruth. ATD 9. Göttingen.

Hess, Richard S. (1993): Amarna Personal Names. ASOR Dissertation Series 9. Winona Lake.

Hieke, Thomas (2003): Die Genealogien der Genesis. HBS 39. Freiburg/Br. u. a.

Hill, Andrew E. (1998): Malachi. A New Translation with Introduction and Commentary. AncB 25D. New York u. a.

Höffken, Peter (1975): Warum schwieg Jesus Sirach über Esra? ZAW 87, 184–202.

Hoffmann, David (1922): Das Buch Deuteronomium 2. Deut. XXI,10–XXXI. Berlin.

Hofmann, Norbert (2003): Die Rezeption des Deuteronomiums im Buch Tobit, in der Assumptio Mosis und im 4. Esrabuch. In: Braulik, Georg (Hg.): Das Deuteronomium. ÖBS 23. Frankfurt/M. u.a, 311–342.

Höfner, Maria (1970): Die vorislamischen Religionen Arabiens. In: Gese, Hartmut/Höfner, Maria/Rudolph, Kurt: Die Religionen Altsyriens, Altarabiens und der Mandäer. RM 10,2. Stuttgart u. a., 233–402.

Holladay, William L. (1985): A Proposal for Reflections in the Book of Jeremiah of the Seven-Year Recitation of the Law in Deuteronomy (Deut 31,10–13). In: Lohfink 1985, 326–328.

Hölscher, Gustav (1922): Komposition und Ursprung des Deuteronomiums. ZAW 40, 161–255.

—— (1923): Das Buch der Könige, seine Quellen und seine Redaktion. In: Schmidt, Hans (Hg.), ΕΥΧΑΡΙΣΤΗΡΙΟΝ. Studien zur Religion und Literatur des Alten und Neuen Testaments Hermann Gunkel zum 60. Geburtstage, dem 23. Mai 1923 dargebracht. FRLANT 36/1. Göttingen, 158–213.

—— (1924): Hesekiel. Der Dichter und das Buch. Eine literarkritische Untersuchung. BZAW 39. Gießen.

—— (1925): Art. Levi. PRE 12/2, 2155–2208.

Holzinger, Heinrich (1893): Einleitung in den Hexateuch. Freiburg/Br./Leipzig.

—— (1898): Genesis. KHC I. Freiburg/Br. u.a.

—— (1900): Exodus. KHC II. Tübingen u.a.

—— (1903): Numeri. KHC IV. Tübingen/Leipzig.

Hommel, Fritz (1892): Aufsätze und Abhandlungen arabistisch-semitologischen Inhalts. München.

de Hoop, Raymond (1999): Genesis 49 in its Literary and Historical Context. OTS 39. Leiden u. a.

Horst, Friedrich (1930): Das Privilegrecht Jahves. Rechtsgeschichtliche Untersuchungen zum Deuteronomium. FRLANT 45. Göttingen.

Huffmon, Herbert B. (1965): Amorite Personal Names in the Mari Texts: A Structural and Lexical Study. Baltimore.

Hunt, Alice (2006): Missing Priests: The Zadokites in Tradition and History. JSOT.S 452. London/New York.

Hurowitz, Victor (Avigdor) (1983/84): העגל והמשכן [The Golden Calf and the Tabernacle]. Shnaton 7/8, 51–59.

Hutton, Jeremy M. (2009): The Levitical Diaspora (I): A Sociological Comparison with Morocco's Ahansal. In: Schloen, J. David (Hg.): Exploring the Longue Durée: Essays in Honor of Lawrence E. Stager. Winona Lake, 223–234.

—— (2011): The Levitical Diaspora (II): Modern Perspectives on the Levitical Cities Lists (A Review of Opinions). In: Leuchter/Hutton 2011, 45–81.

Hwang, Sunwoo (2009): Priests and Levites in Deuteronomy. In: Kim, Heerak Christian (Hg.): Biblical Studies in Motion: British-Korean Scholarly Contributions. Hermit Kingdom Studies in History and Religion 5. Highland Park, 53–79.

Ilan, Tal (2002): Lexicon of Jewish Names in Late Antiquity I: Palestine 330 BCE–200 CE. TSAJ 91. Tübingen.

—— (2008): Lexicon of Jewish Names in late Antiquity III: The Western Diaspora 330 BCE–650 CE. TSAJ 126. Tübingen.

Jacob, Benno (1934): Das erste Buch der Tora. Genesis. Berlin.

—— (1997): Das Buch Exodus. Stuttgart.

Jacobson, Howard (1983): Marginalia to Pseudo-Philo *Liber Antiquitatum Biblicarum* and to the *Chronicles of Jerahmeel*. REJ 142, 455–459.

Janowski, Bernd ($^2$2000): Sühne als Heilsgeschehen. Traditions- und religionsgeschichtliche Studien zur Sühnetheologie der Priesterschrift. WMANT 55. Neukirchen-Vluyn.

Janzen, J. Gerald (1973): Studies in the Text of Jeremiah. HSM 6. Cambridge.

Jaussen, Antonin/Savignac, Raphaël (1909): Mission archéologique en Arabie (Mars – Mai 1907): de Jérusalem au Hedjaz, Médain-Saleh. Paris.

—— (1914): Mission archéologique en Arabie II: El-'Ela, d'Hégra à Teima, Harrah de Tebouk. Paris.

Jenson, Philip Peter (1992): Graded Holiness: A Key to the Priestly Conception of the World. JSOT.S 106. Sheffield.

Jepsen, Alfred ($^2$1956): Die Quellen des Königsbuches. Halle.

—— (1981): Mose und die Leviten. Ein Beitrag zur Frühgeschichte Israels und zur Sammlung des alttestamentlichen Schrifttums. VT 31, 318–323.

Joosten, Jan (2003): On Aramaising Renderings in the Septuagint. In: Baasten, Martin F. J./van Peursen, Willem Th. (Hg.): Hamlet on a Hill: Semitic and Greek Studies Presented to Professor T. Muraoka on the Occasion of His Sixty-Fifth Birthday. OLA 118. Leuven, 587–600.

—— (2005): The Distinction between Classical and Late Biblical Hebrew as Reflected in Syntax. HebStud 46, 327–339.

Joüon, Paul/Muraoka, Takamitsu (2006): A Grammar of Biblical Hebrew. SubBi 27. Rom.

Jursa, Michael (2013): Die babylonische Priesterschaft im ersten Jahrtausend v. Chr. In: Kaniuth, Kai u. a. (Hg.): Tempel im Alten Orient. 7. internationales Colloquium der Deutschen Orient-Gesellschaft, 11.–13. Oktober 2009, München. Colloquien der Deutschen Orient-Gesellschaft 7. Wiesbaden, 151–165.

Kartveit, Magnar (2009): The Origin of the Samaritans. VT.S 128. Leiden; Boston.

Kaufmann, Yehezkel (1937): תולדות האמונה הישראלית: מימי קדם עד סוף בית שני 1.1. Jerusalem/Tel Aviv.

Kayser, August (1874): Das vorexilische Buch der Urgeschichte Israels und seine Erweiterungen. Ein Beitrag zur Pentateuch-Kritik. Straßburg.

Kearney, Peter J. (1977): Creation and Liturgy: The P Redaction of Ex 25–40. ZAW 89, 375–387.

Kellermann, Diether (1970): Die Priesterschrift von Numeri 1,1 bis 10,10. Literarkritisch und traditionsgeschichtlich untersucht. BZAW 120. Berlin.

—— (1984): Art. לֵוִי. ThWAT IV, 499–521.

Kessler, Rainer (2011): Maleachi. HThKAT. Freiburg/Br. u. a.

Kislev, Itamar (2008): מניין בני ישראל הבאים מצרימה: מסורת ונוסח [The Number of Jacob's Descendants who Entered Egypt: Text and Tradition]. In: Schwartz, Baruch J./Melamed, Abraham/Shemesh, Ahron (Hg.): איגוד – ספרות, המקרא ועולמו א: מבחר מאמרים במדעי היהדות חז"ל ומשפט עברי ומחשבת ישראל [Iggud – Selected Essays in Jewish Studies 1: The Bible and Its World, Rabbinic Literature, Jewish Studies and Jewish Thought]. Jerusalem, 143–159.

Klein, Ralph W. (1983): 1 Samuel. WBC 10. Waco.

Klein, Wassilios (1997): Art. Priester/Priestertum I/1. Religionsgeschichtlich. TRE 27, 379–382.

Klinger, Jörg (2002): Zum ,Priestertum' im hethitischen Anatolien. In: Lebrun, René (Hg.): Panthéons locaux de l'Asie Mineure pré-chrétienne. Hethitica 15; BCILL 109. Louvain-la-Neuve, 93–111.

Knohl, Israel (1995): The Sanctuary of Silence: The Priestly Torah and the Holiness School. Minneapolis.

Knoppers, Gary N. (1999): Hierodules, Priests, or Janitors? The Levites in Chronicles and the History of the Israelite Priesthood. JBL 118, 49–72.

Koch, Klaus (1987): P – kein Redaktor! Erinnerung an zwei Eckdaten der Quellenscheidung. VT 37, 446–467.

Koch, Christoph (2008): Vertrag, Treueid und Bund: Studien zur Rezeption des altorientalischen Vertragsrechts im Deuteronomium und zur Ausbildung der Bundestheologie im Alten Testament. BZAW 383. Berlin/New York.

Köckert, Matthias (2000): Zum literargeschichtlichen Ort des Prophetengesetzes Dtn 18 zwischen dem Jeremiabuch und Dtn 13. In: Kratz/Spieckermann 2000, 80–100.

Köckert, Matthias/Blum, Erhard (Hg.) (2001): Gottes Volk am Sinai. Untersuchungen zu Ex 32–34 und Dtn 9–10. VWGTh 18. Gütersloh.

Kohata, Fujiko (1986): Jahwist und Priesterschrift in Exodus 3–14. BZAW 166. Berlin/New York.

Konkel, Michael (2001): Architektonik des Heiligen. Studien zur zweiten Tempelvision Ezechiels (Ez 40–48). BBB 129. Berlin/Wien.

—— (2008): Sünde und Vergebung. Eine Rekonstruktion der Redaktionsgeschichte der hinteren Sinaiperikope (Exodus 32–34) vor dem Hintergrund aktueller Pentateuchmodelle. FAT 58. Tübingen.

Kottsieper, Ingo (2000): *yaqattal* – Phantom oder Problem? Erwägungen zu einem hebraistischen Problem und zur Geschichte der semitischen Sprachen. KUSATU 1, 27–100.

Krapf, Thomas (1984): Traditionsgeschichtliches zum deuteronomischen Fremdling-Witwe-Waise-Gebot. VT 34, 87–91.

Kratz, Reinhard G. (2000a): Die Komposition der erzählenden Bücher des Alten Testaments. Grundwissen der Bibelkritik. Göttingen.

—— (2000b): Der literarische Ort des Deuteronomiums. In: Kratz/Spieckermann 2000, 101–120.

—— (2003): Die Propheten Israels. C.H.Beck Wissen 2326. München.

—— (2008): Ezra – Priest and Scribe. In: Perdue, Leo G. (Hg.): Scribes, Sages, and Seers. The Sage in the Eastern Mediterranean World. FRLANT 219. Göttingen, 163–188.

—— (2011): The Pentateuch in Current Research. Consensus and Debate. In: Dozeman, Thomas B./Schmid, Konrad/Schwartz, Baruch J. (Hg.): The Pentateuch. International Perspectives on Current Research. FAT 78. Tübingen, 31–61.

Kratz, Reinhard G./Spieckermann, Hermann (Hg.) (2000): Liebe und Gebot. Studien zum Deuteronomium. Festschrift zum 70. Geburtstag von Lothar Perlitt. FRLANT 190. Göttingen.

Kreuzer, Siegfried (1989): Die Frühgeschichte Israels in Bekenntnis und Verkündigung des Alten Testaments. BZAW 178. Berlin/New York.

—— (2010): Vom Garizim zum Ebal. Erwägungen zur Geschichte und Textgeschichte sowie zu einem neuen Qumran-Text. In: Dahmen, Ulrich/Schnocks, Johannes (Hg.): Juda und Jerusalem in der Seleukidenzeit: Herrschaft – Widerstand – Identität. Festschrift für Heinz-Josef Fabry. BBB 159. Göttingen, 31–42.

Kuenen, Abraham (1887): Historisch-kritische Einleitung in die Bücher des alten Testaments hinsichtlich ihrer Entstehung und Sammlung 1: Die Entstehung des Hexateuch. Leipzig.

Kugel, James (1992): The Story of Dinah in the Testament of Levi. HThR 85, 1–34.

— (1993): Levi's Elevation to the Priesthood in Second Temple Writings. HThR 86, 1–64.

— (²1998): Traditions of the Bible. A Guide to the Bible As It Was at the Start of the Common Era. Cambridge; London.

Kugler, Robert A. (1996): From Patriarch to Priest: The Levi-Priestly Tradition from Aramaic Levi to Testament of Levi. Early Judaism and Its Literature 9. Atlanta.

Kuhl, Curt (1952): Die „Wiederaufnahme" – ein literarkritisches Prinzip? ZAW 64, 1–11.

Laato, Antti (1994): The Levitical Genealogies in 1 Chronicles 5–6 and the Formation of Levitical Ideology in Post-Exilic Judah. JSOT 19/62, 77–99.

Labahn, Antje (2010): Licht und Heil. Levitischer Herrschaftsanspruch in der frühjüdischen Literatur aus der Zeit des Zweiten Tempels. BThSt 112. Neukirchen-Vluyn.

Labuschagne, Casper J. (1974): The Tribes in the Blessing of Moses. OTS 19, 97–112.

Lang, Bernhard (1984): Art. כֹּהֵן. ThWAT IV, 303–318.

— (2012): Die Leviten. Ihre Anthropologie und die Folgen für Ahnenkult und Bilderverehrung im alten Israel. In: Berlejung, Angelika/Dietrich, Jan/Quack, Joachim Friedrich (Hg.): Menschenbilder und Körperkonzepte im Alten Israel, in Ägypten und im Alten Orient. Orientalische Religionen in der Antike 9. Tübingen, 287–319.

Lange, Armin (2009): Handbuch der Textfunde vom Toten Meer 1: Die Handschriften biblischer Bücher von Qumran und den anderen Fundorten. Tübingen.

— (2012): The Covenant with the Levites (Jer 33:21) in the Proto-Masoretic Text of Jeremiah in Light of the Dead Sea Scrolls. In: Maeir, Aren M./Magness, Jodi/Schiffman, Lawrence H. (Hg.): 'Go Out and Study the Land' (Judges 18:2). Archaeological, Historical and Textual Studies in Honor of Hanan Eshel. JSJ.S 148. Leiden/Boston, 95–116.

Lehming, Sigo (1958): Zur Überlieferungsgeschichte von Gen 34. ZAW 70, 228–250.

— (1960): Versuch zu Ex 32. VT 10, 16–50.

— (1962): Versuch zu Num 16. ZAW 74 (1962), 291–321.

Lemaire, André (2006): A Re-examination of the Inscribed Pomegranate: A Rejoinder – Appendix by Amnon Rosenfeld and Shimon Ilani: On the Patina and Stable-Isotope Analysis of the Ivory Pomegranate. IEJ 56, 167–177.

Leonhard, Clemens (2004): Art. Zehnt II. Judentum. TRE 36, 490–495.

Leuchter, Mark (2007): "The Levite in Your Gates": The Deuteronomic Redefinition of Levitical Authority. JBL 126, 417–436.

— (2008): The Polemics of Exile in Jeremiah 26–45. Cambridge u. a.

— (2009a): »The Prophets« and »The Levites« in Josiah's Covenant Ceremony. ZAW 121, 31–47.

— (2009b): Ezra's Mission and the Levites of Casiphia. In: Knoppers, Gary N./Ristau, Kenneth A. (Hg.): Community Identity in Judean Historiography. Winona Lake, 247–263.

— (2011): From Levite to Maśkîl in the Persian and Hellenistic Eras. In: Leuchter/Hutton 2011, 215–232.

———/Hutton, Jeremy M. (Hg.) (2011): Levites and Priests in Biblical History and Tradition. SBL Ancient Israel and Its Literature 9. Atlanta.

Levin, Christoph (1984): Joschija im Deuteronomistischen Geschichtswerk. ZAW 96, 351–371.

— (1985): Die Verheißung des neuen Bundes in ihrem theologiegeschichtlichen Zusammenhang ausgelegt. FRLANT 137. Göttingen.

— (1993): Der Jahwist. FRLANT 157. Göttingen.

—— (1995): Das System der zwölf Stämme Israels. In: Emerton, John A. (Hg.): Congress Volume Paris 1992. VT.S 61. Leiden u. a., 163–178.

—— (1996): Über den »Color Hieremianus« des Deuteronomiums. In: Veijola 1996, 107–126.

—— (2000): Dina: Wenn die Schrift wider sich selbst lautet. In: Kratz, Reinhard G./Krüger, Thomas/Schmid, Konrad (Hg.): Schriftauslegung in der Schrift. Festschrift für Odil Hannes Steck zu seinem 65. Geburtstag. BZAW 300. Berlin/New York, 61–72.

Levine, Baruch A. (1993): Numbers 1–20. A New Translation with Introduction and Commentary. AncB 4. New York u. a.

—— (2000): Numbers 21–36. A New Translation with Introduction and Commentary. AncB 4 A. New York u. a.

Levinson, Bernard M. (1997): Deuteronomy and the Hermeneutics of Legal Innovation. New York/Oxford.

Lipiński, Edward (1975): Studies in Aramaic Inscriptions and Onomastics I. OLA 1. Leuven.

—— (2010): Studies in Aramaic Inscriptions and Onomastics III. Maʿlānā. OLA 200. Leuven u. a.

Liver, Jacob (1961): Korah, Dathan and Abiram. In: Rabin, Chaim (Hg.): Studies in the Bible. ScrHier 8. Jerusalem, 189–217.

Lohfink, Norbert (1962): Der Bundesschluß im Land Moab. Redaktionsgeschichtliches zu Dt 28,69–32,47. BZ 6, 32–56.

—— (1969): Dtn 26,17–19 und die Bundesformel. ZThK 91, 517–553.

—— (1971): Zum „kleinen geschichtlichen Credo" Dtn 26,5–9. ThPh 46, 19–39.

—— (1978): Die Priesterschrift und die Geschichte. In: Emerton, John A. u. a. (Hg.): Congress Volume Göttingen 1977. VT.S 29. Leiden, 189–225.

—— (Hg.) (1985): Das Deuteronomium: Entstehung, Gestalt und Botschaft. BEThL 68. Leuven.

—— (1993a): Zur Fabel in Dtn 31–32. In: Bartelmus, Rüdiger/Krüger, Thomas/Utzschneider, Helmut (Hg.): Konsequente Traditionsgeschichte. Festschrift für Klaus Baltzer zum 65. Geburtstag. OBO 126. Göttingen, 255–279.

—— (1993b): Die Ältesten und der Bund. Zum Zusammenhang von Dtn 5,23; 26,17–19; 27,1.9 f und 31,9. BN 67, 26–42.

—— (1993c): Rezension zu Buchholz 1988. ThRv 89, 192–195.

—— (1994): Moab oder Sichem – wo wurde Dtn 28 nach der Fabel des Deuteronomiums proklamiert? In: García Martínez, Florentino u. a. (Hg.): Studies in Deuteronomy: In Honour of C.J. Labuschagne on the Occasion of His 65th Birthday. VT.S 53. Leiden, 139–153.

—— (1995): Gab es eine deuteronomistische Bewegung? In: Groß, Walter (Hg.): Jeremia und die »deuteronomistische Bewegung«. BBB 98. Weinheim, 313–382.

—— (1996): Fortschreibung? Zur Technik von Rechtsrevisionen im deuteronomischen Bereich, erörtert an Deuteronomium 12, Ex 21,2–11 und Dtn 15,12–18. In: Veijola 1996, 127–171.

—— (2001): Deuteronomium 9,1–10,11 und Exodus 32–34. Zu Endtextstruktur, Intertextualität, Schichtung und Abhängigkeiten. In: Köckert/Blum 2001, 41–87.

Löhnert, Anne (2007): The Installation of Priests according to Neo-Assyrian Documents. State Archives of Assyria Bulletin 16, 273–286.

—— (2010): Reconsidering the Consecration of Priests in Ancient Mesopotamia. In: Baker, Heather D. u. a. (Hg.): Your Praise is Sweet. A Memorial Volume for Jeremy Black from Students, Colleagues and Friends. London, 183–191.

Loretz, Oswald (1976): Aharon der Levit (Ex 4,14). UF 8, 454.

Lundbom, Jack R. (2004): Jeremiah 21–36. A New Translation with Introduction and Commentary. AncB 21B. New York u. a.

Lunn, Nicholas P. (2010): Numbering Israel: A Rhetorico-Structural Analysis of Numbers 1–4. JSOT 35, 167–185.

Lust, Johan (1991): Messianism and the Greek Version of Jeremiah. In: Cox, Claude E. (Hg.): VII Congress of the International Organization for Septuagint and Cognate Studies, Leuven 1989. SBL.SCSS 31. Atlanta, 87–122.

— (1994): The Diverse Text Forms of Jeremiah and History Writing with Jer 33 as a Testcase. JNWSL 20, 31–48.

Lux, Rüdiger (1995): »Und die Erde tat ihren Mund auf ...« Zum »aktuellen Erzählinteresse« Israels am Konflikt zwischen Mose und Datan und Abiram in Num 16. In: Vieweger, Dieter/Waschke, Ernst-Joachim (Hg.): Von Gott reden. Beiträge zur Theologie und Exegese des Alten Testaments. Festschrift für Siegfried Wagner zum 65. Geburtstag. Neukirchen-Vluyn, 187–216.

MacDonald, Nathan (2010): Issues in the Dating of Deuteronomy: A Response to Juha Pakkala. ZAW 122, 431–435.

— (2011): Foreigners, Levites and Zadokite Priests: Reconsidering the Relationship between Ezek 44 and Isa 56. Vortrag auf dem SBL Annual Meeting in San Francisco.

Macchi, Jean-Daniel (1999): Israël et ses tribus selon Genèse 49. OBO 171. Fribourg.

Magonet, Jonathan (1982): The Korah Rebellion. JSOT 7/24, 3–25.

Marcus, Ralph (1945): Dositheus, Priest and Levite. JBL 64, 269–271.

Marx, Alfred (1995): La généalogie d'Exode VI 14–25. Sa forme, sa fonction. VT 45, 318–336.

Mayes, Andrew David Hastings (1979): Deuteronomy. New Century Bible Commentary. Grand Rapids.

McCarthy, Carmel (1981): The Tiqqune Sopherim and Other Theological Corrections in the Masoretic Text of the Old Testament. OBO 36. Fribourg.

McConville, J. Gordon (1983): Priests and Levites in Ezekiel: A Crux in the Interpretation of Israel's History. TynB 34, 3–31.

McKane, William (1996): A Critical and Exegetical Commentary on Jeremiah 2: Jeremiah XXVI–LII. ICC. Edinburgh.

McKenzie, Steven L. (1986): 1 Kings 8: A Sample Study into the Text of Kings Used by the Chronicler and Translated by the Old Greek. BIOSCS 19, 15–34.

Meeks, Wayne A. (1967): The Prophet-King. Moses Traditions and the Johannine Christology. NT.S 14. Leiden.

Meinhold, Arndt (2006): Maleachi. BK XIV/8. Neukirchen-Vluyn.

Merendino, Rosario P. (1969): Das deuteronomische Gesetz. Eine literarkritische, gattungs- und überlieferungsgeschichtliche Untersuchung zu Dt 12–26. BBB 31. Bonn.

— (1980): Dt 27,1–8. Eine literarkritische und überlieferungsgeschichtlichte Untersuchung. BZ 24, 194–207.

Meyer, Eduard (1906): Die Israeliten und ihre Nachbarstämme. Alttestamentliche Untersuchungen. Mit Beiträgen von Bernhard Luther. Halle.

Meyer, Rudolf (1938): Levitische Emanzipationsbestrebungen in nachexilischer Zeit. OLZ 41, 722–728.

Meyers, Carol L./Meyers, Eric M. (1993): Zechariah 9–14. A New Translation with Introduction and Commentary. AncB 25C. New York u. a.

Michel, Andreas (2007): Deuteronomium 26,16–19, ein „ewiger Bund". In: Dohmen, Christoph/Frevel, Christian (Hg.): Für immer verbündet. Studien zur Bundestheologie der Bibel. SBS 21. Stuttgart, 141–149.

Michelau, Henrike (2010): Das Bild des loyalen Gläubigen als Konzeptionselement von Totendarstellungen. Eine Auswertung des Bild- und Inschriftenprogramms der hellenistischen Totengedenkstelen aus Umm el-'Amed. Magisterarbeit, Tübingen.

Migsch, Herbert (2012): Eine Anmerkung zum Vorkommen der nota accusativi im passivischen Niph'al-Satz. BN 154, 29–33.

Milgrom, Jacob (1970a): Studies in Levitical Terminology I. The Encroacher and the Levite, the Term 'Aboda. University of California Publications, Near Eastern Studies 14. Berkeley u. a.

⸺ (1970b): The Shared Custody of the Tabernacle and a Hittite Analogy. JAOS 90, 204–209.

⸺ (1978): Studies in the Temple Scroll. JBL 97, 501–523.

⸺ (1978/79): Priestly Terminology and the Political and Social Structure of Pre-Monarchic Israel. JQR 69, 65–81.

⸺ (1980/81): Further Studies in the Temple Scroll. JQR 71, 1–17.89–106.

⸺ (1981): Korah's Rebellion. A Study in Redaction. In: Carrez, Maurice u. a. (Hg.): De la Tôrah au Messie. Études d'exégèse et d'herméneutique bibliques offertes à Henri Cazelles pour ses 25 années d'enseignement à l'Institut Catholique de Paris (Octobre 1979). Paris, 135–146.

⸺ (1987): The Literary Structure of Numbers 8:5–22 and the Levitic *Kippûr*. In: Conrad, Edgar W./Newing, Edward G. (Hg.): Perspectives on Language and Text. Essays and Poems in Honor of Francis I. Andersen's Sixtieth Birthday July 28, 1985. Winona Lake, 205–209.

⸺ (1990): Numbers. JPSTC. Philadelphia/New York.

⸺ (1997): Encroaching on the Sacred: Purity and Polity in Numbers 1–10. Interp. 51, 241–253.

⸺ (2001): Leviticus 23–27. A New Translation with Introduction and Commentary. AncB 3B. New York u. a.

Miller, James Maxwell (1970): The Korahites of Southern Judah. CBQ 32, 58–68.

⸺/Tucker, Gene M. (1974): The Book of Joshua. The Cambridge Bible Commentary. Cambridge.

Min, Kyung-jin (2004): The Levitical Authorship of Ezra-Nehemia. JSOT.S 409. London/New York.

Mirguet, Françoise (2008): Numbers 16: The Significance of Place – an Analysis of Spatial Markers. JSOT 32, 311–330.

Möhlenbrink, Kurt (1934): Die levitischen Überlieferungen des Alten Testaments. ZAW 52, 184–231.

Mommer, Peter (1994): Das Verhältnis von Situation, Tradition und Redaktion am Beispiel von 1 Kön 12. In: Mommer, Peter/Thiel, Winfried (Hg.): Altes Testament – Forschung und Wirkung. Festschrift für Henning Graf Reventlow. Frankfurt/M. u.a, 47–64.

Moore, George F. (²1898): Judges. ICC. Edinburgh.

Mordtmann, Johannes Heinrich (1897): Beiträge zur minäischen Epigraphik. Semitistische Studien 12. Weimar.

Mowinckel, Sigmund (1964): Tetrateuch – Pentateuch – Hexateuch. Die Berichte über die Landnahme in den drei altisraelitischen Geschichtswerken. BZAW 90. Berlin.

Müller, David Heinrich (1889): Epigraphische Denkmäler aus Arabien, nach Abklatschen und Copieen des Herrn Prof. Julius Euting in Strassburg. DAWW.PH 37/2,1. Wien.

Müller, Hans-Peter (1985): Ergativelemente im akkadischen und althebräischen Verbalsystem. Bib. 66, 385–417.

Murphy, Frederick J. (1990): Korah's Rebellion in Pseudo-Philo 16. In: Attridge, Harold W./Collins, John J./Tobin, Thomas H. (Hg.): Of Scribes and Scrolls: Studies on the Hebrew

Bible, Intertestamental Judaism, and Christian Origins, presented to John Strugnell on the occasion of his Sixtieth Birthday. College Theology Society Resources in Religion 5. Lanham, 111–120.

Murtonen, Aimo (1951): Some Thoughts on Judges XVII sq. VT 1, 223–224.

—— (1960): Materials for a Non-Masoretic Hebrew Grammar 2. An Etymological Vocabulary to the Samaritan Pentateuch. StOr 24. Helsinki.

von Mutius, Hans-Georg (1997): Das Verständnis der Verbform נשׂאתי in Numeri 16,15 im Licht des Targums Neofiti 1. BN 87, 34–38.

Mykytiuk, Lawrence J. (2004): Identifying Biblical Persons in Northwest Semitic Inscriptions of 1200–539 B.C.E. SBL Academia Biblica 12. Leiden/Boston.

Na'aman, Nadav (2000): The Law of the Altar in Deuteronomy and the Cultic Site Near Shechem. In: McKenzie, Steven L. u.a. (Hg.): Rethinking the Foundations: Historiography in the Ancient World and in the Bible. Essays in Honour of John Van Seters. BZAW 294. Berlin/New York, 141–161.

—— (2008): Sojourners and Levites in the Kingdom of Judah in the Seventh Century BCE. ZAR 14, 237–279.

Naveh, Joseph (1963): Old Hebrew Inscriptions in a Burial Cave. IEJ 13, 74–92, pls. 9–13.

Nebe, G. Wilhelm (1997): 4Q559 „Biblical Chronology". ZAH 10, 85–88.

Neef, Heinz-Dieter (2004): Michas Kult und Jahwes Gebot: Jdc 17,1–18,31. Vom kultischen Pluralismus zur Alleinverehrung JHWHs. ZAW 116, 206–222.

Nelson, Richard D. (1991): The Role of the Priesthood in the Deuteronomistic History. In: Emerton, John A. (Hg.): Congress Volume Leuven 1989. VT.S 43. Leiden u.a., 132–147.

Nicholson, Ernest (2006): »Do Not Dare to Set a Foreigner Over You«. The King in Deuteronomy and »The Great King«. ZAW 118, 46–61.

Niebuhr, Carl (1894): Geschichte des Ebräischen Zeitalters. Leipzig.

Niehr, Herbert (1987): Rechtsprechung in Israel: Untersuchungen zur Geschichte der Gerichtsorganisation im Alten Testament. SBS 130. Stuttgart.

—— (1995): Die Reform des Joschija. Methodische, historische und religionsgeschichtliche Aspekte. In: Groß, Walter (Hg.): Jeremia und die »deuteronomistische Bewegung«. BBB 98. Weinheim, 33–55.

Nielsen, Eduard (1955): Shechem. A Traditio-Historical Investigation. Copenhagen.

—— (1964): The Levites in Ancient Israel. ASTI 3, 16–27.

—— (1995): Deuteronomium. HAT I/6. Tübingen.

Niemann, Hermann Michael (1985): Die Daniten. Studien zur Geschichte eines altisraelitischen Stammes. FRLANT 135. Göttingen.

—— (2008): A New Look at the Samaria Ostraca: The King-Clan Relationship. Tel Aviv 35, 249–266.

Nihan, Christophe (2007): The Torah between Samaria and Judah: Shechem and Gerizim in Deuteronomy and Joshua. In: Knoppers, Gary N./Levinson, Bernard M. (Hg.): The Pentateuch as Torah. New Models for Understanding Its Promulgation and Acceptance. Winona Lake, 187–223.

Nöldeke, Theodor (1869): Untersuchungen zur Kritik des Alten Testaments. Kiel.

Noort, Ed (1997): The Traditions of Ebal and Gerizim: Theological Positions in the Book of Joshua. In: Lust, Johan/Vervenne, Marc (Hg.): Deuteronomy and Deuteronomic Literature. FS C.H.W. Brekelmans. BEThL 133. Leuven, 161–180.

—— (1998a): Das Buch Josua. Forschungsgeschichte und Problemfelder. EdF 292. Darmstadt.

—— (1998b): 4QJosh[a] and the History of Tradition in the Book of Joshua. JNSL 24, 127–144.

von Nordheim, Eckhard (1985): Die Lehre der Alten II. Das Testament als Literaturgattung im Alten Testament und im Alten Vorderen Orient. ALGHJ 18. Leiden.

Noth, Martin (1927): Das Krongut der israelitischen Könige und seine Verwaltung. ZPDV 50, 211–244.

— (1930): Das System der zwölf Stämme Israels. BWANT 52. Stuttgart.

— (1938): Das Buch Josua. HAT 7. Tübingen.

— (1943): Überlieferungsgeschichtliche Studien. Die sammelnden und bearbeitenden Geschichtswerke im Alten Testament. Königsberg.

— (1948): Überlieferungsgeschichte des Pentateuch. Stuttgart.

— ($^2$1953): Das Buch Josua. HAT 7. Tübingen.

— (1956): Remarks on the Sixth Volume of Mari Texts. JSS 1, 322–333.

— (1959): Das zweite Buch Mose: Exodus. ATD 5. Göttingen.

— (1966): Das vierte Buch Mose: Numeri. ATD 7. Göttingen.

— (1968): Könige 1. BK IX/1. Neukirchen-Vluyn.

Nötscher, Friedrich (1953): Zum emphatischen Lamed. VT 3, 372–380.

Nowack, Wilhelm (1894): Lehrbuch der hebräischen Archäologie II. Sacralalterthümer. Freiburg/Br./Leipzig.

Nurmela, Risto (1998): The Levites: Their Emergence as a Second-Class Priesthood. SFSHJ 193. Atlanta.

O'Brien, Julia M. (1990): Priest and Levite in Malachi. SBL.DS 121. Atlanta.

Olson, Dennis T. (1985): The Death of the Old and the Birth of the New. The Framework of the Book of Numbers and the Pentateuch. BJSt 71. Chico.

Olyan, Saul M. (1987): Ben Sira's Relationship to the Priesthood. HThR 80, 261–286.

Oswald, Wolfgang (1998): Israel am Gottesberg. Eine Untersuchung zur Literargeschichte der vorderen Sinaiperikope Ex 19–24 und deren historischem Hintergrund. OBO 159. Fribourg/Göttingen.

Otto, Eckart (1996): Die nachpriesterschriftliche Pentateuchredaktion im Buch Exodus. In: Vervenne, Marc (Hg.): Studies in the Book of Exodus. Redaction – Reception – Interpretation. BEThL 126. Leuven, 61–111.

— (1998): Neue Aspekte zum keilschriftlichen Prozeßrecht in Babylonien und Assyrien. ZAR 4, 263–283.

— (1999a): Das Deuteronomium. Politische Theologie und Rechtsform in Juda und Assyrien. BZAW 284. Berlin/New York.

— (1999b): Die post-deuteronomistische Levitisierung des Deuteronomiums. Zu einem Buch von Ulrich Dahmen. ZAR 5, 277–284.

— (2000a): Das Deuteronomium im Pentateuch und Hexateuch. Studien zur Literaturgeschichte von Pentateuch und Hexateuch im Lichte des Deuteronomiumrahmens. FAT 30. Tübingen.

— (2000b): Mose und das Gesetz. Die Mose-Figur als Gegenentwurf Politischer Theologie zur neuassyrischen Königsideologie im 7. Jh. v. Chr. In: Ders. (Hg.): Mose. Ägypten und das Alte Testament. SBS 189. Stuttgart, 43–83.

— (2007): Die Zadokiden – eine Sekte aus hasmonäischer Zeit? Zu einem Buch von Alice Hunt. ZAR 13, 271–276.

— (2012): Deuteronomium 1–11, Bd. 2. Dtn 4,44–11,32. HThKAT. Freiburg u. a.

Paganini, Simone (2009): »Nicht darfst du zu diesen Wörtern etwas hinzufügen«. Die Rezeption des Deuteronomiums in der Tempelrolle: Sprache, Autoren und Hermeneutik. BZAR 11. Wiesbaden.

Pakkala, Juha (2008): Jeroboam without Bulls. ZAW 120, 501–525.
— (2009): The Date of the Oldest Edition of Deuteronomy. ZAW 121, 388–401.
Pearce, Sarah J. K. (2006): Speaking with the Voice of God: The High Court according to Greek Deuteronomy 17:8–13. In: Hempel, Charlotte/Lieu, Judith M. (Hg.): Biblical Traditions in Transmission: Essays in Honour of Michael A. Knibb. JSJ.S 111. Leiden/Boston, 237–247.
Perkins, Larry (2010): What's in a Name – Proper Names in Greek Exodus. JSJ 41, 447–471.
Perlitt, Lothar (1969): Bundestheologie im Alten Testament. WMANT 36. Neukirchen-Vluyn.
— (1971): Mose als Prophet. EvTh 31, 588–608.
— (1980): »Ein einzig Volk von Brüdern«. Zur deuteronomischen Herkunft der biblischen Bezeichnung »Bruder«. In: Lührmann, Dieter/Strecker, Georg (Hg.): Kirche. Festschrift für Günther Bornkamm zum 75. Geburtstag. Tübingen, 27–52.
— (2004): Die Propheten Nahum, Habakuk, Zephanja. ATD 25,1. Göttingen.
Pfeiffer, Henrik (1999): Das Heiligtum von Bethel im Spiegel des Hoseabuches. FRLANT 183. Göttingen.
— (2005): Jahwes Kommen von Süden: Jdc 5; Hab 3; Dtn 33 und Ps 68 in ihrem literatur- und theologiegeschichtlichen Umfeld. FRLANT 211. Göttingen.
— (2009): Sodomie in Gibea. Der kompositionsgeschichtliche Ort von Jdc 19. In: Hagedorn, Anselm C./Pfeiffer, Henrik (Hg.): Die Erzväter in der biblischen Tradition. Festschrift für Matthias Köckert. BZAW 400. Berlin/New York, 267–289.
Phillips, Anthony (1970): Ancient Israel's Criminal Law: A New Approach to The Decalogue. Oxford.
Pietsch, Michael (2009): „Götzenpfaffen" oder „Astralkultpriester"? Eine sprach- und religionsgeschichtliche Studie zu den alttestamentlichen $k^emarîm$. In: Pietsch, Michael/Hartenstein, Friedhelm (Hg.): Israel zwischen den Mächten. Festschrift für Stefan Timm zum 65. Geburtstag. AOAT 364. Münster, 225–255.
Pinnick, Avital K. (1996): The Birth of Moses in Jewish Literature of the Second Temple Period. Diss., Harvard.
Piovanelli, Pierluigi (1997): JrB 33,14–26, ou la continuité des institutions à l'époque maccabéenne. In: Curtis, Adrian H. W./Römer, Thomas (Hg.): The Book of Jeremiah and its Reception/Le livre de Jérémie et sa réception. BEThL 128. Leuven, 255–276.
Pohlmann, Karl-Friedrich (2001): Das Buch des Propheten Hesekiel (Ezechiel) Kapitel 20–48. Mit einem Beitrag von Thilo Alexander Rudnig. ATD 22,2. Göttingen.
Pola, Thomas (1995): Die ursprüngliche Priesterschrift: Beobachtungen zur Literarkritik und Traditionsgeschichte von $P^g$. WMANT 70. Neukirchen-Vluyn.
Porzig, Peter (2009): Die Lade Jahwes im Alten Testament und in den Texten vom Toten Meer. BZAW 397. Berlin/New York.
Preuß, Horst Dietrich (1982): Deuteronomium. EdF 164. Darmstadt.
Propp, William H. C. Propp (1999): Exodus 1–18: A New Translation with Introduction and Commentary. AncB 2. New York u. a.
— (2006): Exodus 19–40: A New Translation with Introduction and Commentary. AncB 2 A. New York u. a.
Pruzsinszky, Regine (2003): Die Personennamen der Texte aus Emar. Studies on the Civilization and Culture of Nuzi and the Hurrians 13. Bethesda.
Pummer, Reinhard (1982): Genesis 34 in Jewish Writings of the Hellenistic and Roman Periods. HThR 75, 177–188.
— (1987): ΑΡΓΑΡΙΖΙΝ: A Criterion for Samaritan Provenance? JSJ 18, 18–25.

Qimron, Elisha (1986): The Hebrew of the Dead Sea Scrolls: Harvard Semitic Studies 29. Atlanta.

von Rad, Gerhard (1934): Die levitische Predigt in den Büchern der Chronik. In: Alt, Albrecht u. a.: Festschrift, Otto Procksch zum sechzigsten Geburtstag am 9. August 1934 überreicht. Leipzig, 113–124.

—— (1938): Das formgeschichtliche Problem des Hexateuch. BWANT 78. Stuttgart.

—— (1964): Das fünfte Buch Mose: Deuteronomium. ATD 8. Göttingen.

Radner, Karen (2005): The Reciprocal Relationship between Judge and Society in the Neo-Assyrian Period. Maarav 12, 41–68.

Rehm, Merlin D. (1967): Studies in the History of the Pre-Exilic Levites. Diss., Harvard.

Reis, Pamela T. (2006): The Levite's Concubine: New Light on a Dark Story. SJOT 20, 125–146.

Rendtorff, Rolf (1977): Das überlieferungsgeschichtliche Problem des Pentateuch. BZAW 147. Berlin/New York.

Reuter, Eleonore (1993): Kultzentralisation. Entstehung und Theologie von Dtn 12. BBB 87. Frankfurt/M.

Reventlow, Henning Graf (1993): Die Propheten Haggai, Sacharja und Maleachi. ATD 25,2. Göttingen.

Richter, G. (1921): Zwei alttestamentliche Studien II. Die Einheitlichkeit der Geschichte von der Rotte Korah (Num 16.). ZAW 39, 128–137.

Rofé, Alexander (1982): ביקורת הנוסח לאור הביקורת הספרותית-ההיסטורית: דברים ל"א 15–14 [Textual Criticism in the Light of Historical-Literary Criticism: Deuteronomy 31:14–15]. ErIs 16 (Harry M. Orlinsky Volume). Jerusalem, 171–176.

—— (1985): Joshua 20: Historico-Literary Criticism Illustrated. In: Tigay, Jeffrey H. (Hg.): Empirical Models for Biblical Criticism. Philadelphia, 131–147.

—— (1986): The History of the Cities of Refuge in Biblical Law. In: Japhet, Sara (Hg.) Studies in the Bible. ScrHie 31. Jerusalem, 205–239.

—— (1988a): מבוא לספר דברים. חלק ראשון ופרקי המשך [Introduction to Deuteronomy. Part I and Further Chapters]. Jerusalem.

—— (1988b): The Vineyard of Naboth: The Origin and Message of the Story. VT 38, 89–104.

—— (1994): The Editing of the Book of Joshua in the Light of 4QJoshª. In: Brooke, George J./García Martínez, Florentino (Hg.): New Qumran Texts and Studies: Proceedings of the First Meeting of the International Organization of Qumran Studies, Paris 1992. STDJ 15. Leiden u. a., 73–80.

—— (2001): The Organization of the Judiciary in Deuteronomy (Deut. 16.18–20; 17.8–13; 19.15; 21.22–23; 24.16; 25.1–3). In: Daviau, P. M. Michèle/Wevers, John W./Weigl, Michael (Hg.): The World of the Aramaeans I. Biblical Studies in Honour of Paul-Eugène Dion. JSOT.S 324. Sheffield, 92–112.

Rooke, Deborah W. (2000): Zadok's Heirs: The Role and Development of the High Priesthood in Ancient Israel. OTM. Oxford u. a.

Rose, Martin (1994): 5. Mose. Teilband 2: 5. Mose 1–11 und 26–34. Rahmenstücke zum Gesetzeskorpus. ZBK 5.2. Zürich.

Rose, Christian (2011): Die Gemination des Qoph im Biblischen Hebräisch. Zugleich Überlegungen zur Bestimmung auffälliger Formen der Verbalwurzel פקד. ZAH 21–24, 120–149.

Rösel, Martin (2001a): Die Septuaginta und der Kult. Interpretationen und Aktualisierungen im Buch Numeri. In: Goldman, Yohanan/Uehlinger, Christoph (Hg.): La double transmission du texte biblique: Etudes d'histoire du texte offertes en hommage à Adrian Schenker. OBO 179. Fribourg/Göttingen, 25–40.

—— (2001b): Die Septuaginta-Version des Josua-Buches. In: Fabry, Heinz-Josef/Offerhaus, Ulrich (Hg.): Im Brennpunkt: Die Septuaginta. Studien zur Entstehung und Bedeutung der Griechischen Bibel. BWANT 153. Stuttgart, 197–211.

Rost, Leonhard (1965): Das kleine geschichtliche Credo. In: Ders.: Das kleine Credo und andere Studien zum Alten Testament. Heidelberg, 11–25.

Rudnig, Thilo A. (2000): Heilig und Profan: Redaktionskritische Studien zu Ez 40–48. BZAW 287. Berlin/New York.

—— (2006): Davids Thron. Redaktionskritische Studien zur Geschichte von der Thronnachfolge Davids. BZAW 358. Berlin/New York.

Rudnig-Zelt, Susanne (2011): Glaube im Alten Testament. Eine begriffsgeschichtliche Untersuchung unter besonderer Berücksichtigung von Jes 7,1–17; Dtn 1–3; Num 13f und Gen 22,1–19. Habilitationsschrift, Jena.

Rudolph, Wilhelm (1938): Der „Elohist" von Exodus bis Josua. BZAW 68. Berlin.

—— (1976): Haggai – Sacharja 1–8 – Sacharja 9–14 – Maleachi. KAT 13,4. Gütersloh.

Rüterswörden, Udo (1987): Von der politischen Gemeinschaft zur Gemeinde. Studien zu Dt 16,18–18,22. BBB 65. Frankfurt/M.

—— (1994): Der Verfassungsentwurf des Deuteronomiums in der neueren Diskussion. Ein Überblick. In: Mommer, Peter/Thiel, Winfried (Hg.): Altes Testament – Forschung und Wirkung. Festschrift für Henning Graf Reventlow. Frankfurt/M., 313–328.

—— (2006): Das Buch Deuteronomium. Neuer Stuttgarter Kommentar 4. Stuttgart.

Ryholt, Kim (1998): King Qareh, A Canaanite King in Egypt during the Second Intermediate Period. IEJ 48, 194–200.

Sabourin, Leopold (1973): Priesthood: A Comparative Study. SHR 25. Leiden.

Sallaberger, Walther/Huber Vulliet, Fabienne (2005): Art. Priester. A. I. Mesopotamien. RLA 10, 617–640.

Salonen, Erkki (1972): Über den Zehnten im Alten Mesopotamien. Ein Beitrag zur Geschichte der Besteuerung. StOr 43,4. Helsinki.

Samely, Alexander (1990): What Scrupture does *not* say: Interpretation through contrast in Targum Pseudo-Jonathan. In: Zmijewski, Josef (Hg.): Die alttestamentliche Botschaft als Wegweisung: Festschrift für Heinz Reinelt. Stuttgart, 253–283.

Sanders, Paul (1996): The Provenance of Deuteronomy 32. OTS 37. Leiden u. a.

Schäfer-Lichtenberger, Christa (1995): Josua und Salomo. Eine Studie zu Autorität und Legitimität des Nachfolgers im Alten Testament. VT.S 58. Leiden u. a.

Schaper, Joachim (2000): Priester und Leviten im achämenidischen Juda: Studien zur Kult- und Sozialgeschichte Israels in persischer Zeit. FAT 31. Tübingen.

Scharbert, Josef (1992): Numeri. NEB 27. Würzburg.

Schart, Aaron (1990): Mose und Israel im Konflikt. Eine redaktionsgeschichtliche Studie zu den Wüstenerzählungen. OBO 98. Freiburg/Göttingen.

Schattner-Rieser, Ursula (2010): Garizim *versus* Ebal. Ein neues Qumranfragment samaritanischer Tradition? Early Christianity 1, 277–281.

Sauer, Georg (2000): Jesus Sirach/Ben Sira. ATD Apokryphen 1. Göttingen.

Schenker, Adrian (1994): La rédaction longue du livre de Jérémie doit-elle être datée au temps des premiers Hasmonéens? EThL 70, 281–293.

—— (2010): Textgeschichtliches zum Samaritanischen Pentateuch und Samareitikon. Zur Textgeschichte des Pentateuchs im 2. Jh. v. Chr. In: Mor, Menachem/Reiterer, Friedrich V.

(Hg.): Samaritans: Past and Present. Current Studies. SJ 53/StSam 5. Berlin/New York, 105–121.

Schiffman, Lawrence H. (1992): The Septuagint and the Temple Scroll: Shared "Halakhic" Variants". In: Brooke, George J./Lindars, Barnabas (Hg.): Septuagint, Scrolls and Cognate Writings: Papers Presented to the International Symposium on the Septuagint and Its Relations to the Dead Sea Scrolls and Other Writings (Manchester 1990). SBL.SCSS 33. Atlanta, 277–297.

—— (1999): Priestly and Levitical Gifts in the Temple Scroll. In: Parry, Donald W./Ulrich, Eugene (Hg.): The Provo International Conference on the Dead Sea Scrolls. Technological Innovations, New Texts, and Reformulated Issues. STDJ 30. Leiden u. a., 480–496.

Schiffman, Lawrence H./VanderKam, James C. (Hg.) (2000): Encyclopedia of the Dead Sea Scrolls. Oxford/New York.

Schmid, Herbert (1968): Mose. Überlieferung und Geschichte. BZAW 110. Berlin.

Schmid, Konrad (1996): Buchgestalten des Jeremiabuches. Untersuchungen zur Redaktions- und Rezeptionsgeschichte von Jer 30–33 im Kontext des Buches. WMANT 72. Neukirchen-Vluyn.

—— (1999): Erzväter und Exodus. Untersuchungen zur doppelten Begründung der Ursprünge Israels innerhalb der Geschichtsbücher des Alten Testaments. WMANT 81. Neukirchen-Vluyn.

—— (2001): Israel am Sinai. Etappen der Forschungsgeschichte zu Ex 32–34 in seinen Kontexten. In: Köckert/Blum 2001, 9–40.

—— (2011): Die Verheißung eines kommenden Davididen und die Heimkehr der Diaspora. Die innerbiblische Aktualisierung von Jer 23,5f in Jer 33,14–26. In: Ders.: Schriftgelehrte Traditionsliteratur. Fallstudien zur innerbiblischen Schriftauslegung im Alten Testament. FAT 77. Tübingen, 207–221.

Schmidt, Ludwig (1993): Studien zur Priesterschrift. BZAW 214. Berlin/New York.

—— (2002): Leviten- und Asylstädte in Num XXXV und Jos. XX; XXI 1–42. VT 52, 103–121.

—— (2004): Das vierte Buch Mose. Numeri 10,11–36,13. ATD 7,2. Göttingen.

Schmidt, Werner H. (1988): Exodus 1–6. BK II/1. Neukirchen-Vluyn.

Schmitt, Götz (1982): Der Ursprung des Levitentums. ZAW 94, 575–599.

—— (1995): Levitenstädte. ZDPV 111, 28–48.

Schmitt, Hans-Christoph (1995): Die Suche nach der Identität des Jahweglaubens im nachexilischen Israel. Bemerkungen zur theologischen Intention der Endredaktion des Pentateuch. In: Mehlhausen, Joachim (Hg.): Pluralismus und Identität. VWGTh 8. Gütersloh, 259–278.

—— (2000): Die Erzählung vom Goldenen Kalb Ex. 32* und das Deuteronomistische Geschichtswerk. In: McKenzie, Steven L. u. a. (Hg.): Rethinking the Foundations: Historiography in the Ancient World and in the Bible. Essays in Honour of John Van Seters. BZAW 294. Berlin/New York, 235–250.

Schmoldt, Hans (1993): Der Überfall auf Michas Haus (Jdc 18,13–18). ZAW 105, 92–98.

Schorn, Ulrike (1997): Ruben und das System der zwölf Stämme Israels. Redaktionsgeschichtliche Untersuchungen zur Bedeutung des Erstgeborenen Jakobs. BZAW 248. Berlin/New York.

—— (2000): Rubeniten als exemplarische Aufrührer in Num. 16f*/Deut. 11. In: McKenzie, Steven L. u. a. (Hg.): Rethinking the Foundations: Historiography in the Ancient World and in the Bible. Essays in Honour of John Van Seters. BZAW 294. Berlin/New York, 251–268.

Schubert, Kurt/Schubert, Ursula (1977): Die Errettung des Mose aus den Wassern des Nil in der Kunst des spätantiken Judentums und das Weiterwirken dieses Motivs in der frühchristlichen und jüdisch-mittelalterlichen Kunst. In: Braulik, Georg (Hg.): Studien zum Pentateuch. Walter Kornfeld zum 60. Geburtstag. Wien u. a., 59 – 68.

Schulz, Hermann (1987): Leviten im vorstaatlichen Israel und im Mittleren Osten. München.

Schwally, Friedrich (1890): Das Buch Ssefanjâ, eine historisch-kritische Untersuchung. ZAW 10, 165 – 240.

Schwienhorst, Ludger (1986): Art. נגע. ThWAT V, 219 – 226.

Scott, James M. (2001): Korah and Qumran. In: Flint, Peter W. (Hg.): The Bible at Qumran. Text, Shape, and Interpretation. Studies in the Dead Sea Scrolls and Related Literature V. Grand Rapids, 182 – 202.

Seebass, Horst (1982a): Garizim und Ebal als Symbole von Segen und Fluch. Bib. 63, 22 – 31.

— (1982b): Machir im Ostjordanland. VT 32, 496 – 503.

— (1991): Art. Levi/Leviten. TRE 21, 36 – 40.

— (2003): Numeri 10,11 – 22,1. BK IV/2. Neukirchen-Vluyn.

— (2007): Numeri 22,2 – 36,13. BK IV/3. Neukirchen-Vluyn.

— (2008): Das Buch Numeri in der heutigen Pentateuchdiskussion. In: Römer, Thomas (Hg.): The Books of Leviticus and Numbers. BEThL 215. Leuven, 233 – 259.

— (2012): Numeri 1,1 – 10,10. BK IV/1. Neukirchen-Vluyn.

Seeligmann, Isac Leo (1962): Hebräische Erzählung und biblische Geschichtsschreibung. ThZ 18, 305 – 325.

— (1964): A Psalm from Pre-Regal Times. VT 14, 75 – 92.

Seidl, Theodor (2006): Vermittler von Weisung und Erkenntnis. Priester außerhalb der Priesterschrift. Eine Textstudie. ATSAT 81. St. Ottilien.

Seitz, Gottfried (1971): Redaktionsgeschichtliche Studien zum Deuteronomium. BWANT 93. Stuttgart.

Shectman, Sarah (2011): The Social Status of Priestly and Levite Women. In: Leuchter/Hutton 2011, 83 – 99.

Ska, Jean-Louis (2009): Josh 8:30 – 35: Israel Officially Takes Possession of the Land. In: Achenbach, Reinhard/Arneth, Martin (Hg.): »Gerechtigkeit und Recht zu üben« (Gen 18,19). Studien zur altorientalischen und biblischen Rechtsgeschichte, zur Religionsgeschichte Israels und zur Religionssoziologie. Festschrift für Eckart Otto zum 65. Geburtstag. BZAR 13. Wiesbaden, 308 – 316.

Skehan, Patrick W./di Lella, Alexander (1987): The Wisdom of Ben Sira. A New Translation with Notes, Introduction and Commentary. AncB 39. New York u. a.

Skweres, Dieter Eduard (1979): Die Rückverweise im Buch Deuteronomium. AnBib 79. Rom.

Smend sen., Rudolf (1906): Die Weisheit des Jesus Sirach. Berlin.

— (1912): Die Erzählung des Hexateuch auf ihre Quellen untersucht. Berlin.

Smend, Rudolf (1963): Die Bundesformel. Theologische Studien 68. Zürich.

Snell, Daniel C. (1983): The Old Babylonian Texts from Chagar Bazar in the Aleppo Museum. AAAS 33, 217 – 241.

Snijders, Lambertus Arie (1984): Art. מלא (I.–IV.). ThWAT IV, 876 – 886.

Spans, Andrea (2012): Eine prophetische Gruppe in Zion und ein priesterlicher Übersetzer in der Diaspora. Zur Deutung der Sprecheridentität in Jes 61 MT und Jes 61 LXX. BN 152, 35 – 66.

Sparks, Kent (2003): Genesis 49 and the Tribal List Tradition in Ancient Israel. ZAW 115, 327 – 347.

Spencer, John R. (1995): Priestly Families (or Factions) in Samuel and Kings. In: Holloway, Steven W./Handy, Lowell K. (Hg.): The Pitcher is Broken. Memorial Essays for Gösta W. Ahlström. JSOT.S 190. Sheffield, 387–400.

—— (1998): *PQD*, the Levites, and Numbers 1–4. ZAW 110, 535–546.

Spieckermann, Hermann (1982): Juda unter Assur in der Sargonidenzeit. FRLANT 129. Göttingen.

Stackert, Jeffrey (2007): Rewriting the Torah: Literary Revision in Deuteronomy and the Holiness Legislation. FAT 52. Tübingen.

—— (2009): The Holiness Legislation and Its Pentateuchal Sources: Revision, Supplementation, and Replacment. In: Shectman, Sarah/Baden, Joel S. (Hg.): The Strata of the Priestly Writings: Contemporary Debate and Future Directions. AThANT 95. Zürich, 187–204.

—— (2011): The Cultic Status of the Levites in the Temple Scroll: Between History and Hermeneutics. In: Leuchter/Hutton 2011, 199–214.

Stadelmann, Helge (1980): Ben Sira als Schriftgelehrter. Eine Untersuchung zum Berufsbild des vor-makkabäischen Sôfēr unter Berücksichtigung seines Verhältnisses zu Priester-, Propheten- und Weisheitslehrertum. WUNT II/6. Tübingen.

Staerk, Willy (1894): Das Deuteronomium. Sein Inhalt und seine literarische Form. Leipzig.

Stallman, Robert C. (1992): Levi and the Levites in the Dead Sea Scrolls. JSPE 10, 163–189.

Steck, Odil Hannes (1967): Israel und das gewaltsame Geschick der Propheten. Untersuchungen zur Überlieferung des deuteronomistischen Geschichtsbildes im Alten Testament, Spätjudentum und Urchristentum. WMANT 23. Neukirchen-Vluyn.

—— (1997): Der neue Himmel und die neue Erde. Beobachtungen zur Rezeption von Gen 1–3 in Jes 65,16b-25. In: van Ruiten, Jacques/Vervenne, Marc (Hg.): Studies in the Book of Isaiah. Festschrift Willem A.M. Beuken. BEThL 132. Leuven, 349–365.

Stendebach, Franz Josef (1989): Art. עָנָה I. ThWAT VI, 233–247.

Steuernagel, Carl (1900): Übersetzung und Erklärung der Bücher Deuteronomium und Josua und allgemeine Einleitung in den Hexateuch. Göttingen.

—— (²1923): Das Deuteronomium. Göttinger Handkommentar zum Alten Testament I 3,1./Das Buch Josua. Göttinger Handkommentar zum Alten Testament I 3,2. Göttingen.

Stipp, Hermann-Josef (1994): Das masoretische und alexandrinische Sondergut des Jeremiabuches. Textgeschichtlicher Rang, Eigenarten, Triebkräfte. OBO 136. Fribourg/ Göttingen.

—— (2006): Richter 19 – Ein frühes Beispiel schriftgestützer politischer Propaganda in Israel. In: Gillmayr-Bucher, Susanne/Giercke, Annett/Nießen, Christina (Hg.): Ein Herz so weit wie der Sand am Ufer des Meeres. Festschrift für Georg Hentschel. EThSt 90. Würzburg, 127–164.

Stoebe, Hans Joachim (1973): Das erste Buch Samuelis. KAT 8,1. Gütersloh.

Stone, Michael E. (2000): Art. Levi. In: Schiffman/VanderKam 2000, 485–486.

Strauss, Hans (1960): Untersuchungen zu den Überlieferungen der vorexilischen Leviten. Diss., Bonn.

Streck, Michael P. (2000): Das amurritische Onomastikon der altbabylonischen Zeit 1: Die Amurriter. Die onomastische Forschung. Orthographie und Phonologie. Nominalmorphologie. AOAT 271/1. Münster.

Strugnell, John (1970): Notes en marge du volume V des «Discoveries in the Judaean Desert of Jordan». RdQ 26/7, 163–276.

Sturdy, John (1976): Numbers. The Cambridge Bible Commentary. Cambridge u. a.

Taggar-Cohen, Ada (1998): Law and Family in the Book of Numbers: The Levites and the *tidennūtu* Documents from Nuzi. VT 48, 74–94.
— (2006): Hittite Priesthood. Texte der Hethiter 26. Heidelberg.
— (2011): Covenant Priesthood: Cross-cultural Legal and Religious Aspects of Biblical and Hittite Priesthood. In: Leuchter/Hutton 2011, 11–24.
Talshir, Zipora (1981/82): 'דבר(ה) 'זה פירוט נסחת [The Detailing Formula '(דבר(ה 'זה']. Tarb. 51, 23–35.
Talstra, Eep (1995): Deuteronomy 9 and 10: Synchronic and Diachronic Observations. In: de Moor, Johannes C. (Hg.): Synchronic or Diachronic? A Debate on Method in Old Testament Exegesis. Papers Read at the Ninth Joint Meeting of Het Oudtestamentisch Werkgezelschap in Nederland en België and the Society for Old Testament Study held at Kampen, 1994. OTS 34. Leiden u. a., 187–210.
Tan, Nancy (2007): The Chronicler's 'Obed-edom': A Foreigner and/or a Levite? JSOT 32, 217–230.
Terbuyken, Peri J. (2003): Levi, Jochebed und Pinhas in der rabbinischen Tradition. Genealogische Anmerkungen. BN 116, 95–104.
Thon, Johannes (2006): Pinhas ben Eleasar – der levitische Priester am Ende der Tora. Traditions- und literargeschichtliche Untersuchung unter Einbeziehung historisch-geographischer Fragen. Arbeiten zur Bibel und ihrer Geschichte 20. Leipzig.
Tiemeyer, Lena-Sofia (2006): Priestly Rites and Prophetic Rage. FAT II/19. Tübingen.
Tilly, Michael (2009): Leben nach den Geboten Gottes. Betrachtungen zur griechischen Übersetzung von Mal 2,1–9.10–16. In: Kraus, Wolfgang/Munnich, Olivier (Hg.): La Septante en Allemagne et en France. Textes de la Septante à traduction double ou à traduction très littérale/Septuaginta Deutsch und Bible d'Alexandrie. Texte der Septuaginta in Doppelüberlieferung oder in wörtlicher Übersetzung. OBO 238. Fribourg/Göttingen, 267–280.
Tov, Emanuel (1971): Pap. Gießen 13, 19, 22, 26. A Revision of the LXX? RB 78, 355–383.
— (1981): The Text-Critical Use of the Septuagint in Biblical Research. JBS 3. Jerusalem.
— (1987): Some Sequence Differences between the MT and the LXX and Their Ramification for the Literary Criticism of the Bible. JNSL 13, 151–160.
— (2000): Art. Joshua, Book of. In: Schiffman/VanderKam 2000, 431–434.
— (2012): Literary Development of the Book of Joshua as Reflected in the Masoretic Text, the LXX, and 4QJosh[a]. In: Noort, Ed (Hg.): The Book of Joshua. BEThL 250. Leuven u. a., 65–85.
De Troyer, Kristin (2005): Building the Altar and Reading the Law: The Journeys of Joshua 8:30–35. In: de Troyer, Kristin/Lange, Armin (Hg.): Reading the Present in the Qumran Library. The Perception of the Contemporary by Means of Scriptural Interpretations. SBL Symposium Series 30. Leiden/Boston, 141–162.
Uehlinger, Christoph (1995): Gab es eine joschijanische Reform? Plädoyer für ein begründetes Minimum. In: Groß, Armin (Hg.): Jeremia und die »deuteronomistische Bewegung«. BBB 98. Weinheim, 57–89.
— (2007): Spurensicherung: alte und neue Siegel und Bullen und das Problem ihrer historischen Kontextualisierung. In: Lubs, Sylke u. a. (Hg.): Behutsames Lesen. Alttestamentliche Exegese im interdisziplinären Methodendiskurs. Festschrift für Christoph Hardmeier zum 65. Geburtstag. Arbeiten zur Bibel und ihrer Geschichte 28. Leipzig, 89–137.
Ulmer, Rivka (2009): Egyptian Cultural Icons in Midrash. SJ 52. Berlin/New York.

Ulrich, Eugene (1994): 4QJoshua[a] and Joshua's First Altar in the Promised Land. In: Brooke, George J./García Martínez, Florentino (Hg.): New Qumran Texts and Studies. Proceedings of the First Meeting of the International Organization of Qumran Studies, Paris 1992. STDJ 15. Leiden u. a., 89–104.

—— (Hg.) (2010): The Biblical Qumran Scrolls. Transcriptions and Textual Variants. VT.S 134. Leiden/Boston.

Utzschneider, Helmut (1988): Das Heiligtum und das Gesetz: Studien zur Bedeutung der sinaitischen Heiligtumstexte (Ex 25–40, Lev 8–9). OBO 77. Fribourg/Göttingen.

—— (1989): Künder oder Schreiber? Eine These zum Problem der »Schriftprophetie« auf Grund von Maleachi 1,6–2,9. BEATAJ 19. Frankfurt/M. u. a.

Valentin, Heinrich (1978): Aaron. Eine Studie zur vor-priesterschriftlichen Aaron-Überlieferung. OBO 18. Fribourg/Göttingen.

VanderKam, James C. (1996): Jubilees' Exegetical Creation of Levi the Priest. RdQ 17, 359–373.

—— (1999): Isaac's Blessing of Levi and His Descendants in Jubilees 31. In: Parry, Donald W./Ulrich, Eugene (Hg.): The Provo International Conference on the Dead Sea Scrolls. Technological Innovations, New Texts, and Reformulated Issues. STDJ 30. Leiden u. a., 497–519.

van der Kooij, Arie (2012): The Septuagint of Isaiah and Priesthood. In: Provan, Iain/Boda, Mark J. (Hg.): Let us Go up to Zion. Essays in Honour of H.G.M. Williamson on the Occasion of his Sixty-Fifth Birthday. VT.S 153. Leiden/Boston, 69–78.

van der Meer, Michaël N. (2004): Formation and Reformulation. The Redaction of the Book of Joshua in the Light of the Oldest Textual Witnesses. VT.S 102. Leiden u. a.

van der Toorn, Karel (1996): Family Religion in Babylonia, Syria and Israel: Continuity and Change in the Forms of Religious Life. SHCANE 7. Leiden u. a.

van Keulen, Percy S. F. (2005): Two Versions of the Solomon Narrative: An Inquiry into the Relationship between MT 1 Kgs. 2–11 and LXX 3 Reg. 2–11. VT.S 104. Leiden/Boston.

Van Seters, John (1994): The Life of Moses: The Yahwist as Historian in Exodus–Numbers. Louisville.

Vatke, Wilhelm (1835): Die biblische Theologie wissenschaftlich dargestellt 1. Die Religion des Alten Testaments nach den kanonischen Büchern entwickelt 1. Berlin.

de Vaux, Roland (1961): „Lévites" minéens et lévites israélites. In: Groß, Heinrich/Mußner, Franz (Hg.): Lex Tua Veritas. Festschrift für Hubert Junker zur Vollendung des 70. Lebensjahres am 8. Aug. 1961. Trier, 265–273.

Veijola, Timo (1977): Das Königtum in der Beurteilung der deuteronomistischen Historiographie. Eine redaktionsgeschichtliche Untersuchung. AASF.B 198. Helsinki.

—— (1982): Verheissung in der Krise. Studien zur Literatur und Theologie der Exilszeit anhand des 89. Psalms. AASF.B 220. Helsinki.

—— (Hg.) (1996): Das Deuteronomium und seine Querbeziehungen. SESJ 62. Göttingen.

—— (2004): Das 5. Buch Mose: Deuteronomium Kapitel 1,1–16,17. ATD 8,1. Göttingen.

Vianès, Laurence (2009): Lévites fautifs et prêtre parfait dans la LXX de Malachie 2,3–9. In: Kraus, Wolfgang/Munnich, Olivier (Hg.): La Septante en Allemagne et en France. Textes de la Septante à traduction double ou à traduction très littérale/Septuaginta Deutsch und Bible d'Alexandrie. Texte der Septuaginta in Doppelüberlieferung oder in wörtlicher Übersetzung. OBO 238. Fribourg/Göttingen, 252–266.

Vielhauer, Roman (2007): Das Werden des Buches Hosea. Eine redaktionsgeschichtliche Untersuchung. BZAW 349. Berlin/New York.

Vogelstein, Hermann (1889): Der Kampf zwischen Priestern und Leviten seit den Tagen Ezechiels. Eine historisch-kritische Untersuchung. Stettin.

Volz, Paul (1932): Jesaia II. KAT 9,2. Leipzig.

de Vos, Jacobus Cornelis (2003): Das Los Judas. Über Entstehung und Ziele der Landbeschreibung in Josua 15. VT.S 95. Leiden/Boston.

Waerzeggers, Caroline (2008): On the Initiation of Babylonian Priests. With a Contribution by Michael Jursa. ZAR 14, 1–38.

—— (2010): The Ezida Temple of Borsippa: Priesthood, Cult, Archives. Achaemenid History 15. Leiden.

—— (2011): The Babylonian Priesthood in the Long Sixth Century BC. BICS 54, 59–70.

Wallis, Gerhard (1974): Der Vollbürgereid in Deuteronomium 27,15–26. HUCA 45, 47–63.

Watts, James W. (2011): Aaron and the Golden Calf in the Rhetoric of the Pentateuch. JBL 130, 417–430.

Wazana, Nili (2010): An Alternative Conquest Account in Joshua 13–19. Vortrag auf dem IOSOT-Kongreß in Helsinki.

Weimar, Peter (1974): Die Toledot-Formel in der priesterschriftlichen Geschichtsdarstellung. BZ 18, 65–93.

—— (1987): Das Goldene Kalb. Redaktionsgeschichtliche Erwägungen zu Ex. 32. BN 38/39, 117–160.

Weinfeld, Moshe (1972): Deuteronomy and the Deuteronomic School. Oxford.

—— (1991): Deuteronomy 1–11. A New Translation with Introduction and Commentary. AncB 5. New York u. a.

Weippert, Manfred (1967): Die Landnahme der israelitischen Stämme in der neueren wissenschaftlichen Diskussion. Ein kritischer Bericht. FRLANT 92. Göttingen.

Wellhausen, Julius (1871): Der Text der Bücher Samuelis. Göttingen.

—— (³1899): Die Composition des Hexateuchs und der historischen Bücher des Alten Testaments. Berlin.

—— (⁶1927): Prolegomena zur Geschichte Israels. Berlin.

Wells, Bruce (2008): The Cultic Versus the Forensic: Judahite and Mesopotamian Judicial Procedures in the First Millennium B.C.E. JAOS 128, 205–232.

—— (2010): Competing or Complementary? Judges and Elders in Biblical and Neo-Babylonian Law. ZAR 16, 77–104.

Wenham, Gordon J. (1975): Were David's Sons Priests? ZAW 87, 79–82.

—— (1981): Aaron's Rod (Numbers 17 16–28). ZAW 93, 280–281.

Werman, Cana (1997a): Levi and Levites in the Second Temple Period. Dead Sea Discoveries 4, 211–225.

—— (1997b): Jubilees 30. Building a Paradigm for the Ban on Intermarriage. HThR 90, 1–22.

Westermann, Claus (1982): Genesis 37–50. BK I/3. Neukirchen-Vluyn.

Westphal, Gustav (1906): Aaron und die Aaroniden. ZAW 26, 201–230.

Wevers, John William (1990): Notes on the Greek Text of Exodus. SBL.SCSS 30. Atlanta.

—— (1995): Notes on the Greek Text of Deuteronomy. SBL.SCSS 39. Atlanta.

—— (1998): Notes on the Greek Text of Numbers. SBL.SCSS 46. Atlanta.

Weyde, Karl William (2000): Prophecy and Teaching: Prophetic Authority, Form Problems, and the Use of Traditions in the Book of Malachi. BZAW 288. Berlin/New York.

White, Marsha (1990): The Elohistic Depiction of Aaron: A Study in the Levite-Zadokite Controversy. In: Emerton, John A. (Hg.): Studies in the Pentateuch. VT.S 41. Leiden, 149–159.

Willi, Thomas (1999): Leviten, Priester und Kult in vorhellenistischer Zeit. Die chronistische Optik in ihrem geschichtlichen Kontext. In: Ego, Beate/Lange, Armin/Pilhofer, Peter (Hg.): Gemeinde Ohne Tempel – Community without Temple. Zur Substituierung und Transformation des Jerusalemer Tempels und seines Kults im Alten Testament, antiken Judentum und frühen Christentum. WUNT 30. Tübingen, 75–98.

Willi-Plein, Ina (2007): Haggai, Sacharja, Maleachi. ZBK 24.4. Zürich.

Wilson, Ian (2008): Central Sanctuary or Local Settlement? The Location of the Triennial Tithe Declaration (Dtn 26:13–15). ZAW 120, 323–340.

Winnett, Frederick V. (1949): The Mosaic Tradition. Toronto University Near and Middle East Series 1. Toronto.

—— (1965): Re-Examining the Foundations. JBL 84, 1–19.

Wise, Michael O. (1997): To Know the Times and the Seasons: A Study of the Aramaic Chronograph 4Q559. JSPE 15, 3–51.

Wöhrle, Jakob (2008): Der Abschluss des Zwölfprophetenbuches. Buchübergreifende Redaktionsprozesse in den späten Sammlungen. BZAW 389. Berlin/New York.

Wright, G. Ernest (1954): The Levites in Deuteronomy. VT 4, 325–330.

Wright, Jacob L. (2004): Rebuilding Identity: The Nehemiah-Memoir and its Earliest Readers. BZAW 348. Berlin/New York.

Würthwein, Ernst (1976): Die Josianische Reform und das Deuteronomium. ZThK 73, 395–423.

—— ($^2$1985): Die Bücher der Könige. Das erste Buch der Könige Kapitel 1–16. ATD 11,1. Göttingen.

Wüst, Manfred (1975): Untersuchungen zu den siedlungsgeographischen Texten des Alten Testaments I. Ostjordanland. BTAVO B.9. Wiesbaden.

Yoreh, Tzemah (2006): How Many Sons Did Jacob Have According to E? ZAW 118, 264–268.

Zadok, Ran (1988): The Pre-Hellenistic Israelite Anthroponymy and Prosopography. OLA 28. Leuven.

Zapff, Burkard M. (2010): Jesus Sirach 25–51. NEB 39. Würzburg.

Zimmerli, Walther (1971): Erstgeborene und Leviten: Ein Beitrag zur exilisch-nachexilischen Theologie. In: Goedicke, Hans (Hg.): Near Eastern Studies in Honor of William Foxwell Albright. Baltimore, 459–469.

—— ($^2$1979): Ezechiel 2. Ezechiel 25–48. BK XIII/2. Neukirchen-Vluyn.

Zwickel, Wolfgang (1990): Räucherkult und Räuchergeräte. Exegetische und Archäologische Studien zum Räucheropfer im Alten Testament. OBO 97. Freiburg/Göttingen.

—— (2010): Priesthood and the Development of Cult in the Books of Kings. In: Lemaire, André/Halpern, Baruch (Hg.): The Books of Kings: Sources, Composition, Historiography and Reception. VT.S 129. Leiden/Boston, 401–426.

# Stellenregister (in Auswahl)

| | | | |
|---|---|---|---|
| 27,12 | 146 | 32,46 | 51.54 – 58.60 f. |
| 27,14 | 50.62.74 f.133.144 f. | 32,47 | 54.56 – 58.60.105 |
| 27,15 – 26 | 50.62 | 32,50 f. | 21 |
| 28 | 33 – 35.37 f.43 f.51.53 f. | 32,51 | 69.285 |
| 28,1 | 33 – 36.38 f.42 | 32,52 | 64 |
| 28,3 – 6 | 37 f. | **33** | **62 – 79**.381 |
| 28,8 | 35 | 33,6 | 306 |
| 28,13 – 15 | 36 | 33,6 LXX | 67 |
| 28,16 – 19 | 27 | 33,8 – 11 | 103.278.284 |
| 28,43 | 49 | 33,8 | 144 f. |
| 28,51 | 120 | 33,8 LXX | 67 – 69 |
| 28,62 | 306 | 33,9 | 144 – 147 |
| 29,1 | 61 | 33,9 LXX | 70 |
| 29,10 | 49 | 33,10 | 59. 146 f. |
| 29,24 | 285 | 33,10 LXX | 70 |
| 30,2.8.11 | 36 | 33,11 | 144 |
| 30,15 – 20 | 51 | 33,22 | 329 |
| 30,16 | 36.58 | 34,1 | 46.54.64 |
| 30,18 | 58.105 | 34,9 | 275 |
| 30,19 | 55 | 34,10 – 12 | 64 |
| **31** | **45 – 62**.75.79.106 f.314 | | |
| 31,1 LXX | 54.60 f. | *Jos* | |
| 31,9 | 127 f.145 f.380 | 1,1 f.5 f. | 51 |
| 31,9 LXX | 128 | 1,12 – 18 | 318 |
| 31,10 f. | 344 | **3** | **309 – 311** |
| 31,11 LXX | 46.48 | 3,3 | 352 |
| 31,12 | 137 | 3,3 LXX | 310 f.316 |
| 31,14 f. LXX | 52 | 3,12 – 20 | 318 |
| 31,19 LXX | 60 | 5,1 | 312 |
| 31,21 | 39 | 8,29 | 315 |
| 31,23 LXX | 53 | **8,30 – 35** | 41 f.**311 – 316** |
| 31,24 – 26a | 141 | 8,33 | 353 |
| 31,24 | 107 | 8,33 LXX | 316 |
| 31,25 | 106 – 108.144 – 146.310.353 | 9,2 f. | 315 |
| 31,25 LXX | 47 | 12,17 | 182 |
| 31,26 | 107 f. | 13 – 19 | 186.316 f. |
| 32 | 53 – 55 | **13,14.33** | 19.110.120.318.**319**.353 |
| 32,1 – 43 | 56 f.62 | 13,14 LXX | 318 |
| 32,1 | 55 f. | 13,15.29 | 321 |
| 32,16 | 55 | 13,31 | 181 |
| 32,20 | 60 | 13,32 | 318 |
| 32,21 | 55 | 14,1 – 5 | 320.323 |
| 32,29 | 60 | 14,2 ff. | 185 |
| 32,44 | 54 – 57.60 – 62 | 14,2 f. LXX | 320 |
| 32,44 LXX | 55.60 | **14,3 f.** | 318.353 |
| 32,45 | 51.54.56 f.60 f. | 14,4 | 241 |
| 32,45 LXX | 56 f. | 14,6 | 64 |

| | |
|---|---|
| 8,33 | 203 |
| 9,11 | 281 |
| 10,5 | 358 |

*Neh*

| | |
|---|---|
| 4,1 | 11 |
| 5,11 | 120 |
| 7,65 | 73 |
| 7,65 LXX | 77 |
| 8 f. | 44.388 f. |
| 9 | 296 |
| 10 – 13 | 86 |
| 10,1 | 5.387 |
| 10,29.35 | 358 |
| 10,36 ff. | 389 |
| 10,38 | 135 |
| 10,40 | 120 |
| 11,11 | 379 |
| 11,20 | 358 |
| 12,22 | 387 |
| 12,24.36 | 64 |
| 12,44 | 135 |
| 13,5 | 120.387 |
| 13,10 ff. | 123 |
| 13,12 | 120 |
| 13,29 | 381.386 |

*Est*

| | |
|---|---|
| 10,3*l* LXX | 147 |

*Ps*

| | |
|---|---|
| 9,5 | 92 |
| 39,11 | 92 |
| 42 – 49 | 202 |
| 49,8 | 176 |
| 55,16 | 204 |
| 63,8 | 72 |
| 68,6 | 92 |
| 72,6 | 121 |
| 76,7 | 215 |
| 78,9 | 48 |
| 81,8 | 69 |
| 81,11 | 281 |
| 84 f.87 f. | 202 |
| 90,1 | 64 |
| 94,6 | 85 |
| 95,8 f. | 69 |

| | |
|---|---|
| 102,15 | 72 |
| 105,12 | 306 |
| 106 | 296 |
| 106,16 – 18 | 229 f. |
| 106,32 f. | 69 |
| 106,47 | 68 |
| 115,9 – 11 | 394 |
| 116,2 | 72 |
| 135,4 | 35 |
| 135,19 f. | 394 |
| 140,13 | 92 |
| 146,9 | 85 |

*Prov*

| | |
|---|---|
| 4,17 | 72 |
| 6,25 | 215 |
| 6,33 | 92 |
| 6,35 | 176 |
| 13,8 | 176 |
| 21,18 | 176 |
| 24,23 | 90 |
| 28,21 | 90 |
| 29,7 | 92 |
| 31,5.8 | 92 |

*Hi*

| | |
|---|---|
| 3,15 | 281 |
| 15,12 | 215 |
| 15,25 | 72 |
| 18,8 | 72 |
| 31,20 | 121 |
| 33,24 | 176 |
| 36,17 | 92 |
| 36,18 | 176 |

*Jes*

| | |
|---|---|
| 8,2/LXX | 357 |
| 10,2 | 92 |
| 23,2 | 281 |
| 24,2 | 357 |
| 24,5 | 53 |
| 28,7 | 357 |
| 37,2 | 357 |
| 43,3 | 176 |
| 45,1 | 107 |
| 61 LXX | 358 |
| 61,6 | 357 f.363 |

| mHul | |
|---|---|
| 10 | 121 |
| 10,1.4 | 396 |

| mMaas | 87 |
|---|---|

| mMeg | |
|---|---|
| 4,10 | 277 |

| mSan | |
|---|---|
| 10,3 | 232 |

| mSot | |
|---|---|
| 7,3 | 134 |
| 7,5 | 313 |
| 7,8 | 50.107 |
| 9,5 | 126 |
| 9,6 | 127 |

| tSot | |
|---|---|
| 7,16 | 107 |
| 8 | 313 |

| jBik | |
|---|---|
| 63d,44–50 | 135 |

| jSot | |
|---|---|
| 21c,1–21d,38 | 313 |

| bBB | |
|---|---|
| 3b–4a | 107 |

| bBekh | |
|---|---|
| 4a | 144 |

| bHul | |
|---|---|
| 24b | 144 |

| bSan | |
|---|---|
| 110a | 226 |

| bTam | |
|---|---|
| 27a | 144 |

| bYev | |
|---|---|
| 86 | 144 |

| SifDev | |
|---|---|
| §157 | 50.107 |

| GenR | |
|---|---|
| 45,2 | 258 |

| NumR | |
|---|---|
| 18,5 | 215 |